다시 쓰는 자살론

다시 쓰는 자살론

자살국가와 사회정의

김명희 지음

감사의 글

이 책은 2012년 쌍용자동차 노동자들의 연쇄자살을 목도한 후, 한국 사회 자살문제에 대한 사회(과)학적 접근법을 진전시키고자 했던 그간 작업의 결실이다. 또한 이 책은 2017년에 출간한 『통합적 인간과학의 가능성: 맑스와 뒤르케임의 실재론적 귀환』의 후속작이기도 하다. 비록 충분하다 할 수는 없지만, 가슴 아픈 죽음들에 대한 사례연구와 비판적 자살연구의 방법론에 대한 고민이 사회정의 패러다임에 입각한 학제적 자살연구의 물꼬를 트는 의미 있는 토론의 장을 열어 내기를 바라고 있다.

이러한 바람을 '다시 쓰는 자살론: 자살국가와 사회정의'라는 책의 제목에 담았다. '자살국가'는 오랜 기간 OECD 국가 중 자살률 1위라는 비정상적이고 반(反)생명적인 현실을 학문적 탐구와 토론의 대상으로 직시하고 의제화하기 위한 진단적 개념이다. 이를 통해 한국 사회 자살문제가 한국의 국가성의 문제와 긴밀히 맞닿아 있는 '사회정의'의 문제라는 점을 환기시키고자 했다. 그리고 여전히 뒤르케임의 『자살론』은 이 같은 현실을 타개하기 위한 훌륭한 이론적·방법론적 처방전을 담고 있는 우리 시대의 고전으로서, 다시 읽고 재구성할 가치가 있다.

삶을 위한 사회과학과 죽음연구를 하겠다고 내 자신에게 약속했던 2012년 어느 날 이후, 이 책이 나오기까지 참 많은 분들의 도움을 받았다. 일일이 열거할 수 없는 고마운 이들과 주고받은 대화의 편린이 이 책 지면 곳곳에 스며 있다. 우리 시대의 죽음을 화두로 '사회심리학'과 '과학과 사회' 수업 강의실에서 이어 갔던 학생들과의 대화는 물론, 한국 사회의 자살원인 및 과정을 탐문하는 현장에서 만났던 여러 분과학문의 배경을 가진 동료 선생님들, 연구참여자 선생님들, 그리고 자살예방센터 실무자 선생님들과의 대화 덕분에 이 책의 서장을 열고 마침표를 찍을 수 있었다. 특히 바쁜 학업 중에도 책의 교정 작업을 아낌없이 도와준 경상국립대학교 사회학과 대학원의 김치홍 선생과 김예원 선생, 그리고 마무리 작업에 정성을 다해 주신 그린비 출판사의 문혜림 편집자와 심민경 디자이너께 고마움을 전한다.

무엇보다 책을 마무리하는 과정에서 삶에 대하여, 고통과 절망에 대하여, 그리고 희망에 대하여 부단히 이야기를 나누어 준 동생 김영석과 함께-있음에 감사드린다.

2025년 8월
진주에서 김명희

일러두기

1. 인·지명, 간행물 제목, 주요 개념 등은 국립국어원 외래어표기법을 따랐으며, 일부 인명 및 주요 개념의 경우 원어 발음에 가깝게 표기하거나 관행적으로 쓰이는 표현을 따랐다(예: 뒤르케임, 맑스, 판옵티콘 등). 한글만으로 뜻을 이해하기 힘든 용어의 경우 원어나 한자를 병기했다.
2. 단행본과 정기간행물은 겹낫표(『 』), 논문·보고서·통계조사·법령/조례·기사명은 낫표(「 」), TV 프로그램/뉴스·다큐멘터리·강의·노래는 홑화살괄호(〈 〉)로 구분했다.
3. 본문의 이탤릭체는 원저자, 고딕체 및 밑줄은 저자의 강조 표시이다.
4. 본문에 실린 표·그림은 기존 자료를 인용한 경우 재가공해 수록했으며, 출처 표시가 없는 표·그림은 저자가 직접 구성한 것이다.
5. 각 부와 장에서 다루는 주요 내용을 한눈에 살펴볼 수 있도록 책 말미에 '상세 목차'를 실었다. 핵심 개념이나 주요 항목, 수록된 표·그림 목록까지 쉽게 찾아볼 수 있다.

프롤로그
: 왜 뒤르케임의 『자살론』인가?

한국 사회의 자살현상이 심각하다. 1993~2023년 통계청 「사망원인통계」에 따르면 인구 10만 명당 한국의 자살률은 1998년에 급격히 증가한 이후 2003년을 기점으로 경제협력개발기구(이하 OECD) 최대 '자살공화국'이라는 불명예를 현재까지 유지하고 있다. 통계청이 2024년 10월 발표한 「2023년 사망원인통계」에 의하면, 대한민국 인구 10만 명당 25.2명, 1만 3978명이 자살로 사망했고 하루 평균 자살사망자 수만 38.3명에 이른다. 이는 OECD 평균인 10.7명보다 2배 이상 높고, 지난 10년간 수치 중에 가장 높다(통계청, 2024).[1] 대부분의 OECD 회원 국가가 1980년대 중반부터 자살률 하락세를 보이는 반면, 한국의 자살률은 급격하게 늘어나고 있다는 점에서 심각성을 더한다.

---

[1] 통계청 「사망원인통계」에 따른 자살률은 자살자 수를 해당 연도의 연앙인구(해당 연도의 7월 1일자 인구)로 나눈 수치를 10만 분위로 표시한 값으로 인구 10만 명당 자살자 수를 의미하며, 국가 및 지자체 자살률 목표치 설정과 국가 간 비교에 주로 활용되고 있다. 통계청 「사망원인통계」와 경찰청 변사자료는 작성 목적 및 집계기준이 다르다. 경찰청 변사지코는 수사 목적으로 당해 연도의 수사권 대상자를 기준으로 집계한 결과이다. 이는 사건 발생지를 기준으로 집계하며, 해양경찰청 및 국방부 소관의 자살사망은 제외된다. 한편 경찰청 변사자료에는 외국인이 포함되며, 통계청 「사망원인통계」는 경찰청 변사자료에서 제외된 경찰수사권 제외 대상(국방부, 해양경찰청, 해외사망)이 포함되기 때문에 자살자 수에 차이가 있다(보건복지부·한국생명존중희망재단, 2024: 25~26, 130).

자살문제는 한국 사회가 매일 소리 없이 치르고 있는 현재진행형인 참사이자 사회적 재난이다. 특히 최근 커다란 사회문제가 되고 있는 일정한 집단군의 자살행렬 — 청소년들의 자살, 노인들의 자살, 20·30대 젊은 여성들의 자살, '가족동반자살', '과로자살' 및 간호사 '태움'자살, 초등 교사들의 연쇄자살, 집배원들의 자살 등 — 은 우리 사회가 처한 재생산의 위기와 '삶의 위기'를 극명하게 드러내 보여 주며, 자살 그 자체에 대한 진지한 물음을 던져야 된다는 담론을 확대시키고 있다. 즉 한국 사회 자살현상의 근본적인 원인을 통제하기 위해서는 단순히 각 집단의 자살률 추이와 양적 변화를 서술하는 것을 넘어 문제가 '왜' 발생하는지 이론적 진단과 과학적 설명의 노력이 절실하다는 것이다.

우리가 이른바 자살연구의 선구자이자 사회학의 창립자인 에밀 뒤르케임의 고전적인 문제 지평으로 되돌아가야 할 이유는 바로 여기에 있다. 19세기 말 뒤르케임은 개인의 실존적 선택의 문제로, 또는 정신병리의 한 형태로 치부되던 자살현상을 사회적 힘의 귀결이자 사회학적 설명의 대상으로 끌어올렸고, 그 표현으로서 사회적 사실(social facts)의 존재론적·인식론적 차원을 해명하는 데 전 생애

---

2   뒤르케임에 따르면, 자살이라는 용어는, 자살자 자신이 그 결과를 알고 행하는 적극적 또는 소극적 행위의 직접적 또는 간접적 결과로 인한 모든 죽음의 경우를 뜻한다. 그리고 자살 미수는 자살과 같이 정의할 수 있으나, 실제로 죽지는 않은 경우이다(뒤르케임, 2008: 11~22).
3   사회심리학의 두 가지 패러다임인 심리학적 사회심리학과 사회학적 사회심리학의 구분과 차이에 대해서는 이동원·박옥희(2000: 15~17) 참고.

를 바쳤다 해도 과언이 아니다. 나아가 스스로 말하듯『자살론』은 단지 자살이라는 현상에 한정되어 적용할 수 있는 연구가 아니라, 당시 유럽 사회가 겪고 있는 보편적인 부적응의 원인과 그것을 치유할 구제책까지도 제시하고자 한 기획이다.[2] 이 책은 뒤르케임의『자살론』이 지닌 현대적 함의를 재해석하고, 이에 기반해 현대 한국 사회의 자살현상을 가로지르는 역사적이고 사회구조적인 힘들에 대한 사회학적 설명을 진전시키고자 하는 기획에서 출발했다.

그간 자살하는 사람의 심리에 주목한 심리학적 관점의 자살 교양서나 실존주의 관점의 자살연구가 여럿 출간된 바 있지만, 한국 사회 자살의 시공간적 맥락에 착근하여 그 사회심리적 구조와 힘을 탐색하는 사회학적 사회심리학 관점의 자살연구서는 찾아보기 힘들다.[3] 최근 역사 속의 자살이나 자살의 사회적 의미에 주목한 괄목할 만한 연구들이 제출되고 있지만, 이들 분석은 다양한 자살사례를 가로지르는 사회적 힘(들)에 대한 사회이론적 통찰과 충분히 결합되지는 못하고 있다. 현저한 양적 증가를 과시하고 있는 국내 사회과학 분야의 자살연구에서도 뒤르케임이 씨름했던 '문제들'과 충실히 대화한 연구를 발견하기란 쉽지 않다. 뒤르케임의『자살론』은 기껏해야 글 도입부의 서주(序奏) 정도로 등장하거나 아노미 이론으로 수용된 자살유형에 대한 관행적 인용에 그치고 만다. 이러한 현상 자체가 신시한 성찰을 요하는 논제인 셈인데,『자살론』이 자살학의 성립에 크게 기여했음에도 그 현재성과 유용성은 크게 주목을 받지 못했다. 2003년 이후 OECD 국가 1위를 맴도는 한국 사회 자살현상의 원인과 해법에 대한 논의에서 사회(과)학적 담론이 빈약한 작금의 상황은, 현실의 자살문제에 대한 사회이론적·방법론적 접근이 부족했던 학계의 관행에도 책임이 있다. 한국 사회의 구체적 현실과 역사성을 반영하지 않은 채 이루어지는 자살담론과 이론적 논의는 현실의 자살문제에 대한 실질적 개입력을 확보하지 못하고, 이론 없이 재생산되는 실증주의적 자살연구는 사회문제로서 자살을 다루는 데 실패한 채 '사회의료화'를 가속화하는 데 일조해 왔다.

고전사회학자 뒤르케임이 개척한 '자살의 사회학적 관점'이 여전히 요청되며, '지금, 여기'의 맥락에서 현대적으로 재구성될 필요가 있는 까닭은 여기에 있다. 리처드 세넷이 일갈한 바 있듯,『자살론』은 근대 세계에 우리가 자살에 대해 어떻게 생각해야 하는지를 가르쳤다(Sennett, 2006: xi). 이러한 문제의식에서 이 책은 현대 한국 사회의 복잡한 자살현상을 헤아려 볼 이론적·방법론적 도구로서 『자살론』의 고갈되지 않은 통찰력을 복원하면서, 현대 한국 사회의 지리-역사적 맥락에서『자살론』을 다시 쓰는 작업을 수행하고자 한다. 무엇보다 이 책은 다음과 같은 점에 강조점을 두었다.

첫째, 이 책은 설명적 사회연구의 전범으로서『자살론』이 이론과 방법론 모두에서 자살문제의 진단과 해법을 위한 대안적인 패러다임이 될 수 있다는 점을 드러내고 이를 현대적으로 재구성하는 데 중점을 두었다. 오늘날 한국 사회는 자살에 대한 사회학적 관점의 빈곤만이 아니라 자살이라는 사회심리 현상에 접근할 보다 적절하고 타당한 과학방법론의 빈곤으로 인해서도 고통받고 있기 때문이다. 이 지점에서 『자살론』을 성공으로 이끈 뒤르케임의 사회(과)학 방법론은 높은 자살률의 원인을 사회적 차원에서 규명하며, 여러 분과학문과도 협력할 수 있는 통합 분과적 사유를 열어 주고 있다. 그런 점에서 뒤르케임이 개척한 사회학적 사유 방식은 하나의 분과학문의 지평에 머물지 않고 통합적 인간과학의 단단한 토대를 제공한다.[4]

둘째, 『자살론』은 그것이 사용한 데이터상의 결함에도 불구하고 개념화의 힘에서 생산성을 드러낸다. 하지만 『자살론』이 제시한 자살유형학의 미완성은 한국 사회 자살의 역사성을 포착하는 데 장애가 되고 있다. 이 점에서 『자살론』은 현대 사회이론의 발전과 한국의 특수한 역사적·경험적 현실에 입각해 보다 정교화된 발전을 요청하고 있는 미완의 기획이라고 할 수 있다. 따라서 이 책은 현대 한국 사회의 역사적인 실례에 비추어 뒤르케임의 자살유형학에서 저발전된 숙명론적 자살 개념을 복원하고, 그것의 발생 과정과 현대적 작동 방식을 여러 질적 사례 연구방법을 활용해 탐색하고자 했다. 후술하겠지만, 이러한 방법론적 시도는 비판적 실재론(critical realism)이 정식화한 발생적 인과성 개념과 과정 지향적 접근 방식(process-oriented approach)에 의해 더욱 타당해질 수 있다.

셋째, 이 책은 그 전반에 걸쳐 자살이 건강상의 문제를 야기하는

---

4 Sawyer(2002), 티리아키언(2015), 오를레앙(2016) 참고. 통합적 인간과학의 선구적 주창자이자 사회과학의 기초 작업자로서 뒤르케임의 방법론을 비판적 실재론의 관점에서 재해석한 논의로는 김명희(2015c; 2016a; 2017b; 2023) 참고.

사회문제인 동시에 정치적인 문제라는 점을 강조하고 있다. 헤아려 보면 자살문제는 여러 층위에서 정치와 연결된다(Webb, 2010). 1차적으로 자살은 '해석'을 통해 정치와 만난다. 언뜻 자살은 매우 비정치적인 현상으로 보이지만, 그것을 어떻게 '해석'하는가라는 지식정치와 무관하지 않다. 예컨대 '탈북자 자살'을 야기하는 사회적 차별의 문제나 적대감을 양산하는 분단구조를 도외시한 채 정신과적 증상에만 주목하게 하는 의료화의 지식정치는 탈북민들의 삶과 죽음에 직간접적으로 관여한다. 또한 자살은 각종 '정책'(사회보장·인권·노동·교육정책)을 통해 정치와 연결된다. 예를 들어 대량 실업으로 인해 개인이 겪는 자살충동은 국가의 사회보장정책 실패로 충분히 설명될 수 있고, 인권의 사각지대에 있는 소외 계층에 대한 적절한 구제책이 없다면 인권 소수자의 고통을 방관한 국가의 책임을 물을 수 있다. 마찬가지로 자살은 '제도'를 통해 정치와 연결된다. 오늘날 국가권력이 생산하는 모든 정책은 제도로 구현되기에, 특정한 형태의 자살을 야기하거나 경감시키는 제도적 조건과 정치체제의 성격이 아울러 고려될 필요가 있는 것이다.[5] 이러한 관점에서 뒤

---

5 뒤르케임 사회학에서 '제도'는 심리학 등과 구분되는 사회학의 독자적인(sui generis) 연구 대상이다. 심리학의 관점에서 결혼, 가족, 종교의 본질은 제도들에 상응하는 개인적 욕구인 부모의 애정, 효성, 성적 욕구, 종교적 본능 등으로 구성된다. 그러한 제도는 개인의 본성이 지닌 보편적 성격의 우연한 표현에 불과하므로, 특별히 연구할 필요가 없는 것이다. 그러나 사회학의 관점에서 결혼, 이혼, 가족, 종교, 군대 등의 제도는 명확한 법칙에 따라 자살에 영향을 미치고, 그러한 법칙 가운데 일부는 수치적으로 명확하게 표현될 수 있다. 설사 개인이 그러한 힘들의 형성에 한 요소로서 참여한다 하더라도, 일단 형성된 힘은 개인을 통제한다(뒤르케임, 2008: 13~14). 이러한 맥락에서 뒤르케임은 제도들의 현존은 인

뒤르케임은 『사회학적 방법의 규칙들』 제2판 서문(1901)에서 사회학을 "제도와 제도의 발생, 제도의 기능에 관한 과학"으로 재정의한다. 여기서 제도(institution)라는 말은, 집합체에 의해 만들어진 모든 신념과 행위양식을 지칭한다(뒤르케임, 2001: 44).

아울러 뒤르케임이 간파했듯 자살은 본디 연대의 문제이며, 연대 역시 인간존재의 관계적 차원을 질문하는 정치적인 문제이다. 인간(人間)은 고립된 존재가 아니라 서로가 깊은 상호 의존성 속에서 살아가는 관계 속의 개인이다. 그런 의미에서 자율성은 관계성의 적이 아니라 관계성의 조건이 되며, 그 역도 마찬가지이다. 오늘날 연대가 없는 혹은 부족한 사회에서 사람들은 중요한 사회적 자원에 대한 접근을 차단당한다. 더욱이 경제적·정치적·환경적 차원에서 더욱 증대하고 있는 지구적인 상호 의존성을 고려할 때, 연대의무라는 매개변수를 정의하기 위해서도 도덕적인 것과 정치적인 것을 이분법적으로 구분하는 것은 가능하지도, 바람직하지도 않다(Fraser, 2007: 30~47). 앞으로 살펴보겠지만 뒤르케임이 추구한 도덕과학 혹은 자연주의 윤리학[6]이 직업집단의 연대에서 자살이라는 사회문제 혹은 병리현상의 궁극적 해법을 찾았던 이유 또한 여기에 있을

간사회의 독특한 특징이며, 사회학 고유의 주제라고 말한다(Durkheim, 1982f: 248).

[6] 이 글에서 자연주의 윤리학은 도덕적 사실이 곧 자연적 현상의 일부이며, 과학적 탐구에 의해 설명될 수 있다는 메타이론적 관점을 지칭한다. 도덕에 대한 과학적 연구가 가능하다는 뒤르케임의 자연주의 윤리학은 다음의 언술에서 명확히 드러난다. "과학과 도덕을 화해시키는 것은 도덕과학이다. 왜냐하면 과학은 우리에게 도덕적 현실을 존중할 것을 가르침과 동시에 그것을 개선할 수단도 제공하기 때문이다"(뒤르케임, 2012: 67).

것이다. 이 책 제3부에서 현대 자살연구의 나아갈 방향으로서 인권적 관점에 입각한 사회연대, 즉 사회정의에 입각한 과학의 유기적 연대를 제안하고 있는 것도 이러한 까닭이다. 후술하겠지만, 이러한 입장은 최근 영국과 호주를 중심으로 사회운동 차원에서 확장되고 있는 비판적 자살학(critical suicidology)의 문제의식과 공명한다.

이러한 기획에서 출발한 이 책은 크게 3부의 편재와 아홉 개의 장으로 구성된다. 먼저 제1부의 주제는 '『자살론』의 현대적 해석'이다. 제1장 '자살과 통치'에서는 한국 사회가 자살문제를 다루는 방식을 돌아보고, 『자살론』이 왜 '지금 이곳'의 자살문제를 통찰하는 데 현재성을 갖는지 한국의 국가 수준 자살예방정책 텍스트에 대한 비판적 담론분석을 통해 살펴본다. 이를 통해 전 지구적인 맥락에서 강화되고 있는 '자살의 의료화'와 실증주의적 자살예방정책의 한계가 분명해진다면, 제2장 '자살의 사회학'에서는 『자살론』이 전제하고 있는 메타이론과 방법론, 이론 및 정책적 함의를 재구성한다. 이를 통해 『자살론』을 성공으로 이끈 뒤르케임의 사회과학방법론을 한국의 실증주의적 자살예방정책이 지닌 한계를 넘어서기 위한 맥락에서 다시 불러온다. 나아가 이 장에서는 단지 방법(론)의 차원으로 환원되지 않는 『자살론』의 존재론적 지평과 사회과학철학이 주류 자살학의 관점을 넘어서는 비판적 자살학의 관점과 다학

7   제2장에서 충분히 논의하지 못한 이 쟁점은 이 책의 에필로그에서 더 보충할 것이다.

제적 지평을 선구적으로 열어 놓고 있다는 점을 짚고 갈 것이다.[7]

제3장 '숙명론적 자살의 수수께끼'에서는 뒤르케임의 자살유형학에서 근대사회에서는 작동하지 않는 것으로 치부했던 숙명론적 자살(fatalistic suicide)이 곳곳에서 자행되는 폭력과 사회 통제가 관여하는 현대 한국 사회의 자살을 설명하는 데 여전히 유의미한 개념임을 살펴볼 것이다. 폭력은 현재 인문사회과학의 최대 화두 중 하나이다. 폭력은 현대사회의 만연한 사회적 조건으로 자리하며, 현대 자본주의의 사회경제적 불평등과 부정의한 권력관계가 표출되는 방식이자 개인의 실존을 위협하는 치명적인 사회적 힘으로 작동한다.[8] 이러한 배경에서 자살을 폭력의 맥락에서 재배치한 제임스 길리건(2012), 폭력을 '구조적·문화적·직접적 폭력'으로 변별하고 새롭게 개념화한 요한 갈퉁(2000), 나아가 세계보건기구(WHO)가 제시한 건강 개념과 '집단적·대인적·자기를 향한 폭력'이라는 개념 등의 연구 성과는 자살을 야기하는 사회정치적 맥락과 건강상의 결과까지를 아울러 통찰할 분과 횡단적 자원을 제공해 준다. 이러한 이론적 성과를 종합하여 한국 사회 자살의 발생 과정을 탐색할 분석틀을 제시하는 것이 이 장의 과제이다.

---

8   폭력의 문제는 인문사회과학의 가장 뜨거운 관심사 중 하나이다. 2020년에 케임브리지대학 출판사가 『폭력의 세계사』(*The Cambridge World History of Violence*) 시리즈를 출간했고, 다양한 학술 장(場)에서 현대사회의 정치적 상황에서 발생하는 폭력의 문제에 대한 분석과 대안을 토론하는 장이 마련되고 있다(전진성, 2023).

제2부 '자살과 정치'는 제1부에서 살펴본 『자살론』의 이론적· 방법론적 성과에 입각해 한국 사회 자살의 역사성과 정치성을 한 국 현대사의 여러 사례를 통해 탐색하는 사회학적 실증연구에 해 당한다. 제4~6장에서는 본격적으로 현대 한국 사회에서 이슈가 된 자살 초점집단의 사례를 다룬다. 이 같은 접근 방식은 전형적인 사 례 기반 접근법을 취한다. 사례에 기초한 문제의 고찰은 뒤르케임 의 이론적·추상적인 개념에 역사적·실증적 맥락과 구체성을 부여 함으로써, 현대 한국 사회 자살의 복합적인 발생 기제와 인과 과정 을 발견하고 드러낼 수 있다는 장점이 있다. 아울러 이러한 사례연 구는 한국 사회 자살현상에 공통되게 개입하는 이중의 생명정치를 직시할 것을 요청한다. 한국적 근대화의 역사적 유제(遺制)로서 권 위주의적 생명정치와 전 지구적인 수준에서 전개되고 있는 신자유 주의적 생명정치가 그것이다.[9] 프랑스 사회학자 디디에 파생이 말 하듯, 오늘날 생명정치는 정치보다는 통치를 기반으로 하며(Fassin, 2018: 118), 제도의 머리 격인 국가권력을 통해 '죽음정치'로 현상하 는 양상을 보인다. 우리가 오늘날 목도하고 있는 여러 자살들은 이 같은 '죽음정치'의 작동 방식과 긴밀히 얽혀 있다.[10]

따라서 먼저 '자살과 국가'의 관계를 다루는 제2부의 제4장에

---

[9] 생명정치는 생명 그 자체가 정치의 대상이자 현대 정치 과정의 중심부로 부상한 현상을 폭넓게 일컫는다.
[10] 이 책의 제9장에서 우리는 이 쟁점으로 다시 돌아올 것이다. 한편으로 한국의 자살과 죽음정치에 대한 흥미로운 에세이로 천정환(2021) 참고.

서는 한국 현대사에서 가장 참혹한 국가폭력이었던 5·18 자살자 사례에 대한 사회학적 심리부검을 통해 국가폭력 트라우마가 매개하는 숙명론적 자살의 전개 과정과 작동 방식을 탐문하는 데 주안점을 둔다. 다음으로 '자살과 가족'의 관계를 다루는 제5장에서는 5·18 자살자 유족의 사례를 통해 한국 사회 특유의 가족주의 문화와 남성 생계 부양자 모델에 기반한 가족 책임의 질곡 속에서 남겨진 사람들, 즉 친밀한 영역의 행위자들이 어떻게 가족 상실의 아픔을 안고 잠재적인 자살 생존자가 되어 가는지를 살펴본다. 이를 통해 생활 세계로 확대·재생산되는 사회문화적 폭력의 양상들을 가려 보고, 유족의 상(喪)의 과정이 내보이는 가족정치(학)의 차원을 드러내는 것이 제5장의 과제이다. 제6장 '자살과 분단'에서는 여전히 전쟁 상태를 경유하고 있는 분단국가의 시민권 질서에서, 사회경제적·정치적 주변부에 위치한 탈북민들의 자살문제를 중심으로 전쟁정치와 신자유주의적 생명정치가 얽혀 들어가는 독특한 국면을 탐색한다. 이를 통해 치료요법문화에 포섭된 현대사회가 요청하는 탈의료화된 사회문화적 치유의 필요성이 보다 분명해질 수 있기를 바란다.

　미리 말하자면 이 책에서 다루는 자살 초점집단은 진공 상태에 위치한 추상적이고 고립된 개인들이 아니다. 자살을 향한 충동에 사로잡힌 개인들은 특정한 지리-역사적 공간과 사회적인 위치 관계 속에 자리한 구체적인 사람들(persons)이다. 그렇기에 이 사례들이 경험적 수준에서 한국 사회의 자살 일반을 대표하거나 포괄한다고 볼 수는 없다. 이 사례들은 한국 사회 자살의 작동 방식과 발생 과정을 탐색하고 설명하기 위해 선정된 병리적이고 극단적인 사례들에 해당한다. 영국의 비판적 실재론자인 앤드류 콜리어는 이러한 접근 방식을 '병리적인 것의 방법론적 우선성'이라는 개념으로 포착한 바 있다(콜리어, 2010: 241). 병리적인 것의 방법론적 우선성이란 "병리적이거나 위급한 상황이 어떻게 잘못되어 가는가를 살펴봄으로써" 잘 드러나지 않던 특정한 기제가 아주 명확하게 드러나 훨씬 더 많은 것을 찾아낼 수 있다는 뜻이다.[11] 이 같은 관점에서 제2부와 제3부에서 다루는 여러 초점집단의 자살사례는 살펴볼 방법론적 비교를 위해 채택된 전략적 사례로서 의미를 갖는다.

제3부 '자살과 인권'에서는 두 사례를 경유하여 대안적인 생명정치의 모색으로 나아간다. 먼저 제7장 '자살과 재난'에서는 2022년 10·29 이태원 참사 159번째 희생자의 자살에 대한 인권 기반 접근을 시도한다. 질적 사례 연구방법에 기초한 재난 참사 피해자에 대한 사회학적 심리부검을 통해 참사 이후 계속되는 인권침해와 탈진실정치의 사회적 조건에서 '참사 후 자살자'의 사례가 유사한 패턴으로 발생할 수 있음에 주목하는 것이다. 이 장에서는 이러

---

[11] 즉 병리적 사례(pathological cases)의 특징은 실험적 개입 없이 병리적 상황이 연구자와 무관하게 발생한다는 점에 있다. 예컨대, 사회적 결속의 조건은 분열의 시기에 분명히 드러나고, 국가기구들의 정당성의 조건은 그것이 심각하게 위협받는 상황에서 유리하게 연구될 수 있다(다네마르크 외, 2005: 175~178).

한 패턴을 '재난 참사 피해자의 재희생자화'로 개념화했다. 특히 이태원 참사의 비극적인 사례는 정신건강/재난 트라우마센터를 중심으로 확대되는 사회의료화의 제도적 힘이 위기에 처한 개인의 고통을 경감시키기보다 증폭시키는 부정의한 사회 과정을 여실히 보여주는 사례라는 점에서 중요한 의의가 있다.

제8장 '자살과 직업집단'에서는 2023년 '서이초 사태'로 가시화된 초등 교사들의 자살을 사회복지사, 간호사 등 직업집단의 자살의 맥락 속에 재배치하고 제도적 문화기술지 접근을 통해 살펴보았다.[12] 이를 통해 서이초 사태의 배후에 5·31 교육체제와 신공공관리 교육개혁의 누적된 효과 속에서 교육 서비스를 수행하는 종속적 지위로 전락한 교사들의 취약한 위치성과 인권침해적 업무환경이 관여하고 있음을 확인할 수 있다. 이러한 제도적 환경에서 발생한 초등 교사들의 자살은 신자유주의적 교육행정이 부과한 과도한 노동조건, 관료화되고 파편화된 조직문화와 '교사 노동'의 소외, 직업윤리의 훼손과 교육 목적의 상실 등이 중층적으로 결합된 '아노미-숙명론적 자살'의 현대적 작동 방식을 드러내 보여 준다. 거꾸로 스스로의 문제를 해결하기 위한 교사집단의 조직화 노력과 연대의 흐름은 자아

---

12 방법론적 차원에서 이 책은 연구의 목적과 대상에 따라 다양한 방법들의 유연한 결합을 추구하는 비판적 방법론적 다원주의(Critical Methodological Pluralism)의 입장을 취한다. 이는 방법론의 암묵적인 토대인 존재론에 무관심한 논리실증주의와 날리 존재론과 방법론의 긴밀한 연관에 주의를 기울인다는 점에서 비판적이며, 인간의 고통을 야기한 사회적 힘과 사회적 조건을 발견하고 해명하기 위해 탐구 대상에 적합한 다양한 방법들의 유연한 결합을 추구한다는 점에서 다원주의적이다(다네마르크 외, 2005; 김명희, 2021b).

상실의 노동과정을 통제하고 자력화를 촉진할 대항 경향으로 작동할 수 있음을 알 수 있다. 이 같은 발견은 연대를 통한 해법을 제안했던 뒤르케임의 직업집단론이 지닌 현재성과 적실성을 보여 주며, 뒤르케임의 자살이론을 인권과 시민성의 관점에서 보다 촘촘하게 재구성할 필요성을 제기한다.

마지막 장인 제9장 '자살 레짐을 넘어서'에서는 뒤르케임의 도덕과학을 현대 윤리적 자연주의의 맥락에서 재조명하며, 대안적인 생명정치의 가능성을 모색한다. 이를 통해 의료화된 생명정치 패러다임의 한계에서 벗어나 사회정의(social justice)와 인권에 기반한 역량 접근이 자살을 둘러싼 사회정책적 해법에 대안적 패러다임으로 도입될 필요가 있음을 제안한다. 특히 이 장에서는 뒤르케임의 도덕과학을 법과 도덕, 정의의 연속선상에 위치 짓고, 정책과 제도의 차원에 연결시키고자 한다. 끝으로 에필로그에서는 융합의 시대에 요청되는 학제성의 철학과 통합적 패러다임을 뒤르케임의 기획으로 거슬러 올라가 되불러 오고, 통합된 다원주의에 기초한 다학제적 자살 연구의 가능성을 전망해 본다.

목차

감사의 글 ··· 4
프롤로그 - 왜 뒤르케임의 『자살론』인가? ··· 7

제1부 『자살론』의 현대적 해석　23
제1장　자살과 통치: 한국 자살예방정책의 의료화 ······························· 24
제2장　자살의 사회학: 『자살론』의 실재론적 해석 ······························· 60
제3장　숙명론적 자살의 수수께끼: 『자살론』의 정치적 해석 ············· 126

제2부 자살과 정치　173
제4장　자살과 국가: 「5·18 자살자 심리부검 보고서 2.0」 ················ 174
제5장　자살과 가족: 자살자 유가족의 사회적 고통과 상(喪)의 과정 ······ 219
제6장　자살과 분단: '탈북자 자살'과 이중의 생명정치 ······················ 267

제3부 자살과 인권　315
제7장　자살과 재난: 이태원 참사 159번째 희생자의 인권과 '자살 과정' ······ 316
제8장　자살과 직업집단: 초등 교사들의 자살에 대한 제도적 문화기술지 ······ 383
제9장　자살 레짐을 넘어서: 뒤르케임의 도덕과학과 좋은 사회의 존재론 ······ 460

에필로그 - 오래된 미래, 통합과학으로서 사회학의 전망 ·················· 531

참고문헌 ··· 561
실린 글의 출처 ·· 603
상세 목차 ··· 605

제1부

『자살론』의 현대적 해석

제1장 자살과 통치
: 한국 자살예방정책의 의료화

과학의 발전을 방해하는 기술(art)의 침범은 과학적 성찰에 대한 각성을 촉구하는 바로 그 상황에 의해 더욱 촉진된다. 기술은 긴급한 필요만 충족시키기 위해 존재하기 때문에 자연스럽게 실용적인 결과를 추구한다. 필요를 채우기 위해 욕구는 항상 긴급을 요하고, 따라서 서둘러 결말에 이르려고 한다. 그러므로 설명보다는 치료를 요구한다(뒤르케임, 2001: 72).

1. 자살국가, 한국

이 장에서는 한국의 국가 수준 자살예방정책의 등장을 하나의 담론적 사건으로 의제화하고 비판적 담론분석을 통해 현대 한국 사회가 자살문제를 다루는 방식을 살펴봄으로써, 자살과 통치의 관계를 드러내 보이고자 한다.[1] 이를 논하기 위해 자살현상을 현대사회가

---

1 노만 페어클러프가 발전시킨 비판적 담론분석(Critical Discourse Analysis, CDA)은 의미 형성과 의미체계(담론)의 순환, 그리고 힘의 관계들과 이데올로기에 담긴 의미를 조사하는 분석 방법이다(페어클러프, 2012; Bhaskar, 2016: 103). 특히 이 글에서는 한국의 국가 수준 자살예방정책과 관련 법률·법령·조례 등의 텍스트를 가로지르는 담론들 및 주요 가정들(assumptions)의 상호 텍스트성(intertextuality)을 살피는 데 주의를 기울였다. 서로 얽힌 텍스트의 관계성과 가정들의 연쇄과정을 살펴봄으로써 그것이 기여하는 사회구조와 실천, 이데올로기의 층위를 드러낼 수 있기 때문이다(페어클러프, 2012: 487~507). 비판적 실재

직면한 사회적 고통의 한 형태로 바라볼 필요가 있다. 사회적 고통(social suffering)이란 개인적이고 의학적인 고통으로 환원되지 않는 고통의 사회적 차원과 이를 야기한 사회적 힘을 아울러 지칭하는 개념이다.

이 개념을 제안한 아서 클라인먼과 그의 동료들은 사회적 힘이 인간에게 줄 수 있는 파괴적인 상처들의 원인과 결과 그리고 이로 인한 여러 가지 문제점들을 사회적 고통이라 정의한 바 있다. 예컨대 전염병과 트라우마, 우울증과 자살 등 건강상의 문제와 고통을 수반하는 여러 유형의 사회문제가 사회적 고통의 범주로 이해될 수 있다. 여기서 주목할 점은 대부분의 사회문제가 그러하듯, 자살이라는 사회적 고통은 사회제도와 담론, 권력이 그것을 어떻게 다루는가에 따라 그 파급력과 진행 방식이 달라질 수 있다는 점이다. 이러한 맥락에서 이들은 정치·경제·제도적 권력으로 인해 생겨난 "사회적 문제에 대해 이들 권력이 대응하는 방식은 또다시 사회적 고통을 야기한다"라고 말한다(클라인먼·다스 외, 2002: 9). 이렇게 볼 때 사회적 고통은 그 고통을 어떻게 말하고 해석하는가를 둘러싼 지식정치와 밀접한 관련을 맺으며, 의료화 같은 "전문적이고 정치적인 처리 과정"에 의해 다른 대응 방식을 갖게 된다(같은 책, 13). 이를 논하기 전에 우선, 한국 사회 자살률의 현황과 추이를 간략히

론이 추구하는 설명을 통한 비판, 즉 설명적 비판과 공명하는 비판적 담론분석의 절차와 사례연구로 각각 페어클러프(2012: 483), 이성빈·김명희(2024) 참고.

살펴보기로 하자.

한국 사회의 자살률 추이

경제협력개발기구(이하 OECD) 주요 회원국의 자살률 추이를 보면 한국은 2003년 이후 자살률 연속 1위를 기록하다, 2018년 리투아니아의 OECD 가입이 공식화되면서 잠시 2위를 기록했다(보건복지부·한국생명존중희망재단, 2024: 130~131). 하지만 다시 자살률이 증가하여 2018년에서 현재까지 한국은 OECD 회원국 가운데 가장 높은 자살률을 보이고 있다. 2023년 기준 OECD 회원국 평균 자살률은 23년 동안 16.6% 감소했으나, 한국은 230.68% 폭증했다. 거의 250%포인트 차이가 나는 셈이다. 남성 대비 여성 자살률 역시 기록적으로 OECD 회원국 중 1위로, 한국 남성이 OECD 평균의 2.2배 가량인 데 반해 한국 여성의 자살률은 OECD 평균의 3배에 육박한다.[2] 세대별로 살펴보면 65세 이상 노인의 경우 매년 3500여 명이 스스로 생을 마감하고 있다. 42.2명(2021년 기준)의 노인 자살률은, OECD 평균인 14.2명에 비교할 때 3배에 이른다. 1990년대 후반부터 증가세를 보이고 있는 한국 청소년(10~24세) 자살률은 12.4명(2021년 기준)으로, OECD 평균보다 2.1배 높다(보건복지부·한국생명존중희망재단, 2024: 135~143).

보다 통시적으로 자살률 추이를 살펴보면, 한국 사회의 높

---

2 「세계 최악의 극단적 선택, 나쁜 국가와 사회의 공동범죄다」, 『경향신문』, 2023. 5. 11.

은 자살률이 1997년 IMF 이후나 2003년 카드 대란 사태 이후에 불거진 현상이 아님을 알 수 있다. 「경찰통계연보」에 기록된 1960~1970년대 한국의 자살률은 1963년과 1979년을 제외하고, 인구 10만 명당 25명 이상으로 당시 자살률 세계 1위인 헝가리와 비슷한 수치를 기록했다(정승화, 2011: 193). 1960~1970년대 정점을 찍었던 자살률은 1980년대 후반의 민주화 이후 줄었다가 1990년대 말 이후 불평등과 양극화가 악화되면서 폭증했고,[3] 2003년 이래 압도적인 1위를 석권하고 있다. 1980년대를 기점으로 점차 줄어드는 추세를 보이는 OECD 회원국 평균 자살률과 달리, 오히려 정반대로 가파른 상승 그래프를 그리고 있는 한국 사회 자살률은 한국을 '자살국가', '자살공화국'이라고 부르는 것이 결코 지나치지 않음을 일러 준다.[4] 이에 국제사회에서도 한국의 자살문제를 심각하게 여기게 되었고(하라리, 2023: 22), 국가 차원의 대책 마련을 촉구하기에 이르렀다.

자살문제가 매우 심각한 한국의 사회문제로 부상함에 따라, 한국 정부는 2004년 이래 자살예방종합대책을 시행해 왔다. 특히 2011년 「자살예방 및 생명존중문화 조성을 위한 법률」 제정 이후 한국 정부는 자살문제에 대한 여러 입법적 대응을 해 왔다. 2018년

---

3   한국의 자살 발생 추이와 살인범죄 추이 사이에는 놀랄 만한 유사성이 있다. 그럼에도 1987~1991년 전체 범죄가 꾸준이 증가함에도 불구하고, 자살은 감소하는 추세였다. 김태형은 이를 1987~1991년 한국의 민주화 열기와 변혁에의 열망이 인간에 대한 신뢰감과 연대감을 높이는 효과를 낳은 것과 연결시킨다(김태형, 2017: 168~169).
4   「세계 최악의 극단적 선택, 나쁜 국가와 사회의 공동범죄다」, 『경향신문』, 2023. 5. 11.

부터 '국민생명지키기 3대 프로젝트' 중 하나로 「자살예방 국가행동계획」(2018~2022년)을 수립했고, 2022년에는 「자살예방법」을 개정하여, 자살통계 수집과 분석 기반을 마련하고 근거 기반 자살예방정책 및 사업 추진을 강화했다(보건복지부·한국생명존중희망재단, 2022: 20). 하지만 국가 수준 자살예방대책의 대대적인 시행에도 불구하고, 한국 사회 자살률은 전혀 줄어들지 않고 있다.

한국 사회가 자살을 다루는 방식

이러한 현상은 한국 사회 자살현상의 원인을 진단하고 해법을 도출하는 프레임 자체의 실효성을 근본적으로 질문하게 한다.[5] 국내에서 자살문제를 다루는 지배적인 접근 방식은 크게 세 가지로 분류될 수 있다.

첫째, 정신의학적 접근 방식으로 특정한 개인의 심리적 요인이나 가계의 유전적 결함이 자살을 일으킨다는 것이다. 대표적인 예가 '우울증'이다. 이 입장은 양적·질적 분석 방법을 막론하고 대부분의 국내 연구 논문에서 무차별적으로 채택되는 가장 '객관적'이고 확실한 자살 요인이다. 이때의 자살은 인간 육체의 생물학적 차원으로 소급되는 질병으로, 근대 서구 의학의 지배적인 패러다임인

---

[5] 조지 레이코프에 따르면 프레임이란 우리가 세상을 바라보는 방식을 형성하는 정신적 구조물이다. 프레임은 직접 볼 수도 들을 수도 없는 이른바 인지적 무의식(cognitive unconscious)의 일부로 이로부터 상식적인 추론이 나온다. 프레임은 사회정책과 그 정책을 실행하기 위해 만드는 제도를 형성한다. 그러므로 프레임을 재구성하는 것은 이 모든 것을 바꾸는 것이며, 곧 사회변화를 의미한다(레이코프, 2015: 10~11).

생의학적 모델(biomedical model)을 공유한다는 점이 특징적이다. 그러나 역설적이게도 우울증의 원인은 불명확하다. 실제 세계보건기구의 최근 통계에 따르면 모든 자살의 약 79%가 저소득 및 중소득 국가에서 발생하고 있다(WHO, 2019). 미국질병예방센터에 따르면 미국의 자살사망자 가운데 절반 이상이 정신건강 질환 없이 자살로 사망하는 것으로 나타났다(CDC, 2018).

둘째, 의학적 모델의 한계를 지적하고 자살현상을 보다 거시적인 사회정책적 문제로 환기시킨 연구들조차, 생물학적 가설을 '경제 위기' 가설로 대체하는 것에 그치고 만다. 두 시기에 가파르게 상승한 한국 사회 자살률의 변곡점이 그 논거로 제시되고는 한다. 1997~1998년 IMF 시기에 맞물려 급증한 자살률은 경제 위기의 영향으로 이해되었고, 그로부터 10년 뒤 발생한 2008년 금융 위기 시기에 자살률이 다시 한번 급증하면서 경제 위기는 한국의 자살률을 설명하는 가장 강력한 도구로 자리매김되었다(문다슬·정혜주, 2018: 235~236). 하지만 이코노사이드(econocide)의 측면에 주목하는 연구들은 1997년 IMF 이후 통계를 통해 나타나는 실업, 빈곤, 소득 감소 등 경제 지표의 '어떠한' 측면이 자살이라는 행위에 영향을 미치는지 그 인과적 맥락을 충분히 밝혀 주지는 못한다.

세계적으로 경제 위기 자체가 자살률의 상승으로 이어지지 않았던 사례는 얼마든지 찾을 수 있을뿐더러, 경제 위기 담론은 그 기저에 자리한 불평등한 사회관계에서 원인을 찾거나 그 작동 방식을 규명하기보다, 경제 위기로부터 자살률을 선험적으로 연역하는 경향이 있다. 뒤르케임을 끌어오자면, "경제 발전에 영향을 미치는 도덕적 원인들을 무시한다면 경제 발전에 관해서 완전히 그릇된 인식에 도달"하게 되는 셈이다(Durkheim, 1887: 40).[6]

셋째, 통계 사용에 기초한 『자살론』의 방법론적 맹점을 비판하면서 구성주의 혹은 후기구조주의적 시각에서 자살현상에 접근한 연구들은 자살의 의미 구성과 담론 작용을 강조한다. 즉 공식통계가 사회적 사실의 반영이 아니라 공식통계를 작성하는 기관의 관료적 정의와 인식의 반영일 뿐이듯, 자살률이나 자살이 명백히 사회적 사실일 필요가 없다는 것이다. 이에 따르면 오히려 자살(률)은, 협상, 판단, 의사 결정이라는 사회적 과정의 결과이며, 사회적 정의(definition) 혹은 담론의 접근의 산물이다.

이들의 입론은 자살예방 담론을 둘러싼 지식-권력의 작동과 의료화된 시선에 강력한 의문을 제기한다는 점에서 유의미하지만, 해석의 문제로 환원되지 않는 자살의 발생원인과 과정에는 무관심하다는 점에서 인식적 오류[7]를 답습할 우려가 있다. 또한 이들은 자

---

6   오히려 뒤르케임은 거꾸로 이렇게 말한다. "이런 (아노미적) 정신 상태가 경제 위기로 인한 자살 증가의 주원인이다. 인간은 건전한 규제를 받는 사회에서 우연한 타격을 더 잘 견뎌 낸다. 불편과 제약에 익숙하기 때문에 약간의 불편을 견디는 것이 어렵지 않은 것이다"(뒤르케임, 2008: 319).
7   인식적 오류(epistemic fallacy)는 존재의 문제를 앎의 문제로 환원하고, 존재론적 문제를 인식론적 문제로 환원하는 오류를 지칭하는 개념이다. 비판적 실재론은 서구 근대 철학의 기저에 깔린 인식적 오류를 극복하기 위해 인식론에서 존재론으로의 전환이 필요하다고 주장하고, 지식 대상의 자동적 차원(intransitive dimension)과 (대상에 대한) 지식활동의 타동적 차원(transitive dimension)을 구분하는 것으로부터 논의를 시작한다. 뒤르케임식으로 말하자면, 한국 사회의 높은 자살률은 그에 대한 우리의 인식/지식이나 해석(타동적 차

살의 원인과 과정을 탐구할 대안적인 관점 및 지식 생산의 방법론을 모색하는 작업에도 무관심하다.

이 세 가지 입장을 뒤르케임의 사회학적 자연주의(sociological naturalism)의 입장에서 미리 논박하자면 앞의 두 시각이 의료적 환원주의 혹은 사회경제적 환원주의 경향을 대표한다면, 세 번째 시각은 사회적 사실로서 실재하는 자살을 명목상의 해석의 문제 혹은 담론적 구성물로 치부함으로써 사회구성주의 또는 담론 환원주의로 경사될 위험이 있다. 이러한 접근 방식은 첫째, 개인적 요인이나 환경적 요인 혹은 담론의 차원으로 환원되지 않는 '사회적 차원'에 대한 진지한 질문과 통찰을 결여하고 있다는 점에서 제한적이다. 둘째, 이들 연구는 자살현상에 대한 탈정치화된 독해를 재생산하고 있다는 점에서 공통점을 보인다. 앞선 논의 모두에서 『자살론』이 천착했던 사회적 힘에 대한 해명과 '연대'(solidarity)의 차원은 실종된다. 이제 살펴보겠지만, 자살문제의 탈정치화는 '치료요법 사회'(푸레디, 2016)의 현격한 특징이다. 그리고 이것이 동반하는 '자살의 의료화'는 자살문제를 탈정치화함으로써 독특한 방식으로 정치적 효력을 달성한다.[8]

원)으로 환원되지 않는 명백한 사회적 사실로서 지식의 대상(자동적 차원)인 것이다.

8 정책 차원에서 이러한 탈정치화는 의료화된 개인에 대한 사회적 낙인을 강화할 뿐 아니라, 의학권력에 의문을 제기할 수 없도록 하는 위험한 상황을 만든다(Caleb, 2022: 123).

2. 자살과 통치: 자살의 의료화

그렇다면 자살에 대한 한국 사회 담론에서 사회학적 관점이 저발전된 이유는 무엇일까? 그 배경을 역사적으로 추적해 볼 때, 몇 가지 지점을 생각해 볼 수 있다. 먼저 권위주의 시기 한국 사회 자살률을 파악할 객관적인 자료의 비공개와 왜곡의 측면이다. 두 번째는 1990년대 이후 신경생물학적 패러다임 및 생물정신의학의 비약적인 발전과 함께 전 지구적으로 가속화된 자살의 의료화 경향성이다.[9] 세 번째로 자살을 바라보는 사회학적 관점을 정립한 뒤르케임에 대한 보수주의적·실증주의적 해석의 문제이다. 이에 대해서는 이 장의 말미에서 짧게 부연할 것이다.

자살통계의 문제

먼저 한국 사회에서 사회학적 자살담론이 억압되게 된 배경에는 자살통계를 정부가 독점함으로써 객관적인 자료 자체에 대한 접근성이 차단되었던 역사 과정이 자리한다. 널리 알려져 있듯, 자살에 관한 공식통계는 통계청의 사망통계와 경찰청의 변사자통계로 작성되어 발표된다. 경찰청 자살통계는 「경찰통계연보」에서 1953년 시

---

[9] 1970년대 지배적 패러다임이었던 정신분석을 밀어내고 생물정신의학이 정신의학에 재부상하게 된 과정에 대해서는 쇼터(2009) 참고. 항우울제 프로작(Prozac) 발명 등 정신약물학의 발달과 DSM-Ⅲ의 개정 등으로 동력을 얻은 생물학적 정신의학은 의료화(와 심리학화)의 강력한 기반이 되었다.

점부터 발표된 바 있다. 한편 통계청 자살통계는 유족들의 사망신고서를 토대로 작성되며, 1983년도 이후부터 자살통계를 제공하고 있다. 한국 사회 자살에 관한 통계적 연구는 통계청의 사망통계를 기반으로 대부분 이루어진다. 하지만 자살에 대한 부정적인 시각과 사회적 편견 때문에 유족들이 신고를 기피하거나 자살자를 누락하는 등 객관적인 사인(死因)을 왜곡함에 따라 자살통계의 신뢰성에 대한 문제 제기가 꾸준히 이어져 왔다.[10]

가령 통계청 자료로 한국 사회 자살률의 변동을 파악할 경우, 경찰통계의 자살자 수는 1980년대 이후 꾸준히 감소된 것으로 나타나지만, 통계청 「사망원인통계」에 따르면 1980년대 중반까지 자살자 수는 서서히 증가하다 감소한 것으로 나타난다. 이러한 차이는 1981년 「경찰통계연보」기준 자살자 수의 24.9%를 점하는 4분의 1 정도만 통계청 「사망원인통계」에 반영되고, 1988년에는 38.1% 정도로 3분의 1이 조금 넘는 정도만 통계청 「사망원인통계」에 집계된 점에 기인한다(이원순, 1990: 8). 반면 2002년 이후 통계청 통계상 자살자 수의 급격한 증가는 자살사망자의 실질적 증가로

---

10 2003년부터 통계청은 경찰의 전년도 변사자통계를 넘겨받아 주민등록번호를 대조하고 누락분을 보완해 「사망원인통계」의 신뢰성을 높이는 작업을 시작했다(한국노동안전보건연구소, 2022: 173). 한편 국가별 비교도 정확한 데이터라고 볼 수 없는 이유는—낮게 나타나는 제3세계 자살률의 경우처럼—실제 자살률이 낮아서가 아니라 자살률을 파악하는 행정적 체계의 미비에 기인하기도 하기 때문이다(정승화, 2012: 34~37). 이하 관련된 이 절의 내용은 한국의 자살통계의 문제를 다룬 정승화(2012; 2019)와 한국노동안전보건연구소(2022)의 논의를 참고했다.

인한 것이 아니라 이전에 사망원인이 부실하게 신고된 자료가 경찰청 등의 자료를 통해「사망원인통계」에 보완된 것을 반영한다.

무엇보다 1954년 이래 발간된「경찰통계연보」는 1969년도 통계부터 대외비 문서로 분류되어 유신체제 동안 외부에 공표되지 않았다. 1993년도 통계부터 대외비 문서 분류가 해제되었지만, 1994년 6월까지도「경찰통계연보」는 내부자료로만 보관되어 외부에 전혀 공표되지 않았다. 따라서 통계의 존재 자체가 일반인에게 잘 알려지지 않았고, 이로써 한국 사회 자살 추이에 대한 객관적 파악은 물론 사회학적 자살담론의 생산도 억압되었다. 이러한 상황에서 1970년대에 이르러 자살에 관한 논의를 정신의학적 관점이 주도하기 시작하면서 오늘날 자살연구는 자살시도자와 자살예방에 관한 연구가 주를 이루고 있다. 이것이 사회과학 분야에서 자살에 대한 논의가 저조했던 이유 중 하나이다.

둘째, 이 같은 풍토에서 자살을 바라보는 심리학과 정신의학 분야 전문가의 담론권력이 점차 강화되고, 1990년대에 이르러 우울증과 자살을 연결 짓는 담론이 폭발적으로 증가하기 시작했다. 단적으로 2000년대로 접어들면서 자살통계는 커다란 변화를 겪게 된다. 국제질병분류체계와 호환 가능하도록 표준화하는 방안이 논의되면서, 1964년부터 2008년까지 40여 년 이상 분류체계의 변화가 거의 없이 유지되던「경찰통계연보」의 자살원인 분류가 2009년에 변경된 것이다. 이에 따라 개인들의 주관적 감정이나 태도는 자살원인 분류에서 사라졌고 비관이나 우울과 같은 문제는 '정신적·

정신과적 문제'로 통합되기에 이르렀다. 이러한 자살원인 분류기준의 변화 자체가 전 세계적으로 확산되고 있는 '자살의 의료화' 과정의 심화현상으로 이해될 수 있다.[11]

자살의 의료화

'의료화'는 현대 의학의 전문화된 발전과 함께 과거에는 의료의 대상이 아니었던 비의학적 문제들이 질병(illness) 또는 장애(disorder)와 관련을 맺으면서 의료 전문가가 치료해야 할 의료적 문제들로 다루어지는 현대사회의 경향성을 가리킨다. 예를 들어 부끄러움이 사회적 불안으로 분류되고, 난잡함은 '성 중독'으로, 일상적 걱정은 '불안 장애'로, 여성의 낮은 성욕은 '여성 성적 흥분 장애'로 분류되는 것이다(Pridmore, 2011). 생명을 통제하려는 시도에서 의료화는 문제의 소재를 사회적 맥락이 아닌 개인에게 위치시키는 데 독특한 특징이 있다. 이를 통해 의료화는 쉽게 '사회문제의 개별화'로 나아간다. '사회의료화'(medicalization of society)는 이러한 메커니즘이 병원을 넘어 사회적·정치적 영역으로 확장되어 가는 경향성을 지시한다(Conrad, 2017: 152).

나아가 의료화의 메커니즘이 사회정책을 잠식하고 재생산될

---

11 자살동기 분류체계 개선안에 대한 연구에 따르면, '정신적·정신과적 문제'는 알코올 중독 및 약물 의존, 산후 우울증, 기타 우울증, 기타의 하위 분류로 이루어져 있는데 2016년에는 이로 인한 자살이 무려 36.2%에 이른다(정승화, 2019: 161~162). 그리고 이와 같은 자살의 의료화가 추동되는 배경에는 '의(醫)-산(産)-언(言) 복합체의 시장 동맹'이 자리 잡고 있다(김창엽, 2013: 123).

때, 이를 '사회정책의 의료화'(medicalization of social policy)라고 말할 수 있다. 이는 범죄를 비롯한 각종 사회문제에 대한 국가의 접근 방식에서 두드러진다(Caleb, 2022: 109). 예컨대 '실업의 의료화'는 고용과 건강에 영향을 미치는 사회적 결정 요인을 인식하기보다 실업을 자신의 건강을 돌보지 않는 것으로 비유하면서 사회문제를 개인의 책임으로 이동시킨다.[12] 이 같은 사회정책의 의료화가 진행되는 대표적 현장이 '자살의 의료화'이다. 자살의 의료화는 그 자체로 독자적인 현상이 아니라 사회문제를 둘러싼 제반 사회정책과 제도가 의료적인 언어로 표현되는, '사회문제의 의료화' 경향과 맞물려 있다.

자살문제의 의료화가 문제를 해결하기보다 새로운 사회문제를 야기하는 까닭은 일단 의료화된 자살예방정책은 복합적이고 다층적인 원인을 은폐하고 의학적 차원의 신뢰도와 타당도에 대해서만 논의하게 되기 때문이다. 그 결과 의학이라는 제도 밖에 있는 자살의 사회적 원인들은 정책적 의제로 설정되지 못하기에 문제의 정의 방식에서부터 현상을 왜곡하게 된다.[13] 이를테면 쌍용차 해고 노

---

[12] 예컨대 스웨덴의 경우 '직업 장애인' 범주는 이민자의 언어 장벽과 같이 구직을 방해하는 사회·구조적 장애물을 매개로 실업자를 의료화하는 기능을 한다(Holmqvist, 2009; Caleb, 2022: 121). 이같이 의료화된 사회정책은 "의학적 수단과 건강이라는 이름으로 비정상적인 행동을 제한, 수정, 규제, 격리 또는 제거하려는" 사회 통제 역할을 담당한다(Conrad and Schneider, 1992: 29). HIV/AIDS와 관련된 '동성애의 의료화'가 대표적 사례이다. 동성애는 20세기의 상당 시간 동안 정신건강 질환으로 병리화되었지만, 1973년 미국정신의학회(APA)가 DSM-II에서 동성애를 삭제하면서 비의료화의 시작을 알렸다(Conrad and Schneider, 1992).

[13] 자살의 의료화에 대한 상세한 논의는 최선희(2010), 김명희(2017a), Pridmore(2011), Ruffalo(2014) 참고.

동자들의 연쇄자살의 배경에는 정리해고와 실업, 사회적 배제라는 사회경제적 조건이 자리하며, 간호사 자살이나 탈북자 자살, 성소수자 자살의 배후에는 집단 괴롭힘과 낙인에 기반한 사회문화적 폭력이 함께 작동한다는 점을 놓치게 된다. 또한 자살의 의료화는 자살에 대한 우리의 이해를 왜곡하고, 자살에 대한 잘못된 정보의 유포로 이어져 자살과 정신 질환을 둘러싼 낙인을 조성하는 데 기여한다(Ruffalo, 2014).[14] 이는 미국정신의학회와 항우울제를 생산하는 다국적 제약 회사가 주도해 강화되고 있는 현상이며, 생명과학적인 지식이 사회문제를 이해하는 지식의 주요한 패러다임으로 부상한 생명정치의 경향성과 궤를 같이한다(정승화, 2019: 185~186).

생명관리권력과 통치성

특히 2004년부터 본격적으로 시행된 한국의 국가 수준 자살예방정책은 시민들의 삶/죽음을 관할하는 생명관리권력의 통치성이 관철되는 의료화의 현장이 되고 있다. 푸코는 "정치 기술의 장에 생명이" 들어오는 현상을 생명관리권력이라고 부른다. 이때 출산·출생률·사망률 등 생명권력이 작동하는 기본적인 단위가 언제나 '인구'였다는 점에 주목할 필요가 있다(서보경, 2020: 33). 푸코에 따르

---

[14] 의료화된 해법은 전 세계적으로 국가자살예방전략의 초점이 되지만, 어느 것도 국가자살률을 감소시키지 못했다. 또한 자살의 의료화는 자살반응을 낮추기보다 오히려 높이는 데 기여하는 것으로 보고되고 있다(Ruffalo, 2014). 반대로 정신건강과 불평등에 대한 최근 연구는 사회구조가 개인의 경험 이상으로 정신건강을 조절하는 효과를 지닌다는 점을 지적한다(McLeod, 2015; Pirtle, 2020).

면, 정치적인 동시에 과학적인 문제, 생물학적인 동시에 권력의 문제로서 '인구'가 생겨난 것은 18세기 말에 이르러서이다(푸코, 1997: 281~283). 그리고 '인구'를 관리하는 생명관리정치는 '생물학'만이 아니라 생명 탄생 절차에 관련된 기술적인 지식이자 신체 통제와 관련된 지식-권력인 '의학'에 의존한다. 주권권력의 생명정치는 푸코가 환자를 대상화하고, 결정하고, 통제하는 눈이라 부른 '의학적 시선'을 통해 달성되었다(푸코, 2006; 2011: 541). 즉 의학은 생명관리정치의 핵심적 전략이다.

더욱이 오늘날 사회조직과 관행 전반을 잠식해 들어가는 사회 의료화는 현대 실증주의 과학의 통치 기술에 기반해 추진 동력을 얻고 있다. 이러한 흐름 속에서 자살위험은 통계적으로 계산되고 평가될 수 있는 것으로 간주되고, 자살통계는 자살에 대한 예방적 개입을 위해 사람들을 분류하고 위험도를 수량화해 관리하는 새로운 생명권력적 위험관리 체계에 통합되고 있다. 즉 통계는 인간행동의 사회적 영역을 분류하고 예측 가능한 것으로, 그럼으로써 통제 가능한 것으로 만들어 내는 근대 통치권력의 가장 강력한 테크놀로지의 하나가 되었다(정승화, 2019: 185~186). 유사한 맥락에서 허버트 헤이니스는 의료화가 도덕적 문제를 '상위'의 도덕성, 즉 '사실'과 '과학적 확실성'의 영역으로 간주되는 의학 및 과학적 용어로 재개념화함으로써, 도덕적 문제를 탈정치화한다는 점을 지적한다(Haines, 2003: 26). 한국의 국가 수준 자살예방정책 텍스트를 중심으로 이러한 메커니즘을 살펴볼 수 있다.

3. 한국 자살예방정책의 의료화

앞서 말했듯, 한국 사회의 자살률이 심각한 사회문제로 대두됨에 따라 정책적 차원에서 정부의 대응이 시작된 것은 2004년부터이다. 5년 단위의 자살예방 기본계획을 수립하여 자살률을 줄이겠다는 취지로 2004년 보건복지부를 주축으로 「제1차 자살예방 5개년 종합대책」(2004~2008)이 제출되었다. 이는 국가가 주도하여 체계적인 대책을 세우고, 자살을 사회적 문제로 바라봐야 한다는 방향으로 여론을 환기시키는 데 기여했다. 하지만 그 5년 동안 자살률은 도리어 늘었다.[15] 2009년에는 「제2차 자살예방 5개년 종합대책」이 발표되었고, 2013년까지 인구 10만 명당 자살사망자 수를 뜻하는 자살률을 20명 미만으로 줄이겠다는 목표가 제시되었다. 2011년에는 「자살예방법」도 제정되었다. 2012년에는 중앙자살예방센터를 개소했다. 하지만 자살률은 2013년 28.5명을 기록했다. 2015년에는 중앙심리부검센터를 개소했고, 2016년에는 「제3차 자살예방 기본계획」('생명사랑플랜')이 발표되었다. 2017년 문재인 정부는 역대 정부 가운데 처음으로 자살예방을 국정 과제에 포함시켰다. 2018년 보건복지부는 2022년까지 자살률을 17명으로 감소시

---

15 「제1차 자살예방 5개년 종합대책」이 시행된 5년간 자살률은 2003년 22.6명에서 2008년 26명으로 증가했다(보건복지부, 2005; 이상영, 2015; 김효진, 2020: 8). 2011년 3월 제정된 「자살예방법」은 자살에 대한 국가적 차원의 책무와 예방정책에 관하여 필요한 사항을 규정함으로써 국민의 소중한 생명을 보호하고 생명존중문화를 조성함을 목적으로 했다(제1조).

키겠다는 목표를 제시하고, 자살예방 전담 부서 제도화에 나섰다. 「제4차 자살예방 기본계획」(「자살예방 국가행동계획」)도 발표되었고 국회자살예방포럼이 출범하는 등 국회 차원에서도 본격적인 노력이 시작되었다. 2019년에는 국무총리가 주관하는 자살예방정책위원회가 설치되었으며, 2020년에는 보건복지부 안에 자살예방정책과가 신설되었다. 하지만 자살률은 전혀 줄지 않았다. 지난 15년 이상의 정책적 대응은 기대만큼의 효과를 낳지 못한 것이다(박상훈 외, 2021: 5).

〈표 1. 1〉 한국의 자살예방정책 개관(2004~2023)

연도	정부	국회
2004	「제1차 자살예방 5개년 종합대책」(2004~2008)	
2009	「제2차 자살예방 5개년 종합대책」(2009~2013)	
2011		「자살예방법」 제정(3. 30) 지자체 조례(165곳/229곳) 72.1%
2012	중앙자살예방센터 개소(4월)	
2015	중앙심리부검센터 개소(3월)	
2016	「제3차 자살예방 기본계획」(2016~2020) (2016 '생명사랑플랜')	「자살예방법」 타법개정(5. 29)
2017		「자살예방법」 일부개정(2. 8)

2018	「제4차 자살예방 기본계획」(2018~2022) (2018「자살예방 국가행동계획」)	「자살예방법」 일부개정(12. 11)
2020	자살예방정책과 신설(9.12) 한국생명존중희망재단 신설(11.19)	「자살예방법」 일부개정(4. 7)
2022		「자살예방법」 일부개정(2. 3 / 6. 10)
2023	「제5차 자살예방 기본계획」(2023~2027)	「자살예방법」 시행령개정(7. 12)

출처: 박상훈 외(2021: 41~42)를 토대로 재구성

〈표 1. 1〉에서 알 수 있듯, 한국의 자살예방정책은 2004년 「자살예방 5개년 종합대책」을 시작으로 현재까지 계속 시행되고 있다. 이는 입법부, 행정부 외에도 지자체 수준의 노력을 아우른다. 보건복지부에서 시행하는 정신건강정책, 자살예방 등 지역사회 정신건강 증진사업 수행을 위한 광역시 수준의 정신건강복지센터는 현재 서울, 경기, 인천, 부산 등을 포함한 전국 17개 광역시·도에 설치되어 있다. '2018 지방자치단체 자살예방 현황 조사'에 따르면 2011년 「서울특별시 자살예방 및 생명존중문화 조성을 위한 조례」를 시작으로 전국 지자체 229곳 중 165곳(72.1%)에서 조례가 제정되었다.[16] 이하에서는 1~5차 「자살예방 기본계획」(2004~2023) 텍스트를 중심으로 주요한 담론들의 전제 가정(assumptions)[17]과 상호 얽힘

---

16 이 조사는 생명보험사회공헌위원회·안전생활실천시민연합(안실련)이 공동으로 조사·발표한 것이다(박상훈 외, 2021: 42).
17 페어클러프에 따르면 가정(assumptions)은 텍스트 속에 있는 묵시적인 의미이다. 세 가지

의 양상들을 자세히 살펴본다.

「제1차 자살예방 5개년 종합대책」(2004~2008)

「제1차 자살예방 5개년 종합대책」은 2003년 기준 인구 10만 명당 22.8명인 자살사망률을 2010년까지 18.2명으로 줄이겠다는 목표 아래 세 가지 추진 원칙과 열두 가지 실천 과제를 설정했다. 그리고 자살예방정책 실천을 위한 생애 주기와 사업 단계별 추진체계를 만들고, 공공·민간 부문의 협력체계를 구축하여 유기적인 자살예방 사업이 운영되기 위한 기틀을 만들었다(김효진, 2020: 6). 특히 「제1차 자살예방대책」은 한국 자살예방대책 실행체계와 관련 법령의 기본 골격을 제공한다는 점에서 그 윤곽을 짚고 갈 필요가 있다.

〈표 1. 2〉「제1차 자살예방 5개년 종합대책」

실천 과제	주요 내용
생명존중문화 조성	· 2004년 3월 결성된 범국민생명존중운동본부 운영 활성화 · 종교단체와의 협력 강화 등을 통한 민간기관과의 협력 강화 · 생명존중 및 자살예방 공익광고 제작 및 방영 · '세계자살예방의 날'(9월 10일) 행사 개최 · 생명존중 국민 수칙 및 홍보 책자 제작 배포 · 생명존중 마라톤대회 개최

유형의 가정이 구분될 수 있다. 존재하는 것에 대한 존재 가정, 실제의 사례가 되는 내용인 명제 가정, 바람직하거나 바람직하지 않은 바에 관한 가치 가정들이 그것이다(페어클러프, 2012: 487).

언론의 자살보도 원고 지침 보급 및 모니터링	· 2004년 개발된(보건복지부·한국자살예방협회·한국기자협회 공동 개발) '자살예방 전문가가 권고하는 자살보도 기준' 준수 권고 · 자살 사건 기사 모니터링, 권고기준에 부합하는 기사 작성 권고 · 인기 드라마 생명경시 내용 모니터링 및 시정 권고
청소년 정신건강 증진 및 자살예방	· 청소년 정신보건사업 수행기관 확충 · 청소년 자살예방 매뉴얼 개발 및 보급
노인 정신건강 증진 및 자살예방	· 노인 자살예방에 대한 조사연구 · 노인 자살예방 전문가 양성 및 교육 훈련, 정신건강 서비스 전달체계 구축, 자살예방 프로그램 홍보 등 인프라 구축 · 노인 정신건강 증진 가이드북 제작 배포
우울증 및 자살 위험자 조기 발견 및 상담체계 구축	· 정신보건센터/보건소/국립정신병원 · 우울증 조기 발견 프로그램 운영 · '가족과 친구에게 전화 걸기' 행사 홍보 지원 · 정신의료기관 우울증 조기 발견 및 무료상담 행사 개최 · 정신보건센터/보건소와 지역사회 네트워크를 활용한 자살 · 위협자 및 우울증 환자 조기 발견체계 구축
자살예방 등 정신건강 상담전화 운영	· 자살예방 등 정신건강 상담전화 홍보 강화 · 자살예방 등 정신건강 상담요원 워크숍 · 자살예방 등 정신건강 상담 전문 과정 교육 · 세계보건기구 권고 자살예방 지침서 번역 배포 · 관련 부처(경찰청, 소방방재청, 복지부 등) 협조 강화
자살예방 인터넷 상담 운영	· 인터넷 상담체계 구축 운영 · 상담 전문가 풀 구성 운영 · 상담 전문가 워크숍 · 사이버 상담체계 운영
자살시도자 치료 및 사후관리	· 자살시도자에 대한 의뢰 협조, 응급 후송, 정신과 진료 등

자살 감시체계 구축	· 국민건강영양 조사 자살 관련 조사 기획 · 경찰청 자살 관련 정보 공유체계 구축 · 응급실 중심 자살 감시체계 구축 · 「사망원인통계」 심층분석
교육 훈련	· 정신과 전문의 교육과정에 자살예방 커리큘럼 포함 · 중고등학교 상담교사 대상 고위험자 조기 발견 교육 · 각종 교육과정에 자살예방사업 포함 · 자살 전문가 양성 교육
자살예방에 대한 연구 지원	· 자살예방정책 및 프로그램 개발, 자살원인 모델 규명 연구 등 지원
자살 관련 통계의 품질 개선	· 자살 관련 통계 생산의 기본 원칙, 수집 방법, 분류기준, 지침 마련

출처: 보건복지부(2005), 「자살예방 5개년 종합대책」 세부추진계획

〈표 1. 2〉를 통해 「제1차 자살예방 5개년 종합대책」 자체가 자살문제를 정신건강 문제로 바라보는 전제 가정에 의해 세팅되어 있음을 알 수 있다. 우울증 조기 발견 및 상담사업(치료)을 중심으로 점차 치명적인 수단에의 접근성 차단, 게이트키퍼 양성 등이 추가되기는 하지만, 한국 자살예방정책은 기본적으로 정신의학적 프레임과 정신보건센터(현 정신건강복지센터)를 중심으로 한 실행체계로 구축되었다. 후술하겠지만, 2011년 제정된 「자살예방법」도 정신보건 관점에서 구축되고 이미 실행되고 있던 자살예방대책을 법제화한 것에 지나지 않았다.

「제2차 자살예방 5개년 종합대책」(2009~2013)

제1차 사업 시행 당시 주관기관이 없었던 자살예방정책의 한계를 경험한 정부는 이듬해 2009년 「제2차 자살예방 5개년 종합대책」 (2009~2013)을 추진했다. 이를 통해 '자살위험 없는 안전한 공동체 구현'을 비전으로 하여 2013년까지 자살사망률을 20명 미만으로 감소시키는 것을 목표로 10대 과제와 29개의 세부 과제를 제시했다. 그리고 자살예방 전문가 및 단체를 중심으로 합동 TF팀을 구성해 운영했다. 또한 제1차 사업에 대한 비판적 평가를 토대로 정책 범위를 개인 중심의 정신보건사업으로 한정하지 않고, 개인 및 사회환경적 접근을 통해 능동적이고 사전 예방적인 접근에 중점을 둔 사회경제적 지원 방안이나 사회환경 개선 등의 방안을 포함하고자 했다.[18]

그 내용을 살펴보면 「제2차 자살예방 5개년 종합대책」의 중점 추진 목표 가운데 제1과제는 "자살에 대한 국민의 인식을 개선"하는 것이다. 하지만 "우울증을 치료 가능한 질환으로 인식하는 국민의 비율을 2007년도 대비 50% 향상시킨다"라는 관련 진술이 보여주듯, '국민 인식' 개선이라는 정책적 목표는 자살의 원인이 우울증이며, 높은 자살률은 우울증 치료율이 낮기 때문이라는 진리 가정

---

18 결과적으로 제2차 사업 기간인 2009년 31명(10만 명당)이었던 자살률은 2013년 28.5명으로 다소 감소했지만, 애초 설정한 20명이라는 목표 달성에는 턱없이 부족한 성과였다. 아울러 기존의 정신보건사업 인프라에 대한 예산과 인력의 보강 없이 자살예방 업무만을 추가했다는 점과 기존의 보건사업(정신보건사업과 취약 계층 지원사업 등)을 우선순위 없이 나열하는 방식이 문제로 지적되었다(원시연, 2011: 26~30).

에 입각해 있음을 알 수 있다(관계부처 합동, 2018: 7 참고). 이에 따라 한국의 국가 수준 자살예방정책은 정신 질환에 대한 편견을 없애는 것을 제1과제로 하고 있다. 이외에도 농약 등 자살의 치명적인 수단에 대한 접근성 감소(제3과제), 자살에 대한 대중매체 책임 강화(제4과제), 자살 고위험군에 대한 정신보건 서비스 강화(제5과제) 등은 현재까지 반복되는 한국 국가자살예방전략의 주요 골자이다.

「제3차 자살예방 기본계획」('생명사랑플랜', 2016~2020)

시행령과 시행 규칙을 다루는 4절에서 더 살펴보겠지만, 2016년 타법개정에 따라「자살예방법」도 첫 번째 개정을 거치는데, 이때 타법개정이란「정신보건법」전부개정법률(법률 제14224호)에 따른 것이다. 1995년 제정된「정신보건법」은 정신 질환자의 권리 보호와 정신건강 증진을 위한 법적 기반을 마련하기 위한 것이었다. 2016년, 이 법은「정신건강 증진 및 정신 질환자 복지 서비스 지원에 관한 법률」(이하「정신건강복지법」)로 개칭되었다. 자살예방대책의 내용뿐 아니라「자살예방법」의 개정에 앞서「정신건강복지법」이 전부개정되는 입법적 과정은, 전자가 후자에 종속되는 지위에 있음을 말해 준다.[19]

「제3차 자살예방 기본계획」은 2014년에 수립됐어야 했으나, 3년 뒤인 2016년에야 '생명사랑플랜'(2016~2020)이라는 이름으로

---

19 「제3차 정신건강 종합대책」에 명시된 근거 법령도「정신보건법」과「자살예방법」이다.

나왔다. 엄밀히 말해 이는 「제3차 정신건강 종합대책」의 4대 과제 중 하나로 편입된 자살예방계획을 지자체 계획안 수립을 위해 풀어 쓰면서 '생명사랑플랜'이라 명칭을 붙인 것이다. 여기서 4대 과제란 1) 국민 정신건강, 2) 중증 정신 질환 관리, 3) 중독 관리, 4) 자살예방을 의미하는 것이다(국가정책조정회의, 2016). 이는 자살예방사업이 정신보건사업의 일부로 본격적으로 다루어지게 되었음을 보여준다.[20] 그리고 각각은 보건복지부 장관이 관련 종합대책을 수립하도록 명시한 두 조항에 근거한다. 따라서 현 자살예방정책의 추진 체계를 이해하기 위해 「제3차 정신건강 종합대책」과 「제3차 자살예방 기본계획」('생명사랑플랜')을 서로 연관된 텍스트로 이해하고 그 상호 텍스트성을 살펴볼 필요가 있다.

「제3차 정신건강 종합대책」은 중증 정신 질환자 관리 중심에서 '전 국민 대상의 정신건강 증진의 장을 신설'하겠다는 취지 아래 「정신건강복지법」의 전부개정(법률 제14224호, 2016. 5. 29, 전부개정)을 바로 앞둔 시점인 2016년 2월 제출되었다. 그중 네 번째 과제인 자살예방에 관한 내용을 살펴보면 "정신건강 및 음주문제가 자살의 가장 큰 원인"이라고 규정함으로써 자살문제에 대한 의료적 시각을 정식화했다(국가정책조정회의, 2016: 5).

이와 연동하여 설계된 '생명사랑플랜'(「제3차 자살예방 기본계

---

20 그리고 각각은 보건복지부 장관이 관련 종합대책을 수립하도록 명시한 두 조항에 근거한다.

획」)은 명시적으로는 제1·2차 자살예방계획이 1) 지나치게 보건의료·정신과적 위기 개입 모델에 치중돼 있기에 사회경제적 위험 요인을 해소할 사회적 지지체계가 미흡하며, 2) 자살 고위험군뿐 아니라 수요자 중심 — 학교 밖 청소년, 노인, 자살 유가족, 중년 남성, 군인, 빈곤 계층 등 — 의 맞춤형 자살예방대책과, 3) 정신건강복지센터만이 아닌 생활 터전 기반 자살예방 서비스가 필요하다는 나름의 평가를 담고 있다(「교수신문」, 2017. 9. 7).[21] 또한 '생명사랑플랜'은 '사회적 지지체계 마련'과 '지역사회 자살 대응 역량 강화'를 10대 과제 중 일부로 제시한다.

문제는 이 과제를 수행하는 추진체계가 지역별 '정신건강복지센터'로 수렴되었다는 점이다.[22] 정신 질환은 단지 자살에 관여할 수 있는 여러 기여 요인 가운데 하나일 뿐임에도, 지역사회 대응 역량을 강화한다는 '생명사랑플랜'의 정책 기조는 자살예방의 정신보건 인프라를 대폭 강화하는 방향으로 구현되었다. 더욱 심각한 문제는 이행관리 수준에서 실행 목표가 모두 '양화된' 실적 평가체계에 의해 추동된다는 점이다. 이를 대증요법적 개입이라 말할 수 있는 까닭은 이 프로그램들이 — 뒤르케임이 말하듯 — 자살의 사회

---

21 또한 「제3차 자살예방 기본계획」은 복지부에 자살예방정책과를 신설하고(2018년 2월), 국조실에 추진단을 설치하여(2018년 5월) 부처 간 정책 조율 및 실적 점검체계를 꾀했다 (박상훈 외, 2021: 44).
22 법률 제14225호(2026. 5. 29 개정)의 개정 내용은 제13조(자살예방센터의 설치)에 관한 조항을 '정신건강증진법' 전부개정에 따라 '정신보건센터'에서 '정신건강복지센터'로 변경하는 것을 골자로 한다.

적 조건과 원인을 통제하기보다, 자살과 정신 질환 사이의 상관관계 혹은 근인(近因)을 통제하는 미봉적 개입에 머무는 까닭이다.[23]

결국 '「자살예방법」 제정'과 마찬가지로 제3차 사업은 '게이트키퍼 양성 확대' 등이 추가된 것 외에 「제2차 자살예방 5개년 종합대책」과 크게 달라진 것이 없다. 오히려 제2차 사업 당시 제기된 범부처적 정책 현안 관리 및 예산 확대 등의 추진체계와 관련해 미흡한 개선책은 자살에 대한 정책적 관심이 퇴보한 지점을 보여 준다(박상훈 외, 2021: 44). 이렇게 볼 때 「2016 정신건강종합대책」과 연동하여 구축된 「제3차 자살예방 기본계획」은 자살예방의 정신보건화를 전면화한 계기가 된 것으로 평가할 수 있다.

「제4차 자살예방 기본계획」(2018~2022)

이러한 과정을 거쳐 2018년에 제출된 「자살예방 국가행동계획」(2018~2022)은 방향성을 제시하는 기본계획이 아닌 실행계획으로서, 성과가 입증된 과제 중심으로 범정부 차원의 대책 수립을 추진한다는 것을 골자로 한다. 이는 「제3차 자살예방 기본계획」의 보완계획으로 사실상 「제4차 자살예방 기본계획」으로 볼 수 있다. 이를 위해 정부는 2018년 예산안 105억 원 외에 57억 원을 증액하는 등 적극적인 예산 투입을 추진했다. 무엇보다 핀란드의 심리부검 방

---

23 대표적으로 1) 인식 개선을 위한 국민 참여형 캠페인, 2) 언론의 자살보도 권고기준 준수율 향상, 3) 자살에 치명적인 수단에 대한 접근성 감소(농약, 번개탄 등), 4) 자살 고위험군에 대한 정신보건 서비스 강화 및 게이트키퍼 육성 등이 그것이다(「교수신문」, 2017. 9. 7).

식을 전범으로 삼아 5년간 자살사망자 7만 명에 대한 전수 조사를 진행하는 등 대대적인 심리부검을 실시하여 이에 기초한 국가자살예방계획을 수립하고자 했다. 하지만 그 핵심 내용을 살펴보면 '고위험군'을 발굴·관리하는 것을 목표로 했고, 자살의 원인을 '정신질환을 치료받지 않는 분위기'와 '치명적 수단' 등에서 찾음으로써 '자살=정신 질환의 결과'라고 하는 정신의학적 프레임을 요지부동 답습하고 있음을 알 수 있다. 그리고 이러한 자살예방정책은 자살 제로 모델의 임상적 틀로 사정-개입-관찰 자살예방 모델(AM-SP Model)을 사용하고 있다는 점이 특징적이다.[24]

다만 보건복지부에 자살예방정책과를 신설하고, 효과적인 범부처적 대응을 위해 국무총리를 위원장으로 하는 '자살예방정책위원회'를 신설하여 「자살예방법」을 개정하는 등, 그동안 볼 수 없었던 '주어'가 자살예방정책에 생겨났다는 점에서 약간의 의의를 찾을 수는 있을 것이다(박상훈 외, 2021: 44~45). 그리고 다섯 번째 추진 목표에 '5) 대상별 자살예방 추진'이라는 항목[25]하에 노동자 및 실직자 자살예방, 퇴원 정신 질환자와 경찰관, 소방공무원, 집배원 등 자살위험이 특히 높은 대상에 대한 고려를 강화하고, 노인·청장

---

24 아울러 한국에서 자살예방의 핵심기관인 자살예방센터와 정신건강복지센터는 공공기관이 아니라 민간에서 운영되는 형태로서, 위탁 계약을 주기적으로 갱신해야 하는 매우 불안정한 운영 및 고용구조에 놓여 있었다(손해인, 2018: 94).
25 이외에도 「자살예방 국가행동계획」은 1) 과학적 근거에 기반한 전략적 접근, 2) 자살 고위험군 발굴을 위한 전 사회적 네트워크 구축, 3) (고위험군에 대한) 적극적 개입을 통한 자살위험 제거, 4) 사후관리 강화를 통한 자살 확산 예방을 추진 목표로 했다.

년·학생-청소년 등 연령별 자살예방대책의 수립을 제시했다는 점을 유의해 볼 수 있다(관계부처 합동, 2018).

「제5차 자살예방 기본계획」(2023~2027)

2023년 4월 발표된 「제5차 자살예방 기본계획」은 지역 특성에 맞춘 자율적인 자살예방사업을 기조로 한다. 하지만 그 내용을 살펴보면, 1) 기존 게이트키퍼 양성사업의 이름을 바꾼 '생명지킴이' 양성사업, 2) 20~70대 성인을 대상으로 10년마다 실시하는 정신건강검진을 2년 주기로 단축하여 우울증·조현병·조울증으로 확대 실시, 3) 자살 고위험군을 정신건강의학과 또는 전국 261개 정신건강복지센터와 연계해 신속히 치료하는 사업을 2025년부터 청년층(만 20~34세)에 적용하고, 점차적인 연령층 확대 추진, 4) 자살예방 상담 서비스의 상담인력 확충, 5) 전담인력을 갖춘 자살유발 정보 모니터링센터 신설, 6) 자살시도자와 유족의 사후관리 치료비 및 심리상담비 확대, 7) 경제 위기군과 재난 경험자 등에 트라우마센터를 활용한 정신건강 위험군의 밀착관리와 심리부검 실시 등을 골자로 한다는 점에서(보건복지부, 2023. 4. 14) 기존의 정책 기조와 크게 달라진 점이 없다. 오히려 2년 주기로 단축된 성인 대상 정신건강검진과 자살예방 추진체계에 권역별로 구축된 국가트라우마센터를 포섭한 점은(2020년 12월 「정신보건법」 개정 사항) 정신건강 프레임에 입각한 자살예방 인프라를 대폭 강화한 것으로 볼 수 있다.

또한 원인 진단에서 자살은 여러 요인이 복합적으로 작용한 결과라고 말하지만 경찰청 변사자료 자살통계에 근거해 그 주된 원인을 정신적 문제(39.8%), 경제생활 문제(24.2%), 육체적 질병(17.7%) 등 개인적 문제에서 찾고 있다. 나아가 "정신건강 문제에 선제적 대응을 위해 대상 질환 확대, 검진 주기 단축 등 정신건강 검진체계를 확대 개편"하는 방안(관계부처 합동, 2023: 5~19)은 자살문제의 정신병리화를 공고히 할 실행체계를 확대한 자살예방대책임을 보여 준다.

4. 실증주의적 자살예방정책과 자살의 심리학화

이제까지 한국 자살예방정책이 자살을 야기하는 사회적 조건과 원인(들)을 통제하는 것이 아니라 자살의 증상과 수단을 통제하는 데 주안점을 둔 실증주의적 자살예방정책에 기반해 왔으며, 고위험군의 발굴과 치료에 치중된 정신의학적 프레임에 전적으로 포섭되어 있음을 살펴보았다. 무엇보다 '자살률 감소'라는 자살예방대책의 목표 설정과 매번 무관하게 나타나는 통계적 결과는 자살예방대책의 '정책 실패'를 나타내는 대표적 지점이다. 나아가 「제3차 자살예방 기본계획」의 추진 과정에서 「정신보건법」의 전부개정과 관련 추진체계의 정비에 따라 자살예방정책의 정신보건 인프라와 실행체계가 점차 강화되어 왔음을 알 수 있었다.

「자살예방법」의 의료화와 심리학화

자살의 의료화 경향성은 정책 텍스트만이 아니라 한국 자살예방 기본계획의 근거 법령인 「자살예방법」 제정과 개정 과정 및 시행 규칙에서도 동일하게 발견된다.

자살에 대한 한국 사회의 기본 시각과 대응책을 담고 있는 문서라 할 수 있는 「자살예방법」은 자살을 여전히 개인의 심리문제로 규정하고 있다. 자살예방을 "국가적 차원의 책무"(제1조)라고 규정하면서 "범정부적인 차원의 사전예방대책"(제2조)을 언급하고 있기는 하지만, 그 정책의 기본 방향은 "생명윤리 의식 및 생명존중문화의 확산, 건강한 정신과 가치관의 함양 등 사회문화적 인식 개선에 중점을 두고"(제2조) 수립된다. 법률에서 제시한 대책은 대부분 개인 단위로 자살위험자(요인)를 파악하고,[26] 자살수단을 얻지 못하도록 하며, 자살위험을 낳을 정보를 차단하며, 자살예방 '인식'을 홍보·교육하는 등 개인적·심리적 접근에 한정되어 있다. 사회적인 차원에서도 사회경제적·물질적 요인보다 문화적·심리적 요인이 강조되고 있다(박상훈 외, 2020: 56).

또한 2011년 제정된 「자살예방법」의 제정 취지는 "자살은 사회적 전염성이 커서 조기에 차단하지 못하면 사회 전체를 파멸로 몰아넣을 수도 있으므로", 관련 예방 "대책들을 법률에 명문화함으

---

26 「자살예방법」 제3조(국민의 권리와 의무)의 제2항은 "국민은 국가 및 지방자치단체가 자살예방정책을 수립·시행함에 있어 적극 협조하여야 하며, 자살을 할 위험성이 높은 자를 발견한 경우에는 구조되도록 조치를 취하여야 한다"라고 명시하고 있다.

로써 소중한 국민의 생명을 보호하고 사회경제적인 손실을 방지하려는 것"이다(국가법령정보센터, 2023). 여기에서 자살을 전염성을 유발하는 질병으로 간주하는 시각이 다시 한번 드러난다. 이러한 관점에서 자살이 '사회적' 문제라 말하는 것은 '경험적' 수준에서 개인의 병리인 자살이 유발하는 파급력과 광범위한 결과를 지칭하는 결과론적 용법이지, 자살을 야기한 '원인'으로서의 사회적 힘과 조건을 뜻하는 것이 아니다. 다시 말해 한국의 자살예방법 자체가 의료화, 심리화, 결과 중심의 패러다임에 기초해 있는 것이다.

설명 없는 예방과 방법론주의:「자살예방법 시행 규칙」

이 같은 의료화된 정책 프레임은 「자살예방법 시행 규칙」 및 관련 체계 전반에 걸쳐 더 강화되는 추세를 보인다. 시행령이 법률이 별도로 위임한 내용을 규정하거나 법률보다는 행정적 차원의 내용을 규정한다면, 시행 규칙은 법률과 시행령의 지시에 따라 대체로 매우 절차적인 내용 등을 규정한다. 2012년 제정된 「자살예방법 시행 규칙」 제3조(선별 검사 및 상담·치료 등)를 살펴보면, 정신건강 선별 검사 도구의 개발(제1항), 보급(제2항), 실행(제3항)을 규정하고 있고, 검사 결과 자살위험자를 발견한 경우에는 "자살위험자 또는 그 보호자에게 보건소, 「정신건강복지법」 제15조에 따른 정신건강복지센터, 「자살예방법」 제13조에 따른 자살예방센터 또는 의료기관 등에서 상담 및 치료를 받도록 안내"(제4항)할 것을 의무로 규정하고 있다.

여기서 자살예방정책에 특징적인 방법론적 개인주의와 심리학적 방법론주의가 드러난다. 이를테면 2017년 개정된 「자살예방법」(법률 제14561호, 2017. 8. 9 시행)은 "자살시도자 및 그 가족 또는 자살자의 가족에 대한 심리적 지원 등 그들을 보호하기 위한 정책을 수립"하고, "효과적인 자살예방정책의 추진을 위하여" "심리부검의 명확한 법적 근거를 마련"하기 위해 추진되었다. 이에 따라 2018년 제출된 「자살예방 국가행동계획」(「제4차 자살예방 기본계획」)도 심리부검[27] 추진의 인프라를 전면화하는 데 방점이 있다. 나아가 「자살예방법 시행 규칙」은 자살통계의 수집 · 분석 및 관리를 위한 전문 조사 · 연구기관에 관한 사항을 강화했다(2017. 5. 30 및 2022. 12. 9 개정).

문제는 심리부검에 기반한 자살예방 실행체계가 강조하는 '과학적' 접근법이 개인들의 자살행동 또는 위험 증상을 식별 · 관리 · 감시 · 통제하는 실증주의 패러다임에 갇혀 있다는 점이다. 이를 통해 객관성과 합리성을 지닌 전문적인 지식으로서 권위를 부여받은 자살통계를 중심으로 한 정신의학적이고 심리학적인 예방담론은 자살을 야기하는 사회적 결정 요인들에 대한 무관심을 재생산한다. 이는 다시 자살예방정책의 무(無)이론적 경향과 손쉽게 결합되고

---

[27] 심리부검은 2017년 「자살예방법」 개정 때 제11조 제2항으로 신설되었다(법률 제14561호, 2017. 2. 8, 일부개정). 그 내용은 다음과 같다. "제11조의 2(심리부검) 국가와 지방자치단체는 효과적인 자살예방정책을 수립하고, 자살시도자 및 그 가족 또는 자살자의 가족에 대한 심리적 지원을 제공하기 위하여 자살행위 전후의 심리 · 행동 변화 등을 바탕으로 자살원인을 분석하는 심리부검을 실시할 수 있다."

'설명 없는 자살예방' 정책의 답습으로 나아간다. 여기서 실증주의적 과학주의에 대한 맹신과 생의료화를 동반한 생명정치가 엮여 들어가는 단면을 발견할 수 있다.

이러한 자살예방 프로그램의 경향은 주류 자살학 분야가 작동하는 근본적인 인식론적·존재론적 전제의 문제와 긴밀히 맞닿아 있다. 예컨대 주류 자살학은 다음과 같은 가정과 특징을 보인다 (Marsh, 2020: 28; White, 2020: 200).

- 자살예방을 응급 처치 또는 치료에 비유하기
- 정신 질환 또는 자살이라는 단일렌즈를 통한 낙인화된 독해(인종, 성, 나이, 능력, 성적 지향의 영향 지우기)
- '전염'에 대한 대응으로서 자살예방 서사와 언어 통제
- 계량적 방법과 실증주의를 가장 가치 있는 탐구 방식으로 특권화
- 전문적인 도움 요청 및 전문지식의 가치를 과대평가
- 개인을 분석의 기본단위로 삼고 변화의 책임을 개인에게 부여
- '증거기반' 치료 관행을 통해 특정 존재 방식을 지원(예: 자기 조절, 인지적 일치)
- 자살위험에 대한 설명에서 대량 학살, 노예제, 식민지 폭력의 역사를 망각하기
- 강압이나 비자발적 입원 등 잠재적으로 의도하지 않은 결과를 고려하지 않고, 모든 자살이 사전예방 가능하다는 수사적 전략 사용 (예: '자살 제로')

비판적 자살학의 시조라고 할 수 있는 뒤르케임의 사회학적 관점이 요청되는 이유도 바로 여기에 있다.

5. 자살에 대한 사회학적 관점의 요청

이제까지 살펴보았듯, 2004년 처음 시행된 한국 사회 자살예방정책은 네 차례의 변화와 독자적인 법제화 과정에도 불구하고, 정신의학 프레임에 의해 세팅된 의료 모델의 연속성이 유지·강화되는 추이를 보인다. 자살문제의 원인에 대한 과학적 진단 없이 미봉적 수준에서 실행된 자살예방정책은 효과성을 심각하게 의심받고 있음에도 그 패러다임에 대한 총체적인 반성 없이 관행적으로 재생산되고 있는 것이다.

그리고 이러한 의료 모델은 결과 중심 패러다임, 심리학주의, 실증주의적 방법론주의와 함께 강화되는 특징을 보인다. 영국의 사회학자이자 통치성 학파의 대표 주자인 니콜라스 로즈는 20세기를 거치며 지배적 학문으로 부상한 심리학이 사회의 심리적 규범, 가치관, 이미지, 기술에 대한 인식을 변화시키며, 개인의 정상성을 규정하는 방식으로 권력 효과를 실행하는 현상을 '통치성의 심리학화'로 짚어 낸 바 있다(Rose, 1996: 100~157). 뒤르케임 또한 일찍이 이 같은 현상을 '과학 없는 기예', '설명 없는 치료'에 비견한 바 있다. 이것은 원인에 대한 정확한 진단 없이 실용적 목적으로 시행되는 사

회정책이 그 실효성을 거둘 수 없음을 정확히 간파한 것이라 볼 수 있다.[28]

오늘날 높은 자살률의 원인에 대한 과학적 설명의 노력을 눈앞의 정책적 목표에 희생시킨 '설명 없는 치료' 담론 속에서 자살문제를 '사회문제'로 다룰 담론 공간 자체가 줄어들고 있다.[29] 이러한 상황에서 자살이 관계(연대)의 문제이자 사회안전의 문제이며, 사회권·생명권·건강권과 같은 인권의 문제라는 목소리는 들어설 여지조차 없다. 자살의 원인과 해법을 사회정의와 사회연대의 차원에서 구명했던 『자살론』의 사회학적 관점이 개입해야 할 지점 또한 바로 여기에 있다.

하지만 한국 사회에서 사회학적 자살담론 혹은 자살에 대한 뒤르케임적 시각은 저발전되었다. 이러한 배경에는 탈콧 파슨즈를 경유하여 기능주의·실증주의자로 채색된 뒤르케임에 대한 고질적인 '오해'가 자리하고 있으며, 이로 인해 자살연구의 사회학적 전환이 갖는 급진적 함의들은 오랜 시간 정당하게 평가받지 못했다. 흔히 뒤르케임에게 퍼부어지는 비난 중 하나는 '보수주의'로, 이는 1950~1960년대 미국의 사회학 및 사회과학 전반을 양분하고 있던

---

[28] 이에 대해서는 제9장에서 보다 자세히 살펴볼 것이다. 우선 여기에서 기예(art)라는 말은 오늘날 흔히 실천 또는 예술이라고 부르는 것을 동시에 지칭하며(김종엽, 2001: 63), 응용과학의 경우 기술(technology)에 해당하는 것을 아우르는 인간행위의 실천적 차원을 지시한다(김명희, 2016a: 243).

[29] 이때 '사회문제'라 함은 개인적 문제의 총합을 말하는 결과론적 용법이 아니라 개인적 문제를 야기하고 이와 얽혀 있는 사회적 힘이 초래한 문제를 지시하는 원인론적 용법이다.

기능주의/갈등주의의 이분법적 도식에서 뒤르케임이 기능주의에 대한 핵심적인 이론적 토대를 제공한 학자 중의 하나로 자리 잡게 된 과정과 관련된다. 이로써 뒤르케임 사회학의 규범적 지향은 갈등과 변화보다는 통합과 안정을 추구하는 이념적 보수주의로 오랜 기간 각인되어 왔다(김태수, 2008: 290). 두 번째 편견은 '실증주의'로, 『자살론』의 방법론이 그 정치적 기획과 분리되어 일탈사회학의 하위 분과나 실증적 방법론을 엄격히 적용한 다변수 분석의 통계 교과서로 알려지게 된 과정과 관련된다. '보수주의'와 '실증주의'라는 평가가 서로 무관하지 않은 까닭은 '실증주의'의 가치 중립 교의 자체가 사실과 가치, 이론과 실천, 과학과 정치의 이분법 속에서 '삶'의 수단으로서의 '과학'을 협소한 '방법'의 문제로 축소시키는 논리를 내장하고 있기 때문이다. 이렇게 볼 때 한국 사회의 과잉 의료화된 자살담론과 뒤르케임 사회학의 과소 발전은 실증주의 과학관의 헤게모니라는 동일한 조건에서 파생된 동전의 양면 같은 현상이라고 할 수 있다.

따라서 실증주의 패러다임에 대한 근본적인 대안을 모색해 온 비판적 실재론의 관점에서 『자살론』의 과학성과 현재성을 새롭게 조명하고 재구성하는 작업은 자살예방정책의 담론 형성 기반을 재구축함으로써, 자살의 의료화를 넘어서기 위한 기초 작업이 될 수 있다.

제2장 자살의 사회학
: 『자살론』의 실재론적 해석

사회학의 발달은 실제로 무엇을 의미하는가? 사회가 비정상적인 상태여서가 아니라 불안정한 집단조직이 더 이상 본능의 권위에 의해 작동하지 않기 때문이라면 어째서 우리는 사회문제를 성찰할 필요를 느끼는 것일까? 그런 성찰이 있어야 항상 과학적 사고가 활발해지고 사물을 새로운 질서로 확장해 준다(뒤르케임, 2023: 352).

1. 자살의 사회학적 관점

『자살론』(1897)은 『사회분업론』(1893), 『종교생활의 원초적 형태』(1912)와 함께 뒤르케임의 3대 저작 가운데 하나로 간주된다. 특히 『자살론』은 그의 박사학위 논문 『사회분업론』이 출간된 후 4년 만에 나온 책으로, 사회학을 하나의 분과학문으로 정립하는 데 지대한 역할을 한 사회학 고전으로 널리 알려져 있다. 왜냐하면 『자살론』은 비단 자살문제만이 아니라 사회문제에 접근하는 새로운 인간과학의 패러다임으로서 '사회학의 쓸모'를 입증하기 위해 기획하

---

30 요컨대 뒤르케임은 『자살론』을 통해 응용사회(과)학의 방법론을 발전시킴으로써 사회학의 구체적 전환(concrete turn)을 시도했다고 할 수 있다.

고 수행한 연구이기 때문이다. 이는 그 원래 제목이 '자살: 사회학적 연구'라는 사실에서 분명히 드러난다.

뒤르케임은 『자살론』의 서문에서 이 책의 집필 목적이 사회학이라는 신생 학문을 중대한 사회문제 및 병리현상을 다루는 응용사회(과)학 방법론으로 발전시키는 데 있다는 점을 분명히 한다. 뒤르케임에 따르면 그가 살았던 19세기 후반의 순수사회학은 여전히 체계 정립과 철학적 종합의 단계에 머물러 있었다. 사회학은 사회의 특정 분야에 집중하는 대신 모든 문제에 명확한 해답을 주는 보편성을 추구하고 있다는 것이다. 하지만 그와 같은 방법은 소위 모든 문제에 대한 해답을 제시함으로써 잠깐 동안 대중의 관심을 끌 수는 있을지라도, 어떠한 객관적 성과도 얻기 어렵다. 그러한 상태가 계속된다면 사회학은 단지 과거처럼 불신의 대상이 될 것이고, 이성의 발전을 부정하고 무시하는 퇴행에 빠질 것이다. 따라서 필요한 것은 "포기"가 아니라 "각성"이며, 처음의 철학적인 논의에 사회학이 머물지 않도록 노력해야 한다는 것이다(뒤르케임, 2008: 9~10).[30]

> 우리는 보편적 상황은 보편론을 통해서만 설명될 수 있다는 생각을 버려야 한다. 보편적 상황은 특수한 원인과 관련이 있고 특수한 원인은 그러한 원인을 나타내는 구체적 징후를 자세히 연구할 때 규명할 수 있다. 현재의 자살은 현대인이 겪고 있는 집단적 질환이 전염

되는 한 형태이다. 그렇기 때문에 자살을 연구함으로써 그런 집단 질환을 이해할 수 있을 것이다(뒤르케임, 2008: 11~12).

이러한 문제의식은 1887년 프랑스 보르도대학교의 취임 강연으로 거슬러 올라간다(Durkheim, 1978a: 66).[31]

그렇다면 왜 자살문제인가? 뒤르케임이 여러 사회문제 가운데 자살을 사회학적 탐구의 주제로 선택한 이유로 다음의 세 가지를 들고 있다. 첫째, 자살만큼 정확하게 정의할 수 있는 주제도 없기 때문이며, 이전 연구의 한계를 넘어서기에 시의적절한 주제이기 때문이다. 둘째, 이에 대한 집중적 연구를 통해 사회학이 단순히 변증법적 주장 이상의 것임을 증명하고자 하는 것이다. 셋째, 이러한 입증을 통해 유럽 사회가 겪고 있는 보편적 부적응 문제의 원인과 이를 해소할 수 있는 대책에 관하여 제안하고자 하는 것이다. 즉 자살은 현대인이 겪고 있는 집단적 질환이 전염되는 한 형태이기 때문에, 자살을 연구함으로써 그러한 집단 질환을 이해할 수 있다는 것이다(뒤르케임, 2008: 10~11). 뒤르케임의 기획은 과연 성공적이었는가? 그렇다면 『자살론』의 성공은 무엇에 근거하는 것일까? 이에 대한 대답은 시대를 가로질러 설명력을 발휘하는 『자살론』의 사회학적 관점과 과학방법론에 대한 온전한 이해에서 답을 찾을 수 있다.

---

31 이 '사회과학' 강의는 뒤르케임을 위해 1887년 보르도대학교가 특별히 개설했고, '사회적 연대'를 주제로 행해졌다.

미리 강조해 두자면, 동시에 『자살론』은 크게 뒤르케임 사회학의 본령인 도덕에 대한 과학, 즉 도덕과학을 정립하기 위한 기획 속에 자리한다. 도덕과학의 기획은 처음부터 자살과 정치, 나아가 도덕과 정치 사이에 가로놓인 이분법을 넘어선다. 『사회주의』에서 드러나듯, 뒤르케임은 사회문제를 곧 도덕의 문제로 바라보았고,[32] 생시몽을 따라 "정치는 도덕의 결과이다. 도덕은 개인과 사회 모두가 행복하도록 둘 사이의 관계를 유지하는 규칙에 대한 지식"이라고 말한 바 있다.[33] 이러한 관점은 사회의료화의 경향 속에서 정치와 무관한 것으로 간주되는 현대사회의 자살문제에 대한 전향적 시각을 제공한다. 이에 따르면, 자살은 도덕의 문제인 동시에 정치의 문제이며, 따라서 뒤르케임의 도덕과학은 정치사회학의 상응물이라고 할 수 있다.

나아가 『자살론』은 사회적인 것과 심리적인 것 사이에 가로놓인 이분법을 비판하고 양자를 연계하는 사회심리학적 접근법을 개척한 저술이라는 점에서 독보적인 위상을 갖는다. 그는 사회학을 구성하는 여러 부분이 '사회구조'에 기초해 체계를 완성해야 하며,

---

[32] "사회문제는 돈이나 무력과 관련된 것이 아니라 도덕의 문제이다. 사회문제는 경제 상태에서 비롯되는 것이 아니라 우리의 도덕 상태에서 비롯된다"라는 것이다(뒤르케임, 2023: 301).

[33] 이어서 뒤르케임은 다음과 같이 말한다. "회기만 정치학은 이런 관계와 이를 조직하는 데 매우 중요한 규칙을 다루는 과학에 불과하다. 따라서 정치는 도덕에서 파생되며, 한 민족의 제도는 그 민족 사상의 결과에 지나지 않는다"(뒤르케임, 2023: 242). 동시에 뒤르케임은 생시몽을 따라 정치와 경제 사이에 구획된 이분법을 비판한다.

기존의 과학에 '사회심리학'이라는 새로운 과학을 추가해야만 과학에 대한 철학적 통합의 토대를 다질 수 있다는 점을 잘 알고 있었다.[34] 즉 뒤르케임은 오늘날의 용법으로 '사회학적 사회심리학'을 개척한 선구자라고 할 수 있다. 이는 사회를 연합된 개인들의 도덕적이고 관계적인 실재로서 바라보는 관계적 사회실재론의 토대 위에서 추구된다.

이 장에서는 『자살론』의 사회학적 관점이 사회이론과 사회과학방법론 모두의 차원에서 현대적으로 재구성될 가치를 지니고 있다는 점을 살펴보고자 한다. 이를 위해 이어지는 2절에서는 『자살론』에서 개진된 사회병리에 대한 관심을 『사회분업론』의 비정상적 분업 및 그 해결책에 대한 논의의 연속선상에서 검토한다. 이를 통해 『자살론』이 단지 사회학 방법론에 관한 저술이 아니라 뒤르케임의 민주주의론의 요체인 직업집단론의 발전에 있어 중요한 위상을 점하는 정치적 텍스트임을 확인할 수 있다. 3절은 『자살론』의 사회과학철학과 방법론에 관한 논의이다. 이 절에서는 뒤르케임에 대한 탈(脫)실증주의적 해석을 통해 비판적 실재론과 친화성을 갖는 『자살론』의 사회학적 관점이 의료적 환원주의와 사회구성주의

---

34 생시몽을 빌려 뒤르케임은 다음과 같이 말한다. "사회학은 서로 다른 여러 부분들로 구성되어 있는데 무엇이 그것들을 서로 묶어 주는지 알 수 있다. 사회구조가 기초하고 있는 일단의 관념들을 해방시키려면 필히 과학을 체계화해야 한다. 달리 말해 과학에 대한 철학 백과사전을 만들어야 한다. 하지만 이 백과사전은 기존의 일련의 과학에 새로운 과학을 추가해야만 사회적 역할을 완수할 수 있다. 이것이 바로 사회심리학(social physiology)이다"(뒤르케임, 2023: 154).

어느 한쪽에도 기울지 않는 대안적인 패러다임을 열어 놓고 있음을 살펴본다. 특히 사회적인 것의 발현적 속성과 사람-사회 관계에 대한 『자살론』의 강조는 심리학적 환원주의의 오류에 빠지지 않으면서 사회학과 심리학을 연계하는 메타이론적 관점을 선구적으로 열어 준다. 4절에서는 예측이 아니라 인과적 설명에 주안점을 둔 『자살론』의 방법론이 실증주의적 자살예방정책을 넘어설 정책적 함의 또한 풍부하게 담고 있음을 톺아본다. 마지막 5절에서는 『자살론』이 현대사회의 병리현상을 탐구하는 데 여전히 적실한 이론적 통찰을 제공하는 한편, 자살유형학의 미완성성은 한국 사회의 자살현상을 포착하는 데 장애가 되고 있음을 밝힌다.

2. 뒤르케임의 민주주의론

1) 『자살론』의 상호 텍스트성

『자살론』(1897)은 『사회학적 방법의 규칙들』(1895)에서 뒤르케임이 공식화한 사회학 방법론을 경험연구에 적용한 후속연구로 알려져 있다. 때문에 기존 연구에서 『사회분업론』과 『자살론』의 연속성은 크게 주목을 받지 못했다. 그러나 자살에 대한 뒤르케임의 탐구는 그의 원형적 문제의식을 담고 있는 박사학위 논문, 『사회분업론』(1893)과의 연관 속에서 더욱 정당하게 독해될 수 있다. 이러한 주장의 근거를 우리는 뒤르케임의 민주주의론 및 정치사회학의 근간인 직업집단론에서 찾을 수 있다.[35] 이른바 조합국가 모델로 알려져 있는 직업집단론의 주된 생각은 직업집단의 재산권을 확립하고 같은 생산 부문에 종사하는 사람들의 경제적 연합에 의해 도덕적·정치적 법률을 확립하는 것이다.

여기서 주목할 점은 직업집단론이 『자살론』과 『사회분업론』을 횡단하는 가교 역할을 하고 있다는 점이다. '자살과 출산력'(Suicide et natalité, 1888)이라는 제목의 논문이 『사회분업론』(1893)이 출간되기 5년 전 집필되었다는 사실, 『자살론』(1897)에서 유럽 사회가 처한 부적응의 원인에 대한 구제책으로 직업집단론이 본격적으로 제안되고 "결사체와 결사체의 발전 법칙에 관한 특수한 연구"를 후속 과제로 남겼다는 사실, 그리고 그로부터 다시 5년 후 『사회분업론』 제2판 서문(1902)에 직업집단론이 보다 체계화된 형태로 제시되었다는 사실로 미루어 볼 때 직업집단에 대한 주장이 두 텍스트는 물론 초기 뒤르케임의 사회학을 관통하는 중심 테제라는 점은 분명해 보인다.

주지하듯, 뒤르케임의 사회학은 산업혁명과 함께 프랑스에서 일어난 사회·정치적 위기에 대한 응답이자 프랑스혁명의 완성이

---

35 뒤르케임의 직업집단론에 대해서는 다음의 논자들을 참고. 민문홍(2001), 박영신(1993), 터너(1998), Mauss(1958), Pearce(2001)가 뒤르케임의 직업집단론을 사회주의 기획과 연결시킨다면 김종엽(1996)은 연대주의로, 김태수(2008)는 소통민주주의의 기획에, 정원(2017)은 경제사회학에, 김덕영(2019)은 도덕정치에 연결시키고 있다.

라고 하는 오귀스트 콩트와 생시몽의 문제의식을 정확히 잇고 있다. 19세기 말 뒤르케임이 목도한 프랑스는 자유주의 시장 논리가 지배적 세계관으로 맹위를 떨치는 사회였고, 근대사회의 경제적 상태가 야기하는 '사회문제'가 — 범죄, 비행, 알코올리즘, 마약, 빈곤, 산업재해와 노년 문제 그리고 어린이 문제 등 — 전면에 부상했다. 이와 함께 당시 프랑스 제3공화정이 겪고 있던 정치적 분열과 앙시앙 레짐(Ancien Régime)의 망령은 정치 통합과 사회 통합이라고 하는 뒤르케임의 이중의 문제의식을 이해하는 데 있어 핵심이다.[36] 때문에 뒤르케임의 직업집단론은 "고삐 풀린 이기주의의 갈등"으로 표현되는 원자화된 계급사회의 자유주의 레짐뿐 아니라 "비대화된 국가"의 경찰 레짐이라는 두 개의 위험을 동시에 고려하면서 전개된다(Miller, 1996: 3). 『사회분업론』 제2판 서문에서 뒤르케임은 과거와 달리, 사회로부터 분리되어 1차적인 중요성을 획득하게 된 경제활동과 '경제적·법률적 아노미'가 현재 유럽 사회가

---

[36] 1789년에서 1914년 사이에 프랑스는 심층적인 혁명적 변화를 겪고 있었다. 프랑스혁명은 현대 민주주의의 기본 주제인 자유, 평등, 박애(또는 비종교적 연대)를 실험하고 수출했다. 그러나 앙시앙 레짐의 파괴는 공포정치로 귀결되었고, 유럽 전역에서 귀족제와 군주제의 과도한 청산에 대항한 보수적 반동을 낳았다. 더군다나 프랑스 사회는 유럽 전역에서 일어난 1848년 혁명 이후, 1870년 프로이센·프랑스 전쟁에서의 군사적 패배로 훨씬 더 참혹하게 변화한다. 한편으로 가톨릭 보수주의, 민족주의, 반유대주의와 다른 한편으로는 자유주의적·세속적·부르주아적 집단 사이에 사회적 갈등은 점증했다. 프랑스에서 벌어진 이같은 갈등은 1871년 파리 코뮌이라는 피의 대결로 기결되었다. 제3공화국을 신성화한 1875년 헌법은 이 깊은 외상의 시대에서 출현했지만, 프랑스에서 전통적인 가톨릭 정치 블록과 급진적 사회주의 사이의 정치적 분열에 해결책을 마련해 주지는 못했다(터너, 1998: 16~17).

처한 위기의 근원임을 거듭 강조한다. "모든 경제적 통제의 결여가 도덕적 퇴보의 근원"이라는 것이다(뒤르케임, 2012: xxxiii).

아울러 『도덕 교육』 또한 『자살론』에서 제시한 이론적·실천적 개념들과 연속성을 드러낸다. 『도덕 교육』은 1902~1903년 소르본대학교에서 강의한 '도덕과 교육' 내용을 그의 사후인 1925년에 책으로 출간한 것이다. 이 책에서 뒤르케임은 도덕성의 세 가지 요소인 규율의 정신, 사회집단에의 결속 및 의지의 자율성을 순서대로 논하고, 『자살론』에서 중요하게 다룬 이기주의와 아노미적 자살, 그리고 중간집단 및 시민도덕과 아울러 '학교사회'의 독특한 역할에 주목한다(뒤르케임, 2024: 333~336).[37]

따라서 『사회분업론』과 『자살론』 그리고 『도덕 교육』은 이른바 '시장 실패', 즉 시장의 무정부성이 초래한 "사회문제에 대한 반성"이자 "과학을 통해 경제생활을 규제할 수 있는 도덕적 억제책을 발견"하고자 했던 지적 기획의 연속선상에서 이해될 수 있다.[38] 이로써 그의 사회학은 자유방임주의 경제학에 대한 비판인 동시에 도덕에 관한 실증과학의 정립이라는 고유한 경로를 설정한다. 그 출

---

37 뒤르케임은 1887년 보르도대학교 문학부의 강사로 재직하면서부터, 사회학과 더불어 교육학을 강의했다. 이후 1902년 파리대학교에서는 전임으로 교육학과장 서리를 역임했고, 1906년에는 사회학 및 교육학 교수로 승진하여 교육학과장을 겸하면서 그의 생애 마지막을 보냈다.
38 이 진술은 생시몽의 사회주의 사상의 한계 지점에 대한 비판의 맥락 속에 자리한다. 뒤르케임에 따르면 생시몽 사상이 실패한 원인은 열등한 것에서 우수한 것을, 경제문제에서 도덕률을 얻고자 한 데 있다(뒤르케임, 2023: 353~354).

발점으로서 『사회분업론』의 논증은 분업과 연대의 동시적 발전이라는 자유주의의 주장을 유지하면서 분업이 어떻게 자연적 사실인 동시에 도덕적 사실일 수 있는가, 즉 개인성과 사회성의 유기적인 발전은 어떻게 가능한가를 쟁점으로 전개된다.

2) 『사회분업론』과 『자살론』의 사회병인학

뒤르케임의 관점에서 사회과학은 사회 세계의 합리성, 실재, 그 근원적이고 역동적인 측면을 파악해야 한다. 뒤르케임은 근대 세계의 경우 그것을 노동 분업에서 발견했다. 이러한 이상은 뒤르케임에게 '자발적 노동 분업'으로 표현된다(Miller, 1996: 3). 뒤르케임에 따르면 분업이 사회연대를 낳는다면, 그것은 경제학자들이 말하는 것처럼 분업이 각 개인을 서비스의 교환자로 만들기 때문이 아니라 인간들을 영속적으로 연결시켜 주는 권리와 의무의 체계를 만들기 때문이다(뒤르케임, 2012: 337~338). 따라서 분업은 사회적 연대의 중요한 근원이며, 도덕적 질서의 기초가 된다. 분업의 진전은 사회 결속의 형태를 변화시킨다. 동일성에 기초한 '기계적 연대'에서 개인들의 차이에 기초한 사회적 결합으로의 전환이 바로 '유기적 연대'이다. 뒤르케임에게 근대사회의 유기적 연대는 '정상적' 유형이다.

비정상적 분업의 문제

그러나 분업이 모든 곳에서 연대의식을 낳는 것은 아닌데, 그것은 분업이 비정상적 상태에 있기 때문이다. 분업의 비정상적 형태는 '아노미적 분업', '강제된 분업', '또 다른 형태의 비정상적 분업'[39]이라는 세 가지 형태로 제시된다. 이 비정상적 분업에 대한 논의는 『자살론』에서 분석한 주관성의 위기와 직접 횡단하고 있다는 점에서 지면을 할애하여 살펴볼 필요가 있다.

먼저 아노미적 분업은 과도기적인 산업사회 전반의 무규범적 상황에서 기능들의 상호관계를 결정하는 규제가 발전하지 않음에 따라 생겨난 결과이다. 아노미(anomie)는 경제적 위기, 자본과 노동의 대립, 그리고 과학의 무정부주의를 지칭하는 것으로 급격한 변동의 시기에 나타난다. 이는 전문화가 연대감을 산출할 수 있도록 경제 영역 내에 조정 기능을 마련한다면 극복될 수 있다. 아노미적 분업이 규제의 결여를 핵심으로 한다면, 적절한 도덕적 규제가 없는 상태에서 개인들 사이의 계약관계는 강압적 권력의 강요나 약육강식의 원리에 의해 결정되는 경향이 있다. 이것이 바로 강제된 분업이다(뒤르케임, 2012: 310~311).

이는 명시적인 강제뿐 아니라 별도로 필요에 종속될 수 있는 상황, 물건과 서비스가 등가의 사회적 가치로 교환되지 않는 정당하지 않은 계약 상황을 포함한다. 즉 강제된 분업은 갈등의 외적(사회) 조건이 불평등한 상황 일반을 지칭하며, 그 예로 상속제도가 제시된다. 뒤르케임은 현대사회에서 아노미적 분업이 지배적 유형

---

39 세 번째 '또 다른 형태의 비정상적 분업'에 대해선 8장에서 자세히 다룰 것이다.

이고, 강제된 분업을 아노미와 관련된 일시적 현상으로 보았다.[40] 이것이 '예외적'이고 '비정상적'인 이유는 신분제의 점진적인 쇠퇴와 함께 성장한 평등에 대한 시민들의 경험과 믿음 때문이다. 따라서 강제된 분업은 분업의 필연적인 귀결이 아니며, 규범적인 질서가 합리적이어서 개인들이 스스로 그 질서에 헌신할 때 극복될 수 있다. 때문에 뒤르케임에게 근대사회의 위기는 계급 갈등 그 자체가 아니라 "악의 근원이 되고 있는 외적 불평등을 조금씩 제거시켜 각 기관들 간의 관계에 정의를 회복해야 할" 도덕의 위기로 표현된다(같은 책, 336~340).

『자살론』의 사회병인학

이 지점에서 뒤르케임이 위기의 원인을 단지 지적이거나 정신적인 것이 아니라 구조적인 것으로 이해한다는 점은, 『자살론』의 사회병리 분석에서 보다 명확히 표현된다. 오늘날 자살의 비정상적 증가는 "낡은 제도를 붕괴시키는 데는 성공했지만 새로운 것을 세워 놓지 못한 병적인 상태에서 유래한다"는 것이다.

따라서 우리가 자살의 비정상적 증가가 정신적 질병의 증상이라고

---

40 상세한 내용은 뒤르케임(2012: 337~340). 뒤르케임은 『자살론』에 이르러 아노미의 1차적인 지위를 확고히 한다. 그에 따르면, 아노미는 현대사회의 정규적이고 특수한 자살의 요인이며, 아노미 때문에 일정한 수의 연간 자살률이 나온다. 따라서 아노미는 다른 유형과 구분되는 새로운 자살유형이다(뒤르케임, 2008: 322).

말하는 것은, 그것을 단순히 부드러운 몇 마디 말로 치료할 수 있는 표면적인 질환이라는 뜻은 아니다. 그와 반대로 … 정신적 특질을 치유하기 위해서는 사회구조가 개조되어야 한다(뒤르케임, 2008: 505~506)

그렇기에 『자살론』의 결론 부분에서 '도덕적 질병'에 대한 처방책으로 제시된 직업집단론의 위상은 단지 어떤 종류의 집단을 구성하려는 시도에 제한되지 않는다. "사고방식이나 행위양식은 오직 집합적 생존양식 자체가 변화함으로써만 변화될 수 있으며, 또한 집합적 생존의 변화는 그 구성 부분들의 변화가 없이는 일어날 수 없다"(같은 책, 505). 직업집단은 개인의 이기주의를 제어하고 연대감을 부양할 사회화(socialization)의 기제이며, 사회 통합과 정치 통합을 연결하는 핵심적인 고리가 된다(김태수, 2008: 294~296). 중요한 것은 '전면적 개혁'을 추동할 주체를 마련하고 이를 제도화하는 것이며, 이 규제를 담당할 도덕적 세력이 직업집단이라는 것이 『사회분업론』에서 『자살론』으로, 다시 『사회분업론』 제2판 서문으로 이어지는 일관된 결론이다. 요컨대 『자살론』을 경유하여 구체화된 뒤르케임의 직업집단론은 생산의 아나키를 제어하고 합리성이 항구적으로 작동할 수 있는 사회체제로 나아갈 사회 재조직의 기획으로 독해될 수 있다.[41]

[41] 이러한 문제의식은 『도덕 교육』에서도 펼쳐진다. 뒤르케임은 집단적 목적에 헌신하기 위

3. 뒤르케임의 사회과학철학: 비판적 실재론 접근

『사회분업론』과 『자살론』을 교차시키는 상호 담론적 독해를 통해 뒤르케임의 민주주의론의 요체를 거칠게나마 살펴보았다면, 이제 『자살론』의 과학방법론에 대한 실재론적 해석을 통해 그의 민주주의론의 인식론적·존재론적 기초를 추적해 보기로 하자. 세간의 통념과는 달리 뒤르케임의 과학방법론은 실증주의 패러다임이 아닌 비판적 자연주의, 뒤르케임 자신의 용어로 사회학적 자연주의의 관점에서 가장 잘 이해될 수 있다.

1) 뒤르케임의 사회학적 자연주의: 실재론적 해석

『자살론』의 구성과 전개

앞서 말했듯, 『자살론』은 응용사회학 방법론을 선보이기 위한 저술로 기획되었다. 『자살론』은 크게 서론과 제1~3부의 총 네 부분으로 구성되어 있다. 제1부는 '비사회적 요인들', 제2부는 '사회적 원인들과 사회적 유형들', 제3부는 '사회적 현상 일반으로서의 자살'을 정의하고 유럽 사회 자살의 지배적인 원인 진단과 직업집단의

해서는 무엇보다 집단에 대한 느낌과 애정이 있어야 한다고 믿으며, 결시에 생명력을 불어넣는 중간집단의 중요성을 논한다. 소수의 교육받은 계층뿐 아니라 대중의 깊은 곳에서 연합의 정신이 살아나지 않는 한, 직업집단이 살아 있는 현실이 될 수 없다는 것이다 (뒤르케임, 2024: 333~336).

재조직이라는 실천적 대안을 제시하는 것으로 끝을 맺는다.

『자살론』의 서론에서 안내하고 있는 연구의 구성과 순서는 다음과 같다.

① 어떤 현상을 설명하려면 광범위한 보편성을 갖는 비사회적(extra-Social) 원인에 의존해서 설명하거나, 아니면 명백히 사회적인 원인에 의존해서 설명할 수밖에 없다. 우리는 먼저 전자의 영향을 탐구하며, 그것이 실재하지 않거나 고려할 가치가 전혀 없다는 점을 규명할 것이다.
② 다음으로 우리는 사회적 원인의 본성을 규정할 것이다. 즉 사회적 원인들이 어떻게 효력을 발휘하며, 각기 다른 종류의 자살과 연관된 개별 사례들과 어떤 관계가 있는지를 밝힐 것이다.
③ 그러고 나면 자살을 구성하는 사회적 요인, 즉 방금 언급한 집단적 경향, 이 집단적 경향과 다른 사회적 현상과의 관계, 그런 경향에 맞설 대응 수단 등을 보다 정확하게 밝힐 수 있을 것이다 (뒤르케임, 2008: 33).

제1부 '비사회적 요인들'에서는 자살이 우주적·심리적·유전적 요인 등의 비사회적 요인들이 아니라 사회적 원인들이 작용한 결과 야기된 사회적 사실임을 논증한다. 이러한 논의를 통해 『자살론』을 끌고 가는 반(反)환원주의적 존재론이 드러난다. 나아가 자살의 유형과 원인들을 추론하는 제2부 '사회적 원인들과 사회적 유

형들'에서는 자살이라는 구체적인 복합물을 그 사회적 발생 기제에 따라 이기적·이타적·아노미적·숙명론적 자살로 개념적으로 변별하고 여러 혼합유형들을 서술한다. 이는 추상적 분석에서 구체적 분석[42]으로 진행되는 탐구의 과정을 보여 주는 한편, 『자살론』의 암묵적인 사회과학철학과 관계적 사회실재론의 독창성을 드러낸다. 제3부 '사회적 현상 일반으로서의 자살'은 유럽 나라들의 자살률과 살인율을 비교분석함으로써 자살률에 책임이 있는 원인으로 '경제적 아노미'를 찾아내고 '직업집단의 조직'이라는 실천적 대안의 제시로 나아간다. 사실판단에서 가치판단으로, 이론적 판단에서 실천적 판단으로 나아가는 이러한 설명 방식은 뒤르케임의 도덕과학, 즉 윤리적 자연주의가 추구하는 설명적 비판의 학문관을 엿볼 수 있는 『자살론』의 백미라 할 수 있다.

응용과학으로서의 사회학

미리 말하자면, 뒤르케임은 예측이 아니라 설명에 주안점을 두는 설명적 방법론을 『자살론』에서 선보인다. 이 같은 논증구조는 또한

---

42 내용적 충만과 관련된 '구체적'이라는 단어는 원래 '함께 성장하다'라는 뜻의 라틴어 'concrescere'에서 유래했다. 영국의 사회학자 앤드루 세이어는 이 단어의 어원이 "일반적으로 사물이 다양한 요소나 힘의 결합에 의해 구성"된다는 사실에 있다고 말한다(Sayer, 1992: 87). 칼 맑스도 비슷한 방식으로 "구체적인 것은 많은 결정이 집약체이기 때문에 구체적이며, 따라서 다양성 속의 통일성"이라고 표현했다(Marx, 1993: 101). 한편 '추상적'이라는 용어는 '끌어내다'(draw away)라는 뜻의 라틴어 'abstrahere'에서 유래한 것으로, 구체적 전체에서 특정 측면들을 '끌어내는' 활동을 가리킨다(Gunnarsson, 2014).

비판적 실재론이 개방체계를 다루는 응용과학의 설명 논리로 정식화한 RRREI(C) 모델로 더 잘 이해될 수 있다. 이러한 구분이 필요한 것은 과학이 대상으로 하는 세계가 개방체계이기 때문이다. 개방체계는 사건들이 다양한 기제들에 의해 결정되고, 복잡성과 발현이라는 특징을 지닌다. 특히 대부분의 자연적 사건과 마찬가지로 대부분의 사회현상은 국면에 따라 결정되며, 그 자체가 다수의 원인에 입각해 설명되어야 한다. 따라서 개방체계에서의 설명은 순수한 이론적 설명과 달리 응용된 설명 또는 역사적·구체적 설명을 요청한다. 응용된 설명은 복잡한 사건(등)을 그것의 구성 요소들로 분해(Resolution)하고, 이들 구성 요소들을 이론적으로 재서술(Redescription)하고, 구성 요소들의 가능한 선행 요인들을 소급추정(Retrodiction)하고, 대안적 원인들을 소거(Elimination)함으로써, 인과적으로 효력이 있는 구성 요소들을 판별(Identification)한 후, 이전의 결과들을 정정(Correction)하는 것으로 진행된다(RRREI(C)).[43]

이를 『자살론』에 적용해 보면, 첫 번째 R은 자살로 정의된 현상의 분해(Resolution)를 의미한다. 두 번째 R은 재서술(Redescription)을 뜻한다. 이는 자살이 발생하는 가장 그럴듯한 이유를 밝힐 수 있는 기초를 놓는다. 사망원인이 유전적·심리적·우주적인 것일 가

---

[43] 예컨대 사회 세계의 경우 층위가 높아질수록 우연성의 원천도 많아지고 폐쇄를 꿈꿀 수 없으며 실험실을 통해 결정적인 검사를 수행하는 것도 불가능해진다. 하지만 사회과학은 구체적인 자연과학이나 응용적인 자연과학이 실행하는 것과 동일한 방식으로 개방체계를 탐구할 수 있다는 것이다. 바스카는 그러한 체계에서의 설명이 응용된 설명의 논리를 따른다고 주장한다(김명희, 2017b: 86~93).

능성은 극히 희박하며, 사회적 차원에 기인한 것으로 사인이 진단된다. 이 단계에서는 연구자의 가추적(abductive) 사고에 의하여 점차적으로 사회문제로서 자살현상에 대한 재맥락화가 이루어진다. 이를테면 통합과 규제라는 기준에 따라 원인에 따른 자살의 유형들(이기적·이타적·아노미적 자살)이 가설적으로 상정된다. 이 과정에서 독자들은 '가장 잘 들어맞는' 설명, 즉 자살의 원인이 사회적이라는 것에 동의하기 시작한다.[44]

그다음 소급추정(Retrodiction)을 통하여 자살로 이어지는 여러 자살유형의 개인적 형태와 정황적 가능성을 상정한다. 그리고 유럽 사회의 자살률과 살인율의 추이를 비교하며, 경합하는 대안적 가설들을 소거(Elimination)하는 과정이 뒤따른다(이기주의·이타주의에 의한 자살이 지배적인 유형의 자살일 수 없음). 이쯤에서 추론 과정은 유럽 사회의 높은 자살률에 선행하는 가장 유력한 시나리오를 소급추정적으로 가려내는 것(급격한 경제적 산업화가 진행된 나라에서 살인과 자살이 동시에 증대함)을 도우면서, 지배적인 자살원인에 대한 판별(Identification)이 이루어진다(경제적 아노미가 자살의 주범임). 이 같은 이론적 진단에 입각해 이전의 결과들을 정정(Correction)하고(자살이 우울증의 결과일 수 없음), 실천적 진단과 제안으로 나아간다(긴급한 분배정의와 직업집단의 재조직).[45]

---

44 가추(abduction)라는 용어는 철학에서 때때로 '가장 잘 들어맞는' 추론을 설명하는 데 사용되며, 몇몇 문헌에서는 단순하게 '역행추론'과 혼용된다(Pilgrim, 2019: 9).
45 그리고 『자살론』의 결론에 따른 『사회분업론』 서문의 수정(correction)이 이루어졌다

이러한 논증구조를 염두에 두고 비판적 실재론 관점에서 『자살론』의 방법론적 성취를 자세히 살펴보기로 하자.

비판적 실재론: 초월적 실재론과 비판적 자연주의[46]

사회는 개인들로 환원될 수 없기에, 뒤르케임은 개인에서부터 분석을 시작하지 않는다. 『자살론』의 출발점은 명백히 사회적 자살률이다. 도덕통계가 보여 주는 자살률의 일정성은 자살이라는 집합 과정을 탐구하도록 허용하는 출발점이다. 뒤르케임에 따르면 모든 사회는 역사의 순간마다 자발적인 죽음을 발생케 하는 일정한 경향을 띠고 있으며, '한 사회의 자살에 의한 사망률'은 그 사회의 발전 단계와 성격을 말해 준다. 가령 파리의 주민이 바뀌어도 프랑스의 전체 자살자 가운데 파리의 자살자 비율은 거의 변화하지 않는다. 군대의 인원이 완전히 바뀌는 데는 수년이면 충분하지만, 한 나라의 군인 자살자 총수는 그리 심하게 바뀌지 않는다(뒤르케임, 2008: 388~389). 한 사회의 자살통계가 거의 변하지 않는 이유는, 사람들의 생활을 뒷받침하는 환경조건들이 비교적 변하지 않는 상태로 유지되기 때문이다(같은 책, 25). 즉 자살률이 보여 주는 통계의 일정성은 절반의 규칙성(로슨, 2005: 295)을 보여 주는 셈이다. 따라서 사회적 자살률은 사회학적으로만 설명될 수 있다.

(1902년 서문).
46 이 절은 뒤르케임의 사회과학철학과 반환원주의적 통섭이론을 비판적 실재론 관점에서 재조명한 김명희(2015c)의 논문에 기초한다.

이러한 입장은 '자살의 사회학화'라는 테제로 알려져 왔다. 그러나 자살의 사회학적 전환이 갖는 의미는 『자살론』에서 사용된 양적 방법과 사회학적 시각의 강조로 인해 실증주의라는 비판과 사회학주의라는 비판 앞에 동시에 노출되어 왔다. 그러나 이러한 비판은 '발현의 사회학자'[47]인 뒤르케임의 방법론을 충분히 이해하지 못한 데서 비롯된 오해의 소치로 보인다. 이를 명확하게 드러내기 위해 실증주의 과학철학에 대한 유의미한 대안을 모색해 온 비판적 실재론의 관점을 먼저 살펴볼 필요가 있다.

비판적 실재론은 과학철학 일반을 일컫는 초월적 실재론(transcendetal realism)과 사회과학철학을 일컫는 비판적 자연주의(critical naturalism)의 합성어로 로이 바스카에 의해 제창되었다. 바스카는 스승 롬 하레의 실재론적 관점에 영향을 받아 실증주의적 과학방법론의 한계를 비판하는 것으로부터 자신의 과학적 실재론을 발전시켰다.[48] 이러한 입장은 1975년 출간된 『실재론적 과학관』에 잘 나타나 있다. 이어 1989년에 출간된 『자연주의의 가능성』은 인간과

---

47 엄밀히 말해 사회적 발현 개념은 19세기 프랑스 지적 조류의 산물이다. 뒤르케임은 샤를 르누비에로부터 전체는 부분의 합 이상이라는 공리를, 에밀 부트루로부터 분석의 각 층위는 더 낮은 층위로 환원되지 않는다는 관념을 빌려 왔다. 그리고 무엇보다 그는 콩트의 반(反)환원주의로부터 크게 영향을 받았다. 콩트 역시 사회적 발현의 문제와 씨름했지만, 이는 뒤르케임만큼이나 자주 오해되는 지점이다(Sawyer, 2002: 232).

48 실증주의가 문제가 되는 이유는 첫째, 감각 경험 이상의 층화된 세계를 인정하지 않는 경험적 실재론과 둘째, 단지 감각자료의 기록자에 머무는 수동적 행위자를 인간관에 전제함으로서 결과적으로 현상을 정당화하기 때문이다(바스카, 2007: 103~107). 또한 사실판단에서 가치판단이 도출될 수 없다는 가치 중립의 구호는 과학에서 도덕을 배제하는 이데올로기로 기능해 왔다.

학을 가로지르는 이원론과 이분법을 해소하려는 사회과학철학을 정립하려는 기획으로, 이를 비판적 자연주의라 명명한다. 이에 대한 상세한 내용은 필자의 『통합적 인간과학의 가능성』(2017)에서 본격적으로 다룬 바 있으므로, 여기서는 뒤르케임과 바스카가 공명하는 비판적 자연주의의 얼개만을 살펴본다.

비판적 실재론은 자연과학의 방법론이 실증주의보다 실재론에 의해서 더 잘 서술된다고 주장함으로써 반(反)실증주의적인 사회과학자들에게 자연주의의 가능성을 열어 둔다. 실증주의와 실재론의 가장 큰 차이점은 존재론에 관한 것이다. 실증주의가 자연과 사회를 관찰 가능한 경험으로만 이루어진 평평한 세계로 전제하는 반면, 실재론에 따르면 과학의 과제는 경험적 사건을 야기한 실재 영역에서의 구조와 기제, 힘과 경향을 규명하는 데 있다. 따라서 만약 사회과학의 대상이 되는 사회 세계에 자동적 차원의 구조와 기제 및 힘과 경향이 있다면 실재론적 자연주의는 사회과학에 적용될 수 있다.

예컨대 실재론은 자연과학의 방법인 실험을 경험적 규칙성의 확인으로 이해하는 포퍼-헴펠 모델과 달리 실험의 원리를 반(反)경험주의에 입각해 설명한다. 실험이 폐쇄체계를 만드는 까닭은 자연 자체가 개방체계이기 때문이다. 즉 비판적 실재론의 관점에서 실험

---

49 이런 의미에서 실험이 행하는 폐쇄는 인식론적 폐쇄라고 할 수 있다. 달리 말해 폐쇄라는 가정은 하나의 믿음이며 그 본질은 사유실험에 있다.

의 본질은 폐쇄에 있는 것이 아니라 함께 작동하는 다수의 기제들 중에서 어떤 책임 있는 기제를 고립시키는 것이다.[49] 이런 의미에서 실험은 세계에 대한 실천적 개입이며, 비경험적인 구조들과 인과 기제들을 경험적으로 판별해 내고 판단하는 과정이다(콜리어, 2010: 63~65). 실험이 불가능한 일부 자연과학과 사회과학에서는 객체들을 사유 속에서 분리시키는 추상화로 실험을 대신하게 된다. 이를 통해 자연구조에 비해 높은 자유도를 가진 사회구조의 경우 물리학적 방식의 실험 — 폐쇄 — 을 행할 수는 없지만, 그 존재론적 특성을 존중하는 범위에서 실험의 유사물과 보완물을 추구할 수 있기에 자연과학과 사회과학은 동일한 의미에서 과학일 수 있다. 이러한 방식으로 실재론의 과학철학 — 이것을 초월적 실재론이라 부른다 — 은 존재의 층위를 사고함으로써 뒤르케임의 과학적 사회학이 전제하고 있는 존재론적 깊이를 이해할 시야를 제공한다.

둘째, 그런데 사회 세계는 모두 인간이 만들어 낸 것이다. 그러므로 사회 세계의 구조와 기제는 개념 및 행위에 의존적일 수밖에 없고, 시간과 공간에도 의존적일 수밖에 없다(Bhaskar, 1998: 48). 말하자면 자동적 대상으로만 존재하기 어려운 것이다. 그렇지만 사회는 개인으로 환원될 수 없고, 사회적인 것은 인간 행위의 필요조건으로 존재한다. 다시 말해 행위에 앞서서 존재하는 사회적인 것들은 자동적 차원으로 존재하며, 인간의 행위를 제약한다는 의미에서 구조와 기제로 표현되는 인과적 힘을 갖는다. 동시에 사회는 행위에 의해서 의식적·무의식적으로 끊임없이 변형·재생산된다. 결국 실재론적 자연주의는 사회과학에 적용될 수 있지만, 조건적으로만 그러하다고 할 것이다. 이것이 앞서 말한 비판적 실재론의 사회과학철학, 곧 비판적 자연주의이다(Bhaskar, 1998: 43). 비판적 자연주의는 사회적 존재의 발현적 속성에 대한 고찰에 입각해 사회과학의 상대적 자율성을 이론화한다.

요컨대 비판적 자연주의는 인간과학을 지배해 온 — 아울러, 뒤르케임에 대한 해석을 양분해 온 — 이분법과 이원론을 극복할 제3의 경로를 제시한다. ① 가장 중요한 이분법은 실증주의의 과잉자연주의와 이에 대한 반향으로 등장한 해석학의 반(反)자연주의의 이분법이며, 실증주의에 대한 보다 타당한 비판을 제시함으로써 양자의 대립을 해소하고자 한다. ② 개인주의와 집합주의의 이분법에 대해서는 사회를 관계적이며 발현적인 것으로 파악함으로써 해결한다. 이는 사회에 대한 관계적 견해에서 논의된다. ③ 자원론과 물상화의 이분법은 구조와 행위주체에 관한 논쟁을 포함한다. 이는 변형적 사회활동 모델에 의해 극복된다.[50] ④ 흄에 의해 정초되고 베버에 의해 체계화된 사실과 가치의 이분법이다. 이는 설명적 비판이론에서 논박된다. ⑤ 실증주의/해석학 논쟁을 가속화하

---

50 변형적 사회활동 모델(transformational model of social activity: TMSA)에 따르면 사회 및 사회형태들은 인간행위보다 먼저 존재하지만 인간행위가 재생산하거나 변형하는 것이다(Bhaskar, 2016: 12). 바스카보다 집합적인 것에 더 강조점을 두는 뒤르케임의 변형적 사회활동 모델에 대한 논의로 Pearce(2007), 김명희(2017) 참조.

⟨표 2.1⟩ 이원론적 이분법과 비판적 실재론의 해법

이원론	비판적 실재론의 해결
포괄적인 거시 이원론	
자연주의/반(反)자연주의(실증주의/해석학)	제한된 비판적 자연주의
다른 거시 이원론들	
사회/개인(집합주의 또는 전체론/개인주의)	관계주의, 발현주의
구조/행위주체(물상화/자원론)	변형적 사회활동 모델
물질성/개념성	물질적으로 체현된 그리고 개념화하는 행위주체적 인간 및 사회적 존재
미시 이원론들	
몸/마음(거시적으로, 자연/사회)	정신에 관한 공시 발현적 힘의 유물론
이유/원인	이유는 원인일 수 있다
사실/가치 및 이론/실천	설명적 비판, 윤리적 자연주의

출처: Bhaskar, 2016: 44

는 이유와 원인의 이분법이 있다. 비판적 자연주의는 이 이분법을, 흄의 인과성 개념을 기각하면 이유도 독자적인(*sui generis*) 원인일 수 있음을 입증하는 것으로 해결한다. 이러한 이분법들은 대부분 정신과 육체 사이의 이원론에 기초하고 있는데, 비판적 자연주의는 공시 발현적 힘의 유물론(synchronic emergent powers materialism, SEPM)에서 정신을 물질의 발현적 힘으로 파악함으로써 이러한 이분법을 극복하고자 한다(바스카, 2005: 21). 인간과학을 가로지르는 이원론적 이분법에 대한 비판적 실재론의 해법을 요약하면 ⟨표

2.1〉과 같다.

이제 살펴보겠지만 『자살론』(1897)을 일관되게 관통하고 있는 '사회학적 자연주의' 또한 이러한 층화된 실재와 발현적 힘의 유물론에 기초해 있다.

뒤르케임의 사회학적 자연주의

이를테면 뒤르케임은 사회를 연구할 때 환원론을 피해야 하며 사회현상을 그 자체로 고유한(*sui generis*) 실체로 간주해야 한다고 주장했다. 이런 생각은 뒤르케임의 전 이론체계의 핵심을 이루는데, 생물학적 환원이나 심리학적 환원을 거부하고 '사회적 사실'을 사회학의 주된 연구 대상이라고 본 것이다(코저, 2003: 157). "사회적 사실을 사물처럼 대하라"라는 그의 방법론적 테제는 그의 자연주의적 입장을 함축적으로 보여 준다. 즉 사회적 사실은 개인의 의지나 우리의 주관적 인식으로 환원되지 않는 사회적 차원의 발현적 속성('독립성')과 실재성을 의미하고('외재성') 우리의 개별행위를 제약하는 규범적 차원을 갖지만('강제성'), 자연과학과 마찬가지로 과학적인 방법과 태도로 접근되어야 할 지식의 대상임을 의미한다('사물처럼 대하라').

여기서 '사회적 사실'은 고정된 물리적 실체나 관찰 경험될 수 있는 사실에 한정된 실증주의적 사실 개념이 아니라, 생물학적 사실이나 심리적 사실과는 구분되는 인과적 수준을 지시한다. 즉 사회적 사실은 "행위이자 표상"이며, "개인의식의 외부에 존재하는 뚜렷한 특성을 보여 주는 행위양식, 사고양식, 감정양식"으로 정의된다(뒤르케임, 2001: 51).

이러한 반(反)환원주의는 『자살론』에서 전개된 뒤르케임의 방법론에서도 일관되게 관철된다. 앞서 언급했듯, 『자살론』 제1부에서의 논증은 자살에 대한 일반적인 설명인 비사회적 요인들을 소거(elimination)하는 것에서 시작된다. ① 정신 질환 ② 인종과 유전 ③ 우주적 요인 ④ 모방이라는 가설이 그것이다. 이는 유기적·심리적 성향과 물리적 환경의 성격이라는 두 가지 요인으로 다시 분류될 수 있다. 이러한 설명은 자살을 개인에게 원인이 있는 것으로 자연화하려는 환원주의에 기초하고 있기에 각각의 가설을 하나씩 소거해 가는 뒤르케임의 논증은 이로 환원되지 않는 자살의 사회적 원인과 정신의 발현적 속성을 도출하는 가추적 재맥락화의 과정이 된다.

특히 가브리엘 타르드의 모방이론을 비판하는 대목은 뒤르케임의 반환원주의적 자연주의와 인간학을 이해하기 위해 중요한 지위를 점한다. 타르드의 심리학적 접근 방식은 자살을 영향력 있는 특정 개인의 죽음에 의한 사회적 모방이나 감염 효과로 설명한다. 뒤르케임의 입장에서 이 모방이론을 승인한다면 자살률은 개인적인 원인들에 직접 의존하는 것이 된다. 그러나 사회생활은 기본적으로 표상에 의해서 이루어진다. 표상을 매개로 하는 한 둘 또는 그 이상의 비슷한 의식의 상태가 유사하게 드러나고 서로 결합/융합되는 상태를 모방으로 볼 수는 없다. "이와 같은 결합은 새로운 상태를 만들기 때문에 모방이라기보다는 차라리 창조라고 불러야 할 것이다. 이것이야말로 우리의 정신력이 창조력을 가지게 되는 유일한 과정이다"(뒤르케임, 2008: 135). 따라서 인간의 사회생활에는 개인심리학과 다른 사회심리학의 법칙이 존재한다는 것을 인정해야 한다는 것이다.[51]

이러한 입장은 『자살론』 다음 해 발표된 「개인표상과 집합표상」(1898)이라는 논문에서 좀 더 분명해진다. 여기서 뒤르케임은 인간의 표상을 설명하는 기존의 이론, 즉 정신생리학의 부수현상설과 실험심리학의 내성주의를 동시에 비판한다. 토머스 헉슬리와 헨리 모즐리의 정신생리학에 부수현상설이라 이름 붙인 것은 정신을 육체적인 생명의 부수현상이나 뇌 과정의 단순한 반영에 불과한 것으로 환원했기 때문이다. 반대로 실험심리학의 내성주의자들은 정신적 삶을 세계로부터 격리시키고 과학의 통상적인 방법에서 벗어나게 했다. 즉 양자 모두 새롭게 과학의 층위로 들어온 정신의 제한적인 자율성을 인정하지 않으며, 복잡한 것을 단순한 것으로, 우월한 것을 열등한 것으로 설명하려고 한다는 점에서 문제가 있다.

뒤르케임은 이러한 자신의 자연주의를 심리학적 자연주의나 생물학적 자연주의와 구별하여 '사회학적 자연주의'라 불렀다.

---

51 뒤르케임에 따르면, 사회학의 법칙과 심리학의 법칙 사이에 존재할 수 있는 유사성을 찾는 것은 자연스러운 일이다. 왜냐하면 이 두 분야는 근접한 영역을 다루기 때문이다. 이는 사회학이 개인심리학의 단순한 부수적 결과에 불과하다는 믿음을 정당화하는 것이 아니다. 이러한 유사성은 오히려 두 세계와 두 과학의 상대적 독립성을 강조한다(Durkheim, 1953: 1).

심리사회학자들의 이데올로기 너머와 사회인류학자들의 유물론적 자연주의 너머 사회현상들에서 특수한 사실들을 보고, 그 특수성을 아주 진지하게 존중함으로써 설명에 착수하는 '사회학적 자연주의'를 위한 방이 존재한다. 그러므로 때때로 우리에게 붙여진 유물론이라는 비난보다 더 잘못된 것은 없다. 사람들이 개인의 표상적 삶의 특수한 속성을 정신성(spirituality)으로 부른다면, 반대로 우리의 관점에서 사회적 삶은 초정신성(hyper-spirituality)으로 정의된다.[52] 이러한 정의는 정신적 삶의 모든 구성적 속성들이 초정신성 속에서 발견되지만, 그것은 매우 큰 힘과 전적으로 새로운 것을 구축하는 방식으로 고양된다는 것을 뜻한다. 이 단어는 그 형이상학적 외양에도 불구하고, 자연적 원인들에 의해 설명되어야 하는 자연적 사실들의 집합체에 지나지 않는다는 것을 지칭할 뿐이다(같은 책, 34).

여기에서 사회학적 자연주의는 사회적 층위의 발현적 속성(환원 불가능성)을 존중하는 메타이론적 관점을 드러내 준다. 이는 비판적 자연주의의 관점과 다르지 않다. 나아가 뒤르케임의 과학은 경험적 규칙성의 확인과 예측에 주안점을 두는 논리실증주의와 달리 인과관계의 발견과 설명을 추구하며, 사실-가치 이분법에 기초해서 엄격한 가치 중립성을 과학성의 준거로 삼는 논리실증주의와 달리 과학적 설명과 도덕적 판단(합리성)을 융합하는 도덕과학의

---

[52] 이하 이탤릭체는 원저자의 강조, 굵은 글씨 및 밑줄은 필자의 강조임을 밝혀 둔다.

가치론적 입장을 지향한다(김명희, 2016a). 이러한 변별점을 드러내기 위해 논리실증주의와 비판적 실재론 그리고 뒤르케임의 과학 패러다임의 핵심적 특징을 표로 나타내면 〈표 2. 2〉와 같다.

〈표 2. 2〉 논리실증주의, 비판적 실재론, 사회학적 자연주의 비교

	논리실증주의	비판적 실재론	사회학적 자연주의
존재론	경험적 실재론	심층 실재론/ 관계적 사회실재론	심층 실재론/ 관계적 사회실재론
인식론	경험주의	과학적 실재론	과학적 실재론[53]
방법론	포괄 법칙적 설명	인과적 설명	인과적 설명
가치론	가치 중립	설명적 비판	도덕과학 (과학적 설명을 통한 도덕적 판단)

---

[53] 뒤르케임은 이러한 실재론적 입장을 '과학적 합리주의'라고 불렀다.

2) 뒤르케임의 층화이론과 발현적 힘의 유물론

이중적 인간과 반(反)환원주의

사회학적 자연주의에 기초한 뒤르케임의 인간관은 그 유명한 이중적 인간(homo duplex) 개념에서 명확해진다. "인간이 이중적이라면 그것은 육체적인 인간에 사회적 인간이 중복되기 때문이다. 사회적 인간은 그가 상징하고 봉사하는 사회를 전제로 한다. 만일 사회가 해체되면, 사회가 우리를 위해 존재하고 작용하는 것을 우리가 느끼지 못한다면, 우리들 안에서 사회적인 모든 것은 그 목적과 기반을 잃게 된다"(뒤르케임, 2008: 256). 요컨대 『자살론』에 전제되어 있는 뒤르케임의 사회적 존재론은 인간이 자연의 일부인 동시에 사회적 존재로서의 자유를 갖고 있음을, 자연 필연성의 제약을 받는 동시에 그것으로 환원되지 않는 정신적 존재로서의 자유를 갖고 있음을 인정하는 '비판적 자연주의'의 입장을 선취하고 있다고 할 수 있다.[54]

즉 뒤르케임의 관점에서 세계는 평평하게 구성되어 있는 것이 아니라 층화되고 분화되어 있다. 물리적 현상이 한 층위에 존재하고, 화학적 현상이 두 번째 층위에, 생물학적 현상이 세 번째 층위

---

[54] 이는 저술 곳곳에서 강조되는 다음의 언술에서 확인된다. "사회는 자연의 일부이다 사회는 자연의 일부이며 자연의 가장 고매한 표상이다. 따라서 사회의 영역이란 자연의 한 영역이며 사회의 영역이 좀 더 복잡하다는 점에서만 다른 것들과 구별된다"(뒤르케임, 1992: 43).

에, 심리학적 현상이 네 번째 층위에, 사회적 현상이 다섯 번째 층위에 존재한다고 할 수 있다(Durkheim, 2004: 27). 이는 과학의 위계를 상정했던 생시몽, 나아가 콩트의 전제와 크게 다르지 않다. 중요한 것은 상위 층위의 새로운 것들은 단순히 밑의 층위로부터 주어져서 포함된 요소만으로 설명될 수 없다는 점이다. 그것은 이 요소들 사이에 존재하는 구별되는 관계들의 결과로서 발현한 것이다. 예컨대 인간의 사유 능력은 두뇌를 형성하는 세포를 준거로 설명될 수 없다. 세포 그 자체는 그러한 능력을 보유하지 않기 때문이다. 성대(聲帶)의 생물학적 구조를 이해하지 않고서는 말하기를 설명할 수 없지만, 인간의 언어행위가 그것으로 환원되지는 않는 것도 매한가지이다. 마찬가지로 사회적 실재는 그것에 포함된 개인들의 총합 이외의 어떤 것이다. 즉 사회적인 것은 그것 자체의 층위를 구성하므로, 사회를 구성하는 개인들이 갖지 않은 속성들과 힘들을 가지고 있다.[55]

이 같은 맥락에서 뒤르케임은 사회에는 개인들만 존재한다는 명목론적 입장과 방법론적 개인주의 또는 심리학적 환원주의를 논박하며 다음과 같이 말한다.

사실상 우리는 물리적·화학적·생물학적·심리학적 요인에다 역

---

[55] 환원주의가 문제가 되는 이유는 발현을 통한 층화라는 현상을 무시함으로써, 아주 쉽게 인과적 힘들과 기제들에 관해 잘못된 결론에 이르게 되기 때문이다(다네마르크 외, 2005: 113; 서영표, 2022: 198).

시 외재적인 사회적 요인을 첨가할 뿐이다. 위의 요인들이 인간의 자유를 제한하지 않는다면, 사회적 요인이다. … 자살 생성 경향과 자살자의 관계도 그와 같다(뒤르케임, 2008: 414)

즉 생명이 부분의 합이 아니라 부분의 합 이상인 전체의 속성인 것과 마찬가지로, 사회는 개인들의 속성으로 환원될 수 없다. "어떤 요소가 결합해서, 그 결합의 결과로 새로운 현상이 만들어질 때 그 현상은 원래의 요소 가운데 있는 것이 아니라, 그러한 결합에 의해 형성된 전체 내에 존재한다는 것"이다. 예컨대 청동의 단단함은 구리나 주석, 납 같은 각각의 재료 때문이 아니라, 그것들이 합성되었기 때문에 나타난다. 물의 속성은 물을 구성하는 산소나 수소의 속성에 있는 것이 아니라 두 분자의 결합에 의해 만들어진 복합적 특성 안에 있다(뒤르케임, 2001: 35~36).

정리하자면, 사회적 실재의 환원 불가능성, 즉 발현적 속성을 사회과학의 출발점으로 정립한 뒤르케임의 자연주의는 자연과학과 인간과학의 통합성을 승인한다는 점에서 '자연주의'이지만, 층화된 세계의 존재론적 깊이를 사고한다는 점에서 사회적 객체의 특수성과 자율성을 아울러 고려하는 '비판적' 자연주의의 입장을 취한다.[56]

---

[56] 비판적 실재론의 주창자들 또한 층화된 세계관과 발현적 속성(emergent powers) 개념에 입각해 사회학의 철학적 토대를 정립했던 뒤르케임의 기여를 인정한다. 하지만, 바스카는 뒤르케임의 사회학을 '경험주의'로 해석하는 오류를 범한다. 이에 대한 상세한 토론과 바

공시 발현적 힘의 유물론

나아가 정신현상의 발현적 힘을 인정하는 뒤르케임의 반환원주의적 자연주의는 바스카가 개념화한 반환원주의적 유물론, 곧 공시 발현적 힘의 유물론과 공명한다. 공시 발현적 힘의 유물론은 정신/물질 이원론과 환원주의적 유물론을 논박하기 위한 개념화이다. 이는 정신이 물질(신체)의 발현적 힘이며, 물질(신체) 없이 정신이 발생하는 것이 아니라 물질(신체)로 환원될 수 없다는 견해이다(김명희, 2017b: 148~151).

이는 정신 상태를 물질 혹은 신체 상태로 환원하는 중앙 상태 유물론(central state materialism, CSM)과 대비된다. 공시 발현적 힘의 유물론의 관점에서 심신문제에 관한 예를 들어 본다면, 마음이란 실재의 일부이며 발현적 힘 자체이다. 이를테면 마음은 더 기본적인 속성인 몸에 의존하지만, 몸이라는 속성에 인과적으로 환원될 수 없는 발현적 속성을 지닌다. 이는 일단 마음이 생기면 몸의 수준에 개입할 수 있고 인과적 효력을 발휘할 수 있다는 것을 뜻한다. 이는 다음과 같은 명제로 정리된다(바스카, 2021: 49~50).

스카의 부적절한 도식화의 비판적 재구성은 아래 표와 김명희(2015c; 2017b) 참고.

	방법	대상
공리주의	경험주의적	개인주의적
베버	신칸트주의적	개인주의적
뒤르케임	실재론적	관계적
마르크스		

〈표 2. 3〉 사회사상의 네 가지 경향에 대한 재정식화(김명희, 2017b: 481)

1. 마음은 일방적이고 실존적으로 몸에 의존한다.
2. 마음은 분류학적으로 몸에 환원될 수 없다.
3. 마음은 인과적으로 환원될 수 없고 몸의 영역에서 효과를 발휘한다.

이러한 견지에서 심리학적 객체들로서의 이유(reason) 역시 인과적 힘을 갖고 있는 실재로 정당하게 탐구될 수 있다(Bhaskar, 1998: 111~117).[57] 다시 말해, 인간의 의도와 목적, 이유 역시 행위를 낳는 인과적 힘을 갖고 있다면, 이유에 입각한 설명은 인과적 설명의 한 형태가 될 수 있다.[58] 실제 『자살론』은 원인에 입각한 설명과 이유에 입각한 설명을 종합하는 사회심리학적 설명을 개척한다.

---

57 원인(에 입각한 설명)과 이유(에 입각한 설명)를 이분법적으로 분할해 왔던 고전적 테제는 빌헬름 딜타이의 "자연은 설명하고 정신은 이해한다"라는 진술로 소급될 수 있다. 이후 신칸트주의적 이분법과 실증주의 과학관의 헤게모니 속에서 이 같은 '원인-이유' 이분법은 (자연과학이 추구하는) 법칙 정립적 '설명'과 (정신/문화과학이 추구하는) 사례 기술적 '이해' 사이의 방법론적 대립으로 재생산되어 왔다. 이와 달리 발현적 힘의 유물론은 "이유도 원인이 될 수 있다"라는 테제를 통해 오랜 방법론적 대립을 해소하고 — 대부분 — 정신현상과 분리될 수 없는 사회현상에 대한 보다 과학적이고 학제적인 설명의 가능성을 열어 놓는다(김치홍·김명희, 2024: 145~146).

58 이에 대한 상세한 논의는 Bhaskar(2016), 반환원주의(사회학적 자연주의)에 기초한 뒤르케임의 자살론에 대한 비판적 실재론의 (재)해석으로는 김명희(2017b; 2023) 참고.

3) 자살의 원인론과 역행추론 논증: 탈실증주의적 해석

형태학에서 원인론으로

이 같은 존재론적 전제들은 자살의 원인들을 추론하는 제2부의 설명 방식에도 일관되게 이어진다. 제2부의 논증은 자살이라는 현상을 발생시킨 '사회적 조건'을 추적해 들어가는 전형적인 역행추론[59]의 방법으로 행해진다.

> 우리는 자살의 직접적 발생원인을 판정할 것이며, 그런 원인이 특정한 개인에게 나타나는 형태에는 관심을 두지 않을 것이다. 개인적인 동기와 생각은 무시하고, 자살 발생의 차이라는 측면에서 종교적 신앙, 가족, 정치집단, 직업군 등 다양한 사회적 환경 상태를 직접 조사할 것이다. 그러고 난 후에야 개인적인 문제로 돌아가서, 보편적 원인들이 어떻게 개인화되고 어떻게 자살을 일으키는지 연구할 것이다(뒤르케임, 2008: 172).

---

[59] 역행추론(retroduction)이란 "몇몇 현상에 대한 서술로부터 그 현상을 만들어 내거나 그 현상을 조건 지은 것에 대한 서술로 나아가는 논증"을 말한다. 즉 경험적 영역에서 실재의 영역으로 도약함으로써 현상을 발생시키는 인과적 힘과 발생 기제를 탐구하고 다시 경험적 영역으로 되돌아가 실재적 원인과 경험적 결과 사이의 필연적이고 우연적인 관계들을 검사하는 초월적 논증의 한 형태이다(콜리어, 2010: 46). 역행추론적 전략은 오랫동안 철학자들 및 여러 분과학문의 과학자들에 의해 논의·실행되어 왔지만, 최근 사회연구에 대한 실재론적 접근에 의해 채택되어 정교한 과학철학 속에 통합되고 있다(김명희, 2016b: 148).

뒤르케임이 자살의 개별적 형태로부터 연구를 시작하지 않는 이유는 첫째, 우리가 갖고 있는 자료는 너무 요약되어 있고, 둘째, 우리는 자살자의 자신에 대한 판단을 충분히 신뢰할 수 없다. 자살자는 자신의 감정 상태에 대해 착각하기 쉽기 때문이다. 셋째, 객관성이 불충분할 뿐 아니라 적절한 관찰이 불가능하다(같은 책, 164~165). 간단히 말하면, "현상의 생성원인이 개별적인 사례들만을 보는 관찰자의 눈에서는 발견되지 않는다는 것은 당연한 일이다"(같은 책, 413).

따라서 그는 연구의 순서를 바꾸고자 한다. 다른 형태의 원인들이 다른 유형의 자살을 가져온다. 유형이 제각기 그 자체의 독자적 본질을 갖기 위해서는 특수한 발생의 존재조건을 가져야 한다. 원인들 사이에 독특한 차이를 가지고 있다는 것이 증명된 유형은 결과에서도 비슷한 차이를 내포한다는 것이다. 결과적으로 자살의 사회적 유형을 기술된 특성에 의해서가 아니라 자살하게 된 원인에 의해서 분류할 수 있게 된다. 따라서 그는 그와 같은 유형들이 서로 다른가를 묻기보다 먼저 그러한 유형에 상응하는 사회적인 조건을 알아내고자 하는 것이다. 즉 뒤르케임의 분류는 형태론적으로 되는 대신에 처음부터 원인론적 방법을 취한다.

그에 따르면 이것은 열등한 방법이 아니다. 왜냐하면 "현상의 성격은 아무리 본질적인 것일지라도 단지 그것의 특성만을 아는 것보다 그것의 원인을 알 때 더 깊이 이해할 수 있는 것이기 때문"이다. 추론이 사실에 기초한다면 자료는 매우 유용하게 된다. 자료가 제공해 주는 사례에 의해서 정립된 유형은 상상만이 아니라는 것을 보여 주게 될 것이다. 그리하여 원인에서 결과로 나아가게 될 것이고, 원인론적 분류는 형태학적 분류를 통해 상호 검증을 할 수 있으므로 완벽하게 마무리될 것이다(같은 책, 166).

통계를 활용한 역행추론

실제『자살론』에서 뒤르케임은 모스와 함께 2만 6000건의 자살 기록을 분류하여 유럽 사회의 자살률에 대한 경험적 통계자료를 분석의 자료로 삼았지만, 사회학적 실험의 등가물로서 통계를 활용해 추상 — 곧 역행추론 — 의 방법을 취한다.

사실 뒤르케임은 인구통계학의 과학적 가치를 잘 알고 있었다. "인구통계학은 거의 하루하루 집단생활의 발전을 표현한다. 고립된 관찰자가 사회적 범위의 제한된 일부만을 감지하는 반면, 인구통계학은 사회를 전체적으로 포괄"하며 "통계학을 통해서 개인적인 것이 개입되지 않은 수치들이 제공"된다는 것이다(Durkheim, 1978d: 217). 하지만 뒤르케임의 통계 사용 방법은 변수들의 경험적 규칙성과 통계적 상관관계의 입증에 매몰되지 않는다.『자살론』의 통계 사용 방법은 각국의 자살률에서 드러나는 일정한 규칙성을 판별하고, 그 현상을 야기한 가설적 실재들을 추상한 후(네 가지 자살유형), 그것에 책임 있는 지배적인 인과 기제와 조건(경제적 아노미)을 설명적으로 입증하는 설명적 방법론의 전형을 보여 준다. 따라서『자살론』은 통계적 인과성이나 자살률의 변동 자체가 아니라 그 기저에 자리한 사회적 조건을 해명하며, 그 해법 또한 자살의 원인(들)을 통제하는 원인요법(原因療法)에 정향된다.

> 자살을 서로 관계가 없으며 따로따로 연구해야 할 개별적인 사건으로 보는 대신, 한 사회에서 일정한 기간 동안 일어난 자살을 전체로 보기로 하자. 그 전체는 단순히 개별 사건의 합계, 총계가 아니다. 그 자체가 하나의 통일성, 개별성 및 그에 따른 스스로의 본질을 가진 독자적인 새로운 현상이 된다. 더욱이 이 새로운 현상의 본질은 압도적으로 사회적이다(뒤르케임, 2008: 25).

비판적 해석학: 그릇될 수 있는 이유

마찬가지로 뒤르케임은 '원인'과 '동기'를, 즉 '소인'(素因)과 '근인'(近因)을 구분한다. 자살자는 자신의 행위의 이유를 알 수 없기에, 또는 정확하지 않을 수 있기에 자살률의 발생원인과 변동을 파악하기 위해서는 다른 접근 방법이 필요하다는 것이다.

> 의도라는 것은 아주 내밀한 것이기 때문에 … 심지어는 스스로도 자신의 의도를 깨닫기 어렵다. 자신의 행위의 진정한 이유를 잘못 이해하는 일이 얼마나 많은가? … 행위는 행위자가 추구하는 목적에 의해 정의될 수 없다(같은 책, 19~20).

즉 뒤르케임은 쉽게 "행위자들 자신에 의해 우리에게 가르쳐진 그러한 원인들을 용인하지 않는다. 만일 그것들이 진실이라면, 그것들은 사실들 그 자체를 연구하는 것에 의해 직접 발견될 수 있다. 만일 그것들이 그릇되었다면, 이러한 부정확한 해석은 그 자체로 설명되어야 할 사실"이라는 것이다(Durkheim, 1982c: 228). 행위자들의 동기가 해석적으로 설명되어야 할 사회적 사실이라고 바라보는 이러한 관점은 뒤르케임 특유의 비판적 해석학을 보여 준다.

나아가 이러한 방법론적 입장을 지그문트 프로이트의 정신분석적 방법에, 즉 관찰되는 현상 '너머'를 해명함으로써 인간행동을 억압하는 고통의 근원을 찾고 이를 통해 의식으로부터 추방된 무의식의 영역에 다가서고자 했던 방법에 견주어 볼 수 있겠다. 실제 뒤르케임은 행위자들의 동기가 인식되지 않은 의식, 즉 무의식(unconsciousness)과 같은 더 깊은 원인에 의해 설명되어야 한다고 말한다. "우리는 그것에 도달하기 위해 더 깊은 실재로 침투해 들어가야만 한다"라는 것이다(같은 책, 215).[60] 사회적 삶의 존재론적 깊이와 심층 실재를 사고하는 뒤르케임의 관점에서 "의식은 종종 무의식에 의해 설명되고, 무의식은 의식에 의해 설명된다"(같은 책, 227).

---

60 마찬가지로 그는 동기에 입각한 설명을 취하는 역사학과 원인에 입각한 설명을 추구하는 자연과학의 분리를 비판하며, "모든 인과관계는 하나의 법칙"이라고 말한다(Durkheim, 1982c: 215). '법칙'과 '인과성'을 이해하는 규칙성 접근법과 발생적 접근법의 차이에 대해서는 김명희(2022a: 206~207) 참고.

4) 집합적 경향과 네 가지 자살 형태

도덕구조와 집합적 경향

앞 절에서 논의한 추론 과정을 거쳐 뒤르케임은 개개인의 자살이 심리적 요인이나 생물학적 속성 때문에 발생하는 것이 아니라 사회적 힘(social force), 즉 사회 '통합'(integration)과 '규제'(regulation) 때문에 생기는 것이라고 주장한다. 뒤르케임의 생각을 간단히 요약하면, 한 사회의 자살률이 매우 항상적인 경향을 보이는 이유는 해당 사회의 도덕구조[61]가 자살의 유형을 결정하고 이것이 집합적 경향(collective tendency)으로 개인에게 영향을 미치기 때문이다.

이러한 입장에서 '사회의 자살률'의 편차를 발생시키는 힘의 영향은 신체적·자연적 환경에 따라 변하는 것이 아니라 사회적 환경의 상태에 따라 변한다.

> 어느 한 시기에 그 사회의 정신적 상태가 일시적인 자살의 빈도를 결정한다. 따라서 각 사회는 그 국민을 자살로 이끄는 일정한 양의 에너지로 이루어진 집단적인 힘을 가지고 있다. 이 집합적 경향은 개인적 경향의 결과라기보다는 모든 개인적 경향의 원천이다. 집단적 경향은 권태로운 우울증, 적극적인 자기부정, 심한 좌절 등과 같

---

[61] 뒤르케임에 따르면, 각 생체유형이 신체를 유지할 신경체계를 가지고 있듯, 각 사회의 유형은 거기에 필요한 도덕을 가지고 있다. 그러므로 도덕은 사회에 의해 만들어지며, 또한 사회구조를 충실히 반영한다. 이른바 개인의 도덕도 마찬가지이다(뒤르케임, 2024: 132).

은 각 사회의 흐름으로, 이기주의, 이타주의 및 아노미로 이루어져 있다. 이와 같은 전체 사회의 경향이 개인에게 영향을 미침으로써 자살의 원인이 된다. 자살자의 행동은 얼핏 보기엔 개인적 기질을 나타내지만, 실은 그들이 외적으로 표출하는 사회적 조건의 보완이며 연장인 것이다. 자살은 자살 유발의 원인들이 개인에게 얼마만큼의 영향을 미치느냐에 달려 있다(같은 책, 378~396).[62]

이렇게 볼 때 자살은 사건들의 직접적인 결과가 아니다. 사건들이 자살의 직접적인 동인인 듯 생각되지만, 사실 이것은 우발적인 계기에 불과하다. 여기서 집합적 경향은 개인들의 감정양식과 행위양식에 영향력을 행사하는 사회적 강제력을 지시하는 것으로, 주목할 점은 이 집합적 경향이 역동적인 힘의 체계로 개념들의 연결망을 구축한다는 점이다. 이기주의건, 이타주의건, 어떤 종류의 아노미건, 어떠한 국민들 사이에서도 그런 세 가지의 경향은 공존하며 사람들의 경향을 세 가지의 다른 방향으로, 때로는 반대의 방향으로 끌어당기고 있다. 그러한 경향들이 서로 상쇄될 때에는 도덕적 개인이 균형의 상태에 있어 어떠한 자살충동도 막아 낸다. 그러나 그중의 한 경향이 다른 경향들을 손상시킬 정도로 강해지면, 그 경향은 개체화되어 자살 생성적인 것이 된다(같은 책, 405~409).

---

62 각 사회의 집단은 "진실로 자살행위에 대한 고유의 집단적 경향을 가지고 있으며, 이 집단적 경향은 개인적 경향의 결과라기보다는 모든 개인적 경향의 원천이다"(뒤르케임, 2008: 379).

이에 따르면 자살은 사회구조(도덕구조), 집합적 경향, 개인적 경향이라는 서로 다른 층위의 힘들이 함께 결합해 발생한 사건인 셈이다. 이러한 토대 위에서 자살 유발 경향들을 상쇄할 대항력(counter-power) 혹은 대항 경향(countertendency)이 모색될 수 있다.

네 가지 자살 형태

이러한 논증을 통해 뒤르케임은 개개인의 자살이 심리적 요인이나 유전적 요인, 또는 정신 질환의 결과로 발생하는 것이 아니라 사회적 힘 때문에 발생하는 것이라 주장한다. 그는 자살에 책임 있는 원인을 개인과 사회가 관계 맺는 방식, 즉 사회적 유대에서 찾으며, 이 사회적 유대를 다시금 사회 통합과 사회 규제로 나눈다. 사회 통합은 개인이 자신을 사회에 결속하고 사회와 유대감을 갖는 것을 말하며, 사회 규제는 사회가 개인의 존재, 사고, 행위 등을 규율하는 것을 말한다. 이 두 가지 항이 개인과 사회를 관계 짓는 방식과 조건에 따라, 네 번째 자살 형태로 명시된 '숙명론적 자살'의 개념까지 포함하면 총 네 가지 자살유형이 도출된다.

먼저 이기적 자살은 사회집단에 대한 통합이 불충분하기에 인간이 존재 근거를 삶에서 찾지 못함으로써 일어난다. 이타적 자살은 사회에 강력하게 통합되어 있어 개별 존재의 근거가 외부에 존재하기 때문에 일어난다. 이타적 경향은 현대의 자살 증가와 크게 관계가 없다. 그것은 주로 미개사회에서만 나타나던 것으로, 예를 들면 오늘날 군인정신과 같이, 잔여적으로 남아 있을 뿐이다.[63] 아노미적 자살은, 인간의 활동에 대한 사회의 통제가 부재하기 때문에 발생한다(같은 책, 322). 즉 과도한 개인화 때문에 발생하는 자살이 이기적 자살이라면, 과소한 개인화 때문에 발생하는 자살이 이타적 자살이다. 반면 과소한 규제 때문에 발생하는 자살이 아노미적 자살이라면, 과도한 규제 때문에 발생하는 자살이 숙명론적 자살이다. 이를 그림으로 나타내면 〈그림 2. 1〉과 같다.

〈그림 2. 1〉 네 가지 자살유형

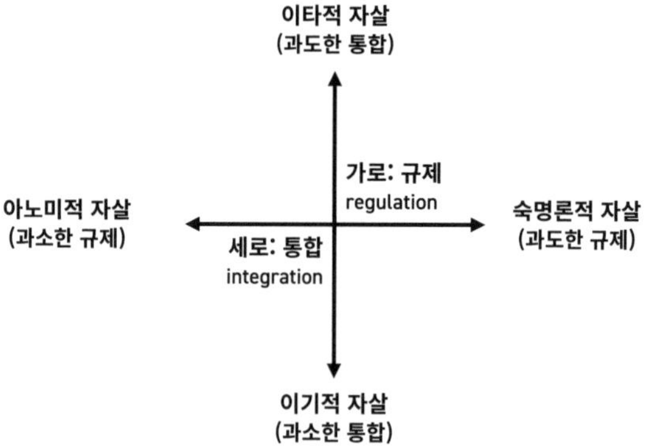

```
                    이타적 자살
                   (과도한 통합)
                        │
                        │
                        │     가로: 규제
                        │     regulation
아노미적 자살 ───────────┼─────────── 숙명론적 자살
(과소한 규제)        세로: 통합         (과도한 규제)
                    integration
                        │
                        │
                        │
                    이기적 자살
                   (과소한 통합)
```

뒤르케임의 개념체계에서 병적인 증가로 간주될 수 있는 근대

---

63 물론 이타적 자살이 단지 미개사회만이 아니라 문명사회에서도 발생한다는 점을 뒤르케임은 언급한다. 의무적인 이타적 자살, 선택적인 이타적 자살, 신비주의적인 이타적 자살로 구분한다면, 기독교 순교자들의 죽음은 신비주의적인 이타적 자살에, 군인들의 죽음은 의무적인 이타적 자살에 해당한다는 것이다(뒤르케임, 2008: 262~295).

적 자살은 이기적 자살과 아노미적 자살뿐이다. 양자는 똑같이 사회의 불충분한 존재에 기인하지만, 다른 사회적 환경에서 발생한다. 이기적 자살이 집합적 활동의 결함에 따른 의미 상실로 주로 지적 작업을 하는 사람들에게 일어난다면, 아노미적 자살은 개인의 열망에 대한 규제의 결함으로 주로 공업 및 상업의 세계에서 일어난다. 뒤르케임은 여기에서 "정부가 경제생활을 지배하는 대신에 그 도구나 시녀가 되는" 상황을 예로 들고 있다(뒤르케임, 2008: 317~318).

여기에서도 뒤르케임은 자살 경향의 상승이 문명의 필연적 결과가 아니라 병리적 상황, 즉 자살이 발생하는 특수한 조건에 책임이 있음을 강조한다. 즉 "더 이상 좌시할 수 없는 위기와 혼란의 상태"는 경제가 정치를 지배하는 생산의 아나키뿐 아니라 "정부의 기능을 여러 사회적 기능 가운데의 소극적 기능으로 감축시키는 일에 연합 전선을" 편 이론의 아나키에도 책임이 있다. 그 결과 "산업사회에서 위기의 상태와 아노미는 항구적이며, 말하자면, 정상"으로 받아들여지게 되었다는 것이다. 즉 "산업 발전"이 "개인과 사회의 지상 목표"가 되고, 산업사회의 위기가 일종의 자연적 결과로 보이게 되는 지적 아노미가 더 고질적인 문제이다. 이것이 뒤르케임이 "무정부주의, 탐미주의, 신비주의, 사회주의 혁명론자들"의 "집합적 우수"와 "비관주의적 경향"을 그토록 비난했던 이유일 것이다(같은 책, 479). 이러한 도덕의 특질을 치유하기 위해서는 사회의 재조직이 요청된다는 것이 『사회분업론』에서 『자살론』으로 동일하게 이어지는 뒤르케임의 결론이다.

5) 자살론의 감정사회학: 여러 자살유형의 개인적 형태

원인론에서 형태학으로

자살의 발생학적 유형화에 기초해, 제2부 제6장은 각 유형에 상응하는 여러 가지 형태의 자살을 형태학적으로 분류한다. "자살의 사회적 원인에서 개인적 실행에 이르"는(같은 책, 346) 여러 양상에 대한 검토는 제출된 가설을 경험적으로 검사하는 절차에 해당한다. 앞서 자살의 사회적 원인에 입각해 추론된 자살유형을 토대로 자살의 개별적 형태의 복합성을 검토하는 것이다.

> 이 연구를 시작할 때는 거의 불가능했던 형태학적 분류도 이제 자살의 원인에 따른 분류의 기초가 생겼으므로 시도해 볼 수 있다(같은 책, 346).

뒤르케임은 자살현상이 사회적 및 일반적 원인에 의해서 설명될 수 없는 개인적 특질들을 포함하고 있음을 물론 인정한다. 그럼에도 자살의 원인들이 존재한다면, 그 고유한 특질이 집합적 표현에서 발견될 수 있기 때문이다. "앞에서 내린 결론에 실례를 제시하는 방식에 불과하다 해도, 우리의 결론을 감각-지각적 자료 및 일상의 구체적 경험과 보다 밀접하게 연결시켜 결론을 구체화"하기 때문에 무가치한 일은 아니다(같은 책, 347). 즉 자살을 발생시키는 원인들에 대한 유형화는 이제 구체적인 것들의 결합 양상을 서술함으로써 구체성과 개별적 형태를 확보한다.

우리의 연구로 한 가지 사실은 분명해졌다. 자살은 하나가 아닌 여러 가지 형태라는 것이다. 물론 자살은 삶보다 죽음을 택한 사람의 행동이다. 그러나 자살을 결심하게 만든 원인은 각기 다르며, 때로 상반되기도 한다. 그렇다면 분명히 그런 원인의 차이가 결과의 차이를 만들 것이다. 따라서 우리는 성질이 다른 여러 종류의 자살이 있다고 확신할 수 있다. 그러나 그런 차이가 분명히 있다는 것만으로는 충분치 않다. 여러 종류의 자살을 직접 관찰하고 어떠한 차이가 있는지 알아보아야 한다. 앞서 구분한 자살의 세 유형에 따라 특정 부류에 속하는 개별 자살의 특성을 살펴보고, 자살의 사회적 원인에서 개인적 실행에 이르기까지 자살을 일으키는 여러 가지 양상을 추적해 보려 한다(같은 책, 346).

이와 같은 설명을 통한 검증, 즉 설명적 검증[64]은 추상적 분석에

---

[64] 자살연구를 비롯해 모든 과학적 사회 조사의 절차는 경험적 결과에서 출발하여 경험을 야기한 실재의 속성에 대한 가추를 통해 가설(적 실재)을 상정하고, '그 실재가 이런 성질들을 가지고 존재하면서 주어진 조건 속에서 운동한다면 어떤 경험적 결과가 발생할 것인가'를 추론하여 가설의 설명적 타당성을 역행추론적으로 검증한다. 이때 역행추론 검증은 문제의 경험에 대한 설명을 제공하는 것, 즉 '설명적 검증'을 특징으로 한다. 이

서 구체적 분석으로 점점 더 깊어지는 심층 탐구의 전개구조를 보여 준다. "자살의 일반적 특성은 사회적 원인의 직접적 결과이다. 이는 특정한 사례들마다 개별화되어 자살자의 개인적 기질이나 그가 처한 특수한 상황에 따른 여러 가지 차이 때문에 복잡해진다. 그러나 그런 복잡한 밑바닥에서도 언제나 그 기본적 형태를 발견할 수 있다"라는 것이다(뒤르케임, 2008: 370~371).

원인에서 이유로 가는 여행: 자살론의 감정사회학

여기서 자살을 야기하는 사회적 원인과 개인의 행위를 매개하는 기제로서 감정에 대한 사회학적 통찰은 『자살론』의 숨겨진 백미 중 하나이다. 뒤르케임의 사회학에서 감정은 단순히 외삽적인 요소가 아니며, 개인적 사실로만 취급되지 않는다. 뒤르케임에게 사회는 "개인들의 결합이 만들어 내는 새로운 종류의 정신적 개체"이며, 그것의 심리적 속성은 집합표상, 감정, 경향 속에서 표현된다. 하지만 뒤르케임에게 중요한 것은, 이것들이 개인주의 사회이론가들의 주장처럼 개인의식에서 나오는 것이 아니라, 일정한 사회적 조건에서 발로된다는 점이다. 『종교생활의 원초적 형태』에서 보여 주듯 '성스러운 것'에 대한 집합적 감정은 사회질서의 근원이며, 『사회분업론』에서 보여 주듯 연대감은 사회 통합의 토대이다. 또한 『자살론』에서는 근대사회에서 집합의식의 약화와 개인의식의 강화가 연

에 대해서는 김명희, 2017b: 551~552를 참조.

대의 기초를 변화시키고, 사회의 조직 원리조차도 변화시킨다는 점을 분명하게 밝히고 있다(박형신·정수남, 2015: 67~68). 요컨대 뒤르케임 사회학에서 감정은 발생의 사회적 기초를 갖는 사회적 산물이다. 동시에 감정은 개인과 사회를 연결시키는 강력한 기제로서(뒤르케임, 2008: 430) 인간행위를 촉진하는 동인이 된다.

> 감정이 그것을 낳은 원인들로부터 유래하는 것은 부인할 수 없는 사실이다. 그러나 그것들은 동시에 그 원인의 유지에 기여한다(Durkheim, 1953: 153).

흥미롭게도 제2부의 제6장은 자살이 정신 질환의 결과라고 하는 통념을 기각하기 위해 감정사회학적 통찰을 가져온다. 인간이 생명을 버리는 행동은 언뜻 보면 정신 질환이란 단일한 상태에서 비롯된 것으로 보이지만, 실제로는 정신적·사회적 의미가 전혀 다른 여러 가지 유형으로 나눌 수 있다는 것이다(뒤르케임, 2008: 347).[65]
이에 따라 뒤르케임은 이기적 자살, 이타적 자살, 아노미적 자

---

65 이기적 자살과 아노미적 자살은 다같이 무한의 병이라고 불리는 것에서 기인한다. 하지만 이기적 자살의 경우 성찰적 지성이 무절제하게 약화되며, 아노미적 자살의 경우에는 감정이 너무 흥분해서 모든 규제를 벗어나게 된다. 이기적 자살은 사고가 자아 속으로 후퇴함에 따라 목표를 잃은 경우이고, 아노미적 자살은 한계를 모르는 열망이 목표를 잃은 경우이다. 전자는 꿈의 무한함 속에서, 그리고 후자는 욕망의 무한함 속에서 각기 길을 잃은 것이다(뒤르케임, 2008: 361).

살이 어떠한 감정 형태로 드러나는지를 분석하고, 다시 개별 사례들의 복합유형을 도출한다. 예컨대 지나친 개인화에서 비롯되는 이기적 자살을 이끄는 감정은 우울한 권태나 에피쿠로스적 무관심과 같은 총체적 우울증을 특징으로 한다. 반대로 과소한 개인화에서 비롯되는 이타적 자살은 자신의 의무를 완수한다는 느낌에서 나오는 엄숙한 확신감을 특징으로 한다. 무규율 상태에서 비롯되는 아노미적 자살은 통제를 벗어난 감정들이 서로 조정되지 못하므로, 흥분과 분노의 개별적 형태를 갖게 된다(같은 책, 354~359).

이와 같이 복합유형의 증명을 통해 『자살론』은 "통상 거의 같은 것으로 한데 묶여서 인식되고 있는" 통념들, "삶이 부담스러운 사람들의 우울증으로 인한 피해"로 자살을 설명하는 정신병리학적·심리학적 가설들을 설득력 있게 비판한다. 오히려 자살은 '정신적 소외'라고 할 수 있는바(같은 책, 297; 2012: 157), 정신적 소외는 단일한 상태가 아니라 사회적 의미를 갖는 여러 형태에 속한다는 것이다. 이 맥락에서 세 가지 혼합유형이 함께 제시된다. 이기적·아노미적 자살, 아노미적·이타적 자살, 이기적·이타적 자살이라는 혼합유형이 그것이다. 이를 정리하면 〈표 2. 4〉와 같다.

이를 통해 알 수 있는 것은 『자살론』의 사회학적 관점이 행위의 주관적 차원과 이유, 나아가 정서적 기초를 배제하지 않는다는

---

66 사회 세계의 믿음 의존성과 감정 의존성을 승인하는 뒤르케임의 도덕과학은 비합리적 정서를 합리적 정서로 변형하는 비인지적인 설명적 비판의 경로를 보여 준다.

점이다. 오히려 실천에서 이성이 하는 역할은 동시대인들이 자신과 자신들의 필요들과 감정들을 잘 이해하도록 돕는 것이다(Durkheim, 1953: 33).[66] 이 같은 견지에서 개인의 동기, 욕구, 감정, 이유가 곧바로 사회적 원인을 설명하는 것이 아니기에 이유에 입각한 설명은 인과적 분석 이후에 행해진다.

〈표 2. 4〉 여러 자살유형의 개인적 형태

	기본 성격	개별적 형태	2차 변이
기본적 유형	이기적 자살	무관심	• 자기만족의 나태한 우울증 • 회의적 환멸과 냉정
	이타적 자살	열정과 의지력	• 평온한 의무감 • 신비한 열정 • 평화로운 용기
	아노미적 자살	흥분과 분노	• 평범한 생활에 대한 심한 비난 • 특정한 개인에 대한 비난(타살-자살)
혼합유형	이기적·아노미적 자살		• 선동과 무관심, 행동과 공상의 혼합
	아노미적·이타적 자살		• 격앙된 흥분
	이기적·이타적 자살		• 도덕적 용기를 내포한 우울증

출처: 『자살론』, 385

그렇기에 뒤르케임은 심리학의 존재를 부정하지 않는다. 그는 심리학과 사회학의 관계를 논하며 "성향, 욕구 등은 발전의 요소"라고 말한다. 그러나 "이 성향, 욕구를 그 기원으로 갖는 변화를 설명하기 위해서는", "이것을 초래한 원인을 고찰해야만 한다"(Durkheim, 1982g: 250). 요컨대 사회적 사실이 심리학적 요소와 관련해서 재생산된다는 것은 논쟁의 여지가 없다. 그러나 유보되어야 할 것은 '출발점으로서의 심리학'이다(김명희, 2017b: 430~432).[67]

공변법과 비교 방법: 자살과 살인

제3부 '자살과 다른 사회적 현상과의 관계'에서 뒤르케임 특유의 역사비교 방법, 즉 공변법이 활용된다. 여기서 공변법은 A라는 현상과 B라는 현상이 동시에 발생하면, 동일하게 의존하는 사회적 조건 C를 찾아가는 방식으로 행해진다. 이러한 추론 과정을 통해 경합하는 가설을 소거하고, 자살률에 개입하는 지배적인 원인을 판별하고자 하는 것이다. 이를테면 뒤르케임은 범죄의 대표적인 유형으로서 살인과 자살의 관계를 상정하고 유럽 각국의 방대한 통계자료를 통해 자살률과 살인율의 추이를 비교하면서 당대에 만연한 자살에 책임 있는 원인들을 확인한다.[68] 이를 위해 자살과 살인의 관계를 둘러싼 세 가지 쌍의 가설을 수립하고 각각이 동일한 원인에 기초하

---

67 오히려 뒤르케임은 다음과 같이 말한다. "심리학적 현상이 사회적 현상과 아주 밀접하게 통합되어 있어서 그 두 가지 현상의 행위가 반드시 융합하게 될 때, 심리학적 현상은 사회적 결과를 가질 수 있다. 이러한 것은 사회심리학적 사실들의 경우에 잘 들어맞는다"(뒤르케임, 2001: 176). "개인심리학과 다른 사회심리학의 법칙이 따로 존재한다는 것만 인정된다면, 우리는 사회학을 심리학의 일종이라고 해도 반대하지 않을 것이다"(뒤르케임, 2008: 395~396).

는지를 추론한다. 이기적 자살-살인, 이타적 자살-살인, 아노미적 자살-살인의 쌍이 그것이다.

먼저 가장 빈번하게 일어나는 이기적 자살은 지나친 개인주의로 생긴 우울과 무관심의 상태가 특징이다. 그러나 살인은 정반대의 조건에서 일어난다. 살인은 열정과 분리할 수 없는 난폭한 행동이다. 따라서 이기적 자살과 살인은 서로 상반되는 원인에서 발생하며, 하나가 빈번한 곳에서 다른 하나가 발달하기는 불가능하다. 반대로 이타적 자살과 살인은 서로 조화될 수 있다. 왜냐하면 이들은 정도만 다를 뿐 같은 조건에 근거하기 때문이다. 개인이 자신의 생명을 가볍게 여기면 다른 사람의 생명도 중요하게 생각하지 않는다. 그런 이유로 살인과 자살은 일부 원시인들 사이에서 동시에 만연할 수 있었다. 그러나 문명사회의 살인과 자살의 병행은 같은 원인으로 설명할 수 없을지도 모른다. 과장된 이타주의 상태는 고도로 문명화된 환경에서 때때로 발견되는 살인과 공존하는 자살을 일으키지 못하기 때문이다(뒤르케임, 2008: 460).

그렇다면 살인과 동시에 연결될 수 있는 다른 근대적 형태의 자살을 고려해야 하는데, 그것이 바로 아노미적 자살이다. 아노미는 상황에 따라 타인을 공격할 수 있는 흥분과 격노한 좌절 상태를 야기할 수 있다. 이 경우 자신을 향한 공격은 자살이 되고 타인을

---

68 여기서 그가 비교한 사회는 프랑스를 비롯하여 이탈리아, 벨기에, 영국, 노르웨이, 오스트리아, 스웨덴, 바이에른, 프로이센, 작센, 덴마크 등 실로 다양하다. 이때의 논증은 전적으로 소급추정적이다.

향한 공격은 살인이 되는 것이다. 이를 통해 뒤르케임은 고도로 발달된 문명의 중심지, 예컨대 프랑스와 프로이센의 통계에서 살인과 자살이 공존하는 것은, 바로 경제 발전에 따른 아노미에 기인한다고 결론 내린다.

개인주의의 진전은 살인의 원인 가운데 하나를 제거시키지만, 경제 발전에 따른 아노미는 다른 원인을 발생시킨다(같은 책, 461).

사회적 치유로서 직업집단과 연대

이와 같은 인과적 판단에 입각해 일련의 실천적 판단이 뒤따른다. 현대사회에서 자살과 살인이 동시에 발생하는 원인이 아노미적 자살에 있다면, 이로부터 개인화의 경향은 반드시 살인의 경향을 강화시키지 않고서도 규제될 수 있다는 것이다. 이러한 맥락에서 직업집단의 재조직이라는 실천적 대안은 당시 유럽 사회에 만연한 비관주의를 상쇄할 대항력의 차원에서 제안된다. "우리가 자살을 어느 정도 용인하지 않을 수 없을 만큼 자살은 만연해 있다. 보다 엄격해질 수 있는 유일한 방법은 비관주의적 경향에 직접 손을 대서 그것을 정상화시키고 우리의 의식을 비관주의의 영향으로부터 구출하여 새롭게 만드는 길뿐이다. 일단 도덕의 균형이 회복되면 그와 같은 의식은 어떠한 공격에도 적절하게 반응할 수 있"게 된다(같은 책, 481).

즉 직업집단은 자살 유발 경향을 상쇄할 사회적 치유의 해법이라고 할 수 있다. 이 같은 실천적 방향성은 『도덕 교육』에서도 이어진다. "사회적인 악들 역시 사회적으로 취급되어야 한다. 고립된 인간은 그 악들에 전혀 대항할 수 없다. 집합적으로 조직된 박애,[69] 즉 복지만이 효과적인 유일한 치유법"이라는 것이다.[70] 『자살론』의 말미에서 뒤르케임은 자살에 관한 연구가 단지 자살문제만이 아니라 현대의 가장 중요한 실천적 문제들과 밀접한 관련이 있다는 점을 힘주어 강조한다. 자살의 비정상적인 증가와 현대사회의 전반적인 불안정은 같은 원인에서 나오기 때문이다. 따라서 집단적 우울의 경향을 치유할 유일한 방법은 그러한 경향을 만들어 내는 집단적 질병 자체를 치유하는 것이다. 이를 위해 우리는 과거로부터 새로운 생활 형태의 싹을 찾아서 그 성장을 촉진해야 한다는 것이다(뒤르케임, 2008: 510~511).

---

69 국역본에서 '자선'으로 번역된 charité를 '박애'로 수정했다(이하 동일). 프랑스어 'charité'는 영어 'charity'와 비슷한 의미를 가지지만, 단순히 '자선'이나 '구제'를 넘어서 '사랑', '자비', '박애'와 같은 더 넓은 의미를 담고 있다. 뒤르케임의 맥락에서 charité는 개인적인 자선행위를 넘어 사회 성원들의 보편적 연대나 집합적 도덕감정을 함축하기에, '널리 사랑함'을 뜻하는 '박애'로 국역하는 것이 보다 적절해 보인다. "정의의 극치"로서 박애의 도덕적 가치에 대한 뒤르케임의 견해는 주석 157번 참조.
70 이는 우리가 "고치거나 약화시키려는 악들은 본질적으로 사회적 원인들에서 기인"하기 때문이다. 따라서 "집합적 힘과 집합적 힘이 대결하는 방식으로 개인적 힘들을 결속할 때에만 사회에 효과적으로 작용할 수 있다"(뒤르케임, 2024: 127~128).

4. 한국 자살예방정책에 지닌 함의

1) 학제적 자살연구의 가능성

이제까지 살펴본 『자살론』의 사회학적 관점은 실증주의 패러다임에 포섭된 한국 자살예방정책의 오류를 성찰한 여러 유의미한 시사점을 제공하고 있다.

먼저 사회적 힘의 발현적 속성을 존중하는 『자살론』의 사회학적 자연주의는 심리학적 환원주의에 빠지지 않으면서 사회-심리-신체(건강) 수준의 탐구를 적절히 연계하는 사회학적 심리부검의 경로를 개척한다. 예컨대 뒤르케임은 자살행동을 우울증으로 설명하는 것이 아니라, 우울증을 사회적 조건의 결과로 설명한다. 우울증이 자살을 유발시킨다는 심리학적 설명을 단순히 기각하는 것이 아니라 사회학적 관점에 입각해 포함관계 속에 재구성하는 경로를 취한다. 자살에 대한 신경생리학적 환원주의 역시 이러한 관점에서 논박된다. 만약 일정한 도덕적 환경에서 특정 개인이 더 영향을 많이 받는다면, 그가 자살 생성적 경향에 저항하는 능력이 약해졌기 때문이다. 가령, 특정한 수의 자살이 한 사회 그룹에서 매년 발견되는 것은 그 사회에 특정한 수의 신경증적 개인이 있기 때문이 아니다. 신경증적 경향은 자살의 경향에 더 쉽게 굴복하게 하는 일종의 매개일 뿐이다. 사회학자들과 달리 임상의학자들이 신경증, 알코올, 정신 질환으로 자살의 원인을 환원하곤 하는 것은 서로 개별적인 특수 사례들만을 관찰하기 때문이다(같은 책, 412~413).[71] 이와 달리 반환원주의적 자연주의에 기초한 자살의 사회학적 관점은 자살을 야기한 사회적 원인과 개인적 이유를 아울러 보는 접근법을 열어 준다.[72]

나아가 『자살론』의 반환원주의적 층화이론은 사회학과 심리학, 보건의학이 상호 협력할 수 있는 학제적 대화의 공간을 생성한다. 널리 알려진 것처럼 뒤르케임 사회학에서 사회적 건강과 사회병리에 대한 관심은 중추적 지위를 점한다. 이에 따라 사회학적 설명의 역할은 정상적 기능의 사회적 조건을 탐구함으로써 사회의 병리를 파악하고, 나아가 사회의 건강을 회복하기 위한 타당한 실천적 조치를 제공하는 것이다. 이때 건강은 고유한 생명력의 성공적인 발달을 의미한다(뒤르케임, 2001: 106~117).

이러한 관점은 세계보건기구에서 정의한 건강 개념 및 질병과 장애에 대한 생물심리사회 모델(biopsychosocial model)과 친화성을 지니며, 건강상의 결과를 야기하는 자살의 다층적 원인을 아울러 볼 경로를 제시한다. 세계보건기구에 따르면 "건강이란, 단순히 질

---

[71] 알코올중독이 빠르게 증가하는 것은 문명의 격렬한 스트레스가 다른 수단이 없다면 알코올을 통해 충족되는 욕구를 불러일으키기 때문이다(뒤르케임, 2024:128).

[72] 다음 장에서 살펴보겠지만, 사회학적 심리부검의 방법론은 비단 뒤르케임이 사용한 인구통계학 방법에 제한되지 않는다. 뒤르케임은 『자살론』의 서문에서 사회문제를 연구하기 위해 역사학, 민족학, 통계학 등의 보조 학문이 필수적이며, 보조 분야에서 진전된 무궁무진한 성과가 사회학적 연구를 깊이 하는 데 방해가 되지 않음을 강조한다(뒤르케임, 2008: 10).

병이 없거나 허약하지 않은 것만 말하는 것이 아니라 육체적·정신적·사회적·영적으로 완전히 안녕한 상태에 놓여 있는 것이다"(세계보건기구 헌장 제1조).[73] 이와 같은 건강 목적을 위한 세계보건기구의 인간 개념, 생물-심리-사회 혼합 모델은 비판적 자연주의, 나아가 뒤르케임의 사회학적 자연주의와 유사하다. 여기에서 심리학은 늘 한편으로는 사회학과, 다른 한편으로는 생물학에 의해 경계 지어지고 조건 지어지는 것으로 간주된다(Bhaskar, 2016: 83).[74] 이를 참조할 때 건강의 사회적 결정 요인과 사회적 건강의 층위를 아울러 고려하는 자살에 대한 통합적인 접근 방식을 모색할 수 있다. 다시 살펴보겠지만, 이러한 관점은 환원주의적이지 않으면서도 과학성을 유지하는 사회학적 공중보건(sociological public health)의 가능성을 열어 놓는다.[75]

물론 사회의 건강과 개인의 건강이 긴밀히 얽혀 있듯, 실제 사회적(관계적) 층위에서 작동하는 힘과 개인의 심리적·생물학적 층위에 이르는 인과관계의 고리는 매우 길고 복잡할 것이다. 하지만

---

73 이 정의는 신체적 건강에 제한된 전통적 건강관을 정신적·사회적 영역까지 확대하는 계기가 되었다. 정신적 건강은 그 이전부터 정신 질환의 개념에 영향을 미친 것은 사실이나, 적극적으로 정신적인 건강을 강조하고 나아가 주관적인 요소가 강한 안녕(well-being)을 포함한 것은 세계보건기구의 건강 정의가 가진 중요한 특징이라고 할 수 있다(김창엽·김명희·이태진·손정인, 2015: 12).
74 생물-심리-사회 혼합 모델은 벌허스 프레더릭 스키너식의 블랙박스 접근법이 아니라 각 층위의 발현적 속성과 상호작용을 인정하는 메커니즘 접근법을 통해 정당화될 수 있다. 이에 대해서는 Bhaskar, Danermark and Price(2018)의 제11장 참고.
75 이러한 기획을 현실화하기 위한 학제적 연구방법론에 대해서는 에필로그에서 좀 더 부연할 것이다.

이 같은 다수준의 복합적 결정을 고려할 때 — 여러 변수의 평면적 결합이 아닌 — 환원주의에서 벗어나 각 층위의 연계적 접근을 고려하는 다학제적 설명 방식을 개발할 수 있고, 사회정책·지역복지·보건의료 부문의 협력을 촉진하는 사회 모델에 입각한 자살예방전략을 모색해 갈 수 있다.[76]

2) 설명적 예방과 실재론적 근거 종합

나아가『자살론』은 경험적 통계자료에 기초하되 경험을 넘어서는 설명적 방법론을 개척함으로써 실증주의적 자살예방정책을 넘어설 대안적 관점을 제공한다. 이 같은 관점은 상관관계의 예측보다 인과관계의 설명에 초점을 두는 설명적 예방과 실재론적 근거 종합의 경로를 열어 놓는다. 여기서 '설명적 예방'(explanatory prevention)이란 자살률의 통계적 감소에 주안점을 둔 현대 한국의 자살예방정책을 넘어서 자살의 발생 요인에 대한 인과적 설명에 입각한 예방과 개입을 추구하는 정책 패러다임을 나타낸다.

애당초 반(反)경험주의에 기초한 실재론적 관점에서 자살률 감소라는 현대 자살예방정책의 목표는『자살론』의 관심일 수 없다. 왜냐하면 정책이 작동하는 세계는 닫힌 체계가 아닌 개방체계이

---

76 도시화율이 사회경제적 이질성으로 인한 소외감과 상대적 박탈감을 매개하여 자살생각에 미치는 영향에 대한 다수준 분석으로 신상수·신영전(2017), 지역사회의 사회적 참여와 신뢰가 자살 생각에 미치는 영향으로 하미옥·김장락·정백근 외(2013) 참고.

기 때문이다. 다시 말해 정책과 결과 사이에서 규칙성이 산출되기 위해선 체계가 폐쇄의 내적 조건과 외적 조건을 갖추어야만 한다 (Bhaskar, 1998). 하지만 다수의 인과 기제가 결합되어 작동하고 역사적 변동과 인간의 창발성이 개입하는 사회체계에서 이 같은 규칙성의 산출은 제한될 수밖에 없다. 이렇게 볼 때 자살률의 산출과 자살통계는 연구의 출발점이지, 그 종착점은 아니다.

설명적 예방: 모방자살을 넘어서

『자살론』의 통찰은 여러 상관관계를 통제하는 데 몰두하는 오늘날의 자살예방정책에도 유의미한 시사점을 제공한다. 대표적으로 베르테르 효과(Werther Effect)로 알려진 모방자살[77]에 대한 대안으로 제시되곤 하는 언론보도 규제안과 관련해 『자살론』이 당대 언론보도 규제안을 논박한 내용은 여전히 주목할 가치가 있다.

자살보도의 영향력에 대해 실증적으로 연구한 최초의 사람은 사회학자 데이비드 필립스(D. Phillips, 1974)로, 유명인의 자살에 대한 언론보도가 이루어진 뒤 자살률이 급증하는 사실을 토대로 베르

---

[77] 『자살론』의 제1부 제4장은 당시 지배적인 가설 중 하나인 모방이론에 대한 비판에 꽤 긴 지면을 할애한다. 뒤르케임이 볼 때 모방은 자살률에 개입하는 1차적 원인이 아니라 일정한 시기 개별적 사례들을 다소 증감시킬 수 있는 기여 요인일 뿐이다. "모방은 개별적인 사례들을 다소 증감시킬 수는 있겠지만 여러 사회들의, 그리고 각 사회 안의 작은 사회집단들의 자살 경향의 차이를 결정하지는 못한다. 모방이 사방으로 퍼지는 영향은 언제나 매우 제한되어 있으며, 또한 간헐적이다. 어느 정도의 영향력을 갖는 기간은 잠깐뿐"(뒤르케임, 2008: 155)이라는 것이다.

테르 효과를 주장한 바 있다.[78] 한국에서도 2004년 「자살보도 권고기준」이 제정된 이래 언론의 자살보도가 주는 부정적인 영향력을 통제하면 자살률이 줄어들 것이라고 보는 전략은 ― 앞서 보았듯 ― 한국의 대표적인 자살예방책 가운데 하나이다(보건복지부·중앙자살예방센터, 2019: 1). 미디어의 자살보도에 따른 부정적 파급 효과와 이로 인한 책임 있는 자살보도의 필요성이 대두되면서 한국의 「자살보도 권고기준」은 보건복지부와 한국자살예방협회, 한국기자협회에 의해 2004년 7월 30일 처음 공표되었다. 자살보도 관련 원칙은 주로 자살예방을 위해 미디어의 자살보도 시 유의해야 하는 사항들로 구성되었고, 이후 변화하는 새로운 미디어 환경을 고려하여 「자살보도 권고기준 2.0」으로 개정된 지침이 2013년 9월 발표되었다. 또한 2018년에는 선언적인 성격이 강했던 기존 권고기준의 단점을 보완해 「자살보도 권고기준 3.0」으로 개정함으로써 구체성과 실용성을 보다 강화했다. 그 내용을 살펴보면 〈표 2.5〉과 같다.

흥미롭게도 『자살론』 또한 당대의 맥락에서 유사한 쟁점을 논한다. 하지만 그는 자살에 대한 보도 금지가 자살률을 낮출 수 있다는 당대의 통념에 선뜻 동의하지 않는다. 왜냐하면 보도 금지는 자살의 발생 건수를 일시적으로 수정할 수는 있어도, 자살(률)의 발생 요인을 통제하는 데 있어서는 그 힘이 미약하기 때문이다. 따라

---

[78] 1948년부터 1968년까지 『뉴욕타임스』에 게재된 자살 기사들을 중심으로 분석한 결과, 자살보도를 많이 할수록, 특히 1면에 보도할수록 모방자살(copycat suicide)이 늘어나는 것을 확인했다는 것이다(Phillips, 1974; 보건복지부·중앙자살예방센터, 2019: 2).

서 뒤르케임이 볼 때, 이러한 방책은 병의 원인에 대처하지 않고 외적 증상만을 치료하는 의사처럼 행동하는 것이며, 그 증상의 깊은 원인을 찾으려는 노력은 하지 않는 것이다. 즉 더 나은 방법을 찾을 수 없기 때문에 대증요법에만 의존하는 것에 지나지 않는다(뒤르케임, 2024: 128).

〈표 2. 5〉 「자살보도 권고기준 3.0」

「자살보도 권고기준 3.0」 다섯 가지 원칙
1. 기사 제목에 '자살'이나 자살을 의미하는 표현 대신 '사망', '숨지다' 등의 표현을 사용합니다. 2. 구체적인 자살 방법, 도구, 장소, 동기 등을 보도하지 않습니다. 3. 자살과 관련된 사진이나 동영상은 모방자살을 부추길 수 있으므로 유의해서 사용합니다. 4. 자살을 미화하거나 합리화하지 말고, 자살로 발생하는 부정적인 결과와 자살예방 정보를 제공합니다. 5. 자살 사건을 보도할 때에는 고인의 인격과 유족의 사생활을 존중합니다.
※ 유명인 자살보도를 할 때 이 기준을 더욱 엄격하게 준수해야 합니다.
※ 자살보도 시 자살 위기 상담전화 하단에 기입
우울감 등 말하기 어려운 고민이 있거나 주변에 이런 어려움을 겪는 가족·지인이 있을 경우 자살예방 상담전화 ☎109에서 24시간 전문가의 상담을 받을 수 있습니다.

출처: 『2024 자살예방백서』(보건복지부·한국생명존중희망재단, 2024: 193)

거꾸로 뒤르케임은 다음과 같이 말한다. "어떤 전문가들은 실제 있지도 않은 모방의 힘 때문에, 신문이 자살과 범죄보도를 못하게 금지시켜야 한다고 주장했다. 그런 금지로 자살과 범죄의 연간 총 발생 건수를 다소 감소시킬 수 있을지 모른다. 하지만 보도 금지가 자살과 범죄의 사회적인 비율을 바꿀 수는 없을 것이다. 집단의 정신 상태는 이러한 금지의 영향을 받지 않으므로, 집단적 경향의 힘은 변화되지 않"기 때문이다(뒤르케임, 2008: 157). 따라서 뒤르케임이 볼 때 "자살이나 살인의 증가에 영향을 미치는 것은 그 사건에 대해서 말하는 것이 아니라 그 사건을 어떻게 말하느냐"에 달려 있다. 오히려 자살에 대한 보도를 금지하는 해결책은 "사회적 묵인과 무관심으로 그런 행동에 대한 거부감이 줄어들기 때문에 더 위험"(뒤르케임, 2008: 157)할 수 있다는 것이다.

> 우리는 용어를 잘못 사용함으로써 그 문제를 어느 정도 해결했다고 생각할지도 모르지만, 실은 문제를 은폐했을 뿐이다(같은 책, 141).

실제 2018년 7월 「자살보도 권고기준 3.0」 개정 과정에서 중앙자살예방센터가 실시한 자살보도 및 「자살보도 권고기준」에 관한 인식 조사 결과에 따르면, '자살'이라는 단어 사용을 자제하고 '극단적 선택' 등의 대체 용어 사용을 권고하는 방침[79]과 관련해 일반인과 언론 기자 대다수가 자살을 대체하는 용어 사용에 어려움을 호소한 바 있다. 또한 "사회적 문제 제기를 위한 수단으로 자살보도

---

[79] 이는 종종 존재를 서술하기 위해 사용한 언어에 입각해(또는 존재에 대한 우리의 지식을 표현하기 위해 사용된 보다 간접적인 방식을 통해) 존재를 분석할 수 있다는 가정으로 구성되는 '언어적 오류'의 전형이다(Bhaskar, 2016: 103~104).

를 이용해서는 안 됩니다"라는 「자살보도 권고기준 2.0」의 지침은 일반인과 언론 기자 모두에게 기사 작성을 어렵게 한 내용으로 지적되었다. 특히 사회적 메시지를 알리기 위해 자살을 선택하는 경우, 자살 사건을 통해 사회구조적 문제나 병폐가 드러나는 경우가 있고 제도 개선으로 이어진 사례들도 있기에, 해당 원칙을 무비판적으로 준수하기 어렵다는 의견이 다수로 나타났다(보건복지부· 중앙자살예방센터, 2019: 11~12).

보다 엄밀히 말해 "자살이라는 단어는 자제하고 선정적 표현을 피해야 합니다"라는 원칙 아래 권고· 통용되고 있는 '극단적 선택'이라는 용어는 자살을 사회적 강제가 작동한 결과가 아닌 '개인의 선택'에 의한 것으로 오해하게 하는 인식적 오류를 야기한다.

대증요법을 넘어서

마찬가지로 제2차 자살예방 5개년 종합대책의 시행 시점부터 '번개탄 생산 금지' 방안[80] 등 최근 논란이 된 정부 시책에 이르기까지, 반복해서 등장하는 '치명적인 수단에의 접근성 감소'라는 국가자살예방전략도 뒤르케임의 관점에선 대증요법적 해결책일 뿐이다. "인간을 자살하게 만드는 원인"과 "특정한 자살 방법을 선택하게 하는 원인"은 다르기 때문이다. 다시 말해 "자살이 기인하는 사회

---

80 지난 2023년 2월 13일 보건복지부는 자살위험을 2027년까지 30% 줄이겠다는 방침을 발표하고 그 방안 중 하나로 번개탄 생산 금지를 언급하여 논란을 야기했다(「자살 막으려 생산 금지?… '번개탄' 논란, 알고 보니」, MBC 뉴스, 2023. 2. 22).

적 원인과 자살 방식을 결정하는 요인은 다르다. 왜냐하면 우리가 분류한 자살의 유형과 가장 빈번하게 선택되는 자살 방법 사이에는 아무런 상관관계가 없기 때문이다"(뒤르케임, 2008: 368).

이러한 방식으로 『자살론』은 자살률의 감소와 자살행동의 감시/통제라는 실증주의적 목표를 높은 자살률을 야기한 원인과 사회적 조건에 대한 인과적 설명이라는 실재론적 목표로 전환시킨다. 이는 또한 실재론적 근거 종합의 가능성을 시사하는바, 정책 형성이 진흙탕을 벗어나려면 타당한 근거가 필요하다. 어떤 문제에 대한 답을 얻기 위해 근거를 체계적으로 검토하고 합성하는 연구 방법론은 근거 중심 학문의 핵심이라고 할 수 있다. 이 점에서 실재론적 근거 종합은 판단(judgment)이나 효과성에 초점을 두기보다 설명(explanation)에 초점을 두는 근거 종합 전략으로 많은 주목을 받고 있다(Pawson · Greenhalgh · Harvey · Walshe, 2005). 이는 비판적 실재론 철학에 뿌리를 두고 있으며 최근 보건의료 분야에서 적용, 확장되기 시작하면서(김남순· 최지희· 오영인· 이희영· 서현주· 김명희· 이진용, 2013: 53), 사회학적 설명과 공중보건 접근의 협업을 촉진하는 설명적 예방의 경로를 열어 놓는다.

5. 『자살론』의 현대적 함의

이 장에서는 뒤르케임『자살론』의 인과론적 통찰을 현대 한국의 자살예방정책의 한계를 비판적으로 성찰할 방법론적 자원으로 도입하고자 한다. 정리하자면 자살에 대한 최초의 과학적인 사회이론으로서『자살론』의 사회학적 관점이 지닌 현재성은 다음의 세 가지 지점으로 요약될 수 있다.

첫째, 뒤르케임의 자살론은 메타이론적 차원에서 자살과 정치, 개인과 사회, 원인과 이유 사이에 자리한 이분법을 극복하는 사회학적 설명의 경로를 구축함으로써 현대사회의 자살문제를 보다 적절하게 이해할 통합적 관점을 열어 준다. 특히 정치/도덕의 문제이자 연대의 문제로서 자살을 바라보는 뒤르케임의 입론은 자살의 의료화를 넘어 사회정의의 관점에서 자살문제를 사유할 전향적 시각을 제공한다.

둘째, 자살론에서 정립한 응용사회(과)학방법론은 현대사회의 자살문제만이 아니라, 여타의 사회문제의 진단과 해결에 접목될 수 있는 유의미한 방법론적 통찰을 제공하고 있다. 뒤르케임이 일갈한 바 있듯 "학문의 진보는 그 학문이 다루는 문제를 어느 정도 해결하는가에 달려 있다".[81] 그렇다면 자살문제와 그 대응 방식에 대한 사

---

[81] 뒤르케임에 따르면, "완전한 해결책을 제시하지 못하더라도 최소한 문제의 공식을 바꿀 새로운 사실을 발견할 때 학문은 진보한다"(Durkheim, 2008: 8).

회학적 비판과 설명 모델을 발전시키는 작업은 응용과 정책 수준에서 사회학적 지식을 적용할 현장과의 연결 지점을 잃어버린 한국 사회학의 위기를 극복해 가는 과정이기도 하다. 아울러 사회문제에 대한 방법론적 성찰의 필요성은 단지 사회학의 존립과 유지라는 분과학문적 요청에 제한되지 않는다. 사회문제에 대한 사회학적 사유는 과학적 사유의 확장과 이에 기반해 새로운 질서를 모색하고 구축하기 위한 전제조건이라는 점에서 중요한 의미를 갖는다(뒤르케임, 2023: 352).

셋째, 『자살론』의 실재론적 관점은 오늘날의 자살예방정책을 성찰할 구체적이면서도 적중한 메타이론적 관점을 제시해 준다. 우선 사회적 층위의 발현적 속성을 강조하는 『자살론』의 사회학적 자연주의는 환원주의에 빠지지 않으면서도 사회-심리-생명 수준의 탐구를 적절히 연계할 사회학적 심리부검의 가능성과 학제적 자살연구의 가능성을 시사한다. 나아가 예측보다 인과관계의 설명에 초점을 맞추는 실재론적 근거 종합의 경로를 제시함으로써 실증주의적 자살예방정책을 넘어설 방법론적 가능성을 예시해 준다.

아울러 다음 장에서 살펴보겠지만, '숙명론적 자살'을 위시로 자살을 유발하는 사회적 강제력에 대한 『자살론』의 개념적 통찰은 현대 한국 사회 자살의 발생 기제와 작동 방식을 보다 심층적으로 이해할 심층-탐구의 자원으로 자리하는 한편, 미완의 기획으로서 『자살론』의 한계와 답보 지점을 비판적으로 재구성할 이론적 교두보를 제공해 준다.

제3장 숙명론적 자살의 수수께끼
:『자살론』의 정치적 해석

근거가 불충분하고 이론화가 제한적이라 해도 사회학자가 꾸준히 연구를 진행한다면 이는 앞으로 계속 연구하는 데 필요한 밑바탕이 될 것이다. 객관적인 근거가 있는 개념은 그 창안자 개인에 국한되지 않는다. 그런 개념들에는 비인격적 성질이 있어서 다른 사람들도 그 개념들을 활용할 수 있다. 즉 개념은 전파될 수 있고, 그렇기 때문에 과학연구가 계속 이어지는 연속성이 가능한 것이다. 과학의 진보는 이 연속성을 바탕으로 한다(뒤르케임, 2008: 10).

1. 『자살론』, 미완의 기획

이 장에서는 『자살론』의 성공의 측면이 아니라 그 답보 지점에 주목한다. 앞서 보았듯, 자살현상에 대한 뒤르케임의 '사회학적 전환'이 성취한 이론적·방법론적 성과가 충분히 반영되지 못하고 있는 현상은 사회과학계에서 '상식'에 가까운 뒤르케임에 대한 실증주의적 해석에 적지 않은 책임이 있다. 뒤르케임에 대한 실증주의적 해석은 『자살론』을 그의 민주주의론과 무관한 방법에 관한 저술로만 다룸으로써, 자살현상에 대한 탈정치화된 독해를 재생산하는 인식론적 요인이 되었다. 아울러 전 지구적인 수준에서 심화되고 있는 자살의 의료화 현상은 자살에 대한 사회과학적 접근을 가로막고 있는 이데올로기적 요인이라고 할 수 있다. 반대로 뒤르케임의 '사회학적 자연주의'가 선취한 실재론적 관점은 『자살론』을 사회병인에 대한 과학적 탐구를 지원할 생산적 자원이자, 기존 사회질서를 재조직하는 정치적 기획으로 독해할 가능성을 열어 준다. 이러한 작업을 위해서는 『자살론』의 성취만이 아니라 그 한계와 미완의 지점 또한 직시하고, 이를 넘어서기 위한 이론적·방법론적 재구성의 노력을 경주할 필요가 있다.

자살유형학의 비대칭성

이러한 문제의식에서 우리는 뒤르케임의 이론체계에 자리한 중요한 공백에 주목한다. 많은 논자들이 지적하듯(김종엽, 1996; Besnard, 1993; Pearce, 1989), 그의 네 가지 자살유형에는 비대칭성이 존재한다. 뒤르케임의 유형론에서 숙명론적 자살이 차지하는 위치는 다른 것들과 형식상 동등한 위상을 갖지만, 숙명론적 자살에 대해서는 아래와 같이(그것도 주석에서만) 언급되었을 뿐이다.[82]

> 이기적 자살과 이타적 자살이 서로 반대되는 유형인 것처럼, 아노미적 자살에도 반대유형의 자살이 있을 수 있음을 암시한다. 그것은

---

82 이기적 자살에 125쪽, 이타적 자살에 29쪽, 아노미적 자살에 25쪽을 할애한 것에 비하면(국역본 기준), 이러한 확연한 편차는 수수께끼에 가깝다.

지나친 규제로 인한 자살이며, 강압적인 규율에 의해서 미래가 무자비하게 제한되고 욕망이 난폭하게 제압되는 사람들에 의한 자살이다. 그와 같은 자살은 아주 젊은 기혼자들이나 자녀가 없는 기혼 여성들의 자살이다. 따라서 완전하게 하기 위해서는 우리는 네 번째의 자살 형태를 분류해야 할 것이다. **그러나 이 형태는 오늘날 거의 중요성이 없으며 방금 말한 것들을 빼놓으면 그 예를 찾아보기가 극히 어려우므로 무시해도 좋을 것이다.** 그러나 역사적인 흥미의 대상은 될 수 있다. **어떤 특정한 조건에서는 빈번하게 일어날 수 있는 노예들의 자살이나, 지나친 육체적 및 정신적 압제로 인한 모든 자살**은 여기에 속한다. **불가항력적이고 융통성이 없는 규율의 성격**을 나타내고, 또한 우리가 본 장에서 사용한 용어인 '아노미'라는 표현과 대조되게 하기 위해서, 우리는 그와 같은 자살을 '숙명론적 자살'(fatalistic suicide)이라고 부를 수 있을 것이다(뒤르케임, 2008: 345).

과도한 규제로 인한 숙명론적 자살은 아노미적 자살의 대쌍 개념으로, 뒤르케임은 숙명론적 자살을 현대사회의 자살연구에서 크게 고려할 가치가 없는 것으로 파악했다. 이 같은 뒤르케임의 태도는 『사회분업론』의 입론을 염두에 둘 때 당혹스러운 것이다. 뒤르케임은 『사회분업론』에서 비정상적 분업의 대표적인 형태로 아노미적 분업과 강제된 분업을 논한 바 있다. 상기하자면 전자는 규제의 상실로 인해 발생하는 비정상적 분업이다. 그런 의미에서 아노미적 분업은 『자살론』에서의 과소한 규제로 인한 아노미적 자살과 개념적 연속성을 가진 것이다(김종엽, 1996: 47). 반면에 강제된 분업은 "매우 철저하게 규제되는 분업의 조직 방식"으로 이른바 '상속재산의 폐지'를 주장하는 것으로 나아가며 계급관계의 비판이라는 적극적인 함의를 담고 있었다. 그런데 『자살론』에 이르면 강제된 분업의 문제의식은 '숙명론적 자살'의 개념으로 미미하게 이어질 뿐이다. 왜 숙명론적 자살 개념이 억압되게 된 것일까?

이에 대한 하나의 대답으로 김종엽은 하워드 쿠쉬너의 논증을 빌려 방법론상의 한계를 지적한다. 뒤르케임의 자살통계 처리 방식에서 생긴 오류로 인해 자살미수가 자살통계에서 배제되어 현대사회에서 숙명론적 자살이 차지하는 중요성이 무시되었다는 것이다(Kushner, 1985; 김종엽, 1996: 23에서 재인용). 그러나 네 가지 자살유형이 처음부터 자살의 형태학에 근거한 귀납추론의 결과가 아니라 자살의 원인론에 입각한 이론적 추상의 결과임을 상기한다면, 숙명론적 자살이 억압되게 된 이유를 단지 방법론상의 오류로 치부하기엔 설득력이 없다.

따라서 이는 이론적 독해와 재구성을 요청하는 대목이다. 뒤르케임은 분명 이기적 자살과 아노미적 자살이 근대사회의 지배적인 자살유형이라 생각했으며, 그 발생조건을 해명하는 것에 초점을 맞추고 있었다. 하지만 그는 '과도한 규제'가 현대 자본주의 국가의 통치 과정에 항구적으로 내재한 불안 요소임을 통찰하지 못했거나, 이것이 사회의 아노미와 '함께' 작동할 수 있다는 점을 충분히 파고들지 않았던 것 같다. 물론, 숙명론의 축소는 프랑스의 과학주의 전통에서 현대사회의 합리주의 추세와 평등화의 압력을 신뢰하고, 강제된 분업을 예외적인 것이라 전제했던 뒤르케임 이론 자체에 내장된 논리적 경향의 귀결일 수 있다. 한편으로 이는 『자살론』에서의 시민사회 분석 이후, "위기의 원인에 대한 구제책"으로 발견한 직업집단이 국가 테러의 가능성을 제한할 수 있다면 가장 시급한 것은 앞서 언급했던 "비관주의적 경향"을 비롯한 '정치적 아노미'와의 대결, 즉 정치 통합의 문제라 생각한 결과일 수 있을 것이다(터너, 1998: 37~38 참조).

그러나 식민지와 분단, 전쟁과 냉전을 거쳐 기형적인 국민 형성 과정을 경유하고 정치적 자율성이 태생적으로 제한될 수밖에 없었던 한국의 경우, 권위주의적 노동 통제와 권위주의적 국가 통치를 오랜 시간 경험하고 그 유제가 아직도 사회 곳곳에 잔존하고 있는 우리의 경우, 그리고 신자유주의 시대 '국가-없음'[83]의 상황에서 신자유주의적 통치성의 전일적 지배와 신보수 정권의 과도한 폭력을 동시에 경험하고 있는 오늘날, "지나친 육체적 폭력 및 정신적 압제로 인한" '숙명론적 자살'은 여전히 유효하고 의미 있는 개념으

---

83 '국가-없음'은 국민국가 내에서 국가가 기능하지 않는 상태를 지칭하는 것으로 주디스 버틀러와 가야트리 스피박으로부터 가져온 용어이다. 이는 20세기에 특정한 형태로 발흥한 민족국가의 정치구조의 문제를 정면으로 제기하며, 자유시장주의에 입각한 전 지구적 관리국가의 성격을 지시한다(버틀러·스피박, 2007). 이 용어가 갖는 생산성은 시민권의 형식적 규정자로서의 국가만이 아니라 우리가 처한 정신적 상태(state), 즉 '통치'와 구분하여 '정치' 및 '동의 기제'에 의한 작동이 국가의 본질적 측면임을 역설적으로 환기시킨다는 점에 있다.

로 복원되어야 하지 않을까?

　무엇보다 '숙명론적 자살' 개념이 억압됨으로써, 과도한 사회 규제와 조우했던 역사적 맥락의 중요성은 뒤르케임의 개념체계로 관찰될 수 없게 되었다. 뒤르케임의 사회 규제 이론은 저발전되었고, 숙명론적 자살의 현대적 형태에 대한 사회학적 설명은 미완의 것으로 남았다(Besnard, 1993: 166). 이는 반세기가 넘는 전쟁 상태와 예외 상태의 일상화를 경험한 우리의 현실에 반추한다면, 또한 한국이 '예외'가 아니라 냉전체제하 국가, 지배체제의 보편적 성격을 반영한다면(김동춘, 2011), 결코 가볍게 치부될 수 있는 오류가 아닌 셈이다. 한스 요아스의 일갈대로 "전쟁과 폭력은 근대의 일부이지, 근대의 전사(前史)가 아니"기 때문이다(Joas, 2000: 67. 신진욱, 2004: 17에서 재인용). 따라서 현대사회에서 다양한 형태로 발생하는 폭력의 문제에 주목할 때, 한국 사회의 자살을 설명하는 하나의 범주로 숙명론적 자살을 복원하는 작업은 여러 실증적 작업을 통한 개념의 정교화와 이론적 재구성을 요청한다.

　이 장에서는 뒤르케임 자신의 인과적 추론에 따를 때 그의 개념체계에서 주변화되었던 '숙명론적 자살'을 재구성할 수 있는 논거를 정당하게 확보할 수 있다는 점을 살펴보고(2절), 폭력을 다룬 현대 이론가들의 성과를 종합하여 숙명론적 자살의 현대적 작동 방식을 통찰할 설명틀을 새롭게 구축한다(3절). 나아가 한국 사회의 자살의 역사성에 비추어 숙명론적 자살의 몇 가지 형태를 예시함으로써(4절), 실증적 사례연구를 위한 예비적 논의를 진행한다(5절).

2. 숙명론적 자살의 수수께끼

숙명론적 자살의 수수께끼

뒤르케임 자신의 텍스트에 따를 때 숙명론적 자살은 "지나친 규제의 결과, 미래가 냉혹하게 봉쇄되고 억압적인 규율에 의하여 열정이 심하게 질식된 사람들의 자살"로 정의된다. 이와 함께 1883~1884년 뒤르케임이 상스(Sens)고등학교 교사로 임한 철학 강의의 수업 노트를 사후 편집·출판한 한 저술에서 숙명론에 대한 해석의 단초를 찾아볼 수 있다.[84] 결정론과 자유의지를 주제로 한 강의에서 뒤르케임은 "자유에 대한 우리의 토론을 완성하기 위해, 지금은 단지 역사적인 관심일지라도" 숙명론에 대해 언급할 필요가 있다고 말한다. 그에 따르면 숙명론은 "모든 존재가 전능하지만 자의적이고 변덕스러운 상위의 의지에 달려 있다고 가정"하는 태도를 일컫는다.[85] 두 텍스트를 통해 드러나는 숙명론의 기본 특징은

---

84 이 저술은 당시 상스고등학교의 철학 교사였던 뒤르케임의 수업을 수강했던 앙드레 랄랑드의 수업 노트(당시 16세)가 1995년 소르본대학교 도서관에서 발견되면서, 이를 토대로 만들어졌다(Durkheim, 2004: 1~3).

85 "이러한 가정은 숙명(destiny)에 대한 이슬람식 개념뿐만 아니라 파툼(*fatum*), 또는 운명(fate)에 대한 고대 개념에 근거하고 있다"(Durkheim, 2004: 159~164). 여기에서도 뒤르케임은 '역사적인 관심'이라는 단서를 덧붙임으로써 『자살론』에서의 '숙명론'과 의미론적 연속성을 드러낸다. 그러나 강의는 '그 이후에 사라진' 숙명론의 신학적 형태에 대한 철학적 논의에 그쳤고, '신이 없는' 사회에서의 숙명론의 발생과 제 형태에 대한 과학적 해명은 재구성의 과제로 남아 있다.

주체의 관점에서 본다면, 어떤 자의적인 힘/의지에 종속된 상태 및 절망과 체념의 정신적 상태에 있다.

이는 『자살론』에서의 숙명론이 단지 착취적 구조의 존재에만 관련되는 것이 아니라 제도적 규범의 억압적 성격에 관계하고 이에 작용하는 주체의 — 개인과 집단의 — 변증법적 성격을 내포한다는 도미니크 라카프라의 해석을 뒷받침해 준다(LaCapra, 1972: 164~165). 즉 개인들이 그들의 사회관계를 둘러싸고 있는 제도·규범·가치에 의해 지나치게 규제되고, 사회관계 속에서 개인의 자유의지와 자율성 그리고 통제력을 박탈당할 때 숙명론적 자살의 잠재적 희생자가 될 수 있다. 요컨대 숙명론적 자살은 물리적 폭력 그 자체가 아니라 지나치게 구속적이고 불합리한 규범의 내면화 불가능성에 특징이 있으며, 강제된 분업의 사회적 조건에서 유발되는 자살유형으로 이해될 수 있다(Besnard, 1993; Pearce, 1989 참조).[86]

여러 논자들이 뒤르케임의 개념체계 중 — '과도한 규제'의 사

---

86 이 지점에서 '사회 규제'의 틀로서 아노미와 숙명론의 관계에 일관성을 부여한 필립 베스나르(Besnard, 1993)의 재구성은 아노미와 숙명론을 관계 속에서 이해하도록 돕는다. 뒤르케임의 범주와 경험적 데이터에 기초해 아노미와 숙명론의 만성적(구조적) 형태와 급성 과도기적(사건적) 형태 각각을 구별할 때, 부족한 규제는 아노미적 자살의 1, 3유형을, 지나친 규제는 숙명론적 자살의 2, 4유형을 유발한다. 또한 급성 아노미(acute anomie) 가운데 불황(호황이 아닌)으로 인한 자살은 뒤르케임의 개념체계에서 숙명론적 자살의 4유형으로 이해될 때 더 적합하다는 것이다.

	규제	
	− 아노미	+ 숙명론
만성적 형태	1	2
급성 과도기적 형태	3	4

〈표 3. 1〉
아노미와 숙명론의 관계(Besnard, 1993: 184)

회적 조건에서 발생하는 자살을 뜻하는 — 숙명론적 자살의 중요성에 주목하는 것도 바로 이러한 이유 때문이다. 대표적으로 계엄령 선포와 정당 금지, 언론 검열 등 정치적 전체주의 지표와 자살률의 관계를 45개국의 데이터에 대한 다중회귀분석을 통해 비교한 스티븐 스택(Stack, 1979)의 고전적 연구는 정부의 정치적 과잉 규제 및 제재와 자살률의 증가가 확고한 양(+)의 관계에 있음을 실증적으로 입증함으로써 사회학적 숙명론(sociological fatalism) 또는 정치적 과잉 규제에 근거한 자살의 발생을 설명했다. 즉 낮은 수준의 자유와 인간의 존엄성이 좀처럼 존중되지 않는 전체주의 환경에서 사람들은 삶을 무의미하게 생각하며 자살하기 더 쉬운 상황에 놓인다는 것이다.

과도한 규제의 문화적 역학

여기서 과도한 '규제'의 내용은 물리적이고 육체적인 차원을 넘어 상징적이고 문화적인 수준의 규제를 포함하는 것이다. 따라서 숙명론적 자살에 대한 여러 연구는 과도한 규제의 문화적 역학에 공통된 관심을 보인다. 예컨대 학업 중단 고등학생들의 자살은 불합리한 규칙에 의미를 부과하고 그것을 정당한 것으로 강요하는 상징폭력이 함께 작동한 아카데믹 숙명론(academic fatalism)의 결과이다(Godor, 2016). 통상 남성이 여성에 비해 3~4배 더 높은 자살률을 보인다는 자살의 젠더 패러독스(gender paradox)와 달리, 이란에서 남성 자살률을 훨씬 웃도는 여성 자살률은 남성 지배를 옹호하는 전통적 규범의 문화적 결과이자 벗어날 수 없는 과도한 외부 통제의 숙명론적 전망에 관해 여성이 사회에 메시지를 보내는 방식일 수 있다(Aliverdinia and Pridemore, 2009). 이라크 전쟁과 아프가니스탄 전쟁 이후 확연히 높아진 미군의 자살률은 전체주의적 조직인 군대 내에서 과도하게 경험한 계층적 통제와 남성 숙명론,[87] 혹은 헤게모니적 남성성의 압력에 굴복한 결과일 수 있다(Mastroianni and Scott, 2011; Braswell and Kushner, 2012). 이러한 맥락에서 자살의 문화-구조적 이론을 제안한 최근의 연구는 과도한 규제의 문화적 역할을 환기시킴으로써 구조적으로 무거운 뒤르케임의 이론을 보완하고자 한다. 요컨대 자살은 사회구조와 문화적 토대가 함께 작동한 결과이지만, 문화는 자살에 대한 취약성을 증폭시킬 수 있다는 것이다(Abrutyn and Mueller, 2018).

이를 아울러 볼 때, 지배적인 자살유형학에서 주변화된 숙명론적 자살을 향한 연구자들의 관심 또한 19세기 뒤르케임의 고전적 가설을 시험하고 보완하는 것을 넘어 폭력과 통제의 메커니즘이 관여하는 현대적 자살 형태에 대한 사회학적 설명을 진척시키는 데 있다. 요컨대 숙명론적 자살은 폭력적인 사회구조 혹은 사회적 조

---

[87] 남성 숙명론(masculine fatalism)은 남성과 여성을 엄격히 분리함으로써, 서로 다른 경제적 지위와 에스니시티, 이데올로기를 가질 수 있는 군인들 집단에서 젠더 정체성을 중심으로 사회적 자본이 창출되는 방식을 지시한다. 그 결과 그들은 서로 갈등하게 되고 개인적 삶에 대한 평가 절하가 남성다움의 의미와 일치하게 되지만, 이러한 가치를 공유하기에 그들의 분노는 사회질서에 대항하지 않고 남성성 문화의 내면화로 이어진다(Braswell and Kushner, 2012: 4).

건에서 유발된 구조적 타살이라고 할 수 있는바, 자살을 폭력의 한 유형으로 새롭게 의제화한 제임스 길리건의 이론적·실증적 연구에서 출발해 그 작동 방식을 추상해 보이고자 한다.

3. 숙명론적 자살의 작동 방식

1) 자살과 폭력: 제임스 길리건으로부터

오늘날 많은 이론가들은 폭력이 특정 문명의 이탈이나 귀결이 아니라 인간 삶의 역사와 현실 도처에 편재해 있음을 인정한다. 역사와 정치에 관해 사유하는 사람은 누구든 폭력이 인간사에 수행하는 거대한 역할을 깨닫지 않을 수 없다(아렌트, 1999: 31; 이동기, 2022: 66). 폭력은 사회적 불의의 결과이자 사회적 불의를 자행하기 위해 사용되는 도구가 될 수 있다(레비 편, 2021: 370). 세계보건기구의 2000년 통계에 따르면 매년 10만 명당 28.8명이 폭력에 의해 사망했다. 특히 경제적 중진국 또는 빈국에 속하는 곳은 10만 명당 43.1명으로, 부유한 국가의 14.4명에 비해 2배 이상 차이가 난다. 사망을 초래하지 않지만 심각한 폭력을 경험하는 경우는 훨씬 광범위하다. 배우자로부터 신체적 폭력을 경험한 경우 국가별로 차이는 나지만 10~30%를 상회하고 있으며, 성폭력의 경우에도 15~25%의 여성이 피해를 입었다고 보고된 바 있다. 한국 여성가족부에서

9062명을 대상으로 실시한 2022년 전국 가정폭력 실태조사 결과에 따르면, 배우자/파트너에 의한 5개 유형(신체적, 성적 폭력, 경제적 폭력, 정서적 폭력, 통제)의 폭력 피해율은 여성의 28.7%, 남성의 26.3%로 나타났다. 그리고 각 폭력 유형별 피해율 모두에서 남성에 비해 여성의 피해율이 높게 나타났다(여성가족부, 2022). 미국, 칠레, 이집트, 인디아, 필리핀에서 동시에 수행된 '가정환경 내 학대 실태 조사' 결과에 따르면, 미국의 경우 5명 중 1명이 어린 시절 성추행을 경험하고 4명 중 1명이 부모에게 몸에 자국이 남을 정도로 맞은 적이 있으며, 세 커플 중 한 쌍이 상대의 신체폭력에 시달린다고 보고되었다(손창호, 2017: 81~82).

자살과 폭력

아울러 오늘날 자살을 폭력의 맥락에서 바라보는 공중보건 접근이 설득력을 얻고 있다. 폭력을 공중보건 문제로 보고 해결하려는 노력은 1970년대 후반부터 급격히 증가했고, 1996년 열린 세계보건총회는 폭력이 전 세계 공중보건 분야에서 우선순위에 해당하는 부분임을 천명하는 결의서를 채택했다. 세계보건기구의 정의에 따르면 폭력이란 "위협적이든 실제적이든 자신, 타인, 또는 집단이나 공동체에 대한 물리적인 힘 또는 권력의 의도적 사용으로서, 손상, 사망, 심리적 위해, 발달 장애, 또는 박탈감이라는 결과를 낳거나 이와 같은 결과를 낳을 가능성이 매우 큰 행위"를 말한다. 이에 따르면 폭력은 물리적 폭력만이 아니라 위협이나 협박을 통해 발생할 수 있고 개인이나 집단에 대한 착취의 결과이거나 착취를 위한 메커니즘이 될 수 있다(레비 편, 2021: 373).

위 정의에 따르면 교통사고와 같이 의도치 않은 사고는 폭력에 해당되지 않지만, 물리적 위해뿐 아니라 위협이나 차별, 방임을 포함한 모든 성적·육체적·정신적 학대와 자해, 자살행동까지 모두 폭력에 해당한다. 이때 폭력은 문화적인 측면이 아니라 사람들의 건강과 안녕에 미치는 영향이라는 측면에서 정의된다. 여기에는 세 가지 일반적 유형의 폭력이 포함되는데, 집단폭력(collective violence), 대인폭력(interpersonal violence), 자기를 향한 폭력(self-directed violence)이 그것이다.[88] 바로 이 세 번째 '자기를 향한 폭력'에 '자해'를 비롯해 '자기 살인'이 포함되며, 이러한 맥락에서 자살문제는 공중보건 접근, 또는 건강 불평등 연구의 중요한 의제라고 할 수 있다(김창엽 외, 2015).

---

[88] '대인폭력'에는 아동학대 및 양육자 방임, 청소년 폭력, 친밀한 파트너 폭력(intimate partner violence), 성폭력, 노인학대처럼 한 사람이나 소집단 사람들에 의해 자행되는 형태의 폭력이 포함된다. '자기를 향한 폭력'에는 자살행동과 자신의 목숨을 끊으려는 의도가 없다고 하더라도 자학행위가 포함된다. '집단폭력'이란 집단 또는 한 집단의 일원으로 자신을 동일시하는 개인들이 정치적·사회적 또는 경제적 목적을 달성하기 위해 다른 집단이나 특정 개인들에게 폭력을 행사하는 것을 말한다. 여기에는 전쟁, 테러리즘, 자국민을 향해 국가(민족)가 후원하는 폭력이 포함된다(레비 편, 2021: 374).

자살과 정치

대표적으로 『왜 어떤 정치인은 다른 정치인보다 해로운가』의 저자인 제임스 길리건은 오랜 시간 폭력의 문제를 연구해 온 정신의학자이다. '정치와 죽음의 관계를 밝힌 정신의학자의 충격적 보고서'라는 책의 부제가 말하듯, 길리건은 공중보건의 경계를 넘어 '자살과 정치'의 관계에 관한 탁월하고 독창적인 연구 성과를 제시한다.

이 책에서 주로 다루는 주제는 폭력 치사이다. 폭력 치사 발생률은 한 국가가 심리적·사회적·정치적으로 얼마나 건강한지를 말해 주는 척도라고 볼 수 있다는 것이다(길리건, 2012: 176). 이러한 맥락에서 길리건은 다음과 같이 말한다.

> 나는 의사이지 경제학자나 정치학자가 아니다. 나의 관심사와 내가 훈련받고 경험한 분야는 삶과 죽음의 문제였지 불황과 선거문제가 아니었다. 특히 폭력적 죽음의 원인과 예방문제를 나는 예방정신의학을 포함한 공중보건과 예방의학의 문제로 접근했다. 폭력으로 인한 죽음의 원인과 예방을 연구하다가 뜻밖에 특정한 정치·경제현상이 생명을 위협하는 행동을 유발하는 '위험 요인'으로 작용하거나 그런 행동을 예방하거나 치유하는 '보호 요인'으로 작용할 수 있음을 깨달았을 때, 나는 누구나 그랬을 테지만 깜짝 놀랐다(같은 책, 219).

길리건의 핵심 주장을 요약하면 첫째, 자살은 정치적인 문제라는 것이다. 둘째, 자살과 살인은 폭력 치사의 두 유형이라는 것이다. 자살은 나를 겨누고 살인은 남을 겨누지만 똑같은 폭력이므로 길리건은 이 둘을 하나로 묶어서 '폭력 치사'라고 부른다. 이 둘을 하나의 범주로 묶는 더 중요한 이유는 자살도 살인도 결국 사회가 개인을 상대로 저지르는 폭력이라는 점에서 근본적으로 같다고 보기 때문이다. 셋째, 실업, 불황, 불평등과 같은 정치·사회 시스템이 자살을 야기하는 폭력을 부른다. 넷째, 자살은 폭력 누적분과 긴밀한 관련이 있다. 흡연이 폐암의 위험 요인이듯, 의학에서 사용하는 '복용량-반응 곡선'에 비추어 보자면 일련의 법칙을 발견할 수 있다. 미국의 공화당 정부가 집권하는 시간이 길어질수록 자살률과 살인율의 순누적 증가분이 커진다. 반대로 민주당 정부가 집권하는 시간이 길수록 자살률과 살인율의 순누적 감소분이 커진다. 결국 '복용량'이 많을수록 반응도 커지는 것이다(같은 책, 188~189). 여기에서 중요한 것은 '숫자'가 아니라 자살률의 추세이다. 즉 통계적 추이와 변동을 통해 확인되는 살인과 자살이 정치의 풍향계가 될 수 있다는 것이다.

다섯째, 그렇다면 어떻게 자살과 정치의 관계를 대중이 눈치채지 못하고 넘어간 것일까? 길리건에 따르면 그 이유는 살인과 자살을 갈라놓는 '분할정복전략'이 대중들에게 먹혀들었기 때문이다. 제 목숨을 끊는 것을 정신 질환의 세계에 집어넣고, 남의 목숨을 끊는 것을 범죄와 폭력의 세계에 집어넣는, 즉 자살을 정신의학의 영역으로 범죄를 범죄학의 영역으로 고립시켜 다루어 왔던 학술적·

사회적 관행이 폭력 치사와 정치·경제 시스템 사이의 내밀한 연관성을 덮어 버리는 분할전략으로 기능해 왔다는 것이다. 따라서 자살을 폭력의 문제로 다루는 것은 막을 수 있는 죽음을 예방하고, 폭력을 일으키는 정책을 끝내는 쪽으로 우리 사회를 바꾸기 위해 피할 수 없는 과제라 할 수 있다(같은 책, 110~118, 214).[89]

이러한 논증은 유럽 사회의 살인율과 자살률을 동일한 맥락에서 비교함으로써 자살이라는 집단적 질환의 원인을 해명하고자 했던, 나아가 통계자료에 기초한 과학적 사실판단에서 정치적/도덕적 판단으로 나아가는 논증을 통해 자살이 정치경제적인 동시에 사회적인 시스템의 문제임을 환기시켰던 뒤르케임의 도덕과학과 매우 유사하다. 이를 통해 길리건은 자살문제를 21세기 정치의 문제이자 폭력의 문제로 선명하게 쟁점화한다. 실제 자국민에게 사회보장을 제공하는 국가의 능력은 폭력과 연관성이 있으며, 사회보장을 위한 강력한 국가기관의 존재는 살인과 음(-)의 관계에 있다는 최근 공중보건 분야의 성과를 참고한다면(레비 편, 2021: 388), 길리건의 입론은 이론적 설득력과 실천적 적합성을 드러낸다. 이를 통해 길리건은 자살문제를 사회정책의 영역으로 끌어오는 동시에, 정신보건의학과 사회과학을 통합하는 접근 방식을 열어 놓는다.

---

[89] "21세기에 우리는 사살, 실인이라는 전염병을 막고 다스리려면 그런 전염병과 직접적으로 결부된 불평등, 치욕, 절망이라는 병인을 줄여서 청결한 정치·경제 시스템을 만드는 것이 그런 위험 요인에 이미 노출된 사람들을 치료하거나 처벌하는 데 우리의 한정된 자원을 쏟아붓는 것보다 훨씬 효과적이라는 사실을 배울 필요가 있다"(같은 책, 222~223).

내가 하고 싶은 말은, 증명할 수도 반박할 수도 없는 도덕적·정치적 가치판단은 입증할 수도 반증할 수도 있는 경험에 기반을 둔 사실로 대체했을 때 많은 생명을 구할 수 있다는 것이다. 나는 단정이나 견해, 사회, 정치적 이념들을 근거로 내세워 무엇이 공정하고 공정하지 않은지, 혹은 어떤 사람들이 대접받을 가치가 있고 없는지를 두고 정치적 결론을 내리려는 것이 아니다. 인간의 삶을 뒷받침하고 다지고 지탱하는 사회, 정치, 경제, 심리적 요인과 반대로 삶을 죽음으로 이끄는 요인, 그리고 그 절차에 관한 사실에 근거를 둔 지식을 바탕으로 정치적 사유를 하고 결정을 내리는 것이 타당한 방법이라고 주장하는 것이다(길리건, 2012: 224).

여섯째, 길리건의 연구에서 또 하나 주목할 부분은 ─ 뒤르케임이 그러했듯 ─ 자살을 촉진하는 감정의 힘에 대한 사회심리학적 고찰이다. 길리건에 따르면, 폭력 뒤에는 수치심이 숨어 있다. 이러한 수치심 또는 치욕감은 죄의식과 더불어 자기 살인을 촉진하는 감정이다. 수치심은 자기애라는 감정이 존재하지 않는 상태이다. 사람들은 부끄러움이라는 감정을 느낄 때 자신이 부끄러워한다는 그 사실에 수치심을 느끼고, 이로부터 벗어나고자 살인을 저지르거나 폭력을 휘두른다. 또한 참을 수 없이 고통스러운 수치심에서 벗어나는 유일한 탈출 수단으로서 자살을 선택하기도 한다. 반면 죄의식은 자신을 꾸짖는 감정이다. 죄의식을 낳는 원인은 수치심을 낳는 원인과는 정반대에 가깝고 죄의식이 불러일으키는 행동 역시 수치심에서 나오는 행동과는 정반대에 가깝다. 따라서 어떤 면에서 죄의식은 수치심의 반대편에 자리한다. 그럼에도 죄의식과 수치심은 떼려야 뗄 수 없이 얽혀 있다. 이것이 죄의식과 수치심의 역설이다.[90]

따라서 수치심과 죄의식은 도덕의 감정이고, 정치의 감정이기도 하다. 좀 더 정확히 말해 이 둘은 이 세상에 존재하는 두 가지 상반된 도덕적이고 정치적인 가치체계의 감정이라 할 수 있다. 한편 길리건은 수치심을 '우파' 정치의 가치관과 이념을 움직이고 지배하는 핵심 정서로, 죄의식을 '좌파' 이념이 수반하는 정치감정으로 특징짓는다(같은 책, 131). 이러한 단순한 도식화는 선뜻 동의하기 어려운 측면이 있지만,[91] 길리건의 통찰은 이 같은 논증을 통해 자살을 폭력의 문제로 의제화하는 동시에, 현대사회의 자살이 폭력을 일으키는 정치경제적 불평등, 그리고 이를 조장하는 사회정책 및 제도의 문제를 설득력 있게 환기시킨다. 나아가 자살과 살인을 추

90 길리건에 따르면, 죄의식의 윤리로 살아가는 사람은 약자에게 동질감을 느끼는 성향이 강하고 수치심의 윤리에 젖은 사람은 강자에게 동질감을 느끼는 경향이 강하다. 수치심은 다른 사람들에 대한 적극적이고 공격적인 행동을 유발하며 이런 행동은 어떤 예외적인 상황에서는 살인으로 치달을 수도 있다. 죄의식의 심리적 기능은 수치심이 자극하는 타인에 대한 공격성을 저지하는 것(곧 막는 것)이다. 그런데 수치심이 자극하는 타인에 대한 적대적이고 폭력적인 충동은 때로 자기 자신에게라도 터뜨려야 겨우 타인에게 화살이 향하는 것을 막을 수 있을 정도로 강력하다(같은 책, 126~133).
91 길리건과 사뭇 달리 뒤르케임은 이렇게 말한다. "잘못을 저지르지 않게 막아 주는 이러한 도덕적 수치심은 가장 섬세한 감정이나, 이 수치심은 인폐외 순수함을 잃지 않는 사람들에게만 강렬하고 완전하고 강한 효력을 가질 수 있다"(뒤르케임, 2024: 280). 세이어 또한 수치심이 자기 자신에 대한 평가를 포함한다는 점에서 사적이고 성찰적인 감정이라 말한다(Sayer, 2005: 10).

동하는 감정 기제에 대한 사유는 "지나친 육체적·정신적 압제"가 야기하는 숙명론적 자살의 사회심리 과정을 심층적으로 이해할 탐구의 자원을 제공한다.

2) 자살과 트라우마: 갈퉁의 폭력사회학으로부터

길리건의 이론적 성과를 재구성의 출발점으로 삼되, 폭력이 매개하는 숙명론적 자살의 작동 방식을 좀 더 정치하게 파악하기 위해서는 몇 가지 보완적인 논의가 필요하다. 먼저 길리건은 자살을 폭력의 문제로 의제화하는 데 성공했지만, 그의 '폭력' 개념은 경험적 층위에 존재하는지 아니면 구조적 층위에 존재하는지 다소 모호한 측면이 있다. 그는 폭력적인 사회정치경제 시스템을 문제시하는 한편, 자신과 타인에게 죽음을 야기하는 행위의 차원에서 폭력을 논한다. 이 지점에서 노르웨이의 사회학자인 요한 갈퉁(2000)이 전개한 폭력의 삼각형 이론은 폭력의 복잡한 구조와 층위를 개념적으로 변별함으로써, 숙명론적 자살의 작동 방식을 보다 분석적으로 사유할 개념적 매체가 될 수 있다.

---

92 갈퉁은 '구조적 폭력'을 다음과 같이 비유했다. "한 명의 남편이 제 부인을 때리면, 그것은 명백한 사적 폭력의 예이다. 하지만 백만 명의 남편들이 각기 제 부인을 무지에 가두면 그것은 '구조적 폭력'이다"(Galtung, 1969: 171). 결국, 갈퉁은 가능성에 비해 실제 현실이 모자란 삶을 살게 되는 원인을 구조라고 보았고 그것을 '구조적 폭력'이라고 불렀다.

폭력의 삼각형: 구조적·문화적·직접적 폭력

갈퉁의 평화론의 기본 개념은 갈등과 폭력이다. 그에게 있어서 폭력은 "실제 이루어지는 인간의 신체적·정신적 실현이 잠재적 실현 가능성의 수준에 미치지 못하도록 영향을 받을 때 존재"한다(Galtung, 1969: 168). 이렇게 볼 때 폭력은 인간의 자기실현을 방해하는 보이지 않는 구조로서 도처에 존재하는 것이다. 1969년 제안된 '구조적 폭력'에 이어 1990년 '문화적 폭력' 개념을 내세우면서 그는 폭력을 구조적·문화적·직접적 폭력으로 나누고, 이를 폭력의 삼각형 이론으로 점차 발전시켰다(갈퉁, 2000: 354; 이동기, 2022: 71).

구조적 폭력(structural violence)은 사회구조나 제도에서 발생하는 폭력을 지칭한다. 예를 들어 불평등한 경제 시스템, 인종차별, 성차별 등이 이에 해당한다. 이러한 구조적 폭력은 특정 집단이 자원이나 기회에서 배제되거나 억압받게 만들어, 직접적인 폭력이 발생할 수 있는 토대를 마련한다. 이 '구조적 폭력'은 "잠재적인 것과 실제적인 것 사이의 거리를 증가시키는 근본적 원인이자 그 거리를 줄이지 못하도록 방해하는 원인"이다(Galtung, 1969: 168).[92] 요컨대 구조적 폭력은 인간이 자신의 잠재력을 충분히 실현할 수 없는 상태이다. 갈퉁은 이 같은 구조적 폭력의 바탕에 사회체계의 구조화된 '불평등'이 존재한다고 보았다. 직접적 폭력(direct violence)은 물리적인 폭력행위를 의미한다. 예를 들어 전쟁, 폭행, 살인 등과 같이 명백하고 가시적인 형태의 폭력을 포함한다. 이는 피해자가 직접적으로 상처를 입거나 생명을 잃는 상황을 수반할 수 있다. 반면 문화적 폭력(cultural violence)은 폭력을 정당화하거나 합법화하는 문화적 차원을 지시한다. 예를 들어 특정 문화나 이데올로기가 폭력을 합리화하거나 미화하는 경우가 이에 해당한다. 이는 언어, 종교, 교육 등을 통해 전파되며, 사회가 폭력을 수용하는 방식에 영향을 미치는데, 갈퉁은 문화적 폭력의 층위에 상징폭력(symbolic violence)을 포함시켰다(Galtung, 1990: 291).

갈퉁은 이 세 가지 폭력이 서로 연결되어 있으며, 하나의 폭력이 다른 폭력을 강화할 수 있다고 주장한다. 예를 들어 구조적 폭력이 존재하는 사회에서는 직접적 폭력이 발생할 가능성이 높아지며, 이러한 상황을 정당화하는 문화적 폭력도 함께 작동한다. 직접적 폭력은 구조적 폭력과 문화적 폭력을 경유하여 대면관계에서나 비대면관계에서 직접적으로 발현되는 대인 간의 폭력을 지시한다. 이 같은 직접적 폭력은 자기를 향한 폭력으로 전환되기 전, 구조적 폭력과 문화적 폭력이 표면 위로 발현되는 핵심적인 폭력의 양상이라고 할 수 있다(송해리·김명희, 2022: 109). 이 같은 '폭력의 삼각형' 속에서 각각의 폭력은 일방적이고 단선적인 관계가 아니라 상호작용하는 역동적 관계에 놓여 있다(Galtung, 1990: 294). 또한 가시적으로 드러나는 직접적·물리적 폭력과 달리 구조적·문화적 폭력은 비가시성에 그 특징이 있다는 점에 주목할 필요가 있다. 갈퉁은 이러한 폭력의 작동 방식을 바다의 '빙산'의 이미지로 보충했다(갈퉁, 2000: 574). 〈그림 3. 1〉은 이를 그림으로 나타낸 것이다.

〈그림 3. 1〉 갈퉁의 빙산 모델에 기반한 폭력의 삼각형

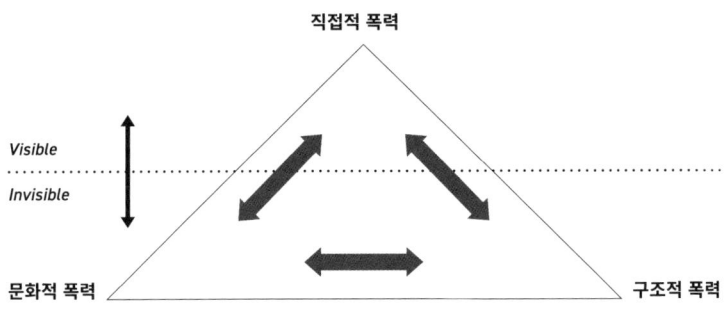

폭력의 구조와 문화적 층위를 변별하고 양자가 상호작용하는 방식에 주목한 갈퉁의 개념화는, 폭력적인 사회구조에서 유사한 패턴의 사건으로 발현되는 직접적인 폭력과 이를 둘러싼 문화적 역학이 관여하는 숙명론적 자살의 작동 방식을 정치하게 이해할 개념틀을 제공한다.

물론 갈퉁의 폭력론에 대한 비판의 지점 또한 존재한다. 첫째, '구조적 폭력'에 대한 지나친 강조는 폭력에서 행위의 차원과 구체적인 가해자를 제거해 버릴 위험성이 있다는 것이다. 그로 인해 갈퉁의 폭력론은 분석적 날카로움을 잃어버리고 무용하고 모호해질 수 있다. 둘째, 폭력의 특별한 형식으로서 전쟁에 대한 분석이 사라졌다는 것이다. 폭력 없는 전쟁은 있을 수 없기에, 폭력연구의 중심부에 전쟁이 있어야 하지만 갈퉁은 이에 대한 분석을 소홀히 했다는 것이다(이동기, 2022: 75~86). 각각은 나름 유의미한 비판이다.

특히 두 번째 비판과 관련해 오늘날 우리가 목도하고 있듯, 전쟁은 전투원의 신체건강과 정신건강에 대인폭력과 여러 동일한 결과를 가져올 뿐 아니라 점차 민간인에게 파괴적인 영향을 더 많이 주고 있기 때문이다. 이를테면 현대전에서 민간인은 특정한 목표가 되거나, 전쟁 중이나 전쟁 후의 여파로 간접적인 영향을 받기도 한다(레비 편, 2021: 376).

이러한 비판에도 불구하고 갈퉁이 제시한 여러 유형의 폭력을 제로섬 관계나 선택적 혹은 별개의 것으로 이해하기보다 폭력의 여러 '층위'라는 관점에서 이해하는 경로도 가능할 것이다. 이러한 관점에서 사건이자 행위로서의 폭력과 이를 야기하는 폭력의 구조적 차원에 대한 이해는, 폭력이 진행되는 사회적 과정에 대한 이해를 보완할 수 있다. 실제 폭력은 사회적·역사적 행위양식이자 경험 방식이면서, 인지와 해석의 특정 형식이기도 하기에 실은 '구조'와 '문화'가 만나는 영역이기 때문이다(이동기, 2022: 85). 나아가 갈퉁의 개념화는 직접적 폭력을 경험하지 않을지라도 일상적인 전쟁 상태에서 시민권의 사각지대에 있는 주체들에게 행사되는 구조적이고 문화적인 폭력을 이해할 수 있는 지평을 열어 놓는다. 예컨대 과도한 문화적 규제와 이데올로기적·인종적 타자화, 증오폭력[93] 등

---

[93] 증오폭력(hate-motivated violence)은 타인 혹은 타인의 재산이나 조직을 향해 가해지는 대인폭력 또는 집단폭력 행위로 이루어지는데, 타 집단 혹은 타인이 속하거나 동일시하는 집단 때문에 이러한 폭력이 가해진다. 이러한 형태의 폭력은 흔히 인종, 민족, 종교, 성적 지향성 등을 바탕으로 개인이나 집단에 가해진다. 증오와 관련한 폭력의 동기는 많은 경우 문화적 믿음이나 부정적인 선입견을 조장하는 태도에서 발생한다(레비 편, 2021: 383).

이 자살에의 취약성을 증폭시키는 방식이나 절망의 죽음(deaths of despair)을 야기하는 사회적 과정에 대한 이해를 도울 수 있다.

트라우마의 역학

다만 첫 번째 비판, 즉 폭력에서 행위의 차원을 제거해 버린다는 비판은 폭력의 경험이 남긴 후과(aftermath)가 자살에의 취약성을 증대시키는 사회심리적 과정을 이해하기 위해 분명히 보완될 필요가 있어 보인다. 이는 뒤르케임은 물론 길리건의 자살론도 충분히 사고하지 못했던 쟁점이기에, 지면을 할애하여 살펴볼 가치가 있다.

길리건의 폭력론/자살론에서 충분히 고려되지 못한 것은 사전적 의미 그대로 "거칠고 사납게 남을 제어할 수 있는 힘"으로서 폭력이 지닌 고유한 속성과 시간성에 관한 것이다. 위 정의에서 알 수 있듯, 행위의 차원에서 폭력은 두 사람 이상의 관계에서 일어나고 직접적 폭력의 경우 명백히 행위의 속성을 갖는다. 이러한 직접적 폭력은 가해자와 피해자를 발생시킨다. 가해-피해 관계를 양산하는 폭력은 불균등한 권력관계를 전제로 하고, 신체적·정신적 압제의 경험은 이를 경험한 사람들에게 트라우마와 고통을 야기한다. 트라우마는 최근 정신분석학적 사회이론 및 정신의학의 연구 성과에서 밝혀진 바와 같이 정신적 외상을 지칭하는 것으로, 사회적 고통의 한 형태이다.[94] 트라우마는 힘의 박탈과 상실(loss)을 핵심적

94　물리적 위해가 사망을 포함한 심각하며 때로 영구적인 육체적 손상을 유발한다는 것은

인 특징으로 한다. 트라우마는 일련의 사회적 조건과 사회적 관계에서 비롯되지만, 그 자체로 고유한 전개 방식과 운동 동학을 지니면서 인간행위를 낳는 정신적 힘이다. 더욱이 폭력으로 인한 트라우마는 ― 모든 사회적 현상과 마찬가지로 ― 복합적인 시간적 전개를 갖는다. 즉 '현재 속에 살아 있는 과거의 힘'으로서 트라우마의 작동에 따라 과거와 현재, 그리고 미래의 관계는 '과거를 통해 작용함'(working through the past)이라는 양태로 나타나며, 그를 통해 트라우마는 오늘날의 사회구조와 긴밀히 연관된다(Adorno, 2005; 안드레젠, 2023: 83~84).

특히 폭력으로 인한 외상, 즉 폭력 외상은 일상적이라고 할 정도로 다양하고 광범위하게 일어나고 있다는 점에서 심각한 건강 침해의 원인이 된다. 그럼에도 폭력 외상은 건강을 해치는 다른 질병들과는 몇 가지 차이점을 보인다. 첫째, 폭력 외상의 1차적 원인은 피해자가 아니라 가해자의 존재이다. 즉 폭력행위가 가능한 조건 자체가 존재한다는 것이다. 둘째, 따라서 이러한 가해자 및 가해자가 생기는 조건에 대한 연구와 예방이 폭력 외상 해결을 위한 최우선적 과제라 할 수 있다. 가정폭력, 고문, 성폭력, 노인에 대한 폭력 등이 가능해지는 사회적·정치적·심리적·경제적·구조적 요인을

> 명백한 사실이다. 하지만 폭력이 심리적·정신적 장애를 유발할 수 있다는 것은 1980년 외상 후 스트레스 장애(post-traumatic stress disorder)가 미국정신의학회의 『정신 질환의 진단 및 통계 편람』 제3판에 수록되기 전까지는 의학계 내에서도 인정되지 않았다. 그리고 이렇듯 의학계의 과학적 인정이 늦어진 것은 바로 가해자의 부정에 상당 부분 연유한다(손창호, 2017: 80).

파악해야 이를 제어할 수 있으며, 이를 위한 정치적·제도적 뒷받침이 필수적이다(손창호, 2017: 95). 셋째, 특히 일상적인 폭력에 노출된 트라우마는 장기성과 지속성을 가진다. 예컨대 대인폭력으로 인한 신체적·정신적 결과는 해당 폭력이 멈춘 이후에도 오랫동안 지속된다. 또한 피해자는 시간이 지나면서 여러 종류의 폭력으로 인한 복합적 사건을 겪을 수 있기에 이러한 결과는 누적되는 경향이 있다(레비 편, 2021: 376).

일례로 『2024 자살예방백서』에 따르면 폭력으로 인한 병원 치료 경험이 없는 청소년의 자살 생각률은 13.6%인 데 반해, 폭력으로 인한 병원 치료 경험이 있는 청소년의 자살 생각률은 40.0%로 나타났다(보건복지부·한국생명존중희망재단, 2024: 154). 또한 폭력으로 인한 병원 치료 경험의 횟수가 증가할수록 자살 생각 경험률이 현저히 높아지는 것으로 확인된다.[95] 이렇듯 폭력 외상이 자살 충동을 강화하는 위험 요인이 된다면, 어떠한 조건과 과정 속에서 이러한 트라우마가 발생하고 재생산되는지의 문제로 분석의 초점을 이동시킬 필요가 있다. 요컨대 "지나친 육체적·정신적 압제"로 인한 숙명론적 자살은 일련의 '외상 과정'을 경유한다는 점을 직시할 필요가 있다.

---

[95] 여기서 폭력은 신체적 폭력과 정서적 폭력, 학교폭력과 가정폭력을 모두 포함하며, 성희롱 피해 경험 유무와 자살 생각 사이에도 강한 정의관계가 나타났다(보건복지부·중앙자살예방센터, 2019: 14, 190).

절망은 죽음에 이르는 병이 될 수 있는가?

또한 앞서 살펴보았듯, 자기를 향한 폭력은 일련의 감정 과정을 경유한다. 이때, 감정은 중요한 신호이고 대개 도덕적 양상을 띤다(샤를로테, 2019: 314). 이 점에서 폭력을 지배하는 감정을 ― 정신 질환의 증상이 아니라 ― 도덕감정이자 정치감정으로 규정한 길리건의 통찰은 매우 적실하다. 하지만 길리건이 착목한 수치심과 죄의식의 감정만으로, 숙명론적 자살을 야기하는 감정 기제를 충분히 설명할 수 있을까? 이 지점에서 절망(despair)이 죽음에 이르는 병이 될 수 있음을 통찰한 덴마크의 실존주의 철학자 쇠렌 키르케고르의 감정론을 경청할 필요가 있다.

그에 따르면 절망이란 하나의 통합(종합)된 존재인 인간이 자기 자신에 대해 가지는 관계 속에서 발생한 분열을 의미한다. 절망은 정신의 병으로서, 동물과 구분되는 인간의 숭고한 속성 중 하나이기도 하다. 절망은 가능성으로서 인간 속에 침잠해 있는 무엇이다. 즉 인간의 실존에서 가능성이 결핍되는 지경에 이르면 그것이 곧 절망의 상태이다. 가능성을 결핍하고 있다는 것은 모든 것이 필연적인 것이거나 모든 것이 일상적인 것으로 되어 버린 것을 말한다. 대표적으로 결정론자나 숙명론자는 절망에 빠진 자로서 자아를 상실하고 있는 자이다. 왜냐하면 그에게는 모든 것이 필연적인 것이기 때문이다. 따라서 키르케고르에 따르면 자기 자신에 대한 병인 이 절망은 '죽음에 이르는 병'이다. 절망이 죽음에 이르는 병이 될 수 있는 까닭은 속수무책으로 경험하는 무력감과 무망함 속에서 다른 가능성과 희망을 잃어버리기 때문이다. 그렇기에 절망한 사람이 겪는 이 병은 일반적인 전염병과는 전혀 다른 의미에서, 존재의 가장 소중한 부분을 강타한다(키르케고르, 2020: 31~99).

정녕 절망은 자살에 이르는 병이 될 수 있는가? 여러 자료를 아울러 볼 때, 한국의 자살원인통계의 역사에서 오랜 시간 비관자살은 중요한 위치를 점했다. 대표적으로 식민지 시기 자살원인의 분류는 슬픔이나 회한 등 감정적인 요인을 중요시하는 경향이 두드러졌다. 『조선총독부통계연보』의 자살원인 분류에 1909년 '염세'라는 용어가 처음 도입된 이후에도 오랜 시간 비관자살과 염세자살은 주요 자살의 유형으로서 한국 사회에서 자살을 이해하는 특유의 문화적인 프레임으로 작용했다. 이 '비관자살'은 식민지 시기부터 1980년대까지 신문지상에서 자살을 설명하는 가장 흔한 동기로 표현되던 용어였다. 장래에 희망을 가질 수 없는 절망적인 상태는 사회적인 요인에 의해 영향을 받는 개인들의 주관적 상태라는 함의를 담고 있었다. 하지만 1950년대 후반부터 사회학과 심리학, 정신의학 등의 전문가 담론이 수용되면서 점차 정신건강과 자살을 연결 짓는 담론이 증가하기 시작했다. 1990년대에 이르면 우울증과 자살을 연결 짓는 담론이 폭발적으로 증가하면서, 비관이나 염세와 같은 문제는 점차 '우울증'이라는 '정신적·정신과적 문제'로 통합되었다.[96] 실제, 한국에서 통계를 작성한 이후 가장 많은 자살의

---

96 한국의 100년간의 자살 통계에서 자살원인에 대한 분류체계를 살핀 정승화에 따르면,

원인은 정신착란(해방 이전) → 비관(해방 이후~2008년) → 정신적·정신과적 문제(2009년 이후)로 변화하는 역사를 보여 준다(한국노동안전보건연구소, 2022: 150).

이를 염두에 둔다면, 죽음을 야기하는 절망과 비관의 감정을 자살을 촉진하는 감정 기제로 복원할 필요가 있다. 이 같은 절망과 비관의 집합적 경향은 『자살론』과 『도덕 교육』을 관통하고 있는 암묵적인 주제이기도 하다. 뒤르케임은 "도덕성을 상실하는 혼란을 겪는다면 극히 작은 실망만으로도 쉽사리 절망적인 결심을 하게 될" 수 있다는 점을 잘 알고 있었다(뒤르케임, 2008: 257). 그에 따르면 비관주의는 무한한 열망과 함께 찾아온다. "우리와 같이 무한한 열망의 병폐를 경험한 역사적 시대에는 비관주의가 만연할 수밖에 없다"라는 것이다(같은 책, 481).

우리는 자살을 어느 정도 용인하지 않을 수 없을 만큼 자살로 포화되어 있다. 그렇다면 우리 자신이 보다 엄격해질 수 있는 유일한 방법은, 비관주의적 경향에 대하여 직접 작용하여, 그것을 정상화시

1964년부터 2008년까지 40여 년 이상 분류체계의 변화가 거의 없이 유지되었던 『경찰통계연보』의 자살원인 분류가 2009년에 변경되었다. 자살원인별 분류의 비율 변화를 살펴보면, 1965년에는 비관자살이 전체 자살자의 21.2%로 가장 높았다. 다음은 빈곤이 17.1%였다. 전체 자살 중 비관으로 분류된 자살자 수의 비율은 계속 증가해 1995년에는 전체 자살자의 40.9%가 비관자살로 분류되었다가 이후 감소하는 추세를 보여 준다(정승화, 2019: 162~177).

키고 우리의 의식을 비관주의의 영향으로부터 구출하여 새롭게 강화하는 것뿐이다(뒤르케임, 2008: 481).

비록 뒤르케임이 통제되지 않는 욕망의 반대편에, 다시 말해 무규율로 인한 아노미가 수반한 결과로 비관주의를 곧바로 상정했을지라도, 비관주의를 상쇄할 도덕적 균형의 회복을 집요하게 모색했다는 점은 분명해 보인다.

숙명론적 자살의 작동 방식

이상의 고찰을 아우르면서 숙명론적 자살에 대한 몇 가지 정리를 다시 도출할 수 있다. 첫째, 숙명론적 자살은 과도한 규제의 사회적 조건 속에서 비롯된 정신적·육체적 압제로 인한 자살을 뜻한다. 둘째, 숙명론적 자살은 구조적·문화적·직접적 폭력이 얽혀 있는 부정의한 사회 과정을 경유하여 발생하는 특징을 보인다. 셋째, 폭력이 수반한 정신적 외상(trauma)의 누적분은 숙명론적 자살을 촉진하는 기여 원인으로 작용한다. 넷째, 숙명론적 자살의 진행 과정은 수치심과 죄책감, 절망과 비관과 같은 일련의 감정양식을 갖는다.

숙명론적 자살이 발생하는 사회적 조건을 다음의 두 경우로 다시 세분해 볼 수 있다. 첫째, 규칙 자체가 악의 근원인 '과도한 규제'의 상황으로 "불가항력적이고 융통성이 없는 규율"에 속박된 상태가 이에 속한다. 전형적으로 전쟁이나 국가폭력, 가정폭력, 학교폭력, 포로수용소, 군대, 성 노예, 고문과 같은 속박(captivity)의 상황에서 발생하는 자살이나 권위주의적 사회 통제 조건이 이에 해당한다. 둘째, 강제된 분업의 발생원인에 대한 설명에서 제시된 추론을 따라 일종의 '경제적 강제'에 의한 자살을 상정할 수 있다. 물리적인 강제는 없지만 별도의 필요에 종속되어 있고, 질서가 정당한 규칙을 결여하고 있기에 합리적인 수단에 의한 개선 가능성이 보이지 않는 사회적 조건에서 유발되는 자살이 이에 해당한다.

이렇게 본다면 1950년 이전부터 만성적인 전쟁 상태에 있는 냉전체제하 한국의 사회적 조건에서는 '전쟁정치'[97]의 역사적 규정력에 의해 직간접적으로 영향을 받는 집단의 자살이나, 규제되지 않는 시장화 과정의 폭력성이 사회 안전망의 사각지대에 위치한 주변 계급 혹은 사회적 배제집단(非국민)에게 전가되어 발생하는 자살을 상정할 수 있다.[98] 또한 일상적인 차별과 사회적 억압의 누적된 경험 속에서 사회관계적 역량의 훼손과 자아 상실의 과정을 겪고 있는 사회적 소수자도 숙명론적 자살의 위험에 노출될 수 있다.

---

97 여기에서 전쟁정치라는 것은 국가가 전쟁 상태에 있다는 것을 전제로 국가의 유지, 즉 내외의 적으로부터 국가를 보호하는 것을 가장 1차적인 목표로 삼고, 국내정치를 마치 전쟁을 수행하듯이 운영하는 것을 말한다. 전쟁정치의 상황에서 정권의 필요시 법의 작동은 정지되거나 제한된다. 즉 국가기관, 대통령, 공안기구 등의 불법이나 위법이 용인되며 '폭력적 법'에 의한 지배, '법을 통한 지배'가 작동하는 것이다. 전쟁정치는 냉전의 최전선에 놓였던 국가에 예외 상태가 아니라 법, 이데올로기, 문화의 일부가 되었다(김동춘, 2011).

98 2012년 불과 100일 사이에 잇따라 목숨을 끊은 서울 강북의 한 영구임대아파트에 사는 주민 6명의 연쇄자살 사건은 보편적 복지망의 부재로 인한 삶의 압박과 사회적 고립이 한계 지점에 다다른 개인을 사회에서 추방하는 치명적인 사인이 될 수 있음을 여실히 보여 준 바 있다(「100일간 6명이…어느 영구임대아파트의 자살행렬」, 『한겨레신문』, 2012. 8. 27).

이 세 집단의 자살 모두 "미래가 냉혹하게 봉쇄되고 열정이 심하게 질식되는" 사회 과정과 "지나친 육체적 및 정신적 압제"로 인한 자율의 상실 및 체념의 상태에서 비롯되는 자살이라면, 이는 자연사나 육체적 죽음이 아닌 역동적인 외상 과정을 수반한 존재론적 죽음이라 할 수 있다. 외상 경험의 핵심은 물리적 폭력에 대한 즉자적 반응이 아니라 '관계의 단절'과 '고립'의 사회 과정에 있으며, 이 점에서 대부분의 자살은 출구 없는 외상 과정의 종착점이라고 볼 수 있다. 다음과 같은 숙명론적 자살의 유형적 사례를 한국 현대사에서 찾아볼 수 있다.[99]

4. 한국의 사례를 중심으로: 네 유형의 숙명론적 자살 형태

군대에서의 자살: 과도한 규제와 권위주의적 유대의 귀결

군 복무 중 자살[100]이나 군대 내 가혹행위로 인한 자살은 과도한 규제와 권위주의적 유대에 따른 숙명론적 자살의 형태라 할 수 있다.

---

99   뒤르케임(2008: 166~167)이 강조한 사례를 통한 입증은 완전하지 못하다 할지라도 원인에 따른 유형화를 형태학적으로 증명하는 소급추정과 역행추론을 결합하는 방법이 될 수 있다.
100 물론 군 복무 중 자살 중에서도 숙명론적 자살만이 아니라 뒤르케임이 말한 이타적 자살이나 아노미-숙명론적 자살, 이기적-숙명론적 자살 등의 여러 유형의 자살이 가능할 수 있다. 그럼에도 기본적으로 폐쇄된 환경과 수직적인 조직문화에서 발생하는 자살은 숙명

국방부 통계에 의하면 1950년 이래 2005년까지 1만 2000여 명의 군인이 자살한 것으로 나타났고, 2001년부터 2005년까지의 사망자 수는 줄어드는 추세이나 자살처리율은 월등히 증가했다. 이 당시 자살자의 계급별 분포를 살펴보면 사병의 자살 빈도가 96%로 압도적으로 높고, 이 중 이병(61.2%)과 일병(20.5%)의 빈도가 높다. 당시의 군 복무 중 자살은 주로 6개월에서 12개월 이내에 대부분 일어났음을 시사한다(군의문사진상규명위원회·자살예방협회, 2007). 한편 '최근 5년간(2018~2023년 6월) 군인 자살 사고 현황' 자료에 따르면, 최근의 군인 자살은 또 다른 경향성을 내보이는데 해당 기간 스스로 목숨을 끊은 군인은 연평균 60명꼴로 320명에 이르며, 사병보다 직급이 높은 간부층에서 더 많은 자살자가 발생하는 것으로 또 나타났다.[101] 이 같은 군대 내 자살은 사망자의 개인적 특성이나 가정환경 때문이라기보다는 엄격히 통제되고 격리된 공간 속에서 군인의 기본권을 광범위하고 심각하게 제한하는 포괄적인 기본권

론적 자살의 성격을 기본 특징으로 한다고 보인다.

[101] 21대 국회 국방위원회 소속 송갑석 의원이 국방부로부터 제출받은 '최근 5년간(2018년 ~2023년 6월) 군인 자살 사고 현황' 자료에 따르면, 군 자살 사건은 2018년 51명, 2019년 59명에서 2020년 38명으로 크게 줄었으나 2021년 다시 77명으로 급증했다. 2022년에는 65명, 2023년은 6월까지 30명이었다. 매년 평균 60명의 군인이 자살로 안타까운 삶을 마감한 셈이다. 특히 군 간부의 경우 초급 부사관인 하사와 중사 계급 자살이 91명으로 가장 많았고, 초급 장교인 소위, 중위 계급 등 초급 간부의 자살은 106명으로 군 간부 자살의 76%였다. 초급 간부는 부대에서 장병 관리와 현장 통솔 등 중요 업무를 전담하지만, 낮은 급여 및 복지 혜택 등 정책적 지원이 열악해 경제적 문제와 과도한 업무로 인한 고충이 대표적인 자살원인으로 꼽히고 있다(「군인 자살 최근 5년간 320명, 간부가 병사보다 많아」, 『세계일보』, 2023. 10. 5).

제한의 귀결이다(이재승, 2007: 184~198).

무엇보다 징병제를 택하고 있는 한국의 현실과 역사성을 고려한다면 군인 자살을 '이타적 자살'로 규정한 뒤르케임의 가설은 수정을 요한다. 2023년 기준 전 세계 군사비 지출 11위인 한국의 경우,[102] 군대라는 강압적이고 폐쇄된 공간은 "명령에 따랐을 뿐"이라는 복종하는 인성들의 생산 공장으로 자리한다. '남성다움'과 '복종', '강인함'을 강조하는 젠더 규범 및 왜곡된 군대문화는 개인의 사고와 감정 표현을 억제함으로써 숙명론적 자살을 강화하는 기제가 될 것이다. 2003년 이후 증가하는 군대 자살 및 사고를 방지하기 위해 '비전 캠프'라는 이름의 예방 프로그램이 실행된 바 있지만, 적발과 통제 우선의 프로그램, 수직적 통제 방식, 그리고 복무 부적응자에 대한 편협한 시각으로 많은 한계를 안고 있다(윤민재, 2008). 이러한 연구 결과는, 실증주의 심리학에 기초한 자살예방정책이 오히려 군대 자살의 숙명론적 측면을 재생산하고, 일종의 낙인효과를 통해 '제복 입은 시민'이 겪고 있는 고통의 사회적 차원을 개인적 '질병'의 문제로 왜곡·은폐할 수 있음을 시사한다.

전쟁정치, 국가폭력의 트라우마로 인한 자살: 정치적 억압

국가폭력의 트라우마로 인한 자살 또한 한국 현대사의 과거 청산 국면에서 중요한 위치를 점하는 숙명론적 자살유형이라 할 수 있

---

[102] 「세계 군사비 14년 만에 최대폭 증가…1인당 42만원 부담」, 『한겨레신문』, 2024. 4. 22.

다. 다음 장에서 본격적으로 살펴보겠지만, 대표적으로 5·18 참가자들의 상이 후 자살자의 비율은 10.4%(2008년 기준)로 일반인의 500배에 달한다. 5·18 유공자들의 경우 신체적·정신적 고통의 지속, 파산·실업 등의 경제적 악화, 가정불화, 사회적 소외 등의 요인이 지속되거나 악화일로를 걸어 왔고, 특히 가족의 낮은 지지체계나 사회적 지지체계는 유력한 자살위험 요인으로 분석된다. 무엇보다 2000년대의 자살 증가와 관련해서는 5·18에 대한 사회적 관심이 축소됨에 따라 공동체적 연결이 약화된 것이 중요한 배경인 것으로 나타났다(5·18기념재단, 2008).

훨씬 더 복잡한 성격을 갖고 있지만, 2012년부터 발생한 쌍용차 노동자들의 연쇄자살도 유사 사례라 할 수 있다. 이제까지 알려진 쌍용차 정리해고 이후 희생자는 총 30명에[103] 이르고 2014년에 제출된 연구에 따르면, 1년간 쌍용차 노동자 자살률은 10만 명당 151.2명으로 이는 일반 인구의 자살률보다 3.74배 높은 수치이다. 이처럼 자살률이 높은 이유는 구조 조정의 고통과 더불어 파업 당시 인간으로서는 감당할 수 없는 극심한 정신적 외상이 있었기 때문인 것으로 추정된다. 이미 파업의 시점부터 조합원들은 우울증, 불안증, 스트레스, 수면 장애에 시달렸고, 그 원인은 경제적 고통, 불투명한 미래 때문이었다(정진주, 2012: 95). 또한 파업 과정에서

---

[103] 「정리해고자 가족들 삶의 벼랑 끝으로 내몰려: 쌍용차 해고노동자 아내 2명 중 1명 '극단적 선택' 고민⋯80% 우울증상 경험」, 『매일노동뉴스』, 2018. 9. 7.

경험한 고립과 국가폭력만이 아니라 희망퇴직자와 정리해고자들에게 가해졌던 낙인, 사회적 배제, 재취업의 어려움, 손해배상청구, 노사 합의의 불이행은 "규칙 자체가 악의 근원이며", "투쟁 자체가 불가능하며 싸우는 것조차 허용하지 않는" 절망의 사회 과정에 비견할 만했다. 따라서 쌍용차 노동자들의 연쇄자살이 명백히 구조적 강제 속에서 일어난 사회적 타살의 성격을 갖는다는 점에 대해서는 합의에 이른 것으로 보인다.[104]

그러나 5·18 유공자와 쌍용차 노동자들의 자살은 몇 가지 지점에서 향후 깊이 있게 분석되고 토론될 필요가 있다. 첫째, 한국 자본주의에 전형적인 전쟁정치의 개입이 두 가지 사례의 주요한 자살 유발 요인이었다는 점, 둘째, 여타의 사례와 달리 국가폭력의 수동적인 경험만이 아니라 시민/노동자들의 집합적 저항과 연대의 체험이 사건을 구성하는 핵심적인 특징이었다는 점에서 내부 결속과 사회적 연대의 추이를 중요한 자살 유발 감소 요인으로 신중하

---

104 유사한 해외 사례로 2010년 중국 팍스콘 기업에서 발생한 연쇄자살을 참고할 수 있다. 2010년 1월 23일 선전의 한 기숙사에서 19세의 노동자가 투신자살한 이후 12월까지 한 해에만 18명의 노동자가 연이어 투신자살을 시도했으며, 그중 10명이 사망했다. 전문가들은 팍스콘 노동자들의 연쇄 투신자살은 비인간적인 군대식 노무관리와 살인적인 노동강도가 주원인이라고 진단한다. 팍스콘의 관리제도는 매우 엄격하고, 군대식 상명하복의 기업문화가 특징이다. 출신 배경, 성장 배경 등이 전혀 다른 팍스콘의 노동자들은 철저하게 분업화된 생산공정하에서 과중한 연장 근로를 해야 했다. 이 속에서 노동자들은 철저히 원자화되었고, 작업 현장뿐만 아니라 심지어 기숙사에서조차도 노동자들 사이에 교류가 없고 자신들의 소식도 없었다. 이로 인해 노동자 한 사람 한 사람은 40여만 명 군중 속에서 고립된 섬이 되었다. 이는 결국 자살이라는 극단적인 방식의 선택으로 이어졌다(황경진, 2010: 95; 챈·셀던·웅아이, 2021). 이같이 민간 부분에 군대의 조직 원리를 도입한 현상을 세넷은 '사회의 군대화'라고 명명한 바 있다(Sennett, 2006: 31).

게 고려할 필요가 있다.

또한 1951년부터 2005년까지 54년간 미군 사격장으로 사용됐던 경기도 화성시 매향리 인근 주민들의 자살도 한국 전쟁정치의 만성적·구조적 압력에 직접적으로 노출된 숙명론적 자살유형으로 볼 수 있다. 2012년 언론 보도에 의하면, 주민이 2000명에 불과한 매향리에서 1970년 이후 모두 48명이 자살했고, 2005년 사격장 폐쇄 이후에도 9명이 스스로 목숨을 끊는 등 주민 자살이 이어졌다. 이는 우리나라 평균 자살률의 최고 8배를 웃도는 숫자로, 수십 년간 지속된 소음과 피폭 및 오폭 등에 의한 우울증이나 외상 후 스트레스 장애(Post Traumatic Stress Disorder, PTSD)와 관련성이 높은 것으로 알려져 있지만 후속 조치나 사회적 관심은 매우 부족했다.[105] 비근한 사례로, 제주 해군기지 건설 문제로 오랜 시간 갈등을 겪었던 서귀포시 강정마을 주민들이 감내해야 했던 공동체의 분열 및 자살충동은,[106] 준전시체제의 야만에 종속된 한국의 역사·사회적 조건이 유사한 패턴의 사회적 고통과 자연·사회·인간의 공명을 파괴하는 자살 생성 조류를 유발해 왔음을 드러내 보여 준다.

---

105 MBN 뉴스, 2012. 3. 15.
106 해군기지 유치와 보상을 둘러싼 마을 공동체의 분열에 대해서는「해군기지가 제주 공동체를 산산이 부쉈다」,『시사 In』, 2011. 8. 31 참고.

일상적 차별과 괴롭힘으로 인한 자살: 사회적 억압

일상적 차별과 문화적 폭력의 경험에 노출된 사회적 소수자들의 자살도 사회적 억압이 개입하는 숙명론적 자살유형으로 고려될 수 있다. 지난 2022년 청년활동가 단체인 '다움'(다양성을 향한 지속 가능한 움직임)에서 국내 청년 성소수자 3911명을 대상으로 진행한 설문 조사에 따르면 이들 가운데 41.5%가 자살을 생각해 본 적이 있다고 응답했고, 8.2%가 최근 1년간 자살을 시도했다고 응답했다.[107] 또한 10명 가운데 3명(33.6%)은 최근 1년간 성소수자라는 이유로 차별을 받은 것으로 조사됐다. 특히, 트랜스젠더 가운데 차별을 경험했다는 응답이 69.6%에 달해, 트랜스젠더가 경험하는 차별이 매우 심각한 수준인 것으로 나타났다.[108] 2014년 국가인권위원회가 진행한 「성적 지향 성별 정체성에 따른 차별 실태 조사」 결과에 따르면 청소년 성소수자의 80%가 교사로부터 성소수자 혐오 표현을 들었고, 54.0%는 다른 학생들로부터 괴롭힘을 당한 적이 있었으며, 20%는 교사로부터 괴롭힘을 당했다고 응답했다. 괴롭힘을 경험한 청소년 성소수자 중 80.6%가 지독한 스트레스를 겪었고, 친구와 사이가 멀어지고 우울증을 호소하거나 학습 의욕이 저하되는 특징을 보였다(국가인권위원회, 2014).[109]

---

107 「눈물바다 된 기자회견…"성소수자 자살 대책 세우라"」, 『오마이뉴스』, 2024. 9. 10.
108 최근 1년간 극단적 선택을 시도했다고 답한 트랜스젠더의 비율도 여성은 20.2%, 남성은 12.9%로 전체 성소수자 응답률(8.2%)을 크게 앞섰다(「성소수자 청년 10명 중 4명 "극단 선택 생각"…셋 중 하나 '차별' 경험」, 『한겨레신문』, 2022. 5. 19).
109 청소년 성소수자위기지원센터 띵동 홈페이지 https://www.ddingdong.kr/xe/why_

이러한 사실은 일상적인 차별과 혐오의 경험이 숙명론적 자살을 촉진하는 기제가 될 수 있음을 보여 주며, 자살에 개입하는 사회문화적 억압을 제어하기 위한 구제책이 필요하다는 점을 시사한다. 2019년 11월 13일 덴마크 자살예방연구소와 스톡홀름대학 연구진은 덴마크와 스웨덴에서 동성 결혼을 합법화한 뒤 동성애자의 자살률이 반으로 줄었다는 연구 결과를 발표했다. 연구 결과에 따르면 두 나라에서 시민 결합 법제화(1989~2002년)와 동성 결혼 법제화(2003~2016년)를 비교했을 때 두 기간 동안 이성애 커플의 자살률이 28% 감소한 것에 비해 동성애 커플의 자살률은 46% 감소했다.[110] 일상적 차별과 폭력이 개입한 숙명론적 자살의 사례는 결혼이주여성 등 사회적 시민권의 사각지대에 존재하는 여러 소수자의 사례에서도 발견된다.

또한 '과도한 경쟁'으로 인해 학생들의 기본권과 건강권을 위협하는 한국의 학벌주의 교육체제에서 유사한 패턴으로 발생하는 학교폭력으로 인한 자살, 학업 스트레스와 성적 비관으로 인한 청소년들의 자살(김덕영, 2019: 285~289)도 숙명론적 자살의 유형으로 이해될 수 있다. 특히 브라이스 앤더슨은 수능이라는 관문을 정

---

need(2024.10. 31 접속). 하지만 성소수자의 실태에 대한 중앙행정기관의 조사나 자살통계 조사는 현저히 부족한 상황으로, 이는 제도적 부인(institutional denial)이라 이름할 수 있다. 제도적 부인이란 일련의 제도적 과정을 매개로 작동하는 부인의 양식을 일컫는 것으로, 사건의 진실을 조사·기록하고 피해자를 지원할 구제책과 재발 방지를 보증할 효과적인 정책을 마련할 제도적 책임을 부정하는 부인 양상을 말한다(김명희, 2025c: 135).
110 "Suicides fall with gay marriage in Sweden, Denmark as stigma fades", Reuters, 2019. 11. 14.

점으로 한 한국의 교육 시스템이 사회화 과정에서 수능의 중요성을 어린 시절부터 내면화하고, 학업과 수능에서의 실패가 "차단된 미래"에 대한 두려움과 수치심, "억눌린 열정"의 경험으로 이어져 숙명론적 자살을 야기한다고 보았다(Anderson, 2023).

일상적으로 경험한 사회적 억압과 통제의 경험에서 비롯된 숙명론적 자살의 경로는 비단 청소년들의 사례에 국한되지 않는다. 최근 첨예한 사회적 이슈가 되는 '직장 내 괴롭힘'이나 '과로 자살'로 알려진 일터에서의 자살사례에서도 중첩된 양상으로 비근하게 발견된다.[111] 2024년 7월 『서울신문』이 최근 5년간 보도된 직장 내 괴롭힘 관련 주요 사건을 분석하여 보도한 기획 기사에 따르면, 2019~2022년 승인된 자살 산재 200건 중 괴롭힘(61건)은 과로(68건)에 이어 두 번째로 많았다. 또한 23건에 이르는 자살자 유서 분석 결과에 따르면, 이들은 대부분 구성원들 사이 갈등을 초래하는 업무 과다에 시달리고 있었고, 괴롭힘을 당한 뒤 비교적 단시일 안에 외상 후 스트레스 장애 증상을 비롯한 정신적 고통을 호소했

---

[111] 업무 과정 혹은 일터 자체가 야기하는 스트레스로 인한 자살이 본격적으로 산재의 영역에 들어온 것은 2000년대 초반부터이다(한국노동안전보건연구소, 2022: 162). 하지만 자살 사망자들 중에서 얼마나 많은 사람들이 장시간 노동이나 일터 괴롭힘 때문에 스스로 목숨을 끊었는지 정확히 추산하기는 어렵다. 2018년 보건복지부와 중앙자살예방센터가 발행한 『자살예방백서』에 따르면, 2016년 기준 '직장 또는 업무상 문제'라고 분류된 전체 사망자 1만 3092명 중 514명, 즉 3.9%였다. 이 사례들을 살펴보면 남자 442명, 여자 72명으로 남자가 압도적으로 많았고, 직업별로는 자영업이 자살사망자의 8.3%, 전문직이 10.5%, 공무원이 25.0%, 일반 봉급자가 10.1% 등으로 이들 모두 '직장 또는 업무상 문제'로 분류되었다. 그러나 경찰청이 집계한 동기 분류는 통계청의 표준직업분류체계조차 따르지 않고 있다는 점에서 주의를 요한다(김명희[비저자], 2019: 240~241).

다. 또한 이들이 고통으로부터 탈출하지 못하고 세상을 등지게 된 배경에는 "갈등을 해결 대상이 아닌 회피 대상으로 보는 조직문화"와 "직장 시스템"이 자리하고 있는 것으로 나타났다.[112] 이러한 패턴은 간호사들의 '태움' 자살에 대한 질적 사례연구가 보여 주듯(송해리·김명희, 2022), 신자유주의적 경영 시스템에서 비롯되는 과로 노동(구조적 폭력)과 관료적이고 위계적인 조직문화(문화적 폭력), 직장 내 괴롭힘(직접적 폭력) 등의 제도적 맥락이 중층적으로 결합된 직업집단에서 일어나는 숙명론적 자살의 현대적 작동 방식을 드러내 준다.

'국가-없음'의 상황과 '가족동반자살': 가족주의적 유대와 접합

마지막으로 '가족동반자살' 또한 한국 자본주의의 역사성과 사회경제적 배제집단의 소외를 반영하는 숙명론적 자살유형으로 검토될 수 있다. '가족동반자살'은 1997년 말에 발생한 IMF 경제 위기 후에 일시적으로 급증한 후 감소 추세를 보이다가 2001년 이후 사회 양극화가 심화되면서 발생 건수가 지속적으로 증가한 것으로 나타났다. 「2013~2020년 자살 전수 조사 보고서」에 따르면 이 기간 자녀를 살해한 뒤 스스로 목숨을 끊은 사람은 160명으로 한 해 평균 20명에 달했다.[113] 특히 한국의 '가족동반자살'은 가해자인 부모와

---

112 「[단독] 가족 실망할까 말도 못 하고…유서로 고백한 '떠밀린 죽음' [빌런 오피스]」, 『서울신문』, 2024. 7. 25.
113 「"자식 죽이는 부모" 비극 언제까지…"범죄 실태부터 파악해야"」, 『이데일리』, 2024. 1. 15.

피해자인 자녀로 구성되는 '자녀 살해 후 자살'이라는 형태를 띠고 있다.[114] 이는 '친밀한 남녀관계'나 '부부자살'이 많은 서구 사회와는 뚜렷한 차이를 보인다. 따라서 '가족동반자살'은 한국 사회의 고유한 자살 형태 중 하나이며, 가족 성원들을 하나의 운명 공동체로 간주하는 가족(주의) 관념을 반영하는 것으로 이해된다.[115]

문제는 대부분의 '가족동반자살'이 경제적 생존의 출구가 가로막혔을 때 사회경제적 지위가 낮은 계층에서 현저하게 높게 나타난다는 점이다. 따라서 '가족동반자살'은 "사회가 부를 기준으로 양극화하면서 약자들에게 돌파구가 보이지 않는 절망이 다가왔고, 가족들은 죽음으로 문제를 해소할 수밖에 없는 사회적 타살"의 양상을 보인다(정승민, 2004). 따라서 '가족동반자살'은 기존 유형화를 따라 이기적 자살이나 이기적·이타적 자살의 혼합유형으로 분류될 수 없으며,[116] 가족주의적 유대가 접합된 숙명론적 자살의 복잡한 형태로 이해하는 것이 타당해 보인다.

---

114 2022년 보건복지부로부터 제출받은 국정감사 자료를 분석한 결과 '자녀 살해 후 자살'은 2013~2022년 8년간 국내에서 매주 한 번꼴로 발생하고 있는 것으로 나타났다. 2013년부터 2020년까지 발생한 살해 후 자살 사건의 가해자 수는 총 416명으로, 연평균 52명에 달한다(세이브더칠드런 홈페이지, https://m.sc.or.kr/news/magazineView.do?NO=71929, 2024. 9. 30 접속). 또한, 「아동학대 연차 보고서」에 따르면 아동학대 사망자 중 살해 후 자살(시도)이 원인인 경우는 2018년 7명, 2019년 9명, 2020년 12명, 2021년 14명으로 점점 증가하는 추세를 보인다(보건복지부, 2021).
115 이미숙(2007), 김양희(2010), 이현정(2012) 참고. 또한 한부모가족에서 두드러지는 가족 살해 후 동반 자살의 젠더화된 특성, 부모-자녀 및 가족 살해의 유형이 이후 연구될 필요가 있다.
116 김정진(1998), 이미숙(2007), 김형수·김삼호(2009) 참고.

주목을 요하는 지점은, '세계 1, 2위'를 다투는 한국의 높은 자살률이나, 뚜렷한 계급적·젠더적 특성을 보이고 있는 '가족동반자살'이 사회문제로 부각된 것은 단지 1997년 혹은 2003년 이후의 현상만은 아니라는 점이다. 한국전쟁 이후 자녀를 동반한 여성들의 자살과 일가족 동반자살이 급증하면서 가족집단자살은 심각한 사회문제로 부각되기 시작했다. 1950~1960년대 '가족동반자살'에 대한 기존 연구와 신문 기사를 살펴보면 놀라우리만치 현재의 상황과 구조적으로 동일한 자살 패턴을 발견할 수 있다.「경찰통계연보」를 통해 볼 때도, 1960~1970년대 자살률은 1963년과 1979년을 제외하고, 인구 10만 명당 25명 이상으로 세계 1위인 헝가리와 비슷한 수치를 기록했다(정승화, 2011: 185~193). 당시 만연했던 일가족 집단자살은 한국 자본주의의 사회경제적 필연성, 즉 상대적 과잉인구의 증가라는 사회적 조건과 대가족의 규제와 연대에서 벗어나 고립·해체된 가족구조의 변화에 기인한 것으로 설명되기도 했다(이도암, 1965: 99~100).

이상의 논의는 한국 사회의 자살현상을 설명하는 데 있어 피해갈 수 없는 매우 중요한 질문을 제기한다. 앞서 말했듯, 국민국가 내에서 국가가 기능을 하지 않는 상황, 다시 말해 정치로서의 국가는 마비되고 통치로서의 국가만 기능하는 사회 안전망의 부재 상황을 '국가-없음'으로 규정할 수 있다면, 전후 '국가-없음'의 상태에서 만연했던 '가족동반자살'은 단지 일시적 현상이 아니라 신자유주의 시대 '국가-없음'의 상태에서 동일하게 재현되는 구조적 현상이며, 우리 사회의 도덕적 체질과 발생론적 제약을 나타내는 중요한 지표임을 시사한다. 최근 관찰되는 자살현상은 전쟁정치의 규정력과 가족주의적 유대를 한국 사회의 고유한 집합적 경향으로 위치 짓고, 자살현상을 총체적으로 재이론화할 필요성을 제기한다.

5. 죽어가는 자의 고독

이 장에서는 뒤르케임의 자살유형학에서 저발전된 '숙명론적 자살' 유형이 한국 자본주의의 구조적 병리를 진단하는 범주로 복원될 필요가 있다고 제안했다. 뒤르케임의 개념화에 따를 때 숙명론적 자살은 '지나친 규제'의 결과, 미래가 무자비하게 제한되고 제압되는 사람들의 자살을 지칭한다. 특히 개인들이 그들의 사회관계를 둘러싸고 있는 제도·규범·가치에 의해 지나치게 규제되고, 개인의 자유의지와 자율성, 그리고 통제력을 박탈당할 때 숙명론적 자살의 잠재적 희생자가 될 수 있다.

나아가 세계보건기구의 정의에 근거할 때 자살은 건강상의 문제를 수반하는 자기를 향한 폭력의 성격을 지닌다. 이러한 맥락에서 이 글은 길리건과 갈퉁의 폭력이론을 교차시켜 숙명론적 자살의 발생 기제를 탐색하고, 공중보건 접근과 사회학적 접근을 통합하는 학제적 토대를 마련해 보고자 했다. 또한 현대 정신의학 및 사회과학 분야에서 발전한 트라우마 이론과 감정사회학적 통찰은 사회로부터 비롯된 폭력이 수치심과 죄책감, 절망과 비관의 감정을 경유해 숙명론적 자살을 발생케 하는 사회적 과정을 보다 깊이 있게 고찰할 심층 탐구의 자원을 제공해 준다.

물론 이 장에서 살핀 내용은 숙명론적 자살을 구성하는 기본적인 형태에 관한 것일 뿐, 숙명론적 자살 또한 여타의 자살유형의 발생 기제와 결합하여 복잡한 형태를 지닐 수 있을 것이다. 아울러 통계적 방법만이 아니라 현대 사회과학 분야에서 발전된 다양한 질적 연구 방법론을 활용해 보다 발생론적이고 입체적인 고찰을 시도할 수 있을 것이다. 어떠한 방법이든 그것이 자살의 사회적 원인과 과정을 묻고 있다면, 『자살론』이 사용한 역행추론의 방법과 설명적 입증을 추구하고 있다고 볼 수 있다. 이를 예시하기 위해 이제 제2부에서는 한국 사회에서 발생한 여러 유형의 숙명론적 자살의 작동 방식에 대한 구체적 사례연구를 진전시켜 보일 것이다.

논의를 마무리하며, 처음의 문제 제기로 돌아가 보자. 자살이 사회적 질병이라면, 그 질병을 치유하기 위한 첫걸음은 병의 원인에 대한 진단이며, 이는 곧 "왜"라는 물음에서 시작될 수밖에 없다. "왜"라는 질문이 실종되고 봉쇄되게 된 이면에는 자살이 여전히 개인의 실존 차원의 문제라는 암묵적인 전제가, '고립된 개인'이라는 현대 자유주의의 철학적 논리가 숨어 있는 셈이다. 그런 점에서 인간행위의 기저에 흐르는 '사회적 힘'을 복권하고 해명하는 작업은 오늘날 한국 사회의 병리에 대한 진단과 처방을 향한 모든 시도에 있어 출발점이 될 수밖에 없다. 오늘날 일상이 되어 버린 한국 사회의 자살현상은 우리 사회가 처한 관계의 위기, 친밀성의 위기, 자아의 위기, 그리고 민주주의의 위기를 여실히 드러내 보여 준다.

더 이상 자신의 시대, 자신의 사회의 죽음에 대한 해명을 남의 손에 맡겨 둘 수는 없다. 『죽어가는 자의 고독』에서 노르베르트 엘리아스가 묘사한 개인화 양식은, 문명화 과정의 최근 단계에 특징적인 폐쇄인(homo clausus)이라는 자기 이미지로서, 특수하다고 할 수 있는 자기 자신의 죽음에 대한 예견의 방식 그리고 죽어가는 실제 상황에서의 행동과 밀접한 연관을 맺고 있다. 그러나 죽어가는 것에 대한 연구 — 여러모로 사회적 억압과 연관이 있는 연구 — 는 초보적인 수준에 머물러 있다. 죽어가는 사람이 무엇을 경험하고 무엇을 필요로 하는가, 그리고 그러한 경험과 필요가 그들의 삶의 방식과 자기 이미지와 어떤 연관을 맺고 있는가를 이해하기 위해서는 많은 연구가 필요하다(엘리아스, 1998: 68~69).

제2부

자살과 정치

제4장 자살과 국가
:「5·18 자살자 심리부검 보고서 2.0」

자살은 종교사회의 통합에 반비례한다.
자살은 가족사회의 통합에 반비례한다.
자살은 정치사회의 통합에 반비례한다(뒤르케임, 2008: 249).

그러나 사회는 단순히 개인들의 정서와 활동을 불균등한 힘으로 이끄는 데 그치지 않는다. 사회는 또한 개인을 통제하는 힘을 가지고 있다. 이러한 사회 통제 방식과 사회적 자살률 간에는 관계가 있다(같은 책, 296).

1. 우리는 '광주의 유산'으로부터 무엇을 배울 것인가?

두 차례의 세계대전이 벌어지고 냉전이 계속된 20세기는 극단적인 야만의 세기였다. 20세기 동안 약 1억 91만 명이 무력 분쟁, 제노사이드, 대량 학살로 목숨을 잃은 것으로 추정되는데, 이들 중 절반 이상이 민간인에 해당한다. 이들 민간인 중 다수는 서로 대치 중인 군대의 집중 공세에 휘말린 무고한 행인이었고, 나머지는 특정하게 공격의 대상이 되었던 사람들이었다. 지난 30년간 대부분의 무력 분쟁은 주로 저·중소득 국가에서 내전의 형태로 나타났다.

500만 명 이상이 사망한 콩고민주공화국 내전, 100만 명이 사망에 이른 에티오피아 30년 내전에서 절반 정도가 민간인이었다(레비 편, 2021: 371).

한편 한국의 경우 일제강점기부터 현재까지 국가폭력 피해 당사자의 숫자는 283만 5134명으로 추정되며, 가족까지 포함한 광의의 피해자는 723만 4470명으로 추산된다. 이 중 생존해 있는 사람은 2019년 기준 약 183만 5903명으로, 국가나 유족회 등이 파악하고 있는 피해자는 14만 6348명에 이른다. 일제의 식민 통치와 분단과 전쟁과 학살과 군사독재가 이어진 한국 근현대사는 '국가폭력에 의한 인권침해의 역사'였다고 해도 과언이 아니다.[1]

이 장에서는 한국 현대사를 상징하는 대표적인 국가폭력 사건이자 정치적 학살이었던 5·18 피해 생존자들의 군집자살(cluster suicide) 사례를 통해 자살과 정치, 그리고 국가의 내밀한 관계를 살펴본다. 5·18 민주화운동은 우리 현대사의 민주화운동 및 국가범죄[2] 청산과 관련해 일대 분수령을 이룬 사건으로 평가된다. 1980년 5월에 일어난 이 항쟁은 이후 한국의 민주주의를 압축적으로 성장시킨 원동력이 되었으며, 그 가해자와 피해자 문제를 처리하는 과

---

1   대한민국 정부 수립 이후로 한정하면 피해 당사자 136만 5134명, 광의의 피해자 434만 2470명, 생존 추정 151만 5903명, 파악 피해자 9만 1248명의 규모로 추산된다(천정배 의원실, 2019: 15~21).
2   국가범죄란 통상 "국가권력에 의한 중대한 인권유린 행위"를 설명하는 용어로 사용되고 있는데, 보다 넓은 의미에서는 "공권력의 행사나 불행사, 정부정책의 시행으로 인해 발생한 사회적 해악을 총칭하는 개념"이다(이재승, 2016: 336).

정에서 제정된 보상법, 처벌법, 기념사업법 등은 과거청산의 신기원을 열었다. 이러한 광주의 과거청산 결과는 여타 과거청산 운동을 견인했다. 제2차 세계대전 이후 뉘른베르크 법정이 전후 국제인도법의 방향을 정했듯, 광주 관련 특별법들은 한국에서 과거청산의 전거로 자리 잡았다. 서구사회에 독일의 나치청산을 상징하는 '뉘른베르크 유산'이 있다면, 한국에는 '광주의 유산'이 있다고 하겠다(이재승, 2010: 589~590). 외견상 '5월 문제 해결을 위한 5원칙'을 충족시킨 것으로 보이는 광주의 과거청산 내용은 국내의 다른 과거사 처리 사례들과 비교할 때 전범에 가까운 것이었고, 여타의 나라들에 과거청산의 모범으로 수출되기에 이르렀다.

하지만 2019년 8월, 계속되는 5·18 왜곡과 무관심을 비탄하며 스스로 목숨을 끊은 고(故) 박정철의 사례가 보여 주듯, 5·18 자살 피해자들이 감내해야 했던 고통의 면면은 우리를 매우 당혹스럽게 한다. (사)5·18민중항쟁구속자회에 따르면 고(故) 박정철은 1980년 당시 16세 나이로 도청을 지킨 '막내 시민군'으로 불렸다. 고인은 당시 광주상고를 다니던 중 시민군에 합류하여, 고등학생의 몸으로 사망한 시민들의 시신을 수습하고 염을 하는 것을 도왔으며, 계엄군의 도청 진압이 이루어진 5월 27일까지 자리를 지켰다. 그 과정에서 계엄군에 붙잡혀 상무대 영창과 교도소에서 1년간의 옥고를 치렀고, 이후 고문 후유증으로 생활이 어려울 만큼 트라우마를 겪으면서도 한 가족의 가장으로 직장생활을 계속했다. 55세의 나이로 유명을 달리한 고인은 계속해서 5·18 진상규명 활동에 참

여했으며, 자유한국당의 '5·18 망언'에 맞서 국회 앞에서 진행된 천막 농성에 나서기도 했다.[3]

고(故) 박정철이 감내해야 했던 고통과 삶의 서사는 — 5·18 왜곡과 무관심에 대한 자살자의 비탄이 처음으로 가시화되었다는 점만 제외하면 — 숱한 여타 5·18 자살 피해자들의 서사와 크게 다르지 않다(아니 다르면서도 유사하다). 5월 18일부터 27일에 이르기까지 열흘 동안 경험한 국가폭력은 일회적인 사건에 그치지 않고 고문·학대·구금·감시와 같은 권위주의 국가의 폭력적 장치들을 통해 계속해서 재생산되었고, 이들이 겪었던 중대한 인권유린과 참혹한 폭력의 흔적은 개인과 가족의 삶에 지울 수 없는 상흔(trauma)을 남겼다. 강산이 네 번 바뀌고 5·18의 이름도 몇 차례 바뀌는 동안 '폭도'에서 '민주유공자'로 5·18 참여자들을 부르는 이름 또한 변화했지만, 2019년 '5·18민주화운동 진상규명조사위원회'가 출범·가동했음에도 5·18을 둘러싼 진실은 충분히 드러나지 않았고 가해 책임자는 실질적으로 처벌되지 않았다. 이러한 가운데, 『전두환 회고록』을 비롯해 다양한 루트를 통한 5·18 역사 부인(denial)의 공세를 목도하고 있다.

이 글은 2025년 3월 현재의 시점에서 — 수면 위에 드러난 것만 — 약 49명으로 추정되는 5·18 생존자들의 군집자살이 5·18 이행기 정의의 특수한 국면과 조건에서 발생한 사회구조적 자살이

---

3 「16살 '5.18시민군', 박정철 유공자 사망」, 『광주 in』, 2019. 8. 5.

라는 문제의식에서 출발한다. 이행기 정의는 과거의 정치적 폭력의 잔재를 청산해 가는 사회정치적 과정을 지칭하며, 정의를 실현하고 사회를 민주화하기 위해 인권유린을 전 지구적으로 규명하고자 한다(Mihr, Pickel and Pickel, 2018). 여기서 5·18 이행기 정의의 특수한 국면이라 함은 철저한 진상규명과 책임자 처벌 없이 개별적인 금전 보상 위주로 진행된 과거청산의 경로와 그 결과를 뜻한다. 이 과정은 결과적으로 5·18의 진실에 대한 계속적인 왜곡과 전면적 부인이 개입할 여지를 주었고, 실질적인 구제보다는 피해자들을 무마하고 기념사업을 벌이는 데 치중하는 낮은 수준의 정의에 머물게 했다. 특히 2012년 '광주트라우마센터'를 설립하는 배경이 되기도 했던 2000년대 중후반 5·18 생존자들 및 가족의 연쇄자살 문제는 1980년대 경험한 원초적인 국가폭력의 상흔과 1990년대 보상 국면 이후 경험한 관계의 위기가 함께 만들어 낸 사회적 타살이라는 것이 이 글의 문제의식이다. 이러한 관점에서 5·18 자살에 대한 연구는 궁극적으로 광주의 과거청산 방식과 이른바 '치유'의 방식에 대한 재검토와 성찰의 차원을 포함하지 않을 수 없다.[4]

---

4 5·18 민주화운동 관련 피해자들에 대한 배상과 보상을 위한 정부의 공식대책이 노태우 정부의 출범과 동시에 만들어진 '민주화합추진위원회'의 의견을 바탕으로 제출된 '광주사태 치유 방안'이었음을 상기하자. '광주사태 치유 방안'은 1988년 4월 26일 국회의원 총선거 실시 직전인 4월 1일에 발표되었다. 법률에 의거한 보상정책은 1988년 11월 26일 '특별 담화'에서 가시화되었다. 이에 근거해 1990년 7월 「광주민주화운동 관련자 보상 등에 관한 법률」(이하 「광주보상법」)이 제정되었고, 이에 따라 피해자에 대한 보상이 시작되었다(정호기, 2006: 129; 5·18기념재단, 2017: 193~194). 「광주보상법」에 이어 2001년에 「민주유공자 예우에 관한 법률」이 제정되고, 이에 따라 5·18 참가자들 4362명 중 3586명

요컨대 이 장에서는 5·18 군집자살이 발생한 사회적 원인과 조건을 지체된 이행기 정의의 조건과 '학살 후 자살'이라는 맥락에서 규명해 보고자 한다. 이를 위해 우선 이 글은 현재까지 진행된 5·18 자살자 연구의 성과와 한계를 비판적으로 검토하고 본 연구의 자료와 연구 방법을 밝힌다(2절). 다음은 이론적 논의로 5·18 참여자들의 자살문제를 5·18 이행기 정의의 맥락 속에 위치 짓고 숙명론적 자살과 저항적 자살로 개념화하여 살펴본다(3절). 나아가 각 유형별 자살의 발생 경로와 작동 방식을 구체적으로 규명하여 후속 과제의 제언을 위한 근거를 마련하고자 한다(4절). 이러한 관점에서 5·18 자살자 문제는 한국 사회의 이행기 정의의 현주소를 진단할 바로미터이며, 이에 대한 연구는 국가폭력 피해자의 인권에 대한 연구인 동시에 곧 사회적 치유[5]의 가능성에 대한 연구라고 할 수 있다(5절).

은 민주유공자로 예우를 받게 되었고, 2002년에는 신묘지기 국립묘지로 숭겨더었다.
5 사회적 치유(social healing)는 국가폭력 및 인권침해 사건과 같이 개인적이고 의학적인 차원으로 환원되지 않는 사회적 근원을 갖는 사회적 고통의 해법을 사회적이고 관계적인 차원에서 모색하는 치유의 통합적 패러다임을 지칭한다(김명희, 2019).

2. 5·18 자살자 문제와 사회학적 심리부검

「5·18 자살자 심리부검 보고서」

그간 5·18과 관련해 적지 않은 연구 성과가 축적되었지만, 5·18 자살자 문제에 대한 본격적인 학문적 연구는 찾아보기 힘들다. 5·18 기념재단이 생명인권운동본부에 의뢰하여 조용범·김대오·안병진(이하 '조용범 외'로 표기)이 2008년 연구용역 보고서로 제출한 「5·18 민주화운동 피해자에 대한 심리학적 부검 및 자살피해 예방 대책과 사회적 지원방안에 대한 연구」(이하 「5·18 자살자 심리부검 보고서」로 약칭)가 유일한 실정이다. 보고서에 따르면 당시 연구는 국립 5·18 민주묘지에 안장된 5·18 피해자 가운데 1982~2004년 자살한 10인을 추출하여 진행되었다. 전체 피해 조사자 10인은 모두 남성이었으며 5·18 참여 당시 평균연령은 24.8세, 자살 결행 시점은 1982년부터 2004년까지였고 자살 당시의 평균연령은 40.8세였다(5·18 기념재단, 2008: 8). 이 보고서에 기초해 2009년 제작·방영된 〈KBS스페셜: '5·18 자살자 심리부검 보고서'〉(2009)는 '5·18 자살자 문제'를 우리 사회에 알린 계기가 되었다. 그리고 이후 간헐적으로 5·18 생존자들의 자살 소식이 언론을 통해 보도되곤 했지만 5·18 자살자 문제는 점차 세간의 관심에서 멀어졌고, 후속 조사 또한 진행되지 않았다. 후속 연구는커녕 2004년 이후 자살자 현황을 파악할 기초적인 데이터 자체가 부재하다는 점은 이 연구의 진행과 집필에 큰 어려움으로 작용했다.

그럼에도 불구하고 2008년 제출된 10인의 자살자에 대한 심리부검 결과는 이 글을 기획할 수 있었던 소중한 출발점이다. 특히 이 보고서는 심리부검이라는 자살연구의 방법론을 본격적으로 도입함으로써, 5·18 생존자들이 자살에 이르는 인과 과정을 후향적(retrospective) 방향에서 역추적하여 5·18 생존자들의 자살에 개입하는 다층적인 인과 기제를 규명할 단서를 풍부하게 제공하고 있다.

심리부검(psychological autopsy)이란 자살자가 생전에 남긴 각종 기록들과 주변의 인물들을 대상으로 한 체계적인 질문 조사를 통해 자살에 이르는 원인을 밝혀내는 자살 조사 방법이다. 이를 1950년대 처음 개발한 에드윈 슈나이드먼은 심리부검을 "사망자의 삶, 생활 형태와 환경, 죽음에 이르게 한 사건과 행동을 재구성하기 위한 사후 조사 과정"이라 정의했다(Shneidman, 1969). 즉 심리부검은 자살과 관련된 특정 위험 요인을 파악할 수 있는 가장 직접적인 방법으로서 죽은 사람의 의도성이 무엇인지를 밝히고, 그 의도를 유발하게 한 원인을 밝히는 방법이다(강준혁·이혁구·이근무, 2015: 258).

특히 「5·18 자살자 심리부검 보고서」는 국내에서 국가폭력 피해자들에 대한 심리부검 군집분석을 시도한 최초의 사례로서 중요한 의미가 있다. 현재 시행되고 있는 심리부검의 조사 도구가 주로 정신의학 모델에 의존하고 있는 반면(이미정, 2017: 376), 이 보고서는 1980년 이후 자살을 결행할 때까지의 삶의 행적에 대한 심도 있는 분석을 통해 이들이 자살을 할 수밖에 없었던 사실을 밝히고, 그 피해가 다음 세대까지 이어지는 방식에 대한 두터운 설명을 제공한다는 점에서 심리부검의 모범이라 평가할 만하다.[6]

사회학적 심리부검의 요청

하지만 이 보고서는 그 성과에도 불구하고 다음과 같은 점에서 한계를 보인다. 첫째, 당시의 연구가 5·18 자살자가 처한 사회적 환경으로서 5·18 과거청산 방식 및 인권 레짐에 대한 성찰 없이 진행됨에 따라 자살자의 외상적 경험과 피해 사실을 들추어내는 데에는 성공했지만, 중대한 인권침해를 유발한 폭력구조와 자살 사이에 자리한 사회적 기제들을 충분히 해명하지는 못하고 있다. 따라서 5·18 자살의 원인은 1980년 당시 참혹했던 국가폭력의 경험으로 소급되고, 1990년대 이후 광주의 과거청산 방식이 자살 피해자들의 구체적인 삶의 조건과 폭력의 재생산 과정에 미친 인과적 영향력은 간과된다.

그 결과, 보고서의 결론에서 제안된 5·18 자살의 예방대책 또한 일관성 없이 나열되는 데 멈추고 만다. 이것이 이 글이 심리부검의 성과를 재구성의 발판으로 삼되, 5·18 이행기 정의의 인권 레짐

---

6 군집분석(cluster analysis)이란 일정한 유사성을 지닌 집단을 대상으로 진행하는 연구 전반을 말한다. 심리부검에서는 2건 이상의 사례를 대상으로 하는 연구를 가리킨다. 심리부검 군집분석의 초점은 위험 요인 탐색에 있다. 심리부검 군집분석은 자살에 대하여 개별 사례만으로는 파악하기 어려운 많은 정보를 제공할 수 있는데, 이런 정보들을 바탕으로 보다 거시적이고 실효성 있는 자살예방책 마련의 단서를 찾는 것이 심리부검 군집분석의 일반적 목표이다(서종한, 2018: 175~186).

에 대한 비판적 성찰에서 논의를 시작하는 이유이다. 이러한 접근 방법은 5·18 자살의 '기원'에서 시선을 돌려 역사적 시간을 통해 복잡하게 각축하며 변형되는 5·18 자살 피해의 발생 '과정'을 질문한다는 점에서 계보학적이며, 자살자의 심리만이 아니라 자살자가 처한 사회적 조건을 부검하는 한편 사회이론적 진단과 심리학적·의학적 진단의 적절한 통합의 경로를 모색한다는 점에서 '사회학적 심리부검'이라 칭할 수 있다.

이를 위해 이 연구는 낡은 자료를 최신의 것으로 만드는 데 역점을 두되 2004년 시점에 멈춰 있는 자료의 공백과 한계를 보완하고자 첫째, 2004년 이후부터 2020년 2월까지 언론에 보도된 5·18 자살자 관련 신문 기사를 수집·분석했고, 둘째, 5·18 기념재단이 발주한 피해자 실태 조사 관련 보고서들(2001~2007)과 (사)5·18 민주유공자유족회가 1987년 이후 5·18 관련자 가정을 일일이 방문, 면담해 비매품으로 펴낸 『5·18 광주민중항쟁 증언록』 시리즈를 심층분석했다.

특히 5·18 희생자 유가족들의 증언을 채록해 엮어 낸 『부서진 풍경 1: 5·18 정신병동 이야기』(2000)와 『부서진 풍경 2: 끝나지 않은 5·18 이야기』(2009), 그 후속작으로 상이 후 사망자 149명에 대한 유가족 및 생존 당시 당사자의 증언을 담아낸 『꽃만 봐도 서럽고 그리운 날들』 2~4권(2007~2008)은 항쟁 이후 상이 당사자와 유가족들이 겪었던 고통의 면면과 자살에 이르는 생애사적 경로를 대략적이나마 기록하고 있다. 물론 유가족의 증언이 자살로 확정된 사실에 일치하지 않는 경우도 더러 있으며, 모든 상이 후 사망의 방식이 자살인 것만도 아니지만, 각 자료는 자살로 사망한 30인의 삶과 죽음에 대한 기록을 담고 있어 5·18 자살의 구조와 내면을 엿볼 수 있는 귀중한 기초자료이다.

셋째, 증언과 자료의 차이를 통제하기 위해 필자는 위 증언록의 실질적 편집자인 (사)5·18 민주유공자유족회 정수만 전 회장을 비롯해 2001~2007년 진행된 5·18 피해자 실태 조사 관련 유관단체 실무자와 연구자, 민주유공자 유가족 및 2세대(자살 생존자) 등 주요 정보 제공자 8인을 심층 면담했다. 넷째, 국립 5·18 민주묘지 및 망월동 구묘역(망월묘지공원)을 2회씩 답사하여 각 자살자 사례에 대한 실명 기록과 여타 자료의 기록을 일일이 대조·확인했다.[7]

이 같은 자료의 발굴과 재구성 과정을 거친 이 글은 5·18 참여자들의 군집자살이 1980년 자행된 광포한 국가폭력과 정치적 학살(politicide)[8]의 연장선상에 자리한 타살적 자살임을 확인할 수 있었다. 그러나 정치적 학살과 자살 사이에는 여러 사회심리적 역동과 조건이 개입한다. 이를 논하기 위해 우선 5·18 자살 피해가 발생

---

7 각 방법에 의한 조사 기간은 2019년 5월에서 2020년 2월까지이다.
8 대량학살을 일컫는 개념 중 1944년 라파엘 렘킨이 고안한 '제노사이드'(genocide)가 주로 종족적·민족적 학살을 지칭하는 개념으로 사용된다면, '정치적 학살'(politicide)은 정치적 이유에서 행하는 학살을 지시한다. 학살의 발생 과정과 형식, 5·18 사상자의 특성을 아울러 볼 때 광주에서의 학살은 비무장한 시민들을 상대로 한 '대량학살'이자 신군부의 집권 과정에서 정치적 동기를 수반한 '정치적 학살'로 규정되는 것이 타당해 보인다(노영기, 2005: 257~259).

한 사회적 조건을 이행기 정의의 정치적 맥락 속에 위치 짓고, 5·18 자살의 유형적 특징을 변별할 필요가 있다.

3. 5·18 자살과 이행기 정의

1) 국가폭력과 자살

정치적 억압(political repression)[9]과 권위주의적 사회 통제가 강도 높게 작동하는 정치체제에서 유사한 패턴으로 반복되는 국가폭력은 명백히 구조적 폭력의 성격을 갖는다. 동시에 자국민에 대한 국가의 폭력은 경험적 수준에서 집단적 폭력에 해당하며, 직접적·물리적인 폭력의 형태로 자행된다. 그리고 가해주체인 국가가 물리적 폭력을 정당화하고 은폐하는 과정에서 피해자를 향한 문화적 폭력이 예외 없이 수반되며, 문제 해결 국면의 장기화와 이행기 정의의 답보 상태는 민간 수준에서 대인 간 폭력과 자기를 향한 폭력을 재생산하는 일상적 조건이 된다. 즉 국가폭력의 경우 구조적 폭력과 문화적 폭력, 직접적 폭력은 상호 얽혀 있고, 복합적인 상호작용을

---

9 역사는 자국민을 체계적으로 탄압하기 위해 군사력과 경찰력을 사용했던 정부의 사례로 가득하다. 대표적으로 엘살바도르는 폭력적인 정치적 억압이 국민들에게 가져올 수 있는 파괴적인 효과를 생생하게 보여 준다. 이 같은 정치적 억압은 아르헨티나, 브라질, 칠레, 콜롬비아, 에티오피아, 과테말라, 아이티, 카슈미르, 니카라과, 필리핀, 남아프리카를 비롯한 다른 여러 지역에서 지난 수십 년간 진행되었다(레비 편, 2021: 387~388).

통해 트라우마를 야기·재생산하며, 집단-대인 간-자기를 향한 폭력이 얽혀 들어가는 '폭력의 순환'(cycle of violence) 과정에 들어선다.

5·18 이행기 정의

앞서 말했듯, 이행기 정의는 중대한 인권침해의 유산을 바로잡기 위한 일련의 사법적-비사법적 조치들을 의미하며, 그 핵심 내용에는 형사소추, 진실위원회, 배상 및 보상 프로그램, 다양한 제도개혁 등이 포함된다.[10] 이행기 정의의 구체적 형태는 각 나라나 국면마다 다를 수 있지만, 광주의 이행기 정의는 진실 모델의 반복적 좌절에 의해 구조화된 측면이 크다. 진실규명과 책임자 처벌이 제대로 이루어지지 못한 생활 세계의 기억은 과거청산 작업에서 피해자 및 유족들에 대한 국가 차원의 개별 '보상' 작업이 성사될 수 있는 배경으로 작용했다(이영재, 2010: 203).

그리고 진실 모델의 반복적 좌절의 결과가 1980년 이후 현재까지 완고하게 자리 잡고 있는 5·18 부인(denial)의 문화이다. 다시 말해 5·18 부인 담론은 5·18에 대한 총체적인 진실규명이 지체된 자리에 그 틈을 비집고 자라났다. 오늘날 유포되고 있는 5·18 왜곡과 부인 담론의 대부분은 1980년 5·18의 발생 직후부터 틀 지어진 것이었고, 1988년 광주청문회를 경유해 현재까지 — 정보통신 기

---

10 International Center for Transitional Justice(ICTJ), 2019, https://www.ictj.org/about/transitional-justice(2020. 3. 7 접속).

술 및 인터넷의 발달과 함께 — 유포 루트와 확산 방식에 차이가 있을 뿐 유사한 형태로 지속되고 재생산되었다. 아니, 더 엄밀히 말한다면 5·18에 대한 왜곡은 5·18이 제도화되는 정도에 비례하여 더 조직화되는 경향을 보였다. 특히 2008년부터 2017년까지 이명박, 박근혜 두 보수 정권 시기를 지나면서 5·18에 대한 왜곡과 폄훼는 극우보수 세력이 민주 세력을 와해시키기 위한 이데올로기 공작 차원에서 진행되었다(오승용 외, 2012: 35~37, 227). 이러한 조건에서 개별화된 형태로 진행된 보상책은 물론, 1988년 노태우 정권이 제시한 이른바 '광주사태 치유 방안' 자체가 애초부터 피해자 회유와 공동체의 분열을 초래할 위험을 태생적으로 안고 진행될 수밖에 없었다.

5·18 부인과 피해자의 인권

여기서 중요한 논점은 5·18을 둘러싼 진실의 부인이 인권침해 피해자의 사회적 고통을 강화하는 2차 인권침해가 될 수 있다는 것이다. 5·18 당시와 그 직후 자행된 국가폭력이 1차적인 인권침해라면, 반복적이고 조직적인 진실의 부인은 2차적인 인권침해이다. 이것이 사회적 고통을 강화하는 이유는 이 같은 부인의 문화가 궁극적으로 중대한 인권침해 피해자의 회복과 사회적 지지 기반을 훼손하기 때문이다. 알다시피 자살을 방지할 핵심적 보호 요인이라 할 수 있는 사회적 지지체계의 상실은 개인을 사회에서 추방하는 힘으로, 자살을 촉진하는 핵심적인 위험 요인으로 작용한다.

인권침해 피해자의 권리라는 관점에서 살펴볼 때,[11] 5·18 참여자들은 1980년 이후 상당 기간 '진실을 알 권리'를 행사하지 못했고 사법적 재판과 처벌을 통해 '정의를 실현할 권리'를 박탈당했다. 비록 재판을 통해 핵심적 가해 책임자를 처벌하기는 했지만, 곧 진행된 가해자에 대한 '사면'은 정의를 실현할 권리를 훼손시키는 혹독한 대가를 치러야 했다. 국가폭력에 관한 최근 연구들은 진실의 부정과 가해자의 불처벌(impunity)이 인권침해 피해자들의 고통과 트라우마를 재경험토록 하거나 강화한다고 보고하고 있다.[12]

나아가 인권침해 피해자는 '피해를 회복할 권리'와 함께 그 전 국면에서 참여할 권리를 갖는다. 이러한 견지에서 금전 보상(compensation)은 피해 회복(reparation)을 구성하는 하나의 요건일 뿐임에도 금전 보상을 제외하면 원상 회복, 재활 조치, 만족, 재발 방지 보증 중 어떠한 권리도 충분히 실현되었다고 보기 어렵다. 특히 재활 조치는 광포한 국가폭력과 무차별 과잉 진압으로 신체적 상이를 무작위로 경험했던 5·18 피해의 규모와 특수성을 고려한다면, 피해 회복을 위해 매우 중요한 요건이다. 그러나 참여자들은 사건 발생 직후 적절한 의료적 지원을 받기는커녕 '폭도'와 '불순분자'로 몰리지 않기 위해 피해 사실조차 숨겨야 했고, 육체적·정신적 후유증에 대한 "적절하고, 효과적이고 즉각적인 배상"(「인권 피해자 권

---

11 인권침해 피해자의 권리의 상세한 항목과 내용은 「유엔 인권침해 피해 배상 권리장전」(2005) 참고.

리장전」, 제15조)의 부재는 피해 회복의 모든 책임을 고스란히 당사자와 가족의 몫으로 떠넘겼다. 이렇게 볼 때 1980년 이후 현재까지 5·18 피해자의 인권을 구성하는 핵심적 측면들은 '계속적인 침해 상태'에 있다고 볼 수 있다.

2) 5·18 자살의 계보학: 숙명론적 자살과 저항적 자살

5·18 자살의 추이와 현황

이와 같은 부인의 문화와 지속적인 인권침해 상황은 5·18 자살을 촉진하는 위험 요인이자 사회적 조건으로 자리한다. 이러한 사회적 조건에서 이른바 '고의적 자해'(자기 살해)를 일컫는 '자살'(自殺) 행위에 개인의 자유의지가 개입할 여지는 사실상 지극히 작다. 그렇다면 이러한 형태의 자살엔 어떠한 이름을 붙여야 할까? 이를 논하기 위해 우선 1980년 이후부터 현재까지 5·18 자살의 추이와 현황을 간략히 살펴보기로 하자.

여러 자료를 종합할 때, 1980년 5·18 참여자 중 현재 자살자 수는 49명으로 추정된다. 1980년대 25명, 1990년대 5명, 2000년대 이후 19명으로, 5·18 직후 10년간 높은 자살률을 유지하다가 1990년대에 들어서 하락 추세를 보이지만, 2000년대에 이르러

12　대표적 연구로 김명희(2017a), 김석웅(2019) 참고.

2004년 한 해에만 7명이 자살하는 등 다시 자살 빈도가 높아졌다.[13] 그리고 2010년대 자살은 네 건으로 2019년 박정철의 죽음을 계기로 다시 자살문제가 불거지기 전까지 5·18 군집자살은 — 적어도 공적 담론에선 — 소강상태를 보이고 있음을 확인할 수 있다.

⟨표 4. 1⟩ 연도별 5·18 자살자 현황(1980~2021)

1980년대		1990년대		2000년대		2010년대		2020년대	
연도	자살자 수	연도	자살자 수	연도	자살자 수	연도	자살자 수	연도	자살자 수
1980	2	1990	0	2000	1	2010	1	2020	2
1981	5	1991	0	2001	0	2011	2	2021	1
1982	1	1992	0	2002	0	2012	0		
1983	1	1993	2	2003	1	2013	0		
1984	5	1994	0	2004	7	2014	0		
1985	3	1995	0	2005	1	2015	0		
1986	2	1996	0	2006	0	2016	0		
1987	4	1997	2	2007	0	2017	0		
1988	2	1998	0	2008	1	2018	0		
1989	0	1999	1	2009	1	2019	1		
합계	25	합계	5	합계	12	합계	4	합계	49

출처: 1990년대의 자살자 현황은 (사)5·18 민주유공자유족회 정수만 전 회장이 제공한 실명자료를 주로 참고하되 2000~2010년대의 자살자 현황은 신문 기사의 로우데이터를 수집·대조·종합하여 필자가 재구성

다시 살펴보겠지만 1980년대 발생한 자살의 경우 계엄군의 무차별 구타와 진압에 의해 부상이나 총상을 당한 후 정신 질환을 앓

거나 육체적 고통을 이기지 못하고 자살에 이르게 된 경우도 상당수이다. 또 2000년대 발생한 자살의 주요 원인은 고문 후유증과 생활고인 것으로 언론을 통해 알려진 바 있다. 실제 조용범 외의 보고서에 따르면 10명의 사례 중 8명은 직접적인 고문과 학대를 받았으며, 9명은 자살 전까지 기도원이나 정신병동에서 보냈다. 석방 이후 4년 이내에 자살한 2명의 사례를 제외하면, 5·18 이후 그들의 삶의 행적은 지속적인 몰락의 길을 밟아 왔고, 조사 시점까지 꾸준히 자살을 감행했다. 8인의 사례에서 고문으로 인한 신체적·정신적 고통, 이를 견디기 위한 알코올 의존과 대인관계 실패, 가정문제, 실직, 빈곤문제가 공통적으로 나타났다. 피해자 전원이 외상과 병리적·경제적·사회적·가족적 차원에서 치명적인 자살위험 요인에 복합적으로 노출되어 있었고, 이를 상쇄할 적절한 보호 요인이 없었다면 즉각적이고 충동적인 자살로 이어질 환경에 놓여 있었다. 불행하게도 피해자 전원은 마지막 단계에서는 사회적 지지체계와 가족 지지체계가 매우 낮았던 것이다(5·18 기념재단, 2008).

이같이 5·18 자살자들에게 공통적으로 나타나는 만성적이고 복합적인 국가폭력의 트라우마 양상들은 기존 연구에서 '5·18 트라우마티즘'(최정기 외, 2001; 정호기, 2003; 박영주, 2004) 혹은 '사회적 트라우마티즘'(정호기, 2003; 강은숙, 2012)의 개념으로 포착된 바

---

13 기록되지 않은 자살자를 비롯해 관련 단체와 교류가 없거나 단체에 의해 파악되지 않는 5·18 참여자가 많다는 점을 감안하면, 현재 알려진 것보다 훨씬 더 많은 자살자가 있을 것으로 짐작할 수 있다.

있다.[14] 여기서 모든 자살자가 유사한 형태의 트라우마를 공유한다는 것은 매우 중요한 함의를 갖는다. 뒤르케임이 『자살론』에서 일찍이 갈파한 바와 같이, 자살은 사건의 직접적인 결과가 아니다. 사건이 자살의 직접적인 원인인 것으로 보이지만, 사실 이것은 우발적인 계기 — 혹은 근인 — 에 지나지 않는다. 개인은 사회가 그를 쉽사리 자살의 희생자가 될 수 있도록 만들어 놓았기 때문에 사소한 상황의 충격에도 자살을 하게 되는 것일 뿐이다. 상기하자면 '자살의 사회학적 전환'을 이끈 뒤르케임의 선구적 통찰은 특정한 형태의 자살을 야기하는 해당 사회의 도덕구조와 집합적 경향(힘)이 무엇인지를 규명하는 데 있었다.[15] 이에 착안할 때, 권위주의 시기 자행된 국가폭력과 정치적 억압의 누적된 경험으로 인한 집단적·사

---

14 5·18 관련자들의 심리적 상태에 주목한 최초의 문제 제기는 1990년 오수성에 의해서 이루어졌다. 광주현대사사료연구소에서 편찬한 『광주 5월 민중항쟁』에 실은 '광주 5월 민중항쟁의 심리적 충격'이라는 글에서 오수성(1990)이 '집단적 충격'(오월증후군) 개념과 함께 '외상 후 스트레스 장애'(이하 PTSD) 개념을 함께 언급한 이래, 5·18 참여자들이 겪고 있는 트라우마는 PTSD라는 진단 개념으로 설명되곤 했다(변주나·박원순, 2000; 5·18 기념재단, 2006; 오수성·신현균·조용범, 2006; 최정기, 2006).

그러나 정호기(2003)가 적절히 지적한 바와 같이, 원초적 사건의 트라우마에 의한 PTSD 증상뿐 아니라 이를 해소하기 위한 노력이 좌절 혹은 억압됨으로써 재희생화를 겪게 되는 트라우마를 분석할 보다 확장된 개념이 필요하다. 이러한 문제의식에서 정치·사회적 층위와 관계 속에서 생성, 강화, 해소 혹은 소멸 등의 복잡한 과정을 겪는 '5·18 트라우마'의 작동을 포착하기 위해 '5·18 트라우마티즘'(정호기, 2003), '복합적 집단 트라우마'(김명희·김석웅·김종곤 외, 2022) 등의 개념이 제안되었다. 참고로 최근 세계보건기구의 질병분류체계는 기존의 단일 사건을 기준으로 하는 미국정신의학회의 PTSD 진단명을 넘어서는 진단 개념(예: 복합 외상 후 스트레스 장애)을 제시한다(천정배 의원실, 2019: 84).

15 다시 한번 상기하면, 각 국민은 자신들이 살아가는 조건에 의해 결정된 그들만의 고유한 도덕체계를 가지고 있다(뒤르케임, 2012: 352).

회적 트라우마는 5·18 참여자들의 자살을 촉진하는 집합적 경향으로 작용했다고 볼 수 있다.

숙명론적 자살과 저항적 자살

이러한 자살유형은 뒤르케임의 개념유형에 따르면 숙명론적 자살에 해당한다. 상기하자면, 숙명론적 자살은 "지나친 규제의 결과, 미래가 무자비하게 제한되고, 욕망이 난폭하게 제압되는 사람들의 자살"이다. 다시 말해 숙명론적 자살은 "지나친 육체적·정신적 압제"의 결과 절망과 속박의 사회적 조건에서 발생하는 자살을 말한다.

이를 참고할 때, 1980년 5월 당시부터 현재까지 강고하게 재생산되고 있는 5·18 부인의 문화적 폭력과 낮은 수준의 인권 레짐은 절망과 체념을 수반하는 5·18 군집자살의 문화적 토대라 할 수 있다. 즉 5·18이라는 국가폭력과 자살이라는 자기를 향한 폭력 사이에서 5·18 부인 담론과 문화는 곧 5·18 생존자들의 존재를 부인하는 폭력을 행사한다. 이러한 문화적 폭력은 '수치심'과 '죄책감' 등 부정적인 감정을 조장하는 사회정책 및 제도와 함께 자살 유발 충동을 강화하는 핵심적 기제가 될 수 있다(Gilligan, 2003). 또한 숙명론적 자살이 "지나친 육체적·정신적 압제"로 인한 '절망'과 '비관'의 사회심리 과정을 수반하며, 사회적 자아를 질식시키는 좌절된 소속감(유대감), 짐이 된다는 느낌, 치명적인 자해를 가할 수 있는 습득된 능력이 이에 결합될 때 자살의 심리적 위험은 더욱 증폭될 수 있다(조이너, 2012).

이상의 논의를 토대로 5·18 자살의 계보에서 중요한 축을 구성하는 또 다른 형태의 자살유형을 함께 고려할 수 있다. '저항적 자살'(resistive suicide)이 그것이다. '저항적 자살'은 『자살론』에서 정의한 '이타적 자살'이나 '희생적 자살'과 유사한 양상을 보이지만, 폭력에 대한 반(反)폭력, 즉 지배 세력의 억압에 대한 저항 세력의 반작용의 맥락에서 발생하는 특징을 보인다(임미리, 2016a: 323). 또한 1980년 '광주' 이후 한국 사회에서 본격화된 저항적 자살은 공개적인 장소에서 공적 청중과 자신이 귀속된 대항 공동체를 향해 저항의 메시지를 전달하기 위한 목적에서 집합행동의 형태로 나타난다는 점에서 여타의 자살 형태와 차별성을 지닌다.[16] 특히 전두환 정권의 집권 이후 압도적으로 발생한 분신자살은 개인적 결단에 그치는 것이 아닌, 체제의 부정의성을 드러내는 '정치적 행위'이자 '대의를 위한 최고의 희생'이라는 의미를 함축하면서, 방관자나 반쪽 참여자들의 무관심과 비겁함에 대한 성찰을 호소하고 일상으로의 퇴로를 막는 집합행동의 형태를 띠었다(김효정, 2002; 이창언, 2009: 154, 161).

그 양상에 있어 숙명론적 자살과 비교한다면 저항적 자살은 고

---

16 저항적 자살에 대해서는 전태일의 자살을 기점으로 한국 현대사에서 드러난 열사들의 자살을 연구한 마나베(2015), 분신자살의 구조와 메커니즘을 연구한 이창언(2009), 1990년대 대학생 및 민족민주열사들의 저항적 자살유형을 분류한 임미리(2016a; 2016b)의 연구 참고.

립된 개별적 장소보다 공적인 장소를 무대로 하며, 자살의 수단 또한 교사나 음독보다는 분신과 투신 등의 수단을 선택하는 경우가 일반적이다. 숙명론적 자살에 비해 저항적 자살은 학살의 가해자와 거짓말에 대한 분노,[17] 희생자에 대한 죄책감, 청중 또는 소속 공동체를 향해 살아남은 자의 책임감을 강하게 호소하는 특징을 보인다. 하지만 자살의 형식과 양상의 차이에도 불구하고, 숙명론적 자살과 저항적 자살은 모두 5·18이라는 정치적 학살의 결과이며, 학살의 진실이 부정되는 국면에서 촉발된 사회적 행위이자 사건이라는 점에 공통점이 있다.

이상의 논의를 참고하여 이제 5·18 자살의 유형적 특징과 이에 개입하는 사회적 기제들을 보다 자세히 살펴보기로 하자.

---

[17] 마사 누스바움에 따르면 모든 감정은 대상에 대한 평가를 수반하며, 감정의 경험은 우리가 이전에는 인식하지 못했던 평가양식을 드러내기도 한다. 그중에서도 '분노'는 세상 속에서 가질 수 있는 타당한 '유형'의 감정이다. 다른 사람에게 손상을 받는 것에 심각하게 염려하는 것은 타당하다(누스바움, 2015: 35, 63). 이러한 분노는 순간적으로 작동하는 두려움이나 모멸감과 달리 상황에 대한 인지적 판단 이후 발생하는 경향이 있다. 또한 사회적 감정으로서의 분노는 때로 사회 변동의 원동력이 되는 감정으로서 역사를 형성하고 움직이는 에너지로 작동하기도 한다(김왕배, 2019: 113~115).

4. 5·18 자살의 유형적 특징과 발생 기제

1) 5·18 집단 트라우마와 목격자들의 저항적 자살

목격자들의 집단 트라우마

5·18 민주화운동은 5·18을 직접 체험하고 신체적·정신적 피해를 입은 '협의의 피해자'만이 아니라 5·18을 목격하고 살아남은 '광의의 피해자'에게도 커다란 죄책감과 정신적 상흔을 남겼다. 특히 1980년대 집중적으로 발생했던 저항적 자살은 5·18이라는 정치적 학살을 직간접적으로 목격한 이들이 공유했던 집단 트라우마의 산물이었다. 실제 1980년 5월, 광주의 참상을 목격하고 같은 달 30일 명운을 달리한 고(故) 김의기를 비롯해 김태훈, 홍기일, 표정두의 자살은 1980년 5·18을 직접 목격하고 살아남은 이들의 저항적 자

---

18 명단 중 굵은 글씨(김의기, 김태훈, 홍기일, 표정두)는 1980년 5월을 직접 목격한 목격자이자 생존자를 나타낸다. 하지만 이들 중 김의기는 49명의 5·18 자살자 명단에 포함시키지 않았다는 점을 밝힌다. 5·18 생존자이자 목격자로 서강대학교 학생이었던 그는 당시 22세의 나이로 1980년 5월 30일 서울 종로의 기독교회관에서 5·18 민주화운동 유혈 진압을 비판하는 유인물을 뿌린 뒤 떨어져 사망했다. 하지만 그가 떨어질 당시의 정황이 밝혀지지 않아 자살인지 타살인지 또는 사고사인지 분명하지 않기에, 일단 49명의 자살자 명단에선 제외했다. 반면 1980년 서울대학교에 재학 중이었던 김태훈이 사건 당시 고향인 광주 집에 있었는지 여부는 논란이 있지만(김철원, 2017: 151), 국립 5·18 민주묘지 홈페이지는 김태훈의 죽음을 생존자의 자살로 기록하고 있기에, 일단 49명의 자살자 명단에 포함했다(묘지 번호 4-16, https://518.mpva.go.kr/, 2020. 1. 30 접속). 김의기의 죽음의 맥락에 대해서는 (사)5·18 민주유공자유족회(2008a: 90); 「김의기 열사」, 『가톨릭뉴스 지금여기』, 2020. 6. 4; 김철원(2017: 70~71) 참고.

살의 특징을 전형적으로 보여 준다. 여기서 중요한 논점은 이 같은 자살행렬이 1980년 이후 한국 사회에 독특한 자살문화를 형성·확대하는 계기가 되었다는 것이다. 1980년 5월 이후 이른바 '열사'들의 자살 상당수는 '광주의 진실'을 알리기 위한 일종의 집합행동의 양상을 띠었고, 이들이 직간접적으로 겪었던 5·18과 떼려야 뗄 수 없는 밀접한 관계를 맺고 있다. "5·18 진상규명"을 외치며 사망한 이들의 이름과 죽음의 맥락을 간략히 살펴보면 다음과 같다.[18]

〈표 4. 2〉 광주의 진실을 알리기 위해 사망한 열사·자살 희생자

	이름	사망 연월일	내용	비고
1	김의기	1980. 5. 30 (향년 22세)	서강대생으로, 광주 학살에 항의하는 '동포에게 드리는 글'을 남기고 종로 5가 기독교회관 6층에서 투신 사망	국립5·18묘지
2	김종태	1980. 6. 9 (향년 23세)	노동자로, 서울 이화여대 앞 사거리에서 "광주 학살 책임지고 전두환은 물러나라!"라고 외치며 분신 사망	국립5·18묘지
3	김태훈	1981. 5. 27 (향년 23세)	서울대생으로, 학내에서 산발적인 시위 도중에 도서관 6층에서 "전두환 물러가라"라는 구호를 세 번 외치고 투신 사망	국립5·18묘지
4	박관현	1982. 10. 12 (향년 30세)	1980년 전남대 학생회장으로, 광주항쟁과 관련되어 구속된 후 5·18 진상규명 요구 단식 중 운명	국립5·18묘지
5	홍기일	1985. 8. 22 (향년 26세)	노동자로, 광주 전남도청 앞 금남로에서 "광주 시민이여! 침묵에서 깨어나라!"라고 외치며 분신 사망	이천 민주공원
6	송광영	1985. 10. 21 (향년 28세)	경원대 재학 중 9월 "학원악법 철폐하고 독재 정권 물러가라!", "광주 학살 책임지고 전두환은 물러가라!"라고 외치며 분신 사망	이천 민주공원
7	장이기	1986. 3. 16 (향년 34세)	청주대 졸업. 안양 박달예비군훈련장에서 전두환 정권을 옹호하는 시국 훈화에 반박. "정권 탈취 야욕에 불나 광주 시민 수천 명을 학살한 전두환을 처단하자"라고 외친 후 교관들에 의해 폭행당해 사망	이천 민주공원

8	이동수	1986. 5. 20 (향년 24세)	서울대 재학 중 학생운동 참여. 1986년 서울대 오월제 행사 중 학생회관에서 "파쇼의 선봉 전두환을 처단하자", "미제국주의 물러가라"라고 외치며 분신	
9	강상철	1986. 6. 26 (향년 23세)	사회운동가이며, "전두환 및 5·18 쿠데타 주동자는 물러가라"라고 주장하며 목포역에서 분신 사망	5·18구묘지
10	표정두	1987. 3. 8 (향년 25세)	노동자로, 서울 세종문화회관에서 "광주사태 책임자 처벌"을 외치며 분신 사망	5·18구묘지
11	황보영국	1987. 5. 25 (향년 27세)	노동자로, 부산상고 앞에서 "독재 타도", "광주 학살 책임지고 전두환은 물러가라" 등을 외치며 분신 사망	이천 민주공원
12	박태영	1987. 12. 10 (향년 21세)	목포대생으로, "군부독재 끝장내고 민주정부 수립하자!"라는 주장을 하면서 42일간 학내에서 1인 시위를 하다가 분신 사망	5·18구묘지
13	조성만	1988. 5. 15 (향년 25세)	서울대생으로, "광주 학살 진상규명"을 외치며 명동성당 교육관 4층에서 투신 사망	5·18구묘지
14	최덕수	1988. 5. 26 (향년 21세)	단국대생으로, "광주 학살 진상규명"을 외치며 학교 교정에서 분신 사망	5·18구묘지
15	박래전	1988. 6. 6 (향년 26세)	숭실대생으로, "광주는 살아 있다!"라고 외치며 숭실대 학생회관에서 분신 사망	마석 모란공원
16	김병구	1989. 9. 2 (향년 34세)	노동자로, 연세대 학생회관에서 "광주 학살 원흉 처단"과 "노태우 정권 퇴진" 등의 구호를 외치며 투신. 이후 후유증으로 고생하다 자결	이천 민주공원
17	박인기	1990. 12. 17 (향년 29세)	강원대 전두환 장기집권음모저지 및 민족민주운동 탄압분쇄투쟁위원회 위원장으로 활동 중 구속 수감. 수감생활 중 단식으로 신장염 투병 중 사망	이천 민주공원
18	이길상	1998. 12. 7 (향년 38세)	경희대 재학 중 1980년 11월경 "살인마 전두환 물러가라", "광주민중항쟁 투쟁으로 계승하자"라는 유인물 제작, 학내 살포로 연행되어 고문당하고 조사. 그 후유증으로 투신 사망	이천 민주공원

출처: 5·18 민중항쟁기념행사위원회(2018: 34~35)

목격자들의 저항적 자살

위의 표에서 알 수 있듯 이들 자살의 수단은 대부분 분신 또는 투신이며, 광주의 아픔을 자신의 아픔과 동일시하면서 학살 가해자의 책임과 사건의 진실을 공적 청중(또는 방관자들)이나 소속집단에 전달하며 투쟁과 저항을 강력히 호소하고 있다는 측면에서 공통점을 보인다. 5·18 민주화운동 유혈 진압을 비판하는 유인물을 뿌린 뒤 투신 사망한 고(故) 김의기의 글을 보면 이 지점이 잘 드러난다.

동포에게 드리는 글

피를 부르는 미친 군홧발 소리가 고요히 잠들려는 우리의 안방에까지 스며들어 우리의 가슴과 머리를 짓이겨 놓으려 하는 지금, 동포여 무엇을 하고 있는가? 보이지 않는 공포가 우리를 짓눌러 우리의 숨통을 막아 버리고 우리의 눈과 귀를 막아 우리를 번득이는 총칼의 위협 아래 끌려다니는 노예로 만들고 있는 지금, 동포여 무엇을 하고 있는가?

동포여, 우리는 지금 무엇을 하고 있는가? <u>무장한 살육으로 수많은 선량한 민주 시민들의 뜨거운 피를 뜨거운 오월의 하늘 아래 뿌리게 한 남도의 봉기가 유신 잔당들의 악랄한 언론 탄압으로 왜곡과 거짓과 악의에 찬 허위 선전으로 분칠해지고 있는 것을 보는</u> 동포여, 우리는 지금 무엇을 하고 있는가?

<u>20년 동안 살벌한 총검 아래 갖은 압제와 만행을 자행하던 유신 정권</u>은 그 수괴가 피를 뿌리며 쓰러졌으나, 그 잔당들에 의해 더욱 가혹한 탄압과 압제가 이루어지고 있다. … 마지막 한 사람까지 일어나자! 우리의 모든 싸움은 역사의 정방향에 서 있다. 우리는 이긴다. 반드시 이기고야 만다. 동포여, 일어나 유신 잔당의 마지막 숨통에 결정적 철퇴를 가하자. 일어나

> 자! 일어나자! 일어나자 동포여! 내일 정오, 서울역 광장에 모여 오늘의 성전에 몸 바쳐 싸우자, 동포여!

그의 직접적 사인을 둘러싼 논란에도 불구하고, 김의기의 죽음은 1981년 김태훈의 투신자살과 김종태(1980년)-홍기일(1985년)-표정두(1987년)로 이어지는 분신자살의 계보를 형성했고, 죽은 자를 매개로 한 저항집단 내부의 상호작용을 불러일으키는 기폭제가 되었다. 또한 이는 일련의 '죄책감의 연쇄 고리'와 분노의 공동체를 형성했다.[1] 유가족과 지인들의 증언에 의하면 생전에 김태훈은 5·18을 알리기 위해 자신을 희생했던 김의기의 죽음에 특별한 의미를 부여해서 언급하곤 했으며(김철원, 2017: 152~153), 광주 출신인 표정두는 광주가 고향이고 같은 또래인 이재호의 분신에 큰 충격을 받았다고 한다(같은 책, 279). 실제 홍기일이 남긴 유서에는 살아남은 자의 죄책감과 부채의식이 여실히 드러난다(같은 책, 182~189). 요컨대 5·18 이후 1980년대에 집중적으로 나타난 저항집단의 연쇄자살은 학살의 발생 그 순간부터 은폐·왜곡·부인되었던 학살의 진실을 증언하고, 사건과 그 재현 사이에 존재하는 간극을 메우고자 했던 수행집단[20]의 외상 과정 속에 자리했던 것으로 볼 수 있다.

1 누스바움에 따르면, 죄책감에는 다른 사람이 권리를 지닌 독립된 존재이고, 해를 당해서는 안 된다는 큰 깨달음이 담겨 있다(누스바움, 2015: 382).
20 수행집단(carrier groups)은 외상 서사를 공적 청중에 전달하는 일종의 발화자이다. 수행집단은 외상적 사건에 대한 상징적 확장과 서사를 만드는 과정에서 핵심적 역할을 한다(Alexander, 2003).

2) 구타·고문·구금·학대·성폭력의 트라우마로 인한 숙명론적 자살

5·18 피해 생존자의 숙명론적 자살: 과거청산 이전

그러나 5·18 생존자 대부분의 자살은 분신이나 투신보다는 교사나 음독을 택하는 경우가 일반적이며,[21] 앞서 말했듯 대체로 공적 장소보다는 고립된 장소에서 비가시적인 형태로 진행한다는 점에서 저항적 자살과 다른 양태를 보인다. 또한 많지는 않지만, 유서를 남긴 (남성의) 경우 1980년대 경험했던 신군부의 폭력에 대한 공포와 수치심,[22] 절망과 비관, 남겨진 가족에 대한 죄책감 등이 지배적인 정서로 드러난다. 그 발생 기제에 따라 5·18 생존자들의 숙명론적 자살을 크게 두 가지 유형으로 나누어 볼 수 있다.

먼저 광주의 과거청산 이전, 1980년대에 주로 발생한 5·18 생존자들의 자살은 신군부가 자행·은폐한 국가폭력의 트라우마로 인한 신체적·정신적 고통을 강하게 호소하는 특징을 보인다. 이는 기존의 전쟁 피해자나 고문 피해자, 포로수용소나 감옥에서의 인권 피해자와 비슷한 유형의 외상으로 판단된다(오수성 외, 2006a). 실제 1980년

---

21 「5·18 자살자 심리부검 보고서」에 따르면, 자살 피해자가 주로 사용한 자살수단은 40%가 농약, 30%는 교사, 2명은 추락, 1명은 연탄가스 중독이었다(5·18 기념재단, 2008: 9. 24). 위에서 언급한 3명 외의 5·18 생존자 중 분신은 4건, 투신은 2건으로 파악되었다.

22 수치는 자아가 제3자에 의해 경멸이나 비난의 대상으로서 경험됨으로써 벌거벗겨진 자신으로 만들어질 때, 자긍심이 훼손된 상태에서 발생하는 감정이다. 이때 제3자는 '내 안의 타자'로서 사회적인 시선이다(김왕배, 2019: 287~293).

대 초반 5·18과 관련되어 전개된 국가폭력의 범주는 구타 등의 단순 물리적 폭력에서부터 집단 학살에 준하는 무차별 살상, 불법감금(투옥, 연금), 자백을 받아 내기 위한 고문 등의 의도적 가학행위, 불공정 재판 및 불법적 형 집행, 실종 및 의문사 등 사망에 대한 의도적 은폐와 허위 조작 등 가히 국가폭력의 범주를 거의 모두 담고 있다. 이러한 국가폭력을 당한 피해자들은 상황에 따라 모든 범주의 폭력 기제에 노출된 사람들에서 한두 가지의 특수한 폭력에 깊이 노출된 사람들까지 그 스펙트럼도 매우 다양하다(5·18 기념재단, 2012).

이들 중에는 거리에서 공수부대의 만행과 발포에 의해 상해를 입은 자가 있고, 항쟁 기간 중이나 이후 상무대나 감옥으로 끌려가 학대와 고문을 당한 자도 있으며, 심지어 삼청교육대에 끌려가 학대와 강제 노역을 겪고 나온 사례도 여럿 발견된다.[23] 자살 피해자들의 가족들과 지인들의 증언을 종합해 보면 고문과 학대를 겪은 이들은 살아 돌아오기는 했지만, 돌아왔을 때 이들은 이미 '산송장' 과 같았다. 이들에 대한 증언자들의 기억은 '5·18 이전'의 그들과

---

23 상이 후 사망자 149명에 대한 실명 기록을 담고 있는 『꽃만 봐도 서럽고 그리운 날들』 2~4권에서 상이 후 자살자로 확인된 이는 30명이다. 이 중 고문이나 구금을 겪지 않고 폭압적 진압에 의한 부상과 총상 후유증만으로 자살한 이는 단 7명에 불과하다. 달리 말해 상이 후 자살자는 물론 상이 후 사망자의 상당수가 단순 상해만이 아니라 고문과 상무대, 심지어 삼청교육대 등을 통한 구금과 수용소 생활을 경험했다. 삼청교육대의 경험과 관련한 상세한 내용은 (사)5·18 민주유공자유족회(2009) 중 고(故) 정남철, 장석호의 사례 참고.

24 상세한 내용은 5·18 기념재단(2006: 29), (사)5·18 민주유공자유족회(2005b: 261) 참고.

'이후'로 극명하게 나누어져 있다(5·18기념재단, 2008: 25).

피해자들이 겪었던 신체적·정신적 고통은 정신분열이나 가족 내에서 대인 간 폭력으로 예외 없이 재생산되었고, 1980년 당시 겪었던 혹독한 체험은 그 이후에도 지속되었다. 석방된 이후의 생활에서도 공권력에 의한 일상적인 감시와 사찰이 잇따랐고, 감시와 사찰은 가족들에게까지 적용되었다.[24] 이들에게 전두환 정권이 집권한 8년간의 기간은 곧 1980년의 연장이었으며, 이 기간 동안 5·18 생존자들은 국가의 '직접적인' 통제와 영향력 아래 놓여 있었다고 할 수 있다. 이렇게 볼 때 1980년대 자살자들의 상당수가 보여 주는 정신병리는 곧 국가폭력의 직접적 흔적이자 결과인 셈이다.

주목할 점은 5·18 직후 자행된 불법적 연행과 구금, 고문과 학대 과정이 일종의 정신적 세뇌의 형태로 조직적으로 진행되었다는 것이다. 피해자들은 스스로가 '폭도'라는 인식을 하도록 언제나 관등성명을 "폭도 ○○○"라고 말하도록 강요당했고, 고문과 조사 과정에서 겪은 일을 일체 발설하지 못하도록 철저히 다짐받았다. 이러한 방식의 고문과 가해가 수반될 경우 가해자와 동일시하거나 세뇌되는 것 같은 후유증이 발생하게 된다. 자살 피해자 가운데 한 명은 실제로 5·18 이후에 국가를 지켜야 한다면서 바로 해병대에 지원하기도 했고, 이후 심한 폭력적 행동을 보이며 아내를 살해하기까지 하여 교도소에 수감되었다. 그는 끝내 교도소에서 자살했다.[25]

---

25 상세한 내용은 5·18 기념재단(2008: 14), 〈KBS스페셜: '5·18 자살자 심리부검보고서'〉

이 같은 사실들은 미증유의 국가범죄와 정치적 학살의 증거가 '인멸·은폐'되는 과정의 단면을 보여 준다. 아울러 국가폭력이 직접적-물리적 폭력의 형태로만 행사되는 것이 아니라, 물리적 폭력을 정당화·내면화하는 문화적·상징적 폭력의 압력과 함께 행사된다는 점을 다시 한번 환기시킨다. 폭력은 그 자체만으로도 인간의 육체와 정신에 깊은 고통과 상처를 입혀 그를 죽이거나 육체적·정신적 불구자로 만든다. 그런데 특정 집단에 대한 차별을 정당화하고 그것을 사회 구성원들에게 내면화하도록 강요하면 이 또한 폭력이다. 그 결과 발생한 자신에게 가한 폭력, 즉 자해나 자살도 사실상 국가폭력의 범주에 포함될 수 있는 것이다.[26] 실제 전 지구적으로 모든 폭력에 인한 희생 중에서 여전히 자살은 통계적으로 가장 높은 비율을 차지하고 있다는 점을 감안할 때, 개인적인 선택인 것처럼 보이는 행동의 상당 부분은 국가나 사회에 책임이 있는 것이다(김동춘, 2013).

(2009) 참고.

26 군대 내에서의 구타 등으로 인한 사망은 물론 물리적 폭력에 속하지만, 군대의 가혹한 명령체계, 조직문화, 가혹행위, 집단 따돌림 등이 원인이 되어 자살을 택하는 경우도 국가폭력의 범주에 포함할 수 있다. 이 점에서 49명으로 추산된 자살자 명단에 포함되진 않았지만, 1980년 계엄군에 투입되었다가 정신착란을 일으켜 친형까지 죽이고 1992년 자살한 사례나, 정신병원에서 대부분의 삶을 보내야 했던 김동관의 사례는 가혹한 복종의 체계에 종속된 '가해자(의 대행자)이자 피해자'의 경로를 보이며, 따라서 이들의 피해에 대한 국가책임이 인정되어야 마땅하다.

성폭력으로 인한 숙명론적 자살

뿐만 아니라 2019년 10월 31일 여성가족부·국가인권위원회·국방부로 꾸려진 '5·18 계엄군 등 성폭력 공동조사단'은 5·18 당시 군이 자행한 성폭행이 있었음을 공식 확인한 바 있다. 성폭력 17건, 성추행·성가혹(고문) 행위는 45건이다. 피해자는 10대에서 30대까지의 어린 학생과 젊은 여성들이 대부분이었다. 시위에 나섰거나 가족을 찾아 나서는 과정에서 성폭행을 당했고, 시위에 가담하지 않은 여학생, 임신부도 피해를 입었던 것으로 공동조사단의 조사 결과 드러났다. 성폭행 피해 이후, 승려가 된 피해자가 있다는 사실이 언론을 통해 알려지기도 했다.[27] 5·18 20주년을 맞아 (사)5·18 민주유공자유족회가 발간한 『부서진 풍경 1: 5·18 정신병동 이야기』(2000)에는 계엄군에 의한 집단 성폭력의 트라우마로 정신병이 발병하거나 치욕을 견디지 못하고 분신자살한 세 명의 여성의 가슴 아픈 사연이 등장한다. 2018년 5월 12일 방송된 SBS 시사 프로그램 〈그것이 알고 싶다〉에서는, 계엄군에게 집단 성폭행당한 후 부친을 살해하거나 자살한 사례가 소개되기도 했다(SBS, 2018. 5. 12).

이렇게 볼 때 5·18 피해자들의 "자살의 궁극적 원인은 5·18 진압, 취조, 감금 과정에서 국가의 무자비한 폭력에 의한 외상적인 사건이었다"라는 「5·18 자살자 심리부검 보고서」의 진단은 일면

---

27 「"진상조사 응한 것 후회"…5·18 계엄군 성폭력 확인 1년, 달라진 건 없었다.」, 『헤럴드경제』, 2019. 10. 31. 5·18 성폭력에 대한 자세한 논의는 신상숙(2024) 참조.

옳다. 자살 피해자들은 수많은 자살위험 요인들을 갖고 있었지만 이것들은 모두 5·18 이후 이어진 고문과 학대로 파생된 것이기 때문이다(5·18 기념재단, 2008: 29). 구타·고문·구금·학대·성폭력의 트라우마로 인한 자살 피해는 지나친 육체적·정신적 압제의 결과 속박과 절망의 사회적 조건에서 발생하는 숙명론적 자살의 전형적인 형태를 보여 준다.[28]

3) 등급화된 보상/인정체계로 인한 숙명론적 자살

광주의 과거청산 방식

하지만 곰곰이 헤아려 보면, 모든 국가폭력의 피해자들이 자살에 이르는 것만은 아니다. 만일 이들 자살의 위험 요인을 상쇄할 다른 보호 요인이 작동했다면, 즉 자살의 저항력 혹은 대항력이 활성화된 조건이라면 자살은 막을 수 있는 일이 된다. 실제 1988년 보상책의 실행 이후 1990년대 5·18 관련자들의 자살은 일단 현저히 줄어

---

28 1980년대 발생한 5·18 자살 피해의 유형을 보면 전쟁이나 제노사이드 그 자체보다 가혹한 수용소의 조건이나 과도한 통제가 자살을 유발한다는 선행연구의 결과와 일치한다. 예컨대 가혹한 대우를 받은 포로들은 석방 후 자살률이 높은 것으로 나타났다(Lester, 2021). 5·18 최후 항전 참여자들의 구금생활에 대한 한 연구에 따르면, 신군부가 항쟁 참여자들을 다루는 방식은 단순히 '폭도'를 넘어 '적'으로 규정했기에 가능한 것이었고, 참여자들의 항의와 단식, 자살시도 등 군에 강력한 저항을 불러일으키기도 했다(김형주, 2018: 25~27).

드는 추세를 보였다. 아울러 5·18 생존자들은 '피해자'였던 것만이 아니라 1980년 5월 '절대 공동체'의 일부였고, 이후에도 자신의 트라우마를 나름의 방식으로 극복하기 위해 인정투쟁의 노력을 이어갔던 '행위자'이기도 했다. 자칫 고문 및 국가폭력 피해자의 범주에 시선이 고정될 경우, 피해자인 동시에 권리의 주체이자 정치적 행위자였던 5·18 참여자들의 총체적 면모를 놓칠 위험이 있다.

실제 1990년대 보상 국면 이후 2000년대에 발생한 자살은 훨씬 더 역동적인 양상을 보이며, 이는 광주의 과거청산 방식, 곧 등급화되고 개별화된 형태로 진행된 금전 보상의 과정과 깊은 관련을 맺고 있다고 판단된다. 유사한 관점에서 5·18 시민군 기동타격대원의 생애사를 재구성한 강은숙(2012)은 5·18 참여자들이 '5월 정신'이라는 일반화된 타자를 공유하며 외상을 자신의 삶에 통합하고 애도하며 공동체와의 연결을 회복할 수 있었던 1980년대의 국면과 달리, 피해자에 대한 정부 차원의 보상정책이 진전된 1990년대 이후의 국면에서 항쟁의 주체로서 권리 및 자존감이 훼손되고 사회적 지지와 연대가 축소되는 과정이 새로운 트라우마티즘을 형성하게 되었다는 점을 설득력 있게 드러내고 있다.

다시 말해 1990년대에는 모든 상처가 치유된 것은 아니라 하더라도 크게 보면 광주가 국가적 성역으로 정립되고 피해자 보상이 이루어졌으며, 1995년 12월 노태우, 전두환 전직 대통령의 재판을 가능케 한 특별 처벌법이 통과되는 등 많은 문제가 해결되었다. 그럼에도 불구하고 2004년에만 7명의 자살자가 발생하는 등 2000년대 불거진 5·18 연쇄자살 문제는 1990년 7월 민자당의 날치기로 통과·제정된 「광주민주화운동 관련자 보상 등에 관한 법률」에 따른 정책 실행의 효과가 한계에 다다른 징후라 판단된다. 근본적으로 광주민주화운동의 피해자들에 대한 금전적인 지급을 '배상'이 아닌 '보상'으로 명명한 것은 5·18을 국가 공권력의 적법한 행사로 보는 전제에서 이루어진 것이었고, 5·18 문제에 대한 정부대책의 대부분은 피해자에 대한 적극적 치유대책보다는 금전 보상 위주의 미봉책과 여러 가지 무형의 기념사업 등에 치중되었다(변주나·박원순, 2000: 149).

등급화된 보상체계

1990년 「광주보상법」이 5·18 자살 피해자의 사회심리적 환경에 어떠한 변화를 가져왔는지의 문제와 관련해 주의해서 살펴볼 몇 가지 쟁점이 있다. 첫째는 산재 보상을 적용한 호프만식 보상정책이 5·18 저항 공동체 내부에 균열을 가져오는 계기가 되었다는 점이다. 둘째는 시혜를 받아야 할 대상으로서 보상집단에 부착된 사회적 스티그마(social stigma)[29]와 함께 보상을 특권으로 인식하는 광주 내부의 이중적 시선은 5·18 피해자들에 대한 광주 시민들의 사회

---

29 5·18 피해자들에게 부착된 스티그마는 5·18 부상자인 박효선의 아내 허순이의 증언에서 잘 드러난다. 5·18 관련 장애 보상금을 지급받는 자는 모두 '1종 의료보호카드'를 발급하여 의료보호 혜택을 제공했던바, 그녀는 의료보험 담당자에게 "5·18 의료카드를 제시하는 순간 느껴야 했던 싸늘하고 조소 어린 그의 눈길"을 잊지 못한다고 회고한다(변주나·박원순 편, 2000: 248).

적 지지를 훼손하는 역설적 결과를 가져왔다는 점이다. 셋째로 적절한 치료 시기를 놓친 일시적 보상은 실질적 보상의 효력을 갖지 못하고, 되레 보상금을 둘러싼 가족 내부의 갈등이나 보상 사기, 사업 실패 등으로 경제적 위기와 스트레스를 가중시키고 가족관계의 단절과 훼손을 초래하는 계기가 되었다는 점이다.

첫 번째 문제부터 살펴보자. 1980년대에 유족, 부상자, 그리고 구속자를 중심으로 형성되었던 관련 단체들은, 부분적으로는 피해자의 등급에 따른 정부의 차별화된 보상을 이유로 좀 더 복잡하고 세밀하게 분리되어 갔다. 예를 들어 행방불명자 가족의 경우 정부에 의해 5·18 피해자로 공식 인정을 받은 부류와 그렇지 않은 부류가 생겨남에 따라 정부에 대한 5·18 운동에 대한 요구 사항, 목표, 이해관계나 전략적 차이로 인해 갈라지게 되었다. 또한 광주의 지식인/전문가 집단이나 정부 중심으로 진행된 5·18 기념의 제도화 과정은 5·18 유족회나 직접적 피해자 집단에 돌아가야 할 지도적 위치를 배제시키는 방식이었던 반면, 웅장한 규모의 새 묘지와 5·18 희생자가 국가유공자로 인정을 받은 데서 오는 그들의 성공은 더 이상의 요구를 불가능하게 했다(루이스, 2000: 204~211). 더욱 중요한 것은 호프만식 계산법에 의해 일시금 형식으로 주어진 보상(책)이 '피해에 등급을 나누는' 계기가 되었다는 점이다.[30] 일

---

30 보상이 호프만식, 즉 5·18 "그 당시의 월급액·월실수액 또는 평균임금에 노동력 상실률 및 장래의 취업 가능한 기간을 곱한 금액에서 법정이율에 의한 단리할인법으로 중간이자를 공제한 금액"으로 계산되어 지급되면서, 당시 5·18에 참여해 피해를 많이 본 이들이

례로 2006년 11월 14등급 이하인 1200여 명으로 구성된 5·18 기타 희생자동지회의 집회 도중 분신자살을 기도한 홍○○의 사례나,[31] 2005년 5월 23일 증거 불충분으로 인해 유공자 신청이 기각된 것을 비관하며 자살한 노○○의 사례는[32] 등급화된 피해 보상책이 낳은 결과라 할 것이다.

둘째, 대다수 광주 시민의 눈에는 5·18 피해자 단체들이 수차례에 걸쳐 지급된 보상금으로 이미 정부로부터 충분한 보상을 받은 것으로 보이면서, 피해자들에 대한 그들의 동정은 사라져 갔다. 더 이상의 권리 주장은 이기적 탐욕으로, 이 집단의 특수한 필요 사항에 근거한 구체적 제안들은 편협한 이기심의 발로로 간주되었다. 어떤 점에서 5·18 피해자 집단의 계층구조는 1980년 항쟁 당시 광주에 존재했던 당시의 사회경제적 분열상을 그대로 보여 준다. 항쟁 당시 다수의 피해자가 하층 계급 출신임은 부인할 수 없는 사실이며, 사망자들은 대체로 평균보다 더 빈곤하고 교육 정도가 낮은 계층이었고, 그들의 유족과 동지들도 또한 같은 계층이라 할 수 있

학생이나 무직, 혹은 소득이 낮은 직업군에 종사했던 관계로 이를 기준으로 했을 때 상대적으로 많은 보상금을 받기 어려웠다. 보상에서도 이전 신분, 직업 등 계급 불평등이 적용됐다. 이에 따라 5·18 이전에 존재했던 격차가 5·18 이후 더욱 크게 벌어지면서 기존에 존재했던 불평등이 강화되었다(유해정, 2021: 79~80).

31 「5·18 피해자 집회 중 분신자살 시도」, 『한겨레신문』, 2006. 11. 10.
32 노○○는 시민군이자 2년 6개월 동안 삼청교육대에 끌려가 고초를 겪은 피해자임에도 "5·18 때 군부독재에 항거하기 위해 싸우다 삼청교육대에 끌려갔기 때문에 5·18 유공자라며, 끝까지 삼청교육대 피해 신청을 하지 않았다"라고 유족들은 전한다(「5·18 유공자 신청 기각 40대 자살」, 광주연합뉴스, 2005. 5. 25).

다. 또한 금전적 개인 보상정책은 허위 신고자에 의한 소위 '가짜 5·18 보상금' 사건까지 발생하도록 했고, 이는 5·18 민주화운동의 정신을 크게 훼손시켰다(신일섭, 2005: 194). 결국 보상 국면은 5·18 관련 집단의 사회적 지지 기반을 훼손시키는 역설적 결과를 초래했고, 이는 다시 5·18 참여자들의 자존감과 명예 회복을 위협하는 자살의 위험 요인으로 작용했다. 그리고 이러한 위험은 2000년대 중후반부터 극우보수 세력에 의해 유포된 '특권-보상' 프레임과 5·18 과거청산 부인 담론을 통해 지금 이 순간에도 재생산되고 있다.

셋째, 여러 자료를 종합해 볼 때 보상금을 받은 이후 5·18 유공자들의 경제적 상태가 나아진 경우는 많지 않았다. 당사자(부상자·구속자)들을 대상으로 보상금의 사용처를 질문한 결과 생활비 충당(57.5%), 기타(17.4%), 치료비(15.0%), 채무 해소(7.2%) 등으로 과반수에 이르는 응답자가 생활비에 충당했다고 답하여, 보상금이 삶을 개선하는 토대가 되지 못하고 그대로 소모되었다는 것을 알 수 있다(5·18 기념재단, 2006: 41~42). 또한 당연한 얘기지만 치료 시기를 놓친 질병은 악화된다. 부상자의 경우 1990년에 와서야 지급된 보상금은 그대로 병원비와 치료비에 들어가는 비중이 높을 수밖에 없었고(5·18 기념재단, 2007: 24), 일회성의 5·18 피해 보상금은 보상금을 노린 사기범죄의 타깃이 되기도 했다. 상당한 경우 보상금은 사업 자금으로 들어갔지만 사업의 실패로 파산이나 추가 부채가 발생해 가족의 경제적 위기를 되레 가중시켰다(5·18 기념재단, 2008: 77). 이러한 생활고로 인한 갈등과 가장으로서의 역할 수행에서 초래된 질곡은 이혼을 비롯해 가족 구성원 및 친척들 사이의 불화로 이어졌고, 생존자의 정서적 지지체계의 와해와 사회적 고립(social isolation)을 촉진했다. 생존자들이 5·18 이전에 가졌던 능력과 자신감은 이 같은 몰락의 과정을 거쳐 서서히 사라져 갔고, 자살 피해자의 대부분은 실패자로 그리고 영구적인 빈곤자로 전락해 갔다.

복합적 집단트라우마와 국가폭력 피해자의 재희생자화

실제 5·18 진상규명조사위원회의 발주로 필자가 연구책임을 맡아 경상국립대학교 사회과학연구원이 수행한 「5·18 민주화운동 피해자 등의 집단 트라우마에 대한 심리·사회학적 표본 조사 연구」(2020~2021) 결과 보고서에 따르면, 각각의 고유성과 개별성에도 불구하고 5·18 피해자들의 생애 경로는 〈그림 4.1〉과 같은 구조적 패턴을 보여 준다.

나아가 5·18 자살자들의 생애 과정은 가해자와 피해자가 만성적으로 관여하게 되는 사회적 조건 속에서 5·18 왜곡과 부인, 오명, 경제적 빈곤과 사회적 지지체계의 상실 등 연속적인 인권침해가 누적된 트라우마와 정체성의 장애로 귀결되는 복합성 외상 후 스트레스 장애[33]의 작동 방식을 보여 준다.

---

33 허먼(2012)이 제안한 복합성 외상 후 스트레스 장애(Complex PTSD) 개념은 단일한 외상사건이 아니라 '일반적인 인간 경험의 범주를 넘어서는' 만성적이고 반복적인 속박의 환경에 있는 생존자들의 외상을 포착하기 위한 개념이다. 또한 5·18 트라우마는 5·18 직후

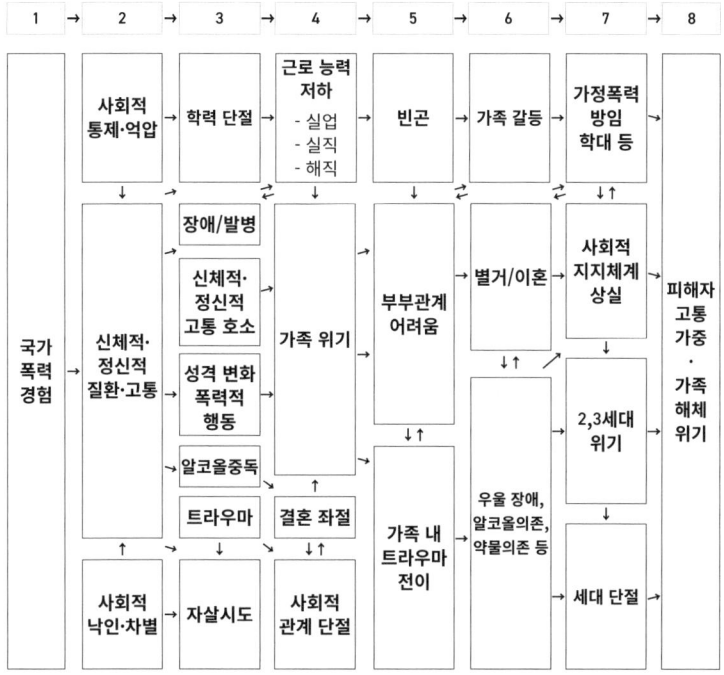

〈그림 4.1〉 5·18 이후 직접적 피해자의 생애 경로

출처: 5·18 민주화운동 진상규명조사위원회, 2021: 80

통상 자살하는 사람의 4명 중 3명은 유서를 남기지 않는다고 알려져 있으나(조이너, 2011: 193), 2010년 5·18 구속부상자회에 유서를 보낸 후 자살한 지○○의 유서에는 이러한 복합적 위기가 여

에도 이어졌던 인권침해와 국가폭력이 장기 지속되는 사회문화적 구조 안에서 개인과 가족이 겪은 국가폭력의 피해가 다시 사회 공동체에 영향을 미치고, 역으로 사회 공동체의 여러 수준(가족/지역사회/전체 국민)에서 피해가 복잡하게 상호 영향을 주고받으며 확대·재생산되었기에 복합적 집단 트라우마(complex collective trauma, CCT)의 성격을 함께 지닌다(김명희, 2021a: 369~370).

실히 드러난다. 유서는 "꿈에 항상 군인들이 나타나 살 수가 없습니다. … 축산업에 실패해 엄청난 생활고를 겪고 있고, 고문 후유증으로 살 수가 없습니다"라는 내용과 함께 쉽사리 없어지지 않는 국가폭력의 파멸적인 체험을 "내 생애 가장 치욕스런 순간"으로 기억하는 한편 "5·18 묘역에 안장해 달라", "망령(亡靈)의 자식을 도와 달라"라는 간절한 유언을 담고 있다.[34]

이 모든 것을 아울러 볼 때, 5·18 과거청산 국면에서 발생한 자살 피해는 켜켜이 누적된 국가폭력의 트라우마와 경제적 강제의 압력, 그리고 사회적 지지의 축소로 인한 사회관계의 위기가 중첩되어 발생한 숙명론적 자살의 한 형태로 이해될 수 있다. 더욱 심각한 것은 이에 멈추지 않고 5·18 자살자들이 삶의 과정에서 겪었던 고통이 그 2세대와 유가족의 피해로까지 확대 재생산되는 양상을 보이는바(5·18 기념재단, 2008: 25), 5·18 자살의 발생 과정은 한국사회에서 국가폭력 피해자의 '재희생자화'(revictimization)가 진행되는 메커니즘과 루트를 구체적으로 드러내 보여 준다.

---

34 「5·18 피해자 집회 중 분신자살 시도」, 『한겨레신문』, 2006. 11. 10.

5. '사건-보상-치유' 프레임을 넘어서

이 장의 도입부에서 언급했듯, 5·18 민주화운동은 광주 시민만을 위한 운동이 아니라 한국 사회의 민주주의를 압축적으로 성장시킨 밑거름이었고 다른 과거청산운동을 견인한 상징적 척도가 되었다. 과거 압제하 정치적 폭력과의 대면이라는 과제 앞에서 진실규명을 위한 사회운동이자 민주화운동의 일부로 전개되어 온 5월운동의 성과는, '5월 문제 해결을 위한 광주 5원칙'이 구체화되었지만 과거청산의 제도화 과정에서 5·18의 이행기 정의는 딜레마를 드러내며 일단락되었다. 그럼에도 광주의 과거청산 과정은 1980년대 후반부터 진행된 '증언' 작업을 통해 한국에서 기억연구를 배태시키고 발전시키는 온상이 되었고, 그간 누적되어 온 분단 현대사의 묵은 과제들을 전면화하는 물꼬를 텄다(김명희, 2016c: 365). 동시에 광주의 과거청산은 국가폭력 피해자의 고통과 트라우마에 대한 연구를 통해 국가범죄의 사회심리학을 발전시킬 전기를 마련했다는 점에서 커다란 기여를 했다.

이러한 성과를 토대로 이 장에서는 5·18 군집자살의 사회적 원인과 과정에 대한 사회학적 심리부검을 한국의 이행기 정의 맥락에 접목시켜 수행해 보고자 했다. 이를 위해 5·18이라는 발생적 사건에서 파생된 두 가지 경로의 자살유형을 숙명론적 자살과 저항적 자살로 개념화하고, 그 발생 기제와 구체적인 작동 방식을 살펴보았다. 두 유형의 자살은 신군부가 자행한 정치적 학살에 대한 서로 다른 대응 방식을 보여 준다. 나아가 1980년대와 2000년대 두 국면에서 높은 빈도를 보이는 5·18 피해 생존자들의 자살이 국가폭력의 트라우마와 개별적인 금전 보상을 중심으로 진행된 광주의 과거 청산 방식과 내밀한 연관을 맺고 있음을 확인했다.

물론 숙명론적 자살도 기존의 사회구조에 대한 내면화의 불가능성과 반작용을 표현한다는 점에서 일정 정도 저항성을 내포하며, 저항적 자살 또한 다른 수단을 통한 저항의 불가능성을 승인한다는 점에서 일정 정도 숙명론적이라 할 수 있다. 이에 따라 그 혼합 형태로서 정치적 억압의 결과이자 그 반작용이라 할 숙명론적-저항적 자살의 유형적 경로 또한 상정할 수 있을 것이다. 이러한 혼합 유형과 그 발생 기제에 대한 면밀한 고찰은 추후의 과제로 남길지라도, 5·18 자살자의 사례는 자살과 정치/국가의 내밀한 관계를, 특히 '학살 후 자살'이 진행되는 사회적 과정을 선명하게 드러내 보여 준다.[35]

이상의 고찰을 토대로 뒤르케임과 길리건의 통찰을 끌어와 정치적 억압이 관여하는 자살의 작동 방식과 관련해 몇 가지 시사점을 정리해 볼 수 있다. 첫째, 정치적 억압과 폭력의 누적분이 클수

---

35 이는 홀로코스트를 비롯한 대량학살에 노출된 기간과 자살위험이 장기간에 걸쳐 일련의 정의 결과를 나타낸다는 기존의 임상연구 결과와 일치한다. 이에 따르면, 장기 자살 위험 테스트에서는 홀로코스트 생존자들이 외상적 사건을 경험한 약 70년 이후에도 외상 후 스트레스 증상을 더 많이 발생시키는 것으로 나타났다(Levine et al., 2016; Lester, 2021). 에스포지토가 나치즘 체제의 죽임정치를 통해 상세히 고찰한 바 있듯, 이러한 체제에서 결과적으로 실현된 것은 타살과 자살의 절대적 일치이다(에스포지토, 2023: 230).

록 숙명론적 자살의 발생률은 높아지며, 둘째, 정치적 통합이 높을수록 자살률은 낮아진다. 셋째, 반면 정치적 억압에 대응하며 발생한 저항적 자살은 저항 공동체를 형성하고 확대하는 계기가 되며, 넷째, 이행기 정의의 구현 수준과 이에 따른 사회적 지지 및 연대는 숙명론적 자살의 경향성을 상쇄할 대항력으로 작용할 수 있다. 앞서 살펴본 연도별 5·18 자살자의 통계 추이는 이러한 경향성의 작동을 실증적으로 뒷받침한다.

결론적으로 이 글은 5·18을 직접 체험하고 그 이후에도 삶을 살아가야 했던 수많은 사람들에게 5·18이 여전히 진행 중인 폭력임을 드러내는 동시에, 진실규명 없는 금전적 보상책 및 피해자의 참여권과 처벌권을 존중하지 않는 과거청산이 어떠한 연쇄적인 사회병리로 이어질 수 있는지를 여실히 드러내 보여 준다. 나아가 현재 광주의 과거청산 방식이 1988년 노태우 정부하에 제출된 '광주사태 치유 방안'을 원형으로 한다는 점을 상기한다면, 동일한 비판이 광주의 '치유' 방식에도 적용될 수 있을 것이다. '5·18의 금전화'와 동전의 양면을 이루는 '5·18의 자원화' 경향 속에서 피해자들의 아픔과 트라우마의 역동(dynamics)에 늘 깨어 있지 않는다면, 금전 보상을 통한 개별적 '치유'가 가능하다는, 또 연구와 설명 없는 '치유'가 가능하다는 폭력적 전제에 대한 암묵적인 공모자가 될 수도 있다.

우리가 진정 '광주의 유산'에서 현재의 병목 지점을 넘어설 새로운 전망을 얻고자 한다면, 잘못된 청산의 방식은 또 다른 청산의 대상이 될 수 있다는 점을 직시할 필요가 있다. 현재 광주의 과거청산 방식을 주도해 온 '사건-보상-의료적 치료'의 프레임을 넘어 인권과 정의, 진실[36]과 기억의 연대에 기초한 사회적 치유 모델의 구축을 위한 다각도의 노력과 심도 있는 토론이 요청되는 시점이다.

---

36 코헨(Cohen, 2001)의 분류를 참고하자면, 여기서 '진실'은 다음의 차원을 포함한다. ① 사실적·법실체적 진실 ② 개인적·서사적 진실 ③ 사회적 진실 ④ 치유적·회복적 진실이 그것이다. ① 사실적·법실체적 진실은 사실에 근거하고, 정확하고 객관적인 절차를 통해 획득한 법적·과학적 정보를 말한다. 전 사회적 차원에서 이것은 인권침해의 맥락·원인·유형의 기록을 뜻한다. ② 개인적·서사적 진실은 가해자와 피해자가 더 철저히 밝힌 진상을 말하는 것으로 이와 같은 진실의 소통은 증언의 치유적 잠재력을 실현하고 목소리를 내지 못했던 사람들의 주관적 경험을 확증함으로써 화해를 추진하는 기회가 될 수 있다. ③ 사회적 진실은 사람들 간의 의견 교환, 논의, 토론을 통해 구현된 진실을 말한다. ④ 치유적·회복적 진실은 미래로 나아가기 위해 과거를 직시하는 서사 방식을 말한다. 사실의 기록만으로는 총체적 진실에 다가가기에 충분치 않다. 자기 치유, 화해, 배상이라는 목표를 위해 우리는 진실을 해석해야 하고 그러려면 우선 모든 피해자가 실제로 고통받았으며, 그것이 주목받을 가치가 있다는 점을 시인해야 한다. 진실위원회의 임무는 이 모든 진실에 대한 사회적 설명을 제공하는 것이며, 개인적 진실을 포함한 총체적인 진실의 사회적 (재)해석과 소통은 '설명 없는 치료'를 넘어 설명의 힘이 촉발하는 '설명적 치유'(explanatory healing)의 가능성을 확대한다(김명희, 2019: 167).

제5장 자살과 가족
: 자살자 유가족의 사회적 고통과 상(喪)의 과정

사회마다 가족관계가 성별에 미치는 영향은 다르게 구성되어 있을 것이다. 따라서 우리는 가족집단의 구성에서 우리가 연구하는 현상의 근본적인 원인을 고찰해야 한다(뒤르케임, 2008: 217).

우리 자신을 잘 알기 위해서는 의식의 피상적인 부분에만 관심을 집중시키는 것으로 불충분하다. … 규명해야 할 것은 과거의 생활 과정에서 점진적으로 형성되거나 유전적으로 물려받은 습관이나 성향들이다. 이런 것들이 우리를 지배하고 있는 실질적 세력들인 것이다. 그런데 이런 것들은 무의식 속에 숨겨져 있다. 그러므로 우리는 우리의 개인 역사와 가족 역사를 재건(再建)시킴으로써 그것을 성공적으로 발견할 수 있을 것이다(뒤르케임, 2006: 201~202).

1. 5·18 자살자 유가족 문제

자살은 자살자만이 아니라 주변에 매우 큰 영향을 미친다. 그중에서도 자살자 유가족은 자살로 소중한 사람을 떠나보낸 후 겪었던 상실의 경험이나 사별 경험으로 인해 일상의 변화를 경험하고, 자살위험에 취약한 상태에 놓이는 것으로 알려져 있다. 세계보건기구에 따르면 한 사람의 자살로 영향을 받는 사람은 5~10명이다. 한국의 경우 매년 6~12만여 명의 자살자 유가족이 발생하고 있다. 2022년 기준 국내 자살사망자는 1만 2906명이었다. 지난 10년간 자살사망자는 13만 4253명(2013~2022년)으로, 자살로 영향을 받은 사람은 130여 만 명에 이른다.[1] 자살자 유가족의 경우에만 한정해 보아도 엄청난 규모의 자살생존자(suicide survivor)[38]가 발생하고 있으며, 이른바 한국 사회는 '거대한 유족사회'(김명희, 2019)라고 말해도 과언이 아니다.

남겨진 사람들의 고통

2021년 방영된 KBS 〈시사기획 창〉의 취재 결과에 따르면, 자살 유족들의 우울증 발병 위험은 일반인보다 18.25배 높았고, 유족의 83.6%가 우울 상태에 있었다. 자살자의 45.8%가량이 이미 가족 가운데 자살시도·사망자가 있는 경우로 파악된다. 2018년 연구에 의하면 일반인보다 자살 유족의 자살 생각은 많게는 8배, 자살계획은 6배 높았다. 가족 구성원의 자살을 경험하게 되면 나도 따라 죽고 싶다며, 구체적인 자살계획을 세우고 이를 시도하는 경향이 증가하

---

1 「1명의 극단선택에 10명 악영향…'유가족' 지원법 개정을」, 『뉴시스』, 2024. 7. 2.
38 자살 유가족보다 더 포괄적인 개념으로 최근 사용되는 '자살생존자'는 자살로 인하여 사랑하는 사람과의 사별을 경험한 자살자의 가족 및 친구, 지인뿐 아니라 직장 동료, 서비스를 제공했던 전문가, 나아가 고인과 직접적인 관계가 없었더라도 자살에 영향받는 사람들을 포괄하는 방향으로 확대되어 왔다(김영미·이윤주, 2020: 78; 한국노동안전보건연구소, 2022: 156).

는 것으로 나타났다.[39] 그렇다면 우리 사회는 '남겨진 사람들'의 고통에 어떻게 응답하고 있는가?

그간 OECD 국가 중 자살률 1, 2위를 기록 중인 한국 사회의 자살문제가 여러 학문 분야에서 다루어지면서 자살 생존자로서 자살자 유가족이 직면한 여러 심리적 문제들이 세간에 알려졌다. 이에 따라 '자살자 유가족'은 자살률 감소를 위한 정책적 개입 지점으로 부상했다. 자살자 유가족에 대한 심리부검과 응급지원체계 연계는 국가 수준 자살예방정책의 핵심전략이 되었고, 보건복지부는 유족 사후관리를 강화하기 위해 '자살유족 원스톱 서비스 지원사업(원스톱사업)을 2025년까지 전국으로 확대할 계획이다.[40] 하지만 자살자 유가족이 겪고 있는 고통의 실상을 자세히 살펴보면, 사별로 인한 정상적인 슬픔과 우울만이 아니라 '자살'을 둘러싼 복합적인 사회문화적이고 제도적인 힘들로 고통받고 있다는 점이 드러난다.

인식적 부정의

우선 자살자 유가족의 경우, 자살을 심리적인 나약함 때문에 발생하는 것으로 인식하는 우리 사회에 만연한 오해와 유가족들에 대한 편견으로 고통받고 있다. 2021년 생명안전시민넷의 조사에 따르면,

---

39 각 조사 결과는 삼성서울병원과 중앙심리부검센터가 수행한 자료에 근거한다(〈시사기획 창〉, KBS, 2021).
40 2019년부터 시작한 원스톱 서비스 지원사업(이하 원스톱사업)은 현재 아홉 개 시도(서울, 대구, 인천, 광주, 강원, 충북, 충남, 제주, 세종), 95개 시군구, 110개 자살예방센터(정신건강복지센터)에서 운영되고 있다(보건복지부·한국생명존중희망재단, 2024: 230).

자살을 개인적인 문제로 치부하거나 부정적인 시각으로 바라보는 사회적 인식이 유가족을 가장 힘들게 하고 움츠리게 한 요인인 것으로 나타났다.[41] 장례식장에서 모든 비난의 화살을 유가족이 짊어져야 하며, 이에 따라 유가족들은 조문 온 사람들에게 고인의 사인을 말해야 할지, 말아야 할지 큰 갈등에 맞닥뜨린다. 자살이라는 재난의 생존자가 된 자살자 유가족들은 사회적 편견으로 인해 모든 것이 부서지는 경험을 한다(박상훈 외, 2021: 30~41). 최근 중앙심리부검센터의 조사 결과에 따르면, 유족의 71.2%는 편견과 비난에 대한 우려 등으로 죽음의 내용을 사실대로 알리지 못한다. 자살 유가족들은 사랑하는 사람을 잃어버린 슬픔을 느낄 시간도 없이 곧 또 다른 고통에 눈물을 흘리게 되는 것이다.[42] 이처럼 자살자 유가족은 매우 복합적인 사회문화적 힘과 인식적 부정의[43]에 의해 고통이 가중되는 경험을 한다. 하지만 자살자가 겪는 심리적 우울에만 초점을 두는 정부의 대응 방식은 자살자 유가족을 새롭게 관리해야

---

41 재난 참사 유가족들의 경우 진상규명을 위한 증거를 유가족이 수집해야 하는 이중 삼중의 아픔을 감수해야만 한다. 직장 괴롭힘, 과로 자살 등 구조적인 문제에 항거한 죽음마저도 자살이라는 이유로 대부분 유가족은 진상규명에 대해 용기를 내지 못한다(생명안전시민넷, 2021: 119).
42 〈시사기획 창 320회: 자살 생존자〉, KBS, 2021.
43 페미니스트 철학자 미란다 프리커가 개념화한 인식적 부정의(epistemic injustice)는 인식적 삶에서 작동하는 윤리적 부정의를 뜻한다. 인식적 부정의에는 두 가지 유형이 존재한다. 첫째, 증언적 부정의로, 이는 청자의 편견으로 인해 화자의 말에 낮은 신뢰성이 부여됨으로써 발생한다. 둘째, 해석학적 부정의로, 이는 집단적 해석 차원의 격차로 인해 누군가가 자신의 사회적 경험을 이해하는 데에서 불이익을 받게 될 때 발생한다. 프리커는 해석학적 부정의가 증언적 부정의보다 이전 단계에서 발생한다고 말한다(프리커, 2025: 11~18).

할 생명관리정치의 인구군으로 포섭할 뿐, 그 우울의 기저에 자리한 사회적 힘에는 무관심하다.[44]

5·18 자살자 유가족 문제

이 장에서는 5·18 자살자 유가족에 대한 생애사 연구를 통해 자살자 유가족의 생활 세계에서 재생산되는 사회적 고통의 실상을 살펴보고, 그것이 사회적 치유에 시사하는 함의를 탐색한다. 앞서 살펴보았듯, 5·18 유공자들의 연쇄자살은 1980년대부터 현재까지 꾸준히 발생해 2025년 3월 현재까지 알려진 것만 약 50명에 이른다. 그리고 한 명의 자살자 배후에 최소 5~10명의 자살자 유가족이 존재한다는 점을 감안한다면 5·18 자살자 유가족은 대략 250~500명으로 추산된다. 하지만 자살 생존자로서 5·18 자살자 유가족이 겪고 있는 고통의 면면과 유족의 상(喪)의 과정에 깊이 있게 천착한 연구는 아직 없다. 국가폭력 트라우마를 다룬 학술연구에서도 5·18 자살자 유가족의 문제는 의미 있는 학술적 주목을 받지 못했다.

이러한 배경에는 유가족이 정치와 무관한 주변적 존재로 치부되거나 늘 직접적 피해자에 비해 부차적이고 보조적인 존재로 다루어졌던 학술적·사회적 관행이 자리한다. 따라서 국가범죄 자살자

---

[44] 2018년 "혼자 살기 힘들다. 딸을 먼저 데려간다"라는 내용의 유서를 남기고 사망한 충북 '증평 모녀' 사건이 대표적이다. 이 사건은 언뜻 보면 '자녀 살해 후 자살' 사건에 해당하지만, 한 해 전 남편이 사업 실패로 스스로 목숨을 끊은 뒤 극심한 생활고와 관계의 단절을 겪다가 감행한 자살이라는 점에서 '자살자 유가족의 자살' 사건에도 해당한다(「증평 모녀 사망 사건, 복지 사각지대가 낳은 비극이다」, 『대전일보』, 2018. 4. 9).

유가족의 삶의 경험과 사회적 고통을 독자적인 질을 갖는 사회적 사실로 직시하고, 고통의 발생과 재생산 과정에 깊이 있게 다가설 방법론이 모색될 필요가 있다. 특히 이 글은 국가 및 사회와 개인을 교량하는 소(小)구조로서 가족관계의 역동성과 가족정치(학)의 차원에 주목하면서, 자살자 유가족을 정치의 주변부에 위치한 존재가 아닌 나름의 주체성을 가진 정치적 행위자로서 바라보고자 한다.

이러한 문제의식에서 이 장에서는 『자살론』의 가족사회학적 통찰을 출발점으로 사회적 고통에 다가서기 위한 생애사 재구성 방법론 접근을 소개한다(2절). 그리고 연구에 참여한 5·18 자살자 유가족의 일반적 특성과 존재론적 특성을 몇 가지로 유형화해 살펴본다(3절). 이를 토대로 국가폭력의 지속적인 여파 속에서 5·18 자살자 유가족이 경유하는 상(喪)의 과정과 고통이 재생산되는 양상을 탐색한다(4절). 나아가 유가족을 둘러싼 연대의 조건이 변화함에 따라 이들의 적극적인 '말하기'가 시작되는 국면에 착목하여, 이를 사회적 치유의 가능성과 연결해 보이고자 한다(5절).

2. 『자살론』의 가족사회학과 생애사 연구

1) 『자살론』의 가족사회학

흥미롭게도 자살과 가족이 맺는 내밀한 관계는 『자살론』에서도 매우 비중 있게 다루어진다. 이는 "자살은 가족사회의 통합 정도에 반비례한다"라는 테제로 잘 알려져 있다. 즉 하나의 사회로서 가족은 자살에 강력한 예방력이 있으며, 가족이 강력히 통합되어 있을수록 자살의 예방력도 커진다는 것이다(뒤르케임, 2008: 241, 249). 사실 1897년 보르도대학교에서 두 번째 공개강좌의 주제를 '가족사회학'으로 삼은 이래, 뒤르케임은 지속적으로 가족문제에 관심을 기울였다. 가족문제는 그의 시민사회 연구의 핵심적인 축이었다.[45] 하지만 불운하게도 그의 때 이른 죽음은 가족에 대한 연구를 완성에 이르지 못하게 했다(Lukes, 1973: 179).

사회제도로서의 가족

그럼에도 뒤르케임이 가족이 단지 혈연관계로 맺어진 생물학적 단위가 아니라 결혼, 법, 상속, 부양 등이 개입하는 사회제도임을 간

---

45 모든 고전 사회사상가 가운데 시민사회의 구조와 과정에 관해 가장 통찰력 있는 분석을 제공한 사람은 뒤르케임이다. 그중에서도 뒤르케임이 가장 날카롭게 분석했던 주제는 사회생활의 중간 영역인 가족, 직업집단, 교육기관 등이었다. 즉 뒤르케임은 시민사회의 친밀한 영역과 공공 영역 모두에 관심을 기울였다(Emirbayer, 1996: 113~114).

파한 선구적인 가족사회학자였다는 점은 분명해 보인다. 또한 그는 가족이 초역사적인 실체가 아니라 사회구조 및 유대의 형태와 맞물려 역사적으로 변화하는 사회제도이자 소(小)사회임을 갈파하면서 '가족사회'라는 표현을 즐겨 사용했다. 뒤르케임은 부계가족을 대체하는 부부 중심 가족으로의 변화가 다른 유대관계의 변화와 맞물려 있음에 주목하며, 개인에게 훨씬 더 자율성을 부여하는 쪽으로 가족관계가 변화할 것이라 전망했다.[46] 나아가 부부 중심 가족제도의 새로운 특색을 가족 내부의 생활에 정부의 간섭이 늘어났다는 점에서 찾았다(뒤르케임, 1995: 121~122).

이 점에서 뒤르케임의 가족사회학은 정치(사회)를 공(公)적 영역에 배치하고 가족(사회)을 사(私)적 영역에 배치하는 근대적인 공/사 이분법을 애초부터 비껴간다. '가족은 정치사회의 축소판'이라는 언술은 이러한 관점을 잘 보여 준다(뒤르케임, 1998: 80~81).

---

46 가족제도의 발달은 가족이 축소되고 개인화되면서 진행되어 왔다. 가족은 계속 축소될 것이며, 이와 동시에 가족관계는 전적으로 개인의 특성을 전제로 성립될 것이다(뒤르케임, 1995: 122). 뒤르케임은 가족을 역사상 가장 오래된 특수한 집합형태로 인식하면서, 혈연 중심 가족, 가부장적 가족, 부계 가족, 부부 중심 가족으로 구분했다. 부부 중심 가족은 부계 가족(paternal family)이 축소되면서 생겨난 것으로, 아버지와 어머니 그리고 그들의 후손 세대들로 구성된다. 자녀들이 성장해서 부모 곁을 떠나면 남는 것은 남편과 아내뿐이기에, 이러한 가족형태를 '부부 중심 가족'이라 칭하는 것이다. 나아가 현대사회에서 재산 소유, 상속, 분재, 가족 부양의 물적 요소와 '친척', '부부', '자녀', '국가'로 구성되는 가족의 인적 요소의 상호관계가 가족구조를 형성한다고 보았다(Durkheim, 1978d: 207~210; 뒤르케임, 1995: 112~113). 한편 뒤르케임은 부부 중심 가족으로의 변동 방향을 지나치게 일반화함으로써 현존하는 가부장적 가족의 병리성을 제대로 쟁점화하지 못했으며(김종엽, 1998: 275), 따라서 그의 도덕적 개인주의는 계급 불평등에 비해 성 불평등을 본격적으로 다루지 않았다는 비판을 받기도 한다(Cristi, 2012).

보다 넓게 보면 뒤르케임의 가족연구는 그의 도덕과학 혹은 정치사회학의 연장선상에 자리하며, 가족이 인류의 도덕적 역사에서 수행해 온 일련의 역할에 주목한다. 또한 뒤르케임은 다른 사회집단과 구분되는 가족의 특성이 감정적 친밀함에 기반한 결합(결속)이라고 이해했다.[47] 이로부터 이어지는 『자살론』의 가족사회학은 흥미롭게도 매우 강력한 페미니즘적 함의를 지닌다(김종엽, 1998: 293).

가족과 젠더

이를테면 『자살론』은 '이기적 자살'을 논하며 사회마다 다른 가족관계의 특성들, 그리고 결혼제도가 성별 자살률에 다른 방식의 영향력을 행사하는 양상에 주목한다. 뒤르케임이 볼 때 당대의 결혼은 남편과 아내 중 한쪽에만 유리하게 작동하는 제도라는 것이다.

> 남편과 아내의 차이가 줄어들 때에만 결혼은 한 성의 희생 위에 다른 성에 유리한 것이 될 가능성을 벗어날 것이다. … 우리들의 노력은 오히려 불평등을 감소시키는 데 집중되어야 한다(뒤르케임, 2008: 502~503).

뒤르케임에 따르면 이혼은 자살에 대한 기혼 남성들의 취약성

---

[47] "이제 가족의 결속력은 전적으로 개인의 감정에 달려 있다. 우리는 가족에게 의존하는데 이는 단지 아버지, 어머니, 아내 혹은 아이들이라는 사람들에게 감정적 친밀감을 갖고 있기 때문이다"(뒤르케임, 1995: 117).

을 증폭시키고, 결혼은 독신의 경우보다 남성 자살의 보호 요인으로 작동하는 경향이 있다. 하지만 기혼이 남성들의 자살 면역성을 증폭시킨다면, 이는 결혼 자체에 기인하는 것이 아니다. 여러 통계 자료를 통해 드러나듯, 결혼 계약에 의해 구성된 부부사회는 기혼자의 자살 면역에 아주 적은 역할을 한다. 이는 미혼 남성과 자녀가 없는 기혼 남성의 자살률이 상대적으로 크지 않다는 사실로 뒷받침된다. 요컨대 결혼의 효과는 매우 제한되어 있고, 한 성(남성)에만 혜택을 주는 것으로 나타난다는 것이다. 그러한 점에서 기혼자의 자살 면역성을 구성하는 핵심 요소는 가족, 즉 양친과 자녀들로 이루어진 '가족사회'의 영향이지 '부부사회'의 영향은 아니다(같은 책, 235). "기혼자의 자살방지계수가 더 높은 성별은 사회별로 다르며, 성별계수 차이 비율은 자살방지계수가 더 높은 성의 유리한 정도에 따라 다르다"라는 것이다(같은 책, 211).

그럼에도 자살의 방지책으로서 '가족사회'의 통합력에 대한 그의 강조는 종교사회나 정치사회의 통합력이 자살 억제 경향에 행사하는 영향력에 주목한 것의 연장선상에서 이해될 수 있다. 즉 그것이 가족이든, 종교이든, 국가이든 관계없이 '집단의 힘' 자체가 자살을 억제하는 강력한 예방책이 된다고 말하고자 하는 것이다.[48] 여기에서 뒤르케임이 자살의 방지력으로 거듭 강조하는 '통합'의 기

---

48 여기에는 다음과 같은 두 가지 명제가 잇따른다. "자살은 종교사회의 통합 정도에 반비례한다. 자살은 정치사회의 통합 정도에 반비례한다"(같은 책, 249).

준이 산술적 양이나 동일한 정체성이 아니라 상호작용하는 구성원들의 '밀도'(density)임에 유의할 필요가 있다. 뒤르케임에 따르면 밀도가 충분한 사회는, 사회 단위들이 언제나 접촉할 수 있기에 '의견 교류'가 끊이지 않는다. 반대로 밀도가 낮은 사회는 사회 단위들 간의 관계가 간헐적이기에, 공동생활이 중단될 수 있다. 요컨대 구성원들 간의 교류가 보다 활발하고 지속적일수록 집단의 '통합'은 강하다는 것이다(같은 책, 2008: 240).[49] 이러한 맥락에서 뒤르케임은 가족사회가 — 직업집단과 마찬가지로 — 일련의 도덕적 역할을 수행해 왔다고 바라보면서(뒤르케임, 1998: 79~80), 『도덕 교육』에서도 현대사회에서 가족의 응집력은 이기적 자살의 보호 요인이 될 수 있다고 말한다.

> 인간은 집단에서 이탈할수록, 즉 이기주의자로 살아갈수록 자살에 더 많이 노출된다. 그리하여 결혼한 사람보다 독신에게서 자살률이 3배 정도 높고, 자녀가 있는 세대보다 자녀가 없는 세대에서 2배 정도 높다. 자살은 아이들의 수에 반비례한다. 그러므로 개인이 가족집단의 구성원인가 아닌가에 따라, 결혼한 부부로만 사는가 아니면 반대로 다소 많은 아이들을 두어서 부부가 더 견실해지는가에 따라, 결과적으로 가족사회가 어느 정도 응집력이 있고 밀집되고 강한가

---

[49] 바로 이러한 맥락에서 뒤르케임은 "집단적인 힘이 자살을 가장 잘 억제하는 요소라면, 그 힘의 약화는 자살의 증가를 의미한다"라고 말한다(같은 책, 25).

에 따라 삶에 대한 애착은 늘기도 하고 줄기도 한다(뒤르케임, 2024: 108).

더욱 흥미를 끄는 대목은 유자녀 홀아비가 무자녀 홀아비보다 자살 경향이 더 많은 까닭이 자녀들의 존재 때문이라는 진술이다. 언뜻 생각하면 자녀의 존재는 — '부부사회'와 구분하여 — '가족사회'를 가능케 하는 조건이므로, 뒤르케임의 입론대로라면 유자녀 홀아비의 자살위험이 더 적어야 할 것이다. 그런데 반대로 뒤르케임은 자녀가 있기에 홀아비가 삶에 더 집착할 것이라 여겨지지만, 오히려 자녀 때문에 홀아비가 겪어야 하는 위기는 더 커질 수 있다고 말한다. 왜냐하면 갑자기 유자녀 홀아비가 된 경우, 단순히 부부관계만 없어지는 것이 아니라 남아 있는 '가족사회'의 기능이 손상을 입는 까닭이다. 이를테면 홀로 된 남편은 깨진 균형을 다시 찾기 위해 이중의 부담을 지게 된다. 이 경우 남편은 익숙하지 못한 기능을 담당함으로써 결혼생활 동안 누리던 이점을 상실한다. 그렇다면 여기서 가족사회에 재난을 부르는 것은 '아내의 죽음'이 아니라 '어머니의 죽음'인 셈이다(뒤르케임, 2008: 222).

이는 자녀가 있는 가족사회에서 통상 여성이 수행하던 양육과 돌봄의 기능이 손상될 때 초래되는 남성의 역할 수행 위기와 이것이 자살에의 위험성을 증폭시키는 방식을 지시하는 것이라 볼 수 있다. 이러한 통찰들은 오늘날 자살자 유가족이 처해 있는 삶의 조건과 입장을 이해하는 데 일정한 시사점을 지니며, 가족이 하나의 단일한 실체가 아니라 일련의 성별 분업에 기초한 사회제도이자 사회관계임을 분명히 할 때 더욱 유의미해질 수 있다.

나아가 뒤르케임은 배우자의 '사별'이 가져오는 정신적 충격이 자살에의 면역성을 약화시키는 측면에 대해서도 언급한다.

> 사별 상태는 정신적인 충격이 따르고, 모든 균형의 상실은 자살을 일으키는 경향이 있으므로 면역성이 유지되기는 하지만 약화된다(같은 책, 229).

> 배우자를 사별한 위기로 인한 자살은 실제로는 남편이나 아내의 죽음으로 인한 가정적 아노미에 기인하는 것이다. 생존자에게 영향을 미치는 가족적 재난이 일어난 것이다. 그들은 혼자 남게 되므로 새로운 상황에 적응하지 못하여 자살에 대한 저항력이 약화된다(같은 책, 323).

하지만, "우리가 친족의 죽음 때문에 고통스럽다면 우리 마음에 그 친족의 육체적이고 정신적인 형상을 나타내는 표상, 그리고 그것에 연관된 모든 종류의 표상들이 제 기능을 하지 못하게 되기 때문이다. 예컨대 우리는 그의 현존이 우리에게 불러일으킨 부드러운 느낌을 더 이상 새롭게 할 수 없다. 감정의 토로와 친근한 대화의 표출, 거기서 얻는 위안감, 그 어느 것도 더 이상 생겨날 수 없는 것은 바로 이 공허감이다. 우리와 연관된 존재들의 활력이 줄어들기 때문에 우리의 생명도 쇠퇴한다"라는 것이다(Durkheim, 2023: 304). 이러한 통찰은 다른 사회제도 및 관계와 구분하여 가족관계를 특징짓는 고유한 속성이 일상적 상호 돌봄과 감정적 교류, 즉 친밀한 소통의 힘에서 비롯된다는 점을 다시금 환기시킨다.

이를 염두에 두고 이 글에서 주로 살펴볼 5·18 자살자 유가족의 삶의 경험은 가부장적 가족제도가 여전히 강고한 한국 사회에서 젠더와 세대에 따라 다르게 작동하는 유가족의 삶의 고통과 정상성의 위기를 드러내 보여 준다. 아울러 5·18 자살자 유가족은 통상의 자살자 유가족이 감내하고 있는 고통의 보편성과 국가범죄 피해 유가족에게 고유한 고통의 역사성을 동시에 담지한 극단적 사례라는 점에서 주목할 필요가 있다.

2) 자살자 유가족의 사회적 고통에 대한 생애사 접근

사회적 고통에 대한 통합적 접근

5·18 자살자 유가족의 삶의 경험과 사회적 고통을 들여다보기 위해서는 어떠한 방법론이 적합할까? 클라인먼 등에 이어 사회적 고통을 비판사회이론의 의제로 조명한 프랑스 철학자 엠마누엘 르노는 『사회적 고통: 사회학, 심리학, 정치학』(2008)이라는 저서에서 다양한 분과와 사회과학에서 기인하는 방법들과 개념들을 결합함으로써만 사회적 고통을 적절히 규정할 수 있다고 지적한 바

있다.[50] 사회적 고통은 쉽게 전문가적 담론 속에서 관료제적 관리나 기술적 개입의 대상으로 쉽사리 선별되고 정의됨으로써(이현정, 2016: 66), 사회문제를 의료화·심리(학)화하고 탈정치화하기 때문이다. 따라서 이러한 환원주의의 한계를 벗어나기 위해서는 전기적인 것과 사회학적인 것, 즉 임상적 심리학과 비판적 사회학의 통찰을 결합할 필요가 있다는 것이다(Renault, 2008).

이 지점에서 르노는 네 개의 주요한 이론적 모델 ─ 고전 정치경제학, 19세기 사회의학, 뒤르케임과 프로이트의 현대 문명 분석 ─ 을 결합하여 고통의 장소를 재구성한다. 그가 보기에 사회적 조건에 기인한 개인적 고통의 규모와 특수성을 고려할 때, 뒤르케임의 사회병리학은 중요하지만 그는 병리현상을 사회적 결속 및 연대성이 약화되었을 때 나타나는 자연적·전-사회적 계기의 부활로 환원하는 측면이 있다. 이는 사회가 개인들에게 가하는 충격에서 고통이 어떻게 유래하는지를 보여 주기에는 불충분하다. 한편, 사회적 맥락에 기인하는 개인적 형태의 불행에 관한 프로이트의 메타심리학적 연구는 문명의 차원에 집중됨으로써 특수한 사회적 환경이 정신에 미치는 영향을 보여 주지 않기에, 병리현상을 '자연화'하는 경향이 있다. 때문에 프로이트의 분석은 결과적으로 사회적으로 유도된 병리현상이 정치적 변혁까지 어떻게 닿을 수 있는지를 다루

---

50 이를 위해서는 분과상의 경계를 가로지르고, 기존 분과들에서 권위를 부여한 형태 및 논제들이 의문시될 필요가 있으며, 르노의 책은 그러한 '초학제 연구'(transdisciplinarity)에 관해 그 자체로 훌륭한 논증을 제공한다(Deranty, 2008).

지 못한다. 하지만 사회구조에 의해 야기된 개인적 고통은 내밀한 생애사적 영역에서 사회적이고 공적인 영역으로 이전되고, 따라서 그 기제를 정확히 정치적인 문제로 변형시킨다. 이러한 맥락에서 르노는 프로이트와 조지 허버트 미드, 곧 정신역학(psychodynamics)과 사회심리학을 결합하는 노선을 새롭게 제안한다. 이 경로는 사회적 규범, 제도, 사회관계와 사회구조가 자신의 고통을 받아들이려고 애쓰는 개인들의 노력을 방해하거나 심지어 어떻게 파괴하는지를 구체적으로 보여 줄 수 있다. 그리고 제도와 사회적 관계 등이 고통에 대처하도록 도울 수 있으며, 고통에 대응하는 문화적·상징적 자원을 어떻게 제공할 수 있는지를 드러낼 수 있다(Renault, 2008; Deranty, 2008). 이 글이 행위자들의 경험과 언어에서 출발하여 생애사적 맥락에서 재생산되는 고통의 다층위적 양상과 역동성에 귀 기울이는 이유 또한 바로 여기에 있다.

덧붙이자면 사회적 사실로서 사회적 고통은 다차원적으로 발생한다. 이는 고통을 유발하는 사회적 힘이 실재하며, 그 힘이 존재론적으로 층화(stratification)되어 있다는 비판적 실재론적 입장을 전제하는 것이다. 고통의 원인(들)이 층화되어 있다는 것은 고통의 발생 기제와 작동 방식이 신체적인 차원을 아우르는 동시에 심리·정신적이며 사회적인 차원을 지닌다는 점을 인정하는 것이다. 예컨대 국가폭력으로 인한 사회적 고통은 개인적·신체적·임상적 차원만이 아니라 가족적·사회문화적·역사적·제도적 차원과 그에 따른 발생 맥락을 지닌다. 이러한 존재론적 깊이와 층화된 실재를 사고함으로써 사회적 고통의 발생과 재생산 과정을 보다 입체적으로 이해할 수 있고, 5·18 자살자 유가족을 둘러싼 고통의 다층성을 보다 정치하게 가려볼 수 있다.

생애사 재구성 방법론

5·18 자살자 유가족의 사회적 고통을 보다 넓은 사회적 맥락에서 파악하기 위해 독일의 현상학적 해석학의 전통에서 발전한 생애사 재구성 방법론[51]이 적실해 보인다. 그 이유는 다음과 같다.

첫째, 생애사 방법론은 생애사란 개인과 사회의 상호작용에 의한 구성물이라는 전제에서 출발하여 개인의 생애사적 이력을 통해 사회가 변화하는 '과정'을 발견하고자 한다. 사회와 상호작용하는 개인은 특정한 방식으로 생애사적 작업을 경유하면서, 사회질서와 제도, 규범을 사회화·내면화하는 동시에 변형·재생산한다. 삶을 살아가는 개인의 행위는 하나의 독립된 결정 인자가 아닌 타인과의 관계에서 구성되는 사회적 행위이기 때문이다. 개인은 생애사적 과정에서 유의미한 사람들(significant others) 또는 나에게 중요한 영향을 준 타자와의 관계를 중시하며 행위의 지향을 결정한다. 생애사 방법론은 이와 같은 개인과 사회의 불가분적 구성물인 생애사에

---

51 해외에서 보통 biographical methodology(전기적 방법론), 혹은 Biographieforschung(전기 연구)라 불리는 생애사 재구성 방법론은 독일 해석학적 전통과 베버·슈츠·미드의 사회적 행위 개념을 수용하여 발전한 역사를 가지고 있다(Gabriele, 2004: 48~64; 이희영, 2005: 121~122). 이하 생애사 방법론으로 약칭할 것이다.

주목하며, 개인 삶의 이력 그 자체가 아니라 이를 통해 드러나는 사회구조의 발생적 과정을 재구성하고자 한다(이희영, 2005: 129~130; 박성희, 2011: 212).

이러한 존재론적 전제와 과정 지향적 접근 방식[52]은 개인적인 동시에 사회관계적인 차원을 지닌 고통의 발생 과정과 재생산 과정을 포착하는 데 적합성을 지닌다. 이러한 접근법은 통계적 규칙성이 아니라 발생적 인과성에 관심을 갖는다. 기존의 실증주의 패러다임이 상정하는 규칙성·인과성 개념이 인과관계를 조사하는 작업에서 질적 연구를 부차적인 것으로 치부한다면, 비판적 실재론이 상정하는 발생적 인과성은 사건 및 상황에 관여하는 인과 기제와 인과 과정을 탐색하는 것에 주안점을 둔다(김명희, 2022a: 206).[53] 이때 질적 연구가 추구하는 목표는 "발생 기제를 판별해 내고 실제의 사건과 과정에서 그것이 어떻게 드러나는지를 서술하는 것"으로, 여타의 과학적 연구가 추구하는 목표와 다르지 않다(다네마르

---

52 실증주의 패러다임에 기반한 계량적 연구가 변수와 변수의 관계를 다룬다면, 과정이론은 사건과 사건을 연결하는 과정을 다룬다. 그렇기에 과정 지향적 접근은 어떤 사건이 다른 사건에 영향을 미치는 인과적 과정에 초점을 맞춘다. 과정 지향적 접근 방식은 하나 또는 몇 가지 사례나 상대적으로 적은 개인 표본에 대한 심층연구나 사건 사이의 연대기순 및 맥락적 연결을 유지하는 텍스트 형식의 데이터 분석에 보다 적합하다(Maxwell, 2024a; 2004b: 244~248).

53 비판적 실재론은 연속적 인과이론과 발생적 인과이론을 구분한다(Bhaskar, 1998; 2010). 연속적 인과이론가들은 흄이 주장하는 사건들의 시공간적 인접성, 연속성과 규칙적 결합으로서 인과성을 이해하고 인과관계는 관찰될 수 없다고 주장한다. 발생적 인과이론은 인과성을 객체들의 경향으로 이해한다. 이것은 조건에 따라 실현될 수도 있고 실현되지 않을 수도 있는 경향들이다(바스카·스콧, 2020: 183~184; 김명희, 2022a: 206~207).

크 외, 2005: 272).

첨언하자면, 사실 이러한 발생적 인과성 개념은 뒤르케임에게도 전제되어 있다. 뒤르케임은 정신을 역사적으로 파악하고, 그것을 형성하는 데 기여한 여러 원인 가운데 계속적으로 작용한 원인을 알아내는 것이 역사학과 사회과학의 방법이라고 여러 저술에서 강조한 바 있다. 이는 『사회학적 방법의 규칙들』과 『종교생활의 원초적 형태』에서 강조한 발생적 방법(genetic method)에서 명시적으로 드러나고, 역사학과 교육에 관한 그의 저술에서도 피력된다. 어떠한 제도도 조각으로 형성되어 있지 않다. 그것을 구성하는 부분들은 연속적으로 발생해 왔다. 따라서 이를 이해하기 위해서는 일정한 기간 동안 그것의 발생적 과정을 추적해야 하며, 사회적 실재의 질서에서 역사(학)는 '현미경'과 유사한 역할을 한다.[54] 따라서 뒤르케임은 인류학과 역사학의 방법을 사회학의 방법으로 활용해야 한다고 강조하며 다음과 같이 말한다. 우리가 인간행동을 유효하게 인도하기 위해 규명해야 할 것은 과거의 생활 과정에서 점진적으로 형성되거나 유전적으로 물려받은 습관 혹은 성향들이다. 그런데 이런 것들은 무의식 속에 숨겨져 있다. 따라서 우리의 개인 역사와 가족 역사를 재건함으로써 우리를 지배하고 있는 힘들을 성공적으로 발견할 수 있다는 것이다(뒤르케임, 2006: 201~202).

둘째, 생애사 방법론은 또한 폭력이 개입하는 사회적 고통에서

---

54   뒤르케임(1992: 24; 2001: 206~207), Durkheim(1982e: 246), 김명희(2017b: 347~372) 참고.

두드러지는 '말함'과 '침묵함'의 복잡한 관계를 탐색하는 데 강점이 있다. 이를테면 인간행동을 낳는 정신적 힘으로서 트라우마는 '말할 수 없음'(unspeakablness)이라는 특징을 갖는다. 이 지점에서 생애사 방법론은 서사의 힘(narrative power)을 활성화하는 서사적 인터뷰와 가설추론(abductive) 분석[55]을 통해 한국 현대사에서 금기시된 체험과 숨겨진 기제들을 탐색할 해석의 절차를 지원한다. 여기에서 서사적 인터뷰란 구술자의 자유로운 생애 서술을 지원하는 개방형 인터뷰를 말하는 것이다. 연구 참여자는 자유롭게 주제를 선택하고 배치하여 자신의 삶을 이야기하는 생애사적 관점을 포착할 수 있다. 이때 침묵, 머뭇거림, 망설임, 흐느낌, 이야기의 형식, 제스처와 같은 비언어적 형태의 의사소통 또한 연구 참여자의 삶과 언어를 구성하는 일부로 이해된다(김명희, 2014: 323). 이렇게 채록된 생애사는 가설추론 분석과 생애사 방법론이 안내하는 해석의 절차를 거쳐 유형적 사례로 재구성된다.

이 글은 이 같은 생애사 재구성을 통해 그간 조명되지 않았던

---

[55] 가설추론 분석은 연구자가 경험연구 이전에 세운 일반적 가설에 개별적 사례들을 포섭하는 연역 논증이나 개별적인 사실들로부터 일반적 명제를 도출하는 귀납 논증이 아니라 이미 알려진 것에서 알려지지 않은 것을 추론하는 논증의 방식을 말한다. 생애사 연구에서 이 방법은 특정 상황 혹은 행위에 위치하여 그 이면의 복합적인 배경을 추론하고 그것으로부터 예상 가능한 상황과 행위에 대하여 가설을 세우고 논증하는 방식을 취한다. 즉 가추법의 핵심은 연구 참여자의 진술을 있는 그대로 믿는 것이 아니라 '왜 이렇게 이야기할까', '왜 여기서 이러한 주제를 이야기할까'라는 질문을 끊임없이 던지며 말해진 것 이면의 맥락을 고려하면서 종합적으로 추론하고 논증하는 해석의 절차에 있다(이희영, 2007: 109). 보다 엄밀히 말해 이러한 해석의 절차는 상정된 가설들을 소거하고 검증하는 재귀적 과정을 거듭한다는 점에서 가추와 역행추론의 상호 순환에 의해 이루어진다.

5·18 자살자 유가족의 삶의 과정과 고통의 심층에 다가서고자 했다.

3. 5·18 자살자 유가족의 위치성과 상(喪)의 과정

1) 이야기의 시작: '처음' 이야기하기

2021~2022년 진행된 연구 과정에 참여한 5·18 자살자 유가족은 여성 1명, 남성 2명으로 모두 3명이다. 자살자와의 관계로 보면 배우자 1명, 형제 1명, 자녀 1명이다. 이들 중 2명은 '자살시도자'이며 본인의 자살시도를 자살로 유명을 달리한 고인의 죽음과 연관 지어 설명했다. 나아가 우리는 5·18 자살 피해의 발생 과정을 보다 두텁게 분석하고자 비교 사례로 5·18 자살시도자 여성 1명, 남성 1명을 추가로 인터뷰했다. 5·18에 직접 참여한 당사자(1세대) 1명과 부친이 5·18에 참여한 자녀(2세대) 자살시도자 1명은 서로 동일한 가족의 구성원은 아니지만, 5·18이 야기한 가족사적 피해가 어떻게 세대를 거쳐 누적·변형·(재)생산되어 전이되고 현재에 이르는지를 드러내 보여 준다. 위 내용에 따라 이 연구에 참여한 연구 참여자의 특성을 정리하면 〈표 5.1〉과 같다.

〈표 5.1〉 연구 참여자의 일반적 특성[56]

이름	성별	출생 연도	5·18 자살자와의 관계	자살자의 자살 연도	유형
임은희	여	1955	배우자	2014	• 자살자 유가족(1세대) • 자살시도자
정동석	남	1971	자녀	2005	• 자살자 유가족(2세대) • 자살시도자
이한수	남	1969	동생	1984	• 자살자 유가족(1세대)
이름	성별	출생 연도	직접적 5·18 피해자와의 관계	자살시도 시점	유형
김정현	남	1963	본인	2010년대(2회)	• 자살시도자(1세대)
김선아	여	1991	자녀	2010년대(2회)	• 자살시도자(2세대)

어떻게 살아왔는지 기억나시는 대로 말해 달라는 연구자의 요청에 이들은 대부분 자신의 삶이 아닌 고인의 삶에 대한 이야기로 말문을 열었다. 대부분의 연구 참여자들은 고인이 겪었던 5·18에

---

[56] 필자는 2019년 출범한 5·18 민주화운동 진상규명조사위원회가 진행한 「5·18 민주화운동 피해자 등의 집단 트라우마에 대한 심리·사회학적 표본조사 연구」(2020~2021)에 책임연구자로 참여했고, 후속 과제의 일환으로 진행된 「5·18 희생자 유가족 집단 트라우마 실태 조사」(2021~2022) 자문위원으로 참여하여 여러 유형의 유가족을 비교할 기회를 가질 수 있었다. 이를 토대로 5·18 자살자 유가족을 눈덩이 표집(snowball sampling) 방법으로 찾아 나섰다. 두 연구 모두 IRB 심사를 통과하여 진행했고, 연구 참여자의 개인정보 보호를 위해 이름은 모두 가명으로 처리했다.

대해 자신이 전해 들었던 또는 보았던 상황을 최대한 상세하게 전달하고자 애썼다. 하지만 고인의 이야기가 끝난 뒤, 정작 자신의 삶에 대해서는 기껏해야 몇 문장으로 축약하는 특징을 보였다. 이러한 이야기 방식은 몇 가지 이유에서 비롯된다고 보인다.

첫째, 보상 중심의 5·18 과거청산 과정에서 전형적인 '피해자'는 5·18로 인해 직접적인 상해를 입은 자로 오랜 시간 이해되었다. 그렇기에 고인이 살아 있을 당시에도 유가족은 늘 부차적인 존재로 여겨졌고, 유가족의 목소리 또한 직접적 피해자의 상해를 입증하는 보조적인 역할로 주변화되곤 했다. 따라서 이 연구에 참여한 인터뷰이 대부분은 정작 자신과 가족의 삶에 대해서는 '처음' 이야기한다는 점에서 공통점을 보였다.

둘째, 한편으로 이들은 아이러니하게도 모두 고인이 겪은 5·18에 대해 직접 듣지 못했다. 특히 유가족 2세대는 대부분 5·18 당시 어린 나이였거나 현장에 있지 않았기에 고인으로부터 직접 5·18의 경험을 듣지 않으면 자세한 내용을 알기 어렵다. 그런데 고인은 정작 가족들에게는 자신이 겪었던 5·18의 경험에 관해 상세히 말한 적이 없었다. 이는 고인의 5·18 경험이 가족 내에서 공유되고 소통되지 못했다는 사실을 말해 주며, 이러한 소통의 부재는 유가족들로 하여금 쉽사리 '증언할 수 없음'으로 이어졌다. 이 같은 맥락에서 유가족들은 5·18과 관련된 그간의 구술 조사에 스스로

참여할 자격이 없다고 판단해 왔던 것으로 보인다.[57]

유가족들의 이야기에서 자신의 생애보다 고인의 5·18 이야기가 큰 비중을 차지한 마지막 이유는 5·18 후유증으로 고통받던 고인의 자살이 유족들의 생애 전반을 관통하는 너무나 깊은 외상적 사건으로 자리 잡고 있는 까닭이다. 후술하겠지만 5·18로 인한 부친 혹은 남편의 상해는 사회경제적 질곡만이 아니라 여러 사회문화적 강제 — 가부장적 가족주의 및 정상가족 이데올로기 — 와 결합되면서 가족화된 고통(familized suffering)을 야기했고, 이는 남겨진 가족들의 전 생애에 걸쳐 다양한 방식으로 재생산되면서 연쇄적이고 지속적인 영향을 미치고 있었다.

2) 5·18 자살자 유가족의 존재론적 특징

이상의 발화의 맥락과 연구 참여자들의 생애 배경을 참조하여 5·18 자살자 유가족의 존재론적 위치와 특성을 가늠해 볼 수 있다. ① 피해 생존자로서의 유가족 ② 목격자로서의 유가족 ③ 증언자로서의 유가족이 그것이다. 물론 각각의 경계는 완전히 구분되지 않고 서로 넘나들며 중첩되기도 한다.

57　예컨대 연구자가 임은희와 정동석에게 인터뷰를 제안했을 때 이들은 "뭐 말을 해야 할지 모르겠다", "내가 5·18에 대해서 알고 있는 게 뭐가 있나" 하는 태도를 보이기도 했다.

피해 생존자로서의 유가족

「민법」 제1005조에 따르면 유가족은 가족 구성원의 사망으로 고인의 재산에 관한 포괄적 권리의무를 승계하는 상속인이 될 수 있다. 이는 고인이 생전에 가졌던 권리 의무가 유가족에게 이어질 수 있는 법적 요건이 된다.[58] 나아가 이들은 인권침해 피해자의 직계가족 또는 직접적 피해자의 피부양자인 동시에, 「국제인권법의 중대한 위반행위와 국제인도법의 심각한 위반행위로 인한 피해자들을 위한 구제 및 배상의 권리에 관한 기본 원칙과 가이드라인」(2005)에서 정의한 '피해자'(victim) 범주에 해당한다. 제8조 제1항은 피해자를 다음과 같이 정의하고 있다.

> **제8조 제1항** 이 문서의 취지상 피해자는 국제인권법의 중대한 위반 또는 국제인도법의 심각한 위반에 해당하는 작위 또는 부작위로 인하여 신체적 또는 정신적 피해, 감정적 고통, 경제적 손실, 기본적 권리의 실질적인 피해를 포함하여 개인적으로 또는 집단적으로 피해를 당한 사람이다. 필요한 경우 그리고 국내법에 따라 '피해자'의 범위에는 **직접적인 피해자의 직계가족과 피부양자 그리고 고통받는**

---

58 실제 5·18 관련 법제에서는 권리의 상속자로서 유가족의 피해자성을 승인하고 있다. 상세한 내용은 「5·18 민주화운동 진상규명을 위한 특별법」(약칭 「5·18 진상규명법」), 「5·18 민주화운동 관련자 보상 등에 관한 법률」(약칭 「5·18 보상법」, 「광주 보상법」에서 개칭), 「5·18 민주유공자예우 및 단체설립에 관한 법률」(약칭 「5·18 유공자법」)을 참고하라. 하지만 위의 법률들은 이들을 5·18로 인한 각종 피해를 입은 자에 대한 단순 지원·보상처우의 수령자로 규정함으로써 수동적인 피해자로 다루고 있다. 「민법」은 유가족을 고인의 피해자 권리가 전가된 부차적인 피해자로 위치 짓는다.

피해자를 돕거나 피해를 방지하기 위해 개입하다가 피해를 입은 사람
도 포함한다.

이를 참고할 때 생애 전반의 과정에서 5·18 자살자 유가족은 이중의 의미에서 피해 생존자이다. 먼저 고인의 생전에는 광포한 국가폭력으로 상해를 입거나 권리를 침해당한 직접적 피해자의 고통을 전 생애에 걸쳐 함께 감내해야 했고, 다음으로 고인의 자살 이후에는 그 여파 속에서 삶을 이어 가는 자살 피해의 생존자이다. 특히 고인의 사후에, 가부장적 가족주의가 강고한 한국 사회에서 여성 유가족의 경우 가장의 부재(不在)로 인한 여러 사회경제적 부침을 감내해야 했다.

무엇보다 '자살=비정상적인 죽음'이라는 사회적 인식과 편견은 남겨진 가족들에게 적지 않은 위축감과 피해의식을 조장했다. 이는 자살자 유가족들이 기존에 맺고 있던 사회관계에서 고립되는 느낌을 갖게 하는 요인이 되었고, 실제 크고 작은 친밀한 관계에 부정적인 영향을 미치기도 했다. 즉 5·18 자살자 유가족들은 5·18이라는 국가범죄의 피해자 가족으로서 커다란 가족사적 손상과 가족 트라우마[59]를 공유했을 뿐 아니라, 상해를 입은 고인의 고통이 회복되지 못하고 자살로 이어지면서 새로운 상실의 트라우마를 경험한 고통의 직접적인 당사자이다. 5·18 자살자 유가족은 상당한 생애사적 시간 동안 5·18의 직접 피해자였던 고인과 동일한 사회경제적 질곡과 사회적 낙인을 함께 감당해야 했고, 고인을 보내고도 다시 살아남기 위해 여전히 분투하고 있는 '피해 생존자'의 존재론적 특징을 드러낸다.

목격자로서의 유가족

5·18이라는 미증유의 국가폭력 경험, 그리고 그 후유증으로 인한 자살이라는 이중의 외상 사건을 직간접으로 경험한 유가족은 목격자의 지위도 함께 지닌다. 물리적으로 고인과 가장 가까운 거리에서 일상을 공유하던 유가족들의 대다수는 5·18이라는 중대한 인권침해 경험이 어떠한 생애사적 고통과 자살 피해로 이어졌는지 그 제반의 과정을 목격할 수밖에 없는 위치에 있었다. 이러한 목격자의 경험은 두 갈래의 심리사회적 역동과 함께, 5·18 자살자 유가족의 피해자성과 행위자성을 동시에 규정한다.

자살자 유가족들은 첫째, 고인의 곁에서 그들의 고통을 늘 목격하고 인지함에도 아무것도 할 수 없었다는 무력감에 휩싸이게 된다. 자신이 해결해 줄 수 있는 것이 무엇도 없는 상황에서 한 생명이 온몸으로 고통을 외롭게 견디며 허물어져 가는 과정을 계속 지켜만 보아야 했던 무력감을 말한다. 이 같은 무력감은 혹 자신에게 고인의 자살에 책임이 있는 것은 아닌지 자문하게 했고, 극심한 자

---

59 '가족 트라우마'란 가족에 기반한 관계적 트라우마를 지칭하는 것으로, 개인의 심리적 속성이나, 사회 전체의 속성으로 환원되지 않는 가족관계를 매개(agency)로 행사되는 외상의 고유한 속성을 포착하기 위한 개념화이다(김명희, 2014: 14).

책과 자기 비난의 감정으로 이어졌다.[60]

둘째, 이러한 죄책감과 자책감은 살아생전 고인이 겪었던 고통이 어디에서 비롯되고 왜 발생하는지 좀처럼 알 수 없고, 설명할 수 없는 조건에서 더욱 강화되었다. 이 경우 고인의 고통에 직접적으로 책임 있는 가해자가 다름 아닌 바로 자기 자신이라는 생각은 더욱 증폭될 수밖에 없다. 다른 한편 이 같은 죄책감의 굴레에서 빠져나오기 위해서라도, 자살 피해의 목격자로서 유가족에게 고인을 죽음으로 내몬 진정한 원인과 책임을 해명하는 작업은 매우 중요한 생애사적 과제로 부상한다.

증언자로서의 유가족

한 생명이 스러져 간 과정을 지켜보고 그 사인을 곱씹고 회상하는 과정에서 자신의 무지함을 깨달은 유가족의 경우, 더 이상 중립적인 목격자의 위치에 머물지 않는다. 고인의 죽음의 의미를 되새기거나 자신의 지난 행동을 되돌아보면서 새로운 교훈으로 다른 삶을 살아가고자 한다. 이는 이후 5·18 자살자 유가족이 고인의 삶과 죽음에 대한 '증언자'로 나서게 하는 동인이 된다.

이 경우 유가족은 자기 비난의 감정에서 벗어나, 자신이 경험하고 목격한 내용을 토대로 고인의 자살이 타살적 성격을 띠고 있

---

60 뒤르케임에 따르면 "만일 재난의 원인이 자신에게 있다고 스스로 인정할 때에는 자신에게 분노하고, 그렇지 않을 경우에는 다른 사람에게 분노한다"(뒤르케임, 2008: 358).

음을 증언하는 작업에 나서기도 한다(이해모, 2022 참고). 하지만 이를 위해서는 좀처럼 설명되지 않던 사인을 설명할 담론 자원이 확보되어야만 한다. 이러한 노력은 때로는 자살이 심리적 나약함에서 비롯된 또는 정신 질환으로 인한 비정상적인 죽음이라는 기존의 사회적 편견에 대항하는 과정을 수반한다. 이 과정에서 증언자로서의 유가족은 5·18이라는 역사적 사건과 고인의 죽음에 새로운 사회적 의미를 부여하는 상(喪)의 과정을 새롭게 경유하기도 한다. 이때 어떠한 사회적 조건이 이들의 인식과 행위에 관여하느냐에 따라 유족들은 여전히 가족의 죽음에 대해 '침묵'하거나, 아니면 그 궤도를 벗어나 자살에 이르게 된 폭력적 과정을 더 많은 청중에게 소극적 또는 적극적으로 증언하는 '말하기'의 삶을 살아간다.

자살 피해의 생존자·목격자·증언자의 위치성이 상호 얽혀 있는 복합적인 생애 과정은 크게 자살자 '유가족의 상(喪)의 과정'으로 이해될 수 있다.[61] 이 같은 5·18 자살자 유가족의 존재론적 특성을 염두에 두고, 연구 참여자들의 생활 세계에서 드러나는 사회적 고통의 면면과 그 작동 방식을 살펴보면 다음과 같다.

---

61 '유가족의 상(喪)의 과정'은 일본의 정신의학자 노다 마사아키(野田正彰)에게서 가져온 개념이다. 그에 따르면 참사를 겪은 유족들은 죽은 사람이 남긴 유지(遺志)의 실체를 상정하고 계승하는 사회적 활동을 통해 고인(故人)의 생명을 영속시키는 동시에 아픔을 승화시키는 '유지(遺志)의 사회화' 과정을 경유한다. 그리고 죽은 자를 중심으로 펼쳐지는 유족과 사회의 상호작용은 기존의 사회관계를 재(再)구축하는 과정이 된다(김명희, 2015; 노다 마사아키, 2015).

4. 고통의 가족화와 유가족의 말하기

1) 고통의 은폐와 가족화된 피해

5·18 자살자 유가족의 고통의 근원은 5·18 피해 생존자인 고인이 자살을 감행하기 이전의 시간으로 거슬러 올라간다. 그것은 고인이 가족들에게 자신의 5·18 피해 경험을 '말할 수 없음'의 문제에서 시작되었다. 고인들은 5·18 당시 겪었던 고문과 세뇌 등의 반인권적인 국가폭력과 이어지는 공권력의 감시와 사찰, 사회적 낙인을 경험하면서도 자신의 피해가 다른 가족 성원에게도 미칠까 두려워 고통의 깊은 곳에 무엇이 자리 잡고 있는지 침묵했다. 또한 심각한 상해를 입었던 피해 생존자의 경우, 자신의 질병만으로 버거워하는 가족 성원들에게 또 다른 부담과 고통을 주고 싶지 않아 자세한 이야기를 하지 않았다.

아이러니하게도 가족관계를 특징짓는 친밀한 결합은 오히려 가족들에게 누가 될까 봐 자신의 고통을 말하지 않도록 한 배경이 되었다. 그리고 고인이 자신의 고통을 온전히 가족들에게 말하지 않음으로써 다른 가족 성원들은 고인의 행동을 좀처럼 이해할 수 없었다. 소통의 부재와 단절이 거듭되면서 국가폭력으로 인한 사회적 고통은 해결의 출구를 찾지 못하고 가족 내부에서 다양한 방식으로 재생산되었다. 이같이 국가폭력으로 인한 고통이 사회화되기보다 사(私)적이고 개인적인 것으로 은폐됨으로써, 가족 안으로 고통이 내부화되고 소집단화되는 메커니즘을 '고통의 가족화'라 부를 수 있다.

예컨대 가족들은 가시적으로 드러나는 정신이상적 행동으로만 그들을 이해할 수밖에 없었다. 게다가 1980년 5월 이후 상당한 시간 동안 5·18의 경험에 대해 국가와 사회가 쉬쉬했기 때문에, 가족들은 그의 '정신 질환'이 발생하게 된 상세한 맥락 또한 알 수 없었다. 때문에 5·18 피해자의 이해할 수 없는 행동을 가문의 명예를 훼손하는 수치스러운 요소로 받아들였고, 가족 성원들은 복잡한 양가감정에 휩싸이게 되었다((사)5·18 민주유공자유족회 편, 2007b; 2008a; 2008b).

대표적으로 이한수의 둘째 형은 1980년 5·18 이후 극심한 트라우마를 겪다가 1984년 12월 자살을 감행했다. 살아생전 둘째 형은 늘 과음 상태로 본가에 찾아와 "세상 살기 싫다", "세상 사람들이 다 폭도라고 하는데 나는 억울하다"라며 한탄하곤 했다. 하지만 둘째 형은 5·18 직후 상무대에서 구금된 기간 동안 어떤 일을 겪었는지를 가족들에게 일체 말하지 않았다. 이 같은 상황이 4년여 반복되자 둘째 형과 부친은 자주 다투곤 했고, 그때마다 집 안은 늘 전쟁터가 되곤 했다. 가족들은 180도 바뀌어 버린 그의 모습을 보고 "5·18 때 정신이 돌아 버렸다"라고 여기게 되었다.

> 성질도 좋고 따뜻하고 괜찮았는데 인제 5월 겪고 나서, 집에 오면은 맨날 술 먹고 오고. 또 아버지랑 싸우고, 그럼 우리 어머니는 말리고. 좀 이런

게 반복되고? 그리고 형님이 인제, 집을 난장판 치고 싸우고 나가면, 우리 아버지는 또 우리 어머니-를 막, 또, 어머니한테 분풀이를 하는 거죠. 우리 어머니를 때리고 욕하고 막. 그니까 인제, 2차, 2차- 이런 피해가 되는 거죠. (…) 나, 나 이렇게 죽고 싶다. 이런 얘기만 했지- 그~ 그 당, 그 안에서 뭐가 어쨌고 시시콜콜하니- 그런 얘기는 전혀 안 하고 (…) 저는 이제 거기서 학교를 계속 다니니까, 그때 뭐 중학교? 이렇게 학교를 다니니까 (2)[62] 집에 오면 막 난장판이 돼 버리니까 (2) 그, 그니까 두-려운 기억밖에 없는 거죠. 어, 왜, 왜, 왜 그럴까 막, 이런 (2) 두렵고, 그래서 막, 그니까 형님하고 아버지하고 싸우고, 아버지하고 또 어머니랑, 막 때리고 폭행하고 이런 게 인제, 계, 계~속 되돌이표로 반복이 되니까. 그 그 상황들만 봤던 거죠. 제가 어떻게 뭐, 개입할 수도 없고. 무서웠고(이한수 구술 녹취록).

1980년 초반 신군부의 통제하에 있던 엄혹한 사회 분위기 속에서 좀처럼 이해할 수 없는 고인의 행동은 부모-자녀 관계에 깊은 갈등의 골을 남겼고, 형제자매들의 회피와 무관심으로 이어져 가족 내 소통의 부재를 더욱 강화했다. 지금껏 남겨진 가족들이 둘째 형의 죽음에 관해 단 한 번도 이야기하지 않았다는 사실은, 당시의 갈등으로 인한 상처가 가족들 안에서 여전히 아물지 않고 현재성을 띠고 있음을 시사한다. 둘째 형과 부친의 다툼을 동생 이한수와 함께 지켜본 막내 누나도, 둘째 형의 화풀이와 부친의 분풀이를 동시에 떠안아야 했던 모친도, 1980년대 당시 고위 공무원으로 재직했

---

62 괄호 안의 숫자는 구술자가 이야기를 쉬어 가는 초를 나타낸다.

던 첫째 형도 모두 여전히 둘째 형의 죽음에 대해서는 함구했다.

2) 돌봄의 젠더화와 피해의 재생산

더욱이 5·18 이후 진실규명 작업이 오랜 시간 답보되면서 피해 생존자 가족들도 연속적인 외상 과정에 들어서게 되었다. 5·18을 '광주사태'로, '폭도'의 산물로 몰아갔던 신군부 정권은 피해자들의 피해 회복을 위한 어떠한 노력도 하지 않았다. 오히려 '폭도'와 '빨갱이'라는 오명(汚名)과 함께 피해자가 가해자가 되었고, 국가폭력의 가해자로서 국가가 져야 할 피해 회복의 책임은 오롯이 가족들의 몫으로 떠넘겨졌다.

돌봄의 젠더화

이 같은 상황은 한국 사회의 가부장적 가족구조와 맞물리면서 여성과 2세대 가족 구성원들의 돌봄 책임을 가중시켰다. 특히 여성 유가족의 경우 일상의 영역에서는 노동 능력을 상실한 남편을 대신해 순식간에 경제적인 생계 부양자가 되어야 했고, 자녀의 양육과 간병을 함께 도맡아 겹겹의 돌봄 부담을 지게 되었다. 여성 유가족의 고단함과 삶에 대한 의지 상실은 살아생전 남편의 상해를 돌보는 과정에서 오랜 시간 켜켜이 누적된 것이다. 환자의 고통은 그것이 신체적이든 심리적이든 혹은 사회적이든, 가족 돌봄 제공자에게 큰 영향을 미친다. 그리고 사랑하는 사람의 고통을 덜어 줄 수 없을 때, 가족 돌봄 제공자는 큰 무력감을 느낀다(페렐·페라로, 2016: 260~261). 나아가 건강한 사람이 '정상'이고 기본값이 되어 작동되는 사회(김영옥 외, 2020)에서 '빨갱이', '폭도', '장애자'로서 여러 겹의 사회적 낙인의 타깃이 된 피해자들을 돌보는 것은 때로는 자신의 정상성과 존재를 부정당하는 당혹스러운 경험으로 되돌아오곤 했다. 이들의 서사는 국가폭력 피해자 가족의 생활 세계에서 분단국가의 상징폭력과 '돌봄의 젠더화'가 복잡하게 얽혀 들어가는 경로를 드러내 보여 준다.

예컨대 임은희는 남편이 총상으로 심각한 부상을 입어 평생 그를 간병해야 했다. 김선아는 1980년 당시 부상 후유증을 견디기 위해 알코올중독에 빠진 부친을 돌보아야 했다. 언제 끝낼 수 있을지 알 수 없는 간병 상황에서 개인의 일상은 늘 희생되기 일쑤였고, 극도로 노동 집약적인 돌봄을 여성이 혼자 오롯이 감당해야 했다.[63] 하지만 이들의 일상은 사회에서 비(非)일상적인 것으로 간주되었다. 이들에게 주어지는 건 사회적 인정이 아닌 더 무거운 책임감과 죄책감, 그리고 편견 가득한 시선뿐이었다. 이 같은 경험이 누적되

---

63 2018년 『서울신문』이 「간병살인 154인의 고백」이라는 제목으로 기획보도를 냈다. 이에 따르면 간병인의 경우 10명 중 8명이 여성이었고, 그중 딸과 며느리가 절반 비율을 차지했다. 여성이 간병인의 절반을 차지하는 이유에는 가부장적 가족에서 여성은 생계 보조자라는 인식, 여성성에 대한 왜곡된 인식, 가족 구성원 간 임금 차이 등이 영향을 미쳤을 것으로 보인다. 이러한 가족 간병인은 보통 사람보다 10배 더 높은 우울증을 보였고, 이들 중 95.7%가 "간병으로 신체와 정신 모두 한계에 몰리고 있음"을 느꼈으며, 이들 중 10명 가운데 3명은 '간병살인'을 생각한 것으로 밝혀졌다. 이들을 가장 힘들게 하는 건 이 생활이 언제 끝날지 모른다는 것이었다(「간병살인 154인의 고백」, 『서울신문』, 2018. 9. 3).

면서 임은희와 김선아의 경우 점차 자신에 대한 통제력과 자율성을 잃어 가며 무력감에 휩싸였고, 자해·자살시도라는 극단적 결과로 이어지기도 했다. 이러한 패턴은 국가폭력 자살자 유가족의 재희생 자화가 진행되는 사회적 과정을 드러내 준다. 이는 과도한 가족 책임의 사회질서와 젠더화된 돌봄 구조에서 파생된 것이다.

> 진통제 같은 것도 안 맞아. 그거는 약이 없어. 진통제는 아프면은 그 좀 수그라들지만, 이거는 전기로 때린 것처럼 자동으로 이 발이 탁~! 탁~! 쳐 부러 그냥. 여, 여까지 올라오구로 이렇게. 여까지 올라. 막~! 뛴다니까 이게 막, 잡고 나도 막 잡고 막. 필요 없어. 약이 없으니까. 자기가 견뎌야 돼, 그것을. 근디- 나이가 먹으니까 더 자주 오더라고 그게 막. 잉~ 왼쪽이 막 절단된 데- 아 옆에 사람은 어쩌긋어, 어떻게 할~ 수가 없잖어. <u>본인도 할 수 없고 나도 할 수 없고 약도 없고 그니까. 그 고통을 자기가 견뎌야지 그니까. 수그라들 때까지. 느~닷없이 아픈 거야, 자다가도. 그러면 악 써. 막. 가보븐은 막 그러고 있어. 아이그 (2) 아예 고통 없이 돌아가실려고 (2) (…) 긍께 옆에 있던 사람도 같이 막 우울, 우울허고 막 그러니까 우울증 걸려부렀지</u>~ 나도 한 2년간 안 나왔어, 밖에. 반찬 같은 것도 아~무것도 안 해. 청소도 안 했다니까. 나는 아주, 아예 안 했다니까. 그런 것도 안 하고. 죽을 생각, 어떻게 하믄- 쉽게 죽으나. 그런 생각만 한 거예요 그냥 (…) 그래 갖고 나도 인자, 뭐 또 소동이 한 번 나가지고 (3) 조대 병원에 가갖고 막, 그 뒷날인가, 본께 병원이드만. <u>나도 내 그런 일이 있었고~</u> 그런 게 힘들었다고 (2) 본께 (2) 그랑께 가족들 고통이란께 그것이, 본인도 본인이고, 가족도 가족이고 그래(임은희 구슬 녹취록).

이렇게 볼 때 자살이 삶의 어려움 때문에 일어난다는 통속적인 관념은 사실이 아니며 그와 반대로 삶의 부담이 늘어날수록 감소한다는 뒤르케임(2008: 233)의 주장은, 5·18 자살자 유가족의 경우에는 잘 들어맞지 않는다. 물론 이 같은 뒤르케임의 진술은 당대의 시대 상황에서 출산을 통한 가족의 수를 통제함으로써 빈곤이라는 사회문제의 해결을 주창했던 토머스 맬서스의 입론에 반대하기 위한 맥락 속에 자리한다.[64] 하지만 이러한 진술이 그의 자살유형학에서 숙명론적 자살에 대한 체계적인 부정과 전적으로 무관하지만은 않을 것이다. 요컨대 삶 전체가 구조적·문화적·신체적 폭력에 만성적으로 노출된 가족들에게 좀처럼 감당하기 어려운 삶의 부담은 자살 위험을 가중시킬 수 있다.

폭력의 악순환

무엇보다 5·18 자살자 유가족이 자살의 희생양이 될 위험에 더 크게 놓이게 된 배경에는 지체된 이행기 정의의 제도적 맥락이 자리했다. 이러한 조건 속에서 국가폭력이라는 '집단폭력'의 트라우마가 친밀한 파트너 폭력(intimate partner violence)을 비롯한 가족 내 '대인 간 폭력'으로 재생산되고, 가족 내 젠더 위계에 따라 여성과

---

64 맬서스가 가족 수의 통제를 촉구한 것은 그런 제한이 어떤 면에서는 공공의 복지를 위해 필요하다고 느꼈기 때문이다. 그러나 실제로는 인간의 생존 영역을 감소시키는 반대조건의 원인이 된다(뒤르케임, 2008: 239). 한편 현재의 출생률을 유지하기 위해서는 혼인율을 떨어뜨려야 한다는 맬서스의 주장에 대해서는 맬서스(2016: 280~281) 참고.

2세대에게 돌봄의 책임이 전가되는 폭력의 미시구조가 자리한다. 그리고 이를 감당하지 못했을 때 따라오는 죄책감과 우울감은 여러 유형의 '상징폭력'과 맞물려 '자기를 향한 폭력'으로 이어지는 경로를 산출한다. 결국 국가폭력 피해자들의 자살과 그 유가족의 자해·자살시도는 범죄적 권력이 행사하는 만성적이고 일상적인 폭력의 연속적 순환 과정에서 일어났다고 볼 수 있다.

〈그림 5. 1〉 국가폭력과 자살피해의 재생산 과정

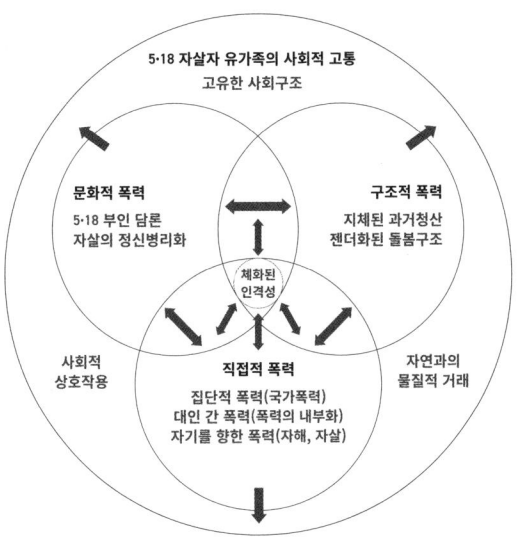

이 과정을 단순화하여 그림으로 나타내면 〈그림 5. 1〉과 같다. 이 그림은 국가폭력과 자살피해의 상호 매듭을 설명하기 위해 세계보건기구가 제시한 폭력의 세 층위와 갈퉁의 폭력의 삼각형 모델을

종합하여 재구성한 것이다.[65]

3) 죽음의 책임 전가와 사인(死因)을 둘러싼 싸움

위 그림에서 보듯, 피에르 부르디외가 말한 상징폭력[66]은 갈퉁이 말한 문화적 폭력의 한 형태로서 '5·18 유가족'에 더하여 '자살자 유가족'에게 덧씌워진 낙인과 편견 속에서 더욱 증폭되고 강화되는 양상을 보인다. 이는 고인의 자살 직후, 장례의 과정에서 가장 먼저 나타났다. 이생에서 고인과 마지막을 함께하는 시간인 장례의 과정은 — 유가족의 상황에 따라 다소 차이는 있지만 — 가까운 지인들에게 가족의 죽음을 알리지 않았거나 사인을 숨겼다는 점에 공통

---

65 〈그림 5.1〉은 자살자 유가족의 2차적인 자살 피해를 야기하는 폭력의 순환구조를 바스카가 사회적 실재에 접근하기 위해 제안한 4-평면 사회적 존재 개념을 고려해 재현한 것이다. 이것은 모든 사회적 사건과 모든 사회적 존재가 (a) 자연과의 물질적 거래 (b) 사람들 사이의 사회적 상호작용 (c) 사회구조, 그리고 (d) 체화된 인격성의 네 차원에서 동시에 발생한다는 생각이다(Bhaskar, 2016: 53). 이를 참고할 때, 국가폭력으로 인한 신체적 손상과 정신적 상흔, 그리고 가족관계 내부에서 재생산된 국가폭력으로 인한 신체적·정신적 과부하와 자살시도는 자연과의 물질적 거래 및 체화된 인격성의 평면에 걸쳐 있다. 이러한 폭력의 순환은 지체된 이행기 정의 과정이 초래한 빈곤과 젠더화된 돌봄구조라는 사회구조적 압력에서 비롯된 것이다. 이와 함께 사회적 상호작용의 평면에서는 사건-보상(특권) 프레임 속에서 5·18 유공자를 특혜를 받은 세력으로 오인케 하는 5·18 부인 담론, 그리고 자살을 정신 질환의 결과로 이해하는 정신병리학적 편견들이 구조적 폭력을 정당화하는 문화적·상징적 폭력으로 작동한다.

66 부르디외가 제안한 상징폭력은 지배가 정당한 것으로 오인(誤認)되는 방식을 통해 이루어지는 지배 형태로, "사회 행위자의 공모(共謀)에 의해" 행사되는 폭력이다. 이 과정은 비가시적인 형태로 진행되기에 상징폭력의 효과를 통해 고통받는 사람들 또한 폭력의 공모에 참여한다(부르디외, 1995: 26~73).

점이 있다. 여기에는 앞서 말했듯 유가족 자신이 제 역할을 다하지 못했다는 자책의 감정이 크게 작용했다. 자살한 이와 가장 친밀한 거리에 있는 상호관계자로서 고인의 아픔을 잘 알지 못했다는 죄책감에 휩싸인 유가족은 고인의 죽음에 대한 책임을 끊임없이 자신에게 전가했다. 가령 2세대인 정동석은 생계 부양자였던 자신의 부도빚 때문에 가계가 급격하게 기울어지는 상황에서 평소 부친의 호소를 방조하고, 부친과의 마지막 통화 또한 갈등으로 끝났다는 기억이 깊은 자책으로 남아 한동안 자살사고(思考)가 끊이지 않는 삶을 살아야만 했다.[67]

> '제 탓'이었다는 건 확실하다고 생각해요 지금도. 왜? 장남으로서 자식으로서- 충분히 그런 부분들을 막을 기회가, 있었다고 생각해요. (2) 뭐라 그럴까요, 방조? 그런 생각들을 많이 가졌던 거 같아요, 그 당시에. (…) 그냥 제 생활에 쫓겨서, 당신이- 우울증이 있고 뭐가 있기 때문에 제가 무시를 해 버린 거죠. 그게 딱 한, 한 번은 아니었겠죠. 근데 그게, 해필이면은, 오전에 저하고 통화하고, 긍게 싸움, 말다툼 아닌 말다툼을 하고 끊었는데, 그날 오후에 느닷없이 경찰서에서 전화가 온 거죠. (…) 초반에는, 아버지가 자살하셨다는 그것 때문에 더 말을 못했던 거 같아요. 그게 저한테 너무 많이 억눌러져 있으니까. <u>아버지가 자살하셨다, 왜? 내가 '못난 놈'이라서</u> (2) 이런 생각들이 더 강했어요. 그래서 차마, 그 말을 (2) 못, 차마 (3)

---

67 중앙심리부검센터의 조사 결과에 따르면 유족의 83.6%는 우울 상태에 있다. 자살자 중 45.8%가량이 가족 가운데 이미 자살시도·사망자가 있었다. 2018년 연구에 의하면 일반인보다 자살 유족의 자살생각은 많게는 8배, 자살계획은 6배 높았다(박상훈 외, 2021: 40).

> 그 말이 나오지 않았었죠. 자살 쉽지 않아요. 왜? 저도 시도를 했거든요 (정동석 구술 녹취록).

『꽃만 봐도 서럽고 그리운 날들: 상이 후 사망자편, 5·18 민중항쟁 증언록』에는 상이 후 5·18 자살자 유가족 30명의 이야기가 수록되어 있다. 이들의 사례에서는 아들의 자살을 직접 보지 못하여 자살을 믿지 않는 경우(1명), 인터뷰에서는 사인이 자살임을 명확히 얘기하지만 남은 자녀나 어린 형제 등 남은 가족 성원들에게는 정확한 사인을 말하지 못한 경우(2명), 고인의 사망이 정황상 자살이지만 사고사로 이야기하는 경우(3명), 부상 후유증을 앓다가 사망했다고 구술하는 경우(6명)가 등장한다. 이렇듯 유가족들이 고인의 자살을 숨기거나 사인을 정확히 말할 수 없었던 배경에는 자살이 정신병리의 결과라고 하는 이데올로기적 편견 또한 크게 작용했다.[68]

이러한 양상들은 비단 5·18 자살자 유가족만이 아니라 일반적인 자살자 유가족의 경우와 크게 다르지 않을 것이다. 그럼에도 5·18 자살자 유가족들의 '말할 수 없음'에는 또 다른 복잡한 맥락이 개입한다. 5·18 유가족이 유족으로서 피해자의 권리를 보장받는 대표적인 항목으로 의료 혜택이 있다. 이는 앞서 살펴보았듯, 금

---

[68] 5·18 민주유공자유족회 편(2007b; 2008a; 2008b) 참고. 여기에는 보상법의 실행 당시 피해보상금이 신체적 상해 중심으로 지급되어 정신적 후유증을 인정하지 않았던 제도적 맥락 또한 자리한다.

전 보상과 치료 비용 지원으로 피해 회복과 과거청산이 다 완료된 것으로 바라보는 왜곡된 인식과 착시현상을 야기했다. 「5·18 보상법」으로 의료 혜택을 받을 수 있는 권리를 증명하는 증서인 '유족증'이 또 하나의 '특권'으로 인식되어 피해자들 내부에서도 '진짜 피해자' 논쟁을 유발하기도 했다. 피해에 등급을 나누고 정상을 둘러싼 내부의 인정투쟁이 일어나게 된 것이다. 이렇게 피해자의 죽음을 끊임없이 '정상'과 '비정상'의 잣대에 올려 둠으로써 유가족들은 정체성의 혼돈과 자신의 존재 가치에 의문을 갖게 하는 사회적 폭력을 일상적으로 맞닥뜨렸다. 남겨진 가족들은 고인의 자살 이후에도 고인의 자살 피해를 입증해야 할 책임과 함께 지난한 보상 심의 과정을 오롯이 감당해야 했다. 이는 5·18 자살자 유가족들의 침묵을 공고히 하고 스스로의 존재를 은폐하는 데 일조했다.

김은정이 적절히 지적하듯, 가족들이 하나로 묶인다는 것은 서로 감정적·신체적 영향을 주고받으며 연결되어 있다는 것이다. 이러한 특성 때문에 '가족'은 특정한 조건에선 쉽게 생존을 위한 폐쇄적 공간이 될 수 있으며, 자기를 희생해야 하는 여성들은 남성과는 다르게 내려지는 도덕적 평가의 시스템에 따라 행위할 것을 요구받는다. 이런 경우 '가족'은 젠더와 정상성을 중심으로 구성된 위계를 유지하기 위한 폭력이 내재된 공간으로 구성된다(김은정, 2022: 195).

이 모든 것을 아울러 볼 때 5·18 자살자 유가족이 가족의 죽음을 말할 수 없었던 배경에는 여러 층위의 사회적 힘들이 개입했다. 신군부의 집권과 지체된 과거청산 과정은 가족의 피해를 재생산하고 5·18로 인한 가족의 죽음에 관한 진실조차 침묵하게 하는 구조적 요인이었고, 과거청산 이후에도 자살 피해자의 정신적 고통과 후유증을 피해 사실로 인정해 주지 않는 제도적 제약이 자리했으며, 자살에 대한 정신병리학적 편견과 사회적 낙인은 유가족의 말하기를 억제하는 이데올로기적 요인이 되었다.[69] 또한 가부장적 가족주의가 수반한 가족 내 성 역할 규범은 고인의 자살을 둘러싼 책임을 자신에게 귀속시키고 자책과 우울의 감정에 짓눌리게 하는 사회문화적 강제로 작용했다. 5·18 유가족에게 겹겹이 덧씌워진 '자살자 유가족', '특권집단'이라는 모순적인 사회적 시선은 유가족의 침묵을 지속시키는 요인이 되었다. 이 모든 사회적 압력 속에서 남겨진 가족들의 자살시도라는 비극적인 사회적 고통이 연쇄적으로 이어졌던 것이다.

4) 설명된 죽음과 5·18 자살자 유가족의 말하기

그럼에도 불구하고 연구에 참여한 5·18 자살자 유가족들은 고인의 죽음이 어떤 사회적 의미를 갖는지, 자신들이 어떠한 삶을 살아왔고, 지금 이곳에서 왜 목소리를 내고자 하는지 소극적 또는 적극적인 태도로 말했다.

먼저 소극적 증언자의 모습을 보인 임은희와 정동석은 고인의 자살에 대해 말하는 것을 처음에는 많이 꺼려 했다. 자살로 인한 가족의 죽음은 떠올리는 것만으로도 고통스러운 외상적 사건이다. 무엇보다 연구 참여자에게는 고인의 자살이 5·18의 경험과 어떻게 연결되는 것인지를 헤아릴 충분한 앎과 설명의 언어가 부재했다. 임은희의 경우 5·18로 인한 상해로 오랜 시간 고통받았던 남편의 자살이 그의 잘못 때문이 아님을 어느 정도는 알고 있었다. 그럼에도 그녀는 자살을 둘러싼 정신병리학적 편견들에 해석적으로 영향을 받으면서 남편의 자살을 수치스럽고 '부끄러운' 것으로 인식했다. 정동석의 경우 부친의 5·18 경험에 대한 구체적인 정보가 부족했기에, 부친의 죽음을 5·18 경험과 연관 지어 설명하는 것을 조심스러워했다.

그리고 답보된 진실규명과 과거청산 과정에서 유가족들이 처한 상황에 관심을 갖고 이들의 목소리를 경청하고자 하는 공감적 청중 또한 오랜 시간 부재했던 맥락도 이들의 '말할 수 없음'에 개입했던 이유일 것이다. 임은희의 경우 '남편이 없다는 이유'로 지인에게 무시와 불인정을 당한 경험이 빈번했고, 정동석의 경우 지인들에게 5·18 유가족임을 밝혔을 때 특권집단이라는 오명을 경험하기도 했다. 이처럼 유가족의 말하기를 위축시킨 요인은 구조적인 동시에 사회문화적인 차원을 지닌다.

그럼에도 가족의 죽음에 대해 용기를 내 목소리를 내고 말하기

---

69 이 점에서 자연 세계와 달리 개념과 행위에 의존하고, 가치에 침윤된 사회적 삶의 경우 해석적 개념들이 행위자의 활동을 제약하거나 촉진하는 담론적 기제가 된다는 것이 드러난다.

시작한 배경에는 유족회의 활동이 있었다.[70] 유족회 활동에 참여함으로써 이들은 고인이 왜 자살에 이를 수밖에 없었는지 조금씩 알게 되고 설명할 수 있게 되었다. 그리고 5·18 유가족을 향한 사회의 왜곡된 시선을 시정하기 위해 소극적·적극적 증언에 나서기 시작했다.

또한 2020년 이후 5·18 자살자에 대한 사회적·학술적 담론이 조금씩 확장된 것도 유가족들이 말하기로 나아가는 중요한 배경이 되었다는 점을 짚고 갈 필요가 있다. 대표적으로 이한수는 적극적 증언자의 행위 동학을 드러내 보여 주는 사례이다. 어린 나이에 1984년 둘째 형의 죽음을 목도했던 이한수는 오랜 시간 형이 경험한 5·18이 어떠한 것이었고, 그 이후 4년의 시간 동안 어떠한 삶을 살았는지 정확히 알지 못했다. 하지만 우연한 기회에 그는 2021년 둘째 형의 재판 기록이 전시된 '5·18 기록물 유네스코 등재 10주년 기념전시'에 참여하게 되었다. 그리고 둘째 형의 재판 기록물을 입수하게 되면서 의문투성이였던 둘째 형의 오월의 행적을 구체적으로 이해하고 (재)인지하는 과정을 거치게 된다. 그리고 5·18 당시 상무대 영창생활을 했던 시민군과 가족 및 친지를 하나둘 찾아가 흩어져 있던 기억의 파편들을 엮어 내면서, 당시 둘째 형이 마주했던 상황을 새롭게 이해하게 되었다. 나아가 5·18 자살과 관련된 필

---

70 이러한 패턴은 자살자 유가족 자조 모임의 경우에도 유사하게 나타난다. 유가족 자조 모임은 유족들이 참여하면서 말하기 힘든 내용을 말하고 스스로 회복할 수 있는 곳이다(〈시사기획 창 320회: 자살 생존자〉, KBS, 2021).

자의 학술 논문을 탐독하면서 둘째 형의 자살이 5·18 국가범죄의 피해가 (재)생산되는 과정에서 일어난 것이며, 비정상적인 죽음이 아닌 국가폭력에 의한 타살적 자살임을 알게 되었다.

이 같은 가족의 역사에 대한 재해석의 과정을 거쳐 그는 둘째 형을 비롯해 그간 가려져 있던 5·18 자살자들의 상황과 고통을 사회에 알려야 한다는 사명감과 책임감으로, 나아가 또 다른 자살자 유가족이 목소리를 낼 수 있길 바라는 간절한 마음으로 둘째 형의 생애사를 정리하여 책으로 출간했다(5·18 민주화운동기록관, 2022). 이후 그는 5·18 자살문제의 실태와 자살자 유가족이 겪고 있는 고통을 시민사회와 나누기 위해 북콘서트를 직접 기획하고, 이를 통해 여러 청중과 소통하는 작업을 활발하게 진행하고 있다.[71] 이처럼 이한수가 적극적으로 말할 수 있게 된 배경에는 기록물, 전시, 인터뷰, 학술연구라는 담론적 매개물들이 자리했다. 이를 통해 그는 둘째 형의 자살에 이르게 된 사인을 이해하고 설명할 새로운 언어와 자원을 얻을 수 있었다. 그럼으로써 그는 가족의 죽음에 대한 설명의 책임(accountability)이 자신에게 있음을 깨닫고, 공감적 청중과 공론의 장을 조금씩 확장해 나가고 있다.

---

71 「잊혀진 5·18 자살자 위한 해원의 장 마련」, 『불교신문』, 2022. 5. 26.

5. 설명적 치유의 가능성

5·18 피해자들의 집단 트라우마 조사를 진행하며 진영은과 함께 쓴 이 글은, 5·18 자살자 유가족의 사회적 고통을 설명하고 드러냄으로써 그 고통에 함께 동참하기 위한 동인에서 시작되었다. 어느 순간 사회는 '민주화'라는 이름 아래 5·18을 특정한 날에만 기념하는 정신으로 기억해 왔다. 그리고 '국가유공자 및 가족'이라는 타이틀 속에 납작한 인식으로 그들의 삶을 인지해 왔다. 하지만 기념일로 5·18을 기억하는 방식은 1980년 5·18에 순식간에 연루되어 그 이전과 전혀 다른 삶을 살게 되었던 고인의 고통을 끌어안고, 그 이후에도 고인의 기억과 함께 현재를 살아가고 있는 5·18 자살자 유가족들의 사회적 고통을 외면하고 방관하는 태도가 될 수 있다. 이들의 고통에 대한 사회적 무관심과 무지 속에 자라난 5·18 부인과 침묵은 '말할 수 없음'을 재생산하는 기제가 되어 유가족의 삶을 '가족'이라는 굴레 속에 옥죄어 가는 데 일조했다.

따라서 이 장에서는 지난 44년 동안 한 번도 주목받지 않고 말해지지 않았던 5·18 자살자 유가족이 처한 삶의 조건과 고통의 내면에 다가서고자 질적 연구 방법론의 하나인 생애사 방법론을 도입했다. 이러한 과정 중심적 접근법은 고통을 수치화하고 계량화하는 데 치중된 기존의 접근법과 달리 — 비(非)가시화되어 있는 — 고통의 연속성과 재생산 기제를 드러내고 그 인과 과정을 설명하기 위한 방법론적 시도로서 의미를 갖는다.

구술 생애사 방법론의 도움을 받아 연구 참여자들과 진실을 찾고 함께 말하는 작업은 보이지 않던 것을 보이게 하고, 들리지 않던 것을 들리게 할 수 있다. 이는 푸코가 말한 '파레시아'(parrhēsia)의 힘을 활성화할 수 있다.[72] 이 같은 파레시아는 말해진 것과 말해지지 않은 것 사이에서 작동하는 정치에 저항하는 용기를 필요로 한다(엠케, 2017: 238~239). 그렇기에 진실 말하기, 모든 것을 말하기는 현대적 의미에서 '비판'이라는 의미를 획득한다(푸코, 2016: 44).

나아가 현재의 시점에서 5·18 자살자 유가족의 말하기는 설명의 힘이 촉발하는 설명적 치유의 가능성을 열어 준다. 5·18 자살자 유가족들에게 중요한 것은 5·18 자살자가 생전 '왜 고통스러운 삶을 살 수밖에 없었는지', '왜 자신의 가정은 일반적이지 못했는지'에 대한 이해와 설명이었다. 허먼이 말하듯, 생존자가 스스로를 이해할 수 있게 되면, 생존자는 심리적 어려움이 자신의 본질적인 어려움 때문이라는 생각을 더 이상 하지 않을 수 있다. 고통스러운 경험에 새로운 의미를 부여하고, 낙인찍히지 않는 새로운 정체성을 형성할 수 있는 길이 열린다(허먼, 2012: 218). 따라서 언어화되지 못했던 외상적 기억을 언어화하는 과정, '말할 수 없음'에서 '말할 수 있음'으로 나아가는 과정은 곧 세계를 표상하고 재창조하는 회복과

---

72 푸코가 1983년 '자아와 타인에 대한 통치'(Le gouvernement de soi et des autres)에서 고대 그리스어 '파레시아'라는 개념을 빌려 전개한 '진실 말하기'(Wahrsprechen)는 자유롭게 말하기(free speech) 혹은 솔직하게 말하기(frank speech), 말 그대로 '모두(pan) 말하기(rhēma)'를 의미한다(푸코, 2017: 29, 92~98).

치유의 과정[73]이 될 수 있다.[74]

　마지막으로 5·18 자살자 유가족의 말하기는 5·18을 둘러싼 생애사적 진실에 대한 사회 성원들의 이해의 폭을 확장하여 5·18이 남긴 사회적 고통과 자살에 대한 왜곡된 시선 및 인식을 시정할 소통의 공간을 새롭게 마련한다. 5·18 자살자들에게 마지막까지 절실히 필요로 했던 것은 가해자의 책임을 분명히 함으로써 가해자와 질기게 얽혀 있는 속박의 고리를 끊어 줄 사회의 지지와 관계의 힘이었다. 이러한 사회적 지지와 연대의 버팀목은 왜 이들이 죽음을 선택해야 했는지, 저마다의 소우주에 담겨 있는 삶의 의미와 인생 역정에 대한 깊은 이해와 공감을 전제로 한다(김명희, 2022b: 52). 국가폭력 자살자 유가족의 말하기를 지원하는 크고 작은 생애사 작업은 '말할 수 없음'에 개입했던 사회적 힘들을 성찰케 하고, 현재 진행 중인 5·18의 아픔에 대한 공동체의 앎을 확대함으로써, 제도적 청산의 한계를 넘어 '피해자-사회 중심'의 사회적 치유로 나아갈 방법론적 가능성을 열어 주고 있다.

73　표현 불가능하던 고통을 말하는 과정은 고통의 탈-대상화 작용을 전복함으로써 고통을 우리 세계의 공유 가능한 일부로 재구축하는 창조(making)의 과정이다(스캐리, 2018).
74　이 점에서 뒤르케임이 말하듯, "우리에게 남겨진 유일한 지침은 지식뿐이며 지식을 수단으로 도덕을 다시 세워야 한다. 달리 방법이 없기 때문에 위험하다 해도 망설일 수 없다"(뒤르케임, 2008: 198). "이러한 성찰을 통해 우리가 할 수 있는 것은 감정을 더욱 정제하고 지성적으로 만드는 일이다. 다시 말해 지성이 감정의 영역을 점점 더 침입하게끔 하는 일이다"(뒤르케임, 2024: 44). 이러한 맥락에서 비인지적 정서와 해악들을 겨냥한 뒤르케임의 비판은 확실히 칸트보다는 스피노자의 전통에 가까이 간다.

제6장 자살과 분단
: '탈북자 자살'과 이중의 생명정치

> 한 집단의 밀도는 그 활력이 떨어지지 않는 한 줄어들지 않는다. 집합감정이 강하다는 것은 각 개인의 의식에 영향을 미치는 힘이 모든 사람들에게 교차되어 반사되기 때문이다. 따라서 집합감정의 밀도는 상호 반사하는 의식의 수에 의존한다(뒤르케임, 2008: 240).

> 종교가 자살을 방지한다면 그것은 오로지 종교가 사회이기 때문이다. 따라서 다른 사회들도 아마 같은 효과를 가지고 있을 것이다. 이러한 관점에서 우리는 정치적 사회를 고찰하기로 하자(같은 책, 201).

1. 먼저 온 통일의 디스토피아

이 장에서는 전쟁·분단체제의 극단을 살아가는 탈북민들의 자살 사례를 통해 자살과 분단의 관계를 사회 통합의 관점에서 살펴본다. 한국은 여전히 해소되지 않은 전쟁 상태를 겪고 있는 분단국가에 해당한다. '출산율 최저'라는 유례없는 초저출산 현상과 '자살률 최고'라는 반(反)생명적 상황은 70년이 넘게 지속된 전쟁 상태 및 분단구조와 무관하지 않을 것이다. 프로이센-프랑스 전쟁(1870~1871)을 겪고 제1차 세계대전이 발발한 유럽을 목도했던 뒤르케임의 『자살론』에서 전쟁과 자살에 대한 언급을 발견하기란 어렵지 않다. 잘 알려진 것처럼 전쟁과 관련된 자살에 대한 뒤르케임의 테제는 전시 기간 동안 위기에 대응하여 고양된 사회적 응집력이 일시적으로 자살률을 감소시키는 경향이 있다는 것이다(뒤르케임, 2008: 248). 하지만 전쟁의 일시적인 자살예방력에 대한 뒤르케임의 가설은 만성적인 전쟁 상태에 있는 한국 사회에 곧바로 적용되기에는 무리가 있으며, 여러 실증연구 결과를 살펴보아도 내전(civil war)이 자살률에 미치는 영향은 불분명하다.[75]

전쟁과 역사적 트라우마

오히려 정치 통합은 자살에 반비례한다는 테제나 전쟁으로 인한 충격의 장기적이고 누적된 효과가 자살률에 영향을 미친다는 뒤르케임(2008: 246)의 언급이, 내전으로 인한 역사적 트라우마(historical trauma)[76]를 사회 곳곳에 품고 있는 한국 사회 자살을 설명하는 데

---

75 뒤르케임에 따르면 "사회적 사건이나 국민적인 전쟁은 집단감정을 일으키며, 당파심과 애국심, 사회 및 국가적 신념을 자극하고, 단일한 목적을 향해 모든 활동을 집중시키므로 적어도 일시적으로 사회의 통합을 더욱 강화시킨다"(뒤르케임, 2008: 248). 이 테제는 전시 기간 자살률에 대한 여러 실증적 후속연구를 촉발했다. 하지만 전쟁과 자살의 관계는 그리 단순하지 않다. 일례로 데이비드 레스터의 연구에 따르면 전시 기간 자살률에는 실업률 감소와 같은 경제 변화 또한 중요한 역할을 할 수 있으며, 유대인의 자살률은 1930년대와 1940년대 홀로코스트의 모든 단계에서 높게 나타났다. 또한 전쟁이 끝난 후 노인들의 자살률이 증가한 것은 젊은 군인들이 전쟁에서 돌아와 해체되면서 일자리 경쟁이 증가한 결과일 수 있다는 것이다(Lester, 2021: 215~218).

76 도미니크 라카프라에 따르면, '역사적 트라우마'는 과거 사건과 아무런 관련성이 없는 후세의 사람들까지 전승될 수 있는 집단적이고 역사적인 성격을 지닌다(LaCapra, 2004).

보다 유의미할 수 있다. 전쟁 자체가 전형적인 집단폭력이기 때문에, 전쟁 상태인 한국 사회는 이 집단폭력의 유제로부터 결코 자유로울 수 없다.

대표적으로 전쟁정치의 중심부에 위치한 탈북민들의 자살문제는 뒤르케임의 가설에 바로 의문을 제기한다. '먼저 온 통일', '통일의 가교'라는 수사에도 불구하고 지난 10년간(2013~2022년) 탈북민들의 자살률은 탈북민 전체의 11.4%로, 매년 열 명 안팎에 해당하는 생명이 자살로 삶을 마감하고 있는 것으로 나타났다. 일반 국민 자살률이 약 3.5%라는 점을 미루어 볼 때 탈북민의 자살률은 이보다 3배 이상 높은 수치이다.[77]

정작 몇 번에 걸친 큰 규모의 재해와 기아 사태를 겪은 북한에서 자살이 흔치 않은 것으로 알려진 반면,[78] 국내 거주 탈북민의 높은 자살률을 어떻게 이해하고 설명해야 할까? 2016년을 기점으로 도달한 '탈북자 3만 명 시대'를 살아가면서 해를 거듭할수록 심각한 양상을 보이는 탈북민들의 자살문제는, 실현 가능한 형태의 사회통합을 준비하지 않을 때 다가올 수 있는 '먼저 온 통일의 디스토피아'를 예징해 보여 준다.

이 글은 탈북민 자살에 대한 생명사회학적 성찰을 통해 이를

---

[77] 〈[단독] 윤석열 정부 들어 증가세 돌아선 탈북…일반 국민 대비 3배 이상 높은 자살률〉, JTBC 뉴스, 2024. 9. 27.
[78] 언론보도와 달리 공식·비공식적으로 북한에서의 자살은 드물다는 연구 결과로는 김석주·박영수·이혜원·박상민(2012: 32~39) 참고.

넘어설 수 있는 방안을 사회문화적 통합을 통한 사회적 치유라는 전망에서 모색해 보고자 한다. 이를 위해서는 탈북민 자살이 단지 '북한문제'나 '탈북민들의 문제'가 아니라, 이와 상호 연루된 '남한문제', 그리고 양자를 아우르는 두 개의 한국문제의 일부라는 인식을 출발점으로 다질 필요가 있다. 후술하겠지만, 남북 분단과 보상성 탈북민 정책 속에서 탈북민은 2등 국민으로서의 삶을 강제당한다. 때로는 이주민이나 외국인 노동자보다 더욱 복합적인 차별과 편견을 감내하면서, 인권의 사각지대에 놓인 탈북민들은 '죽음'으로서만 자신의 실존을 — 그것도 이름이 아닌 숫자로만 — 드러낼 수 있는 존재로 비(非)가시화되어 있다. 이러한 환경에서 이들은 극우 반공주의의 첨병으로 호명되거나, 탈북 과정에 도움을 준 개신교 세력에 귀의하는 유사한 패턴을 보인다. 또한 「국가보안법」이 현존하는 상황에서 탈북민들은 '잠재적인 적'이자 '위험한 국민'으로서 2013년 유오성 간첩 조작 사건과 같이 이데올로기적 폭력과 분단정치의 희생양이 될 잠재적 위험에 늘 노출되어 있다. 이러한 사이클을 떠올리는 것만으로도, '탈북자 문제' 혹은 '탈북자 자살문제'가 곧 한국 민주주의의 문제이자 '과정으로서의 통일'을 준비해가는 어려운 숙제와 직결되어 있다는 것을 알 수 있다.

자살과 사회통합

특히 탈북민 자살을 고려할 때, 뒤르케임이 자살의 대항력으로 제시한 통합 가설은 주목을 요한다.『자살론』의 곳곳은 자살을 유발하는 사회구조적, 사회문화적(집합적 경향), 고유한 개인적 층위의 힘들만이 아니라,[79] 이를 상쇄할 대항력을 여러 차원에서 제시하고 있다. 그 대표적 형태로 뒤르케임은 개인들이 결합되는 양식, 즉 연대를 상정했다. 이러한 생각은 『자살론』에서 제시한 세 가지 통합 가설로 이어진다. 앞서 말했듯, 자살은 가족사회, 종교사회, 정치사회의 통합에, 요컨대 사회집단의 통합 정도에 반비례한다는 것이다(뒤르케임, 2008: 249~250). 이는 가족적 유대, 종교적 유대, 정치적 유대로 바꾸어 말할 수 있다.

나아가 뒤르케임이 말하는 통합이 도덕적·역동적 밀도에 준거함을 앞서 살펴보았다. 집단의 '밀도'는 물리적인 거리의 가까움이나 결합된 개인들의 절대 수의 함수로 규정되지 않는다(뒤르케임에 따르면, 오히려 이는 '수량'이라고 불러야 할 것이다). 집단의 밀도는 "일정한 사회적 양 속에서의 상호관계에 실제로 참여하고 있던 개인 수의 함수"를 말한다(같은 책, 541).[80] 이를 참고할 때 차이에 기초한 사회적 결속과 연대는 사회 통합의 지표이며, 정치사회의 분열과 갈등이 초래한 사회적 고립과 자살에의 경향성을 억제할 대

---

[79] 뒤르케임에 따르면, 자살의 강도는 다음의 세 가지 원인에만 의존할 수 있다. ① 사회를 구성하는 개인들의 특성 ② 개인들이 결합되는 양식, 즉 사회조직의 성격 ③ 사회의 해부학적 구성을 변화시키지 않고 일시적으로 일어나는 국가 위기나 경제 위기 등과 같은 사건(같은 책, 409).

[80] 뒤르케임의 용법에서 사회적 단위의 수, 혹은 사회의 크기를 지칭하는 물리적 밀도와 달리, 역동적 밀도는 사회생활에 참여하는 사람들의 상호작용에 영향을 받는다(뒤르케임, 2001: 178~179).

항력이 될 수 있다. 따라서 자살문제의 진정한 해결을 위해서는 자살에 이르는 과정만이 아닌 자살에의 억제력과 회복 요인이 무엇인지 아울러 탐구할 필요가 있다.[81] 요컨대 자살의 보호 요인 및 회복 요인에 대한 연구는 자살연구의 일부라 할 수 있다.

이러한 문제의식에 입각해 이 장에서는 1990년대 이후 탈북민 자살의 통계와 추이를 살펴보고, 탈북자 자살을 다루는 기존의 접근 방식을 비판적으로 검토한다(2절). 외상 후 스트레스 장애 가설과 문화적응 스트레스 가설은 자살에 대한 의료적 시선(medical gaze)을 공유함으로써 탈북민 자살에 개입하는 지금 이곳(here and now)의 관계적 차원을 비껴간다는 점에서 유사한 오류를 공유한다. 이와 같은 일면성을 넘어서고자 이 글이 도입한 생명사회학 혹은 생명인문학적 접근은 탈북민 자살에 개입하는 이중의 생명정치와 관계적 차원을 성찰할 전향적 사유의 지평을 제공한다(3절). 이러한 관점에서 탈북 트라우마에 대한 비의료적 치유 모델을 적용한 임상 사례를 경유하여(4절) 자살 유발 경향을 상쇄할 사회문화적 통합의 가능성을 탐색해 보고자 한다(5절).

---

81 폭력 외상의 진정한 이해와 해결을 위해서도 피해자의 취약성만이 아니라 회복력을 파악하는 것이 필수적이다(손창호, 2017: 93).

2. 탈북민 자살을 바라보는 기존의 시각

1) 탈북민의 인구통계학적 특성과 자살률 추이

〈그림 6. 1〉 북한이탈주민 입국자 수

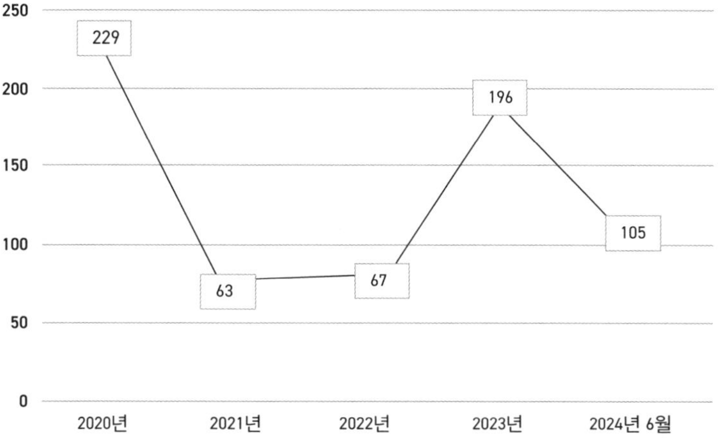

- 2020년: 229
- 2021년: 63
- 2022년: 67
- 2023년: 196
- 2024년 6월: 105

자료: 국회 외교통일위원회 위성락 의원실, 출처: JTBC 뉴스, 2024. 9. 27

현재 남한에 거주하는 탈북민의 90% 이상은 북한이 극심한 경제난을 겪기 시작한 1994년 이후의 입국자이다. 통일부에 따르면 북한이탈주민의 국내 입국은 2000년대 이후 지속 증가하여 2003~2011년 연간 입국 인원이 2000~3000명 수준에 이르렀으나, 김정은 집권(2011) 이래 2012년 이후 연간 평균 1300명대로 감소하는 추세를 보인다. 2021년에는 63명 입국, 2022년에는 67명 입국했고, 코로나 이후 다시 증가하여 2024년 6월 기준 현재 탈북민 입국자 수는 3만 4183명이다. 성별 비율을 보면, 남성 9552명, 여성 2만 4631명으로 여성의 입국 비율은 2003년을 기점으로 전체의 약 72%에 이른다.[82]

즉 사회·인구학적 현황에 따른 탈북민의 특성은 전체적으로 남성보다는 여성의 비중이 높고, 20~30대인 젊은 세대 중심으로, 무직·부양자나 노동자 직업군을 형성하고, 중고등 수준 학력층을 중심으로 국내 유입이 이루어지고 있다. 탈북 동기를 살펴보면, 과거 생계형 탈북과는 달리 체제 불만이나 자녀 교육과 같은 비경제적 요인이 나타나고 있다. 이는 탈북의 성격이 과거 '생계형'에서 '이주형'으로 전환되고 있는 흐름을 보여 준다(석인선, 2023: 49~56).

탈북민들의 재입북 문제와 부적응 문제가 불거지면서 2016년 11월 통일부는 사회 통합형 탈북민 정책을 내놓은 바 있고, 현재까지 그 정책 기조를 거의 유지하고 있다.[83] 하지만 늘어 가는 자살자 수와 재입국 숫자는 그 정책 효과를 의심케 한다. 통일부 집계

---

82 통일부 홈페이지, https://www.unikorea.go.kr/unikorea/business/NKDefectorsPolicy/status/lately/(2014. 10. 11 접속).

83 정부가 당시 제시했던 사회 통합형 탈북민정책(「북한이탈주민 정착지원 기본계획」)의 기조는 보호와 지원, 자립과 자활을 넘어 중앙과 지역·민간과의 협력체계를 통해 부정적 인식을 개선하는 등 북한이탈주민이 진정한 우리 사회의 일원으로 자리 잡을 수 있도록 하는 것을 골자로 한다(통일부, 2017: 182~195). 참고로 이 기본계획은 2014년 제정된 「북한이탈주민의 보호 및 정착지원에 관한 법률」(이하 「북한이탈주민법」)에 기반하고 있다. 이에 기반해 「제1차 기본계획」(2015~2017), 「제2차 기본계획」(2018~2020), 「제3차 기본계획」(2021~2023)에 이어 현재 「제4차 기본계획」(2024~2026)이 수립된 상태로, 크게 사회 통합형 지원정책이라는 기조를 유지하고 있다(관계부처 합동, 2024).

에 따르면 1990년대 5명, 2000년대에는 2007년부터 자살자가 발생하기 시작했고,[84] 행정안전부 주민등록망 분석 결과 지난 10년간 (2013~2022년) 자살로 사망한 탈북민 수는 모두 100명인 것으로 확인된다.[85] 2020년 10월 7일 외교통일위원회 소속 김영주 의원이 통일부에서 받은 '북한이탈주민 자살률 현황'에 따르면, 2019년 전체 사망자(79명) 중 약 10.1%의 탈북민이 자살로 사망한 것으로 나타났다. 이는 2019년 전체 국민 대비 전체 사망자 비율(4.5%)보다 2배 이상 높은 비율에 해당한다.

그런데 2024년 10월 7일 국회 외교통일위원회 소속 홍기원 의원이 통일부로부터 입수한 탈북민 사건·사고 현황에 따르면, 자살로 인한 사망 시도는 윤석열 정부가 출범한 해인 2022년에는 17건, 2023년에는 26건, 2024년 8월 말 기준 20건으로 대폭 늘었다. 정부가 탈북민 관련 정책을 최우선 순위에 놓고 각종 지원책을 쏟아 내고 있음에도 정작 한국을 떠나 제3국으로 망명을 선택하는 탈북민의 사례는 크게 늘었다. 해외 망명자는 2020년 4명, 2021년 4명에서 2022년 7명, 2023년 11명으로 증가했다. 이러한 통계 결과는 탈북민들의 자살(시도)과 재입북, 해외 망명이 크게 '탈남' 현상의 동일한 맥락 속에 자리함을 시사한다.

---

84 통일부 정보공개 청구자료(접수번호: 4080268, 2017. 6. 7). 통일부는 북한이탈주민 사망 시 행정자치부 주민등록시스템으로부터 사망 사실을 통보받고 있다.
85 〈[단독] 윤석열 정부 들어 증가세 돌아선 탈북…일반 국민 대비 3배 이상 높은 자살률〉, JTBC 뉴스, 2024. 9. 27.

〈표 6. 1〉 연도별 입국 현황

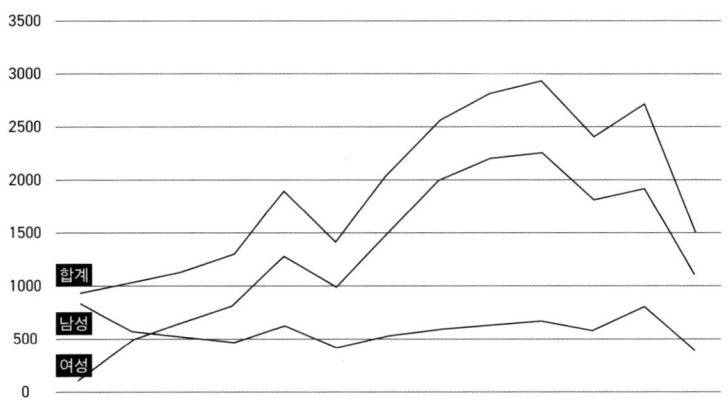

	~'98	'01	'02	'03	'04	'05	'06	'07	'08	'09	'10	'11	'12
남성	831	565	510	474	626	424	515	573	608	662	591	795	404
여성	116	478	632	811	1272	960	1513	1981	2195	2252	1811	1911	1098
합계	947	1043	1142	1285	1898	1384	2028	2554	2803	2914	2402	2706	1502

2022년 남북하나재단 조사에 따르면, 북한이탈주민 응답자의 11.9%가 "자살충동을 느낀 경험이 있다"고 답했다.[86] 또한 남북하나재단이 2019년 9월 발생한 탈북민 모자 아사(餓死) 사건[87]의 대책

---

86 이유로는 신체적·정신적 질환이 32.7%로 가장 높았고, 경제적 어려움도 27.6%를 차지한다(JTBC 뉴스, 2024. 9. 27).
87 탈북민 모자 사망 사건은 2019년 7월 31일 서울시 관악구 봉천동 한 임대아파트에서 탈북민 한모(42) 씨와 아들 김모(6세) 군이 시신으로 발견되면서 세상에 알려졌다. 사망한 지 2개월가량 지난 것으로 추정되는 이 모자의 부검 결과는 '사인 불명'으로 나왔지만, 시신 발견 당시 냉장고 등에 식료품이 다 떨어진 상태였다는 점에서 아사 가능성이 제기됐다(「CNN·NYT, 母子 사망 사건 통해 '탈북민 어려움' 조명」, 연합뉴스, 2019. 9. 22).

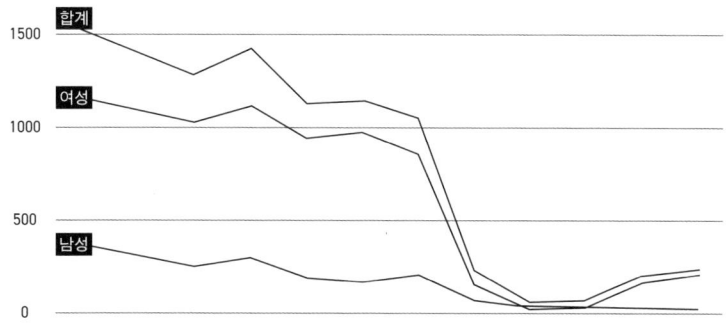

	'13	'14	'15	'16	'17	'18	'19	'20	'21	'22	'23	'24
남성	369	305	251	302	188	168	202	72	40	35	32	26
여성	1145	1092	1024	1116	939	969	845	157	23	32	164	210
합계	1514	1397	1275	1418	1127	1137	1047	229	63	67	196	236

출처: 통일부 홈페이지에서 재구성

으로 복지 사각지대에 놓인 탈북민을 선제적으로 발굴하기 위해 수행한 「북한이탈주민 정착실태조사」에 따르면, 경제적 지위에서 '하층'에 속하는 탈북민의 비율은 43%에 해당하는 것으로 나타났다 (남북하나재단, 2022b: 34).

〈표 6. 2〉 북한이탈주민 자살 · 자살시도 · 망명 신청 현황

연도	자살자	자살시도 건수	해외 망명자
2020년	7	2	4
2021년	6	8	4
2022년	15	17	7
2023년	통계청 분류 중 미집계	26	11
2024년 6월	통계청 분류 중 미집계	20	1

자료: 더불어민주당 홍기원 의원, 출처: 『세계일보』, 2024. 10. 7

문화적·이데올로기적 폭력과 절망의 자살

이러한 통계적 지표들은 남한 사회의 독특한 환경이 탈북민들을 한국 사회에서 밀어내는 폭력적 힘으로 작용하고 있음을 확인케 한다. 그럼에도 뒤르케임이 말하듯, '빈곤' 그 자체가 사회적 자살률에 영향을 미치는 결정적 요인이라 보기는 어렵다(뒤르케임, 2008: 213). 이는 빈곤한 국가에는 오히려 자살이 현저하게 적다는 사실만이 아니라 후터라이트의 사례에서 볼 수 있듯, 무계급 사회에 가까운 평등한 사회조건에서 자살은 거의 일어나지 않는다는 사실로도 뒷받침된다.[88] 즉 경제적 빈곤 그 자체가 아니라 불평등이 야기한 정신적 빈곤 또는 관계의 빈곤이 자살의 지배적인 원인일 수 있으며, 빈곤은 다른 사회경제적·문화적·심리적 격차 및 유대의 조건과 관련해서만 힘을 발휘할 수 있다. 실제 최근 제출된 탈북민에 대한 심층 조사 결과는 이들이 사회·경제·심리적 측면에서 사회적 고립과 경제적 위기, 심리적 고독감과 우울증 등으로 매우 취약한 상태에 직면해 있음을 보여 준다(석인선, 2023: 46~54). 또한 이들의 정착을 어렵게 만드는 배경에는 탈북민에 대한 남한 사회의 인식이 악화하고 있는 현실이 자리 잡고 있다.[89] 실제 2019년 서울연구원이 공개한 「서울에 살고 있는 북한이탈주민의 삶」에 따르면

---

88 길리건에 따르면 1874년 종교탄압을 피해 동유럽에 건너온 평화주의자 공동체인 후터라이트에는 집단폭력(전쟁)을 휘두른 역사가 없었다. 이 종교집단이 북아메리카에 자리를 잡은 뒤 100여 년 동안 단 한 건의 살인도 없었고 자살자만 딱 한 명 있었다(길리건, 2012: 139).
89 「탈북민 극단 선택 시도 사연에 통일부 "위기가구로 관리 중"」, 『세계일보』, 2024. 3. 14.

서울 거주 탈북민은 가정·직장보다 일상생활에서 스트레스를 더 느낀다고 답했다.[90]

<그림 6. 2> 북한이탈주민의 차별·무시 경험(남북하나재단, 2022)

항목	비율
말투, 생활 방식, 태도 등 문화적 소통 방식이 달라서	75.0%
남한 사람이 북한이탈주민의 존재에 대해 부정적 인식을 가지고 있어서	44.2%
전문적 지식과 기술 등에 있어서 남한 사람에 비해 능력이 부족하다고 생각되어서	20.4%
언론의 북한체제와 북한이탈주민들에 대한 부정적 보도 영향으로	15.4%
남한 사회에서 경제적 소득 수준이 낮은 계층이라서	11.6%
북한의 호전적인 도발 영향으로	5.1%
기타	11.3%

 2022년 남북하나재단이 발표한 「2022 북한이탈주민 사회통합조사」 보고서에 따르면 1년간 차별·무시당한 경험이 있는 북한이탈주민은 19.5%로, 차별의 이유는 말투나 생활 방식 등 문화적 소통 방식이 다르다는 점이 75%로 가장 높았다. 다음으로 "남한 사람이 북한이탈주민의 존재에 대해 부정적 인식을 가지고 있어서"가 44.2%, "전문적 지식과 기술 등에 있어 남한 사람에 비해 능력이 부족하다고 생각되어서"가 20.4%, "언론의 북한체제와 북한이탈주민에 대한 부정적 보도 영향으로"가 15.4%, "남한 사회에서 경제적 소

---

90 「서울 거주 탈북민 14% '자살충동'…"경제적 어려움·외로움 탓."」, 『중앙일보』, 2019. 9. 17.

득 수준이 낮은 계층이라서"가 11.6%, "북한의 호전적인 도발 영향으로"가 5.1%순으로 나타났다(남북하나재단, 2022a).[91] 이러한 지표들은 자살에의 취약성을 증폭시키는 '문화의 구조적 역학'에 시선을 다시 돌리게 한다. 즉 차별과 배제라는 문화적·이데올로기적 폭력이 탈북민들의 삶의 위기와 '절망의 자살'을 초래하는 지배적인 조건으로 관여하고 있는 것이다.

2) 탈북민 자살을 바라보는 기존의 시각

그렇다면, 탈북민 자살의 원인을 학계는 어떻게 설명하고 있을까? 탈북민 자살을 다룬 이론적·실증적 연구는 현재 매우 희소한 상황으로, 자기 기입식 질문지법에 근거한 '자살생각' 및 '자살시도'에 관한 연구가 몇 편 제출된 정도이다.[92] 그러나 이들 연구로도 탈북민 자살을 설명하는 지배적인 프레임을 추출하는 것은 가능하다. 탈북민 자살에 대한 기존 접근은 크게 1) 외상 후 스트레스 장애, 2) 문화적·일상적 스트레스로 인한 부적응 가설로 나누어 볼 수 있다. 주로 난민이나 이주민 연구 성과에 준거한 두 가설은 크게 의료적 시선을 공유하지만, 자살의 인과(因果)를 설명하는 방식에서 약간의 단차를 보인다.

---

91 「북한이탈주민, 목숨 걸고 넘어왔지만… '차별'의 벽 높아」, 『가톨릭평화신문』, 2023. 2. 1.
92 김예진·장혜인 외(2024), 김준범·전진호(2021), 김준범·손수민(2025), 김희진·정윤경(2015), 남보영·신자현(2022), 류원정·양혜린(2024) 참고.

외상 후 스트레스 장애 가설

통상 정신 질환 담론에서 자살은 과거 비가역적인 부정적 경험에 기인한 외상 후 스트레스 장애나 우울·불안에 따른 결과로 이야기된다. 탈북민들의 자살생각을 유발하는 위험 요인 중 하나로 쉽게 거론되는 것도 외상 후 스트레스 장애(Post Traumatic Stress Disorder, 이하 PTSD)이다. 탈북과 같이 일상의 경험을 넘어서는 충격적 사건이 PTSD를 야기하고 이것이 곧 잠재적인 자살 유발 요인이 될 수 있다는 것이다. 그러나 그 경험적 측정 결과는 일관되지 않다. 한 연구에 따르면 한국에 입국하는 탈북민 중 25~30%가 PTSD 유병률을 보인다. 하지만 이러한 유병률은 복합 PTSD 기준으로 진단했을 때와 차이가 있으며, 단일 사건에 대한 반응을 기준으로 한 PTSD 진단은 북에서부터 한국 입국까지 지속적인 스트레스 환경에 노출된 탈북민들에게 적합하지 않을 수 있다(김희경, 2012). 실제 남북하나재단이 2016년 1만 1914명의 탈북민을 대상으로 실시한 정착 실태 조사에서 탈북민들은 PTSD를 "전혀 느끼지 않는 것으로" 상반된 결과를 나타내기도 했다(남북하나재단, 2016: 423).

무엇보다 PTSD 가설은 탈북민들이 겪는 정신적 고통의 원인을 '(생사를 넘는) 탈북'이라고 하는 단일 사건으로 환원함으로써 탈북민 자살에 관여하는 '지금, 이곳'의 문제를 간과하는 오류를 범할 수 있다. 파생과 리샤르 레스만의 말을 빌리면, 증상 중심주의에 기초한 PTSD라는 진단명은 '일어난 사건'과 '경험한 사건'을 오직 증상으로만 연결하는 실재를 만들어 냄으로써(파생·레스만, 2016), 고통을 야기하는 사회적 과정과 구조를 사상해 버릴 수 있다. 이를 확대하면 비합리적인 북한체제가 탈북이라는 외상적 사건과 — 자살을 유발하는 — 정신건강상의 문제(PTSD)를 야기하고, 이를 치유하는 것이 남한의 지원단체 혹은 정신건강 서비스의 몫이라는 기이한 공식이 성립하게 되는 것이다.[93] 실제 의료기관을 중심으로 행해지고 있는 대부분의 정신건강 서비스는 우울증과 자살, PTSD에 대한 치료에 집중되어 있다.

하지만 『자살론』이 말하듯, 개인은 사회가 그를 쉽사리 자살의 희생자가 될 수 있도록 만들어 놓았기 때문에 사소한 상황의 충격에도 자살을 하게 되는 것일 뿐이다(뒤르케임, 2008: 223). 즉 자살을 야기하는 해당 사회의 도덕구조가 문제라는 것이다. 이러한 통찰을 참고할 때, 탈북민들을 자살로 내모는 트라우마의 기저에는 전쟁과 분단이라는 한반도 대립구조와 일상문화가 자리한다. 이같이 만성적인 전쟁 상태와 분단의 구조에서 파생된 탈북민들의 트라우마는 정신의학적 진단명으로 포착하기에는 한계가 있다. 그렇다면 탈북민들의 트라우마와 자살에 대한 대응책 또한 '탈북자' 집단만을 대상으로 하는 것이 아니라 — 개인을 초월하여 존재하는 — 전쟁정치와 분단구조로 인해 한국 사회에 고착화된 분단 트라우마, 혹은

---

[93] 대표적으로 2011년 설립된 (사)북한체제트라우마 치유상담센터(NHC)는 "북한체제 트라우마로 야기된 체제 상처인 거짓 자기(false self)에 의한 성격 장애로 한국 사회 정착에 어려움을 겪는 탈북민들이 건강하고 행복한 정착을 할 수 있도록" 지원하는 것을 단체의 설립 목적으로 표명하고 있다(http://www.nkst.kr/page/info/page2.php 참고).

분단문화를 치유하는 노력과 병행되어야 할 문제로 바라보아야 한다(김종곤, 2014).

또한 탈북민들이 처한 사회적 환경을 보다 잘 이해하기 위해선 탈북민 지원정책 자체에 덧씌워진 정치적 성격을 아울러 볼 필요가 있다. 이들을 위한 복지정책에는 사회 공동체 일원으로 소프트랜딩을 유도하기 위한 복지적 성격과 먼저 온 통일의 빗장을 열어 가는 이들에 대한 투자적 성격도 함께 부여된다. 말하자면 분단 당사국인 남한의 헌법적 가치에 기반한다면 '우리 국민'에 대한 보상 혹은 인도적 지원의 성격을 부여할 수 있다는 것이다.[94] 즉 탈북민 지원정책은 일종의 탈북-보상 프레임에 입각한 원조와 지원을 통해 동화를 유도하는 후견주의적 성격을 지닌다. '먼저 온 통일'로서 탈북민들의 정착이 사회 통합의 예비 작업이기에 성공적인 '착한'(着韓)의 중요성을 강조하는 논의에서도 이러한 관점을 발견할 수 있다(김혜림, 2016 참고). 특히 김정은 시대 이후 탈남 및 재입북 사건이 등장하면서 탈북민들의 '착한' 정책은 일종의 체제 경쟁의 성격을 노골적으로 드러내는 경향을 보인다. 그리고 조심스럽게 말하자면, 탈북민들은 자신의 '정치적 이용 가치'를 잘 알고 있다. 이상의 논의는 탈북민들의 생명 그 자체가 전쟁정치의 중심부에 등장하고 있는 국면을 일러 준다.

---

94 「탈북민 3만 명 시대, 그러나 탈북민이 없다: 북한이탈주민의 과잉 지원 논란과 소프트랜딩」, 『유코리아뉴스』, 2016. 10. 21.

문화적응 스트레스 가설: 적응인가? 상호작용인가?

탈북민 자살을 설명하는 또 하나의 가설은 문화적응 스트레스 이론이다. 문화적응 스트레스란 난민 및 일반 이주자들이 새로운 주류사회에 접촉할 때 새로운 언어, 다른 관습과 상호작용 규범, 낯선 규칙과 법규, 그리고 극도로 다른 삶의 변화에 적응해야만 하는 도전에 직면하면서 발생하게 되는 스트레스 행동의 특정한 경향을 뜻한다. 문화적응 스트레스 이론은 이주 자체가 "삶이 뿌리째 뽑히는 경험"(up-rootedness)이기 때문에 새로 이주한 사회에서 경험하는 작은 일상의 스트레스라 하더라도 증폭된 부정적 결과를 야기하게 되며, 극단적으로 자살에 이를 수 있다고 본다.[95] 이 이론은 탈북민들의 자살을 야기하는 적응지(남한)의 문화적 접촉·충돌·갈등에 주목한다는 점에서 PTSD 가설보다 한 발 더 나아간 듯하지만, 설명적 수준에선 만족스럽지 않다. 우리에게 여전히 중요한 질문은 자살을 추동하는 문화적응 스트레스가 과연 무엇에 기인하느냐이기 때문이다.

특히 난민 혹은 이주민과의 '손쉬운' 비교는 탈북민의 다층적·복합적 속성과 폭력적 환경을 모호하게 한다. 남한 거주 탈북민들은 비자발적·자발적 이주를 경험한다는 점에서 난민·이주민의 성격과 함께 분단구조에 독특한 사회적 소수자로서의 성격도 갖고 있

---

95 문화적응 스트레스 이론에 대해서는 김재엽·최권호·채지훈·황현주(2013: 36), 김현경(2007: 48) 참고.

다(신효숙·김창환·왕영민, 2016: 74). 한국 사회에서 탈북민은 「북한이탈주민법」에 따라 「헌법」에 명시된 대한민국 국민으로서 시민권을 부여받는다. 그러나 여전히 남북한 대치 상황에서 잠재적 위협이자 경제적 취약자인 이들의 시민권은 매우 형식적이고 불안정하다.

특히 이들을 향한 남한 주민의 배타적 인식, 경멸과 무시의 폭력적 시선은 일상적인 차별과 배제를 재생산한다. 탈북민의 문화적 응이 왕왕 문제가 되는 것도 이러한 폭력적 현상과 연결되기 때문이다. 사회적 소수자에 대한 차별과 배제는 얼굴 없는 다수자에 의해 이루어지기에 '얼굴 없는 폭력'의 특성을 지닌다.[96] 즉 차별과 배제의 가해자가 누구인지 확정하기 어렵다는 뜻이다. 이것은 특정한 개인과 개인 사이에서 나타나는 것이 아니라 집합체의 표상 — 예컨대 미디어나 문화적 표상 — 을 통해 짜여진다. 따라서 비난받거나 추궁을 받아야 할 가해자가 특정되지 않기 때문에 이러한 차별과 배제는 가장 위험한 형태의 권력구조가 된다. 이 속에서 차이는 차별의 근거가 되며, 차별은 정치적·경제적·사회적·문화적 배제를 가져온다(전영선, 2014; 윤찬영, 2005: 93~94). 이러한 배제는 다시 탈북민에 대한 부정적인 시선을 강화하는 악순환 고리를 형성한

---

[96] 마르쿠스 쉬로어(Schroer, 2004: 151~173)는 갈퉁이 말한 구조적 폭력이 "사회적으로 생산된 폭력"이라고 규정하며 '얼굴 없는 폭력'이라고 이름을 붙였다(이동기, 2022: 70~71). '얼굴 없는 폭력'은 주로 현대사회에서의 비인격적이고 익명적인 폭력을 의미한다. 이는 개인이나 집단이 직접적으로 상대방을 공격하지 않고도 폭력을 행사할 수 있는 상황을 설명한다.

다. 그렇기에 사회적 배제는 주관적 경험과 상태가 아니라 하나의 과정인 것이며, 구조적이고 문화적인 차원에 뿌리를 두고 있는 것이다.[97]

보다 근본적으로 문화적응 스트레스 가설은 초기 이주민 연구에서 자주 지적되었던 '적응'(adaptation)에 초점을 둔 연구 관점이 지닌 한계를 상기시킨다. 탈북 주민의 지금 이곳에서의 삶은 물론, 통일된 미래 사회가 남북한 주민이 함께 살아가야 하는 것이라면 적응은 상호적인 것이어야 마땅하다. 하지만 탈북민의 경우 남한이라는 새로운 사회로 진입한 탈북민의 일방적인 적응만을 강조한다. 요컨대 아무리 확장된 정의(definition)를 차용한다 해도 '적응'의 관점은 비교의 틀인 어떤 '중심'을 전제하고 있으며, 그것이 해당 사회의 상대적으로 단일한 가치와 규범이라는 점에서 사회적 차별과 배제의 기제로 작동하게 되는 것이다. 예컨대 남한 사회에 존재하는 탈북민들에 대한 다양한 형태의 편견은 이러한 중심의 문화를 '구별 짓기'의 잣대로 삼는 상호작용의 결과이다. 이를 확대하면 적응이란 곧 남한의 가치기준에 맞추는 동질화를 가리키며, 곧 남한식의 삶으로 획일화시키는 과정을 말한다. 이 과정은 언어와 역사, 전통을 공유하는 한 핏줄, 한 민족이라는 담론을 동원하여 그 틀로

---

[97] 사회적 배제는 좀처럼 하나의 과정으로 제시되지 않고 오히려 사람들이 고통받고 있는 질병 같은 어떤 것으로 제시되는 경향이 있다(Fairclough, 2000: 54~55). 이는 사회적 배제 경험이 빈번히 주관적인 것으로 제시되는 이유이다. 이때 배제 경험은 "다른 사람과의 접촉 부족, 갇혀 있다는 느낌, 낮은 자존감, 자신감, 그리고 불안감, 절망감, 우울감"을 포함하는 사회적 고립의 한 형태로 제시된다(푸레디, 2016: 341).

모든 동화정책과 적응의 논리를 강화하고 합리화하는 효과를 낳는다(이희영, 2010: 210~211; 박영신, 2009: 15).

이렇게 볼 때 기존의 시각은 우리가 '관계적 사유'에 얼마나 취약한지를 드러내 준다. 이를 인정한다면, 상호작용의 한쪽 행위자인 탈북민이 겪는 적응의 어려움과 갈등의 양상을 기술하는 것을 넘어 문제의 상호 발생적 기원과 그 극복 방안을 모색하기 위한 전향적인 개념이 모색될 필요가 있다. 탈북민 자살이 일어나는 생태계에 대한 생명인문학적 성찰을 도입하는 이유 또한 바로 여기에 있다.

3. 탈북민 자살의 생태계와 이중의 생명정치

1) 탈북민 자살의 분단생태계

탈북민 자살의 생태계라는 문제 설정은 탈북민 자살에 대한 정신의학적인 접근이나 기능주의적 시각을 넘어, 탈북민 자살이 일어나는 사회적 환경 ― 생명현상에 개입하는 관계적 힘들과 복합적 상호작용 국면을 ― 을 보다 입체적으로 사고하기 위한 것이다.

영국 생태학자 아서 탠즐리가 1935년 군집을 이루고 있는 생명체뿐 아니라 그 군집을 둘러싸고 있는 물리적 환경 요인들과의 관계를 강조하기 위해 '생태계'(ecosystem)라는 용어를 제안한 이래,

생태계를 분석의 기본 단위로 하는 생태학의 성격이 분명하게 정립되었고 인문사회과학 분야의 논의로도 확대되었다.[98] 생태계는 생물적 그리고 비생물적 환경을 포함한 하나의 상호작용하는 생물군집으로서, 이들의 생태적 관계, 즉 환경을 통해 유입되고 전환되는 에너지 흐름에 초점을 맞추어 서술되는 체계를 말한다. 이 점에서 생명은 항상 운동하며 에너지를 교환하는 상관성을 가진다. 생명의 상관성은 생명 개체는 고립될 수 없으며 공진화와 공생의 관계 그리고 생태적 관계를 통해 타자의 생명 개체와 상호 의존적이라는 뜻을 포함한다. 이렇게 볼 때 '환경'이라는 개념 자체가 재고될 필요가 있다. 환경은 일방적으로 주어지고 어쩔 수 없이 적응해야만 하는 강제적 조건이 아니라 우리가 움직이고 만지고 숨 쉬고 먹으면서 만들어 가는 것이다(장회익, 1998: 21, 183; 최종덕, 2017: 74).

인간이 이루고 있는 사회 그 자체도 넓은 의미에서 생명현상의 특수한 양상이라고 볼 수 있으며, 생명이 지니는 일반적 성격의 테두리를 벗어나는 것은 아니다. 오히려 이 글에서 말하는 생명은 사회에 투영되고 사회의 영향을 받은 생명을 뜻한다. '사회로 확장된 생명'은 개체 생명이 사회적 환경과 상관적이며, 따라서 사회적 건강성이 붕괴되면 개체의 생명성이 보장되지 않는 그런 생명을 의미한다. 이러한 사유를 끌어와 생명현상을 중심에 두고, 또 생

---

98 생태학의 연구 대상으로 생태계를 그려 낸 탠즐리는 이전 학자들에 비해 인간활동에 훨씬 큰 무게를 더할 것을 주문했다(김기윤, 2011: 80). 그리고 '사회로 확장된 생명'(socially extended life)을 다루는 기존 연구 영역 중 하나가 바로 사회생태학이다(최종덕, 2015: 9).

명현상을 통해 인간과 사회를 이해하고자 하는 접근을 생명인문학(bio-humanities) 또는 생명사회학(bio-sociology)이라 부르겠다. 이 개념을 제안한 강신익에 따르면, 생명인문학 또는 생명사회학은 단지 생물학적 사실을 사회현상에 '적용'하는 것이 아니라 생물학적 사실에서 구성 요소들 간에 형성되는 관계의 패턴을 찾아내고 이것을 인간의 삶 또는 사회현상과 연결시켜 유비적으로 이해하는 방식이다. 즉 생명인문학 혹은 생명사회학은 생물학적 사실과 사회문화적 가치가 함께 진화하는 과정을 연구하며, 추상적 원리보다는 경험에 드러난 생명현상으로부터 사회적 삶의 규범을 찾으려고 한다(최종덕, 2017; 강신익, 2012: 49~56).

탈북민 자살도 본디 생명현상이며, 그것이 일어나는 구체적인 시공간을 분단생태계라는 개념으로 좁혀 볼 수 있을 것이다. 여기에서 분단생태계란 한반도의 인간-사회-자연이 교차적으로 맺는 생태적 순환을 중단시킴으로써 오히려 상호 대립과 적대를 만들어내는 반(反)생명적 공간을 뜻한다.[99] 반생명적 공간이라 함은 인간과 인간, 인간과 자연의 유기적인 연결이 인위적으로 단절된 공간을 말한다. 이러한 반생명적 공간을 재생산하는 지배적인 힘이 분단구조에 기인하고 있다면 분단을 매개로 하는 생태계, 즉 분단생태계를 상정할 수 있으며, 이는 곧 지리-역사성과 함께 자기 재생

---

99 '분단생태'에 대한 박민철(2017: 207)의 개념화에 공간적 개념을 더하여 '분단생태계'로 변용했다.

산의 역동성을 지닌다.

2) 이중의 생명정치: 전쟁정치와 생명관리정치

그리고 그 지리-역사성에 보다 주목한다면, 탈북민의 삶과 죽음은 분단생태계에서 작동하는 이중의 생명정치의 규정을 받고 있다고 보인다. 전쟁·분단국가에 고유한 생명정치와 신자유주의적 생명관리정치가 그것이다. 이와 같은 이중적인 생명정치의 양태를 사고하기 위해 생명을 생명관리의 대상으로 분석한 푸코의 논의를 참고하는 것이 여전히 유용할 것이다. 푸코에 따르면, 생명정치는 근대국가의 발전, 인간과학의 출현, 자본주의 생산관계의 형성과 분리될 수 없는 역사적 현상이다. 1975~1976년 강의 〈"사회를 보호해야 한다"〉에서 푸코는 생물학적 지식과 의학의 발전이 권력의 본질과 방법에 변형을 가져온 점에 착목한다. 그는 고전적인 주권권력의 특징이 신민을 죽게 만들고(faire mourir) 살게 내버려두는(laisser vivre) 것에 있었다면, 19세기 생명관리권력의 특징은 사람들을 살게 만들고(faire vivre) 죽게 내버려두는(laisser mourir) 것이라고 말한다(푸코, 1998: 278~279).

이에 뒤이어 푸코는 인구의 건강과 국가의 경제적·정치적 안전 사이의 연계가 어떻게 자유주의적 통치성 전체(고전적 자유주의, 복지 자유주의, 신자유주의)에 걸쳐 인구를 재현하고 관리하는 독특한 생명정치전략을 낳았는가를 검토한다. 『안전, 영토, 인구』에서 생명관리권력은 "인간이라는 종의 근본적으로 생물학적인 요소를 정치, 정치적 전략, 그리고 권력의 일반전략 내부로 끌어들이는 메커니즘의 총체"로 정의된다(푸코, 2011: 17).[100] 이렇게 생명은 학문과 권력에 완전히 포섭되지 않은 채 '인구'라는 이름으로 균질화되어 규율과 관리의 대상으로 부상했다.

푸코가 지적했던 규율권력과 그 권력에 순응하는 신체는 단지 권력의 측면에서 지배자가 탁월한 정치 기술을 사용했기 때문이 아니다. 그 규율권력이 '살게 만들어 줄' 것이라고 이해했기 때문이다. 생명권력이 인구 조절의 측면으로 진행할 수 있었던 것도, 근원적인 자기 보존의 욕망과 불안이 인간 생명에 대한 지식의 발달로 새로운 차원에서 이해될 수 있었기 때문이다. 18세기와 19세기 생명정치의 권력 기반이 생물학과 의학 지식이었던 것과 마찬가지로, 오늘날 21세기 생명과학 기술의 새로운 지식은 욕망-불안의 새로운 계기가 되고, 그 새로운 지식에 근거한 통치 메커니즘은 새로운 복종의 차원을 끌어내게 된다. 그리고 그것은 '전문성'의 이름으로 개인을 소외시킨다(김현철, 2016: 14).

---

[100] 1978년 『안전, 영토, 인구』와 『생명관리정치의 탄생』은 1976년 〈"사회를 보호해야 한다"〉에서 처음 도입한 생명관리권력을 문제화한다는 데서 쌍을 이룬다. 이 강의에서 푸코는 '생명에 대한 권력'의 생성을 정리한다. 푸코가 〈"사회를 보호해야 한다"〉 후반부에서 제시한 생명정치 개념의 핵심은 '인간집단의 생물학적·사회학적 과정'의 관리가 사실상 국가장치와 관련이 있다는 것이다. 즉 생명관리정치는 '국가에 의한 생명-조절'로서만 구상될 수 있다. 대표적으로 의학적 내치, 공중위생, 사회의학이라고 불리는 것이 18세기 말부터 발전했다는 것은 '생명관리정치'의 일반적 틀 안에서 새롭게 기입되어야 할 부분이다(푸코, 2011: 490~516).

조르주 아감벤은 푸코나 한나 아렌트의 이론적 통찰에 영향을 받아 예외 상태에서의 주권과 생명정치에 관한 논의를 발전시켰다. 아감벤은 주권권력과 생명정치 사이에 논리적 연결이 있다고 주장한다. 왜냐하면 주권권력의 형성은 생명정치적 신체의 창조를 전제로 하기 때문이다. 그는 생명관리권력에 대한 푸코의 정의를 가져와 주권권력에 맡겨진 생명, 즉 '벌거벗은 생명'(la nuda vita)이자 '신성한 생명'(la vita sacra)을 분석한다. 두 사람의 단차에도 불구하고, 아감벤이 분석한 예외 상태에서 벌거벗은 생명과 정치적 주권권력이라는 두 항은 푸코가 분석한 생명과 생명관리권력이라는 생명관리정치의 두 항과 여전히 겹친다.[101] 동아시아 역사 속에서도 아감벤이 말한 방식의 생명정치, 예컨대 전쟁과 혁명, 그리고 독재나 권위주의하에서 만들어진 사회적 타자나 소수자들의 운명에 관한 논의를 어렵지 않게 찾아볼 수 있다. 그러한 맥락에서 정근식은 정상 상태하에서 인간의 존재 방식을 말하는 '생활'(life)과 구분하여, 예외 상태나 과도기의 생존사회에서 인간의 존재 방식을 '생존'(survival)으로 유형화한다(정근식, 2013: 200).

---

101 물론 아감벤은 '생명'이 의미하는 바를 푸코와 다른 방식으로 재정의한다. 그에 따르면, 그리스 사람들은 조에(zoe)를 단지 '살아 있음'이라는 단순한 자연 생명'을 의미하는 용어로, 비오스(bios)를 '어떤 개인이나 집단에 특유한 삶의 형태나 방식'을 의미하는 용어로 엄격하게 구분하여 사용했다. 조에가 오이코스(oikos)의 영역에 국한된 단순한 생명이라면, 비오스는 폴리스(polis)라는 공동체의 일원으로서 정치적 가치를 가지는 생명인 것이다. 그리스 시대 이래 조에로서의 생명은 폴리스에 포함되지 않는 방식으로, 즉 배제된 방식으로 포함되어 있었다. 그러므로 근대에 변화한 것은 조에의 권리를 주장하면서 조에 자체를 비오스로 만들고자 한 것에 불과하다는 것이다(강현수, 2014: 3~7).

이를 참고할 때 분단구조가 양산한 사회적 소수자들의 삶의 방식은 두 개의 분단국가의 주권권력에 의해 직접 규율되고, 동시에 생의학적 지식의 발전과 상품화에 동력을 얻은 신자유주의적 생명관리정치의 메커니즘을 통해 관리된다. 이를테면 첫째, 탈북민은 여전히 해소되지 않은 전쟁 상태와 남북 분단의 생명정치에 의해 이른바 '죽임의 정치'의 위협을 받는 냉전·분단 소수자의 특징을 보인다. 그것이 자발적이든 비자발적이든 생존을 위해 국경을 넘어야 했던 탈북민들의 고통은 역사 속의 많은 비국민 혹은 이등 국민들이 감내해야 했던 ― 예컨대 좌익 혐의 가족이나 이산가족, 그리고 재일 조선인 등과 같이 ― 삶의 취약성과 크게 다르지 않다. 월경(border crossing)과 이산, 그리고 가족 상실, 제약된 사회경제적 시민권, 편견과 차별, (표준적인 언어에 의한) 의사소통의 어려움, 「국가보안법」이 현존하는 불안정한 전쟁정치 속에서 일상적으로 겪는 공포와 불안, 이데올로기적 자기 검열 등이 그것이다. 이러한 패턴은 한 탈북민의 다음 진술에 생생하게 드러난다.

> 남한에서 북한을 그리는 영화나, 개그나, 노래 같은 거 보면, 저희들은 솔직히 말해서 그렇게까지는 안 하는데 언론에서 너무 그러는 거 같아요. 실제로 말 그렇게 안 해요, 북한은. 근데 여기 개그 같은 거 할 때는 너무 그렇게, 좀 과하게 흉내 내고 그러면 기분이 나쁘죠, 기분 나빠요. 그리고 어떨 땐 천안함 사건 같을 때는, 저희가 그런 거는 아닌데, 괜히 북한에서 살다 와서 (…) 그런 거 뉴스에 나오면 두려움이 생겨요. '<u>진짜, 이러다 우리</u>

돌 맞아 죽는 거 아니야?'(김종군 엮음, 2015: 169)

둘째, 다른 한편 이러한 삶의 궤적을 통해 누적된 상흔들은 신자유주의적인 성격이 가미된 생명관리정치에 편입되는 경향성을 보인다. 예컨대 죽게 만들고 살게 내버려두는 전쟁정치는 탈북민들의 삶의 공포와 불안을 양산하고 강화한다. 그리고 이렇게 만들어진 공포와 불안은 다시 이들을 살게 만들어야 하는 체제 경쟁의 필요와 신자유주의적 생명관리정치에 포섭되어 각종 국가예방정책과 정신보건 전문가들에 의해 관리된다. 문제는 이것이 탈북민들의 역능화에 기여하는 것이 아니라 무력화를 촉진할 수 있다는 것이다. 이러한 악순환의 메커니즘을 포착하고 드러내기 위한 개념이 '치료요법 문화'와 '의료의 정치화'이다.

3) 치료요법문화와 의료의 정치화

이반 일리치가 '의료의 정치화' 개념을 통해 일찍이 논의한 바 있듯, 의료화(medicalization) 과정들은 모두 정치로 귀결된다. 지배적 의료는 사회가 용인해서는 안 되는 질병이 무엇인지를 결정하고, 치료를 받아야 할 사람을 먼저 가려내 낙인을 찍는다. 이를 통해 병증에 대한 문제의 원인을 개인에게로 몰아가고, 문제를 처리하는 장

소 역시 개인에게 국한시킨다.[102]

탈북민 자살이 과도하게 '의료화'되어 신자유주의적 생명관리 정치에 편입되어 가는 흐름에 대한 필자의 우려에 근거가 없지 않다. 특히 우리의 맥락에서 첨예한 쟁점이 되는 것은 과학적 생의학 모델에 기반한 식민주의 정신의학의 개입이다. 19세기 말 서구 열강의 제국주의적 침략과 식민화 과정은 서양의학이 동아시아 나라들에 수용되어 온 시기와 일치한다. 이것은 결코 우연이 아니다. 에드워드 사이드가 말하듯, 제국의 과학과 예술을 따라가는 과정은 의학에서도 오리엔탈리즘이 관철되었음을 보여 준다. 서구에서 발달한 생의학적 패러다임이 전 지구적인 침투에 성공할 수 있었던 것도 제국 열강들이 제3세계 나라들을 자본주의적으로 침략하는 과정에서 문화적 접속이 쉽게 이루어졌기 때문이다. 상품화된 생의학은 시장경제의 효율적 관리 과정과 맞물려 고유한 문화권에 오랫동안 내재해 온 철학적 개념, 방법, 이론 들로 구성된 인식론적 기반을 자신의 '과학적' 개념, 방법, 이론 들로 해체시켜 버린다(이종찬, 2002: 201). 제2차 세계대전 이후 냉전을 효율적이면서도 비폭력적으로 치르기 위해 기획된 심리전의 기법들 또한 우리가 전문적이고 중립적이라고 믿는 '방법'조차도 이데올로기가 침윤된 장일 수밖에 없다는 점을 잘 보여 준다. 심리학에 깔려 있는 이데올로기는 눈에 보이지 않기 때문에 '사회'를 '환자'로, '심리학'을 그

---

102 이러한 방식으로 의료가 법정의 권리를 침해한다(일리치, 2015: 26, 84~85).

'처방'으로 치환하는 것을 쉽게 만든다(커밍스 외, 2004: 186; 김명희, 2017b: 523).

정신의 식민화: 디스토피아의 사유실험

여전히 유사한 방식의 정신의 식민화를 목도하고 있다. 탈북민 자살과 정신건강을 다룬 기존 연구의 맹점은 제아무리 많은 매개변수와 조절변수(자존감·자기 효능감·사회적 지지·지역사회 연계)를 고려한다 하더라도, 의료적 개입에 입각한 정신건강 서비스나 자살예방 시스템을 구축하는 결론으로 거의 천편일률적으로 귀결된다는 데 있다. 통일 이후 남북한의 심리적 통일과 통합에 대비하기 위해, 탈북민이 처한 정신건강상의 애로점과 사회경제적 환경을 학문적 의제로 삼고 탐구하고자 하는 연구 관심은 지극히 자연스럽고 타당한 것이다. 그러나 이에 대한 해법이 정신건강 프로그램 증진책으로 귀결되는 사유 패턴은 지극히 편의적이고 신중하지 못한 것일 수 있다. 일례로 독일 통일의 경험을 참고한다면, 동독 출신자들과 서독 출신자들이 지닌 — 정신분열증과 같은 병에 관한 — 정신건강에 대한 개념 자체가 달랐다. 이렇게 다른 개념을 가지고 있다면 같은 치료법으로는 원하는 효과를 얻기란 쉽지 않다.[103]

그럼에도 탈북민 자살에 대한 정신의학적 개입은 근 10년 사

---

[103] 게다가 현재 탈북민 정신건강 연구의 대부분은 무선할당이 되지 않는 임의표집일 뿐 아니라, 비교집단으로서 남한 주민들이 포함되어 있지 않다는 점에서 일반화하기에는 한계가 있다(채정민·한성열·이종한 외, 2007: 107~108).

이 매우 체계적이고 빠른 속도로 진행되었다. 2014년 대한병원협회와 보건복지부는 북한이탈주민 정신건강 지원 연계체계를 구축하고 정신건강 문제 대응 역량 및 전문성을 재고하며, '북한이탈주민 또는 북한주민'을 위한 R&D 사업을 추진할 계획을 밝혔다. 이후 보건복지부는 5개 국립정신병원과 연계해 이들을 대상으로 정신건강 증진사업을 수행할 방침을 구체화했다. 그리고 이는 「2016 정신건강종합대책」에 일정 부분 반영되었다(김명식, 2015: 560).[104] 하나원에서는 보건의료 서비스 내에서 정신건강의학과 전문의를 주축으로 '정신건강 검사 등 전문적 서비스를 제공'하기 시작했다. 또한 2017년 국가인권위원회는 의료기관 기반 북한이탈주민 트라우마 치료센터 구축을 제안한 바 있다(국가인권위원회, 2017: x). 2024년 5월 제출된 「제4차 북한이탈주민 정착지원 기본계획」(2024~2026)에서도 트라우마 치료를 위한 의료 접근성 강화와 '탈북민 국가트라우마센터' 운영을 상정하고 있다(관계부처 합동, 2024: 35). 이에 따라 탈북민 자살문제는 탈북민들의 '한국살이'에서 그 원인을 찾기보다 의학적으로 치료해야 할 '북한이탈주민**의 정신건강 문제**'로 다루어지게 된 것이다.[105]

---

104 「2016 정신건강종합대책」은 국립병원-하나원-정신건강증진센터를 연계해 북한이탈주민 정신건강 문제 스크리닝, 상담 등 서비스 지원을 설계한 바 있다.
105 현재 민간 차원에서 실행되고 있는 정신건강 서비스는 다음과 같다 ① 국립중앙의료원의 북한이탈주민진료센터: 극심한 우울증, 자살, 외상 후 스트레스 장애 치료 및 자살예방 활동 ② 국립서울병원의 탈북민 초청 모임: 진료 전문의와 간호사와의 정기적 모임, 맞춤형 건강 서비스 제공 ③ 제일기획의 탈북민 정신건강 회복 프로젝트 '마음동무': 삼성서

이러한 형국은 제2차 세계대전 이후 유럽과 미국 의학계를 중심으로 확장된 심리생의학적 환원주의가 여전히 한국 의료 분야의 제도와 관행을 잠식하고 있음을 보여 준다. 생의학 모델에서 의료기관의 제도화가 확장될수록 비인간화 현상이 더 드러나고, 인간으로서 환자를 돌보는 돌봄의 의학은 더욱 소외된다. 그 결과 공공정책과 프로그램은 사회적 고통의 최악의 사례를 만들어 내곤 한다. 이러한 조건에선 온전한 의미에서 치유[106] 또한 이루어지기 어렵다. 우리 시대의 가장 큰 역설은 인간 게놈을 해석하기에 이른 가장 정교한 의학적 발전이 치유와는 분리되어 이루어졌다는 사실이다. 인간 생명의 의료화는 치유보다는 치료에 특권을 주어, 각각의 양분화에 기여한다(최종덕, 2015: 153~154; 발두치·모딧, 2016: 228).

치료요법문화와 감정의 의료화

이 속에서 일상적인 삶의 감정도 의료화된다. 이러한 경향성을 드러내는 개념이 '치료요법문화'이다. 감정은 이 같은 치료요법 문화

울병원 사회정신건강연구소가 참여하여 심리치료 및 교육 프로그램 제공 ④ 서울백병원 스트레스연구소의 숲 체험 프로그램: 힐링 강연과 숲 체험 및 미술 치유 ⑤ 이외에도 '마음동무'나 숲 체험과 같이 정신적 생명력을 충족할 수 있는 치유 프로그램들도 실행하고 있다(김종군 외, 2023: 206).

[106] 치유는 대개 의학적 치료를 통해 질병과 장애를 없애고 '건강'을 회복하는 것을 뜻한다. 『옥스퍼드 영어사전』에 따르면 cure는 "고치다, 교정하다, 어떤 종류의 악을 제거하다"라는 뜻도 있다. 이때 치유의 대상으로서 악이 무엇인지에 대한 도덕적 판단이 중요한 부분이다. 서구에서 이러한 치유는 의학적 모델에 경향되어 왔다. 이로써 치유는 그 자체로 정상과 건강의 테두리를 만들어 내는 행위가 되었고, 추방된 몸들의 일부를 선택적으로 포섭함으로써 그 경계를 강화시킨다(김은정, 2022: 10~25).

에서 중심적 지위를 차지한다. 감정에 대한 치료요법적 접근 방식은 몇 가지 특징을 지닌다. 첫째, 치료요법문화는 감정 그 자체보다는 '감정적 결함'에 관심을 가진다. 치료요법적 세계관에 따르면 개인과 사회가 고통을 받는 것은 감정적 결함 때문이다. 따라서 감정은 빈번히 긍정적 감정(즐거움, 행복, 만족감)과 부정적 감정(죄책감, 무력감, 공포, 화)으로 분류된다. 둘째, 이에 따라 치료요법적 담론은 감정을 병리화하고 의료화한다. 특히 죄책감, 무력감, 우울한 감정과 같은 부정적 감정은 체계적인 치료요법적 개입이 요구되는 병리 상태로 간주된다. 따라서 처리되거나 관리되지 않은 감정은 사회를 괴롭히는 질병의 원인이 된다.[107] 그 결과 감정은 치료의 대상 내지 관리의 대상이 된다. 셋째로, 결국 치료요법적 접근 방식은 감정을 자아의 내면 세계로 환원시켜 버림으로써 사회적 문제도 개인적 차원의 감정적 문제로 바꾸어 놓는다. 오늘날 치료요법 에토스는 교육, 사법제도, 특히 서비스의 제공, 정치생활, 의료에 중요한 영향을 미치면서 모든 전문직과 사회제도를 식민화한다. 치료요법사들은 진단을 통해 환자에게 병자의 지위를 부여할 수 있고, 시종일관 자존감이라는 신화에 집착하여 우리 사회의 개인화 분위기를 만들어 내고 파편화를 조장한다. 이렇듯 개인의 문제를 개인의 내적 차원

---

[107] 이는 일련의 감정결정론에 기반한 것인데, 그것은 감정이 삶을 지배하고 우리가 직면한 문제들의 많은 것을 유발한다는 세계관을 진전시킨다(푸레디, 2016: 70~72). 이러한 감정결정론은 사회문제가 인식되는 방식에 영향을 미친다. 하지만 개인의 기질에 가장 깊이 관련된 감정조차도 개인을 초월하는 원인에 근거를 두고 있다. 즉 감정은 상당 부분 사회적 산물이다(뒤르케임, 2008: 465).

에서 찾고 그로부터 해법을 발견하려는 치료요법문화는 신자유주의 이데올로기 및 자본주의 체제와 친화성을 갖는다. 이러한 기법의 공통점은 문제의 원인과 해결을 자아로부터 시작해 자아로 끝낸다는 점이다(박형신·정수남, 2015: 37~40).

이 글이 어렵게 도입한 탈북민 자살에 대한 생명사회학적 성찰은 이러한 우울한 전망에서 더욱 요청된다. 생명정치권력에 대항하는 대항권력은 전문화와 개별화에 반대하는 방향에서 생성될 수 있다. 이는 무엇보다 욕망과 불안의 근원이 되는 지식의 전문성을 타파하는 데서 시작된다. 일반적으로 의학 전문직 종사자들의 지지가 강할수록, 치료나 중재의 효과가 클수록, 건강보험의 보장이 클수록 의료화는 가중된다. 반대로, 의료화에 대항할 수 있는 설명 방식이 강력한 지지를 얻거나, 의학적 정의에 도전하고자 하는 집단의 반발이 강할수록 의료화는 약화될 것이다. 따라서 의학 전문직 종사자들에 대항하고자 하는 이들이 의료가 아닌 새로운 설명 방식을 적극적으로 제공하는 것은 의료화를 막을 수 있는 중요한 방책이 될 수 있다(최선희, 2010: 142; 김현철, 2016: 17).

이제 이상의 논의를 토대로 비의료적 방식의 치유 모델을 모색한 하나의 임상 사례를 경유하여, 대안적인 치유의 방식과 가능 조건을 찾아보기로 하자.

4. 생명평화문화 형성의 사회적 조건
: K의 사례를 경유하여

탈북 트라우마와 이야기의 힘

이 절에서 검토할 사례는 『탈북민의 적응과 치유 이야기』(2015)에 실린 K의 이야기이다. 이 책을 편집한 건국대학교 통일인문학연구단은 개인적 트라우마로 환원되지 않으면서도 또 동시에 난민/이주민과 구분되는 특수성을 지니고 있는 한국 입국 탈북민들의 역경과 상처를 파악하기 위해 '탈북 트라우마' 개념을 제안한 바 있다(김종곤, 2014: 205~228). 탈북 트라우마는 기아와 공포, 신체적 폭행 등 충격적인 경험에 더하여, 한반도의 분단 상황으로 인한 '탈북'의 의미로 가중되는 트라우마의 속성을 말한다. '탈북'의 의미로 가중되는 문제는 한반도의 분단 역사와 관련되어 있기에 '역사적 트라우마'의 성격을 지니며, 그 상처는 개인의 것이 아니라 같은 구조 속에서 반복적으로 재생산되고 집단적으로 경험하는 '집단 트라우마'의 성격을 지닌다(김종곤, 2014; 김종군·남경우 외, 2017: 211).[108]

이러한 관점에서 이들은 한국 입국 탈북민들이 겪고 있는 상처

---

[108] 탈북 트라우마는 분단 트라우마와 중첩된 역사적 트라우마의 한 유형이다. 앞서 말했듯, 역사적 트라우마는 단일한 역사적 사건으로부터 발생한 하나의 트라우마가 전승되는 것이 아니라 그것이 치유되지 않음으로 인해서 제2, 제3의 다른 사건과 그로 인한 트라우마가 부가적으로 나타나는 특징이 있다(김종곤, 2014).

의 내용들을 시시각각 포착하기 위해 '탈북 이전-탈북 과정-탈북 이후'의 삶 자체와 그 과정에 주목한다. 이에 따르면 탈북 트라우마는 ① 북에서 생활하면서 겪었던 고난과 폐쇄적인 북체제의 통제와 억압에서 기인되는 외상, ② 중국을 비롯한 제3국에서의 유랑 과정에서 겪은 모멸과 공포, ③ 국내 입국 후 정착 과정에서 겪게 되는 갈등으로 분석적 층위에서 구분될 수 있다. 이러한 포괄적 개념은 탈북민들이 살아온 삶의 경로에 따라 외상을 추적할 수 있다는 장점이 있다. 즉 탈북민들이 고향을 떠나올 수밖에 없었던 이유와 함께, 체제 반대편인 남한 사회에서의 고충도 함께 아울러 살펴볼 수 있다(김종군·남경우 외, 2017: 210).

이 같은 문제의식에서 2012년부터 건국대학교 통일인문학연구단과 탈북 대학생들의 공동 기획에서 시작해 2015년 출간된 이 책은 연구자의 인터뷰, 혹은 자서전 형식으로 진행되었던 기존 작업과 달리 탈북 대학생들 스스로가 탈북 선배들에 대한 인터뷰를 통해 "탈북민이 생각하는 '적응'과 '성공'이란 무엇인지를 탈북 선후배들이 함께 고민"하고, 토론하고, 드러내고자 했다(건국대학교 통일인문학연구단 편, 2015: 7~8). 이는 증상을 넘어서 현실문제에 고뇌하고 대응하는 주체를 중심에 두고 사람들이 살아온 '이야기'를 살펴봄으로써, 한국 사회의 기저에 고착화되어 있는 분단 트라우마를 성찰하는 '말하기'의 힘에 주목하고자 하는 것이다(김종곤, 2014; 박재인, 2024: 42).

K의 이야기[109]

그중 가장 원활하게 정착한 사례로 소개된 K의 이야기는 치유와 회복의 목적과 대상, 방법에 대한 전향적 사유의 단초를 제공한다. K는 2015년 현재 29세 여성으로, 북에서 무역업을 하던 아버지가 정치적 사건에 연루되어 당국의 조사와 사형선고까지 받는 상황에 이르자 더 이상 북에서는 순탄한 생활이 힘들다고 판단해 2002년 탈북한 사례이다. 이 사례가 이 글의 맥락에서 제한적이나마 유의미한 까닭은 첫째, 비교적 비개입적인 방식으로 생산된 서사의 사료적 가치 때문이고 둘째, 젠더적 특성과 세대적 특성이 교차하는 K의 서사구조가 이 글의 논의 주제와 가장 맞닿아 있기 때문이다. 매우 역동적인 우울과 치유의 서사를 펼쳐 내는 K의 이야기에서 크게 세 가지 특징이 두드러진다.

첫째, 탈북이라는 생애사적 전환점은 통상의 해석과 달리, K의 서사에서 유의미한 외상적 사건으로 자리하지 않는다. 일상적인 경험을 넘어서는 사건 경험, 즉 '예측 불가능성'을 증상의 발생기준으로 삼는 PTSD의 설명 논리와 달리, 상당수 탈북민이 그러하듯 비교적 의지적인 판단과 선택, 나름 치밀한 준비를 거쳐 탈북을 결정했기 때문이라 보인다. 그런데 오히려 K가 자살충동과 우울증에 시달리게 된 맥락에는 하나원에서 나와 학교생활에서 겪은 언어적·문

---

[109] 이하에서는 건국대학교 통일인문학연구단(2015)에 수록된 K의 사례를 소개·재구성하되 2016년 8월 심층 면접을 진행한 탈북민 S의 생애사를 비교 사례로 참고했다.

화적 소통의 어려움, 그로 인해 겪은 단절감 및 고립감이 자리하고 있다.

특히 13세의 나이로 한국살이를 시작한 K에게 성장기의 일반화된 타자라 할 수 있는 또래집단으로부터의 '북한 여자', '착한 사람'으로 역할을 수행할 것에 대한 기대와 압력은 견디기 힘든 규제로 다가왔다.

> 갑자기 착한 이미지로 바뀌어 버린 거예요. 전 그것 때문에 정말 힘들었어요. 그것 때문에 우울증이 왔어요. 나도 열받는 거 소리치고 싶은데 "우리 착한 언니, 착한 언니-" 하니까 너무 답답한 거예요. 이것 때문에 스트레스 많이 받았어요.

> 그 1년 동안 말은 통하지만 전혀 다른 문화를 가진 그런 사회에서 살다가 우리가 만났는데 과연 우리가 얼마만큼 서로를 이해하고 얼마나 서로에 대해서 통할까 생각했어요. 저는 우리가 다르다고만 생각하고 오히려 마음의 문을 열지 않았던 것 같아요. 그래서 1년 동안 우울증도 오고 자살하고 싶은 마음도 있고 해서 진짜 힘들었어요. 탈북 과정의 그 죽을 고비를 거치면서 죽어야겠다는 생각보다도 살아야겠다는 생각을 더 많이 하면서 왔는데 정작 여기 오니까 죽고 싶다는 생각을 할 만큼 여기에서의 적응 기간이 너무 힘들었던 거예요. 왜냐하면 내가 이렇게 아픈 마음을 가지고 있는데 어디 가서 진짜 하소연할 데가 없는 거예요.

이에 더하여 '경제적으로 못사는 북한 사회'라는 남한 사람들로부터의 위계적 시선과 일상적 차별, 그리고 편견도 정서적 갈등의 요인이다. 직장생활을 하는 탈북민들 역시 '남한 사람들의 편견과 차별'이 직장생활의 가장 큰 애로라고 평가했고, 이 원인에 대해 탈북민들은 '북한에서 왔기 때문'이라고 생각하는 비율이 가장 높은 것으로 드러난 바 있다(윤인진, 2007: 129~130). 이는 K의 어머니에 관한 서사에서도 유사한 형태로 드러난다.

> 엄마는 동사무소에 간간이 일을 나가고 있어요. 그런데 어떤 사람들이 엄마 앞에서 들으란 식으로 대놓고 우리 세금이나 축낸다고 하면서 남한도 진짜 어려운 사람이 얼마나 많은데 진짜 별의별 것들을 다 받는다고 막말을 하더래요. 사람 알기를 우습게 알고 정말 낮게 보니까 사람이 완전히 움츠러들게 되고 엄마는 스트레스를 많이 받더라고요.

> 사실은 저도 그래요. 젊은 애들 같은 경우 미묘하게 사람을 차별을 하는 경우가 있어요. 대학교에 가면 은근히 따를 시키는 경우도 당해 봤어요. 친구들 사이에 말을 끼려고 하면 은근히 못 끼게 하고 (손을 괴고 고개를 돌리며) 이렇게 가리고 지들끼리 얘기를 하는 그런 경우가 되게 많아요. 저도 중앙대학교에 처음 들어갔는데 분위기가 되게 냉정한 거예요. 왜냐하면 특별전형으로 들어가고 북한이탈주민이니까 어이없게 애들이 차별을 하더라고요.

그런데 주지한 바 있듯, 북한을 향한 이러한 부정적 인식과 편견은 내부분 미디어를 통해 형성된 것이다. 남한 주민이 북한을 직적 경험할 수 있는 기회는 제한되어 있기 때문에, 북한에 대한 정보엔 직접적인 경험보다는 보이지 않는 곳에서의 미디어 세례가 중요하게 작용한다. 특히 방송드라마나 영화 등을 통해 보여지는 탈북민들에 대한 표상은 일반인들에게 상당한 영향을 준다. 문제는 이렇게 만들어진 북한에 대한 부정적인 시선이 탈북민들에 대한 시선으로 그대로 옮겨진다는 점이다. 탈북민은 북한을 이탈한 존재임에도 불구하고, 남한 주민은 이들과 북한 정권을 분리시켜 이해하지 않는다. 북한 정권과 북한에 대한 적대감이 탈북민들에 대한 시선과 직결되고 있는 것이다(전영선, 2014: 116~117). K의 사례에서 이러한 적대감은 "변절자", 혹은 "너네 나라로 가라"라는 폭력적인 언어로 체험된다.

이렇게 볼 때 K의 경우, 남한 사회에서 겪은 부정적인 경험의 대부분이 '사회권'의 영역과 맞닿아 있음을 가늠해 볼 수 있다. 사회권은 통상 인간다운 생활을 할 권리로서 토마스 험프리 마셜에 따르면 사회권은 '문화적 혜택을 받는 삶'(civilized life)의 권리와 관련된다. 그리고 이를 누린다는 것은 '사회적 유산에 참여'하는 것이며 궁극적으로 '사회의 완전한 구성원, 즉 시민'으로 받아들여지는 것을 말한다. 즉 사회권은 실질적 평등을 보장하기 위해 고안된 경제적·사회적·문화적 권리 전반을 의미한다.[110] 이렇게 볼 때 탈북민들이 일상적으로 경험하는 차별과 혐오[111]는 사회권의 침해에 해당

---

110 「국제인권법」의 세계에서 사회권을 담고 있는 것은 경제적·사회적·문화적 권리에 관한 국제 규약이다. 통상 제2세대 인권 개념으로 분류되는 사회권에 대한 상세한 논의는 프레초(2020: 205~232), 마셜(1950: 7~8), 유근춘(2009: 42) 참고.
111 혐오는 지배적인 집단이 다른 집단을 예속시키고 낙인찍는 사회적 행위양식과 연결된다. 반대로 예속된 집단과 그 구성원들의 몸은 혐오스럽다고 여겨지기 때문에 예속된 구성원

하며, 이는 곧 건강권(건강 및 장수의 권리)과 안전권의 위험으로 이어질 수 있음을 알 수 있다.[112]

친밀한 소통 공간의 힘

둘째, 그렇다면 K는 이러한 갈등을 어떻게 극복했다고 말할까? K의 경우 그녀의 극복 서사 전반을 이끌고 가는 중심적인 주제 장은 흥미롭게도 '참여'와 '소통'이다. K의 서사에서 점차 동심원적으로 넓어지는 관계의 자장과 소통의 가능성은 학교와 교회, 대학, 그리고 조역 배우로서 연기생활을 하는 직업 공간 등 '일상'을 배경으로 펼쳐진다. 대부분의 탈북 청소년이 그러하듯 처음 사회적 관계를 맺게 된 곳도 바로 학교였다. 선생님의 도움으로 연극반 활동에 참여하고 학교에서 "친구들하고 하나둘 말이 통하기 시작하면서 그다음에는 적응하는 게 빨라"졌다. 특히 오랜 고립감 끝에 만난 교회는 "내가 말을 안 해도 나를 다 알아주는" 소통의 장이자 "진짜 엄마 품" 같은 따스한 공간으로 체험된다.[113] 그리고 어릴 때부터 꿈이었던 대학 연극학과 진학은 자신의 꿈을 실현할 수 있고, 상이한 배역

들은 일반적으로 다양한 형태의 차별을 경험한다(누스바움, 2015: 603). 그런 점에서 누스바움식으로 말하자면 혐오는 인지적이고 가치평가적인 감정이며, 엠케가 말하듯 그것을 정당화하는 이데올로기를 수반한다. 그런 점에서 혐오는 그것에 자양분을 공급하는 원천을 사회구조에 갖고 있다(엠케, 2017: 26, 76).

112 신체적·정신적 건강을 보장해 줄 수 있는 조치를 포함하는 '건강 및 장수의 권리'에 대해서는 프레초(2020: 129~130) 참고.
113 이러한 '개종' 서사는 S의 사례에서도 드러난다.

을 수행하면서 자신의 존재를 인정받는 소통 공간으로 자리매김된다. 그리고 이러한 과정을 통해 K는 북한과 남한을 각각 상대화해서 비판적으로 볼 수 있게 되었다.

> 제가 봤을 때 경쟁사회다 보니까 서로 스트레스나 이런 거는 남한이 더 한 것 같아요. 자살률을 보면 한국의 자살률이 더 높은 반면 북한에는 자살률이 높지 않아요. 굶어 죽으면 죽었지 그것 때문에 자기 스스로 이렇게 자살을 선택하는 경우는 없거든요. 그런 걸 봤을 때 제가 제일 문제라고 생각하는 것은 개인주의로 가면서 이웃 간의 소통도 없어지고 자신만 생각하다 보니까 그런 것에서 오는 단절감이 되게 힘들게 하는 것으로 보여요. 북한은 어렵지만 서로 같이 삶을 살아가고 서로 소통하면서 살기 때문에 오히려 북한 사람한테는 친근감과 따뜻함 같은 게 있고 정이 있죠. 그런데 남한에 온 탈북자들의 자살률이 남한 사람들의 자살률보다 배로 많아요. 그러니까 거기서 그렇게 살아오다 보니까 여기서의 단절에 적응을 못하는 거죠.

셋째, K의 서사에서 두드러지는 세 번째 특징은 '조력자'의 역할이다. 마치 엄마와도 같이 자신을 살펴 준 중학교 담임 선생님과 교장 선생님, 대학에서 그녀의 재능을 알아봐 준 연극학과 교수, 선후배들은 지속적인 관계 맺기를 촉진한 매개자로 등장한다. 그리고 이상의 자기 이야기를 거쳐 K는 "배우로서 활동을 하면서 북한에 대해 알리는 역할을 잘하고" 통일이 되면 "북한에 가서 남한의 문화를 알리는" 문화적 교량자로서 자신의 역할을 새롭게 자리매김하고 있다(건국대학교 통일인문학연구단, 2015: 335).

5. 사회문화적 치유의 가능성

최근 한국의 사회문제 중 하나로 부상한 '탈북자 자살문제'는 실현 가능한 형태의 사회 통합을 준비하지 않을 때 '먼저 온 통일의 디스토피아'를 예징해 보여 준다. 탈북민 자살을 바라보는 정신의학적 가설과 문화적응 스트레스 가설은 탈북민들을 자기 살해로 내모는 '지금, 이곳'의 관계적 차원을 간과한다는 점에서 한계를 갖는다. 반면, 이 글이 도입한 생명사회학적 관점은, 탈북민 자살에 개입하는 관계적 차원과 이중의 생명정치를 비판적으로 성찰할 전향적 사유의 지평을 열어 준다.

이러한 맥락에서 K의 사례는 치유를 비치유적이고 반생명적인 방식으로 달성하려는 생명정치의 기획에 대한 하나의 비판적 입각점을 제공한다. K의 서사를 끌고 가는 암묵적인 메타포가 '적응'과 '치유'에 있음에도 — 상당 부분 이 작업의 기획에서부터 부여된 것일 수 있는 — 분명 이 사례는 의료적인 치유의 경로를 이탈하는 방식으로 치유의 가능성을 말하고 있다.

이를 참고할 때 첫째, 치유의 대상이 탈북민이 아니라 탈북민의 삶을 둘러싼 남한의 사회문화적 환경이며, 치유활동이 일어나는 장소 또한 상담실이 아니라 일상적인 삶의 장소라는 점을 확인할 수 있다. 헤아려 보면 치유가 비록 치료적 중재를 통해 이루어진다고 할지라도, 본디 '치유'와 '치료'는 개념적으로 구분된다. 치유는 기존의 건강 상태를 회복시킨다는 의미를 넘어, 인간의 모든 영역을 — 자연과 사회적 관계를, 사회·심리·신체적 층위를, 과거와 현재와 미래를 — 포괄하는 전인적(全人的) 차원에서 일어나는 것이다(발두치·모딧, 2016: 228).

둘째, 이러한 경로에서 가장 중심적인 치유의 방법론은 참여(participation)와 소통(communication)이다. 다른 생명과 달리 인간생명은 사회적 관계 맺음과 언어적 교류를 통해서만 자신을 재생산할 수 있다. 거꾸로 인간 생명의 소통은 차이를 전제하며, 어떤 점에선 전달의 문제이다. 여기에서 의미하는 전달이란, 어떤 주장행위에서처럼 단지 전달자의 관점만이 고려되는 그러한 유아론적 현상이 아니다. 어디까지나 상대방, 즉 전달 대상자가 그 전달 내용을 공유하게 되는 것을 목표로 삼는, 따라서 상대방의 관점도 동시에 고려할 수밖에 없는 그러한 상호 주관적인 현상이다. 그리고 소통 공간이란, 사회적 행위자들의 소통행위가 발생·진행되는 공간을 뜻한다. 소통에 참여한 나와 상대방의 공동 노력은 더 확장된 우리의 소통 공간을 확보할 수 있다. 여기에서 더 확장된 소통 공간을 확보해 가는 과정이란, 한편으로는 나의 소통 공간과 상대방의 소통 공간의 경계를 넓히면서 동시에 우리의 소통 공간이라는 공동의 영역을 넓혀 가는 과정이며, 다른 한편으로는 우리의 소통 공간에서 나와 상대방이 더 많은 정보를 서로에게 더 잘 전달하고 전달된 정보들을 더 정확하게 이루어 가는 과정을 의미한다(강수택, 2007: 99~106). 이처럼 소통 공간의 확장이란 소통의 공간경계의 양적인 확장만이 아니라, 소통이 이루어지는 공간내용의 질적인 심화를 수반하는 열린 소통 공간의 형성 과정이다. 그리고 이러한 소통 공간에서 생성되는 성찰적 연대야말로 실현 가능한 사회 통합의 토대가 될 수 있다.

셋째, 그렇기에 K의 사례가 말해 주듯, 학교, 교회, 미디어, 가족 등 일상적인 삶의 장소에서 민주적 소통과 참여의 공간을 확장하고 이를 매개하는 교량자들의 역할을 촉진하는 것이 사회 통합적 자살예방은 물론 생명평화문화의 싹을 틔우는 현실적 방책일 수 있다.[114] 예컨대 이주민이나 난민의 정신건강조차도 본국이나 이주 과정에서의 정신적 외상에 의한 영향보다는 정주한 나라의 심리사회적 환경에 의해 더 많은 영향을 받는다는 것이 선행연구의 지적이다. 탈북민의 정신건강도 남한 사회가 얼마나 차별과 편견에서 자유롭고 포용력 있는 사회인가에 상당 부분 영향을 받을 것이다. 천안함 사건 등 남북관계에 긴장을 유발하는 사건이 있거나 북한에 대한 부정적 인식을 증폭시키는 대북전단이나 오물풍선과 관련한 안보 문자가 일상화됨에 따라 탈북민에 대한 사회적 인식이 급격히 냉각하는 것을 관찰할 수 있다. 이러한 사회적 차별과 편견이 탈북민의 정신건강과 사회경제적 정착에 부정적 영향을 주지 않도록 하

---

114 친밀한 영역에 기반한 대안적(alternative) 혹은 대항적 공공권(counter public sphere), 즉 친밀한 공공권(intimate public sphere)에 기초한 사회문화적 통합의 가능성에 대해서는 김명희(2016d) 참고.

는 — 생명·평화·인권 교육과 같은 — 시민 교육이야말로 정신건강의 예방적 개입이 될 수 있다.[115]

첨언하자면, 이러한 형태의 소통 공간을 넓혀 갈 때 더욱 고민해야 할 것이 대화의 윤리이다. 진정한 가르침과 배움의 관계를 '간담'(communication)으로 제시한 파울로 프레이리가 말하듯, 대화는 대화의 주체, 즉 대화의 당사자가 자신의 정체성을 유지할 뿐 아니라 정체성을 적극적으로 방어하고, 따라서 함께 성장하는 경우에만 의미를 갖는다. 바로 이런 이유 때문에 대화는 대화하는 주체들 사이의 우열을 가리지 않으며, '심지어 쫓아내지 않고', 서로 깎아내리지 않는다. 대화는 대화에 참여하고 있는 주체의 입장에서 볼 때, 진지하고 근본적인 존중을 의미한다(프레이리, 2002: 184). 하지만 이러한 존중은, 시혜적이고 후견주의적 입장에 의해서는 온전히 발현되기 어렵다. 목적론적인 통일론과 기능주의적 통합론의 시각에서 벗어나 탈북민들을 과정으로서의 통일을 함께 만들어 가는 공동 주체로 세워야 할 이유도 여기에 있다. 결국 오늘날 '탈북자 자살문제'는 한국 사회의 시민윤리를 성찰하는 바로미터이자, 곧 통일 윤리 전반에 대한 성찰적 재구성과 남한 민주주의의 질적 확대를 새

---

[115] 뒤르케임이 적절히 지적하듯, 국가는 시민들을 서로 연결하는 끈으로 충분치 않다. 그러므로 가족에게서 나온 어린아이가 놓여 있는 상태와 그가 도달해야 할 상태 사이에는 엄청난 거리가 있다. 그 중개자로서 학교환경이 가장 좋으면서 바람직하다. 학교는 가족이나 친구들의 소집단보다 큰 단체이고, 그리 광대한 지평이 아니기 때문에 어린아이의 의식은 학교를 쉽게 포용할 수 있다. 그런 점에서 학교는 가족과 동료사회에, 또는 정치사회에 가깝다(뒤르케임, 2024: 325~331).

로운 과제로 제기하고 있다고 보인다.

    이러한 기획의 연장선상에서 3부에서는 자살과 인권의 관계를 중심으로 사회정의에 입각한 대안적인 생명정치의 가능성을 모색한다.

제3부

자살과 인권

제7장 자살과 재난

: 이태원 참사 159번째 희생자의 인권과 '자살 과정'

재난을 기억하고 애도하는 목적에서 행해지는 장례의식이 그 감정 상태에 종지부를 찍는다. 또한 그것은 장례식을 하도록 만든 원인까지도 조금씩 조금씩 약화시킨다. 장례식의 근거는 집단이 그 구성원 중 하나를 잃었을 때 느끼는 상실감이다. 그러나 바로 이러한 느낌이 개인을 서로서로 접근시키고 좀 더 긴밀한 관계를 갖게 하며 동일한 심적 상태에서 그들을 결속시키는 효력을 가지게 되는데, 이 모든 것으로부터 원래의 상실을 보상해 주는 위안감이 나온다. 그들은 함께 울었기 때문에, 그들은 서로 매이게 되고 집단은 그들에게 가해진 타격에도 불구하고 흔들리지 않는다. 그것은 '슬픔 속에서의 의사소통'이며 이러한 에너지의 증가를 통해서 집단은 힘이 점차로 되돌아오고 있다고 느낀다. 집단은 희망을 가지고 살기 시작한다. 사람들은 애도하기를 마친다. 결국 슬퍼하는 행위 그 자체 때문에 슬픔에서 벗어나는 것이다(뒤르케임, 1992: 552~553).

1. 참사 후 자살자, 159번째 희생자

자살은 사회적 재난의 한 형태이다. 재난이란 규모가 크든 작든, 집단적인 것이든 친숙한 것이든 사고의 발생을 예상하지 못했기에 충격과 당혹감을 주는 것이다. 대한민국에서 2011년 가습기살균제 참사와 2014년 세월호 참사, 그리고 2022년 이태원 참사는 모두 '재난'이라고 명명될 만큼 사회적인 충격을 주었다. 또한 기존의 질서나 방향처럼 길잡이가 되어 주던 축을 상실함으로써 한마디로 일상적이고 정상적인 삶의 궤도에서 이탈하게 되어 버리는 것이기도 하다. 이 재난 참사(慘死)들은 사건 발발의 원인이나 특성에 있어 상당한 차이가 있음에도 불구하고 우리 사회가 정상성의 이면에 감춰 두고 있었던 사회적 시스템들의 취약성을 노출시켰으며, 국민의 생명과 안전에 대한 대한민국의 부조리와 부정의를 목도하게 해 주었다(김종곤·남경우·박민철 외, 2023: 9). 이 점에서 재난은 생명권과 안전권 등 인권의 문제이기도 하다. 이 장에서는 이태원 참사 159번째 희생자의 죽음을 통해 최근 한국 사회에서 일상이 되어 버린 재난과 자살의 관계를 인권의 관점에서 살펴보고자 한다.

여기서 이태원 참사란 핼러윈 축제를 이틀 앞둔 2022년 10월 29일에 이태원 해밀톤 호텔 근처의 좁은 내리막길에서 수많은 인파가 쓰러지며 158명이 압사한 참사를 말한다.[1] 정부는 이태원 참사를 '주최자 없는 행사에 의한 단순한 사고'로 규정함과 동시에 빠르게 국가 애도 기간을 선포하고 합동분향소를 설치했다.[2] "우연한

---

[1] 중앙재난안전대책본부에 따르면, 참사 현장에서 발생한 사망자는 158명, 부상자는 196명(중상 31명, 경상 165명)으로 밝혀졌다. 그렇게 2022년의 핼러윈 축제는 그 어느 해보다도 큰 비극적 참사로 남았다(「이태원 참사 사망자 1명 늘어 158명…부상 196명」, 『한겨레신문』, 2022. 11. 14).

[2] 국가와 지방자치단체는 '행사의 주최자 유무와 상관없이' 「재난안전법」 및 「국가위기관리기본지침」 등에 따라 재난 대응계획 수립 등 재난에 대한 사전 예방 조치를 할 의무가

사고로 인한 죽음을, 덮어놓고 슬퍼하라"라는 애도의 방식은 이태원 참사가 국가의 부작위에 의해 발생한 참사라는 사건의 진실과 책임을 지워 냈다. 이 과정에서 또 다른 비극, '159번째 희생자'가 발생했다. 당시, 만 16세로 고등학교 1학년이었던 이태원 참사 생존자인 이재현이 2022년 12월 12일에 서울 마포구의 한 숙박업소에서 숨진 채 발견된 것이다. 이재현은 왜 꽃다운 생명을 다하지 못하고, 끝내 자살에 이르게 된 것일까?

재난과 인권

뒤르케임이 갈파한 바 있듯, 생명에 대한 존엄성이 낮은 사회에서 자살이 많이 일어나며, 이러한 조건 아래서 자살은 근본적으로 '인간숭배'를 부인하는 것이다(뒤르케임, 2008: 9, 432). 그가 말하는 인간숭배는 좁은 의미의 '인간 중심성'을 전제하거나 '이기적 개인주의'를 말하는 것이 아니다. '번영숭배'의 반대편에 있는 '인간숭배'는 "인간을 사회로부터 또는 개인을 초월한 모든 목적으로부터 유리시키는 것이 아니라 오히려 개인들을 하나의 목표 아래 결합시키고, 같은 일을 위해 노력하도록" 하는 시대의 정신이며, "여러 시대마다 여러 나라 사람들이 관념화한 이상적인 인간"으로서(뒤르케

있다. 그럼에도 참사 직후 정부와 지방자치단체, 경찰은 "핼러윈 축제는 '주최가 없는 행사'여서 관리도, 책임도 묻기 힘들다"라며 책임을 회피했다(〈질문은 달랐지만…"주최가 없는 행사라" 반복한 중대본〉, MBC 뉴스. 2022. 11. 1).

3 이 논점은 제9장에서 보다 자세히 다룰 것이다.

임, 2008: 431), 곧 '인권'의 관념과 상통한다.³ 이렇게 볼 때 생명에 대한 존중이 낮은 사회에서 발생하는 자살은 정치의 문제인 동시에 곧 인권의 문제이다. 달리 말해 자살 자체가 인간의 존엄성을 훼손하는 반(反)인권 레짐이 초래한 사회적 재난의 한 형태라는 것이다.

근대사회에서 우리는 누구나 생명을 위협하는 것으로부터 안전할 권리를 지닌다. 생명과 안전에 대한 권리는 인간의 존엄성을 뒷받침하는 근간이며, 다른 기본권이 실현되기 위한 전제조건이다. 안전을 권리로 보장한다는 것은 단순히 위험으로부터 '보호'받아야 한다는 의미가 아니라 권리의 주체로서 존중한다는 것이다(10·29 이태원 참사 인권실태조사단, 2023: 21).

한국 사회에서 인권의 관점으로 재난을 바라보는 담론이 형성되기 시작한 것은 2014년 4·16 세월호 참사로 거슬러 올라간다. 세월호 참사 진실규명의 노력과 4·16 인권운동에 힘입어 피해자의 권리에 입각한 재난 접근의 필요성과 생명과 안전에 대한 권리에 관한 사회적 공감 및 합의의 기반이 우리 사회에 만들어졌다.

하지만 보다 엄밀히 말해 2014년 4·16 세월호 참사는 한국 사회에서 재난 피해자의 고통을 다루는 서로 다른 경향성을 촉발한 사건이라 할 수 있다. 1) '시혜에 기반한 재난 접근'에 입각해 재난 피해자의 고통을 의료적 차원에서 다루는 의료화(medicalization)의 성향성과 2) '인권에 기반한 재난 접근'에 입각해 피해자의 권리와 국가/사회의 책무를 강조하는 탈의료화(de-medicalization)의 경향성이 그것이다. 그리고 2022년 10·29 이태원 참사는 재난 피해자의 고통에 대한 3) 재의료화(re-medicalization)가 국가의 부인행동과 국가주의적 재난 서사의 맥락에서 전면화된 사건이라고 할 수 있다. 따라서 이태원 참사 생존자의 자살사례가 중요한 의미를 갖는 까닭은 '재난의 의료화'와 맞물린 '치료요법정치'에 내재한 인권침해적 측면을 적나라하게 드러내 보여 주는 징후적 사건이기 때문이다.

참사 후 자살자 문제

사실 참사 이후의 참사 생존자 및 관련자들의 자살은 2014년 세월호 참사 이후의 국면에서도 나타난 바 있다. 2014년 4월, 단원고등학교 교감의 자살이 가장 널리 알려진 사례이다. 그 외에도 진도 팽목항과 안산 합동분향소에서 봉사활동을 한 자원봉사자의 자살, 어른으로서 미안하다며 안산의 한 주차장에서 자살한 시민, 세월호 참사 현장의 지원 업무를 해 온 경찰의 자살 등 잘 알려지지 않은 사례도 존재한다.[4] 이러한 사실들은 한국 사회의 재난 참사에서 자살문제가 심각함을 보여 주며, 참사 이후의 자살자 문제에 우리 사회가 주목할 필요가 있음을 시사한다.

특히 이태원 참사는 여타의 참사와는 다르게 '사고-의료 프레임'으로부터 진실규명이나 피해구제와는 전혀 무관하게, 이른바 '재난 트라우마'에 대한 국가 차원의 의료적 개입이 빠르게 이루어졌다. 하지만 재난 트라우마 담론에 기반한 의료적 개입은 진상규

---

4 「세월호 이어 또…참사 뒤 이어지는 극단적 선택 '비극'」, 『이데일리』, 2022. 11. 11.

명의 필요성에 대한 논의를 탈각시키는 데 일조했다. 이러한 국면을 잘 보여 주는 것이 이재현의 죽음 이후 논란이 되었던 한덕수 국무총리의 발언이다. 그는 "본인이 생각이 좀 더 굳건하고, 치료를 받겠다는 생각이 더 강했으면 좋지 않았을까"라며, 이재현의 죽음을 심리치료를 받지 않은 개인의 탓으로 돌렸다.[5] 국정조사에서도 "재현 군 측이 정부가 제공하는 치료 서비스를 거부했다"라는 식의 답변으로 일관하는 등 정부는 자신들의 책임이 아니라는 식의 입장을 표명하기 바빴다.[6] 세월호 참사가 피해자들의 트라우마에 대한 국가와 사회 차원의 개입이 필요함을 알린 시발점이었다면, 이태원 참사에서는 트라우마 치유 담론이 참사의 진실을 은폐하기 위한 일종의 국가의 부인전략으로 대대적으로 동원되었다.

치료요법 거버넌스[7]에서 참사 이후의 고통에 대한 주된 접근 방식인 의료 모델은 참사 트라우마를 집단적 책임 또는 구조적 문제로 다루기보다 개인의 문제로 다룬다. 따라서 의료 모델은 피해자들의 슬픔을 '문제적 징후'로 간주하고, 이것에 대한 치료의 필요성을 강조한다. 비애에 빠진 사람을, 인권을 침해당한 '피해자'를 치료받아야 할 '환자'로 규정하는 것이다(김명희, 2019: 150~151). 의

---

5 「이태원의 악몽…지역축제 안전관리 매뉴얼 해당 안 된다?」, 『한겨레신문』, 2020. 10. 30.
6 「행안부 장관, 이태원 참사에 "경찰 배치로 해결됐을 문제 아냐"」, 『한겨레신문』, 2022. 10. 30.
7 치료요법 거버넌스의 핵심적인 풍경이 '감정의 정치화'라고 할 수 있다. 현대의 정치적 삶에서 감정의 영역에 개입하는 치료요법적 정책 입안의 제도화는 1980년대 대처와 메이저의 보수정권하에서 크게 진척되었다(푸레디, 2016: 140, 344).

료 모델은 개인의 책임이나 맥락에 초점을 두어 재난 참사 피해자가 위치한 사회적 조건을 간과한다는 점에서 제한적이다. 무엇보다 이 같은 의료적 접근 방식으로는 이태원 참사의 발생 국면과 이후의 대처 과정에서 피해자가 감내해야 했던 고통의 실상에 온전히 다가설 수 없다. 그렇기에 참사의 성격 규명만이 아니라 참사 이후 생존자가 경유한 경험의 내용과 자살 과정에 대한 비판적 성찰은 이태원 참사 피해자 구제책의 전향적 검토를 위해서 반드시 필요한 작업이며, 여타의 참사 피해자의 자살을 예방하기 위한 정책적 개입에도 도움을 줄 수 있다. 이러한 문제의식에서 우리는 159번째 희생자를 '참사 후 자살자'라는 새로운 피해자 유형으로 이해하고, 이 같은 자살이 발생한 사회심리적 과정에 대한 질적 사례연구를 진행했다.

이 글의 출발점에서 상정한 연구 질문은 다음과 같다. 첫째, 159번째 희생자를 자살에 이르게 한 인과적 힘과 조건은 무엇인가? 둘째, 159번째 희생자의 사례가 자살연구 및 재난 참사 피해자학[8]에 어떠한 함의를 갖는가?

---

8 피해자학(victimology)은 피해의 원인(또는 원인론)과 결과, 형사사법제도가 피해자를 처우하고 돕는 방법, 언론과 같은 사회의 다른 요소들이 범죄 피해자(문제)를 다루는 방식 등을 연구하는 학문이다. 피해자학은 벤자민 멘델손이 범죄 피해자들에 대한 과학적 연구를 지칭하기 위해 1947년에 처음 사용했다(데이글, 2022: 2). 범죄의 원인을 밝히고 가해자의 행동 변화를 추구하려는 형사정책이나 범죄학과 구분해, 피해자학은 독자적인 학문의 영역을 구축했다. 이는 가해자 위주의 형사사법시스템에서 한 발 더 나아가 피해자의 입장과 이론, 이와 관련된 이론적·실무적 정책 방향을 만들어 나가는 데 기여한다(도에르너·랩, 2011).

이에 답하기 위해 우선 이태원 참사를 다룬 선행연구의 성과를 바탕으로 자살의 발생 기제를 포착할 주요 개념적 자원을 제시한 후, 인권에 기반한 재난 접근의 필요성을 밝힌다(2절). 나아가 159번째 희생자의 자살 과정에 다가서기 위한 심리부검 방법론으로 채택한 질적 사례연구의 강점과 연구 과정을 소개한다(3절). 자살자가 처한 사회적 조건과 자살자의 서사를 복원하는 방법론적 접근은 탈맥락화된 피해자 이해와 지원책을 넘어, 피해자의 경험과 맥락을 존중해 고통의 재생산 과정을 이해하고 이에 입각한 해법을 모색하기 위한 근거를 제공한다. 다음으로 159번째 희생자가 자살에 이르게 된 사회적 과정을 인권의 관점에서 살펴본다. 이를 통해 159번째 희생자의 자살이 '참사 이후의 참사'에 비견할 만한 중층적이고 복합적인 인권침해의 결과임을 드러낸다(4절). 마지막으로 이태원 참사 159번째 희생자의 사례가 자살연구 및 재난 참사 피해자 연구에 시사하는 함의를 밝힌다(5절).

2. 재난 참사 피해자학과 생존자 죄책감

이태원 참사의 원인과 성격

그간 이태원 참사에 관한 선행연구는 크게 법학, 언론학, 인문학 등 인문사회과학 분야에서 제출되었다. 이는 크게 세 가지 유형으로 나누어 볼 수 있다. 첫째, 먼저 이태원 참사의 성격을 법제적 판단에 기초해 규명한 선행연구들은 국가의 책임을 부인하기 위해 동원된 '주최자 없는 행사'라는 사고 프레임이 진정 타당한 것인지 그 법적 근거를 면밀하게 살펴보는 데 주안점을 둔다. 대표적으로 이보드레(2023)는 「대한민국헌법」 제34조 제6항과 「재난안전법」 제4조 제1항, 그리고 「경찰관직무집행법」, 「국가경찰과 자치경찰의 조직 및 운영에 관한 법률」, 「다중운집 행사 안전관리 매뉴얼」이 '주최자 없는 행사'에 대한 법적 근거가 없더라도 이태원 참사가 국가 및 지방자치단체, 그리고 경찰의 책무 위반으로 발생한 참사로 규정될 근거가 될 수 있다고 지적한다. 마찬가지로 이호영(2023)은 「재난안전법」에 명시된 행정안전부 장관의 책무가 이태원 참사를 행정안전부 장관의 부적절한 조치로 인해 발생한 참사로 규정할 수 있게 한다고 말한다.[9]

둘째, 한편 이태원 참사의 재현 방식을 다룬 선행연구들은 '이태원 참사'가 '이태원 사고'로, '희생자들'이 '사망자들'로 재현됨에 따라 책임 소재나 원인규명에 대한 문제 제기와 질문이 봉쇄됨으로써 참사의 책임과 고통이 오롯이 개인에게 전가되는 측면을 지적한다. 각각의 연구는 여러 재현의 주체를 다루고 있다. 재현의 주체로

---

[9] 예컨대 「재난안전법」 제2조는 "재난을 예방하고 재난이 발생한 경우 그 피해를 최소화하는 것이 국가와 지방자치단체의 기본적 의무"임을 명시하고 있다. 즉 국가가 개인의 생명과 안전을 보장하여야 함에도 이태원 참사의 예방, 대응, 구조에 있어 국가의 재난안전관리체계는 총체적으로 부실했다(10·29 이태원 참사 인권실태조사단, 2023: 121).

서 국가, 언론 및 미디어 등이 그것이다. 대표적으로 김성일(2023)은 국가가 사고 프레임을 정당화하기 위해 대응사회운동을 동원하며, 적극적으로 국가주의적 재난 서사를 만들어 낸 측면에 주목한다. 예컨대 국가는 참사를 사고로 규정하여 일선 책임자들에 대한 꼬리 자르기식 처벌로 수습하려 했다. 그리고 시민사회 및 시민들의 비판을 정부를 옹호하는 집회로 막아 내고자 했다. 이때 국가는 재난을 불운과 불운의 극복으로 서사화하여 개인에 대한 처벌을 강조하면서 1인칭 중심의 피해 서사를 만들어 내고, 개별 행위자에게 책임을 전가함으로써 사고 수습에 방점을 두었다(전주희, 2023). 이것은 참사의 본질을 왜곡하려는 시도로써 적절한 애도를 가로막는 담론적 조건이 되었다(정원옥, 2023). 또한 정파성에 따라 참사를 다르게 재현한 언론의 행태도 이러한 국가주의적 재난 서사를 강화하는 데 일조했다. 예컨대 보수 언론은 책임귀인 프레임을 통해, 진보 언론은 주무부처 책임 프레임을 통해 참사를 재현했다.[10]

셋째, 많지는 않지만 이태원 참사 피해자의 고통을 다룬 선행 연구는 피해자들의 권리침해에 주목함으로써 이태원 참사의 본질적인 측면을 드러내고 있다는 점에서 유의미하다.[11] 특히 10·29 이태원 참사 인권실태조사단(2023)의 조사에 따르면 이태원 참사가

---

10 정민석·이수진·이현우(2023), 금희조·박윤정·윤문십·박정민·이세영 임인게(2023), 이재완·김용환(2023) 참고.
11 미류(2023), 백소현·조미혜(2023), 이해수(2023), 이희은(2023), 10·29 이태원 참사 인권실태조사단(2023) 참고.

국가에 의한 인권침해 사건인 이유는, 첫째, 10월 29일 밤, 재난안전체계를 책임지는 국가가 없었기 때문이다. 생명과 안전을 지키고 인권을 존중·보호해야 하는 국가의 책무를 저버린 상황이 158명이라는 생명이 사라진 참사로 드러났다. 둘째, 피해자들의 모든 권리가 외면당했다. 참사 이후 희생자는 시신의 인도 과정에서 존엄을 지킬 수 없었다. 유가족은 온전한 애도와 추모의 기회를 빼앗겼다. 참사의 발생원인과 과정, 이후 정부의 대응에 대한 체계적인 정보 전달도 없었다. 다른 피해자들과의 연결도 철저히 차단당했다. 셋째, 참사에 대한 진상규명도, 제대로 책임을 묻는 과정도 부재했다. 어렵사리 국정조사가 진행됐지만, 반쪽짜리로 마무리되었다. 특별수사본부 수사도 아랫선의 책임을 묻는 것으로 끝났다. 이후 112 신고 기록 조작, 재난 통신망 기록 폐기 등 참사의 흔적을 바꾸고 지우려 한 사실이 드러났다. 하지만 진실을 알고자 하는 외침은 오히려 침묵을 강요당했다. 넷째, 추모와 애도를 부정당했다. 다른 참사에 비해 국가 애도 기간이 이례적으로 즉시 선포되었음에도, 일방적인 애도의 방식은 애도의 실체를 가려 버렸다. 영정과 위패 없이 협소하게 한정된 기간으로 진행된 합동분향소는 누구를, 무엇을 위한 추모인지 불분명했다(10·29 이태원 참사 인권실태조사단, 2023: 9). 국가는 희생자들의 죽음을 진정으로 기리고 기억하려 하기보다, 맹목적인 국가 애도 기간 및 합동분향소 운영을 통해 참사의 공포로부터 시민들을 분리함으로써 '애도할 권리'를 가로막았다(백소현·조미혜, 2023; 이해수, 2023).

국가범죄형 사회 재난으로서의 이태원 참사

이 모든 것을 아울러 볼 때, 이태원 참사는 국가가 국민의 안전할 권리를 보장하지 않아 발생한 재난이자, 참사 발생 이후에도 국가가 체계적으로 책임을 부인함으로써 연속적인 인권침해를 파생시킨 사건이다. 따라서 이태원 참사는 국가의 부작위로 인해 발생한 '국가범죄형 사회 재난'의 특성을 갖는다고 할 수 있다. '국가범죄'가 공권력의 행사나 불행사, 정책 시행으로 인해 발생한 사회적 해악을 총칭하는 개념이라면(이재승, 2016: 336), '국가범죄형 사회 재난'은 기존 국가범죄학의 개념적 성과를 수용하면서 국가의 작위 또는 부작위가 개입한 사회적 재난의 성격을 분명히 할 수 있다는 장점이 있다.[12] 동시에 이태원 참사는 참사 직후 국가의 부인과 함께 '놀다가 죽었다'는 피해자 비난(victim blaming)과 2차 가해가 사회적으로 광범위하게 행해진 사건이기도 하다. 이를 감안할 때 참사 이후 피해자들에 대한 대응 방식은 국가-사회 범죄형 재난으로 비화되는 측면을 드러내 보여 준다.

---

12 세월호 참사를 사회 재난으로 규정하려는 시도는 '안전사회 건설'을 현대사회의 보편적인 과제로 삼았다는 점에서 유의미하다. 그럼에도 사회 재난 프레임은 세월호 참사의 발생 국면에서 드러난 국가의 구조 방기 및 구조 실패라는 부작위, 그리고 이후 진실규명 작업에 대한 정부의 조직적 방해라는 작위의 측면을 명료히 하기 어렵다. 따라서 세월호 참사를 '국가범죄' 프레임과 '사회 재난' 프레임을 결합하여 '국가범죄형 사회 재난'으로 규정하는 것은 재난의 여러 유형과 성격을 변별하고, 해당 재난의 독특한 속성을 이해하는 작업에 도움이 될 수 있다. 나아가 '국가-사회범죄형 재난'은 사회 영역에서의 무책임이 조직화된 국가의 부작위 구조와 엄격히 구별되지 않으며 양자가 맞물려 힘을 행사하는 국면을 환기시킨다는 강점이 있다(김명희, 2019: 147~148).

159번째 희생자의 자살은 바로 이러한 국면에서 발생했다고 할 수 있다. 하지만 아직까지 159번째 희생자의 죽음을 의미 있게 다룬 연구는 없으며, 이태원 참사의 의료화 과정이 '참사 후 자살' 문제와 어떻게 얽혀 들어 가는지의 문제에 착목한 학술연구는 부재하다.

생존자 죄책감의 사회적 구성

선행연구의 성과를 종합할 때, 159번째 희생자의 자살은 단지 '참사를 경험함' 자체에서 파생된 사건이 아니라 참사 이후의 사회 과정, 즉 국가책임의 부인과 사회 구성원들이 동참한 피해자 비난으로 인해 생존자 죄책감이 가중되는 사회 과정에서 발생한 것이다. 심리학과 정신의학, 문학과 철학 등 인문학 분야에서 널리 통용되는 개념인 생존자 죄책감(survivor's guilt)은 특정한 사건이나 재난에서 살아남은 사람들이 경험하는 죄책감, 슬픔, 혹은 상실감을 뜻한다. 재난을 겪은 생존자들은 자신만 살아남았다는 생존자 죄책감에 빠질 수 있다.[13] 예컨대 1995년 오클라호마시티 폭탄 테러 당시 생존한 5세 아이의 "나 때문에 친구가 죽었다"라는 진술은 생존자 누구에게나 생존자 죄책감이 발생할 수 있음을 잘 보여 주는 사례

---

13 세월호 참사 생존자에게도 생존자 죄책감이 두드러지게 드러난 바 있다. "아마도 시신을 찾지 못하는 녀석들과 함께 저승에서도 선생님 할까?"라는 유서를 남기고 자살한 단원고등학교 교감의 사례가 대표적이다(「단원고 교감선생님의 '자살'…'순직' 인정받을까?」, 『한겨레신문』, 2015. 5. 10).

이다.[14]

학술적 차원에서 생존자 죄책감에 대한 진지한 고찰은 홀로코스트의 경험으로 거슬러 올라간다. 대표적으로 이탈리아의 화학자이자 홀로코스트 생존자인 프리모 레비는 『가라앉은 자와 구조된 자』에서 생존자 죄책감을 심도 있게 주목한 바 있다. 그에 따르면 수용소에서 살아남은 사람들이 경험하는 생존자 죄책감은 "도움을 베풀지 않은 것에 관해 자신이 유죄라고 느끼"는 감정으로 "인간적 연대감의 측면에서 실패했다는 자책 또는 비난"의 형식을 지닌다. 같은 맥락에서 레비는 "자살은 동물의 행위가 아니라 인간의 행위"이며, 자연스럽지도 충동적이지도 않은 "심사숙고한 행위"라고 말한다(레비, 2014: 88~91).

독일의 철학자 칼 야스퍼스 또한 홀로코스트 이후 그의 소책자 『죄의 문제』에서 세상에 만연한 부정의와 비참 앞에 '인간의 죄와 책임'의 문제를 논한 바 있다. 그는 "인간 상호 간에는 연대가 존재"한다고 말하면서, 세계의 모든 불법과 불의에 대해, 특히 자신의 면전에서 또는 자신이 알고 있는 가운데 시민으로서 발생한 범죄에 대한 정치적 책임을 다해야 한다고 주장한다(야스퍼스, 2014; 『비마이너』, 2019. 1. 3). 야스퍼스에 따르면 형이상학적인 죄는 인간으로서 타인과의 절대적 연대를 수립하지 못했다는 점에서 생겨난다. 인간은 위험에 처한 타인을 구하기 위해 때로는 자신의 생명을

---

14 「"살아남아서 고맙고 훌륭해" 생존자 죄책감부터 덜어줘야」, 『한국일보』, 2014. 4. 20.

걸어야 할 의무를 진다. 물론 생명을 희생해도 아무것도 달성할 수 없다는 사정이 아주 명백하다면, 희생을 도덕적으로 요구할 수 없다. 그러나 그럴 때조차 인간에게는 또 다른 종류의 죄책감이 남게 된다는 것이다. 속수무책과 근원적 무력감에 기초한 이러한 감정은 법적·정치적·도덕적 죄의 맥락에서는 파악할 수 없는 것이다.[15] 다음 야스퍼스의 진술은 형이상학적 죄책감이 생존자 죄책감과 어떻게 연결되는지를 잘 보여 준다.

> 내가 있는 곳에서 불법과 범죄가 자행된다면 연대는 훼손된 것이다. 불법과 범죄를 막고자 용의주도하게 생명을 걸었다는 것만으로는 충분치 않다. 내가 있는 곳에서 불법과 범죄가 자행되고 다른 사람들이 죽어 나가는데 나는 살아남았다면, 내 안에서 하나의 소리가 들리고, 이를 통해 나는 안다. '살아남았다는 사실'이 나의 죄다(야스퍼스, 2014: 144~145).

유사한 견지에서 영국의 법철학자이자 비판적 실재론자인 알렌 노리에는 야스퍼스와 레비의 논의를 가져와 생존자 죄책감을 개인의 내적 경험이나 트라우마를 유발하는 심리적 메커니즘만으로 설명할 수 없다고 말한다. 그에 따르면, 생존자 죄책감은 타인을

---

15 야스퍼스의 형이상학적 죄에 대한 논의를 세월호 참사의 생존자 죄책감과 연결한 논의로 김명희(2015b: 35~36) 참고.

대신해 살 권리에 대한 질문, 즉 우리가 타인에게 무엇을 할 수 있고, 해야 하며, 무엇을 빚져야 하는지에 대한 질문을 포함하는 것이다. 이는 인간이 공유하는 보편적 조건과 우리 존재의 핵심에 자리한 깊은 윤리에 대한 이해를 필요로 한다. 생존자 죄책감은 타인이 저지른 악행이 비록 자신이 저지른 것이 아닐지라도, 연대를 제공하지 못했다는 후회와 자책 속에서 발생하는 것이며, 실재적 구조와 실제 사건들 안의 중요한 구성 요소를 이룬다(Norrie, 2016: 401~421). 기저적 실재에 대한 이들의 철학적 고찰은 생존자 죄책감의 존재론적 차원, 즉 살아남은 자의 죄책감이 근본적으로 서로 연루된 존재들의 관계적·연대적·윤리적 차원에서 비롯된다는 점을 환기시킨다.[16]

하지만 근래에 이르러 생존자 죄책감은 점차 정신의학적 관점에서 일면적으로 다루어지는 경향성을 보인다.[17] 앞서 신자유주의 시대 요법문화 속에서 감정은 문화적 숭배의 대상이자 의료화

---

16 생존자 죄책감을 다루기 위해 노리에가 도입한 메타실재(meta-Reality)의 철학에서는 영성적 하부구조가 일상 세계를 뒷받침하는 것으로 판별한다. 바스카는 그 하부구조에 모든 사람, 그리고 모든 존재가 창의성과 사랑과 같은 기저 상태(ground states)를 갖고 있다고 바라본다(바스카, 2021:147).

17 국가트라우마센터 홈페이지에 게시된 '재난 정신건강 정보'는 재난으로 인한 심리사회적 반응으로 생존자 죄책감을 명시하고, 치료적 개입이 필요한 PTSD 증상으로 규정하고 있다. 이에 따르면 생존자 죄책감은 재난 후 1~3개월 이내에 나타나는 것으로, 생존자는 자신이 살아남은 것에 대한 실존적인 죄책감과 함께 재난 현장에서 했던 자신의 행동에 대해 죄책감을 느끼게 된다. 생존자가 죄책감을 느끼는 경우 사람들로부터 자신을 고립시키게 되고, 다른 사람의 도움을 거절하려는 경향이 생기며, PTSD로 이어질 가능성이 더 크게 나타난다는 것이다('재난으로 인한 심리사회적 반응', 국가트라우마센터 홈페이지, https://nct.go.kr/distMental/response/distResponse01_4.do).

의 대상이 된다는 점을 살펴보았다. 이 속에서 '죄책감'은 행동문제와 인격 장애가 발생하는 원인이자 감정적 병리로 간주된다(푸레디, 2016: 76). 대표적으로 『정신 질환의 진단 및 통계 편람』 제5판(*Diagnostic and Statistical Manual of Mental Disorders*, Fifth Edition, 이하 DSM-5)에서는 생존자 죄책감을 PTSD 증상의 일환으로 "외상적 사건이 일어난 후에 시작되거나 악화된, 외상성 사건과 관련이 있는 인지와 기분의 부정적 변화"로 설명한다(APA, 2015: 289~292). DSM-5에 이르러서 죄책감이 "외상성 사건의 원인 또는 결과에 대한 지속적인 인지 왜곡"으로부터 발생할 수 있음을 인정하고 있지만, 그럼에도 인지 왜곡의 주체를 '개인'으로 설정하고 있다는 점에서 제한적이다. 이러한 접근 방식은 인지적 왜곡이 일어나는 심리사회적 차원과 그 발생적 과정을 전혀 설명하지 못한다. 나아가 DSM-5의 정의는 본디 생존자 죄책감이 환기시킨 인간존재의 관계적 차원과 부정의(injustice)의 차원을 탈각시키는 한계를 보인다.[18]

따라서 이 글에서는 정신의학적 용법과 구분하여, 생존자 죄책감을 일련의 "감정 경험을 야기한 외상적 사건의 인과적 조건에 대한 납득 가능한 설명이 제공되지 않을 때 죽은 자와의 관계에서 발생할 수 있는 살아남은 자의 심리사회적 고통"으로 바라보고자 한

---

18 DSM-5 이전의 DSM은 DSM-III, DSM-IV와 같이 로마자로 그 버전을 표기했다. 이와 달리 DSM-5부터는 DSM-5.1, DSM-5.2와 같이 여러 차례 개정 가능성을 염두에 두어 아라비아 숫자로 버전을 표기하게 된다. DSM-5 개정 과정에서 논쟁이 된 진단 범주의 타당성과 그 비판의 상세한 내용은 스타인가드 편(2020), 2장 참고.

다. 이 지점에서 문화사회학자 제프리 알렉산더가 제안한 문화적 외상(cultural trauma) 개념은 ― 철학적·의학적 논의가 결여하고 있는 ― 트라우마의 인지적이고 사회적인 구성 과정을 질문한다는 점에서 여전히 유효하다. 그에 따르면 외상은 사건과 사건의 재현 사이에 존재하는 간극(gap)에서 발생할 수 있다. 알렉산더는 이 간극을 외상 과정(trauma process)으로 정의한다. 외상 과정 개념은 모든 사실이 감성적·인지적·도덕적으로 조정된다는 점을 무시하지 않는다. 그리고 외상의 기저에 사건, 구조, 인식과 행위 간의 인과관계가 자리함을 인정한다(Alexander, 2003: 31~32). 이러한 설명 방식은 사건의 원인에 대한 불충분한 설명이 생존자 죄책감을 포함한 외상의 발생 기제 가운데 일부가 될 수 있음을 일러 주며(김명희 b, 2015b: 21~22), 탈진실정치(post-truth politics)[19]가 개입하는 사회적 참사 생존자들의 고통을 보다 두텁게 이해할 수 있는 시야를 열어 준다.

---

19 『옥스퍼드 영어사전』이 2016년 영단어로 선정하면서 알려진 탈진실(post-truth), 나아가 탈진실정치(post-truth politics)는 왜곡된 데이터의 사용으로 진실보다는 감정에 호소함으로써 거짓과 특정 이데올로기가 만들어지는 정치현상을 지칭한다(Oxford English Dictionary, 2024. 10. 30 접속). 이러한 탈진실정치는 이태원 참사의 경우 국가주의적 재난 서사가 전면화된 맥락에서 그 위력을 드러냈다.

재난 참사 피해자학과 인권 기반 접근

아울러 비판 피해자학[20] 및 국가범죄 피해자학을 둘러싼 최근 국내 연구 성과는 특정집단을 피해자로 만드는 사회 과정을 문제 삼으며 (Duggan, 2018), 참사 피해자가 자살에 이르게 되는 과정을 '피해자의 재희생자화'라는 개념으로 포착한다.[21] 4장에서 살펴보았지만, 재희생자화란 과거에 피해를 경험한 동일 피해자 또는 동일 지역이 다시 피해자가 되는 과정을 말한다. 나아가 여러 개념적·실증적 성과에도 불구하고 기존의 일반 피해자학은 '형사사법을 통한 피해자 보호'에 집중된다는 점에서 다소 사법적 관점에 머물러 있다(김혜경, 2023: 87). 하지만 광범위한 재난 참사 피해 양상 및 피해자 유형을 판별하기 위해서는 사법적 관점을 넘어설 필요가 있다. 그 대안적 관점이 권리와 의무 개념에 입각한 인권에 기반한 접근(Human Rights-Based Approach, HRBA)이다. 대표적으로 필자가 동료들과 함께 수행한 5·18 국가범죄 피해자 연구 성과는 직접적 피해자만이 아니라 여러 유형의 피해자가 존재할 수 있으며, 참사 이후의 국가의 진실 은폐 및 부인이 연속적인 인권침해와 재희생자화를 촉진한다는 점을 일러 준다. 우리는 일명 「피해자 권리장전」이라 불리는

---

20 '일반 피해자학'(general vitimology)과 '비판 피해자학'(critical victimology)은 범죄 피해자에 대한 이해와 지원을 목표로 한다는 점에서 이해를 같이하지만, 비판 피해자학은 피해자의 행동과 특성만이 아니라 여성과 아동, 빈곤층 등 특정집단을 범죄에 더 취약하게 만드는 사회구조적인 요인에 더 강조점을 둔다(Duggan, 2018).
21 김명희(2020), 김명희·김석웅·김종곤·김형주·유해정·유제헌·이재인·진영은(2022) 참고.

반 보벤-바시오우니 원칙을 도입하여(Bassiouni, 2006), 인권적 관점과 트라우마 연구를 통합하는 접근법을 제안했다.[22]

이를 참고할 때, 159번째 희생자의 자살은 연속적이고 중층적인 인권침해로 인한 복합 피해(polyvictimization) 또는 복합 외상(complex trauma)이 발현된 결과로 이해할 수 있다.[23] 이태원 참사 생존자의 자살을 복합 피해 혹은 복합 외상의 결과로 바라본다는 것은, 159번째 희생자의 자살이 참사 이후에도 계속된 권리침해와 이태원 참사라는 외상적 사건의 의미화를 둘러싼 왜곡되고 분열된 서사 속에서 '또 다른 피해자'로 만들어지는 사회 과정과 조건을 탐문한다는 것을 의미한다.

유사한 관점에서 10·29 이태원 참사 인권실태조사단의 연구 성과는 '재난 참사 피해자의 권리' 개념에 입각해 이태원 참사에서 발생한 다양한 피해 사실을[24] 규명하고, 재난에 대응하는 국가와 사회의 책무를 제시하고 있다. 이들에 의하면, 재난 참사 피해자는 생명과 안전에 대한 권리, 존엄에 대한 권리, 진실에 대한 권리, 필요한 지원을 받을 권리, 애도할 권리, 연대할 권리를 가진다. 나아

---

22 나아가 5·18 국가범죄 집단 트라우마의 피해자를 여섯 가지로 유형화한다. 직접적 피해자, (유)가족 1세대 및 2세대, 일선 대응인(responders), 목격자, 지역사회 일원, 사후 노출자(post-exposure person)가 그것이다(김명희 외, 2022: 33~39).
23 복합 피해(polyvictimization)는 다른 유형의 피해가 두 번 이상 이어지는 경우를 일컫는다. 참사 경험이 피해의 한 유형이라면, 국가의 체계적인 부인과 사회 구성원의 2차 기해는 피해의 또 다른 유형이라고 할 수 있다(데이글, 2022: 88~92).
24 이 보고서 또한 이태원 참사 피해자 유형을 희생자와 유가족, 생존자, 구조자, 지역주민, 상인으로 범주화한다(10·29 이태원 참사 인권실태조사단, 2023: 72~118).

가 이에 상응하여 국가는 생명과 안전 보장, 피해자의 존엄과 권리 보장, 체계적인 지원 제공, 진상규명 및 재발방지대책 마련, 추모와 애도 보장의 책무를 갖는다. 사회의 책무로서 언론 및 미디어 역시 허위 사실과 혐오 표현 방지, 피해자 보호, 애도 보장의 책무를 지닌다. 아울러 사회 구성원의 경우 피해자와 연대하고 공감하며, 참사의 진실을 규명하고 기억할 책임이 있다(10·29 이태원 참사 인권실태조사단, 2023).

3. '참사 후 자살자'의 자살 과정에 다가서기

질적 사례연구를 통한 심리부검: 비판적 실재론 접근

이 글은 이태원 참사 159번째 희생자를 '참사 후 자살자(a suicide)'라는 새로운 피해자 유형으로 상정하고 구술 면접, 시청각자료, 문서와 보고서 등을 활용하여 참사 직후부터 자살에 이르기까지의 서사를 재구성했다. 자살에 대한 연구는 자살자의 직접적 진술을 듣고 분석하는 것이 불가능하기에 일정 정도 제약이 존재한다. 그렇기에 유가족 및 주변인의 진술과 기사, 미디어 및 언론보도 등을 바탕으로 159번째 희생자가 죽음에 이르는 과정을 추적할 필요가 있다.

이러한 접근 방법은 질적 사례연구에 기초한 심리부검 방법에 해당한다. 앞서 말했듯, 심리부검은 사인이 불분명한 의문사 규명을 위해 회고적(retrospective) 방식으로 접근하는 법의학적 조사 방법의 하나로서 죽음의 원인, 상황 등을 명확하게 드러내어 해명하고, 죽음의 유형을 결론 내릴 수 있도록 조사하는 모든 과정을 의미한다(Shneidman, 1998). 따라서 심리부검은 주변인의 진술과 기록을 통해 자살자의 심리행동 양상을 파악하여 자살의 원인을 추정한다(제영묘, 2004: 3). 나아가 사례연구는 질적 연구 방법의 한 형태로서, 시간의 경과에 따라 하나 또는 둘 이상의 경계를 가진 체계(들)를 관찰, 구술 면접, 시청각자료, 문서와 보고서 등 다양한 방법과 자료를 활용하여 탐색하는 방법이다(크레스웰, 2015: 124~130). 사례연구에서는 사례가 핵심이다. 그렇기 때문에 사례가 무엇인가, 연구하고자 하는 것은 무엇의 사례인가, 연구가 그 사례에 포함된 모집단의 이해에 어떻게 기여할 것인가에 대한 대답은 사례연구를 방법론으로 규정할 수 있게 한다. 사례연구는 양적연구에서 말하는 일반화를 목표로 추구하지는 않지만, 그럼에도 '다른 의미에서의 일반화'를 목표로 한다. 사례연구는 기존의 연구 결과들로 설명되지 않는 사례를 연구로 확인하기 때문에 그러한 변이가 어떠한 맥락에서 나타나는지 이해할 수 있고, 그 원인을 추론하여 새로운 이론으로 나아갈 가능성을 제공한다(서덕희, 2020: 16~20).

특히, 자살은 온전히 의학적이거나 생물학적으로 환원되어 설명될 수 없는 매우 다층적이고 복합적인 현상이며, 사회문화적 맥락에 따라 위험 요인 등이 매우 다르게 나타날 수 있다(나경세·백종우·윤미경·김현수, 2015: 42). 따라서 최근 많은 연구자들은 정신질환과 자살에 대한 이해에 초점을 맞춘 의료적 접근을 넘어서 사망자와 관련된 다양한 사람들이 사망자의 자살과 관련된 이유를 자신의 내러티브로 풍부하게 이야기하고, 이를 연구자들이 체계적으로 분석하는 질적 접근법(qualitative approach)을 제안하고 있다.[25] 이러한 질적 심리부검 접근이 비판적 실재론의 존재론에 근거를 둔다면, 다음과 같은 점에서 보다 타당한 과학적 방법이 될 수 있다.

첫째, 앞서 살펴보았듯 비판적 실재론은 실증주의 과학관과 다르게 경험적 자료에 근거하되 경험을 넘어서 자살자가 왜 자살에 이르게 되었는지 그 발생적 과정에 대한 인과추론을 정당하게 허용하기 때문이다. 비판적 실재론 관점에서 주된 분석의 초점은 현상의 경험적 규칙성이나 사건들의 유형이 아닌 현상/사건을 야기한 구조들과 기제들이다. 그리고 그것은 경험적이거나 현실적인 것이 아니라 초사실적(transfactual)인 것이다. 따라서 비판적 실재론은 경험을 야기한 인과 과정과 인과 기제를 추론하고 거꾸로 드러내는 소급추정적[26]이고 역행추론적인 논증을 거쳐, 경험적 일반화가

---

25 Hjelmeland et al.(2012), 박지영(2020) 참고.
26 소급추정(retrodiction) 또는 사후추정(postdiction)은 "예를 들어 의사가 환자의 증상으로부터 관련된 발생 기제 중 하나가 독감 바이러스라고 추론하는 경우와 같이, 역행적인 설명 구조를 통한 결과에서 원인으로의 또는 체계의 나중 상태에서 이전 상태로의 추론"이다 (Hartwig ed., 2017: 256~257). 그리고 역행추론 논증은 어떤 현상이 실재적이라면, 무엇이 그것을 발생시키거나, 생산하거나, 인과적으로 유발하거나, 설명하는지를 질문한다. 즉, 역행추론은 과학에서 과학자가 그것을 사용하여 원인들 또는 발생 기제들 ― 그것들이 실재한다면 문제의 현상을 설명할 ― 을 생각해 내는 상상적 활동이다(Bhaskar, 2016: 3).

아닌 이론적 일반화 또는 초사실적인 일반화로 나아간다(Bhaskar, 2016: 79). 그렇기에 사례나 표본 수가 연구의 설명력과 타당성을 가늠하는 기준이 될 수 없고, 설명이라는 과학의 목표는 잘 설계된 단일 사례의 연구에서도 적절히 추구될 수 있다.

둘째, 자살은 일회적인 사건이 아니라 사회관계적이고 사회문화적인 힘들이 매개하는 복합적인 사회 과정이다. 그런 의미에서 자살은 시간적인 인과 연쇄와 다층적 힘이 발현되는 '자살 과정'으로 이해되어야 한다. 유사한 견지에서 비판적 실재론은 반환원주의적 존재론에 기초해 사회·심리·신체적 층위의 힘(들)이 얽혀 들어가 자살을 야기하는 인과 과정을 판별하고 종합할 수 있는 분석적 시야를 제공한다.

셋째, 인간과학을 양분해 온 원인-이유의 이분법과 달리, 비판적 실재론 관점에서 개인의 이유(동기, 감정, 가치 등)는 인간행동을 낳는 인과적 힘이다. 즉 그것이 힘의 속성을 지니고 있다면, 개인들의 이유, 동기, 감정, 가치도 정당하게 과학적 탐구의 대상이 될 수 있다. 이러한 관점에서 비판적 실재론은 사회적인 것과 얽혀 있는 심리적인 것, 말하자면 자살을 야기한 사회적 원인(들)과 개인적 이유(들)를 적절히 연계하고 통합적으로 설명할 수 있는 방법론적 지평을 열어 준다. 이러한 메타이론적 가정에 입각해 이 글에서는 자살의 발생적 과정과 그것을 야기한 심리사회적 조건을 역추론하는 질적 사례연구에 기초한 심리부검을 진행했다.

연구자료와 연구 참여자

앞서 말했듯 죽은 자는 말을 할 수 없기에, 자살의 원인과 과정을 자살자의 직접적 진술에 전적으로 의존해 분석하는 것이 불가능하다. 따라서 우리는 고인이 남긴 SNS 댓글 및 영상 유서 등을 포함해 159번째 희생자의 유가족을 두 차례 심층 면접하여 이들의 진술을 바탕으로 자살에 이르게 되기까지의 서사를 재구성했다. 나아가 159번째 희생자가 남긴 유서 및 다른 이태원 참사 생존자를 심층 면접하여 분석에 참고했다. 159번째 희생자는 참사 직후의 맥락에서 '생존자'에 위치하기에 다른 생존자의 경험과 진술은 자살에 이르게 된 맥락을 보다 면밀하게 추론할 비교자료가 될 수 있다. 연구에 참여한 연구 참여자를 표로 제시하면 다음과 같다.

〈표 7.1〉 이태원 참사 관련 연구 참여자 개관

이름	날짜	장소	범주	거주지	나이	면담 시간
송해진	2023. 8. 4	서울 마포구 북카페	유가족, 이재현의 어머니	서울	47세	1시간
	2024. 5. 30	서울 마포구 북카페				2시간
이경희	2023. 8. 4	서울 마포구 북카페	유가족, 이재현의 아버지	서울	49세	1시간
김수현 (가명)	2024. 4. 23	화상회의	생존자	서울	28세	1시간

아울러 이태원 참사 생존자의 증언을 담은 국내 다큐멘터리 〈별은 알고 있다〉(2023)와 국외에서 생산된 다큐멘터리 〈Crush〉(2023)를 함께 분석했다. 또한 생존자 및 유가족들의 증언을 담은 귀중한 기록물로 10·29 이태원 참사 작가기록단이 출간한 『우리 지금 이태원이야』(2023), 10·29 이태원 참사 인권실태조사단이 집필한 「10·29 이태원 참사, 인권으로 다시 쓰고 존엄으로 기억하다」(2023)를 두루 참고했다. 분석에 활용한 기록물을 표로 제시하면 〈표 7. 2〉와 같다.

〈표 7. 2〉 이태원 참사 증언 기록물

제목	종류	내용	발행·공개일
〈별의 기억_10·29 이태원 참사 1년의 기록〉	국내 다큐멘터리	생존자 및 유가족 증언	2023. 2. 4
〈Crush〉	국외 다큐멘터리	생존자 및 유가족 증언	2023. 10. 17 (현지 시각 기준)
『우리 지금 이태원이야』	서적	생존자 및 유가족 증언	2023. 10. 29
「10·29 이태원 참사, 인권으로 다시 쓰고 존엄으로 기억하다」	보고서	생존자 및 유가족 증언, 피해자 권리 및 인권침해 사항	2023. 5. 15

나아가 자살자가 처한 사회적 환경을 추론하기 위해 심층 면접으로 잡히지 않는 여타의 지점은 기사 또는 소셜 미디어 담론분

석을 통해 보완했다. 노만 페어클러프와 이사벨라 페어클러프에 따르면, 담론은 단지 세계가 어떠한지를 기술하는 것에 그치지 않는다. 담론은 세계가 어떠해야 하는지를 적극적으로 만들어 간다. 따라서 담론에 의해 새로운 방식의 행위가 수행되기도 하고, 새로운 정체성이 주입되기도 하며, 물질적으로 실현되기도 한다(페어클러프·N. 페어클러프, 2015: 187~195). 이 점에서 언론 기사 또는 소셜 미디어에서 참사를 둘러싼 국가와 사회의 부인 담론이 어떠한 양상으로 전개되었고, 이러한 부인 담론이 생존자의 실존적 조건과 외상 과정에 어떠한 영향력을 행사했는지 아울러 살펴보았다.

이 연구는 재난 참사 피해자의 자살이라는 민감한 주제를 다루고 있기에, 연구 과정에서 상기될 수 있는 참여자의 고통을 고려해 충분한 공감 표현, 적절한 인터뷰 시간 등 연구윤리의 준수에 각별한 주의를 기울였다.[27] 또한 불필요한 정보가 공개되지 않도록 연구 참여자에게 1차 연구 결과를 공개하고 피드백 받는 과정을 거쳤으며, 이 과정에서 유가족의 적극적 요청에 따라 159번째 희생자와 유가족의 실명을 기록하기로 했다.

---

[27] 이 연구는 재난 참사 피해자의 자살이라는 민감한 주제를 다루고 있는 만큼 연구 설계 단계에서 윤리적 지침을 마련하여 준수하고자 했다. 윤리적 지침은 경상국립대학교 기관생명윤리위원회가 제공하고 있는 생명윤리 지침에 준거해 구성했다. 자세한 내용은 김치홍(2024: 28~29) 참고.

4. 참사 이후의 참사
: 159번째 희생자의 인권과 '자살 과정'

159번째 희생자가 참사 직후 경험한 생존자 죄책감은 통상의 재난 참사 생존자들이 겪는 보편적인 감정일 수 있다. 하지만 이러한 죄책감이 반드시 자살로 이어질 필연적 이유는 없으며, 실제 모든 생존자가 자살에 이르는 것도 아니다. 이 절에서는 159번째 희생자의 생존자 죄책감이 어떠한 기제와 조건 속에서 점차 강화되어 자살에 이르게 되는지 그 '자살 과정'을 살펴보려 한다. 미리 말하자면, 친구들의 죽음으로 인한 상실(loss)의 경험과 죄책감, 국가의 부인과 피해자 비난, 심리치료와 고통의 의료화 등이 그것이다. 각각은 크게 생명권 및 안전권, 애도와 연대의 권리, 진실에 대한 권리, 적절한 지원을 받을 권리가 침해되는 과정과 복합적으로 맞물려 있다.

1) 친구들의 죽음과 생존자 죄책감

> 그러던 와중에 태현이와 서현이와 함께 그곳에 갔던 거죠. 그러면서 이태원을 간다는 거예요. … 꼭 10시 반 지키기로 하고 나간 거예요. … 그렇게 하고 나가서, 걔네들이 지하철을 타야 될 시간이 되어서 내려오던 길에 휩쓸려 가지고 거기에 이제 끼이게 된 거죠. 끼이게 되었을 때는 서현이밍 옆에 같이 있었는데, 태현이는 바로 뒤에 있었던지 태현이의 모습을 못 본

> 거죠. 근데 서현이는 자기 시야 앞에 있어서 봤던 거고요. … 재현이는 헤쳐 나와서 대로변에 앉아 있으려고 가려 하는데 소방관인지 누군지 모르지만 옆에 있던 여자 두 분을 보고 여기는 이제 끝났다고 말을 하면서 뭘 덮는 걸 본 거예요. 여기서 이 두 명이 죽은지 안 거죠. … 응급 구조대 119차에서 재현이를 만났어요. 얘가 힘드니까 이제 잠이 들 수밖에 없잖아요. 그런 상황에서도 계속 "<u>서현이 엄마랑 태현이 엄마한테 전화해야 된다</u>"고 했어요(이재현의 어머니 1차 구술 녹취록).

먼저 159번째 희생자는 두 친구와 함께 집으로 향하던 도중에 수많은 인파에 휩쓸려 참사 현장에서 근육용해, 흉통 같은 신체적 피해를 겪는 등 생명권과 안전권의 침해를 경험했다. 이재현과 두 친구는 2022년 10월 29일 핼러윈 축제를 즐기러 이태원으로 향했다. 그리고 이들은 집으로 돌아가고자 지하철역으로 걸음을 옮기는 중에 압사의 공포에 직면했다. 오후 10시 30분까지 집에 도착하기 위해 이태원역으로 가는 가장 짧은 길을 선택했는데, 그곳이 참사가 발생한 골목이었던 것이다.

이곳에서 이들은 집으로 향하던 도중 수많은 인파에 휩쓸리게 되었다. 당시, 이재현은 옆의 사람들이 기절하는 모습을 보며 자신도 너무 아파서 기절하고 싶었다고 한다. 하지만 그때마다 누군가가 뿌린 물 때문에 곧바로 정신이 들어 기절할 수 없었다. 이재현은 친구 김태현의 모습을 보지는 못했지만, 이서현의 모습은 분명히 보았다고 기억한다. 그렇게 이재현은 이서현과 바로 옆에 있던 사람들이 정신을 잃어 가는 모습을 생생하게 목격했다. 이 점에서

159번째 희생자는 생명권과 안전권의 침해를 겪은 '직접적 피해자'인 동시에 참사의 진행 과정을 목격한 '목격자'라고 할 수 있다.

이재현은 구급차를 타고 병원으로 옮겨지는 과정에서 어머니를 만났다. 정신이 혼미해진 힘든 상황에서도 그는 김태현과 이서현의 어머니에게 연락을 해야 한다고 거듭 강조했다. 자신이 살아남았다는 사실이 김태현과 이서현도 살아남았을 것이라는 기대로 이어진 것이다. 이를 통해 이재현에게 자신의 안위만큼이나 친구인 김태현과 이서현의 생사도 중요했던 당시의 상황을 미루어 볼 수 있다. 이튿날 병원에 입원한 상태에서 진행된 경찰 조사에 이재현이 응한 이유도 두 친구를 찾는 것에 도움이 되기 위해서였다. 이렇게 볼 때 이 시점까지 그는 두 친구에 대한 구조를 간접적으로 수행하고 있었다고 볼 수 있다. 그리고 이와 같이 참사의 생존자인 동시에 목격자, 잠재적 구조자이기도 했던 159번째 희생자의 복합적인 위치성은 재난컨트롤타워가 부재했던 이태원 참사의 상당수 생존자들이 공유하는 지점이기도 하다.

하지만 흉통 등으로 몸도 성치 않은 상태에서 이튿날 진행된 경찰 조사는 159번째 희생자의 생존자 죄책감과 부정적 감정을 악화시켰던 것으로 보인다.

> 일요일 아침에 병실로 옮겨져서, 점심시간이 지나서 간호사분이 오셔 가지고 경찰이 와 가지고 조사를 해야 된다고 했다는 거예요. 당연히 저는 저랑 같이 하는 줄 알았는데, 재현이만 따로 조사를 해야 된다고 얘기를

> 했대요. … 그리고 재현이도 그냥 조사받겠다고 나간 거죠. 근데 이제 애가 생각보다 너무 안 들어오는 거예요. 50분 동안 조사를 받고 왔는데, 재현이가 표정이 되게 안 좋아요. 제가 뭘 물어봤는지 물어봤는데, "몰라" 그래 버리더라고요. 그래서 더 이상 묻지는 않았어요. 조사 이후에 받은 명함으로 경찰에게 연락해서 두 친구의 생사를 물어봤는데, 모른다는 대답만 받았어요(이재현의 어머니 1차 구술 녹취록).

이재현과 이재현의 어머니는 코로나19 검사 때문에 일요일 아침이 되어서야 비로소 입원실에 올라갈 수 있었다. 입원실에 올라가고 몇 시간이 채 지나지 않아, 경찰이 조사를 위해 이재현을 찾아왔다. 이재현의 어머니는 경찰 조사에 자신이 함께하지 않는다는 것에 의구심이 들었지만, 이재현과 마찬가지로 두 친구를 찾는 작업에 도움이 되고자 경찰 조사를 수락했다고 한다.

그런데 50여 분간 진행된 조사를 받고 나온 이재현의 표정은 매우 좋지 않았다. 어머니가 어떤 조사를 받았냐고 물어보았지만, 이재현은 짜증스러운 어투로 모른다는 대답만 했다. 이재현의 짜증스러운 어투는 경찰 조사가 생사를 알 수 없는 친구들을 찾기 위함이 아니었을 가능성을 짐작케 한다. 실태 조사 등을 통해 이제까지 알려진 정황에 따르면, 참사 직후 경찰은 생존자 및 유가족들에게 자신 또는 희생자의 가족 및 교우관계, 음주 및 흡연 여부, 심지어 마약 투약 여부를 질문하기도 했다.[28] 이재현 또한 이러한 질문을 받았을 개연성이 매우 높다. 즉 참사의 피해자가 '잠재적인 범죄자'로 취급되는 경험을 했을 가능성을 말한다.

이 지점이 중요한 이유는 참사 직후 시점이었던 만큼 참사 생존자들은 자신만이 살아남은 결과에 대한 책임을 자신에게 돌리고 있었을 가능성이 대단히 높기 때문이다. 특히나 서로가 서로의 죽음에 긴밀히 관여하는 집단적 '압사'(壓死)라는 이태원 참사의 특성상, 생존자 자신이 누군가의 죽음에 직접적인 '가해'를 행했다거나 직간접적으로 '개입'했다는 생존자 죄책감을 더욱 가중시킬 수 있다. 그렇기 때문에 참사에 대한 정보를 정확하고 신속하게 전달하는 것은 참사에 대한 이해를 통해 생존자 죄책감을 어느 정도 덜어줄 수 있다는 점에서 매우 중요했다. 그러나 이러한 정보를 제공하지 않은 채, 가족 및 교우관계, 음주 및 흡연 여부 등 생존자를 추궁한 질문들은 이재현에게 친구들이 '질 나쁜 아이'로 오해되는 상황조차 자신의 책임으로 여기게 했을 여지가 있다. 이처럼 사태에 대한 진실이 왜곡되고, 정보를 알 권리는 물론 자신과 고인의 존엄과 명예가 훼손되는 상황에서 생존자로서 겪고 있던 죄책감과 심리적

---

28 국가는 책임을 인정하고 사과하기보다 본인들의 책임을 축소하는 데 더 집중했다. 이태원 참사 희생자들을 일괄 '변사자'로 처리하여 기계적으로 지침을 따르는 데 급급했고, 참사 현장 유류품에 대한 마약 검사를 요구하고 유가족들에게 마약부검을 요청하기까지 했다. 김광호 서울경찰청장은 이태원 참사 당일 안전관리가 미흡했던 이유에 대해 2022년 마약문제가 굉장히 불거졌기 때문에 참사 당시엔 인파 관리보다 "마약 등 범죄 예방에 중점을 둘 수밖에 없었다"라고 해명했다. 하지만 마약범죄 단속은 생명과 안전을 등한시할 이유가 될 수 없다. 국가가 시민을 보호하기보다 단속하는 것을 우선시했음이 드러났을 뿐이다. 국가는 이태원 참사와 무관한 마약범죄와 연관지어 자신의 책임을 회피하고, 피해자들을 잠재적 범죄자처럼 대했다(10·29 이태원 참사 인권실태조사단, 2023: 124). 문제는 '마약범죄 단속'으로 인하여 인파 관리 역량에 큰 결함이 생겼다는 데 있다.

손상은 더욱 증폭될 수 있었다.

> 그리고 좀 지나서, 서현이 엄마한테 전화가 와서 서현이 찾았다고 연락을 받았어요. 재현이랑 저랑 안고 울었죠. 걔도 그런 게 처음이고 저도 그런 게 처음이에요. 자기도 죽어 버리겠다고 막 그러더라고요. … 그러다가 이제 태현이는 더 늦은 시간에 연락을 받은 거고. 이제 재현이도 그렇게, 아무튼 둘이서 계속 울었던 것 같아요(이재현의 어머니 1차 구술 녹취록).

조사를 하고 몇 시간이 지나서, 이서현과 김태현의 어머니에게 차례로 들려온 소식은 이재현의 간절한 바람과는 달랐다. 그렇게 이재현은 너무나도 소중했던 두 친구를 순식간에 잃어버렸다. 어제 웃으며 헤어졌던 친구를 오늘부터 볼 수 없다는 사실은, 참사 이전의 일상과 참사 이후의 일상이 단절될 수 있음을 의미한다. 그렇기 때문에 참사 자체는 일상에서 일어날 수 있는 사건이지만, 개인의 차원에서 사별로 인한 관계의 단절을 가져온 참사는 대단히 '비일상적'이다(노다, 2015: 33~34). 따라서 생존자가 된다는 사실은 한 개인의 삶에 큰 영향을 미칠 수 있다. 죽음은 회복 불가능한 상실이며, 친구들의 죽음은 영원한 관계의 단절이기 때문이다(유해정, 2018: 185).

또 다른 생존자인 김수현 또한 159번째 희생자가 발생했다는 소식을 듣고, '패닉'이 왔다고 회고한다. 그 이유는 자신도 친구들과 함께 이태원을 향했다는 점에서 이재현과 크게 다르지 않았기 때문이다. 오로지 차이점은 자신의 친구들은 살아남았다는 것밖에 없다고 한다. 김수현은 만약 친구들이 잘못되었다면, 자신도 같은 선택을 했을 수도 있겠다는 생각이 들었다고 말한다.

> 만약에, 내가 부추겨서 이태원에 친구들을 같이 데려왔는데, 지금 이 상황과 똑같이 친구들이 나 때문에 와서 그렇게 목숨을 잃었다는 상황이 내게도 일어났다면, 그 죄책감은 좀 많이 힘들지 않았을까. 저는 만약에 제 친구들이 죽었다면 그 친구들에 대한, 내가 그 사람들을 그 자리로 이끌었다는 데에 대한 죄책감이 있었었을 것 같아요(생존자 김수현 구술 녹취록).

많은 이태원 참사 생존자들은 참사 직후에 이태원역과 참사 현장에 다시 찾아와서 '살아남았다'는 안도감보다는 '혼자 빠져나왔다'는 미안함을 메모로 전했다.

> "같은 날, 같은 시간, 같은 장소에 있었는데 나 혼자 무사히 집에 돌아와서…",
> "내가 조금만 더 정신을 차렸더라면",
> "한 분이라도 더 골든타임을 놓치지 않을 수 있지 않았을까",
> "그 자리에 있었던 사람 중 한 명으로서 아무것도 하지 못하고 그저 멍하니 바라만 보고 있었다. 지금 와서 돌이켜 보면 너무 후회되고…",
> "스쳐 지나갔던 여러분을 잡았다면 한 분이라도 더 살 수 있었을까."
> (이태원역 메모 중 일부)[29]

---

29 「다시 이태원 찾은 생존자들…"더 구조 못해 미안합니다"」, 『한겨레신문』, 2022. 11. 24.

여기서 생존자 죄책감이 자신만 살아남았다는 사실에 대한 부정적 인지와 감정을 전제한다는 점이 중요하다. 이것은 생존자가 자신이 '생존자'임을 인지하고 있음에도 불구하고, 자신만이 '생존자가 됨'에 대한 이해가 전혀 이루어지지 않음을 보여 준다.

두 친구를 잃은 슬픔을 받아들이기도 전에, 보건복지부에서 또 한 번의 조사를 위해 이재현을 찾아왔다. 이재현의 어머니가 이재현에게 보건복지부의 조사를 받을 의사가 있는지 묻자, 이재현은 굉장히 화를 냈었다고 한다. 그럼에도 자신과 함께 긴 시간이 아닌 조건으로 하는 것이 어떻겠냐는 어머니의 제안에 이재현은 조사를 승낙했다. 그러나 당시 흉통으로 인해 엑스레이 검사를 하러 간 사이에 보건복지부 직원들이 방문하면서, 이재현은 조사를 받지 않을 수 있었다.[30]

이재현은 몸 상태가 성치 않았음에도 불구하고, 두 친구의 장례식장에 가기를 간곡히 원했다. 그런데 장례식장에 다녀온 이후 이재현의 모습은 이전과 완전히 달라져 있었다. 이재현의 어머니는 이재현과의 사이에 "정말 거대한 벽"이 있는 것 같다는 느낌을 강하게 받았다고 한다. 평소보다 말수가 급격하게 줄어든 이재현의

---

30 "그다음 날이 돼서 또 이제 복지부에서 재현이 면담을 하겠다고 찾아왔었어요. 겪은 게 있으니까 재현이가 화를 냈어요. 그래서 나랑 같이 해야 되고, 30분 넘지 말아야 된다고 하니, 그럼 하겠다고 했어요. 근데 갑자기 엑스레이, 흉통이 있어서 사진을 찍어야 했어요. 사진 다 찍고 올라오니까 그냥 갔다고 하더라고요. 그때도 복지부 공무원이랑 경찰서 전날 오신 분이랑 명함을 간호사 통해서 저한테 전해 주셨어요"(이재현의 어머니 1차 구술 녹취록).

눈빛도 굉장히 차가워졌다. 그는 평소 좋아하던 게임에도 쉽게 재미를 붙이지 못하는 등 평소와 다른 모습을 보였다. 그러던 어느 날, 이재현은 갑자기 참사가 발생한 골목에 국화꽃을 두러 집 밖으로 나갔다고 한다. 이 같은 이재현의 모습은 친밀한 관계를 잃어버린 상실의 고통으로부터 여전히 종결되지 않은 애도의 과정을 견디고 있었음을 말해 준다.[31]

2) 국가의 부인과 피해자 비난

한편으로 이것은 두 친구의 죽음에 대한 충분한 이해와 납득 가능한 설명이 이루어지고 있지 않은 상황에 기인한다. 이 같은 외상적 상황은 국가의 체계적인 부인과 사회 구성원의 2차 가해가 계속되는 가운데 더욱 악화일로의 경로를 겪게 된 것으로 보인다. 앞서 말했듯, 이태원 참사는 국가가 국민의 생명과 안전에 대한 권리 보장의 의무를 저버린 인권침해 사건이자 국가가 자신의 책임을 전면적이고 체계적으로 부인한 사건이다. 이러한 측면은 인권침해 피해자의 진실에 대한 권리를 심각하게 침해하는 결과를 동시에 수반했다. 진실에 대한 권리는 재난 참사 피해자들의 가장 기본적인 권리

---

31 친밀한 영역은 대부분의 사람이 남 앞에서 드러내기 어렵고 심시어는 그렇게 할 수 없다고 생각되는 감정들을 위한 중요한 장을 제공한다. 프라이버시가 친밀한 관계의 형성에 필요한 이유는 그것이 사람들로 하여금 감정과 느낌을 통해 친구, 가족 성원, 연인에게 그들 스스로를 드러낼 수 있게 해 주기 때문이다(푸레디, 2016: 176).

중 하나이다. 이는 참사의 원인과 진행, 이후 책임을 포함해 어떤 일이 일어났는지 알 권리를 말하며, 정보에 대한 접근 및 피해자들의 참여권 등을 포괄하고(정보를 제공받을 권리), 진실규명에 대한 권리를 포함한다(10·29 이태원 참사 인권실태조사단, 2023: 15).

영국의 인권사회학자이자 정치범죄학의 개척자인 스탠리 코헨은 인권침해 부인의 논리를 세 형식으로 이론화한 바 있다. 문자적 부인(literal denial), 해석적 부인(interpretive denial), 함축적 부인(implicatory denial)이 그것이다. 이를 참고해 이태원 참사를 둘러싼 국가의 부인양식을 살펴보자면 첫째, '문자적 부인'은 가장 단순한 부인 방법으로서 엄연한 사실을 일어나지 않았다거나, 진실이 아니라고 주장하는 형태이다(코헨, 2009: 57~58). 대표적으로 국가가 행정안전부의 공문행위를 통해 이태원 참사의 공식 명칭을 '참사가 아닌 사고'로, 희생자를 '희생자 아닌 사망자'로 재현한 점, 근조 글씨 없는 검은색 리본을 달라는 지침을 하달한 점, 나아가 위패 및 영정 없는 합동분향소의 운영 등은 이태원 참사가 책임 있는 구조 업무와 재난안전체계가 온전히 작동하지 않음에 따라 발생한 인권침해 사건임을 전면적으로 부인하는 문자적 부인의 형태이다.

둘째, 또한 참사 직후 정부는 참사의 책임을 인정하지 않고 이를 피해자 책임으로 돌렸다. 심지어는 마치 참사의 원인이 피해자들에게 있다는 듯, '토끼 머리띠' 유언비어에 따라 생존자들을 조사했다. 당시 CCTV에 대한 경찰의 공식 조사는 "밀어라"라고 외친 이들이 참사의 원인일 수 있다는 것을 정부가 공식적으로 인정했음을 의미한다.[32] 이는 코헨의 개념화에 따르면, '해석적 부인'에 해당한다. 해석적 부인은 문자적 부인과 다르게 "사건이 일어났음은 인정하되 당신이 해석하고 규정하는 사건이 일어난 것은 아니다"라고 주장하는 것으로, 사건에 대한 해석을 달리함으로써 사건의 본질을 은폐하는 것이다(코헨, 2009: 58~59).

셋째, 이후 11월 말에 시작된 국정조사를 통해 이태원 참사의 정황들이 드러나면서, 국가가 구조할 수 있었던 사실이 밝혀졌다. 그러나 국가는 자신들의 책임을 인정하기보다, 책임의 소재를 해석하는 방식을 바꾸는 전략을 택했다. '대응 불가-책임 없음'에서 '대응 미비-법적 책임 없음'으로 태도를 바꾼 것이다. 해석 방식을 사법적 영역으로 전환한 전략은 코헨이 말한 '함축적 부인'으로 간주될 수 있다. 함축적 부인은 어떤 사건에 따라오는 심리적·정치적·도덕적 함의를 부정하거나 축소함으로써 부인을 '합리화'하는 부인의 방식을 말한다(코헨, 2009: 59~62).

나아가 이러한 국가의 부인 담론과 행동은 언론과 SNS 등을 통한 사회의 동조와 공모에 기반해 전개되었다. 10월 29일 참사 당일 밤, 참사 현장에 대한 유언비어와 탈의된 시신의 영상 등이 무분별하게 유포된 바 있다.[33] 일부 언론은 이를 자정 없이 인용하면서 참사의 책임에 관한 초점을 핼러윈 축제를 즐긴 개인의 일탈로 이

---

32 「"다들 '뒤로' 외칠 때, 맨뒤서 '밀어' 외쳐"…경찰, CCTV 분석」, 『중앙일보』, 2022. 10. 31.
33 「'이태원 참사' 신중치 못한 보도들」, 『미디어오늘』, 2022. 11. 7.

동시켰다. 일례로 MBC는 "이태원에서 약이 돌았다는 말"이 있다고 주장하는 인터뷰를 사실 확인 없이 그대로 보도했다. 이는 피해자들에 대한 차별과 낙인, 혐오를 조장하는 데 일조했다. 피해자들은 참사 초기 몸과 마음을 추스를 새도 없이 근거 없는 비난에 직면하게 된 것이다. 이 같은 참사 피해자들을 향한 비난, 잠재적 범죄를 의심하는 국가의 대응 방식은 피해자들이 그 피해에 대해 말하기 어려운 사회적 조건을 만들었다(10·29 이태원 참사 인권실태조사단, 2023: 32). 또한 참사 이후 한 달 동안 서울시 등에 접수된 참사 트라우마 호소 상담이 총 4283건에 달하는 것에 비해, 2차 가해 수사는 고작 34건으로 굉장히 적은 수치를 기록했다는 사실은 SNS를 통해 광범위하게 행해진 피해자 비난[34]을 경찰이 방관하고 방조하고 있었다는 점을 방증해 준다.[35]

　이 같은 방관은 다른 참사와 달리 희생자와 생존자에 대한 광범위한 혐오와 낙인을 증폭시키는 요인이 되었다. 다른 한편 이태원 참사 피해자에 대한 비난과 혐오는 '이태원'이라는 공간에 덧씌워진 사회적 낙인과도 무관하지 않으며, 그 기저에는 '놀이'(play)에 대한 부정과 폄하가 짙게 깔려 있다. '놀다가 죽었다'는 방식의 폄하가 사법적 해석 없이 바로 나타났다는 것은 이러한 여론이 또 다른

---

[34] 피해자 비난(victim blaming)은 피해자가 비난받을 상황이 아닌데 비난이 가해지는 현상, 피해가 발생한 책임을 피해자에게 지우려는 비합리적인 행위를 일컫는다(4·16 세월호 참사 작가기록단, 2024: 371).
[35] 「경찰, 이태원 참사 온라인상 2차 가해 34건 수사」, 『이데일리』, 2022. 12. 2.

사회구조로부터 정당성을 얻고 있을 가능성을 시사한다. 백소현·조미혜(2023)는 이것이 '놀이'가 '노동'과 대조되는 개념으로 자리 잡았기 때문이라고 지적한 바 있다. 놀이는 신자유주의적 삶의 형태에서 누군가와의 경쟁에서 승리하기 위해 부정적인 것으로 취급된다. 그렇기 때문에 신자유주의 시대에서는 놀이 욕구를 잘 억압하는 것이 하나의 덕목으로 간주된다(이해수, 2023: 90).[36]

이와 같은 참사 직후 국가의 부인, 나아가 피해자에 대한 폄하와 혐오 담론은 이재현의 심리에 적지 않은 영향을 미쳤던 것으로 보인다. 아래 유가족의 진술은 자신과 친구들에게 참사의 책임이 있는 것으로 몰아가는 사회의 여론 속에서, 이재현이 당시 납득할 수 없는 분노와 억울함의 감정을 힘겹게 견디고 있었음을 보여준다.

> 그런 뉴스들 중에서도 이제 "연예인 보러 갔다"부터, 무슨 토끼 머리 막 그런 게 나와 가지고, 그다음에 마약 관련된 그런 뉴스들. 사실 확인이나 이런 것보다도 그런 의혹 같은 보도들, 그런 단발성 기사들이 초반에는 엄청 많이 나왔잖아요. 그거에 대해서 너무 억울한 거지. 자기나 자기 친구들은 진짜 연예인 보러 간 것도 아니었고, 친구들끼리 놀러 간 거였는데. … 어

---

[36] 하지만 삶의 다양한 영역을 고려하며 사회정의에 다가가는 역량접근법을 제안한 누스바움에 따르면 '놀이'는 인간 존엄을 위한 10대 역량 중 하나이다. 즉 놀이는 웃고 즐길 줄 알아야 하고 여가를 누릴 수 있는 인간의 핵심 역량에 해당한다(누스바움, 2015: 49~50). 인간의 성장 과정에서 놀이는 타인의 입장을 이해할 수 있는 능력을 기르며, 놀이의 과정에서 타자에 대한 호기심은 우정, 사랑, 그리고 훗날 정치적 삶에서 건강한 태도를 발전시키는 데 기여하기 때문이다(누스바움, 2016: 164~167).

> 쨌든 외부에서 나오는 그런 언론의 주요 기사들이나 이런 거 보면 실제 자기들 의도와는 너무 다르게 비춰지니까 그게 이제 억울한 거지. 막 억울해 가지고(이재현의 어머니 2차 구술 녹취록).

이재현은 참사 이후 세 번 정도 이서현의 친구를 만났다고 한다. 한번은 친구를 만나고 귀가한 그가, 가족들 앞에서 서럽게 울었다고 한다. 이재현은 눈물을 흘리며 "친구들이 너무 보고 싶다", "학교에 가는 것이 힘들다"라고 호소했다. 그리고 뉴스에서 참사 피해자들을 비난하는 데 대해 고통스러운 감정을 토로했다고 한다.

> 얘가 주말에 친구를 만난 거예요. 근데 그 친구가 어떤 친구냐면 서현이 친구예요. 그러니까 여자 친구의 친구죠. 서현이 친구를 만나고 왔는데, 한번은 집에 와서 엄청 우는 거예요. 엄청 울면서 애들이 너무 보고 싶다, 너무너무 보고 싶고 정말 죽고 싶다, 학교 가는 것도 되게 힘들다, 학교를 가는 길에 버스를 잘 못 타겠다, 여러 애들이랑 한 교실 안에 있는 게 너무 힘들다, 수업을 듣고 이제 가만히 있어야 되는 게 더 힘들다는 얘기를 하고. 뉴스에서 막 비난하는 그런 일들 얘기를 저와 애 아빠한테 하고(이재현의 어머니 1차 구술 녹취록).

그럼에도 이 과정에서 이재현은 SNS에 댓글을 달아 참사의 정황을 알리는 등, 진실과 괴리된 부인 담론을 시정하기 위한 노력을 이어 갔던 것으로 보인다.

> 이태원 참사 피해자입니다. 저는 가장 친한 친구와 가장 사랑하는 여자 친구와 이태원을 함께 가서 즐기고 있다가 … 우리의 의지와 상관없이 그 참사가 벌어진 좁은 골목길로 쓸려 갔습니다. … 우리 셋은 많은 인파 속에 껴서 나가지도 움직이지도 못하는 상황에 놓였습니다. … 산소 공급이 안 돼서 이젠 살려 달라는 말조차 할 수 없었고, 점점 팔다리 몸 전체에 감각이 사라지고. … 저는 그 상황에서 구조돼서 안전한 곳으로 옮겨졌습니다. … 제 친구가 지금 영안실에 있다는 소식을 전달받았고 … 제 여친(여자 친구)도 영안실에 있다는 소식을 또 전달받았습니다. … 죽고 싶었어요. 지금도 죽고 싶고 그 둘한테 너무 미안하고 모든 게 제 잘못 같고 세상이 저를 버린 것 같았어요(이재현의 댓글 중 일부).[37]

하지만 여러 국면을 통해 작동한 '사고 프레임'은 국가의 책임을 따지는 행위를 '틀린 것'(being wrong)으로 재현해 냄으로써 국가 책임에 대한 윤리적 판단 자체를 불가능하게 했다. 그 정점으로서 사법적 해석은 2차 가해에 더욱 정당성을 부여했다. '법적 판단=올바른 판단'으로 형식화된 구도는 '대응 미비'를 도의적인 책임의 소재로 해석해 내며, 법적 책임이 없으므로 '잘못이 없다'는 주장을 가능케 한 것이다.

이러한 상황에서 이재현의 생존자 죄책감 또한 더욱 가중될 수밖에 없었다. 국가의 지속적인 부인은 생존자가 죄가 없음에도 불구하고, 잘못이 있는 존재로 재현해 냈다. 이에 따라, 피해자가 가

---

[37] 「누가 이태원 참사 159번째 희생자를 만들었나」, 『뉴스타파』, 2023. 2. 15.

해자가 되고 잠재적인 범죄자가 되는 아이러니한 상황이 거듭 만들어졌다. "너는 피해자이면서도, 가해자이다"라는 친구의 말에 분노하면서도 "정말 내 움직임이 누군가를 죽게 했을까?"를 수차례 되뇌었다는 다른 생존자의 진술은, 국가의 부인 담론과 사회 전반의 혐오문화가 생존자 죄책감을 증폭시키는 사회적 경로를 드러내 보여 준다.[38]

3) 심리치료와 고통의 의료화

적절하고 필요한 지원을 받을 권리

나아가 이태원 참사 피해자에 대한 적절하고 실효적인 공적 지원책의 부재는 159번째 희생자의 고통이 오롯이 생존자 자신과 가족의 몫이 되는 상황을 야기했다. 대개 생존자는 생존자가 처음 되어 보며, 가족과 지인들은 생존자의 가족 구성원이 처음 되는 상황에 직면한다. 이에 더하여, 이태원 참사 발생 직후 '유가족 및 부상자 정신심리치료 골든타임'이라는 담론이 쏟아져 나왔다.[39] 이에 맞춰 정부는 참사로 인한 신체적·정신적 질병 및 후유증에 대한 지원을

---

38 「"피해자도 가해자"…이태원 참사 1년. 생존자 옥죄는 2차 가해」, 『한겨레신문』, 2023. 10. 26.
39 「이태원 참사 유가족 및 부상자 정신심리치료 골든타임 놓쳐선 안 돼」, 『의사신문』, 2022. 12. 15.

약속했으며(10·29 이태원 참사 인권실태조사단, 2023: 96), 의료계는 보건복지부와 함께 '이태원 참사 트라우마 긴급 진료체계'를 준비했다. 하지만 실제로는 생존자들이 직접 연락을 취해 지원책을 확인해야만 했다. 아래의 진술은 참사 피해자들이 적절하고 필요한 지원을 받을 권리를 보장받지 못하고 있었음을 단적으로 드러내 보여 준다.

> 제가 전화를 했을 때 맨 처음 받은 사람이 그 얘기를 해 준 게 아니라 상담을 하는 사람이라고 계속 기다려서 건너고, 건너고, 건너고 그렇게 해서 최종 상담해 주는 사람이라고 전화를 했는데. 문자 온 걸로 이제 제가 전화를 해서 말을 한 거였어요. 문자가 온 것도 병원비 문제 때문에 그랬거든요. … 병원비를 줘도 그만, 안 줘도 그만인데. 처음에는 병원비를 내려고 하니깐 내지 말라고 했다가, 다음에 또 내려고 했는데 막는 거예요. 그러다가 이제 어떻게 된 거냐 그랬더니 병원비 신청을 하려면 이제 그 관련 서류를 접수를 해야 된다고 하더라고요(이재현의 어머니 2차 구술 녹취록).

필요한 지원을 받을 권리는 의료·심리지원, 안정적으로 생활을 영위할 권리, 법률 구제를 받을 권리로 구분할 수 있다(10·29 이태원 참사 인권실태조사단, 2023: 15).[40] 하지만 이태원 참사 이후 피

---

40 이때 필요한 지원을 받을 권리 보장을 위해서는 시급성, 보편성, 지속성, 소통과 참여의 원칙이 전제가 되어야 한다. 따라서 피해에 대한 신속하고 차별 없는 지원과 향후 발생 가능한 피해를 방지하기 위한 체계적인 대책이 필요하다. 그리고 이 과정에서 피해자들의 의견 수렴과 참여는 필수적이다(10·29 이태원 참사 인권실태조사단, 2023: 43).

해자들에게 충분한 의료적·법적·심리적 지원이 이루어지지 못하고 있음이 드러났다. 첫째, 의료비 신청은 복잡한 행정절차를 거쳐야 했다. 참사 현장에 있었다는 사실 증빙이 필요하다는 점을 사전에 고지하지 않고 절차 도중에 요구하는 바람에 어려움을 겪은 피해자도 있었다. 또한 자신의 피해를 다시 상기하고 확인하는 과정 자체가 피해자들에게는 큰 고통인 까닭에, 피해 사실을 확인하는 과정은 매우 조심스럽게 이루어져야 한다. 그러나 정부의 행정절차에서 그런 고려를 찾기는 어려웠다(10·29 이태원 참사 인권실태조사단, 2023: 47~48).

둘째, 법률 지원과 관련해서도, 법무부는 법률지원단을 구성했지만 정부의 지원은 매우 소극적이었다. 법률 구제가 필요한 영역은 피해자가 처한 상황에 따라 다양하고 구체적으로 존재한다. 하지만 현재 정부가 제공하는 법률 구제의 영역은 이러한 맥락을 모두 포괄하고 있지 못하다. 희생자의 재산 처리 과정을 지원한다는 문자를 받고 행정기관에 문의했지만, 이태원 참사의 경우 화재, 재난, 재해에 의한 재산상 손실이라는 요건 중 어디에도 해당하지 않는다며 지원을 거부당한 경우도 있었다. 이러한 소극적 대응은 우연이 아니라 법무부 장관의 지시가 작동한 결과라는 점이 추후 밝혀졌다. 일례로, 한동훈 법무부 장관의 지시로 구성된 '이태원 핼러윈 참사' 법률지원단이 국가배상소송과 관련하여 상담자들에게 "국가책임과 관련 신중한 상담을 해 달라"라고 요청한 것이 언론을 통해 드러났다(10·29 이태원 참사 인권실태조사단, 2023: 52~53).

이재현의 아버지는 한국 사회에서 수많은 참사가 있었음에도 불구하고, 생존자에 대한 적절한 대응책이 왜 제공되지 않았는지 의문이라고 말한다. 특히 심리지원과 관련해서 당시 생존자임과 동시에 두 친구를 잃은 피해자인 이재현이 어떠한 상태인지, 또는 참사로부터 발생하는 트라우마에 어떻게 대처해야 하는지를 알 수 있는 방법은 어디에도 없었다. 그저, 들려오는 것은 언론을 통해 "힘들면, 치료받으라"라는 앵무새처럼 반복되는 말뿐이었다.

고심 끝에 직장이 있던 이재현의 어머니는 이재현을 '혼자 둘 수 없었기에', 11월부터 학교에 가는 것이 어떻겠냐고 제안했다. 또한 이재현은 어머니와 아버지의 권고에 따라 운동을 시작했고, 꾸준하게 친구들을 만나러 다녔다. 평소 이재현은 노래 부르는 것을 좋아해 노래도 자주 불렀고, 집에서 게임을 하는 등 일상으로 돌아오려는 노력을 계속했던 것으로 보인다. 하지만 어머니의 눈에는 이재현이 이 모든 것을 온전히 즐기는 것으로 보이지 않았다고 말한다. 이재현의 어머니는 평상시보다 과장된 웃음 속에 정말 이것을 즐기고 싶다는, 따라서 참사의 죄책감에서 빠져나와 일상으로 돌아오고 싶다는 이재현의 바람이 담겨 있는 것 같았다고 회고한다. 이재현은 운동, 노래 등을 통해 죄책감을 떨쳐 내려 했지만, 쉽사리 이러한 노력들에 집중하지 못했다. 사망한 이후 밝혀진 바에 따르면, 이재현은 11월 중순부터 두 친구에게 다시 문자를 보냈다. 여러 기록을 통해 볼 때 이재현은 이 시기에 이미 자살을 결심한 것으로 보인다.

셋째, 심리지원과 관련해, 이재현은 자살을 결심한 시기에 병원의 권고를 통해 심리검사를 받게 되었다. 대체로 참사 생존자들도 주변인, 언론 등을 통해 심리검사와 심리치료를 제안받는다. 이태원 참사 직후 1년여 간 국가트라우마센터에서 시행한 심리상담 건수만 7108건에 이르는 것으로 알려졌다. 이 중 일반 국민 2046건, 유가족 1868건, 참사 목격자 1818건, 참사 생존자 1034건, 소방·경찰 등 대응 인력 196건, 생존자 가족 156건으로 나타났다. 다만 참사 직후인 11월에 총 4283건의 심리상담이 기록된 것에 비해, 한 달 만인 12월에는 1046건밖에 기록되지 않았다는 점은 아이러니하다.[41]

심리지원과 고통의 의료화

이 지점을 살펴보기 위해 정부가 권고한 국가트라우마센터의 심리치료가 어떠한 방식으로 진행되었고, 이재현이 실제 받았던 심리치료에 또 어떠한 한계가 있었는지를 — 연관되지만 — 구분하여 이해할 필요가 있다. 첫째, 먼저 참사 피해자에 대한 심리지원은 형식적이고 천편일률적으로 제공되는 심리검사와 지원이 아니라 참사의 사회적 맥락을 이해하는 섬세한 접근에서 시작될 필요가 있다.

---

41 「[이태원 참사 그후 1년①] 트라우마 치료 갈수록 감소…"정부 불신에 발길 돌려"」, 『더팩트』, 2023. 10. 26.

그러나 국가가 제공한 '심리지원'을 경험한 여러 피해자들은 심리적 지지를 경험하거나 어려움들이 해소되기보다 마치 '조사'를 받는 것처럼 느꼈다고 말한다. 예컨대 여러 명의 내담자를 동시에 상담하며 같은 질문을 기계적으로 반복하는 심리지원은, 도움을 필요로 하는 피해자들에게 실질적인 도움이 되지 못했다. 심리지원을 신청했으나 상담이 유선전화로 진행되어 충분한 상담을 받을 수 없었던 경우도 있었다. 상담인력으로부터 도움을 받은 경우도 있었지만, 전문성에 대해 의심하는 피해자들도 있어 피해자에 대한 심리상담 전문성에 큰 편차가 존재하는 것으로 파악된다(10·29 이태원 참사 인권실태조사단, 2023: 45).

이는 피해자들의 경험과 맥락을 충분히 고려하지 않은 채 심리치료적 개입이 이루어졌음을 보여 준다. 무엇보다 의료·심리지원이 실효적으로 작동하기 위해서는 진상규명의 과정이 반드시 함께 가야만 한다. 부인 담론이 횡행하고 진실규명이 방해받고 있는 상황에서 진실회복이 없는 일방적인 지원은 피해자들을 병리화하고, 개별적 치료로 문제를 환원할 수 있기 때문이다(10·29 이태원 참사 인권실태조사단, 2023: 15~16).

둘째, 또한 의료화 과정은 전문화 과정과 뗄 수 없는 관계에 있다(푸레디, 2016: 209). 이재현의 경우 전문적인 상담 치료 기관에서 심리지원을 받았다. 정부가 운영하는 심리지원 서비스가 너무 형편없었기 때문이다. 이재현의 어머니는 퇴원 직후 가장 먼저 정부 운영기관에 연락했지만, "깊은 관심을 가져라"라는 '터무니없는 조언'

을 듣고 어쩔 수 없이 민간이 운영하는 상담 전문기관을 직접 찾아 다닐 수밖에 없었다.

> 재현이가 병원에서 집에 처음 온 날에 제가 이제 막 전화했어요. 서울시랑 보건복지부 이렇게 문자 오는데요. 근데 이제 거기서 제가 전화를 하다가, 이 사람들이 상담을 하는 태도나 이런 걸로 봤을 때 너무 이게 못 미더운 거예요. 제가 생존자 재현이의 엄마인데, 내가 어떤 데를 중점을 두고 이 아이를 관찰을 해야 되느냐 우선은 그런 걸 물어봤어요. 그 당시 대답이 "그냥 깊은 관심을 가져라, 아이를 잘 관찰해라" 이런 대답이었어요. 그러니까 이게 저도 말을 들으면서도 너무 진짜 벙찐 거예요. 맨 처음 받은 사람이 그 얘기를 해 준 게 아니라 계속 기다렸어요. 건너고, 건너고, 건너고 그렇게 해서 최종 상담해 주는 사람이라고 전화를 했는데 그 사람이 그런 말을 해 준 거예요(이재현의 어머니 2차 구술 녹취록).

정부가 제공하는 심리치료도 형편없었지만, 이재현의 어머니는 네 시간여에 걸쳐 진행된 '심리치료의 방식'이 잘못된 것 같다고 말한다. '심리치료의 적실성' 그 자체에 대한 의문인 것이다.[42]

> 저는 사실 그런 걸 처음 받아 봐서 몰랐는데, 그게 이제 작은 이런 방 안에 들어가서 그 선생님이랑 개랑 둘이서 가서 이제 얘기하고 중간에 계속 문

---

[42] 이재현의 어머니는 다음과 같이 말한다. "그게 심리검사를 그렇게 해야 되는 건 맞지만, 재현이같이 지금 그런 참사 이후를 얼마 겪지 않은 사람한테 그런 방식의 심리검사는 분명히 잘못된 방식인 것 같아요"(이재현의 어머니 1차 구술 녹취록).

제 풀고 그런 걸 네 시간 정도 하는 그런 거였어요. … 이번에 그 잠깐 봤는데 800여 문제였어요. 그 문장을 재현이가 이거를 대충 막 해요. 하면서 "엄마 이번에 안에서 얼마나 많이 했는지 알아" 그러면서, 이거 보니까 아차 싶은 거예요. 분명히 대충 다 아무거나 했을 텐데, 걔가 그걸 되게 많이 힘들어했었고, 당연히 힘들죠. 그 시기는 아무것도 집중을 할 수가 없던 시기일 수밖에 없거든요(이재현의 어머니 1차 구술 녹취록).

이재현이 풀었다는 심리검사 문제는 PTSD 척도를 비롯한 현재 정신건강 상태를 평가하는 심리검사를 위한 질문지였던 것으로 보인다. 알다시피 PTSD 등을 진단하는 척도는 DSM-5에 편람된 정신 질환 개념에 근거한다. 생존자 죄책감을 포함한 정신건강 문제가 사회적인 문제일 수 있음에도 불구하고, 의사들에 의해 의학적인 용어로 정의된다면 의학적 치료로 나아갈 수밖에 없다. 따라서 개인은 자율성을 상실하고, 전문가에게 과도하게 의지하게 됨으로써 문제 해결 능력을 잃게 될 수도 있다. 더욱이 '의사에 의해 야기된' 질병이 발생할 수 있는 위험도 증가할 수 있다(홍은영, 2014: 205~210).[43]

---

[43] 다음은 심리지원을 경험한 생존자 김수현의 진술이다. "그 의사 교수 혹은 상담자의 태도가 더 중요했을 것 같아요. 사실 검사라는 거는 어떤 지표 숫자 정도로밖에 안 나오는 거잖아요. 거의 지능검사에 가까운 수준이기도 하고요. 실제도 지도 지능검사까지 했었고, 근데 그걸 어떻게 읽어 내고, 이 사람의 지금 상태가 어떻고를 판단하는지는 그 상담자 의사의 태도에 따라서 달라지는 거니까요. 그 결과 판단하는 것도요. 그래서 그 사람들이 오히려 유의미와 무의미를 가르지 않았을까"(생존자 김수현 구술 녹취록).

예컨대 DSM-5에서는 '죄책감'을 외상성 사건이 일어난 후에 시작되거나 악화된, 외상성 사건과 관련이 있는 인지와 기분의 부정적 변화 중 하나로 설명한다. 앞서 말했듯, 죄책감은 "외상성 사건의 원인 또는 결과에 대한 지속적인 인지 왜곡으로, 자신을 비난함"으로 명시되어 있다(APA, 2015: 289~292). DSM-5에 이르러 '인지 왜곡'이 죄책감을 발생시킬 수 있다는 사실이 적시된 것은 일정 정도 긍정적이라 볼 수 있다. 인지 왜곡은 외상성 사건을 넘어 외상성 사건을 어떻게 기억하고, 받아들이는지 등의 재현 과정까지 포괄하기 때문이다. 따라서 이는 죄책감의 설명 인자로 '특정 사건을 인식하게 하는 프레임'을 승인하는 논지로 생각해 볼 수 있다.

그럼에도 DSM-5는 인지 프레임이 누구에 의해, 어떻게 유포되었는지에 대한 논지를 제공하지 않는다. 오히려, 외상성 사건과 관련된 인지 및 기분의 변화라는 죄책감의 대전제는 '인지 왜곡'이 마치 개인이 충격적인 사건을 목도함으로써 발생한 내적 부조화로 설명될 여지를 제공한다.[44] 더욱이 앞서 말했듯 DSM-5의 개정 과정에서 가장 논란이 된 사항 중 하나는 '진단의 점진 확대'(diagnostic creep) 및 '일상적 어려움의 병리화'에 대한 것이다. 진단 경계의 확장은 사람들을 불필요한 치료에 노출할 위험을 초래한다. 그 대표

---

44 보다 근본적으로 생의학적 환원주의에 기초한 DSM은 정신 신체 이원론을 강조하고, 환자로부터 권력을 빼앗는 사회·정치적 구조를 구체화면서 문제 있는 시설들에 힘을 부여할 수 있다. 나아가 관계적 차원에서 볼 때 DSM의 가장 큰 문제는 DSM의 각 범주가 설명하고자 하는 이들의 당사자적 경험을 실제로 듣는 데 방해가 된다는 것이다(스타인가드 편, 2020: 118~124).

적인 사례가 DSM-IV에서 '주요 우울 삽화' 진단기준에 포함되어 있던 '사별의 경우 우울증에서 예외'(bereavement exclusion)라는 조항이 삭제된 것이다.[45] 이러한 변화 때문에, 상실로 인한 애도를 경험하는 개인은 상실 이후에 2주 이상 우울감을 보이면 주요 우울 장애로 진단될 수 있게 되었다. 이에 대해 많은 정신과 의사는 정상 슬픔의 과정을 겪는 사람들이 이제는 우울증 진단을 받을 것이라고 우려했다. 이에 따른다면, 사랑하는 이를 상실한 후 경험하는 정상적인 애도 반응에 대해 항우울제 치료를 명시적으로 추천하게 되기 때문이다(스타인가드 편, 2020: 146~148).

물론 상담은 긍정적인 심리를 고취시킴으로써, 항우울제는 부정적인 기분을 완화시킴으로써 피해자를 자살의 충동에서 일정 정도 멀어지게 할 수는 있다. 그러나 참사에 대한 납득 가능한 설명과 이해를 출발점으로 삼지 않는다는 점에서 자살을 야기한 원인으로부터 결코 자유롭게 할 수는 없다. 이러한 상황에서 맹목적인 심리치료 담론은 역설적이게도 오히려 문제가 되는 현상을 유지하고,

---

[45] 대표적으로 DSM-IV-TR과 DSM-5가 사별과 애도를 다루는 방식의 차이를 표로 요약하면 다음과 같다(스타인가드 편, 2020: 146).

DSM-IV-TR - E 항목	DSM-5
"증상이 사별에 의해 잘 설명되지 않는다. 즉 사랑하는 이를 상실한 후에 증상이 2개월 이상 지속될 경우에 주요우울 삽화의 진단이 내려질 수 있다…" 애도가 실제 주요 우울 장애인지 아닌지에 대한 주의 깊은 고려와 관련된 언급이 없음	"주요 우울 장애 진단은 단일 삽화만으로도 가능하다… 적산 슬픔 및 사별로 인한 비탄을 주요 우울 삽화와 구분하여 기술할 때는 주의해야 한다. 사별과 관련된 우울증도 항우울제 치료를 통해 회복이 촉진될 수 있다."

특정 사회집단을 억압하는 데 기여할 수 있다(홍은영, 2014: 210). 부정적 심리로 일컬어지는 감정을 병리화함으로써 고칠 필요가 있는 것은 그러한 감정들을 불러일으킨 상황일 수도 있다는 사실을 시야에서 놓치게 하기 때문이다(푸레디, 2016: 406).

실제 이재현은 가족들에게 유서로 남긴 마지막 영상에서 심리상담이 유의미한 도움이 되지 않았다고 말한다.[46]

> 쟤(이재현)가 마지막 영상[47]에 이제 저희한테 해 준다는 말이 "엄마 아빠도 나중에 필요하면 상담을 받는데 자기는 그렇게 상담이 도움은 되지 않더라" 이런 얘기는 하더라고요. 상담사 선생님이 울고 싶을 때 많이 울어라 해서 엄마 아빠 없을 때 많이 울었대. 많이 울었는데 자기는 그렇게 해도 별로 크게 도움이 되는 것 같지 않았다고 했어요. 그래도 상담사 선생님이 엄마 아빠한테는 도움이 될 수 있을지 모르니까 그렇게 많이 울고 하는 것도 괜찮을 수 있겠다 이런 얘기는 하더라고요(이재현의 어머니 1차 구술 녹취록).

재난 참사 피해자들의 고통이 위치한 사회적이고 정치적이며, 윤리적인 맥락을 소거하고, 전적으로 개인적이고 의료적인 방식으로 다루어지는 메커니즘을 '고통의 의료화'라고 말할 수 있다면, 이는 국가의 부인과 탈진실정치의 사회적 조건 속에서 본격화되었다.

---

46 이러한 경험은 다른 유가족들의 인터뷰에서도 반복된다. "저한테 자꾸 극복해야 한다는 생각을 주입하더라고요. 버틸 힘조차도 없어서 간 건데 힘들지만 버텨야죠"(《[단독] 트라우마 상담 95% 종결… 유족한테 청소년 상담사를?》, MBC 뉴스, 2023. 10. 26).
47 사실상 유서가 된, 마지막 유언을 가족들에게 담아 이재현이 남긴 영상을 말한다.

재난 취약 계층의 고려

마지막으로 이태원 참사를 둘러싼 심리지원의 방식이 당시 고등학교 1학년으로 재난에 취약한 사회적 위치에 있던 이재현의 맥락과 상황을 고려하지 않았다는 점을 짚고 갈 필요가 있다.「재난안전법」에서는 '안전 취약 계층'을 어린이, 노인, 장애인, 저소득층 등 신체적·사회적·경제적 요인으로 인하여 재난에 취약한 사람으로 정의하고 있다. 이러한 정의에 따르면, 만 16세였던 이재현의 경우는 미성년자로서 '재난 취약 계층'에 속한다. 따라서 이재현에게는 이러한 취약성을 고려한 적절하고 충분한 지원책이 필요했다. 그러나 이 지점에 대한 어떠한 섬세한 고려나 지원책도 찾아볼 수 없었다. 이재현은 어머니의 제안을 받아들여, 학교에 다시 가게 되었다. 그리고 참사를 겪은 이재현에게 학교에서 수많은 관심이 쏟아졌다. 그랬던 탓에 이재현은 참사 현장을 잊기 위한 방편으로 차라리 수업 시간에 졸아 보려고 노력도 했지만, 그조차 쉽지 않았다.

근본적으로 이는 만 18세 미만 아동의 생존과 발전, 능력 발달을 보장하는 발달권과 생존권을 침해한 문제로, 생존·발달·보호·참여권은 대한민국이 1991년 비준한 유엔「아동의 권리에 관한 협약」에서 명시하고 있는 핵심적인 인권 항목이기도 하다. 다른 한편 '안전 취약 계층'이라는 정의는 높은 교육열과 입시체제하에 있는 한국 사회에서 '고등학생 생존자'가 겪어야 했던 어려움과 그 사회적 위치성을 충분히 담아내기에는 불충분한 측면이 있다.[48] 특히나 이재현은 인문계 고등학생이었기 때문에, 참사를 경험하고 친밀한 관계에 있는 두 친구를 잃은 상태임에도 학업을 멈추기 어려운 상황이었다. 괜찮은 대학에 입학하기 위해 관리해야만 하는 '내신' 때문이다. 같은 이유로 이재현의 친구들 또한 '학업'에서 쉽게 이탈할 수 없었다. 충분히 애도하고, 공감받고, 친구들과 소통하며, 위로받아야 마땅했던 이재현과 이것을 해내고 싶었던 친구들 사이에 '입시'라는 큰 장벽이 가로막고 있었던 것이다. 설사 취약한 존재를 보호하기 위한 장치가 이미 기존의 법과 제도 안에 포섭되어 있다 하더라도, 여전히 타자에게 상처입을 가능성은 해소되지 않고 존재할 수 있다(노대원·이소영·황임경, 2020: 25). 그렇기에 단순히 연령상의 미성년자라는 차원을 넘어 '고등학생' 생존자를 고려한 피해 지원책과 학습 지원책은 더더욱 필요했다.

> 얘는 좀 특별히 잘 주의를 해야 된다는 생각은 학교에서도 했었던 것 같아요. 재현이가 퇴원하고 처음으로 교장 선생님, 교감 선생님을 만났을 때 정말 살아 돌아왔다 막 칭찬도 해 주고. 그러면서 학교에서도 이 아이에

---

[48] 취약성(vulnerability)은 사회적·경제적·정치적·문화적 위치나 요인에 의해 피해를 당하기 쉬운 조건이나 상태를 의미한다(김소진, 2022: 183). 한편 버틀러는 취약성을 '상처입을 가능성'으로 정의한다. 즉 취약성을 우리에게 영향을 미치는 대상, 힘, 정념의 장과 서로가 맺는 관계로 바라보는 것이다. 그런데 특정집단이 인권 담론과 법적 제도 내에서 '취약하다고 규정되면, 그 집단은 본질적으로 취약한 것으로 물화된다고 지적한다. 버틀러는 이러한 온정주의적 접근을 비판하면서, 취약성과 저항이 어떻게 함께 작용하는지 살펴볼 때 진정한 취약성을 도출할 수 있다고 말한다(버틀러, 2021: 330~338).

대해서 주의를 많이 해야 된다는 건 알고는 있었지만, <u>실질적 무엇, 얘를 위한 어떤 프로그램이나 이런 게 있는 건 아니었죠</u>(이재현의 어머니 2차 구술 녹취록).

그 결과 결국 무엇을, 어떻게 해야 할지 알지 못했던 상황에서 가족들에게 남은 것은 사회적으로 고립되어 있던 이재현을 적절하게 보살피지 못했다는 후회와 자책감뿐이었다. 이재현의 친구들도 예외는 아니었다. 이재현의 죽음 이후 친구들 또한 "네가 연락했는데 못 나가서 미안하다"라며 죄책감을 호소했다.[49]

재현이 주변의 친구들, 그 희생자 둘 외에도 또 다른 친구들이 있었을 거 아니에요. 그니까 그 친구들한테도 만나자는 얘기를 많이 했었어요. 나중에 카톡이나 이런 데 그 친구들이 "네가 연락했는데 못 나가서 미안하다" 이런 말들을 많이 하더라고요. <u>고등학교 아이들 특성상 쉴 새 없이 놀 수도 없는 애들</u>이고. 공부도 하고 뭐도 하고 막 다 그럴 거 아니에요. 보니까, 만나고 친구들한테도 그 이야기를 하소연하고 울고 막 그랬다고 하더라고요. 근데 그 안에서도 그게 되게 답답했던 것 같아. <u>소통이 안 된 거예요</u>(이재현의 어머니 2차 구술 녹취록).

이재현에게는 자신의 신체적·심리적 상태가 비정상적인 것으

---

49 참고로 이재현의 자살로 인한 죄책감이 여러 참사 생존자들로 하여금 10·29 이태원 참사 작가기록단(2023)의 『우리 지금 이태원이야: 생존자와 유가족이 증언하는 10·29 이태원 참사』의 증언과 기록 작업에 동참하게 한 동인이 되었다는 점은 시사적이다.

로 지각(知覺)된 것이 아니었다. 오히려 국가와 사회가 참사의 진실과 책임을 부인한 것, 그리고 책임 소재가 적절하게 해명되지 않은 것, 그러한 상황 속에서 자신만 살아 있다는 바로 그 사실이 자신의 일상을 더욱 비정상으로 만들었다. 요컨대 이재현은 계속해서 '그날'에 살았다. 그리고 이재현에게 비로소 의미 있는 '내일'은 친구들을 만나러 가는 날이 되었다.

> 밥을 먹고 집을 나가는데 '나 갈게 —'라는 얘기를 하기는 하는데 아빠를 부르면서 가더라고요. '아빠, 나 갈게 —' 하면서 신발을 신는데 저도 들었거든요, 그 소리를. 듣는데 그 소리가 긴 거예요. 조금 평상시보다 더, 그래서 아빠도 자고 있다가 "재현아 잘 가" 이렇게 얘기를 해 주고. 본 거는 저희가 그때 마지막으로 본 거죠. 그렇게 하고 이제 학교를 간 거지. 간 건데, 걔 핸드폰을 보니까 핸드폰상에 카톡으로 그 친구들한테 이렇게 계속 혼자서 보낸 게 보니까 <u>죽겠다고 한 날짜는 이미 월요일로 자기 혼자 정했고</u>, 몇 주 아마 한 10일, 일주일 전부터 얘기를 하더라고요. "일주일 뒤에 너를 만나러 가겠다" 이런 식으로 계속 말을 하더라구요. "드디어 내일이다 내일은 너를 만나러 간다." 이렇게 얘기는 했었어요(이재현의 어머니 1차 구술 녹취록).

4) 인권의 관점에서 본 재난 참사 피해자의 재희생자화

이제까지 이태원 참사가 국가와 사회의 부인이라는 두 양상을 수반한 외상적 사건임을 159번째 희생자의 서사를 통해 살펴보았다. 이태원 참사는 국가의 '부작위'에 의해 발생한 참사이지만, 159번째 희생자의 자살 과정은 참사 이후에 나타난 부인 및 2차 가해 등을 고려할 때 국가를 포함한 사회 구성원의 '작위'로 인해 인권침해가 두드러지게 나타난 '참사 이후의 참사'의 발생 과정을 드러내 보여준다.

10·29 이태원 참사 인권실태조사단이 정리한 권리 항목을 참고하여, 159번째 희생자가 경험한 인권침해의 면면을 정리해 보자면 〈표 7. 3〉과 같다.

먼저, 159번째 희생자는 '참사 경험'으로부터 '생명과 안전에 대한 권리'를 침해당했다. 참사 과정에서 159번째 희생자는 기절하고 싶을 정도로 견디기 힘든 신체적 고통을 겪었다. 그리고 참사 현장을 그대로 목격함에 따라 엄청난 고통과 심리적 손상을 경험했다. 또한 159번째 희생자는 자신이 어떠한 상태인지 모르는 급박한 상황에서 참사가 일어난 지 하루가 지나서야 입원실에 올라갈 수 있었다. 이것은 안전한 환경을 통해 '일상을 안전하게 누릴 권리'에 대한 침해로서, '생명과 안전에 대한 권리' 침해로 간주할 수 있다.

둘째, 그리고 159번째 희생자는 '경찰 조사'로부터 '존엄에 대한 권리'와 아울러 '진실에 대한 권리'를 동시에 침해당했다. 159번째 희생자의 경우는 두 친구를 찾기 위해 경찰 조사에 응했다. 법률

상 미성년자였던 159번째 희생자는 보호자의 조력이 필요한 위치에 있었다. 그러나 경찰은 장시간 동안 159번째 희생자 홀로 조사받는 것을 강행했다. 참사를 경험함에 따라 심신이 불안정할 수밖에 없었던 159번째 희생자는 편안하고, 안정적인 조사 분위기가 필요했다. 그러나 앞서 살펴보았듯, 경찰 조사가 존중이 부족하고 배려심 있게 진행되지 않았다는 생존자와 유가족들의 증언은 경찰이 159번째 희생자를 조사하는 과정에서 안전한 환경을 충분히 제공하지 않았음을 일러 준다. 나아가 가족관계, 흡연 여부, 마약 투약 여부 등의 질문들은 추후 참사의 책임을 개인에게 전가하는 책임화(responsibilization) 담론을 강화했으며, 이는 곧 '존엄에 대한 권리'를 침해한 것으로 간주할 수 있다.

셋째, 국가는 참사의 발생 경위와 대응 방식, 진상규명에 관한 내용 등 적절한 정보를 제공함으로써 가족 및 지인에게 피해자의 신원 및 상태를 빠르게 확인할 수 있도록 할 책무가 있다. 그러나 이제까지 밝혀진 바에 따르면, 경찰 조사에서 친구들의 생사를 비롯해 참사에 대한 정보를 일절 제공하지 않았다. 이는 '정보를 제공받을 권리'의 침해로서 크게 '진실에 대한 권리' 침해로 간주할 수 있다.

넷째, 진실에 대한 권리가 훼손됨으로써 지속적으로 159번째 희생자는 '애도할 권리'를 침해당했다. 참사에 대한 적절한 진상규명은 피해자들에 대한 온전한 추모의 환경의 토대가 됨과 동시에, 이후의 재발방지대책의 근간이 된다는 점에서 매우 중요하다. 그러나 국가의 부인과 진실규명 방해가 희생자 및 피해자에 대한 혐오와 낙인을 조성함으로써 희생자들에 대한 진정한 애도를 방해받았고, 159번째 희생자가 두 친구의 죽음에 대한 책임을 자신에게 돌릴 수밖에 없는 상황을 만들었다. 이는 다시 '존엄을 지킬 권리' 및 '존엄한 일상을 보장받을 권리'를 침해한 것으로 간주할 수 있다.

마지막으로 159번째 희생자는 적절한 지원체계의 부재로 인해 '필요한 지원을 받을 권리'를 침해당했다. 국가는 참사 피해자들에게 존엄한 일상생활을 누릴 수 있도록 적절한 지원책을 제공할 의무가 있다. 159번째 희생자는 학교로 복귀하고, 일상을 되찾기 위해 여러 방식으로 노력했지만, 만 16세 생존자에 대한 지원책은 그 어디에서도 찾아볼 수 없었다.[50] 나아가 이는 학생이기 이전에 교복 입은 인간으로서, 159번째 희생자가 '위로받을 권리'와 그 친구들이 '위로할 권리'를 가로막았다는 점에서 159번째 희생자와 그 친구들의 '연대할 권리'[51] 또한 침해한 것이라고도 볼 수 있다.

---

50 피해자의 대다수가 고등학생이었던 세월호 참사의 경우 등교 시기 및 수업 지원, 스쿨닥터 등을 포함해 고등학생 생존자를 지원할 수 있는 보호 조치가 일정 부분 이루어졌지만 "놀러 가서 죽었다"라는 사회적 혐오와 부인 담론이 참사 직후부터 횡행했고, 책임 회피에 급급했던 이태원 참사의 경우, 이러한 최소한의 행정적 조치조차 이루어지지 않았던 것으로 파악된다.

51 흔히 제3세대 인권이라고 불리는 연대권은 발전권, 환경권 등과 같이 개인의 권리를 넘어선 집단적 권리의 한 형태로서, 개인, 집단, 공동체 사이의 '연대'를 추구할 권리를 말한다. 재난 참사 피해자의 권리로서 넌내권은 쿡가인권위원회기 2023년 11월 긘고 결정한 「재난 피해자 권리 보호를 위한 인권 가이드라인」 제30조에도 "재난 피해자는 재난과 관련된 모든 과정에 참여할 권리가 있고 서로 연대할 수 있으며, 필요한 경우 외부 전문가 및 단체의 조력을 얻을 수" 있다는 내용으로 제시되어 있다(국가인권위원회, 2023. 11. 16).

〈표 7.3〉 재난 참사 피해자의 권리

권리	내용	세부 항목
생명과 안전에 대한 권리	생명을 위협하는 것으로부터 안전을 보장받을 권리	일상을 안전하게 누릴 권리
		구조받을 권리
존엄에 대한 권리	인간으로서 존중받고 윤리적 대우를 받을 권리	존엄을 지킬 권리
		유해 및 유산에 대한 권리
진실에 대한 권리	재난 참사의 상황과 이유, 배경과 조건, 원인과 책임을 포함해 어떤 일이 있었는지 알 권리	정보를 제공받을 권리
		진실규명에 대한 권리
필요한 지원을 받을 권리	재난 참사로부터 급격하게 변화한 인적 관계, 공동체와의 관계, 사회경제적 상황, 시민으로서 사회와 맺는 관계 등을 겪는 피해자들이 일상생활로 복귀할 수 있도록 충분히 지원받을 권리	안정적인 생활을 영위할 권리
		법률구제를 받을 권리
애도할 권리	모든 재난 희생자가 애도받을 권리 및 모든 사람이 희생자를 애도할 권리	차별 없이 애도받을 수 있는 권리
		차별 없이 애도할 수 있는 권리
연대할 권리	모든 사람은 공론의 장에서 함께 애도하고 연대를 통해 연결될 권리	-

출처: 10·29 이태원 참사 인권실태조사단(2023)

이상의 모든 점을 아울러 볼 때, 159번째 희생자의 자살은 이태원 참사의 사건 경험 그 자체에서 파생되거나, 심리치료를 받지 않아서가 아니다. 그의 죽음은 참사 이후 피해자의 존엄과 역량(capability)을 박탈하는 복합적이고 연쇄적인 인권침해의 경험에서 발현된 사회적 타살이라 할 수 있다. 159번째 희생자의 자살 과정은 재난 참사 피해자의 재희생자화가 발생하는 사회적 과정과 경로를 정확히 드러내 보여 준다.

5. 재난과 자살의 관계에 지닌 함의

김치홍과 함께 쓴 이 글은 159번째 희생자의 자살을 '치료받지 않아서' 발생한 것으로 치부하는 의료적 프레임이 159번째 희생자의 자살을 적절하게 설명하지 못할 뿐 아니라, 오히려 자살에 개입하는 사회적 조건이 되었다는 문제의식에서 출발했다. 이는 기본적으로 재난 참사 생존자가 인권침해를 경험한 피해자임을 인정하지 않은 것에서 비롯된 것으로 보인다. 따라서 우리는 이태원 참사를 국가범죄형 사회 재난으로 규정하고, 159번째 희생자의 생존자 죄책감과 자살 과정을 인권침해 피해자의 권리라는 관점에서 설명해 보이고자 했다. 이를 위해 '참사 후 자살자'를 새로운 범주의 재난 참사 피해자 유형으로 위제화하고, 이태원 참사 159번째 희생자의 죽음에 대한 질적 사례연구를 진행했다.

생존자 죄책감은 근본적으로 상실의 슬픔과 관련되어 있다. 따라서 재난이 초래한 상실을 애도할 권리는 집합적 힘의 회복에 매우 중요한 의미를 갖는다. 일찍이 『종교생활의 원초적 형태』에서 오스트레일리아의 장례식에 대한 인류학적 고찰을 통해 뒤르케임은 속죄의례의 사례로서 장례식이 낳는 새로운 국면과 치유적 효력에 주목한다. 그에 따르면, "신뢰, 희열 더 나아가서 열광 상태에서 이루어"지는 적극적 의식들과 다르게 속죄의식, 즉 "재난에 대처하기 위한 목적 또는 단지 재앙을 기억하고 애도하는 목적을 가진 슬픈 기념식"도 존재한다. 이 같은 속죄의식은 불안이나 슬픔 속에서 거행되는 의식으로서 종교생활, 즉 사회적 삶의 새로운 국면을 계시해 준다. 대표적으로 재난을 기도하고 애도하는 목적에서 행해지는 장례의식은 상실의 감정과 장례식을 하도록 만든 원인까지 약화시킨다. 그들은 함께 울었기 때문에 "슬픔 속에서의 의사소통"을 통해 슬픔에서 벗어나 애도를 멈추고, 집단의 힘을 회복할 수 있다는 것이다(뒤르케임, 1992: 537~553).

이러한 맥락에서 159번째 희생자의 자살은 이태원 참사의 발생 국면만이 아니라, 참사 이후 피해자의 존엄과 애도할 권리를 중층적으로 박탈하는 연쇄적인 인권침해 과정에서 발현된 '복합 피해'의 결과임을 알 수 있다. 이 점에서 159번째 희생자의 자살은 트라우마로 인한 자살의 성격을 띠며, 탈진실정치의 아노미적 조건에서 발현된 숙명론적 자살의 한 형태로 이해될 수 있을 것이다. 특히 인권침해가 개입한 범죄형 사회 재난의 경우, 진실에 대한 부정은 인권침해 피해자의 존엄과 명예, 그리고 살아갈 권리를 위협하는 치명적인 폭력이 될 수 있다.

이제까지의 논의가 자살연구 및 재난 참사 피해자학에 시사하는 함의를 정리해 보자면 다음과 같다. 먼저 이론적 차원에서 이 글은 기존의 철학적·정신의학적 담론이 포착하지 못한 생존자 죄책감의 사회적 기제를 밝혀낼 수 있었다는 점에서 첫 번째 의의를 찾을 수 있다. 참사 후 생존자가 보편적으로 경험할 수 있는 생존자 죄책감이 관계적이고 도덕적인 동시에 인지적인 차원을 갖는 사회적 고통의 한 형태라는 점을 인정한다면, 정신의학적 정의 방식을 넘어서는 사회(과)학적 개념화 및 유형화가 향후 보다 두텁게 진전될 필요가 있다. 나아가 여러 재난 참사에서 나타난 생존자 죄책감과 유형, 그 작동 방식과 결과에 대한 비교 관점의 사례연구도 오늘날 일상이 되어 버린 재난의 사회학적 이해를 위해 필요한 작업이라 보인다.

둘째, 이 글은 159번째 희생자의 인권침해 경험을 드러냄으로써 참사 생존자의 자살이 피해자의 인권과 존엄을 보장받지 못한 사회적 조건에서 발생한 재난 피해자의 재희생자화 과정임을 입증해 보이고자 했다. 이를 통해 '참사 후 자살'이 — 민간범죄나 일반적인 사회적 재난과 달리, 보다 조직적이고 체계적이며 광범위한 인권침해와 부인이 개입하는 국가범죄형 사회 재난의 경우 — 피해자의 권리가 보장되지 않는 동일한 조건에서 유사한 패턴으로 재현될 수 있는 사건임을 확인했다. 이러한 발견은 현대 정신의학의 발전과 함께 점차 강화되는 추세를 보이는 재난의 의료화 경향성을 비판적으로 성찰하고, 인권에 기반한 재난 접근의 당위성과 타당성을 실증적으로 뒷받침하는 논거를 마련해 가는 여정에서 중요한 의미를 갖는다.

셋째, 방법론적 차원에서 이 글은 자살하는 사람의 심리 그 자체가 아니라 특정한 사회적 조건이 유발한 사회심리적 층위의 힘들이 상호작용하는 인과 과정과 재생산 국면을 복원하는 자살연구 방법론을 질적 사례연구 방법에 기반해 발전시켜 보고자 했다. 이는 선험적으로 주어진 진단 범주에 자살자들의 심리를 가설-연역적으로 포섭하는 기존 심리학적 심리부검의 한계를 넘어, 자살을 야기한 사회적 원인/조건과 개인적 이유를 아울러 살피는 사회학적 심리부검의 가능성을 제고하기 위한 계속되는 노력의 일환이다.

넷째, 159번째 희생자의 사례가 시사하는 정책적·실천적 함의를 도출해 보자면 재난 참사 피해자들에 대한 지원 방식을 공급자 중심에서 피해자의 역량과 존엄, 그리고 다른 이들과의 상호 연결성을 회복하기 위한 인권에 기반한 재난 접근의 정책 패러다임으로 전환할 필요가 있다. 재난 피해자의 취약성을 개인의 문제로 보고 의료적·심리적 차원의 지원을 강화하는 데 치중하는 접근 방식은 '시혜에 입각한 재난 접근'의 정책 패러다임에 머물러 있다. 이와 달리 '인권에 기반한 재난 접근'과 비판 피해자학의 관점에서 취약성은 주로 사회구조와 관계, 재난을 둘러싼 사회 과정에 의해 만들어진다. 따라서 재난에 더욱 취약한 위치에 있었던 159번째 희생자의 자살을 포함하여 여러 재난 참사 피해자들의 자살이 일회적이고 우연하게 일어나는 것이 아니라, 진실을 부정하고 피해자를 비난하는 사회적 조건에서 피해자의 재희생자화를 통해 일어난다는 것을 고려하는 피해자 구제책과 대응정책이 향후 적극적으로 수립될 필요가 있다.

이를테면 피해자 지원책 전반에서 인권에 기반한 재난 접근의 가이드라인을 준수하는 것, 피해자 비난과 혐오를 제재할 제도적 조치를 강화하는 것, 피해자 중심주의에 입각한 언론보도 원칙과 윤리를 구현하는 것, 피해자의 인권과 맥락을 중시하고 정신건강의 사회적 결정 요인을 포괄하는 심리지원 가이드라인을 (재)구축하는 것 등 다각적인 피해자 지원책이 모색되고 도입될 수 있을 것이다.[52] 이를 위해서는 무엇보다 「재난안전법」에 '인권의 관점'을 도입하고, 보다 근본적으로 모든 시민의 안전권을 보장하기 위한 국가와 사회의 책무를 포괄적으로 명시하는 「생명안전기본법」 제정이 시급히 요청된다.[53]

---

52 국가인권위원회는 2023년 3월 27일 「국가인권위원회법」 제19조 제6호와 제25조 제1항에 근거해, 나아가 「국제인권규약」 및 「대한민국헌법」, 「재난안전기본법」을 토대로 「재난 피해자 권리 보호를 위한 인권 가이드라인」을 적용하여 안전관리계획을 수립할 것을 행정안전부장관, 17개 광역지방자치단체장에게 권고 결정한 바 있다(「'재난 피해자 권리 보호를 위한 인권 가이드라인' 적용 권고, 국무총리·행정안전부·광역지자체 수용」, 국가인권위원회, 2023. 11. 16).

53 박진영이 적절히 지적한 바 있듯이, 애초에 법 규정이 촘촘했다면 빌생하지 않았을 일도 있다. 제도의 공백은 피해나 재난을 야기하는 동시에 이후의 사회 복구에 걸림돌이 된다(박진영, 2023: 121). 이러한 견지에서 최근 시민사회가 요청하고 있는 「생명안전기본법」은 '안전할 권리에 대한 체계적인 규정'을 비롯해, 장애인·노인·환자·어린이 등 안전 약자

보호, 재난 참사의 구조적 원인을 파헤치는 독립적인 조사기구 설치, 위험에 대해 알 권리 보장, 안전영향평가 등의 내용을 담고 있다(「'생명안전기본법 제정' 국민동의청원 5만명 달성」, 『경향신문』, 2023. 9. 29).

제8장 자살과 직업집단
: 초등 교사들의 자살에 대한 제도적 문화기술지

> 사회학의 목적은 현재 사회제도들을 이해해서 그것들이 무엇이 될 예정이며, 무엇이 되도록 원해야 하는지에 관한 이해를 갖도록 돕는 것이다(Durkheim, 1982e: 246).

> 인간이 연합행위를 하는 것은 단지 공통의 이익을 옹호하기 위해서만이 아니다. 그것은 서로 연합하고 적 앞에서 혼자 외롭게 고립되지 않으며, 공동체를 이루는 기쁨을 맛보고 여러 다른 사람들과 하나가 되기 위해서이다. 다시 분명히 말하면, 자기들이 속한 집단 전체로 하여금 공통의 도덕적 삶을 살도록 하기 위해서이다(뒤르케임, 2012: 37).

1. 서이초 사태가 우리에게 남긴 질문

오늘날 한국 사회에서 가장 아프고 병든 장소가 학교이고 교육 현장이라는 점에 크게 이견은 없을 것이다. 『2024 자살예방백서』에 따르면 한국의 청소년(10~24세) 자살률은 12.4명(2021년)으로 OECD 회원국 가운데 2위이며, 5.9명인 OECD 평균보다 2.1배 높다(보건복지부·한국생명존중희망재단, 2024: 135). 2024년 9월 교육부와 전국 교육청의 자료에 따르면 세상을 스스로 등진 초중고생이 2023년 214명으로 최근 10년 사이 가장 많은 숫자를 기록했다. 2014년부터 2023년까지 자살로 생을 마감한 초중고생은 1470명으로, 2014년 118명에서 2023년 214명으로 10년 사이 81% 늘었다. 그중 초등학생 자살자 수는 같은 기간 7명에서 15명으로 114% 급증했고, 중학생 자살자 수도 28명에서 93명으로 232% 늘었다. 고등학생 자살자 수는 83명에서 106명으로 28% 증가했다.[54]

그리고 2023년 서이초 교사의 자살로 수면 위로 드러난 교사 집단의 자살은 — 학교의 아픔에 시나브로 익숙해져 있는 — 우리 사회를 커다란 충격에 빠뜨렸다. 2024년 10월 교육부가 제공한 '최근 10년간 교원 자살 현황'에 따르면 2015년부터 2024년 8월 31일까지 총 168명의 교사가 스스로 세상을 등졌다. 자살한 교사는 2015년 11명에서 2021년 25명으로 2배 이상 늘었다. 2022년에 20명, 2023년에도 25명이 숨져 3년 연속 20명대였다. 이 중 절반 이상(86명, 51.2%)이 초등학교 교사였다.[55]

다음 〈표 8.1〉은 2023년 7월 18일 서이초 교사의 자살 이후 언론에 보도된 초등 교사들의 잇따른 자살 관련 기사의 주요 내용을 발췌한 것이다. 이 면면을 살펴보면 이들의 죽음에 개입하는 요소들이—업무 과다, 악성 민원, 직장 내 괴롭힘/방관 등—매우 복합적이고 중층적임을 알 수 있다. 자살의 위험은 저경력 교사와 고경

---

54 「지난해 목숨 끊은 초등생 15명⋯청소년 자살 역대 최고치」, 『중앙일보』, 2024. 9. 26.
55 「교권 강화에도 올해 벌써 교사 19명 자살⋯"순직 범위 넓혀야"」, 한국일보, 2024. 10. 13.

력 교사를 가리지 않았고, 수도권과 지방 또한 가리지 않았다. 이는 오늘날 우리가 목도하고 있는 교사들의 자살이 '학교 시스템' 자체의 문제와 결부되어 있다는 점을 일러 준다. 뒤르케임이 '학교사회', '학교제도'라는 개념으로 일찍이 갈파한 바 있듯, 하나의 '소사회'(小社會)이자 '사회제도'로서 학교라는 현장이 교사들의 삶과 죽음에 개입하고 있는 것이다.[56]

〈표 8.1〉 2023년 초등 교사들의 자살 현황

	날짜	담당 학년 & 자살자 성별	양상 & 특징	비고
1	7월 18일	서울 서초구 서이초등학교 1학년 담임(여)	경력 2년 차(2022년 3월 임용) - 학부모 악성 민원 • NEIS 업무(학교 내 음독)	일기장 있음
2	8월 31일	군산 무녀도초등학교 6학년 담임(남)	경력 10년 차 - 업무 과다 • 직장 내 갑질 및 갈등(해상 투신)	유서 있음
3	8월 31일	서울 양천구 신목초등학교 6학년 담임(여)	경력 14년 차 - 학교폭력 관련 과도한 민원 • 질병 휴직 끝나고 복직 앞두고 자살(아파트 추락사)	유서 없음

56 뒤르케임은 『정치·문학 평론』(Political and Literary Review)에 실린 「프랑스 중등 교육의 발전 과정과 역할」(1906)이라는 글에서 학교제도의 진화에 유효한 영향을 미치려면 학교제도가 무엇이고 그 구성 요소는 무엇인지, 또 근본 기저에는 무엇이 있으며, 학교제도가 반응을 하고 있는 것이 무엇인지 등을 과학적으로 아는 것부터 시작해야 한다고 강조한 바 있다. 이를 위해서는 탐구하고자 하는 학교라는 세계를 진실된 발견의 여지가 남아 있는 미지의 대륙처럼 취급할 필요가 있다는 것이다(뒤르케임, 2006: 192~195).

4	9월 7일	대전 관평초등학교 1학년 담임(여)	경력 24년 차 - 학부모 악성 민원 - 아동학대 피소 - 무혐의 처분 • 학교 당국, 교권보호위원회 개최 요구 거절(자택 자살)	유서 있음[57]

특히 2023년 서이초 사태로 가시화된 교사집단의 자살이나 과로 자살, 직장 내 괴롭힘으로 인한 자살 등 직업집단의 자살은 현대 한국 사회의 폭압적 노동조건과 비정상적인 분업의 문제를 드러내 보인다는 점에서 중요하지만, 이에 대한 사회학적 탐구는 매우 희소한 상태이다. 이러한 공백 속에서 최근 정부가 발표한 정신건강정책 혁신방안(2023. 12. 5)은 자살예방정책의 의료화 및 전 사회의 정신병리화를 전면화하는 시책으로 이해된다. 자살문제를 정신건강의 측면에서 해결하고자 하는 정부 시책은 오늘날 직업집단의 삶과 죽음에 개입하는 사회 부정의의 문제와 폭력적 노동조건을 은폐하는 효과를 낳는다는 점에서 심각성을 더한다.「제5차 자살예방 기본계획」에 관한 검토에서 살펴보았듯, 현 정부의 정책 기조라면 교사들의 잇따른 자살도 개인사로 치부되고, 교사들에 대한 주기적인 정신건강 검진과 상담 서비스를 강화하는 해법으로 귀결될 공산이 크다.

---

57 정확히 말하면 사실상 유서가 된 관평초 교사의 마지막 글은 전국초등교사노조의 교원침해 사례 설문에 답하며 남긴 메일이다.

하지만 교사들이 2023년 9월 4일 이른바 '공교육 멈춤의 날'을 정점으로 대한민국 역사상 단일 직업군 최대 규모인 35만 명이나 운집할 수 있었던 것은 서이초 교사의 자살이 어느 개인의 문제라기보다는 오늘날 한국의 초등 교사 전체의 문제라는 공감대가 있었기 때문이다(김성윤, 2023: 98).[58] 즉 서이초 교사의 자살은 우울증을 앓고 있는 한 개인의 죽음이 아니다. 그녀의 죽음은 그 이후에도 잇따른 교사집단의 자살의 발생구조를 그대로 재현하는 사회적 죽음이자 한계 지점에 도달한 공교육의 총체적 위기를 드러낸 '사태'라 할 수 있다. 무엇보다 이러한 교사들의 자살에는 특정한 정치체제에서 누적된 '제도의 힘'이 작동하고 있다는 점에 주목할 필요가 있다. 하지만 교사들의 일이 제도 및 텍스트의 영향을 많이 받는 공공 부문 노동에 속함에도, 그간 제도적인 것의 실제는 잘 드러나지 않았다. 따라서 학교라는 제도적 현장에서 발생하는 자살에 대한 심도 있는 분석을 위해서는 "무엇이 실제로 일어나고 있는지"에 대한 발견적인 작업과 한층 더 정밀한 진단명이 필요해 보인다.

이 장에서는 교사집단의 자살에 대한 질적 사례연구를 통해 공

---

[58] 2023년 9월 4일을 이틀 앞둔 9월 2일 국회의사당 앞을 집회 측 추산 20만 명이 가득 채웠다. 전국 교사 규모가 약 50만 명인 것을 감안하면, 반 정도가 군집한 셈이다. 또한 2023년 9월 4일에만 전국에서 서이초 선생님의 49재를 추모하며 국회 앞 5만 명, 그 외 지역에 2만 5000명, 모두 약 7만 5000명이 운집했다. 이날 묵회 잎에는 서이초 교사 유가족, 4대 종교단체 대표들, 대한정신과의사협회 소속 의사들, BBC를 비롯한 외신, 여야 국회의원 17명, 〈꿈꾸지 않으면〉의 작사가 등 다양한 사람들이 추모에 동참했다(김현선, 2023: 43~44).

공 부문 직업집단 자살의 발생 기제와 사회정치적 동학을 탐색하고자 한다. 특히 이 글은 사회복지 현장, 병원, 학교라는 특수한 제도적 환경에 종사하는 세 직업집단의 자살이 지닌 공통성에 착목하여 선행연구를 재맥락화하고, 교사집단의 자살을 유발하는 제도적 힘을 추적해 보이고자 한다. 나아가 '서이초 사태'가 촉발한 교사들의 연대와 집단 동학을 뒤르케임이 제시한 직업집단론[59]의 해법과 접목시킴으로써 사례와 이론이 상호 대화할 수 있는 담론의 공간을 새롭게 마련하고자 한다.

이러한 시도는 나아가 이론 없는 자살연구와 현실의 자살사례에 기반하지 않은 이론연구의 간극을 메우고, 단일 사례가 아닌 여러 직업집단의 자살을 관통하는 공통된 삶/일의 조건에 주목함으로써, 행정·조직·노동 등 사회 전반의 신자유주의적 재편이 개입하는 현대 직업집단 자살의 작동 방식에 다가서기 위함이다. 무엇보다 현장에 기반한 지식의 생산은 자살을 야기한 문제 지점을 구체적으로 가시화함으로써 실질적인 정책 개선을 도모하고 실천적

---

[59] 널리 알려진 대로 뒤르케임은 직업집단의 출현이 새로운 규범의 형성에 있어 핵심적인 역할을 담당할 것이라고 보았다. 주지하듯 프랑스에서 대혁명과 함께 국가와 개인 사이에 존재하는 모든 형태의 중간조직(특히 중세 길드조직)은 폐쇄되었다. 이러한 상황에서 19세기 말~20세기 초, 뒤르케임은 직업집단이라는 개념을 통해 연대와 사회 통합의 문제를 제기하면서 직업집단을 현대 산업사회의 아노미적 경향성에 대한 미래의 해결책으로 제시했다. 그 이유는 첫째, 사회분업의 진전에 따라 개인의 경제활동이 타인에게 전적으로 의존하기에 모든 사회 구성원의 개별적 가치에 대한 상호 인정이 발전할 수 있기 때문이다. 둘째, 사회가 다양한 직업군으로 구성됨으로써 이것이 사회적 연대의 기초가 될 수 있다는 것이다(김태수, 2008: 294).

해법을 모색하는 데 도움이 될 수 있다. 이러한 문제의식에서 시작된 이 글의 주요 질문은 다음과 같다.

첫째, 사회복지 조직, 병원, 학교 기반 직업집단의 자살을 관통하는 제도적 조건은 무엇이며, 자살에 이르는 사회심리적 과정은 어떠한가?

둘째, 특히 교사집단의 자살을 야기한 발생 기제와 조건은 무엇이며, 2023년 서이초 교사의 자살로 촉발된 교사집단의 정치적 동학이 직업집단론의 현대적 재구성에 시사하는 함의는 무엇인가?

이에 답하기 위해 우선 다음 절에서는 직업집단의 자살에 대한 선행연구의 성과를 재검토하고, 이를 『자살론』의 통찰과 결합하는 예비적 논의를 진행한다(2절). 이어서 직업집단의 자살에 다가설 방법론으로서 제도적 문화기술지를 소개하고 그 연구 과정을 밝힌다(3절). 다음으로 서이초 교사의 자살을 야기한 제도적 과정을 드러낸 후, 2023년 9월 4일 '공교육 멈춤의 날'이라는 대규모 집회를 정점으로 전개된 교사집단의 행위 동학이 내보이는 정치사회학적 함의를(4절) 직업집단론의 통찰과 (재)연결해 보고자 한다(5절).

2. 직업집단의 자살과 『자살론』의 직업집단론

자세히 살펴보면, 『자살론』에서 제시한 자살의 유형학은 근대사회의 분화된 직업 세계에서 발생하는 자살의 조건에 대한 선구적 통찰을 담고 있다. 상기하자면, 이기적 자살이 집합적 활동의 결함에 따른 의미 상실 때문에 주로 지적 작업을 하는 사람에게서 나타난다면, 아노미적 자살은 개인의 열망을 규제하는 데서 결함이 나타나는 공업 및 상업의 세계에서 주로 일어난다는 통찰이 대표적인 사례이다. "오늘날의 상황을 특징짓는 … 체계의 결핍"이 아노미적 자살의 사회적 조건이라는 것이다(뒤르케임, 2008: 320). 하지만 의외로 현대 직업집단의 자살문제에 뒤르케임의 이론적 통찰을 접목한 실증연구는 국내외적으로 매우 드물다. 그럼에도 2012년 네 차례 발생한 사회복지 전담 공무원의 자살사례를 다룬 짧은 학술 발표문[60]과 최근 크나큰 사회적 이슈가 된 간호사 '태움' 자살에 대한 질적 연구는 휴먼 서비스 분야의 노동을 수행하는 직업집단의 군집 자살을 학문적으로 의제화한 선구적 시도라고 할 수 있다.

이들은 또한 모두 각 직업집단에서 일어난 자살의 성격을 '지나친 육체적·정신적 압제'로 인한 숙명론적 자살로 개념화한다. 이들 연구는 특정 직업집단의 자살을 추동한 제도적 조건과 일 조직화 과정을 추적함으로써 심리적인 것과 얽혀 있는 제도의 힘을 가시화한다. 각 연구의 성과와 한계를 자세히 살펴봄으로써, 현대 신자유주의적 통치성과 비정상적 노동 분업이 개입하는 직업집단의

---

60 정경윤(2013)의 에세이는 2013년 당시 필자가 소속된 성공회대 '급진민주주의 연구모임 데모스'가 쌍용차 노동자들의 자살을 계기로 제6회 맑스코뮤날레에서 '시민의 죽음, 노동의 죽음'이라는 주제로 마련한 기획 세션에서 발표한 것이다. 이때 한국 사회의 여러 자살 현상을 숙명론적 자살 개념으로 재독해하기 위한 집합적 작업이 시도되었다.

자살의 심층에 다가설 실증적·이론적 토대를 다질 수 있다.

1) 간호사 '태움' 자살에 대한 제도적 문화기술지

먼저 '태움' 자살로 알려진 간호사들의 자살은 신자유주의적 이윤 추구와 한국 의료계의 고질적인 노동 분업이 접합된 사회적 조건에서 발생한 자살의 현상 형태라고 할 수 있다. 제도적 문화기술지 방법으로 간호사 '태움' 자살의 작동 방식을 살펴본 송해리·김명희(2022)는 이른바 '직장 내 괴롭힘'에 기인한 것으로 알려진 간호사 '태움' 자살의 배후에 과로 노동과 관료적이고 위계적인 병원 내 조직문화, 직장 내 괴롭힘 등의 제도적 맥락이 중층적으로 결합되어 있다는 점에 주목한다. 특히 이들은 요한 갈퉁의 폭력의 삼각형 이론(구조적·문화적·직접적 폭력)과 자살에 대한 세계보건기구의 개념화, 곧 자기를 향한 폭력 개념을 융합함으로써 과도한 규제와 폭력이 개입하는 직업집단의 자살유형에 대한 사회학적 설명 모델을 발전시켰다는 점에서 중요한 의의가 있다.

이에 따르면 자살을 야기하는 구조적 폭력은 '책임'을 개인에게 전가하는/폭력을 정당화하는 문화적 폭력과 함께 작동하며, 심리적 낙인을 수반하는 일련의 이데올로기적인 설명체계가 대인적이고 관계적인 차원에 영향을 미쳐 자살의 사회심리적 압력을 가중시키는 복합적 메커니즘이 존재한다. 그 결과 — 2018년 박선욱 간호사, 2019년 서지윤 간호사, 2021년 을지대 병원 간호사 등 —

2022년 12월 기준 알려진 것만 22명에 달하는 간호사들의 자살은 고질적인 인력난, 인권과 노동권이 존중받지 못하는 권위적인 지배관계 등 여러 폭력이 켜켜이 쌓인 '태움'을 드러낸다(송해리·김명희, 2022).

특히 간호사들의 위치성에서 파생된 간호사 노동의 이중성은 간호사들의 '태움' 자살을 특징짓는 조건 중 하나이다. 오늘날 간호사의 노동은 병원 내 젠더화된 역할 수행체계에 따라, 환자도 '돌봐야' 하며 의사의 지시에도 '복종해야' 하는 이중적인 모순에 처해 있다. 즉 의사-간호사-환자로 이어지는 상호관계에서 간호사의 전문성이나 의료인으로서의 위상이 돌봄의 영역으로 '가치 절하'되는 도덕적 경험은 자기 자신의 노동에 대한 통제력을 상실하게 하는 매개가 된다. 이러한 구조적·문화적 층위의 '태움'이 발현되면 간호사들은 동료들에게조차 어려움을 말할 기회를 잃고, 안위를 찾을 수 없는 몸에 대한 통제권과 자기감을 상실하는 감정의 탈통제화 과정을 거침으로써 직접적 폭력의 희생자가 되어 간다.

이러한 신자유주의적 폭력[61]의 양상 또한 '얼굴 없는 폭력'의 성격을 띤다. 이를테면 간호사의 일은 듀티표, 문서, 서류와 같은 수많은 제도적 텍스트가 매개하기에 간호사들이 경험하는 '태움'은

---

61 신자유주의적 폭력, 요컨대 신자유주의적 통치성이 매개하는 폭력은 주권권력의 폭력이나 규율권력의 폭력과 달리 훨씬 더 자연화(naturalized)된 방식으로, 다시 말해 마치 그러한 폭력이 누군가에 의해 저질러진 인위적인 것이 아니라 자연에 의해 저질러진 것인 양, 자연적인 것인 양 나타나게 된다는 점에 특징이 있다(최원, 2014: 63~64).

가해자가 쉽사리 특정되지 않는 양상을 보인다. 그럼으로써 부족한 인력과 과로 노동, 위계화되고 관료화된 조직문화가 개입하는 보다 구조적인 차원의 폭력은 쉽게 은폐되고 비가시화되기 쉽다. 이 점에서 '병원'은 여러 층위에서 숙명론적 사회제도가 발현되는 각축장이라고 할 수 있다(송해리·김명희, 2023: 135).

이들 연구는 고도로 관료화되고 위계화된 노동조건 속에 자리한 현대 직업집단의 숙명론적 자살의 작동 방식에 대한 최초의 질적 사례연구라는 점에서 의의가 있다. 나아가 제도적 문화기술지 접근을 도입하여 자살하는 사람의 심리 그 자체가 아니라 특정 유형의 자살을 야기한 제도적 조건과 과정에 대한 분석으로 초점을 이동시켜 자살연구의 방법론적 지평을 넓혔다는 점에서 의의가 있다.

2) 사회복지 전담 공무원의 자살과 신공공관리주의

간호사들의 '태움' 자살은 과도한 노동조건(구조적 폭력)이 위계적이고 전문화된 분업체계와 조직문화(문화적 폭력)를 통해 대인 간 폭력(직접적 폭력)으로 발현된다는 점에서 사회복지 전담 공무원의 자살과 공통점을 보인다. 하지만 복지 공무원의 지위로 공공 부문에 종사하는 사회복지 전담 공무원들의 업무환경은 이윤 추구의 논리에 종속된 병원이라는 제도적 환경과 일정 정도 차이점도 보인다. 바로 이 지점이 이후 살펴볼 교사집단의 자살과 유의미한 비교 지점을 형성한다.

〈표 8. 2〉 2013년 사회복지 전담 공무원의 연쇄자살

	날짜	자살자	비고
1	1. 31	용인시청 사회복지 전담 공무원(29세)	2008년 사회복지 전담 공무원으로 임용
2	2. 26	성남시 분당구 사회복지 전담 공무원 (32세, 여, 8급)	2012년 4월 사회복지 전담 공무원으로 임용
3	3. 19	울산시 중구 사회복지 전담 공무원 (35세, 남, 9급)	2013년 1월 24일 사회복지 전담 공무원으로 임용
4	5. 15	충남 논산시청 사회복지 전담 공무원 (33세, 남, 9급)	2013년 4월 사회복지 전담 공무원으로 임용

위 표에서 알 수 있듯, 2013년 1~5월 동안 사회복지 전담 공무원들의 연쇄자살[62]로 4명의 생명이 세상을 등졌다. 사회복지 전담 공무원의 사례가 중요한 의미를 갖는 까닭은 이들이 단순히 관료조직에서 일하는 '전문적 개인'이 아니라 제도와 제도 사이에서 제도적 장치들을 다루고 조정하는 '제도적 조정자'이기 때문이다(김인숙, 2017: 103). 무엇보다 복지 전담 공무원의 연쇄자살이 일어난 배경에는 공급자 중심의 복지체제에서 수요자 중심의 복지체제로의 변화와 신공공관리론(new public management)의 부상이 자리한다.

---

62 〈표 8. 2〉는 2013년 언론에 보도된 4차례의 사회복지 전담 공무원들의 자살과 관련된 내용을 여러 보도 기사를 종합해 재구성한 것이다(「1년간 4명의 사회복지사 자살, 출구는 없는가」, 『프레시안』, 2014. 4. 28).

정치학자들이나 행정학자들이 신공공관리라고 부르는 정부조직 혹은 공공기관 관리 모델은 경영 마인드, 기업가 정신 등의 경영 담론을 이런 기관들의 관리에 도입한 것이다. 간단히 이를 '기업가적 정부'라 말할 수 있다(서동진, 2011). 그중에서도 민간복지의 전달을 바우처 방식으로 도입하고 평가체제 구축을 통해, 공공복지 부문에서 수요자 중심의 '찾아가는 복지'를 구축하여 복지 비용을 효율화하려고 한 것이 가장 눈에 띄는 변화이다(김인숙, 2017: 104).[63]

이러한 변화 속에서 당시 복지 전담 공무원들은 한국 사회의 사회복지 전달체계하에서 공공사회복지 업무를 담당하는 최말단의 하위 공무원이라는 주체 위치를 점하고 있었다. 그리고 전담 공무원들은 읍·면·동 주민센터에 집중 배치되어 중앙정부의 사회복지정책과 지방자치단체의 복지사업을 최일선에서 수행하고 있었다.[64] 2013년 사회복지 전담 공무원의 잇따른 자살은 바로 이러한 환경 속에서 발생했다. 복지 전담 공무원들이 자살에 이르는 과정을 크게 세 층위로 재구성해 살펴볼 수 있다.

---

[63] 우리나라 공공복지정책을 견인하는 대표적 정책 담론은 '찾아가는 복지'이다. 김대중 정부는 공공복지정책의 패러다임을 '신청'에서 '발굴'로 전환하는 결정적 역할을 하면서 읍·면·동에 배치되어 있던 복지 공무원의 인력을 대폭 증원했다. 이는 노무현, 이명박, 박근혜 정부에서도 그대로 이어졌다. 노무현 정부는 '찾아가는 복지'를 위해 조직적 차원의 변화를 시도했고, 이명박 정부는 사례관리, 사회복지통합관리망을 도입함으로써 공공복지 현장에서 관리와 효율을 강조했다. 박근혜 정부도 '맞춤형 복지'를 늘고 나오면서 '찾아가는 복지'의 중요성을 강조했다(김인숙, 2017: 124).

[64] 자세한 내용은 이현주·강혜규·노대명·신영석·정경희·유진영·김용득·민소영·이주열·한익희, 2007 참고.

첫째, 먼저 과도한 업무량을 초래한 조직 및 인력 배치의 문제이다. 당시 사회복지 전담조직의 개편은 인사 부서의 일방적인 주도로 이루어짐에 따라 개편의 취지를 제대로 살리지 못했다. 행정직의 결원이 많이 발생하여 사회복지직 일부를 본청으로 이동 배치함에 따라 읍·면·동의 인력 부족 문제를 야기했다. 이는 곧 업무 부담의 문제로 이어졌다. 예컨대 통합조사팀의 경우 여러 읍·면·동에서 나누어 조사를 통합하면서 인력이 충분히 확보되지 않은 상태에서 업무 과정이 많아지고, 읍·면·동 사회복지원의 경우 주어진 사회복지 업무뿐 아니라 주민생활 서비스의 새로운 사업들이 더해지면서 그 업무 부담이 증가했다. 이러한 문제는 이명박 정부 때 구축한 사회복지통합관리망(이하 사통망)의 통제권 강화를 위한 재편을 거치며 더욱 악화되었다. 이에 따라 사회복지 전담 공무원의 과도한 업무량도 더욱 증폭된 것이다(정경윤, 2013: 57~58).

둘째, 여기에서 특히 주목할 것은 복지 공무원의 초기 상담과 사후관리의 일을 전국적으로 표준화하면서 대면적 서비스 제공을 가장 방해하는 행복e음이라 불리는 '사통망'이다. 복지 공무원에게 가장 중요한 일은 발굴에서 서비스 연계에 이르는 모든 과정을 사통망에 입력하는 것이다. 입력해야 서비스가 주어지고, 입력해야 일이 되며, 입력해야 실적이 된다. 이 사통망은 전국망으로 연결되고 자료가 누적됨으로써 수급자들의 상담과 서비스 이력을 관리하는 데 용이함이 있다. 그럼에도 입력해야 할 자료가 너무 많아 실제로는 복지 공무원들이 수급자들을 찾아갈 수 없도록 하는 역설을 낳았다(김인숙, 2017: 112~118).

이 같은 조건 속에서 복지 전담 공무원들은 '이중의 업무', 즉 1) 사회복지 사례 발굴 및 사후관리를 위한 '질적 업무'와 2) 자산 조사 등의 행정 업무와 같은 '양적 업무'를 동시에 수행하게 되었다. 그런데 사통망과 같은 과도한 '양적 업무'로 인해 '질적 업무'를 수행하기 힘들고, '양적 업무'는 외부의 감사, 비판의 대상으로 보임으로써 사회복지 대상자로부터 비인간적 객체로 취급되어 업무에 대한 통제력을 약화시켰다. 이 속에서 법과 지침으로 규정된 각종 문서 텍스트, 사통망과 같은 전자 텍스트, 그리고 평가와 같은 관리 텍스트들의 상호작용이 복지 공무원들의 일의 방향과 강도를 결정하는 핵심 요인으로 작용했고, 이는 분업 내에서 인간관계의 소외와 노동의 비인간화를 초래했다.[65]

셋째, 이러한 노동환경 속에서 전담 공무원들은 과도한 민원 서비스로 인해 매우 강도 높은 대인관계 폭력을 경험했고, 사회복지사로서 자신의 노동에 대한 가치 절하, 수치감, 그리고 체념의 감정을 동반한 자아 상실의 심리 과정에 휩싸였던 것으로 보인다. 실제 2013년 11월 국가인권위원회가 발표한 「사회복지사 인권상황 실태조사 결과」에 따르면 사회복지 공무원 응답자 80%가 주민으로부터 폭언을 당한 경험이 있는 것으로 나타났다(『복지타임즈』, 2007. 9. 27). "공공조지의 제일 말단에서 온갖 지시를 받으며 일개

---

65 상세한 내용은 정경윤(2013: 58~59)과 김인숙(2017, 118~119) 참고.

부속품으로서 하루하루를 견딘다는 건 머리 일곱 개 달린 괴물과의 사투보다 더 치열하다. 내 모양이 이렇게 서럽고 불쌍하기는 평생 처음이다"라는 안 모 씨의 유서와 "날 짓누르는 조직과 질서 앞에", "결코 이길 수 없다는 절망감 앞에서 그 무엇도 확신할 수 없다"라는 울산 사회복지 전담 공무원의 유서[66]는 자기 통제력을 상실한 노동 과정이 조장한 수치심과 관료조직에 대한 끝없는 절망감을 드러내 보여 준다.

이와 같은 제도적 환경 속에서 발생한 2013년 사회복지 전담 공무원의 연쇄자살은 정경윤(2013)이 지적하듯, 관료제의 강제적 분업 및 '이중 업무'에 대한 통제력 상실이 수반한 노동 과정에서의 소외, 관료제 외부 고객으로부터의 비인간화된 취급 이후 문제의 개선 가능성이 보이지 않는다는 체념과 절망의 정신적 상태에서 비롯된 '숙명론적 자살'의 성격을 띠고 있다. 결국 사회복지 전담 공무원들의 자살사례는 '찾아가는 복지'라는 미명하에 가속화된 신공공관리정책의 허구성과 관료적인 분업체계하에서 독립적인 권한과 자율성을 갖지 못한 자아 상실의 노동 과정이 어떻게 자살이라는 비극적인 결과로 이어질 수 있는지를 드러내 보여 준다. '찾아가는 복지'를 구현하기 위해 각종 제도적 장치들을 구축했지만 정작 찾아가지 못하게 되고, 거꾸로 제도를 수행하는 복지 공무원들의 마음과 육체의 황폐화를 가져온 역설적 결과는 우리나라의 공적 복지

---

[66] 「자살한 사회복지공무원, 지난 두 달 무슨 일 있었나」, 『오마이뉴스』, 2013. 3. 21.

영역에서 '신공공관리주의'가 실패했음을 보여 주는 대표적인 사례라 할 수 있다(김인숙, 2017: 130).

3) 또 다른 형태의 비정상적 분업과 아노미-숙명론적 자살

신공공관리주의 행정개혁과 공공 부문 직업집단의 자살

간호사들의 자살과 유사하지만 사뭇 다른 양상으로 나타나는 사회복지 전담 공무원의 자살과 초등 교사들의 자살에서 공통된 점은, '신공공관리주의'에 입각한 행정개혁의 구체적인 요소들이 두 직업집단의 일 조직화에 깊숙이 개입하고 있다는 점이다.

복지 공무원들의 경우 신공공관리주의에 입각한 전략적 요소들은 다음의 지점에서 작동한다. 이를테면 첫째, 고객 개념을 도입해 서비스의 품질을 향상시킨다는 고객 지향성 전략은 경쟁 지향성 및 성과 지향성과 함께 신공공관리주의를 구성하는 핵심 요소이다. 둘째, 예산을 절약하여 서비스의 사각지대를 최소화하기 위해 여러 채널을 통해 공적 복지 서비스 인력을 충원하는 인적자원 개발전략을 들 수 있다. 셋째, 첨단 기술을 도입해 업무 수행 능력을 높인다는 전략은 업무의 효율성을 위해 사통망이라는 정보 기술을 도입하는 것으로 이어졌다. 넷째, 성과 측정을 활용해 경쟁을 도모하고 서비스의 효율성을 가져온다는 전략은 개인의 성과를 계량화하고, 결과에 대한 책임을 개인이 지게 하는 성과관리제도를 통해 복지 공무원들의 책임을 가중시켰다. 이렇게 볼 때 자살과 우울 같은 복지 공무원의 고군분투는 거시적으로는 공공복지 서비스에 신공공관리주의가 지속적으로 축적되고 가속화됨으로써 발생한 결과이다(김인숙, 2017: 131~132).

공공복지정책의 목표인 '찾아가는 복지'는 안 되고, 종국에는 '시민으로서의 복지 공무원'이 사라지고 마는 현실은(김인숙, 2017: 132), 다음 절에서 본격적으로 살펴볼 교사집단의 자살과 상당한 유사점을 보인다. 1995년 「5·31 교육개혁방안」을 기반으로 추진된 신공공관리 교육행정의 내용에서 같은 패턴의 제도적 환경을 발견할 수 있다. 첫째, 신공공관리가 두 가지의 기본 정신, 즉 시장주의(market orientation)와 관리주의(managerialism)를 바탕으로 한다고 할 때, 먼저 1) 시장주의의 측면은 독점적 정부 서비스 제공 방식에 경쟁 원리를 최대한 도입하는 것으로 나타났다(정정길, 2010). 이러한 측면은 국가가 독점적으로 교육 서비스를 생산하지 않고 시장에 맡기는 것으로 두드러진다. 자율형 사립고, 학교선택제(자율형 공립고, 특성화고, 특목고 등) 등이 그것이다. 즉 신공공관리는 학생이나 학부모의 '선택'과 공급자 간 '경쟁'이라는 시장 통제 방식을 강조하는 데 특징이 있다. 2) 관리주의의 측면은 경쟁 원리를 도입할 수 없는 행정 서비스의 경우에도 민간 기업의 관리 방식을 도입하는 것으로 나타났다. 이러한 관리주의는 지나친 내부 통제를 감축시키고 성과 위주로 행정을 운영하려 함으로써 객관적 지표와 결과 중심의 성과 관리를 강화하고자 한다. 교육정책의 경우, 시도교육청

평가, 학교 평가, 학업 성취도 평가, 교원 능력 개발 평가, 성과급 등이 대표적이다(신현석·이준희·정용주, 2013: 55~56).

요컨대 신공공관리에 의한 교육개혁정책은 선택과 경쟁이라는 시장 통제 방식과 민간 경영 기법을 도입함으로써 성과·결과 중심의 책무성을 제고하는 데 핵심이 있다. 이러한 신공공관리적 교육정책은 신자유주의적 교육정책이 주창된 「5·31 교육개혁방안」 이후 이명박 정부에서 특히 주도적인 정책 기조로 자리 잡았다(신현석·이준희·정용주, 2013: 57). 이로써 5·31 체제가 명시하는 신자유주의 담론은 오늘날 국가 교육과정 총론 문서에서, 자기주도학습에 대한 환상에서, 교사 전문성 담론에서 다양하게 나타나고 있다.[67]

아울러 신공공관리 방식은 중앙과 지방의 행정 관료들로 하여금 자신의 행위와 결과를 끝없이 정당화하도록 몰아넣는다. 그럼으로써 신공공관리론의 애초 목표였던 관료 기능의 '축소'는커녕 오히려 '확대'를 가져왔고, 중앙정부 권력이 강화되는 효과를 수반함으로써(투르나드르 플랑크, 2009) 공공 부문에 대한 국가와 시장의 이중 통제를 공고히 하는 역설적 결과를 초래했다.

---

[67] 캐나다의 제도적 문화기술지 연구 성과가 밝힌 바 있듯 신공공관리주의 담론은 건강 보호, 교육, 아동 보호와 같은 다양한 제도적 세팅에서의 제도적 담론과 신자유주의 담론을 매개한다(스미스, 2014: 339~340).

또 다른 형태의 비정상적 분업: 아노미-숙명론적 자살

공공 부문에 대한 국가와 시장의 통제양식의 변화를 염두에 둔다면, 『사회분업론』과 『자살론』 그리고 『직업윤리와 시민도덕』과 『도덕 교육』을 관통하는 뒤르케임의 직업집단론과 자살유형학의 통찰은 여전히 현재성을 갖는다.

앞서 살펴보았듯, 뒤르케임은 그의 박사학위 논문 『사회분업론』에서 노동의 세계와 그 안의 직업구조를 사회의 주요한 연결 고리라고 보았다. 그는 분업 그 자체를 구성하는 노동의 사회성과 도덕적 힘에 초점을 맞추었고, 사회의 분업이 진행된 현대사회에서 1차 집단보다는 2차 집단, 특히 직업을 바탕으로 형성되는 조합, 협회 혹은 단체가 개인의 사회화 과정에 중요한 역할을 한다고 보았다. 그리고 전체 사회를 구성하는 집단 간의 관계는 상호 의존적이고 유기적인 관계로 발전한다고 전망했다. 이를 뒤르케임은 '유기적 연대'로 정의했다.[68]

요컨대 뒤르케임에 따르면 분업은 '사회적 연대의 원천'이다(뒤르케임, 2012: 554). 만일 분업이 연대의식을 낳지 않는다면, 그것은 분업이 비정상적 상태에 있기 때문이다. 이러한 비정상적 분업은 『사회분업론』 제3부에서 '아노미적 분업', '강제된 분업', '또 다른 형태의 비정상적 분업'이라는 세 가지 형태로 제시된다.

이 내용을 좀 더 자세히 살펴보자. 상기하자면, 우선 아노미란

---

68 상세한 내용은 티리아키언(2015: 323), 정원(2017: 168), 김태수(2008: 292) 참고.

근대사회를 괴롭히는 규범적 무규율 혹은 도덕적인 탈규제 상태를 말한다. 그 결과는 억제되지 않은 경제적 욕구와 자살과 같은 병리적 행위로 나타난다. 즉 '아노미적 분업'은 과도기적인 산업사회 전반의 무규범적 상황에서 기능들의 상호관계를 결정하는 규제가 발전하지 않음에 따라 생겨난 결과이다. 경제 영역의 비중이 사회 전반에서 점차 중요해짐에도 이에 상응하는 도덕적 제재의 부재는 아노미적 사회 공간을 만들어 낸다. 둘째, 아노미적 분업이 규제의 결여를 핵심으로 한다면, 적절한 도덕적 규제가 없는 상태에서 개인들 사이의 계약관계는 강압적 권력의 강요나 약육강식의 원리에 의해 결정되는 경향이 있다. 이것이 바로 '강제된 분업'이다. 즉 강제된 분업은 갈등의 외적(사회적) 조건 자체가 불평등한 상황 일반을 지칭한다.

셋째, '또 다른 형태의 비정상적 분업'은 개별 노동자의 기능적 활동을 지속적으로 조화시키고 활성화시킬 수 있는 공적 생활의 지도적 중심이 결여된 상태에서 일어난다. 간단히 말해 이는 조직 내부의 지속적인 협동의 결여를 의미한다. "특정한 행동조직 내에서 노동자가 무엇을 해야 할지를 충분히 알지 못할 때, 그들의 활동은 체계적이지 못하고, 여러 기능은 서로 잘 조율되지 않으며, 조직 내의 활동은 전체적 일관성 없이 이루어진다"라는 것이다. 그 결과 사회적 연대의식이 느슨해지고 조직의 기능들은 원활하게 조율되지 못하며, 구성원들은 자신들이 상호 의존하고 있다는 사실을 제대로 느끼지 못하게 된다(같은 책, 552~578).

뒤르케임이 제시한 자살유형학도 바로 이러한 비정상적 분업이 연대의식을 해체한 상황을 겨냥한 것이다.[69] 물론 2장에서 살펴보았듯, 『자살론』의 논증은 전근대적인 자살유형으로 간주되는 이타적 자살과 숙명론적 자살보다, 경제활동에 대한 적절한 사회적 규제의 부재에서 비롯한 아노미적 자살의 중요성에 훨씬 더 많은 지면을 할애했다. 요컨대 『자살론』의 핵심은 자유방임주의 비판, 곧 아노미적 자살을 야기하는 시장의 무정부성에 대한 근원적 비판에 있으며, '경제에 대한 도덕적·정치적 규제'를 담당할 주체로서 직업집단은 특별한 위상을 부여받는다.

직업집단의 위상

비정상적 분업의 문제를 해결하기 위한 사회적 해법으로서 직업집단론은 세 가지 위상과 의미를 담고 있다고 보인다. 첫째, 사회 통합이라는 측면에서 직업집단은 현대 산업사회의 아노미적 경향을 상쇄할 도덕적 주체로 상정된다(아노미적 분업에 대한 反테제). 둘째, 정치 통합이라는 측면에서 직업집단은 국가와 개인 사이에 위치함으로써 국가의 독재적 전횡을 막는 한편, 아노미적 분업 및 강제된 분업을 낳는 국가의 특수한 성격을 비판·제어할 수 있는 제도

---

[69] 다시 한번 상기하자면 과도한 개인화(과소 통합) 때문에 발생하는 자살이 이기적 자살이라면, 과소한 개인화(과도 통합) 때문에 발생하는 자살이 이타적 자살이다. 반면 과소한 규제 때문에 발생하는 자살이 아노미적 자살이라면, 과도한 규제 때문에 발생하는 자살이 숙명론적 자살이다.

적 장치이다(강제된 분업에 대한 反테제). 셋째, 각 노동자의 기능적 활동을 지속적·항상적이고 집단적 형태로 조정하고 활성화시킬 수 있는 지도적 중심, 즉 일상을 사회화·조직화하는 역할이다(또 다른 비정상적 분업에 대한 反테제). 즉 직업집단론은 당시 유럽 사회가 겪고 있는 국부적인 병리의 원천을 제거할 존재론적 차원의 해법이다(김명희, 2017b: 451~452). 이러한 맥락에서 뒤르케임은 직업집단이 상시적으로 구축되어야 함을 강조한다. "접촉이 결코 상실되지 않으려면 중간단체들이 단지 일시적으로만 세워질 것이 아니라 끊임없이 작동해야 한다"라는 것이다(뒤르케임, 1998: 176). 뒤르케임은 이러한 해법이 대증요법적 해결책을 넘어서는 사회적 치유의 방법이라 말한다.

나아가 앞서 살펴보았듯, 뒤르케임은 자살을 야기하는 발생기제와 관계의 형식에 따라 여러 혼합유형의 자살이 발생할 수 있음을 언급한 바 있다. 이기적·아노미적 자살, 아노미적·이타적 자살, 이기적·이타적 자살의 혼합유형이 그것이다(뒤르케임, 2008: 361~365). 이를 직업집단의 자살에 응용할 때 오늘날 신자유주의적 인사관리와 과도한 업무조건, 관료화되고 파편화된 노동 과정과 성과주의적 통제양식이 결합되어 발생하는 새로운 혼합유형을 상정할 수 있다. 과소 규제의 아노미적 분업과 과도 규제의 숙명론적 분업, 그리고 공직 지도 중심가 협동이 부재한 또 다른 형태의 비정상적 분업의 조건이 중층적으로 결합하여 발생하는 '아노미-숙명론적 자살' 유형이 그것이다. 숙명론적 자살이 '규칙 자체가 해악'인과도한 규제의 사회적 조건에서 발생한다면, 아노미-숙명론적 자살은 이와 아울러 "무력해진 권위주의적 규제와 무정부 상태로 끝나고 말 제도적인 불개입의 사이"에서(같은 책, 493~494), 체념과 절망의 상황, 그리고 이를 상쇄할 연대와 협력이 부재한 사회적 조건에서 발생하는 자살을 지칭한다. 이러한 개념화는 오늘날 신자유주의적 통치성이 각축하는 '학교'라는 제도적 현장에 기반한 교사집단의 자살을 보다 두텁게 이해할 인식의 지평을 제공한다.

3. 직업집단의 자살에 다가서기: 방법과 개념

1) 비판적 제도적 문화기술지

지배관계의 사회학

이 장에서 주요하게 고찰할 대상은 자살하는 사람들의 경험과 관련된 제도의 양상이지 사람들 그 자체가 아니다. 따라서 특정 직업집단의 자살을 야기하는 제도적 힘과 제도적 과정을 표집하고자 하는 이 글의 관심에 따라 제도적 문화기술지에 기반한 질적 사례연구를 진행했다.[70] 캐나다 사회학자 도로시 스미스는 '사람을 위한 사회

---

70 어떤 과학관을 택하느냐에 따라 사례연구의 이론적 의의는 달라질 수 있다. 비판적 실

학'이라는 기치 아래 남성 중심 체제 안에서 여성이 경험하는 폭력, 억압 등에 주목하여 주체들의 입장(standpoint)에서 연구를 시작하는 접근법을 발전시켰다.[71] 이를테면 연구자는 제도적 과정을 탐구하는 출발점으로 입장을 설정하고 일상의 경험을 가진 사람들에 대한 인터뷰를 진행한다. 이를 통해 행위자의 입장에서 사람들의 일상적 실제가 보다 큰 제도와 지배관계, 사회적 조직화와 어떻게 연결되어 있는지를 보여 주고자 한다. 또한 제도적 문화기술지의 독특한 특징은 주체 위치를 살려 내고, 사람들의 일상 속에 존재하는

> 재론 관점에서 볼 때, 사례연구는 개방체계에서 실재하는 것들이 어떻게 결합되어 복합적인 사건 또는 구체적 국면에서 실제로 나타나는가를 밝히는 중요한 작업이다(이영철, 2006: 84~88). 이 글은 비판적 실재론 관점에서 제도적 문화기술지를 사례연구 방법으로 비판적으로 적용하였다. 여기서 '비판적'이라 함은 다음과 같은 점에서 제도적 문화기술지의 적용에 제한을 둔다는 뜻이다. 제도적 문화기술지는 사람들 삶의 일상적 실제에서 출발하여 사회를 발견하고자 하는 연구 기획에 따라 이론적 목적지를 상정하지 않는다고 강조한다. 오히려 이론적 목적지가 전혀 없다는 것이다(스미스, 2014: 73). 이는 이론이 아닌, 연구의 초점이 되는 사람들의 삶의 '실제'에서 출발하고자 하는 연구의 방향과 강조점을 나타낸다. 이것이 바로 제도적 문화기술지에서 말하는 '문제틀'이다. 연구의 문제틀은 이론적으로 발전되지 않으며, 제도적 과정에 대한 일상 경험으로부터 발전될 수 있다는 것이다. 또한 제도적 문화기술지는 '실제'의 지배관계를 발견하기 위해 '해석'을 피하고 '묘사'(description)를 강조한다(스미스, 2014: 322, 361).
> 하지만 사람들의 일상적 경험에서 출발하되 경험 너머의 '사회'를 발견하고자 하는 제도적 문화기술지의 기획과 연구 방향에 동의할지라도, 엄밀히 말해 실제적인 것을 야기한 제도적 실재(institutional realities)에 대한 발견은 이론적 성찰/해석 없이 가능하지 않다. 따라서 진정한 발견이 일어나려면 (부적절한) 기존 이론의 수정, 또는 보다 적절한 개념화를 수반할 수밖에 없고, 또한 그렇게 발전되는 것이 바람직하다. 이 점에서 비판적 실재론의 존재론과 방법론 개념을 참조한 제도적 문화기술지의 비판적 재구성 작업이 필요해 보이며, 이는 다른 지면의 과제가 될 것이다. 한편 세도직 문화기술지기 강고히는 '해서이 거부'에 대한 비판적 고찰로는 김인숙(2013: 321~322) 참고.

71 이하의 절에서 특별히 인용 범위를 표기하지 않은 제도적 문화기술지 접근법에 대한 소개는 스미스(2014: 304~346), 김인숙(2013: 304~310)을 주로 참고했다.

지배관계 혹은 제도적인 것에 접근하는 방법을 개발한 점이다. '주체 위치'(subject position)라는 분석적 장치는 추상화된 이론과 개념이 실제에 대한 해석을 지배하여 실제를 이론적 개념 안에 갇히게 만들고, 주체들의 위치를 사라지게 함으로써, 지배관계, 제도적 관계를 보이지 않게 하는 기존 접근 방식을 넘어서기 위해 고안된 것이다. 입장은 바로 이 주체의 위치에 서는 것을 말한다.

따라서 제도적 문화기술지는 '지배관계의 사회학'이라고도 불린다. 여기서 지배관계(ruling relation)란 19세기 후반 북미와 유럽에서 나타났던 사회를 조직화하는 새롭고 독특한 관계들의 복합체를 말한다. 스미스에 따르면 이 관계들의 복합체는 텍스트를 통해 매개되고, 공간과 시간을 가로질러 연결되며, 기업, 정부 관료, 학술적이고 전문적인 담론, 대중매체 그리고 이들 간의 상호 연결된 관계들로 이루어지는 매일의 삶을 조직화한다(스미스, 2014: 31~36).

일하는 사람들을 위한 사회학

제도적 문화기술지는 학교라는 현장에서 특정한 입장에 처한 교사집단의 일 조직화 양상과 자살의 발생 기제를 탐색하는 데 다음과 같은 방법론적 강점을 보인다. 우선 제도적 문화기술지는 기본적으로 '탐구'와 '발견'의 작업이다. 이 접근은 가설을 검증하거나 설명하는 것이 아닌, '발견'으로서의 연구를 강조하며 사람들의 일상 경험으로부터, 즉 경험의 실제(actuality)에서 탐구를 시작한다(같은 책, 14). 그럼에도 경험을 넘어서 사회(the social)를 발견하고자 함으로써 알려지지 않았지만 실제 작동하고 있는 국면적 현실을 탐사할 유의미한 현장연구 방법론이 될 수 있다.

둘째, 제도적 문화기술지는 사람들에게 어떤 일이 발생해 왔고, 현재 어떤 일이 발생하는지를 견지하면서 제도적 맥락 속에서 제도적 질서와 그 '사회적 조직화'를 발견하고자 한다. 특히 제도적 문화기술지가 교육, 복지, 의료 등 인간 서비스 전문직을 길러 내는 학문 분야에 유용한 까닭은 이들 분야가 관료제를 비롯해 공식적 규칙과 행정적 제도, 관리자의 성과를 객관적으로 평가할 수 있는 자료 수집 시스템과 결합되어 있기 때문이다. 따라서 제도적 문화기술지는 단일 사례에 국한되지 않고 한 현장과 다른 현장을 연결하는 관계를 그려 줌으로써, 일상적 경험들에 지배관계, 경제, 제도 등이 어떻게 연결되는지를 보여 주고자 한다. 이러한 연구 초점은 고도로 분화되고 전문화된 분업/조직/사회관계/시스템이 매개하는 노동 현장'들'에서 일어나는 자살의 제도적 과정을 심도 있게 조명함으로써 문제의 진단과 해결을 위한 구체적이고 정책적인 지식 생산에 도움을 줄 수 있다.

셋째, 제도적 문화기술지의 방법론적 독특성은 현대사회의 분업을 매개하는 '텍스트'에 주목한다는 점이다. 이러한 관심은 제도적 관계가 본질적으로 텍스트를 매개로 하여 이루어지며, 제도와 지배관계가 텍스트에 의해서 조정된다고 바라보는 전제에서 비롯한다. 텍스트는 항상 누군가의 일의 일부이다. 따라서 텍스트는 기본적으로 물질적 차원을 지니며, 제도적 조정에서 핵심적 역할을 수행한다. 그렇기에 텍스트는 '활성화하는 문서'라고도 말할 수 있다. 따라서 제도적 힘을 탐구한다는 것은 텍스트에 기반하고 텍스트가 매개하는 사회관계와 사회적 조직화를 문화기술지로 관찰한다는 것을 의미한다(같은 책, 190~193). 이를테면 학교에서 실행되는 텍스트는 공문이나 공식 문서의 형태로 만들어지고, 지침에 따라 행동하도록 되어 있다. 그러므로 교사는 공문이라는 텍스트를 교사 일의 기준과 지침으로 삼고 그에 따라 교육활동을 하거나 계획을 작성한다. 즉 교사는 텍스트의 행위자로서 역할하고(최윤아·김명희, 2017: 39), 그렇기에 텍스트는 분석적 관찰이 필요한 교사들의 일의 일부인 것이다.

넷째, 또한 제도적 문화기술지는 정보 제공자들의 일 지식[72]을 존중하며, 일 지식을 창출하기 위해 정보 제공자와 연구자는 대화를 통해 협력한다. 연구자는 정보 제공자의 일에 대한 경험적 지식에 의존하면서, 정보 제공자와 공동으로 작업하려 한다. 이는 정보 제공자들이 그 일에 대해 전문가라는 것을 뜻한다. 이를 통해 제도적 문화기술지는 연구가 시작될 때 충분히 설정되지 않았던 개념이나 선입견을 깨뜨릴 수 있는 발견을 목표로 추구한다. 다른 한편 제도적 문화기술지 연구자와 정보 제공자가 협력하여 경험을 구성한

---

[72] '일 지식'은 사람들의 경험을 검토하기 위한 비유적인 개념이다(김인숙, 2017: 106). 여기에서 '일'이라는 개념은 협의의 임노동 개념이나 직업보다 더 많은 것을 의미하며(스미스, 2014: 241), 그 적용 범위에 있어 직업 영역과 — 가정과 같은 — 생활 영역의 이분법을 넘어서기 위한 용법이다.

다는 것은, 말하고자 하는 세계에 대한 사회학적 담론과 경험된 '실제들'(actualities) 사이의 대화가 암묵적으로 이루어짐을 의미한다(스미스, 2014: 221~247).

2) 정보 제공자들과 함께 말하기

이러한 방법론적 지침에 따라 이 연구는 초등 교사의 입장에서 교사집단의 자살을 추동한 제도적 과정을 탐사하고자 2023년 11월~2024년 1월, 모두 9명의 정보 제공자와 인터뷰를 진행했다. 정보 제공자들의 학교 경력은 6개월이나 3년 등 저연차에서부터 23년 고연차에 이르기까지 매우 다양했고, 대부분 초등학교 평교사의 주체 위치를 점하고 있었다. 한편 초등 교육과 중등 교육이 부과하는 '일'과 '일 지식'의 차이를 알기 위해 고등학교 교사에 대한 정보 제공자 인터뷰도 1회 진행했다. 나아가 초등 교사의 일 지식이 어떻게 형성되고 숙련되는지를 파악하기 위해, 교대를 졸업하고 임용을 준비하고 있는 예비 교사 1인에 대한 인터뷰 또한 진행했다. 인터뷰는 다소간 편차는 있지만 대략 한두 시간 내외로 진행되었다.

인터뷰 내용은 반구조화된 질문지에 기반해, 초등 교사의 일상적인 업무와 일 지식, 학교문화 및 학생/학부모 관계, 서이초 교사의 자살의 원인과 해결 방향, 교사 추모제 참여 경험과 평가 등이 주를 이루었다. 나아가 초등 교사들의 일 조직화 양상을 구체적으로 파악하기 위해 ① 교육과정별 중심 업무, 시정표, 학사 일정, 주간 학습 안내 등의 텍스트, ② 교사들의 온라인 커뮤니티 및 입장문, ③ 교사들의 자전적 경험과 일 지식을 담고 있는 논문과 에세이, ④ 자살 희생자들이 남긴 유서 및 관련 신문 기사 등의 자료를 폭넓게 수집하여 살펴보았다. 정보 제공자들의 특성을 요약하면 다음과 같다.

〈표 8. 3〉 초등 교사 노동조건 정보 제공자 개관

	성명	성별	연차	학교/소재지	비고
1	김○○	남	15년	전주 ○○초등학교	초등 교사
2	윤○○	남	20년	남양주시 ○○고등학교	중등 교사
3	이○○	여	23년	창원 ○○초등학교	초등 교사
4	강○○	여	13년	수원 ○○초등학교	초등 교사
5	서○○	여	23년	진주 ○○초등학교	초등 교사
6	서○○	여	6개월	경기 ○○초등학교	초등 교사
7	최○○	여	3년	전주 ○○초등학교	초등 교사(비교과)
8	이○○	여	없음	○○교육대학교	예비 교사
9	하○○	여	3년	서울 ○○초등학교	초등 교사

4. 신공공관리 교육개혁과 초등 교사의 자살

앞서 살펴본 여타 직업집단의 자살사례를 상기한다면, 서이초 교사의 자살을 학부모의 갑질이나 악성 민원에 의한 것으로만 설명하는 것은 문제의 본질을 크게 축소하는 일이 될 것이다. 학교 현장에 있는 초등 교사의 자살을 야기하는 제도적 조건에는 1995년 「5·31 교육개혁방안」을 기본 틀로 한 신공공관리적 교육개혁정책이 자리하는 까닭이다.[73] 그런데 5·31 체제에서 추진된 신공공관리적 교육개혁의 효과는 '시장의 지배'가 아니라 차라리 '분할의 원리'에 가까웠다(서동진, 2011: 89~90). 왜냐하면 신공공관리적 교육개혁은 관료적 통제를 해체한 것이 아니라 지배관계인 관리주의와 성과주의를 내면화한 개인들—곧 제도적 행위자—에게 책임을 전가하고 분산함으로써, 파편화된 방식으로 관료적 통제를 더욱 강화하는 결과를 초래했기 때문이다.

이러한 조건 속에서 오늘날 초등 교사들이 처해 있는 복합적 상황을 아래 정보 제공자의 진술을 통해 미루어 볼 수 있다.

> 사실 교사가 학부모와의 관계에서 굉장히 복잡한 상황에 놓여 있어요. 그

---

[73] 5·31 교육체제의 특징을 다시 한번 요약하면, 첫째, 교육 공급자 간에 다양한 교육 프로그램의 경쟁을 통해 교육 수요자인 학생과 학부모의 교육 선택권 강화, 둘째, 개별 학교의 자율과 책무성 강화, 셋째, 자율성에 따른 교육의 질 관리 기제로서 성과 중심의 책무성 강화, 넷째, 교육 공급자에 대한 평가 및 지원체제 구축으로서 정부 역할과 이를 위한 교육정보 유통체제 구축 등이다(교육개혁위원회, 1995).

> 래서 단순하게 학부모만의 문제는 학부모 때문만은 아니고 학부모를 위시하여 교사가 일을 하고 있는 학교의 시스템 자체의 문제 그리고 그게 단순하게 시스템의 문제뿐만이 아니라 또 이런 물적인 조건들도 되게 중요하고, 그리고 그 친구가 맡았던 업무 같은 거, 4세대 NEIS의 변환 과정에서 그거를 다 떠맡아야 했던 그런 과정 같은 것도 되게 중요하게 영향을 끼쳤을 것 같기도 하고요(정보 제공자 2).

1) 초등 교사의 위치성과 아노미-숙명론적 자살

신공공관리 교육개혁이 조성한 제도적 환경이 어떻게 초등학교 교사들의 일 조직화 양상을 변화시켰는지를 ① 수요자 중심 교육과 초등 교사의 위치성, ② 행정 중심의 교육 현장-과도한 행정 업무와 NEIS, ③ 학교 안 노동의 파편화와 무한책임, ④ 「아동학대처벌법」의 오용과 교육의 불가능성, ⑤ 성과에 매몰된 주체와 공동체의 부재라는 다섯 꼭지의 주제어로 나누어 구체적으로 살펴보자면 다음과 같다.

수요자 중심 교육과 초등 교사의 위치성

「5·31 교육개혁방안」이 표방하는 신자유주의 교육관은 성과만큼이나 폐해도 분명했다. 신자유주의적 교육개혁을 통해 해체하겠다는 위계적 권위관계는 수요자들의 요구에 따라 새롭게 만들어지는 교육정책과 제도, 법령으로 재편되었다. 공교육을 통해 제공하는 것은 '교육 서비스'라는 인식이 자리 잡았다. 이 교육 서비스를 제공하는 기관은 학교이고 서비스 제공의 책무를 맡은 1차 담당자는 학급 담임 교사나 교과 담당 교사가 되었다. 이에 따라 학교와 교사는 수요자에게 평가받는 서비스직으로 전락하고, 교육활동은 '선택'할 수 있는 상품이 되었다(한희정, 2023b: 222~223). 그리고 수요자(학생, 학부모)가 요구하면 공급자(교직원)가 이 요구를 충족시켜야 한다는 수요자 중심의 교육 담론은 전통적인 학생-교사-학부모 관계를 변화시켰다.[74] 이러한 담론/규칙하에서 교사는 각자도생을 이념화한 학부모에 의해 철저한 을이 되어 괴롭힘을 당할 수 있고, 학생은 '약자성'을 무기화한 '법'을 빌미로 절대 강자가 되어 모든 질서를 무너뜨릴 수 있게 되었다. 이러한 상황 속에서 학생과 학부모는 담당 교사를 자기보다 낮은 계급의 교육 서비스 제공 노동자로 인식하게 되었고, 교육을 쇼핑할 수 있는 목록의 하나쯤으로 여기게 되었다(임태훈, 2023: 33).

    동시에 학교는 공급자-수요자의 관계를 중심축으로 관료적인 분업과 위계가 관철되는, 시장주의와 관리주의가 교차하는 장소이다. 서이초 교사의 자살은 여전히 교육과학기술부-교육청-교장-교사로 이어지는 계층제적 권위가 지배적인 교육 운영 방식으로 작용하고 있고(신현석 외, 2013: 54), 교사의 헌신을 당연시하는 조직 문화와 규범적 강제가 힘을 발휘하는 학교라는 현장에서 발생한 것

---

74 물론 이러한 변화 과정에서 '학교운영위원회'의 역할과 그 구성에서 학부모의 교육 수요 욕구가 합법적으로 관철되기 시작했다는 점, 2010년부터 시작된 교육감 직접선거의 영향도 무시할 수 없다.

이다. 이러한 조직문화에는 교사의 대부분이 여성(특히 초등 교사)이라는 점도 한몫한다.[75] 더욱이 서이초 교사의 경우 임용 2년 차로, 이른바 '생존기'를 경유하는 20대의 저연차 교사였다. 그럼에도 모두가 기피하는 1학년 담임을 2년째 맡고 있었다는 사실은, 그녀가 공무조직의 말단에서 교육활동을 수행하는 종속적인 주체 위치를 점하고 있었음을 일러 준다.[76]

> 교직 입문 3년 차까지는 '생존기'라고 분류하는데 그러니까 '적응기'가 아니라 '생존기'인 거죠. 네, 그 말이 굉장히 적절한 설명이라고 생각하고. 초임 교사 인터뷰를 제가 진행한 적 있었는데 이제 그중에 한 선생님이 그때 4년 차 3년 차, 이 정도 되신 분이셨는데 그분이 인터뷰하시다가 <u>학교에서 가장 비천한 사람 느낌으로 매일을 살고 있다는 표현을 하신 적이 있거든</u>요. 저희 신규 교사 때도 그런 것이 있었고, 이제 서이초 선생님은 물론 당사자께 여쭐 수 없는 상황이니까 뭐 확인할 수는 없지만, 그분이 하셨던 여러 요구들이 학교에서 묵살된 과정이나 그다음에 그런 얘기되었던 갈등들에 대해서 학교가 대처했던 것들을 봤을 때 지지 자원이 굉장히 없었던 거죠(정보 제공자 3).

기피 업무나 악성 민원에 시달리는 학년과 학급이 주로 초임

---

75 여성 교사를 향한 남성 보호자의 항의가 더 큰 위력을 발휘한다. 우리 사회 전반에 깔린 성별에 따른 위계가 학교라고 예외일 수는 없기 때문이다(이윤경, 2023: 69).
76 가장 취약한 자에게 위험도가 높은 업무를 배정하는 불평등한 교직문화의 잔재이다. 오랫동안 교직문화에서는 교육계의 모순과 불합리를 각자의 처세술과 각자도생을 통해 돌파하는 것이 일반적이었다(김환희, 2023: 50).

교사나 나이 어린 교사에게 배정되는 관행은(김환희, 2023: 50), 학교가 수평적인 공간이 아니라 위계적이고 권위적인 공간이라는 점을 다시 한번 상기시킨다. 특히 이 같은 위계는 중등 교사보다 "결국은 다 비슷한 학교"를 나온 초등 교사에게 더욱 강력한 힘을 발휘하는 경향이 있다.

> 내가 학급을 어떻게 운영하는지에 대해서는 별로 터치를 안 받을 수 있는 거 좀 장점이라고 할 수 있는데 근데 사실 업무를 정할 때나 이럴 때를 보면 되게 위계가 분명하죠. 사실 또 초등 교사 사회가 중등보다 조금 더 강하다고 생각하는 거는 결국은 다 비슷한 학교를 나오잖아요. 그러니까 이제 언제 졸업을 했냐 몇 학번이냐 이런 것에 대해서도 선생님들도 다 알고 계시더라고요. 그래서 그런 것들에 따라서 알게 모르게 위계들이 좀 있고 (…) 알게 모르게 그런 약간 암묵적인 규칙들이 또 정해져 있어요(정보 제공자 9).

위계적인 조직문화에 따른 '암묵적인 규칙'은 경력직 교사와 저경력 교사, 선후배 교사 사이에만 존재하는 것이 아니다. 이러한 관행은 저연차 교사라면, 학부모와의 관계에서 또 다른 방식으로 강화된다.

> 좀 우리같이 경력이 있으면 안 그래요. 조금 조심하는 게 있는데 특히 학부모들은 젊은 선생님들에 대해서는 좀 함부로 하는 게 있어요. 그런 거에 있어서 (서이초) 선생님이 철저하게 을의 입장에 있었다고 말할 수 있죠. 우리

> 가 학교에서 근무하지만 상대하는 대상이 특히 저학년 담임의 경우에는 학부모까지 너무나 깊이, 특히 1학년은 더하죠. 처음 학교 보내면 학부모들 불안이 엄청나게 높기 때문에 담임 교사에게 모든 책임을 많이 돌리거든요. 사실 수업 준비가 힘들고 학생 지도가 힘들어서 자살하는 선생님은 없을 거예요. 근데 결국은 제일 많은 게 학부모 아니면 동료 교사, 그다음에 이제 특히 관리자 갑질 이런 거라서 이런 거는 단순한 노동조건의 문제라기보다는, 우리 사회문화가 좀 영향을 많이 미쳤다고도 볼 수 있죠(정보 제공자 1).

동시에 초등 교사는 발령을 받는 순간부터 교육행정의 관점에서 설계한 학교 조직체계 내에 소속된다. 교육자인 동시에 교육 공무원일 수밖에 없는 초등 교사에게 있어 교육행정의 최상위 조직-상위 조직-하위 조직 체계 내에 속하게 되는 것은 숙명과도 같은 일이다(강진아, 2022: 27). 그렇기에 전체 교육행정 시스템에서 교사는 정부에서 내려오는 각종 교육정책의 전달자이자 집행자이며, 그 존재 자체가 학교 시스템의 일부인 제도적 행위자라고 말할 수 있다. 서이초 교사가 1학년 학급의 담임 업무 —— 이로 인해 수반되는 1학년 학부모의 민원상담 —— 만이 아니라 교육행정정보시스템(이하 NEIS) 업무도 맡고 있었다는 점은 이를 잘 보여 준다. 하지만 교직의 내부를 아는 사람이라면, 누구도 문자 그대로 '자원'에 의해서만 업무 분장이 이루어지지 않는다는 점 또한 잘 알고 있다.

> NEIS 업무도 그렇게 쉬운 편은 아닌 것 같아요. 근데 자원이라고 말씀은 하시는데 학교 업무는 다 자원이라고 하시거든요. 근데 저도 6학년 자원

> 인 거고 자원이 말이 자원인 거지, 그러니까 1순위, 2순위, 3순위부터 길게는 5순위까지 쓴다고 하면 5순위를 다 채워야 하니까 내가 하기 싫은 업무여서 5순위에 넣는 거고, 그렇게 했는데 만약에 <u>5순위가 NEIS 업무다 그렇게 된 거면 그게 자원해서 한 거다가 되는 거니까</u> NEIS 업무를 신규 교사가 원해서 했을 것 같지는 않아요(정보 제공자 7).

> 그냥 처음에는 약간 자원을 하기도 하는데 학년 내에서 "어떻게 하시겠어요?" 하면 그냥 결국은 이렇게 모두가 하기 싫어하는 업무를 누가 결국 가져갈 것이냐의 일이니까 … <u>약간 눈치 게임처럼 가져가긴 하죠</u>(정보 제공자 9).

이를 통해 파악되는 초등 교사의 위치성은 학생들을 가르치는 교육 전문가로서 교육의 주체이며 당사자인 동시에, 정부의 교육정책을 행정적으로 집행하는 교육 공무원이자 정책 집행자, 그리고 학부모와의 관계 속에서 교육 서비스를 수행하는 서비스 노동자의 측면을 두루 아우른다. 이러한 상황에서 초등 교사의 일 또한 "업무와 돌봄의 경계"를 넘나들며 ─ 간호사 노동과 마찬가지로 ─ 학생-교사-학부모 관계에서 학생도 '돌봐야' 하고, 학부모의 '민원' 또한 '상담해야' 하는 이중 삼중의 부담을 안게 된다.

행정 중심의 교육 현장: 과도한 행정 업무와 NEIS

교사들의 복잡한 역할 수행은 교사들에게 요구되는 업무 부담이 증가하면서 점차 강화되었다. 학교 안 노동자 정원은 계속 줄어드는 반면 학교가 운영되기 위한 기본 업무는 거의 변하지 않았기에 업무가 계속해서 가중된 탓이다. 관례적 업무가 사라지기도 했지만, 대신 사회적 문제를 쉽게 교육 탓으로 돌리면서 학교의 업무가 늘어나기도 했다. 늘어난 업무는 학교 안의 약한 고리로 떠밀려 온다. 교장, 교감에서부터 교사에게로 각종 행정 업무와 민원이 떠밀려 온다. 기피 학년과 기피 업무가 신규, 저경력 교사나 전입 교사에게 떠밀려 온다(정은경·현유림·안준철 외, 2023: 25~26).

2022년 한국노총 중앙연구원에서 진행한 실태 조사 결과에 따르면 교사들은 "업무에서 보람을 느끼지 못한다(58.3%)", "직종 간 업무 갈등으로 인해 스트레스를 받는다(74.8%)", "내 업무가 아닌 일들을 해야 할 때가 있다(76.4%)" 등 학교 업무와 관련해 대체적으로 부정적인 인식을 드러냈다. 49개 초중고교의 종사자 현황과 업무 분장 상황을 분석한 한 학술 발표에 따르면 학급 수가 10개 증가할 때 교직원 수는 학교별로 14~20명 증가하지만, 일반행정직과 공무직은 정체하거나 증원이 소수에 그치는 것으로 나타났다. 업무 분장 기준이 명확하지 않고 교장·교감의 관리 능력 부족, 권위적인 조직문화 등을 지적할 수 있겠지만, 업무 갈등의 가장 근본적 원인은 인원 부족과 업무 과다에 기인한다는 것이다.[77]

동시에 전술했듯, 학교에서 실행되는 텍스트는 공문이나 공식 문서의 형태로 만들어지고 지침에 따라 행동하도록 되어 있다. 학

---

[77] 「인력 부족·과다 업무에 갈등하는 학교 노동자들」, 『매일노동뉴스』, 2022. 10. 28.

교마다 1년에 1만 5000여 건이 넘는 공문이 온다. 셀 수 없이 많은 기관에서 공문을 보내고, 셀 수 없이 많은 법령과 조례가 의무, 권고 등의 이름으로 각종 연수, 사업, 행사, 의원회의, 대장 등을 운영하도록 한다.[78] 이는 업무에 포화된 학교의 일상을 만듦으로써 '교사들의 숨통을', '옥죄는' 요인이 된다.

> 업무 경감을 해라 업무 경감을 해라 해도 위에서 교육청에 계속 내려오거든요. 뭔가를 하라고. 왜냐하면 그 사람들은 뭔가를 수행하고 시행한 실적이 있어야지 되고, 또 그 사람들도 순환 보직을 하기 때문에 자기네들이 특정 업무에 대해서 전문성이 별로 없어요. 제가 이제, 교육청이랑 윗선이랑 연락을 해 보면 작년도에 그렇게 했으니까 또 똑같이 반복해서 하고. 왜냐하면 자기가 있는 거를 더 추가해서 뭔가 하는 거는 좋지. 뭔가 자기 실적이 되지만, 함부로 없앨 수는 없거든요. (…) 근데 그런 것들이 지금 학교에 너무 포화된 상황이어 가지고 교사들의 숨통을 되게 옥죄고 있는 상황이라고 말씀을 드릴 수 있을 것 같아요(정보 제공자 2).

사회복지 전담 공무원의 경우와 마찬가지로, 업무 과다는 조직 내 구성원들 사이의 업무 갈등을 초래할 수밖에 없다. 예컨대 서이

---

[78] 하지만 이 중에서 학교 현장의 의견을 들어 교육청이나 교육부 절차가 개선된 사례는 거의 없다(천경호, 2023b: 204). 세월호 참사 이후에 안전 조치 관련 행정 업무가 크게 늘어난 것도 교사들을 힘들게 한다. 특히 코로나 이후에는 자가 진단, 체온 측정, 소독, 거리두기 유리판 설치 등 방역 업무가 과도하게 늘면서 "내가 일을 하는 곳이 병원인지, 동사무소인지, 학교인지 모르겠다"라는 교사들의 볼멘소리도 나왔다. 학교는 교사에게 교육보다 이러한 행정 잡무와 각종 공문 작성에 더 큰 공력을 들이기를 요구한다(김환희, 2023: 45).

초 사태 이후 잇따른 교사들의 연쇄적인 죽음 가운데 군산 무녀도초등학교 교사의 자살이 있다. 그의 죽음은 업무 과다와 이로 인한 교장과의 갈등이 주된 원인이라고 알려져 있다.[79] 5명 이하의 평교사들이 근무하는 도서 지역 작은 학교의 경우, 큰 학교에서 10명 이상의 교사들이 나눠서 하는 행정 업무를 혼자 전담해야 하기 때문에 더욱 과부하가 걸릴 수밖에 없는 것이다(김환희, 2023: 45).

쌓이고 쌓여 가는 업무가 아이들이 하교한 학교의 일상을 잠식하면서, 이 시간은 수업과 생활지도에서 생긴 어려움을 공유하고 이를 해결하기 위한 시간으로 쓰이지 않는다. 결국 교사는 그 어려움을 각자의 교육철학에만 매달린 채 누구의 검증도 받지 못하고, 교실 안에서 스스로 해결한다. 스스로 연찬하고 실천하는 교사 개인의 노력이 아니고서는 학교 구성원 모두가 교육에 관한 전문성을 향상시킬 시스템이 부재하기에, 경력이 쌓일수록 개인 간 교육 전문성의 편차는 커져만 간다.[80]

---

[79] 군산 무녀도초등학교의 경우 교원이 교장과 정교사 3명, 강사 2명 등 6명뿐이었다. 이러한 상황 속에서 경력 10년 차였던 고인은 4학년과 6학년 합반 담임을 맡으며 방과 후 교실, 돌봄, 정보, 생활, 현장체험학습, 에듀테크 등의 업무까지 전담한 것으로 알려졌다. 고인은 휴대폰에 남긴 유서에서 "모든 미래, 할 업무들이 다 두렵게 느껴진다", "업무에 대한 공포로 인해 그리고 자존감이 0이 되어서 사람들과 대화도 잘 못하겠다"라는 심정을 피력했고, 사망 6개월 전 동료 교사에게 "학교 일로 스트레스 받아 본 건 처음이다" 등 업무 압박감을 호소하는 메시지를 보내기도 했다(「"자존감 0…업무가 두렵다" 숨진 군산 교사 유서 공개」, 『한국일보』, 2023. 9. 18.).

[80] 이것이 경력이 전문성을 담보하지 못하는 이유이다(천경호, 2023b: 204~205).

> 방과 후에 어디 선생님 교실에 찾아가도 다들 뭔가 컴퓨터를 계속 만지고 계셔야 되고 … 그래서 업무 스트레스는 모든 교사들의 문제인 것 같아서 일단 이게 좀 바뀌어야 되는 것 같아요. 저희가 하지 않아도 될 일까지 너무 많이(정보 제공자 7).

교육과 관련 없는 과도한 업무로 인해 도리어 학생과의 만남은 우선순위에서 밀리게 된다. 이러한 상황은 '교육행정 중심의 학교교육'이 가져온 대표적인 폐해이다. 특히 NEIS 도입 이후 모든 교사의 노동은 기록 노동으로 수렴해 갔다. 코로나19 시기 '자가 진단 시스템'에서도 겪어 보았지만, NEIS는 학생들의 학교생활 전반과 평가 결과, 학생 정서행동은 물론 신체와 관련된 예민한 부분까지도 기재하도록 강제하여 이를 중앙 집중적으로 관리하는 시스템이다. 그런데 이러한 기록은 모두 교사의 노동으로 이루어진다. 교사들은 NEIS 외에도 교육청과의 문서 수발을 담당하는 공문 시스템과 '에듀파인'이라는 회계 시스템에 이르기까지, 필요한 교구도 모두 교사가 직접 기안하여 사야 하는 업무 폭탄 속에서 근무하고 있는 것이다(조영선, 2023: 80~81; 천경호, 2023a: 121).

NEIS라는 전자 텍스트는 관리 범위를 확장하기도 쉽고, 사람들의 일을 표준화하기도 쉽다. 하지만 '사통망'과 마찬가지로 관리의 효율화를 위해 도입한 고도의 정보 기술은 업무의 과부하에 직면하게 만듦으로써, 직무 수행자에게 효율과 정반대의 결과를 가져

왔다.[81] 더욱이 2023년에는 한창 학기가 진행 중일 때 들어온 차세대 NEIS 덕에 교사들은 학기 말 성적 처리를 앞두고 난데없는 자료 이관 등 예기치 않은 소모적인 노동을 할 수밖에 없었다. 또한 급히 구축된 시스템의 불안정성으로 인하여 여러 문제가 발생했고, 시험문제 재출제와 성적 재처리 등의 업무가 가중되었다. 이러한 시스템의 불안전성은 온전히 교사의 노동으로 메워진다(조영선, 2023: 80~81).[82] "학교 선생님들의 민원처"라 불리는 차세대 NEIS 업무를 맡았던 서이초 교사의 자살은 "기본 틀이 자꾸 바뀌는" 이러한 불안정한 시스템과 통제되지 않는 업무환경에서 발생한 것이다.

> 사실 NEIS 업무는 학교 선생님들의 민원처다 이런 얘기를 하는데, 왜냐하면 생활기록부를 처리한다거나 3월 초나 9월 초에 업무 분장을 할 때 결국은 그 업무에 따라서 권한을 또 다 배부해 주어야 되는 게 NEIS의 역할이거든요. (…) 수업 시간 중에 전화가 온다든가 '이게 열려야 되는데' 그러면 당장 수업은 다 멈추고 어떻게 처리해야 되는지 알아보고 처리해 드려야 되고(정보 제공자 9).
>
> 그게 업무에 관련된 것이든 수업에 관련된 것이든 기본 틀이 자꾸 바뀌는 것은 어떤 한 가지를 되게 양질의 것으로 소화해 내는 데에는 되게 안 좋

---

[81] 지능화된 플랫폼의 기술이 인간-인간의 연결/관계를 인간-기계의 관계로 대체함으로써 유기적 연대의 쇠퇴를 초래하는 메커니즘에 관한 흥미로운 통찰로 김연철·민병교·박치현(2023) 참고.
[82] 「인력 부족·과다 업무에 갈등하는 학교 노동자들」, 『매일노동뉴스』, 2022. 10. 28.

> 은 영향을 끼친다고 저는 생각을 해요. 근데 뭔가 형식적인 변화 혹은 급박한 변화 같은 것들을 학교 현장에서 되게 요구를 많이 하다 보니 정작 그것들을 이렇게 소화해 내느라 급급하여서 차분하게 뭔가 자기 할 일을 하기 어려워지는, 그런 거라고 좀 생각을 하면 되지 않을까 싶어요(정보제공자 2).

하지만 교육부와 교육청의 예산은 쏟아지는 행정 업무를 나누어 담당할 현장 교사의 충원으로 이어지지 않는 것이 현실이다. 지난 몇 년간은 정부 예산이 늘어나면서 교육부와 교육청 예산도 함께 늘어났다. 2010년부터 2020년까지 경기도교육청 소속 일반직은 5161명에서 1만 3118명으로 154.2%가 늘었다. 같은 기간, 교사는 약 11%가 늘어났다. 이는 교육 현장이 어떤 변화를 겪었는지를 가장 잘 나타내 주는 수치이다. 관료들은 늘어났고, 늘어난 관료들은 새로운 업무들을 만들었다. 이에 따라 학교가 해야 할 일도 급증했고, 그 속에서 교사도 관료로 변했다(실천교육교사모임, 2023: 238).

요컨대 현장 중심, 수업 중심이 아닌 행정 중심의 학교에서 교사들이 과도한 업무량으로 고통받고 있는 현실은, 이 같은 관료 중심의 인적 충원구조와 무관하지 않다.

학교 안 노동의 파편화아 무한책임

앞서 교사가 수행하는 일이 매우 다층적이고 복합적임을 살펴보았다. 교사는 보통 가르치는 일을 한다고 말한다. 하지만 수업이라고 퉁쳐지는 교사의 업무는 결코 단순하지 않다. 수업은 교육과정을 연구하고, 학급 학생들의 수준에 맞는 수업을 기획하고, 적절한 수업자료를 만들고, 학생 한 명 한 명과 상호작용하며 피드백을 하는 일련의 노동을 말한다. 학생과 관계를 형성하고 학생의 성장을 지원하는 상호작용과 보호자와 관계 맺고 소통하는 노동도 포함한다. 이 과정에서 하루에도 수십 번 예상치 못한 상황을 맞닥뜨려 해결하는 일이 반복된다. 그러나 이 모든 노동은 너무나 당연하기에 쉽게 간과되며, 교사의 '업무'라고 여겨지지 않는다. 대신 수업이 아닌 행정 업무가 교사의 '업무'로 부과된다. 수업 노동은 오롯이 교사 혼자의 일이 된다(정은경 외, 2023: 24).

더욱이 중등 교사와 달리 초등 교사의 교육 노동 안에는 초등학생들에 대한 '돌봄'이라는 감정적 성격의 노동도 중요한 부분을 차지한다.[83]

> 제가 생각하기로는 초등학생들의 경우에는 그 머리 큰 애들을 가르치는 게 아니기 때문에 이게 교사의 노동이기도 하지만, 교사의 교육이기도 하지만, 그 교육 노동 안에 돌봄이라고 하는 감정적인 영역들이 훨씬 더 많이 들어가는 상태에서 그 업무를 맡았다라는 생각을 했어요(정보 제공자 2).

---

83 아울러 초등학교와 달리 고등학교 교사의 경우 입시체제하에서 생활기록부라는 기록권력을 갖고 있기에 소비자로서의 학부모관에 입각한 친권의 행사가 은폐되는 경향이 있다는 것도 일정한 차이점이라 보인다.

또한 학교 안 노동은 업무 분장표에 적혀 있듯 빼곡하게 분업화되어 있다. 그런데 분업화는 학교에서 각자 맡은 업무를 철저히 담당자 개인의 몫으로 만든다. 예컨대 학교 체육 행사를 기획하고 추진하는 일은 모두 함께 고민하고 꾸려 나갈 교육활동이 아니라, '체육 교육' 업무를 맡은 담당 교사의 몫이다. 학교폭력 사안이 발생해도 그건 학교폭력 업무를 맡은 교사의 몫일 뿐이다. 교실에서 학생들 간 갈등이 발생해도 그건 학급을 맡은 교사의 몫에 지나지 않는다. 포드가 조립라인을 도입하여 생산성만 강조하면서 노동의 의미를 해체했던 것처럼 교육도 분업화되고 파편화되어 있다(정은경 외, 2023: 25~26). 즉 교사들의 업무 자체가 "기본적으로 협업을 고려하지 않은 업무체계"인 것이다.

> 일단 '생존기 교사들'뿐만 아니라 교사들의 업무가 기본적으로 협업을 고려하지 않은 업무체계예요. 그러니까 교사들의 업무를 크게 두 개로 나누어서 '교육활동'이랑 교육활동에 관련된 '행정 업무'라고 한다면 양쪽 다 독립된 1인 노동을 전제하고 세팅되어 있거든요. 설계부터 시작해서 평가까지. 네. 그리고 그것이 어떻게 보면 좀 자율권이기도 하지만, 업무도 철저하게 혼자 독립되어서 협업 없이, 그러니까 평가나 검토나 아니면 지적할 수 있는 필터링의 체계는 있지만, 도와주거나 같이 일하는 협업체계는 전무하거든요(정보 제공자 3).

따라서 '철저하게', '독립된 1인 노동'을 전제하고 세팅된 학교 안 분업은 아이러니하게도 개별 교사들의 '무한책임'을 강화한다.

더욱이 초등 교사들의 경우, 학급별 교실이라는 독립된 공간에서 수십 명의 학생에 대한 통제가 교사 1인에게 맡겨지기에, 조용하고 문제없는 학급관리라는 목표를 오롯이 혼자 달성해 내야 한다(조영선, 2023: 82).

> 저는 몰랐는데 교직에 와서 보니까, 이게 교직은 어떻게 보면 정말, 그 <u>학급 하나를 그 선생님께서 다 책임을 지시는 구조</u>인 것 같더라고요. 저는 이게 좀 가장 큰 영향을 미치지 않았나라고 생각이 들었어요. 물론 이제 그런 학부모들의 민원이나 좀 심한 그런 것도 있긴 하지만 그것을 <u>오롯이, 나 혼자 감당해야 한다</u>는 그 생각이 그게 정말 많이 힘들게 하지 않았을까… (정보 제공자 6).

> <u>진짜 담임의 무한책임</u>, 담임이 모든 학교, 특히 초등학교에서는 더한데, <u>너무 많은 책임</u>을 지거든요. 애들이 학원 가서 싸워도 학교폭력, 학교에서 나와서도 학교폭력, 애들 간의 싸움은 전부 학생이 들어가면 다 학교폭력으로 지금 되기 때문에 … 이게 발단이 된 것도, 애들 간의 싸움이 발단이었잖아요(정보 제공자 1).

즉 파편화된 학교 안 노동과 협업이 부재한 시스템 안에서 교사 1인이 수십 명의 학생에 대한 교육과 통제를 담당해야 하는 현재의 교육환경 자체가 인권침해적 요소를 안고 있는 것이다. 그렇기에 교사의 특정 행위가 학생에게는 인권침해 또는 아동학대로도 느껴질 가능성이 생긴다. 결국 교사 개개인이 경쟁 교육체제와 열악한 교육환경을 떠받치면서 그 폐해가 불러온 분노의 과녁이 되고 있는 것이다(조영선, 2023: 82).

바로 이러한 상황을 뒤르케임은 '또 다른 형태의 비정상적 분업'이라 불렀다. 요컨대 개별 노동자의 업무가 너무 분할되어, 그의 활동이 정상적 수준 아래로 내려가 있는 기업/조직에서 일어나는 상황의 분업을 말한다. 이 속에서 서로 다른 기능들이 꾸준한 협력 관계를 이루면서 작동하기에는 기능들 사이의 비연속성이 너무 크고, 따라서 기능들 사이의 연대의식은 거의 생겨날 수 없는 상황을 말한다(뒤르케임, 2012: 583).

「아동학대처벌법」의 오용과 교육의 불가능성

협업체계의 부재가 또 다른 형태의 비정상적 분업을 촉진한다면, 「아동학대처벌법」의 무분별한 적용은 교사들 본연의 교육활동을 침해하고 교사들의 숨을 옥죄는 '규제적 텍스트'로 작동하면서 '강제된 분업'을 구성하는 요건이 된다.

본래 「아동학대처벌법」은 2013년 칠곡 계모 아동학대 사망 사건, 울산 아동학대 사망 사건이 계기가 되어 제정되었다. 당시 이 법이 특례법으로 제정된 이유는 심각한 아동학대가 가장 내밀한 사적 관계인 친권자에 의해, 사적인 공간인 가정에서 발생했기 때문이나. 말하자면 법의 취지는 공적 영역에서 괴리되어 폐쇄된 가정 환경에 놓인 아동을 보호하기 위한 것이었다. 그럼에도 당시 국회의원들은 아동 보호자를 친권자나 후견인으로 서술하는 것을 넘어서, '아동을 교육하거나 그러한 의무가 있는 자'로 확대 서술하며 교사들까지 감시의 대상으로 삼았다. 특히 기존 현행법이 규정한 아동학대 중 '정서적 학대행위'는 그 정의 및 기준이 모호했다.[84] 예컨대 정당한 생활지도와 교육활동임에도 불구하고, 아동이 정서적 스트레스를 받았다고 주장하면 무고성 신고가 가능한 구조가 된 것이다. 실제 아동학대로 지난 4년간 신고당한 교사 6787명 중 검찰이 최종 기소한 인원은 110명으로 전체의 1.6%에 불과했다. 복지부 통계에 따르더라도, 아동학대 사례의 87.7%가 가족에 의해 발생했으며 교사에 의해 발생한 경우는 2.9%에 불과했다. 그럼에도 교육기관 근무자의 경우 '아동학대의 의심이 있는 경우' 신고의 강제의무와 미신고 시 최대 500만 원의 과태료까지 부과되었기 때문에, 더욱 충격적인 역설이 발생하곤 했다. 학부모의 불만 제기만으로도 관리자들에 의해 해당 교사에 대한 아동학대 신고가 이루어지게 된 것이다(김환희, 2023: 54~55).

더욱이 2012년부터 학교폭력 가해 사실을 학생부에 기록하기 시작했다. 그러자 그 이전까지는 연에 한 건도 없던 학교를 향한 소송이 해마다 급증했다. 이런 일이 발생하면, 학교는 민원, 소송에 시달리느라 정작 교육이 불가능한 상황에 놓인다(정성식, 2023: 59). 학폭 신고, 형사 고소, 학폭위 대처 등의 사건을 처리하는 변호사

---

84 2024년 1월 현재 교원의 정당한 생활지도를 아동학대로 처벌하지 못하도록 하는 내용을 담은 「아동학대범죄의 처벌 등에 관한 특례법」(「아동학대처벌법」) 개정이 이루어졌다(2023. 12. 26 개정).

선임 비용은 최저 440~550만 원에서 3000~4000만 원에 이르는 경우도 허다하다. 교육열이 높은 학군일수록 이 시장은 더욱 극성스럽게 형성되어 있다. 가해자와 피해자 양쪽에서 시달리는 교사라면 고소, 고발이 있기 전부터 고소, 고발에 대비해야 한다. 따라서 교사는 학교 업무와 학생과의 관계를 방어적으로 설정하지 않을 수 없게 된다. 문제가 될 만한 학생은 적절히 비위를 맞추거나 반 배정 단계에서부터 피한다. 그에 따라 상대적으로 학내정치에서 약자인 초임 교사들이 리스크를 떠맡게 되는 것이다(임태훈, 2023: 29~30).

아울러 상시적인 상담 및 민원 처리에 무방비한 학교의 시스템은 학부모-교사 간의 갈등을 가중시켜 교사들의 어려움을 유발하는 불안정한 요소로 자리한다. 학부모-교사 관계에 대한 선행연구들이 주목하듯 학부모와 교사 사이의 관계에서 학부모가 교육주체로서 자신의 존엄성을 보장받지 못하거나 권리를 누리지 못하여 괴로워하는 만큼, 교사 또한 마찬가지 이유로 적잖이 고통받고 있다(강진아, 2023: 2). 특히 학생 생활지도를 아동학대로 둔갑케 하는 「아동학대처벌법」의 오용과 남용은 교사와 학부모의 기형적이고 불균등한 권력관계를 강화하고, 교육 당사자들의 갈등과 소진, 그리고 조기 퇴직을 유발하는 요인이 되고 있다.

> 그때 당시에 저희 학교도 1학기가 끝나 가는 무렵에서 굉장히 많은 선생님들이 힘듦을 토로하셨었어요. 저도 이제 상담 교사로서 어쨌든 그 아이들 선생님들이 주의를 필요로 하는 아이들을 만나기 때문에 그런 부분에

> 서 많이 좀 소진이 된 상태였고 그다음에 다른 선생님들께서도 계속적으로 학부모 민원이 있는 선생님 한 분은 퇴직을 일찍 하셨고. 그다음에 다른 선생님들은 또 정신과에서 약을 드시고 계셨고. 이런 사건들이 그렇게 멀지 않았거든요. 사실 저희 학교만 봐도 그런 상황을 지켜보면서 저도 너무 많이들 동료 선생님들, 어떻게 보면 정말 한참 선배이신 선생님들께서 그렇게 조직에 회의감을 가지고 힘들어하시는 모습을 보면서 너무너무 너무너무 슬프더라고요(정보 제공자 6).

교육활동 침해와 훼손된 직업윤리

이러한 환경에서 학부모들의 민원 수리가 교사들의 과로 요인 중 하나임은 이제 공공연한 사실이 되었다. 아이러니한 또 하나의 사실은 어느 공공기관에나 있는 공식 민원 창구가 학교에는 없다는 점이다. 아직도 많은 교사들은 개인 휴대전화로 근무시간과 무관하게 민원을 받는다. 출입관리 시스템조차 마련되어 있지 않다(정성식, 2023: 58). 수시로 응대해야 하는 문의, 건의, 항의 때문에 소정 근로시간이 휘발돼 버리고 본래 했어야 할 직무는 사실상 업무시간 외에서 마무리하는 것이 '정상'이 되어 버렸다. 이런 상황은 교사들의 직업윤리에도 일정한 영향을 끼친다. 대면과 소통 자체의 절대적 양이 증대하면, 마침내 인격적 관계 맺기가 도저히 불가능해지는 임계점이 다가오기 때문이다(김성윤, 2023: 104~105).

> 저는 3학년인데도 학부모님들과 하이 클래스라는 톡으로 저희는 연락을 하거든요. 그럼 정말 사소한 것도 민원이니 하고 말씀하시고 그때마다 지

> 끈지끈 약간 계속 신경이 쓰이고 스트레스를 받는데 애들은 가르치고 일은 해야 되고 일과는 그대로 흘러가고 이러니까 그게 좀 쌓이면 스트레스를 받고요. 또 학교에 이런 말도 있는데 아이들하고 부모님의 학년이 똑같다. 아이를 1학년에 보낸 부모님도 학교에 처음 보내는 거니까 학교 시스템도 잘 모르고 뭔가 더 민원도 많고 관심도 많고 걱정도 많고 이러시잖아요. 이번에도 저는 1학년은 남았어도 6학년을 받을 수 있었던 게, 1학년을 좀 젊은 사람이 하기에는 어려운 것 같아요. <u>학부모님들도 전화로 할 때보다 상담하려고 제 얼굴을 딱 보는 순간 살짝 태도가 좀, 너무 어린 사람,</u> 이렇게 대하는 게 느껴지고 그러면 좀 편하게 함부로 이렇게 대하는 사람도 있는데. 6학년이나 점점 학년이 올라갈수록 좀 그래도 학교에 연락을 덜 하는데(정보 제공자 7).

이러한 조건 속에서 초등학교에서 학부모에 의한 교육활동 침해 사례는 10여 년 전에 비해 3배 이상 증가했다. 이는 중고등학교에서 이루어지는 학부모의 교육활동 침해보다 최대 7배나 많은 숫자이다.[85] 점점 더 누적되는 업무량, 점점 더 통제하기 어려워지는 학생들, 점점 더 옥죄는 학부모들, 그리고 점점 더 무책임해지는 학교들 속에서 2021년 교사들의 명예퇴직 비율은 2005년에 비해 초등학교에서는 7배, 중학교에서는 12배, 고등학교에서는 5배나 증가했다. 2022년에는 역대 최대인 6525명이나 퇴직을 신청했다(김성윤, 2023: 99).

---

[85] 교육활동 침해행위 유형별 통계에 따르면, 학생의 침해 경우가 대부분(92.2%)을 차지하지만, 초등학교(33.7%)에서는 중학교(4.9%)나 고등학교(5.0%)에 비해 학부모가 교육활동을 침해한 비율이 월등하게 나타났다(현운석, 2023: 85).

작금의 상황에서 가장 문제가 되는 것은 교사들을 유무형의 폭력으로부터 보호해 줄 제도적 장치가 없고, 그걸 막아 낼 집단적 힘도 없다는 것이다. 누군가 지속적으로 민원을 제기하면 공무를 집행하는 사람들은 위축될 수밖에 없다. 모멸감과 수치심이 드는 상황을 그저 견뎌야만 하는 것이다. 민원이 접수되면 조사가 시작되고, 경우에 따라서는 법정에 서야 한다. 이런 과정에서 교사는 오롯이 홀로 맞서야 한다(정은경 외, 2023: 51). 이렇듯 교사의 교육활동을 침해하는 부당한 법/규칙들의 존재는, 그리고 이를 방어할 규제적 장치의 부재는 '교육의 불가능성'을 실감케 하고, 직업윤리에의 훼손, 절망, 극심한 회의를 불러일으키는 심리사회적 요인이 되고 있다.

이러한 심리 과정은 아동학대 고소를 당하고 힘든 싸움을 계속하다 "서이초 사건 이후 변한 게 없다"라는 말을 남기고 2023년 9월 7일 세상을 등진 대전 관평초 교사의 다음 마지막 메일이 잘 드러내 보여 준다.

> 1학기 내내 학부모가 지속적으로 힘들게 하여 학생에 대한 지도를 할 수 없게 만들었음에도 불구하고 그 학생은 수업을 방해하고 수업에 참여하지 않고, 다른 친구들을 때리기도 하여 무기력을 느끼게 하였습니다. 결국 그 학생과 약 1년의 시간을 보낸 저는 교사로서의 무기력함, 교사에 대한 자긍심 등을 잃고 우울증 약을 먹으며 보내게 되었습니다. 3년이란 시간 동안 정신과 치료를 받고 스스로를 다독였지만 다시금 서이초 선생님

> 의 사건을 보고 그 공포가 떠올라 그날은 정말 계속 울기만 했습니다. 저는 다시 좋은 선생님이 될 수 없을 것 같습니다. 어떠한 노력도 제게는 다시 부메랑이 되어 돌아올 것이라는 공포가 있기 때문입니다. (…) 그리고 그 당시에 그 누구의 도움도 받지 못하였습니다.
>
> 결국 저 혼자 저의 가족들 도움을 받으며 해결할 수밖에 없었습니다. 그러면서 남편은 왜 회사 일을 하는데 회사의 보호를 받지 못하냐는 물음을 던졌습니다. 저는 그 물음에 어떠한 말도 할 수 없었습니다. 우리는 회사의 보호가 아니라 회사의 비난을 제일 먼저 받는다라는 것을 느꼈기 때문입니다. 이런 불합리한 일들이 저에게 메일을 보내게 했을지도 모르겠습니다. 다시 돌아보며 매우 화가 나기도 하고 슬프기도 하였습니다. 이번 일이 잘 마무리되어 교사들에게 희망적인 교단을 다시 안겨 주었으면 좋겠습니다(대전 관평초 교사의 메일, 『교육플러스』, 2023. 9. 9).

그녀는 "1학기 내내 학부모가 지속적으로 힘들게 하여 학생에 대한 지도를 할 수 없게 만들었음에도", "그 누구의 도움도 받지 못했다"라고 호소한다. 이러한 부정의하고 절망적인 경험은 "교사에 대한 자긍심"과 의욕을 잃게 만들고, "지금의 시스템 안에서는 어떠한 노력도", "다시 부메랑이 되어 돌아올 것이라는 공포"와 체념, 학습된 "무기력"감으로 체감되어 교사들을 학교에서 추방하는 숙명론적 힘으로 기능하고 있는 것이다.

성과에 매몰된 주체와 공동체의 부재

나아가 교육활동을 성과화하는 교원평가와 성과급제도는 이러한 어려움을 동료들과 나눌 수 없는 분위기를 만들었다. 교사들은 교원평가 과정에서 모욕적인 서술식 평가를 보며 학생과 학부모에 대한 불신을 가지면서도 '내가 평균이 안 되는 교사인가' 하는 자괴감을 경험한다. 성과급위원회에서는 교사의 어떤 노동이 'S등급'을 부여할 만큼 어려운 노동인가를 다투며, 어려움을 겪는 동료에 대한 연대감은 사그라든다(조영선, 2023: 82). 하지만 성과주의와 실적 경쟁 시스템 속에서 "어느 누구도 그것을 그만두지" 못한다.

> 왜냐면 교원평가가요. 정성평가, 정량평가가 있는데, 정량평가가 아마 업무 관련된 거, 그러니까 학부모와 학부모를 통한 혹은 아이들을 통한 '교사 평가' 말고 이제 학교 자체 내에서 '동료 평가'나 아니면 '관리자 평가' 그런 것들이 정량평가로 정량화되어서 아마 들어갈 거예요. <u>그런데 평가도 평가인데 어쨌든 그게 성과급이랑 관련이 있고 어느 누구도 그거를 그만두지 못해요</u>(정보 제공자 2).

애초부터 숱한 분란과 갈등 속에서 도입된 교원능력개발평가의 본래 취지는 — 평가를 통한 — 교사들의 교육 전문성 지원을 통해 학교 교육의 질을 향상시키고 공교육의 신뢰도를 제고한다는 것이었다. 하지만 이러한 기대와 다르게 교원평가 참여율은 동교 교원, 학생, 학부모 등 모든 참여자 집단에서 지속적으로 떨어지고 있다. 이러한 이유는 교원평가 참여자들의 효능감이 없다는 것, 말

그대로 쓸 데가 없기 때문이다. 객관성과 신뢰성, 그리고 타당성을 띨 수 있을지 또한 논란이 많았다. 특히 '교육 서비스 소비자'로서의 학부모관에 따라 삽입된 학부모 평가,[86] 그리고 부적격 교원을 동료들의 힘으로 걸러 내라는 취지에서 도입된 동료 평가가 그러했다(신동하, 2023: 170~171).

> 일단 교사가 평가를 받는 건 총 세 가지 정도 제도가 되는데요. 하나는 사회적으로 많이 아시는 교원평가제도는 학생에게 평가를 받고 보호자들한테 평가를 받고 동료 교사한테 평가를 받죠. 그리고 또 하나는 자기 실적평가서라는 걸 스스로 내고, 그다음에 다른 평가서들도 각자 내고, 그 평가서들을 기초자료로 해서 위원회와 관리자들이 평가를 하는데요. 그 평가를 낼 때 평가 영역이 이제 '공직자'로서, 그다음에 '교사 노동자'로서 교직 관련 교육활동 관련, 그다음에 '행정 업무', 자기 담당 업무 이렇게 액션이 나누어지죠(정보 제공자 3).

아울러 교원능력개발평가에는 상당한 행정 업무 부담 — 수업 연구시간을 좀먹는 — 이 뒤따른다. 계획을 세우고, 학부모까지 포함한 평가관리위원회를 구성하며, 관리 규정과 평가 문항을 심의하고, 홍보를 하고, 평가 대상자를 확정하여 소개자료를 등록하는

---

86 인디스쿨에 올라온 한 게시글에 따르면 어떤 교사들은 학부모의 평가에 상처를 받아 사기가 꺾이는 상황을 피하고자, 교원능력개발평가를 아예 열람하지 않는 것을 택하기노 하는 듯했다. 또 어떤 교사들은 왜 교사만 일방적으로 학부모의 익명 뒤 평가를 받아야 하는지, 왜 같은 교육주체라면서 역으로 교사는 학부모를 평가할 수 없는지 분개하기도 했다(강진아, 2023: 15).

한편 학생 및 학부모들과 매칭하고, 인증을 통해 평가자가 평가 사이트에 접속하여 매칭된 대상 교사를 평가할 수 있도록 하는 제반 절차를 진행해야 한다. 또한 그 결과를 정리하여 개인에게 통보하고 보고서를 만들어 정보 공시까지 해야 한다. 이렇게 품이 많이 드는 일인데도 정작 교원들은 결과를 신뢰하지 않고 거의 활용하지도 않는다(신동하, 2023: 169).

그럼에도 승진제도와 성과급은 교사를 '성과'라는 틀에 가두었다. 승진제도는 교사가 하는 교육활동을 점수 매겨 승진을 잣대로 판단하게 만들었다. 승진 가산점은 학교폭력에도 적용되어, 일상적으로 이루어지는 학교폭력 예방 교육과 학생상담도 '성과'로 만들어서 학생의 상처마저 교사의 능력으로 계산해 버렸다. 성과를 매겨 임금을 차등 지급하는 성과급제는 누군가가 기피 학년과 기피 업무를 맡는 것을 정당화했다. '학교폭력 업무는 S등급'이라는 성과급 기준표는 기피 업무를 쉽게 돈으로 보상해 버리고, 동시에 그 업무를 오롯이 개인에게 떠안겨 버렸다. 성과급 기준표를 논의하면서 교사들은 누가 더 힘든지 경쟁하는 한편 더 편한 학년과 업무를 맡기 위해 경쟁한다. 이러한 관행 속에서 자연스레 교사들의 연대와 협력은 무너졌다(정은경 외, 2023: 27~28). 요컨대 학교 공동체가 사라진 것이다.

선생님들이 보호받을 장치가 없었다는 거, 그나마 우리가 보호를 받으려고 한다면 우리끼리 선생님들끼리 좀 연대가 되어서 특히 경력 많은 부장

> 선생님, 저 같은 경우라면 우리 학년 동아리 선생님 중에 학급에 누가 이렇게 힘든 걸 겪고 있다 하면 부장이 좀 나서서 중간에 중재를 한다거나 또는 관리자가 좀 나서서 이런 걸 막아 준다거나 해 주는 게 <u>학교 공동체의 문화가 돼야 되는데 선생님 혼자 이렇게 다 감당하게 내버려두는 거는 엄청 이게 완전…</u> (정보 제공자 1).

성과주의를 양산하는 교원평가제도 이외에도 교사들의 상황을 악화시키고 있는 중요한 두 번째 요인은 갈등을 중재할 리더십 자체의 공백이다. 서이초 사태 이후 교사가 자살한 학교에는 일련의 공통점이 있다. 바로 교장, 교감(관리자)의 역할이 부재했다는 점이다(김환희, 2023: 45). 학교 구성원 간 소통과 신뢰가 무너졌기에 학교 민주주의도 무너졌다. 민주 시민을 양성해야 하는 학교지만, 학교에서는 민주주의와 거리가 멀게 오직 교장이 의사 결정의 모든 권한과 책임을 갖고 있다. 말하자면 교직원이 모두 모여 A를 합의해도 B라고 결정할 수 있는 법적 권한이 교장에게 있는 것이다. 예컨대 보직 교사 회의, 교사 회의에서는 협의를 한다. 그리고 교장이 결정한다. 어렵게 모아 낸 의견도 교장에 의해 쉽게 뒤집어지는 구조 속에서 교사들은 무기력해진다. 그리고 승진제도는 권위에 맞서 목소리를 내기 더욱 어렵게 한다(정은경 외, 2023: 28~29). 이러한 상황 속에시 학교장의 방인과 부작위는 인권침해와 민원을 겪고 있는 교사를 더욱 고립과 사지로 몰아넣고 있다. 그렇기에 서이초 사태에서 '교권침해'의 가해자는 '학교장'이라는 진술이 가능해지는 것이다.

> 상호 존중이 바탕이 되어야 하는데 그렇지 않아서 문제가 되긴 했지만 어쨌든 그렇게 된 상황에서는 그 학교가 어떻게 배분하고 대항할 것인가를 학교장이나 학교 의사 결정 구조가 판단하고 배분해야 되는데 그걸 안 한 거죠. 사실 그래서 저는 <u>학교장이 교권침해했다고 생각하긴 해요</u>(정보 제공자 3).[87]

이 같은 조건이 켜켜이 쌓여 학교는 이제 교육 서비스 시장인 동시에 감정 노동의 최전선이 되었다. 코로나19 팬데믹 이후로 교육장 전반의 상황은 더 나빠졌다(임태훈, 2023: 21). 서로 접촉하고 소통할 일상적 기회 자체가 줄어든 것이다.

> 그것도 그냥 저녁만 자리하고 다들 귀가하시는 그런 자리였고 일단 <u>코로나 기점으로 친목회에 그런 영향이 엄청 줄었다</u>고 들었거든요. 다른 선생님들을 통해서 그렇게 공적으로 회의를 하거나 아니면 공적인 그런 회식을 하는 것 말고는 사적으로 모일 일이, 만들지 않는 이상 없었던 것 같아요(정보 제공자 6).

이러한 관행과 문화 속에서 많은 초임 교사를 비롯한 초등 교

---

[87] 뒤르케임은 학교사회가 갖는 사회적 중요성을 논하며, 교장의 책임을 말한다. 교장은 교사들이 각자의 업무 외에 서로 협력하지 않고 독단적으로 행동하는 것을 방지하기 위해, 여러 교사들이 서로 교류하고 접촉하게 해야 한다. 요컨대 교사가 학급의 정신과 도덕적 통일성에 책임이 있듯, 교장은 학교의 정신과 도덕적 통일성에 책임이 있다는 것이다(뒤르케임, 2024: 346~347).

사들은 일상적인 우울에 빠져들고 있다.

> 저는 선배 교사님들하고 우울증 얘기는 안 해 봤는데 저랑 같이 19학번 동료 친구들이 다 이제 올해 처음 일을 하잖아요. 그 톡방이 있는데, 여기에 항상 힘들다, 누가 뭐 어떻다고 한다 이런 글이 너무 많이 올라오니까 대학교 때 다 <u>해맑았던 친구들인데 맨날 힘든 일밖에 없다</u>. 게다가 우울증 병원도 친구가 미리 가 봐라 이렇게 추천해 주고(정보 제공자 6).

4-평면 사회적 존재에 입각한 설명

이상의 지점들은 신자유주의적 교육행정이 부과한 과도한 노동조건, 관료적이고 파편화된 분업과 '교사 노동'의 소외, 직업윤리의 훼손과 교육 목적의 상실 등이 중첩되어 발생하는 아노미-숙명론적 자살의 작동 방식을 드러내 보여 준다.

    물론 각 측면이 경험적 층위에서 모든 개인들의 자살을 결정하는 것은 아니다. 하지만 각각이 자살을 유발하는 인과적 조건이자 발생 기제로 자리함은 분명하다. 상기하자면, 이 지점에서 사회적 삶에 대해 바스카가 발전시킨 4-평면 사회적 존재(four-planar social being) 모델이 도움이 될 수 있다. 이 모델은 모든 사회적 사건이나 현상이 필연적으로 자연과의 물질적 교류, 사람들 사이의 사회적 상호작용, 고유한 사회구조, 그리고 체화된 인격성의 층화라는 네 차원에서 동시에 발생한다고 보는 개념을 말한다(Bhaskar, 2016: 174).

    이를 참고할 때 네 층위가 모두 중첩되어 취약한 조건에 놓인 개인들의 자살행위를 유발할 수 있다. 말하자면 NEIS 등 정보화 플랫폼에 기반한 신공공관리적 교육행정과 과도한 노동조건으로 인한 정신적·신체적 과부하가 자연과의 물질적 거래의 면에 해당한다면, '이와 중첩된' 신자유주의적 교육체제와 인권침해적 교육환경이 고유한 사회구조의 차원에, 관료화되고 파편화된 교직문화가 야기한 교사 노동의 소외가 사람들 사이의 사회적 상호작용의 차원에, 반복되는 직업윤리의 훼손이 동반한 학습된 무기력과 대안-없음에서 비롯되는 교육 목적의 상실이 체화된 인격성의 차원에 해당한다.[88] 여기에서 교사 노동의 소외는 학생과 학부모 등 교육 당사자들 사이에서 수행되는 고유한 관계적 노동의 소외를 가리키며, 동시에 동료 교사를 포함한 인간관계에서의 소외의 차원 모두를 아우른다.

2) '공교육 멈춤의 날'과 광장에 선 교사들

광장에서 제도와 조직화로

이제까지 살펴본 초등 교사들의 일 조직화 양상과 특징을 이 장의 도입부에서 검토한 다른 직업집단의 사례와 비교해 보자. ① 먼저 1990년대 중후반 이후 시작된 신공공관리적 행정개혁을 배경으로 부족한 정원과 과도한 업무량에서 비롯되는 교사 노동의 과부하는 사회복지 전담 공무원과 유사점을 보인다(과도한 노동조건). 특히

'사통망'과 마찬가지로 'NEIS'가 매개하는 정보행정 중심의 과도한 업무는 교사 본연의 노동인 교육활동으로부터의 소외, 직업윤리의 훼손, 나아가 교육 목적의 상실에 일조하고 있다. ② 다음으로 '교육'과 '돌봄'의 경계가 불분명한 이중 업무 속에서 학부모의 민원에 직접 대응하여 대인 간 폭력과 감정적 소진을 경험하는 입장에 처해 있다는 점도 복지 공무원의 경우와 유사하다(경계가 모호한 이중 업무). ③ 그리고 관료화되고 경력/젠더로 위계화된 조직문화 속에서 이른바 '생존기'를 경유하고 있는 20대 여교사에게 무한책임이 전가될 수 있는 구조는 간호사 '태움' 자살의 경로와 유사하다(위계적 조직문화와 책임의 전가 구조). ④ 하지만 하나의 시스템 속에 전체주의적으로 통제되는 병원 안 노동과 달리 학교 안 교사의 노동은 — 초등 교사의 경우 학급을 단위로 — 훨씬 더 파편화되고 개별화된 형태를 보인다는 점에서 차이가 있다. 무엇보다 이러한 책임의 전가 구조 이면에는 협력과 소통이 불가능한 '또 다른 형태의 아노미적 분업'과 '일터(학교) 민주주의'의 부재가 자리함을 간과해서는 안 될 것이다.

그렇다면 정부가 추진하는 교원 힐링캠프나 개별적인 차원의 교권[89] 강화가 교사들의 자살문제를 개선하기 위한 실효성 있는 해

---

88 물론 체화된 인격성의 면에서, 개인의 생애사적 궤적에서 형성된 고유한 개인성이 자살에 대한 저항력에 영향을 미칠 수 있다. 자살의 발생에서 개인적 요인(개인적 경향)의 역할에 대해서는 뒤르케임(2008: 412~413) 참고.
89 '서이초 사태' 이후, 교육계는 물론이고 정치권까지 나서 '교권'을 강화해야 한다며 한목소리를 내었다. 국회도 이와 같은 여론을 반영하여 2023년 9월 21일 제410회 국회(정기

법이 될 수 있을까? 이 지점에서 2023년 9월 4일 열린 '공교육 멈춤의 날'을 전환점으로 시작된 교사들의 집단 동학이 의료화되고 개별화된 해법을 넘어 집단적이고 구조적인 해법을 모색하는 방향으로 이행하고 있다는 점에 주목할 필요가 있다. 이른바 '서이초 사태'는 교실에서 고립되어 있던 교사들을 깨우고 행동하게 만드는 발화점이 되었고(정용주, 2023: 91), 2023년 9월 4일을 기점으로 30학급 규모의 중규모 학교 약 1300여 곳, 역사상 단일 직업군 최대 규모인 35만 명이 참여한 교사들의 집회는 "공교육 붕괴를 조장하는 체제에 대항한 교사들의 교육 독립운동"이라고 평가되기도 한다(김현선, 2023: 43). 실제 이날을 기점으로 교사들 스스로 자신들의 현실을 진단하고 제도 개선으로 나아가기 위한 다양한 정책적·실천적 해법들이 제안되고 있다. 여러 쟁점과 토론의 여지가 있지만, 크게 이러한 해법들은 뒤르케임이 자살에 대한 해법으로 제안한 '직업집단론'의 통찰들과 깊이 공명하고 있다는 점에서 주목을 요한다. 몇 가지 핵심적 목소리를 간추려 보자면 다음과 같다.

첫째, 교육이 가능할 수 있도록 안전한 교육환경을 만들기 위해선 현장 친화적이고 교육활동 중심의 학교 시스템과 정책 개선이 이루어져야 한다는 것이다(정용주, 2023: 100). 또한 「아동학대처벌

회) 제8차 본회의에서 이른바 「교권 4법」을 큰 쟁점 없이 통과시켰다. 하지만 이러한 해법에 대하여 한 정보 제공자는 개인주의적 해법이라 지적한다. "학교가 같이 이거를 고민하고 해결할 어떤 공동의 주체가 되는 것이 아니라 뭔가, 어떤 공동의 책임이나 문화는 쏙 빠지고, 어떤 개인 교사의 권위 회복으로 이 문제를 해결하려는 방식"이 "답이 될 수 없다"라는 것이다(정보 제공자 9).

법」을 비롯해서 법률과 제도를 세밀하게 정비하는 한편 현실성 있는 규제력을 갖춘 법적·행정적 시스템이 보강되어야 한다(천경호, 2023a: 120). 교육이 시장이 아니듯 학생과 학부모는 교육의 수요자가 아니며, 교사는 교육의 공급자가 아니다.「교육기본법」에서는 학습자(제12조), 보호자(제13조), 교원(제14조)을 모두 일컬어 '교육당사자'로 밝히고 있다. 수요자가 아닌 당사자 관점으로 교육을 바라보고 안전한 교육 시스템을 만드는 것은 곧 교육권의 문제이기도 하다. 무엇보다 교육정책 실패의 원인은 교원의 삶과 유리된 정책에 있다. 교사가 교육의 주체이며 동시에 교육정책의 집행자라는 점을 인정한다면, 교사의 의견이 반영된 교육정책이 마련되어야 한다. 즉 교사가 정책에서 목소리를 내기 위해서는 정책 집행자로서 영향력을 확보해야 하고, 제도개혁과 법령 보완에 현장 교사들의 입장이 적극 반영되어야 한다(김승호, 2023: 136~137; 임태훈, 2023: 28).

둘째, 이를 위해선 교사의 시민권 확보와 노동권 보장이 필수적이다. 교사도 시민이다. 교사가 시민권을 온전히 보장받아야 학생을 민주 시민으로 길러 낼 수 있다(정성식, 2023: 61). 이 쟁점이 중요한 이유는「대한민국헌법」제31조에서 밝히고 있는 '교육의 정치적 중립성' 조항이 교사들의 정치적 시민권을 박탈하는 상위의 규제적 텍스트로 여전히 강고하게 작동하고 있기 때문이다.[90] 다른

---

90 「헌법」제31조에서 밝히고 있는 '교육의 정치적 중립성'은 교육이 정치권력으로부터 자

나라에서는 교사와 공무원이 파업하는 모습을 종종 볼 수 있는 반면, 우리는 「헌법」에서 보장하고 있는 국민과 노동자로서의 기본 권한을 교사와 공무원에게 제한하고 있다. 즉 대한민국의 교사에겐 단결권, 단체교섭권은 있으나 단체행동권이 없고, 정치적 기본권인 정당가입권, 정치후원금도 불법이다. 이렇게 볼 때 대한민국은 OECD 가입국 가운데 유일하게 교사의 정치 참여를 제한하고 있는 후진적인 나라인 셈이다(김환희, 2023: 56~57).

하지만 교원은 분명 국가 공무원인 동시에 국민으로서 이중의 지위를 갖는다. 따라서 교사의 정치적 중립성이 과도하게 강조될 때, 시민으로서 교사의 정치적 자유가 억압되고, 교육활동 자체가 침해받을 수 있다(정용주, 2023: 104). 보다 엄밀히 말해 교육의 근원적인 정치성, 다시 말해 교육과 정치의 관계가 긴밀한 현실을 직시한다면 비판적 교육학자 프레이리가 일갈한 바 있듯, "교육은 정치적이어야 하고 정치는 교육적이어야 한다"(프레이리 외, 2020: 180).[91] 이렇게 볼 때 교사에게 금기어가 된 시민권의 부존재를 비판적으로 재검토하면서 교육의 문제를 시스템으로 접근하여 해결하는 지혜가 필요하다. 마찬가지로 학생 인권과 교권은 제로섬 관계가 아니며, '교권'을 교육 전반에 걸쳐 '교육권', '노동권', '시민권' 등의 함축적인 의미로 재해석할 필요가 있다. 더욱이 관료화된 현

유로워야 한다는 의미이다. 즉 교사의 정치적 권리 보장으로 정권의 부당한 간섭이나 지배를 거부할 수 있어야 한다(한희정, 2023a: 155~162).

실의 학교 지배구조하에서 교사가 약자임을 인정한다면 교육 노동이라는 특수한 일에서 일정한 통제권을 스스로 행사할 수 있어야 하며, 그 점에서 교권과 노동권은 함께 지켜 내야 할 집단적 권리라고 할 수 있다(김동춘, 2023).

셋째, 상설적인 교원단체를 만들어 교사집단의 직무상 권한을 높이기 위한 상시적이고 일상적인 연대가 필요하다. 여기서 말하는 교원단체는 교원노조와는 다르다. 교원노조가 교사의 권익을 지켜 주는 곳이라면, 교원단체는 교사를 성장시키는 곳이어야 한다. 또한 교원노조가 교사들을 보호한다면, 교원단체는 교사의 목소리를 제대로 낼 수 있도록 해야 한다. 잘 학습되고 훈련된 교사를 배출하고 좋은 위치로 보내는 것이 교원단체가 할 일이다. 교원단체가 이들을 학습시킨다면, 교육청에서는 교원단체와 더 자주 소통해야 할 필요가 생긴다. 자신들의 정책을 홍보하고 집행하기 위해서 협력 관계를 구축해야 하기 때문이다. 이러한 역할 정립이 제대로 될 때 교원단체는 학습 공간으로서의 의미 또한 갖게 된다(김승호, 2023: 140). 교원단체를 통해 교사 전문가는 국가나 다른 단체에 의해 그

---

91 프레이리에 따르면 교육의 정치적 중립성을 주장하는 것은 '교육'을 '기술'로 환원하는 것이다. 하지만 교육은 정치성(politicity)이라는 특성을 갖고 있기 때문에 단순한 기술이 될 수 없다. 우리는 정치적 본성을 고려하지 않고 인간의 존재를 분석할 수 없기 때문이다(프레이리·아라우두 프레이리·올리베이라·지루·덴진·마세도, 2020: 37~38). 이러한 맥락에서 프레이리는 교사가 '보모'가 아니라 '교육 전문가'임을 강조한다. 교사는 아이들 돌보는 '보모'가 아니라 '교사'가 되어야 한다는 명제는 우리 모두가 진정한 교사가 되고, 진실을 선택하고 결정하고 규명할 권리를 위해 싸울 특권과 의무가 있다는 사실을 뜻한다(프레이리, 2000: 67).

직업적 전문성과 자율성, 직무상 권한을 인정받고 제한받는 것이 아니라, 동료집단의 상호 검증을 통해 그 한계와 범위를 자율 규제할 수 있어야 한다(김환희, 2023: 57).[92]

넷째, 교육 공동체가 서로를 신뢰하고 존중할 수 있는 학교문화를 만들고 공동체 회복을 위한 토대를 재구축해야 한다(김현규, 2023: 72). 교권을 침해당한 교사들이 자살에 이르게 되는 이유는 대체로 그런 고통을 혼자 감당해야 하며, 동료들과 그것을 전혀 나눌 수 없기 때문이다. 이를 인정한다면, 회복은 교원 힐링캠프에서 하는 것이 아니라 회복하려는 공동체의 의지에서 출발하고 그 의지 곁에서 함께 손을 잡은 동료 교원과의 구체적 전략(지원대책)으로부터 싹을 내어야 한다(이은주, 2023: 110). 한편으로 교육권과 학생인권은 '사회'의 동의와 지지 없이는 성립할 수 없다. 따라서 공교육 정상화를 논하기 위해서는 교원, 보호자, 학생만이 아니라 교육에 직간접적으로 영향을 미칠 수 있는 단위들의 연대와 협력이 중요하다.[93] 그런 점에서 '공교육 멈춤의 날'은 교사들의 단결과 단체행동,

---

[92] 또한 교육 당사자들의 이해가 충돌하는 상황에서 학교 스스로 이 갈등을 해결하기는 어렵다. 교육청에 교육 갈등을 해결할 수 있는 기구를 만들어 조정, 화해의 역할을 담당하도록 하고 학교는 교육에 전념하도록 해야 한다(정성식, 2023: 59a). 이와 관련해 학교 구성원인 교원·행정 공무원·공무직 간 업무문제로 인한 갈등을 줄이기 위해 지역별로 업무분장 관련 협의기구를 꾸리거나 업무 총량 경감 방안을 모색할 필요, 학교 갈등을 해소하기 위한 직군별 노조 차원의 연대의 필요성(『매일노동뉴스』, 2022. 10. 28), 현장 중심의 교육을 위해 교육부와 6개 교원단체가 함께 꾸리는 상설 협의체 등의 필요성도 제안되고 있다(천경호, 2023a: 119~121).

[93] 이 점에서 서이초 사태 이후 8월부터 세종 5개 교원단체와 교육청, 학부모, 시민사회단체가 함께 세종 교육활동보호조례 추진단을 만들어 주민 발의를 하고 합의를 이끌어 낸 점

현장 동료들과의 연대, 학부모와 학생들과의 연대가 얼마나 소중한지를 집단적으로 학습한 경험이기도 했다. 이러한 경험을 발판으로 삼아 아이들이 안전한 환경에서 충분히 실패하고, 이를 잘 성찰하여 성장하고 성숙한 시민이 될 수 있도록 모든 교육 공동체 구성원이 함께 노력해야 할 것이다(김현규, 2023: 72~73).

직업집단론의 현대적 함의

이제까지 살펴보았듯, '공교육 멈춤의 날'을 정점으로 거리에 나온 교사들이 주장하는 연대의 해법, 공동체적 해법은 뒤르케임이 사회 구조적 병리로서 자살문제의 해법으로 제시한 직업집단론과 놀라운 교차점을 보인다. 뒤르케임에 따르면 직업집단은 동업 직종 내 구성원의 지속적인 접촉과 상호 소통을 통한 사회화 과정에서 만들어진다. 바로 이 과정에서 "경제활동에 있어서 개인적 생각이나 이익과는 다른 것, 즉 다른 차원의 공동체적 가치가 도입"되면서 새로운 규범과 직업윤리의 탄생이 이루어지는 것이다. 따라서 그는 현대사회가 직업집단에 기대하는 역할은 "개인의 이기주의를 제어하고 노동자의 가슴에 공동의 연대감을 부양하며 강자의 법칙이 산업과 상업 영역에서 무자비하게 적용되는 것을 막는 것"이라고 주장한다(Durkheim, 1977: 47; 김태수, 2008: 294~295).

은 주목할 만한 사례이다(김현규, 2023: 66~73).

악에 대한 참된 치유책은 경제적 질서 안에 있는 직업집단들에게 지금까지 그들이 갖지 못했던 안정성을 부여하는 것이다. 오늘날 직업별 노동조합이나 조합체가 단지 상호 간의 지속적인 결속력이 없는 개인들의 모임일 뿐이라면, 이제는 잘 정의되고 조직화된 결사체가 되거나 그런 결사체로 되돌아가야 한다(뒤르케임, 1998: 64).

왜냐하면 직업집단은 다른 집단에 비해 언제 어디에나 편재하며, 동종 직업에 종사함으로써 지적·도덕적 동질성과 연대의 생활 감정을 쉽게 형성할 수 있다. 더욱이 직업집단이 공적 생활의 지도적 중심과 정상적인 관계를 맺게 되면, 과거 가족이 담당하던 상호부조의 기능, 나아가 현재 노동조합이 하고 있는 친교적·교육적 기능 또한 담당할 수 있다. 아울러 이들이 공적 제도로 통합된다면, 즉 지방에 고립되어 있지 않고 서로 연관되어 단일한 체계를 형성한다면, 그 자체의 이익만을 추구하는 일도 줄어들 것이다.

만일 여러 지방의 유사한 조합들이 고립 대신에 서로 연대하여 단일한 체계를 형성한다면, 그리고 이런 체계들이 국가의 일반적인 통제를 받고 연대성을 인정하게 된다면, 관료주의의 횡포나 직업적 이기주의를 적당한 범위 내에서 제한할 수 있을 것이다(뒤르케임, 2008: 496~497).

이 점에서 '조합'[94]은 개인을 도덕적 고립에서 끌어내기 위한 모든 것을 갖고 있다. 따라서 뒤르케임은 직업집단이 영향력을 발휘하기 위해서는, 과거와는 전혀 다른 기초 위에서 조직되어야 한다는 점을 강조한다. 직업집단이 법적·정치적 공인력을 갖는 기관으로 조직되어야만 적절하고 공정한 규제 시스템을 도입할 수 있다. 요컨대 같은 생산 부문에 종사하는 사람들의 경제적 연합에 의해 도덕적·정치적 법률을 제정하는 것이 요청된다는 것이다(뒤르케임, 1998: 410~414).

비록 직업집단의 개혁이 다른 것을 대체하지는 못한다 할지라도, 그것은 개혁 효과를 갖기 위한 첫 번째 조건이다. … 이 경우 우리는 그 기구와 기관들의 권리와 의무를 명확히 하고 각각의 산업 형식도 고려해야 한다. 즉 각 직업집단마다 일련의 규칙체계가 마련되어 작업량, 서로 다른 기능의 정당한 보상, 서로에 대한 그리고 공동체에 대한 의무 등을 정해 주어야 한다(뒤르케임, 2012: 57~58).

즉 뒤르케임에게 직업집단은 시장사회를 대신하는 사회변혁의 동력이자 이를 위한 정치적 실천의 행위주체로 설정된다(정원, 2017: 171). 나아가 뒤르케임은 집합성의 도덕적 힘으로부터 권력

---

[94] 『자살론』의 결론에서 치유책으로 제시된 조합은 신앙, 가족, 정치사회와는 다른 사회유형으로 제시된다. 즉 조합은 "같은 부류의 모든 노동자들이 협동하고 모두 같은 기능으로 협동하는 직업집단"을 의미한다(뒤르케임, 2008: 491).

의식을 초래함에 있어 집단적 회합이 중요하다는 사실에 주목한다. 즉 함께 모이는 행위, 그리고 이런 집합적 회합에서 연합하는 행위가 행위자에게 사회적 의식을 불러일으키며 대단한 긍지와 어떤 힘에 대한 느낌을 불러일으키는데, 바로 이런 느낌을 통해서 집단적 권능감이 생긴다는 것이다. 이는 특정한 상황에서 사회질서를 변형(혹은 재형성)하는 권력이라고 할 수 있다(티리아키언, 2015: 324). 그리고 이러한 해법은 뒤르케임 특유의 관계적 사회실재론과 변형적 사회활동 모델에 의해 뒷받침된다.[95]

> 사회적 사실은 개인들이 결합을 통하여 변화될 때만 나타난다. … 개인들의 의식이 각각 고립되지 않고 결합되고 집단화되면, 세계의 무언가가 변한다. 이와 같은 변화는 자연히 또 다른 새로운 것을 생성시키며, 따라서 구성 요소들에서는 발견되지 않는 새로운 특질을 보이는 현상이 나타나게 된다(뒤르케임, 2008: 393~394).

학교와 직업집단

이 모든 것을 아울러 볼 때, 직업집단은 특정 직업 영역에 소속된 전문가일 뿐 아니라, 정치적 시민으로서 자신의 의무와 권한을 다

---

[95] 관계적 사회실재론은 사회들은 개인들로 구성된 것이 아니라 개인들과 집단들이 그 속에 자리하고 있는 관계들로 구성되어 있다는 존재론적 관점을 말하며, 변형적 사회활동 모델은 사회가 인간행위에 앞서 존재하고 인간행위에 의해 재생산/변형된다는 관점을 말한다. 특히 뒤르케임의 관계적 사회실재론에서 감정은 관계적 토대를 가지고 있으며, 역으로 인간관계는 그 자체로 정서적 기반을 가지고 있다(Emirbayer, 1996: 120).

할 때 시장과 통치체계의 폭력성을 대신해 아래로부터 유기적인 사회연대를 실현하는 진보적 진지가 될 수 있다.[96] 나아가 『도덕 교육』(1902~1903)에서 뒤르케임은 연합정신을 담지한 예비적 직업집단을 양성할 '학교의 역할'을 강조한다.

> 우리는 분명히 악순환에 빠져 있다. 왜냐하면 한편으로 연합정신이 되살아나야만 단체들이 다시 태어날 수 있고, 그 정신은 이미 존재하는 단체에서만 다시 깨어날 수 있기 때문이다. 이 악순환에서 빠져나올 수 있는 유일한 방법은 가족을 떠나 학교에 들어가는 순간, 아이를 사로잡아서 그에게 집합적 삶의 취향을 불러일으키는 것이다. 왜냐하면 학교는 하나의 사회이며 자연적인 집단이기 때문이다. … 만일 어린아이가 자신의 행위를 여러 형태의 집단에서 표명하는 습관을 기른다면 학교를 졸업한 후에도 그러한 습관을 유지할 것이다. 따라서 입법부의 활동은 정말로 풍성해질 것이다(뒤르케임, 2024: 335~336).

이러한 강조점은 교육에 큰 중요성을 부여하지 않았던 『자살론』과 비교할 때 사뭇 달라진 지점이다. 『자살론』에서 뒤르케임은 자살의 예방책으로 교육의 역할에 주목하는 모르셀리 및 프랑크의

---

[96] 시민도덕은 국가에 따라 다르지만 그럼에도 불구하고 만인은 국가의 주체이며 바로 이 이유 때문에 의무도 진다. 국가의 시민이 아닌 인간은 존재하지 않는다. 따라서 각 노동자에게 그의 권리와 의무를 말해 줄 규칙이 있어야 한다(뒤르케임, 1998: 54~63).

견해와 거리를 두며, 교육은 사회의 표상이며 반영일 뿐, 사회를 재생산할 수는 있어도 사회를 창조할 수는 없다고 말한다.[97] 하지만 『도덕 교육』에서 전개된 뒤르케임의 교육사회학은 사회 형성의 맥락에서 제시되며 직업집단론과 연속성을 확보하면서, 학교에 직업집단과 동일한 위상을 부여한다.

> 학교는 아이에게 연대정신(solidarité)과 집단적 삶의 의미를 일깨우기 위해 필요한 모든 것을 갖추고 있다. … 사실 학교를 제쳐 두면 우리에게는 가족과 국가 사이에 존재하는 중간사회가 없다. 여기에서는 피상적이고 인위적인 사회가 아니라 진정한 사회를 의미한다. 도덕성이 건전한 토대를 가지기 위해서는 집합적 삶이 존재해야 하며, 여기에서 학교의 역할이 중요해질 수 있다(뒤르케임, 2024: 347).

이에 따르면 직업집단의 각성 없이 현실사회의 질서를 개혁할 수 없으며, 집합적 삶의 소중함을 배우고 훈련할 학교의 역할과 교사의 각성 없이 직업집단의 재조직은 불가능하다. 그렇기에 뒤르케임의 관점에서 교육은 자연의 작품에 대한 보조적이고 소극적인 역할에 머물지 않는다. "교육은 인간을 새로운 인간으로 창조"하며

---

[97] 도덕적 환경이 병들어 있을 때는 교사들 자신이 그와 같은 환경 속에 살며 영향을 받으므로, 학생들을 자신이 받은 영향과 다른 방식으로 교육시킬 수 없다는 것이다. 그러므로 교육은 사회 자체가 개혁됨으로써만 개혁될 수 있으며, 사회의 개혁을 위해서는 사회가 앓고 있는 병의 근원부터 치유되어야 한다는 것이다(뒤르케임, 2008: 481~483).

(뒤르케임, 2006: 160), 사회화와 개인화를 변증법적으로 매개하는 창조적 힘을 갖고 있다(김덕영, 2019: 473~474). 여기에서 교육이 인간에게 '새로운 존재'를 창조하는 효과를 가졌다는 것은 '사회적 존재'로서 인간을 (재)형성하는 교육의 변형적 역할에 주목하는 것이다(같은 책, 162).[98] 이러한 맥락에서 '학교생활'은 '사회생활'의 싹이라 할 수 있으며, 악순환의 구조에서 빠져나올 유일한 수단으로 상정된다(뒤르케임, 2024: 331).

직업집단-학교의 긴밀한 상호 연관에 주목한 뒤르케임의 통찰은 오늘날 우리가 목도하고 있는 교사집단 및 사회 전반의 자살 문제를 떠올릴 때, 중요한 시사점을 담고 있다. 그리고 이러한 해법은 신자유주의적 숙명론에 대항해 프레이리가 제안한 '연대의 페다고지'[99]를 통해 현대적 확장 가능성을 제고한다. '희망의 교육학'을 주창한 프레이리는 자신이 살았던 1990년대를 신자유주의적 세계 질서가 우리의 일상을 지배하는 시대, 희망이 결핍된 시대, 따라서 숙명론이 지배하는 시대라고 바라보았다. "숙명론은 억압받는 이들에게 스며들어 그들을 위한 어떤 해결책도 현실화될 수 없고 현

---

[98] 이러한 입장은 학교 교육을 기본적으로 자본주의 지배구조가 재생산되는 영역으로 보는 사무엘 보울스와 허버트 긴티스식의 경제결정론이나 루이 알튀세르 혹은 피에르 부르디외식의 재생산이론의 계보와는 구분되는 것이다. 후자와 관련된 교육사회학의 지형에 대한 논의는 이형빈(2020: 282~284) 참고.

[99] 프레이리 외(2020: 62~64)가 제안한 연대의 페다고지(pedagogy of solidarity)는 오늘날 청년들에게 팽배한 무기력한 체념의 구조, 즉 탈정치적 도덕정치에 포섭된 숙명적 지배구조(김주환, 2020)를 직시한다면, 더욱 요청된다고 할 것이다.

실은 변화될 수 없다고 믿게 만든다"라는 것이다(프레이리 외, 2020: 77). 이러한 숙명론을 넘어서기 위해 그는 연대의 페다고지를 제안한다.

그에 따르면 연대의 페다고지는 인권 의제에 뿌리를 둔 대담한 교육학이다. 연대는 비판적 정신과 함께하며, 숙명론을 넘어서기 위해서는 고립된 개인이 벽을 허물고 서로 연결되어 있어야 한다. 이는 교사와 교사의 연대, 교사와 학생의 연대, 교사와 학부모의 연대, 나아가 '이웃'과 '지역의 힘'(local power)을 복원하는 시민적 연대는 물론 '이론'과 '실천' 사이의 연대의 차원을 모두 아우른다. 요컨대 연대의 페다고지는 권리와 사회정의에 기반을 둔 윤리적인 체제를 요구한다.[100] 프레이리의 제안은 자살이 근본적으로 연대의 문제이자 시민도덕, 곧 권리와 의무의 체계를 재정립하는 정치적 시민됨의 문제임을 환기시킨 뒤르케임의 직업집단론의 통찰과 긴밀히 공명한다. 아울러 오늘날 사회적 연대의 기초 단위로서 직업집단의 재구성이 '시민으로서의 직업집단'을 교육·양성하는 주체 형성의 과제와 긴밀히 맞닿아 있음을 깨닫게 한다.

---

[100] 연대의 페다고지는 사회정의를 위한 질적 연구의 활용을 장려하며, 여기에는 공공교육 시행, 사회정책 수립, 그리고 지역사회 혁신을 가능케 하는 연구들이 포함된다(프레이리 외, 2020: 94, 146~147).

5. 직업집단론과 연대의 페다고지

이 장에서는 현대 신자유주의적 노동조건과 제도적 환경이 개입하는 현대 직업집단의 자살문제를 뒤르케임의 자살론 및 직업집단론의 통찰과 접목해 보이고자 했다. 이를 통해 2023년 발생한 서이초 사태의 배후에는 시장주의적 국가가 일방적으로 주도하는 신자유주의적 교육체제와 신공공관리 교육개혁의 누적된 제도 효과 속에서 교육 서비스를 수행하는 종속적 지위로 전락한 교사들의 위치성과 인권침해적 업무환경이 관여하고 있음을 알 수 있었다. 이러한 제도적 환경에서 발생한 초등 교사들의 자살은 신자유주의적 교육행정이 부과한 과도한 노동조건, 관료화되고 파편화된 조직문화와 '교사 노동'의 소외, 직업윤리의 훼손과 교육 목적의 상실 등이 중층적으로 결합된 '아노미-숙명론적 자살'의 현대적 작동 방식을 드러내 보여 준다. 거꾸로 최근 스스로의 문제를 해결하기 위한 교사집단의 조직화 노력과 연대 흐름은 자아 상실의 노동 과정을 통제하고 자력화를 촉진할 대항 경향으로 작동할 수 있음을 확인했다.

이 같은 발견은 연대를 통한 해법을 제안했던 뒤르케임의 직업집단론이 지닌 현재성과 적실성을 드러내 보여 주며, 뒤르케임의 자살이론을 인권과 시민성의 관점에서 보다 촘촘하게 재구성할 필요성을 제기한다. 특히 교사십단의 자살이 촉발한 집단 동학은 프레이리가 요청한 '연대의 페다고지'와 공명하는바,[101] 노만 덴진은 연대의 페다고지에 대해 다음과 같이 덧붙인다. 1) 연대의 페다고

지는 연구의 중심에 억압받는 이들의 목소리를 둔다. 2) 연대의 페다고지는 변화와 실천의 현장을 발굴하는 일에 연구를 활용한다. 3) 연대의 페다고지는 사람들을 도울 수 있는 연구와 실천을 활용한다. 4) 연대의 페다고지는 정책 결정자들이 비판의 소리를 듣고 행동하게 함으로써 사회정책에 영향을 준다. 5) 연대의 페다고지는 연구자들의 삶에 변화를 주고, 나아가 다른 사람을 위한 변화의 모델이 된다(덴진, 2020: 147).

더욱이 자살에 대한 국가 수준의 정책과 해법이 사회의료화의 경향성에 급속히 포섭되고 있음을 상기한다면, 직업집단론이 품고 있는 정치사회학적 통찰들은 여전히 현재성을 갖는다. 이러한 통찰들을 자살문제에 대한 해법으로 접목하는 이론적/실증적 작업은 ─'자살의 의료화'를 넘어─ 인권과 연대에 기반한 사회 통합적 자살예방의 길을 열어 가기 위한 기초 작업이라 할 수 있다. 이 점에서 제도적 문화기술지 접근을 도입하여 자살의 발생조건과 인과 과정을 추적한 이 글의 시도는, 사회학적 자살연구 방법의 다각화에 일조할 수 있을 것이다. 나아가 이러한 시도는 사회복지 현장, 병원, 학교라는 제도적 현장의 공통성에 주목함으로써, 사회학과 교육학, 보건의학과 사회복지학의 경계를 넘어 각 직업집단을 가로지르는 자살위험을 해결하기 위한 학문 간 대화와 소통의 공간을

---

101 이러한 접근 방식은 프레이리가 비판적 교육자의 역할로 제시했던 것이기도 하다. 비판적 교육자는 세계 안에 있는 사회주체들을 만나야 하며, 실천 속에 뿌리내리고 있는 이론적 요소들을 발견해야 한다는 것이다(프레이리·마세도, 2014: 38).

마련하고, 정치적 시민성에 입각한 공통의 해법을 모색하기 위한 이론적·실천적 노력이 더욱 요청되는 시점임을 일러 준다.

제9장 자살 레짐을 넘어서
: 뒤르케임의 도덕과학과 좋은 사회의 존재론

이 책을 쓰면서 내가 가졌던 질문은, 개인의 인격과 사회적 연대 간 관계의 문제였다. 이는 현대 산업사회에서 개인들은 어떻게 더 자율적이 되면서 동시에 사회에 더 의존적이 될 수 있는가의 문제이다. 어떻게 개인이 더 개인적이면서 동시에 서로 더 많은 연대감을 가질 수 있는가? 이 두 움직임은 겉으로는 모순적인 것처럼 보이지만 평행선을 그으며 서로를 추구한다. 이 명백한 이율배반을 해결한 것은 항상 더 증가하는 분업에서 비롯된 사회적 연대의 변화이다. 우리가 분업을 최종 연구 대상으로 삼게 된 것은 이러한 이유에서이다(뒤르케임, 2012: 69).

집단적 우울의 경향을 치유할 유일한 방법은 그러한 경향이 상징하는 것이자 그러한 경향을 만들어 내는 집단적 질병 자체를 치유하는 것이다(뒤르케임, 2008: 511).

1. '푸코가 하지 않은 말들'과 긍정의 생명정치

이제까지 살펴보았듯, 한국 사회의 여러 자살현상은 그 자체가 인간의 존엄과 역량을 훼손하는 반인권적 현실에서 비롯되는 인권 참사이며, 곧 사회적 재난임을 웅변한다. 이렇게 볼 때 자살은 생명현상인 동시에 정치적 현상이며, 안전하고 좋은 삶을 보장하는 정치 공동체를 재건하는 사회개혁의 문제와 맞닿아 있다. 그렇기에 자살문제를 해결하는 궁극적인 해법은 「대한민국헌법」 제10조에서 명시한 시민의 행복추구권을 보장하기 위한 국가와 사회의 책무성을 강화해 가는 노력과 분리될 수 없다. 행복추구권의 보장은 사회 전반에 뿌리내린 구조적·제도적 부정의를 개혁하고, 연대성을 강화해 가는 범시민적인 노력을 필요로 한다. 다시 말해 이는 '자살의 국가책임'뿐 아니라 사회의 책임, 즉 타자의 생명과 연기적 고리를 맺고 있는 우리 모두의 책임에 대한 윤리적 개입을 요청한다.

더욱 주목을 요하는 지점은, 1장에서 살펴보았듯, 뒤르케임이 살았던 시대보다 훨씬 더 첨예한 양상으로 전개되는 생명정치의 힘이다. 오늘날 자살에 따른 사망을 최소화하고자 하는 일련의 정책적 시도 자체가 신자유주의 시대 생명정치의 패러다임에 귀속되어 있는 까닭이다. 생명정치는 사회의 의료화를 야기하는 무수히 많은 개입을 통해 생명을 보호하고 증진하는 것을 주권권력의 발현에서 가장 중요한 일로 만들었다(서보경, 2020: 34~35). 이 쟁점은 생명정치에 대한 보다 깊은 토론을 요청한다. 이탈리아의 생명정치학자인 로베르토 에스포지토가 말하듯, 생명정치의 종말을 가정한다는 것은 근대에 뿌리를 둔 생명정치의 기나긴 생성 과정과 지평의 방대함을 무시하거나 과소평가하는 것이다. 생명을 위협하는 비상사태나 범죄·재난에 대응하여 법률을 제정하고 실행하는 관행을 살펴보면, 현대사회의 특징이 더욱더 분명하게 생명정치적 방향으로 기울어지고 있다는 점을 확인할 수 있다(에스포지토, 2024: 306~307).

상기하자면, 푸코적 맥락에서 생명정치는 생명/삶이 정치에 의해 포착되고, 침투되고, 도전받는 방식을 가리킨다(에스포지토, 2024: 66). 생명정치 개념을 처음 언급한 1975~1976년 콜레주 드 프랑스의 강의, 〈"사회를 보호해야 한다"〉에서 푸코는 생명정치를 다음과 같이 이야기한다.

19세기의 기본적 현상 중의 하나는 소위 생명에 대한 권력의 관심인 것 같다. 권력이 생명체로서의 인간을 장악하는 것, 생물학의 국유화라고 할까, 아니면 적어도 생물학의 국유화라고 부를 수 있는 어떤 것으로의 경도현상이다(푸코, 1998: 277).

물론 푸코의 '생명정치' 개념 안에는 일정한 긴장과 틈새 또한 존재한다. '생명정치'를 정의하는 푸코의 다음과 같은 유명한 문장도 바로 이러한 긴장을 보여 주는 표현 가운데 하나이다.

수천 년간 인간은 아리스토텔레스가 생각했던 존재, 즉 생명체일 뿐 아니라 정치적으로 살아갈 능력을 더불어 갖춘 동물로 남아 있었다. 이에 반해 근대적 인간은 생명체인 그의 삶 자체가 정치적으로 문제시되는 동물이다(Foucault, 1976: 127; 에스포지토, 2024: 72에서 재인용).

위를 통해 미루어 볼 때 푸코의 '생명정치'가 가리키는 것은 '특징적인 삶'이나 '삶의 형태'를 의미하는 — 아리스토텔레스적 의미에서 — 실존적 차원의 비오스(bios)라기보다는 오히려 단순한 생물학적 차원의 생명을 뜻하는 조에(zoe)에 가깝다. 혹은 적어도 비오스 자체가 자연화되면서 조에와 중첩되는 영역을 가리킨다. 즉 푸코의 생명정치 개념에서 분명히 부각되는 것이 있다면, 그것은 생명정치의 부정적인 성격이다(에스포지토, 2024: 36~37). 이를 따라 오늘날의 이론가들이 '생명정치'라고 부르는 것은 비오스로서의 '생명'과 무관할 뿐 아니라 그리스적이고 아리스토텔레스적인 의미의 '정치'와도 사실상 무관한 셈이다.[102]

푸코가 하지 않은 말

이 지점에서 에스포지토는 푸코의 생명정치 개념이 충분히 말하지 않은 '누락'의 지점에 주목한다. 그는 여러 비판가들이 푸코의 맥락을 오해하고 있는 지점을 적절히 짚어 내면서도, 푸코가 쓴 것과 말하지 않은 것들 사이에 자리한 긴장과 틈새를 생명정치의 재구성의 지점으로 찾아낸다. 이 같은 에스포지토의 독해 방식은 '누락적 비판'의 전범을 보여 준다. 바스카에 따르면 사회적 상황과 텍스트 분석에서 이러한 누락과 부재의 지점을 찾아내는 비판의 방식은 홀

---

[102] 결과적으로 '생명정치'는 일찍이 19세기에 시작된 교체 과정, 즉 정치를 비정치화하고 생명을 생물학적으로 만드는 과정의 완성에 불과한 것으로 보인다(에스포지토, 2023: 136).

륭한 진단적 가치를 갖는다. 하나의 사회적 상황을 조사함으로써 거기에 무엇이 없는지, 무엇이 결여되어 있는지를 묻는 것은 종종 연구자에게 그 상황이 어떻게 변해야 하는지, 그리고/또는 어떻게 변할 것인지에 대한 소중한 통찰력을 제공하기 때문이다(Bhaskar, 2016: 119~120).[103]

에스포지토가 찾아낸 누락의 지점은 다음과 같다. 첫째, 푸코의 생명정치는 '정치'가 개개인의 삶에 관여하는 방법을 뒤로 미루어 둔 채 '장치'의 분석에 집중된다는 것이다. 이러한 분석에서 희미해지는 것은 정치적 공간을 잠식하는 생물학적-정당화의 부도덕한 행보에 대한 비판적 입장이다. 대표적으로 권력과 저항의 순환관계에서 주목해야 할 '불평등'이라는 단어는 푸코의 사전에서 사라지게 된다. 그럼으로써 푸코가 이론화한 '생명정치' 담론은 ― 오늘날의 사회-정치적인 역학관계에 적절한 방식으로 적용되지 않는다면 ― 우리 시대의 결정적인 문제를 '포착'하는 데 기여할 뿐 '해결'하는 데는 별다른 도움을 주지 않는다(에스포지토, 2023:

---

[103] 일반적으로 누락적 비판(omissive critique)은 어떤 작업이나 문서에서 중요한 정보나 요소가 빠졌다는 점을 비판하거나 평가하는 것을 의미한다. 비판적 실재론은 사회과학에 고유한 비판의 성격을 해명하며, 내재적 비판, 누락적 비판, 설명적 비판이라는 세 가지의 비판 형태를 제시한다. 누락적 비판은 초월적으로 필요한 범주의 부재를 판별하고, 동등하게 필요한 것처럼 보이는 결론 간의 상호 관련된 모순구조를 드러내는 메타비판의 일종으로(Hartwig ed., 2017: 107), 인식론적 변증법을 추동하는 중요한 방식이 된다. 요컨대 사회과학적 지식 생산은 누락(omission)을 바로잡는 것에 의해서만, 다시 말해 배제되었던 것을 더 광범위하고 포괄적인 총체성 속에 통합함으로써 변증법의 향후 단계를 촉발할 수 있다(Bhaskar, 2016: 91).

172~174).

또 하나 푸코가 하지 않은 말은 '제도'에 대한 것이다. 푸코의 주요 관심사는 언제나 병원, 감옥, 고아원, 유치원, 수도원 같은 제도들이었지만, 제도들을 바라보는 푸코의 시선은 늘 간접적이었다. 푸코에게 제도의 역할은 궁극적으로는 강압적인 성격을 지닌다. 제도는 벤담의 판옵티콘(panopticon)이라는 수용소의 절대적 원형을 모델로 체계화된다. 제도들은 대외적으로 표명되는 내용이나 실질적인 의도와는 무관하게, 본질적으로 '제압'하거나 최소한 '보존'하는 역할을 수행한다. 바로 그런 이유에서 제도는 개혁이 불가능하다. 이는 제도가 시간 속에서 불변하기 때문이 아니라 개혁의 논리 자체가 제도의 보존에 기여하기 때문이다. 물론 이러한 시선만이 제도에 관한 푸코의 마지막 견해는 아닐 것이다. 에스포지토에 따르면 생명정치의 탄생을 주제로 다룬 강의에서 푸코는 관건이 '정립된-제도'라기보다 '제도-정립적인' 힘이라는 점을 암시하면서, 제도에 관해 어느 정도 새로운 담론을 제시하기 때문이다(같은 책, 174~178).

긍정의 생명정치

에스포지토는 푸코의 사유에서 완전한 형태로 발전되지 못한 생명정치 담론을 '긍정적 생명정치'로 개념화하고, 긍정의 생명정치에 대한 사유를 '제도 정립적 권력'에 대한 새로운 담론으로 전환해야 한다고 주장한다. 푸코의 생명정치는 '생명'과 '정치'를 제도적 중재 없이 직접적으로 연결시킴으로써, 정치적 활로를 마련하는 데 비생산적인 측면이 있기 때문이다.[104] 그렇다면 문제의 핵심은 '**생명/삶**'과 '**제도**' 간의 **부서진 관계를 재구축**하는 데 있다. 우리가 제도 자체를 일종의 살아 있는 유기체로, 즉 태어나고 성장하여 또 다른 제도에 밀려나 퇴보하기도 하는 체제로 이해한다면, 인간의 생명/삶은 기본적으로 이러한 체계의 의미를 수용할 수 있는 형식과 다시 연결되어야 하고, 단순한 생물학적 차원을 뛰어넘어 삶의 형식으로 정의될 수 있는 무언가로 간주되어야 한다. 그래야만 제도주의가 우리의 삶에 정치적 가치를 부여할 긍정적 동력을 발견할 수 있다(같은 책, 181). 이러한 맥락에서 그는 생명을 대상으로 하는 정치를 뜻하는 부정적 의미의 '생명-정치'와 이를 새롭게 전복시킬 수 있는 긍정적 의미로서 '생명의 정치'를 구분한다(에스포지토, 2024; 29).

이 장에서는 에스포지토의 문제 제기에 공명하면서, 푸코의 생명정치 개념에서 좀처럼 화해될 수 없는 '생명'과 '정치'를 좀 더 밀착된 동시에 복합적인 고리로 묶을 수 있는 해석의 열쇠로서(같은 책, 92~93), 뒤르케임의 도덕과학, 곧 윤리적 자연주의에 주목한다. 특히 이하에서는 제도와 법, 도덕과 정의에 대한 뒤르케임의 사유

---

[104] 푸코의 연구자들은 푸코가 권력의 문제에 집중했고 정치의 개념을 충분히 체계화한 적이 없으며, '정치'와 짝을 이루는 또 다른 용어인 '생명'에 대해서도 그러했다고 비판한다. 푸코는 '생명/삶'을 그것의 제도적·사적·경제적·사회적·생산적 신경조직의 차원에서 분석적으로 설명할 뿐, 인식론적 기반의 차원에서는 전혀 검토하지 않았다는 것이다(에스포지토, 2024: 93).

를 연속선상에서 검토함으로써, 뒤르케임의 도덕과학이 품고 있는 좋은 사회의 존재론과 대안적 생명정치의 전망에 연결해 보이고자 한다.[105] 이를 위해 뒤르케임의 도덕과학에 드리운 '아리스토텔레스'의 긴 그림자를 조명하고(2절), '몽테스키외'의 방법론에 대한 고찰을 경유하여(3절), 아마티아 센과 누스바움의 역량이론이 인권과 연대, 사회정의에 기반한 제도 정립적 생명정치의 지평에 어떻게 접목될 수 있는지를 살펴본 후(4절), 대안적 생명정치의 가능성을 전망한다(5절).

2. 뒤르케임의 아리스토텔레스와 좋은 사회의 존재론[106]

알다시피 뒤르케임에게 도덕과학은 전생을 바쳐 헌신한 주제였다. 하지만 그는 도덕에 대한 책을 완성하지 못하고 「도덕에 대한 서문」(1917)만 남긴 채 생을 마감했다. 그럼에도 그의 저술 전반을 관통하고 있는 도덕과학의 기획과 그 얼개를 발견하는 것은 그리 어

---

105 이러한 탐색이 중요한 것은 사회 부정의의 많은 경우가 정책과 주요 사회제도의 운영에 통합되기 때문이다. 예를 들어 법률제도는 한 사회가 특정 사회집단의 인권이나 시민적 자유를 부정하는 법률을 제정하는 경우 사회 부정의의 도구가 될 수 있다. 폭력은 제도화된 부정의에 대한 응답으로 발생할 수 있고, 그러한 제도에 대한 반대자를 진압하기 위해 사용될 수 있다(레비 편, 2021: 387).
106 이 장의 2~3절은 『민주법학』 제87호에 「뒤르케임의 도덕과학과 법의 도덕성: 인권 사회과학의 지평」으로 수록된 내용임을 밝힌다.

렵지 않다.

뒤르케임의 도덕과학은 크게 윤리적 자연주의의 한 형태로서 도덕 실재론을 전제한다. 도덕 실재론은 도덕이 인간의 마음과는 독립적으로 존재하며, 인간이 진정한 지식을 가질 수 있는 도덕적 진리가 존재한다는 관점을 말한다. 이러한 도덕 실재론의 형태는 일종의 윤리적 자연주의라고 할 수 있다. 그것은 비신론적인 의미에서 '자연주의적'이며, 또한 잘 사는 기술에 초점을 맞춘다는 점에서 '윤리적'이다. 윤리적 자연주의의 가장 중요한 함의는 사회과학을 포함한 과학이 우리가 잘 사는 데 도움이 될 수 있다는 것이다. 미국의 사회학자이자 비판적 실재론자인 필립 고스키는 알렉시 드 토크빌은 물론, 맑스의 『1844년 수고』와 뒤르케임의 『자살론』이 모두 신아리스토텔레스 윤리학[107]의 수정된 버전을 제공하는 사회학에서의 윤리적 자연주의의 원형이라 평가한다(Gorski, 2013: 551~552).

자연권 이론가와 칸트가 추구한 윤리가 행위 규칙을 중심으로 옳다 또는 그르다를 판단하는 '의무윤리'였다면, 뒤르케임과 같은

---

[107] 스스로를 신아리스토텔레스주의자(Neo-Aristotelian)라고 부르는 학자들은 아리스토텔레스 덕 윤리학의 자연주의적 성격을 '아리스토텔레스적인 윤리적 자연주의'(Aristotelian Ethical Naturalism)라는 메타 윤리학적 입장으로 체계화하여 현대의 독자들에게 수용될 수 있는 입장으로 제시하고자 했다. 아리스토텔레스의 덕 윤리학의 부흥을 이끈 철학자 엘리자베스 앤스콤(1958)은 합리성을 신봉하는 칸트 윤리학의 경우 구체적인 도덕 실천을 이끌어 내지 못하고, 질적인 쾌락을 중시하는 공리주의의 경우 도덕을 주관적 선호로 만들어 버렸다는 점에서 계몽주의 철학을 비판하며, 아리스토텔레스의 '번영'(eudaimonia)을 좋은 삶의 기준으로 제시했다(이기연, 2022: 70~71).

고전 사회과학자들이 추구한 신아리스토텔레스적 윤리는 좋다 또는 나쁘다라고 하는 덕성을 판단하는 '덕윤리'라고 할 수 있다. 이러한 신아리스토텔레스적인 '덕윤리'가 지향하는 목표는 "전체 공동체의 좋은 삶"이다(조효제, 2007: 86~87).

아리스토텔레스의 윤리적 자연주의

아리스토텔레스로부터 이야기를 시작해 보자. 잘 산다는 것이 무엇을 의미하는지를 결정하는 것은 도덕과 정치철학의 논의를 필요로 한다. 잘 사는 것은 아리스토텔레스를 비롯한 그리스철학의 핵심 관심사였다. 아리스토텔레스의 윤리학은 '행복', '안녕', '번영' 등 다양하게 번역되는 '에우다이모니아'(eudaimonia)에 초점을 맞추었다. 그의 정치학도 에우다이모니아가 가능한 사회를 설명하는 데 집중되었다. 아리스토텔레스는 윤리적 문제와 정치적 문제를 분리할 수 없다고 여겼고, 이것이 바로 『니코마코스 윤리학』과 『정치학』이 원래 한 권의 책으로 쓰인 이유이다.[108]

---

[108] 아리스토텔레스의 철학에서 중심적인 역할을 하는 에우다이모니아 개념의 전통적인 번역어는 '행복'(eudaimonia)이었지만, 현대 번역가들은 종종 '웰빙'(well-being) 또는 '번영'(flourishing)이라는 번역어를 선호하기도 한다. 이는 오늘날 행복에 대한 구어적 이해가 아리스토텔레스의 용법과 매우 다르기 때문일 것이다. 아리스토텔레스에게 eudaimonia는 단순한 쾌락이나 기분 좋은 상태를 넘어서, 인간의 고유한 덕을 실현하고 이성을 발휘하며, 사회적 관계 속에서 자기를 실현하는 삶을 통해 얻는 깊고 지속적인 행복의 상태이다. 이와 달리 일반적인 영어에서 '행복'은 공리주의적 함의를 담고 있다. 이 단어는 긍정적인 감각적 경험이나 사회적 상호작용에서 비롯되는 즐거운 감정 상태를 연상시킨다. 공리주의적 논리에 따르면 행복은 단순히 감정 상태나 경험의 총합에 불과하다(Gorski, 2013: 552). 참고로 도덕적으로 바람직한 것, 좋은 것에 관한 윤리학적 논의는 크게 '쾌

아리스토텔레스는 행복을 좋은 삶과 좋은 활동으로 정의한다(아리스토텔레스, 1984: 46). 즉 공리주의자들과 달리 아리스토텔레스에게 행복은 단순히 감각적 경험의 총합이 아니라 삶의 전반적인 형태에 의해 구성된다. '행복한 삶'은 자신의 눈만이 아니라 동료들의 눈에도 '잘 살았다'라는 만족감, '덕'(virtue)을 갖춘 삶을 살았다는 만족감을 의미한다. 또한 아리스토텔레스는 모든 생명체가 자연의 질서에서 자신의 위치에 따라 주어지는 '목적' 또는 '텔로스'(telos)를 갖고 있다고 주장한다.[109] 인간의 생명은 내면의 체질에 따라 반성하고, 살아가며, 성장하고자 한다는 점에서 동식물과 비슷하지만, 언어와 이성 능력을 가지고 있다는 점에서 다른 생명체와 다르다. 즉 인간은 동물과 공유하는 '하위의'(lower) 목적과 인간 고유의 '상위의'(higher) 목적을 지니고 있다. 따라서 아리스토텔레스는 잘 산다는 것이 언어와 이성에 대한 고등 능력을 개발하고 활용하는 것이라고 말한다.

생명은 동물의 경우에는 지각의 능력에 의하여 정의되고, 인간의 경우에는 지각 혹은 사고의 능력에 의하여 정의된다. 그리고 능력이라

락'(pleasure)을 중시하는 쾌락주의(hedonism) 전통과 '규율'(discipline)을 중시하는 행복주의(eudemonism) 전통으로 나뉜다(박종현, 2022: 100). 특히 후자는 아리스토텔레스의 철학에서 중심적인 역할을 한다.
109 이러한 맥락에서 생존은 친구들과 함께 생활함으로써, 또 이야기와 생각을 나눔으로써 가능하게 되는 것이다. 이것이 인간에게 함께 생활한다는 것의 의미이다(아리스토텔레스, 1984: 278).

는 것은 거기 대응하는 활동에 관련시켜 정의되는데, 이 활동이야말로 본질적인 것이다. 그러므로 생명, 즉 살아 있다고 하는 것은 본질적으로 지각하는 혹은 생각하는 행위라 할 수 있다. 그리고 생명은 그 자체가 좋고 즐거운 것들 가운데 하나이다. 그것은 명확한 것이요, 명확한 것은 선의 본성을 지니고 있기 때문이다. 그리고 본성상 좋은 것은 또한 유덕한 사람에게도 좋은 것이다(아리스토텔레스, 1984: 277).

이로부터 이어지는 인간과 동물의 진정한 차이점은 인간만이 선과 악, 정의와 불의를 구별할 수 있다는 것이다. 이는 시민들이 좋은 삶에 대한 공유된 전망을 발전시키고 실천할 수 있는 폴리스(πόλις)에서만 가능하다. 폴리스는 시민들이 자기완성을 실현할 수 있을 때에만 완전한 자급자족을 달성할 수 있다. 폴리스는 단순한 삶을 위해서가 아니라 좋은 삶을 위해 존재하기 때문이다. 즉 폴리스는 법과 정의에 의해 규제되는 윤리적 공동체로, 구성원들이 특정한 가치와 믿음을 공유하는 결사의 한 형태라고 할 수 있다. 바로 이러한 맥락에서 그는 '정의'야말로 완전한 덕이라고 말한다.[110]

아울러 아리스토텔레스는 『니코마코스 윤리학』에서 건강과 행복을 비유적으로 설명하면서, 건강을 행복의 요소로 여겼다. 그

---

110 정의와 덕의 관계에 대해서는 아리스토텔레스(1984: 145), Hawkins(2004: 24), Gorski(2013: 553) 참고.

는 학문을 이론학과 실천학, 그리고 제작학으로 구분하면서, 윤리학에서 건강을 신체적 건강과 영혼의 건강의 관계로 규정하고자 했다. 말하자면 아리스토텔레스는 플라톤의 의학적 윤리학의 관점을 계승했다. 『니코마코스 윤리학』 1권, 2권, 6권, 10권에는 의학과 윤리학에 연관된 비유들이 많이 등장한다. 윤리학은 영혼의 탁월함인 덕을 탐구하는 학문이고 의학은 몸의 탁월함인 건강을 탐구하는 학문이기에, 윤리학은 의학과 비슷하다는 것이다. 우선 윤리학과 의학의 공통점은 실천적 학문이라는 점이다. 의학이 건강을 아는 것이 아니라 건강하게 만드는 것이 목표이듯이, 윤리학도 덕을 아는 것이 아니라 덕 있는 사람이 되는 것을 목표로 한다. 이러한 맥락에서 아리스토텔레스는 건강이란 좋음이며 행복이라는 최고 선에 필요한 것이라 말하며, 텔로스 비명에 새겨진 비문을 언급한다(장미성, 2020: 368~371).

> 유덕한 행위는 그 자체로 즐거운 것이며, 또한 선하고 고귀한 성질을 가지고 있다. 행복은 세상에서 가장 좋고 가장 고귀하고 가장 즐거운 것이요, 또 여러 속성은 텔로스(telos)에 새겨져 있는 저 잠언에서 말하고 있는 바와 같이 서로 분리되어 있는 것이 아니다.
> "가장 고귀한 것은 가장 옳은 것이요, 가장 좋은 것은 건강이라. 그러나 가장 즐거운 것은 우리가 사랑하는 것을 전취하는 것"
> (아리스토텔레스, 1984: 48).

이 모든 특성이 최선의 여러 활동에 속해 있다. 그리고 이 활동들 혹은 그중의 하나 — 최선의 것 — 를 우리는 '행복'이라 부른다(같은 책, 48).

뒤르케임의 아리스토텔레스와 좋은 사회의 존재론

건강한 상태가 좋은 것이며, 병적 상태가 해로운 것이라는 의학적 유추와 가치론은 — 필자의 다른 책에서도 소개한 바 있듯 — 뒤르케임 사회학을 독창적으로 만드는 중요한 전제 가운데 하나이다. 뒤르케임 또한 『사회분업론』의 제2부 제1장에서 "분업의 발달과 행복의 증대"를 논하며, 건강을 인간적 힘의 최적 발전을 목표로 한 사회이론이 추구해야 할 이상이자, 생명체가 "자신들 수준에서 본성을 실현하고 있는 행복을 향유"하는 상태로 상정한다(뒤르케임, 2012: 360).

> 앞에서 우리가 논의한 내용이 사실이라면, 행복이 문명의 발전과 함께 증대하는가라는 질문은 더 이상 의미가 없다. 행복은 건강 상태를 보여 주는 지표이다. … 해당 유기체의 활동이 건전한 것이라면, 행복은 어디에서나 마찬가지로 존재한다. 가장 단순한 생물체와 가장 복잡한 생물체도 자신들 수준에서 본성을 실현하고 있다면 동일하게 행복을 향유하고 있는 것이다. 바로 이러한 이유 때문에 정상적 삶을 살아가는 원시인이 정상적 문명만큼이나 행복할 수 있는 것이다(같은 책, 360).

실제 과잉·과소가 모두 병리이며 그렇지 않은 것이 건강이라는 아리스토텔레스적인 사유는 의학을 매개로 현대에 큰 영향을 주었다. 뒤르케임의 도덕과학에서 매우 중요한 위치를 점하는 정상/병리 개념 또한 건강이라는 자명한 의학적 가치에 근거하기에, 명시적으로 규범적인 것과 연계된다.[111] 뒤르케임은 건강의 장애물인 질병이 인간 본성을 위반하는 폭력이라는 아리스토텔레스의 논평에 수긍하면서도,[112] 인간사회에 널리 퍼져 있는 질병이 우연성의 결과라는 것에 동의하지 않는다(Durkheim, 1965: 46). 그렇기에 뒤르케임은 행복의 지표로서 사회적 건강의 사회적 조건에 보다 관심을 기울였다. 생명은 어느 특정한 장소에 머물러 있는 것이 아니라 유기체 전체에 확산되어 있는 것이며, 행복이 표현하는 것은 특정 기능의 일시적 상태가 아니라 전체 유기체의 육체적·도덕적 건강이라는 것이다(뒤르케임, 2012: 359).

우리는 다음과 같은 사실을 아주 일반적 진리로 받아들일 수 있다.

---

[111] 정상/병리 개념은 아리스토텔레스의 건강 개념과 베르나르의 정상/병리 개념 및 통계학의 평균인 개념의 영향과 수용을 그 배경으로 하고 있다. 이에 대한 자세한 논의는 김종엽(2001: 71~76), 김명희(2017b: 352~353) 참고.

[112] 또한 아리스토텔레스를 명시적으로 언급하지는 않지만, 『사회분업론』의 다음 진술은 『니코마코스 윤리학』의 논의를 가리키고 있음을 시사한다. "자극의 빈도가 너무 크거나 너무 작을 때 더 이상 쾌적한 것으로 느껴지지 못한다. 자극은 특정 정도의 강렬함을 넘어서거나 아니면 거기에 도달하지 못한다는 느낌을 주기 때문이다. 인간이 일상적 체험을 통해 평범한 중용의 삶(l'aurea mediocritas)에서 행복의 조건을 발견한다는 것은 근거가 있는 주장이다"(뒤르케임, 2012: 349).

단지 어떤 생리적이거나 심리적 변형을 경험한 생명체만이 병적 상태에서 기쁨을 발견한다. 그런데 건강이란 평균적 활동을 의미한다. 결국 건강은 모든 기능들의 조화로운 발달을 의미하며, 그 기능들은 서로 절제할 줄 안다는 조건에서만 조화롭게 발달할 수 있는 것이다(같은 책, 350).

우리는 위의 논의를 기초로 인간의 행복을 제한하는 것이 무엇인지 이해할 수 있다. 그것은 역사 발전의 각 순간에 포착된 인간의 체질 그 자체이다. 자신의 기질과 도달해야 할 물리적·도덕적 발달의 정도가 이미 주어졌기 때문에, 인간이 넘어서는 안 되는 행복의 최대치와 활동의 최대치가 존재하는 것이다(같은 책, 350).

이러한 관점에서 뒤르케임은 『사회분업론』에서 분업의 기원을 끊임없이 자신들의 행복을 증대시키려는 개인들의 욕구로 설명하는 공리주의의 환원론적 행복론과 자유방임주의 경제학을 논박한다. 행복의 기준이 되는 인간의 본성(human nature)은 유기적 기층에 연결되어 있다는 점에서 초자연적인 것이 아니라 자연적 사실이다. 하지만 인간의 본성은 사회가 변화함에 따라 더불어 변화한다는 점에서 초역사적인 것이 아니라 역사적인 본성이다. 그러므로 분업사회의 새로운 도덕체계가 요구하는 '인간 존엄'의 이상은 사회적 자연에 속한다. 바로 이 맥락에서 뒤르케임은 아리스토텔레스를 언급하며 다음과 같이 말한다.

만약에 우리가 자신이 가지고 있지 않은 것을 갖게 되고, 다른 사람들과의 연합을 통해서 우리가 잃어버린 것들을 다시 발견할 수 있다면, 그러한 행위는 인간의 존엄성을 실현하는 소중한 일이 아니겠는가? 우리는 **아리스토텔레스가 말한 대로, 인간은 자신의 본성을 실현해야만 한다는 원칙에서 출발했다. 그러나 인간의 본성이 역사의 각기 다른 순간들마다 늘 일정한 상태로 머물러 있는 것은 아니다. 그것은 사회가 변화해 감에 따라 더불어 변화해 간다.** … 분업이 발달한 현대사회에서, 인간의 본성은 대체로 사회의 특정한 기관이 되는 것이며 사회의 특정 기관으로서 자신의 역할을 수행하는 것이다(같은 책, 597).

실제 뒤르케임은 1884년 상스고등학교 시절[113]과 1888년 보르도대학교에서 열린 사회과학 입문 개강 강의에서 아리스토텔레스에 대한 강의를 했다.[114] 1888년 강의의 초입에서 뒤르케임은 사회를 '자연적 사실'로 본 최초의 사람으로 '아리스토텔레스의 저명한 예'를 들며, 이것이 18세기 샤를 몽테스키외와 니콜라 드 콩도르세의 사상 이전에 발전되지 않은 통찰이라고 높게 평가한다(Durkheim, 1978a: 45). 또한 그는 1907년 11월에 보낸 한 편지에서

---

113 뒤르케임(Durkheim, 2004)의 제1장 4절 '철학의 분업'에 관한 논의를 참고하라. 여기서 뒤르케임은 아리스토텔레스의 이론, 실천(윤리학), 시학의 구분에서 출발해 철학의 분할과 전개를 논하고 있다.
114 이 강의는 원래 "Cours de science sociale: Leçon d'ouverture", *Revue internationale de l'enseignement* 15, 1888에 처음 수록되었다.

자신의 사상이 모두 독일에 기원을 둔다는 시몽 드플루아즈를 논박하며, 사회학과 심리학, 생물학 등의 층위 구분이 자신의 멘토 에밀 부트루에게 빚진 것임을 밝히면서 아리스토텔레스를 언급한다. "아리스토텔레스가 '심리학적 원리에 의해 심리학이, 생물학적 원리에 의해 생물학이'라고 말했듯 … 나는 그것을 사회학에 적용"했다는 것이다(Durkheim, 1982i: 258; 김명희, 2017b: 338). 뒤르케임은 서구 형이상학의 사변적 방법론에 거리를 두었음에도, 아리스토텔레스가 본질적으로 형이상학자이며, 도덕과 사회과학에 여전히 남아 있다고 그의 심원한 영향력을 인정한다.

아리스토텔레스와 공명하는 뒤르케임의 자연주의 윤리학은 '도덕적 사실들의 결정'에 관해 논하는 1906년 세미나에서 보다 선명해진다. 뒤르케임의 입장에서 공리주의와 칸트주의는 도덕이라는 복잡한 현상의 각각 한 측면만을 강조한다는 점에서 한계가 있다. 칸트는 도덕의 강제 또는 의무의 측면만을 강조하면서, 사회에 대한 사람들의 애착과 그들이 선(good)으로 보았던 것을 행하는 것에 대한 욕망을 전적으로 부정했다. 반대로, 공리주의자들은 선으로 보았던 것을 행하는 데 있어 사람들의 이해관계를 강조했지만, 도덕적 규범의 선험적 구속 및 개인의 의무감을 부정했다. 하지만 뒤르케임의 분석에서 의무와 선은 도덕적 행위에서 똑같이 본 실질인 요소이다. 이러한 맥락에서 그는 공리주의의 경험주의적 도덕론과 칸트의 선험주의적 도덕론을 비판하며 "우리는 행복주의(eudemonism)의 몇몇 요소를 인정"함으로써 "욕망과 기쁨이 의무에 스며들어 있다"라는 것을 보여 줄 수 있다고 말한다(Durkheim, 1953: 22).

아리스토텔레스와 차이가 있다면, 뒤르케임의 도덕과학은 "도덕적 사실들에 대한 경험적 연구를 허용"하는 동시에 "도덕적 사실들에 내재"한 "종교적 특징들을 파괴"하지 않으면서, "도덕성에 대한 합리적 설명"을 추구한다는 점이다. 뒤르케임은 이것이 '행복주의'의 귀중한 측면들을 인정하는 것이라고 말한다.

> 나는 이 과학이 도덕적 사실들에 대한 경험적 연구를 허용하는 동시에, 도덕적 사실들에 내재하고 다른 모든 인간현상과 도덕적 사실들을 구별하는 독특한(sui generis) 종교적 특징을 파괴하지 않는다는 사실을 강조하고 싶다. 그럼으로써 우리는 도덕에 대한 합리적 설명을 제공한다고 주장하면서, 도덕성의 구체적인 특성들을 부정하고 도덕성의 근본적인 개념을 경제적 기술들의 개념으로 환원하는 공리주의적 경험론에서 벗어난다. 또한 도덕에 대해 꽤 충실한 분석을 제공하지만 설명하기보다는 기술하는 칸트의 선험주의(a priorism)에서도 벗어난다. 우리는 의무 개념을 인정하지만, 실험적인 이유들로, 그리고 행복주의의 귀중한 측면을 거부하지 않고서 인정하는 것이다(같은 책, 31).

이렇게 볼 때 수정된 버전의 아리스토텔레스적인 윤리적 자연주의자로서 뒤르케임의 자살연구는 인간 행복의 사회적 전제조건에 대한 경험적 연구로 독해될 수 있다. 이는 『사회분업론』에서 보다 명시적으로 드러나는바, 해당 사회에 따라 행복과 불행에 대한 감정의 강도가 변하는 것을 표현해 주는 객관적이고 측정 가능한 사실이 바로 자살한 사람의 숫자라는 것이다. 원시인들 사이에서 드물었던 자살이 문명과 함께 증가한다는 사실은 인간의 생존 본능이 영향력을 잃어 간다는 것을, 사회의 일반적 행복이 감소하고 있다는 점을 보여 주는 것이다. 이때 행복은 공리주의자들이 말하듯 개인들의 기쁨 또는 만족의 수량적 총합이나 최대 다수의 행복이 아니라 '사회 구성원들이 평균적으로 누리고 있는 행복' 또는 '사회의 일반적 행복'을 말한다(뒤르케임, 2012: 363~368).[115]

마찬가지로 『자살론』에서 '불충분한 규제'가 아노미적 자살을 낳고, '과도한 규제'는 숙명론적 자살로 이어지며, '불충분한 사회 통합'은 이기주의적 자살을 초래하는 반면, '과도한 통합'은 이타주의적 자살을 낳는다는 도식은 뒤르케임에게 번영하는 사회란 도덕적 규제와 사회 통합이 적절한 균형을 이루는 사회라는 점을 시사한다. 실제 『사회분업론』에서 뒤르케임은 좋은 사회란 개인의 자유와 자율에 대한 욕구와 도덕적 목적 및 사회적 연결에 대한 욕구가 적절한 균형을 이루는 사회라고 주장한다(같은 책, 410~415). 즉 자유와 연대가 상호 의존하는 사회를 말하는 것이다. 또한 『직업윤리

---

[115] 뒤르케임에게 '평균'은 어떤 집단정신의 상태를 나타낸다(뒤르케임, 2001: 60).

와 시민도덕』[116]에서 자부심을 가질 수 있는 좋은 사회란 가장 부유하거나 거대한 사회가 아니라, 가장 정의롭고 잘 조직화되어 있으며 좋은 도덕적 구성을 갖고 있는 사회라고 말한다(뒤르케임, 1998: 142). 이렇게 볼 때 "법률체계를 통해 사회연대"의 변화를 연구한 『사회분업론』은 도덕과학의 방법론을 적용하여 근대 분업사회에서 발현된 인간 존엄의 이상과 도덕적 개인주의가 행복 실현적 사회(eudaimonistic society),[117] 즉 좋은 사회로 나아가는 지리-역사적인 합리적 방향성에 부합함을 논증한 저술이라고 할 수 있다.

사회는 그 사회가 지향하는 이상을 가지고 있어야 한다. 사회는 해야 할 일을 가져야 하고, 어떤 선(善)을 실현해야 하며, 인류의 도덕적 자산에 독창적인 공헌을 해야 한다(뒤르케임, 2024: 37).

---

[116] 『직업윤리와 시민도덕』은 '도덕과 권리의 본성'이라는 제목으로 1890~1990년 보르도에서 행한 강의이지만 1904~1912년 소르본느에서도 행한 강의 모음이다. 이 강의는 마르셀 모스와 공저한 수고 형태로 존재하다가 1957년에 루틀리지 앤드 키건 폴 출판사에서 영어 번역으로 출간했다. 6회로 구성된 이 강연 중 3회분은 뒤르케임 사망 20년 뒤인 1937년에 『형이상학과 도덕평론』(*Métaphysique et de Morale*)이라는 책에 실려 출간되었다(뒤르케임, 1998: 33).

[117] 바스카가 발전시킨 변증법적 비판적 실재론은 각자의 자유로운 번영이 모두의 자유로운 번영을 위한 조건이 되는 행복 실현적 사회를 좋은 사회의 목표로 설정한다. '행복 실현'은 eudaimonia의 번역어로 그리스어 eu(=well) + daimon(=god/goddess, destiny, fortune, one's genius 또는 lot)에서 유래한다. 이 개념은 사람의 궁극적 행복이나 번영, 또는 '좋은 삶'을 의미하는 것으로, 오늘날 그것은 가장 일반적으로 인간의 행복과 번영을 최고의 선으로 보는 윤리 개념(eudaimonism)을 가리킨다. 비판적 실재론에서 이 개념의 사용은 근대 이전의 변증법적·영성적 전통을 활용하여, 주인-노예 유형의 관계 폐지 이후 사회구조와 개인의 상호작용을 통해 인간의 궁극적인 행복과 번영을 추구하고, 이를 통해 더 나은 사회를 구축하고자 하는 윤리와 지향을 표현한다(바스카, 2024: 13, 번역자 주).

하지만 뒤르케임은 다음과 같은 점에서는 아리스토텔레스에 동의하지 않는다.

첫째, 곧 살펴보겠지만 샤를 몽테스키외에 관한 라틴어 논문 (1892)에서 뒤르케임은 아리스토텔레스가 다른 철학자들보다 경험 지향적이었다는 점을 인정하면서도, '집단생활의 법칙'을 발견하기 보다 다른 철학자들과 마찬가지로 무엇이 존재해야 하는지에 관심을 갖고 이상적인 정치사회를 탐구했다고 비판한다. 아리스토텔레스가 역사적 사실에 관심을 가졌을 때 그것은 자신의 이상에 비추어 판단하는 것이었기에, 그의 정부 분류는 사회의 실제 성격을 파악하는 데 실패했다는 것이다.[118] 그러나 정부 유형만이 아니라 아리스텔레스가 간과했던 도덕, 종교, 경제생활, 가족 등의 요인들은 사회의 본성과 강력한 관련이 있다(Durkheim, 1965: 9).

즉 아리스토텔레스와 달리 뒤르케임은 인간의 본성에서 도덕을 연역하는 것이 아니라, 과학을 매개로 한 도덕/기예를 추구한다.[119] 도덕과학은 자연적 현상으로서 도덕적 격언과 믿음들을 연구하는 것을 목표로 하며, 그 원인과 법칙을 탐구한다. 다시 말

---

[118] 마이크 하와킨즈는 '아리스토텔레스와 함께 시작해야 하는 이유'(Why Being with Aristotle)라는 흥미로운 제목의 논문에서 뒤르케임이 아리스토텔레스, 보다 정확히 말해 그리스철학에서 가져온 것이 사회형태학이라고 지적한다. 사회형태학의 측면에서 아리스토텔레스와 뒤르케임의 차이에 대해서는 Hawkins(2004: 21~30) 참고.

[119] 다음 절에서 다시 살펴보겠지만, 뒤르케임이 볼 때, 도덕에 대한 과학은 행동을 안내하는 기예에 앞서서 행해져야만 한다. 도덕성은 그 모든 단계에서, 사회 상태에서만 존재해 왔으며 사회적 조건의 함수로서만 변화해 왔기 때문이다(뒤르케임, 2012: 592).

해 도덕적 사실은 다른 사실들처럼 사회현상이기에, 우리는 그것을 관찰하고 기술하며, 분류하고, 설명할 수 있는 법칙들을 찾을 수 있어야 한다는 것이다. 말하자면 '도덕과학' 또는 '도덕적 사실들에 관한 과학'은 "**응용된 과학** 그 이상의 무엇도 아니"라는 것이다(Durkheim, 1978c: 202). 이러한 도덕과학은 "현재 존재하는 도덕성과 생성 과정에 있는 도덕성 사이"에서 적절한 입장을 취하도록 돕는다.

> 도덕과학은 두 가지 상반되는 도덕성, 즉 현재 존재하는 도덕과 생성 과정에 있는 도덕성 사이에서 입장을 취할 수 있게 해 준다. 예를 들어 첫 번째 도덕성은 사라졌거나 사라지고 있는 질서와 관련이 있으며, 반대로 새로운 관념들은 집단적 존재의 조건에서 최근의 변화와 관련이 있고, 이러한 변화로 인해 필연적인 것으로 만들어진다는 것을 우리에게 가르쳐 준다. 우리의 과학은 우리가 이러한 관념들을 더 명확하게 하고, 이를 방향 지을 수 있도록 도울 수 있다(Durkheim, 1953: 30).

요컨대 도덕과학은 "우리로 하여금 실재에 대해 합리적인(reasoned) 평가에 도달할 수 있는 수단을 우리에게 제공"한다. 따라서 도덕적 사실들에 대한 과학은 "인간 이성을 도덕적 질서에 적용"하여 "도덕적 질서의 변화를 지시"함으로써, "우리를 해방하는 것을 주된 임무"로 한다(같은 책, 31~33).

비판적 윤리적 자연주의

우리가 추구해야 할 바람직한 이상(the ideal)이 자연 그리고 현실사회의 일부이기에 과학적 조사에 종속된다는 이러한 입장은 뒤르케임의 도덕과학에 일관된 것이다(같은 책, 92~93). 이는 바스카가 체계화한 윤리적 자연주의(ethical naturalism)의 관점에서 보다 명확해질 수 있다. 바스카의 윤리적 자연주의는 도덕적 속성들이 사회과학적 탐구의 적합한 대상이 될 수 있으며 사회과학적 지식에서 도덕적 결론을 도출할 수 있다는 입장을 지칭한다. 이 쟁점은 곧 인간과학의 가능성의 문제와 직결된다. 바스카에 따르면 사회과학의 주제는 사회적 객체들뿐 아니라 그 사회적 객체들에 대한 사람들의 믿음을 포함하기에 자연과학과 사회과학들 사이에 비판적 한계를 만든다. 이 차이는 ① 의식과 존재에 대한 설명적 비판을 가능케 하며, ② 자연과학에서는 찾을 수 없는 가치와 행위에 대한 판단을 수반하고, ③ 그러므로 수정된 형태의 실질적인 윤리적 자연주의를 입증한다는 것이다(바스카, 2005a: 27~28).[120]

실제 『자살론』이 수행한 작업은 ─ 윤리적 자연주의에 일관되게 견인된 ─ 좋은 삶의 사회적 전제조건에 대한 경험적 연구로서(Gorski, 2013: 10), 인과론적 판단에 기초한 개념적 작업(원인에 따른 자살의 유형화)으로부터 실천적 판단(경제적 아노미를 제어할

---

120 이러한 수정된 형태의 윤리적 자연주의를 비판적 윤리적 자연주의(critical ethical naturalism)로 부를 수 있을 것이다.

집합적 주체로서 직업집단의 재조직)을 도출하는 것이었다(김명희, 2017a: 238).

둘째, 뒤르케임은 다른 사회과학의 창시자들과 마찬가지로 '도덕성'을 추구하더라도 형이상학적 규범(예컨대 자연권)이 아니라 사회의 존립을 위해 필요한 기능적 요건(조효제, 2007: 86), 혹은 제도 정립적 규범의 토대를 구축하는 맥락에서 추구한다. 이는 개인주의가 실현되기 위해서는 도덕과 사회제도에 이름을 올려야 한다고 말하며, 「프랑스 인권선언」을 예시하는 대목에서 명확히 드러난다(뒤르케임, 1998: 121). 이는 근대사회가 추구해야 할 도덕률이자 이념적 토대로서 '인권'에 대한 자연주의적 재해석의 가능성을 시사하는바, '뒤르케임의 몽테스키외'를 경유해 이 지점들을 보다 자세히 살펴보기로 하자.

3. 뒤르케임의 몽테스키외: 인권론적 해석

뒤르케임의 법사회학

『래디컬 뒤르케임』(1989)의 저자 프랭크 피어스가 적절히 지적한 바 있듯, 비록 뒤르케임이 『사회분업론』의 주요 구절을 제외하고 법에 관한 글의 출처를 문서화하지는 않았지만, 이것이 뒤르케임이 이 분야에 대한 지식이 부족하다는 것을 의미하지는 않는다. 뒤르케임은 작업 전반에 걸쳐 사회에서 법의 역할이 지닌 다양한 측면을 사회학, 인류학, 역사학 등의 서적을 읽고 검토했다. 그가 법체계의 정치적 토대와 법 담론의 논리에 충분한 관심을 기울이지 않았을지라도 법이 하나의 도덕적 실재이며 제도적 구조라는 뒤르케임의 주장은 중요한 가치가 있다.『사회분업론』의 방법론이 그러했듯, 뒤르케임은 도덕과 법이 나란히 발전하며, 법의 변화를 통해 도덕성의 변화를 추론할 수 있다고 여겼다. 즉 뒤르케임에게 '법률체계'는 사회의 현존하는 상태에 상응하는 것이며, 사회적 연대를 상징하는 외적 지표이다(Pearce, 2001: 90~115).[121]

실제 1878~1888년 보르도대학교에서 열린 사회과학 입문 개강 강의[122]에서 그는 "도덕과학이 존재하는 것처럼 법과학도 존재하며, 이 두 과학은 지속적으로 관련이 있다"라고 말한다(Durkheim, 1978a: 63). 또한 강의의 말미에서 도덕에 대한 과학의 기획과 함께 사회학의 여러 응용 분야를 밝히고, 철학, 심리학, 역사학 등에 이어 법학 분야에 특별한 관심을 할애하고 있다. 이 강의에서 그가 특별히 만나고 싶은 학생 유형이 있다면, 바로 법학도라는 것이다.

---

[121] 뒤르케임의 법사회학에 대한 상세한 논의는 Vogt(1993), Pearce(2001), 김도현(2012), 양현아(2013), Cotterrell(1999) 참고.

[122] 이 수업이 개강 강연은 테리 클라크의 표현을 빌리자면, "대학에서 사회학이 기존의 철학 분야와 구조적으로 차별화되는 시작"을 알린 글이다. 이 강의는 1888년에『국제교육리뷰』(Revue international de l'enseignement) 15호에 수록되었다. 또한 1909년『과학에서의 방법』(De la méthode dans les sciences)에 논문으로 수록된 두 번째 강의에서도 사회학의 기원, 적절한 조직, 목표에 대한 뒤르케임의 입장은 거의 동일하게 유지되었다(Traugott, 1978: 2).

마지막으로 이 방에서 만나고 싶은 학생 유형이 있는데, 바로 법대 생입니다. 이 강좌가 만들어졌을 때 사람들은 이 강좌가 법대에 어울리지 않는다고 생각했습니다. … 이러한 염려가 증명하는 것은 오늘날 최고의 지성들은 법학도가 순수한 주석연구에 갇혀서는 안 된다는 것을 인식하고 있다는 것입니다. 만약 그가 법률 텍스트(texts)에 대한 주석에 모든 시간을 쓴다면, 그 결과 각 법률에 대한 그의 유일한 관심사가 입법자의 의도를 조사하고 추측하는 것이라면, 그는 입법자의 의도를 법의 유일한 원천으로 보게 될 것입니다. 이는 문자 그대로를 정신으로 삼고, 외관을 실재로 삼는 것입니다. 그러나 법은 사회의 심층에서 형성되며, 입법자는 그가 모르는 사이에 이루어진 작업을 다시 공인하는 것에 불과합니다. 따라서 학생은 법이 사회적 필요들의 압력 아래 어떻게 형성되고, 점진적으로 어떻게 정착되고, 어떤 결정화 단계를 거쳐 연속적으로 통과하고, 어떻게 변형되는지 배워야 합니다(Durkheim, 1978a: 68).[123]

그로부터 20년 후 '사회학과 과학사회학'(Sociologie et sciences socials)이라는 제목으로 1909년 출간된 에세이에서 뒤르케임은 '통합과학'으로서 사회학의 역할을 전망하며, 사회학의 하위 분야로

---

[123] 『자살론』에서도 법률이 독자적인 사회적 활동의 요인이며, 성문법의 물질적 형태가 단순히 비효율적인 언어상의 결합이 아니라 적극적인 실체라고 말한다. 그런 형태로 존재하지 않았다면 일어나지 않았을 결과를 만들어 내기 때문이다. 개인의 의식에 외재할 뿐 아니라, 개인이 마음대로 할 수 없는 이 외재성이 바로 그들의 고유한 특성이라는 것이다(뒤르케임, 2008: 399).

사회형태학, 사회생리학, 경제사회학, 종교사회학, 도덕사회학, 언어사회학, 예술사회학, 법사회학 등에 관해 상세하게 논한다. 그중에서도 뒤르케임은 법사회학이 도덕사회학과 밀접한 연관이 있다고 강조한다. 왜냐하면 "도덕적 이념들이 법의 정신이기 때문"이고, "법전의 권위를 구성하는 것은 법전이 구체화하고 명확한 공식들로 해석하는 도덕적 관념"인 까닭이다(Durkheim, 1978b: 80).

즉 뒤르케임은 법을 포함한 제도체계가 이념체계를 표현한다고 보았고, 사회제도에 영감을 불어넣는 신념체계가 없다면 그 제도는 완전할 수 없다고 여겼다. 따라서 이념을 확립하기 위해 노력하는 일이 매우 중요하며, 그 이념을 구현하고 다른 모든 이념을 지배하는 고유의 제도를 최종적으로 확립하는 것이 가장 중대한 일이라는 것이다(뒤르케임, 2023: 328). 이러한 입장에서 도덕적 이념을 구현하지 못하는 — 예컨대 죽음정치적인 — 법률은 응당 교정할 수 있는 것이다.[124] 법과 도덕의 관계에 대한 이 같은 뒤르케임의 생각은 다음의 언술에서 보다 명확해진다.

---

[124] 이러한 견해는 상속제의 폐지를 주장하는 다음의 진술에서도 명확히 드러난다. "사실 현재 재산이 가진 주요한 특징은 상속권 덕분에 아무런 사회적 능력이 없는 사람에게도 재산을 양도할 수 있다는 점이다. 그 결과 아무 일도 하지 않는데도 태어나면서부터 특권을 가진 사람들이 존재한다. 그들은 다른 사람들에게 폐를 끼치면서 살아간다. 때문에 인간의 착취는 이런 형태로 우리 사회 세계의 기초로 남아 있으며, 우리 사회체계는 전적으로 재산의 조직화에 기초하고 있다. 따라서 인간의 착취가 사라지려면 이를 영속화하는 제도도 함께 사라져야 한다"(뒤르케임, 2023: 320~321).

현대사회의 도덕은 우리가 동료 인간들에 대해 더 배려하고 정의로운 행동을 하도록 요구한다. … 그런데 이 새 도덕을 구성하는 법률들은 자유로운 검토를 방해하는 강제적 힘을 가지고 있지 않다. 오히려 이 법규들은 우리 인간들을 위해 만들어진 것이다. 그리고 이 법규들은 우리가 만든 것이기 때문에 우리는 그것들로부터 자유롭다. 우리는 이 법규를 이해하기를 원하고 그것을 바꾸기를 두려워하지 않는다(뒤르케임, 2012: 604).

이렇게 법과 도덕, 그리고 정의의 연속성을 말하는 뒤르케임의 관점은 법과 도덕, 그리고 정의를 분리하는 현대의 법실증주의와 그 입장을 달리한다.[125] 뒤르케임의 정의, 도덕, 법사회학의 연속성에 주목한 로저 코터렐은 도덕과 정의의 문제는 뒤르케임 사회학의 중심 주제였으며, 개인의 존엄성과 인권의 중요성을 강조하는 현대사회에서 더욱 요청되는 주제라고 말한다. 정의의 사회학이 수평적 연대관계에 보다 초점을 맞춘다면, 법사회학은 현대사회에서 정의와 도덕적 개인주의를 위한 제도적 틀로 자리한다. 즉 법사회학은 정의와 도덕의 사회학과 더불어 삼각형 중앙에 위치하는 셈이다(Cotterrell, 2010: 17).

---

125 법은 도덕의 한 형태이며, 뒤르케임의 견지에서 일견 사회적 도덕과 무관해 보이는 법들도 간접적으로는 도덕에 기원을 두고 있는 셈이다(김도현, 2012: 256~257). 이러한 입장은 도덕적·법률적 사실들과 권리를 연속선상에서 다루며, 『직업윤리와 시민도덕』(1998)으로 편집된 1890~1900년 강의에서 보다 분명해진다. "도덕과 권리에 관한 과학은 도덕적·법률적 사실들의 연구에 기초해야 한다"라는 것이다(뒤르케임, 1998: 50).

필자가 보기에 법의 기원이 사회에 있으며, 그 정신은 도덕적 사상이라는 뒤르케임의 사유 역시 크게 도덕과학, 곧 윤리적 자연주의의 기획 속에서 일관되게 이해될 수 있다. 법철학과 사회과학에 적용된 뒤르케임의 윤리적 자연주의는 1892년 라틴어로 쓴 박사학위 부논문 『몽테스키외와 루소: 사회학의 선구자들』(*Montesquieu et Rousseau: Précurseurs de la sociologie*)에서 보다 명확하게 드러난다. 특히 1937년 프랑스어로 번역된 「정치과학의 창시에 대한 몽테스키외의 기여」(Quid Secundatus Politicae Scientiae Instituendae Contulerit)라는 논문은 뒤르케임 특유의 윤리적 자연주의의 골격을 압축적으로 보여 주는 중요한 저술로서 『사회학적 방법의 규칙들』(1895)에 못지않은 방법론적 가치를 갖고 있다(김명희, 2017b: 125). 여기에서 그는 몽테스키외의 『법의 정신』(1748)을 집중적으로 분석하면서 사회과학의 대상을 확립하고 방법의 초석을 놓은 선구자로 몽테스키외를 위치 짓는다. 이 저술은 몽테스키외의 '새로운 법철학'(Durkheim, 1965: 19)과 방법론을 분석함으로써 '제도 정립적 생명정치'로 나아갈 이론적 교두보를 제공해 준다.

몽테스키외의 『법의 정신』

알다시피 『법의 정신』은 계몽주의 시대에 가장 영향력 있는 텍스트로서,[126] 근대 사회과학의 출현을 분명히 알린 저술이다. 앞서 말

---

[126] 『법의 정신』(*The Spirit of Laws*)은 20여 년 동안 여행을 통한 현장 경험과 방대한 자료 수집

했듯, 뒤르케임은 18세기에 아리스토텔레스의 존재론을 되살린 사상가로 몽테스키외와 콩도르세를 꼽는다. 이들이 사회 또한 다른 세계와 마찬가지로 사물의 본성에서 파생된 필연적인 법칙의 지배를 받는다고 선언했기 때문이다(Durkheim, 1982a: 77).

실제 '법 일반'을 다루고 있는 『법의 정신』의 제1장은 "법은 사물의 본성에서 유래하는 필연적인 제 관계"라고 정의하면서 시작한다. 아울러 『법의 정신』의 부제가 말하듯, 그 인식 대상이 단순히 법에 한정된 것이 아니라 '법과 온갖 존재 사이의 관계, 그리고 이들 온갖 상호 간의 관계'라는 점을 밝히고 있다. 이 같은 연구 대상은 『법의 정신』의 원래 부제가 '법이 각 정체의 구성·풍습·풍토·상업 등과 가져야 할 과제에 대하여'라는 점을 상기할 때 보다 분명해진다. 이에 따라 이 책은 사회현상들의 "기원을 연구하고 그 물리적이고 정신적인 원인을 발견하고자" 한다고 연구의 목적을 밝힌다(몽테스키외, 2006: 9~14).

실제 몽테스키외는 인간생활의 습속, 종교, 기후, 토지의 성질 및 인구의 크기가 집단생활의 측면에 어떻게 영향을 주는가를 발견하려 했다. 몽테스키외가 이러한 다양한 요소들을 연구한 이유는 제목이 말하듯, '법의 정신'을 찾기 위해서이다. 다시 말해 몽테

을 통해 1748년 출간된 이후 2년 동안 22판을 거듭할 만큼 큰 성공을 거둔 몽테스키외의 대표작이다. 이 책은 사회의 법률과 사회조직체의 측면들 사이에 체계적 관계가 존재한다는 것을 보여 주려 했기에, 최초의 사회과학 서적으로 평가받는다. 『법의 정신』의 주요한 실천적 목적은 프랑스의 고유한 헌법에 대한 분석에 기반해 군주정의 개선 방안을 탐구하는 것이었다.

스키외는 어느 정도의 덕을 가진 사회와 아예 없는 사회들에 가장 적절한 제도를 판단하기 위해 『법의 정신』을 집필했다(Durkheim, 1965: 53).

입법자는 정체(政體)의 원리에 반하지 않는 한 국민의 정신, 즉 법의 정신을 따라야 하며, 우리들의 본성에 따라 정치체를 구성하는 것이야말로 가장 바람직한 것이라고 몽테스키외는 말한다. 그리고 정체의 본성과 원리의 관계에 따라 정부 형태를 공화정, 군주정, 전제정으로 분류하고 그 특성을 설명한다. 이것은 크게 아리스토텔레스적인 전망 속에 자리한 것이다. 하지만 뒤르케임이 갈파했듯, 통치자의 수에 따라 정체를 분류했던 아리스토텔레스와 달리 몽테스키외는 통치자의 수를 비롯해 — 사회생활의 여러 측면들과 함께 — 그 사회의 본성을 총체적으로 파악함으로써 분류를 진행했다. 그러한 의미에서 뒤르케임은 몽테스키외의 분류가 종국적으로는 사회가 통치되는 방식만이 아니라 '사회들'에 대한 분류였다고 말한다(같은 글, 32).[127] 이 지점이 여러 논자들이 뒤르케임의 사회형태학(social morphology)을 몽테스키외와 연결하는 부분이다.[128] 나아가 몽테스키외는 정부의 원리를 공화정은 덕성, 군주정은 명예, 전제정은 공포라고 특징짓는다. 이는 '제도'를 통해 고전적 덕성이 아니라 새로운 근대적 덕성(시민성)을 정치사회에 주입하려는 기

---

127 몽테스키외의 정치사상에 대한 정치적 독해로는 홍태영(2007: 144~145) 참고.
128 자세한 논의는 Miller(1993), Andrews(1993), Hawkins(2004) 참고.

획의 일환이었다(장세룡, 2005: 286~290).

사회과학의 성립조건 & 과학과 기예

몽테스키외에 대한 뒤르케임의 논문은 크게 다음의 여섯 개 제목의 소절로 이루어져 있다. 1. 사회과학의 발흥에 대한 몽테스키외의 기여, 2. 사회과학의 성립 조건, 3. 몽테스키외의 사회 분류, 4. 몽테스키외는 어느 정도까지 사회현상이 명확한 법칙의 적용을 받는다고 생각했는가? 5. 몽테스키외의 방법, 6. 결론이 그것이다. 이 논문에서 우리가 주목할 지점은 크게 두 가지이다. 첫째, 사회과학에 대한 몽테스키외의 기여와 법을 다루는 그의 방법론을 분석하는 뒤르케임의 과학적 전제들이 그 자신의 윤리적 자연주의의 독창성을 선명하게 드러낸다는 점이다. 둘째, 몽테스키외의 한계를 분석하는 지점에서 뒤르케임이 주창한 도덕적 개인주의의 방법론적 함의가 보다 명료해지며, 아울러 근대사회의 역동성에 대한 역사·사회이론적 함의가 풍부하게 드러난다는 점이다.

먼저 뒤르케임은 논문의 서두에서 몽테스키외가 '법'을 다루지만, "법이 모든 사회생활에 관련되기 때문에, 필연적으로 거의 모든 사회 측면을 다룬다"라는 점을 높게 평가한다. 따라서 몽테스키외가 법을 해석하는 방식은 다른 '사회제도'에도 적용될 수 있다는 것이다(Durkheim, 1965: 1). 특히 몽테스키외 시대에 사회의 본성을 탐구할 현대과학의 입증된 정리들이 부족했음에도, 과학이 그것의 주제, 본성 및 방법을 인식하도록 토대를 마련한 것을 뒤르케임은 의미 있게 평가한다.

이러한 논증을 위해 뒤르케임은 사회과학이 성립하기 위한 필요조건으로서 '과학'(science)과 '기예'(art)를 구분하는 것에서 논의를 시작한다. 과학이 '있는 것'을 다룬다면, 기예는 '있어야 할 것'을 다룬다. 곧 과학의 대상은 사물들(things), 곧 실재들(realities)이다. 즉 법률, 관습, 종교 등이다. 하지만 이제까지 철학적 접근 방식은 이들 문제를 인간의 의지에 달려 있는 것으로 바라보았던 까닭에, 과학이 다루어야 할 사물들이라는 점을 깨닫지 못했다. 앞서 말했듯 플라톤보다 훨씬 더 경험에 주목했던 아리스토텔레스조차 사회적 존재의 법칙들이 아니라, 최선의 사회형태를 발견하고자 했다. 이에 따라 아리스토텔레스는 군주제, 귀족제, 폴리테이아(politia)를 구분했다. 하지만 뒤르케임이 보기에 아리스토텔레스는 사회의 유형과 국가의 유형을 혼동했기에, 사회들의 성격에 대해 아무것도 알려 주지 않는다. 즉 아리스토텔레스는 과거와 현재의 실재에 관심을 갖지 않고 미래를 연구하는바, 이것은 과학이 아니라 기예에 불과하다는 것이다(같은 글, 3~4).[129]

하지만 과학은 기예와 달라서, 과학과 기예 사이의 구분이 선명할수록 과학이 기예에 더 유용해질 수 있다. 기예는 방법 없이 나

[129] 철학자들이 간과했던 다른 요인들, 즉 도덕, 종교, 경제생활, 가족 등은 우연한 것처럼 보이지만, 사회의 본성과 관련이 있다. 과학의 주제는 고유의 안정적인 본성을 가지고 있고, 인간의 의지에 저항할 수 있는 사물들로만 구성될 수 있다. 입법자가 자신이 원하는 대로 사회적 삶을 조직하고 지휘할 수 있다면, 사회과학의 대상은 어디에 있는가? 이것은 사회과학이 오랫동안 기예일 뿐이었던 이유를 설명한다(같은 글, 7~11).

아간다는 점에서 과학과 구분된다. 과학이 기예와 혼동될 때 과학의 가치는 떨어진다. 과학이 실제로 존재할 수 있기 위해서는, 탐구되는 사물의 본성과 과학의 요건에 적절한 방법을 가지고 있어야만 한다. 더욱이 유형과 법칙이 사물들의 깊은 곳에 숨어 있다면, 그러한 사물의 본성을 연구할 수 있는 방법을 필요로 한다(같은 글, 7~9). 이러한 언술들은 현상과 본질을 구분하고 존재론적 깊이를 사고하는 뒤르케임의 과학적 실재론과 심층 실재론을 명확히 드러내 보여 준다.

나아가 뒤르케임은 자연과학과 달리 인간사회를 실험하는 것이 불가능하고,[130] 실험을 대신할 수 있는 방법을 찾기란 쉽지 않다고 덧붙인다. 이러한 어려움을 어떻게 해결할 것인가? 흥미롭게도 이 지점에서 뒤르케임은 방법이 과학에 필요 불가결하긴 하지만, 때로는 과학 자체에서 비롯된다고 말하면서(같은 글, 13),[131] 몽테스

---

[130] 사회체계는 근본적으로 개방적이며, 따라서 실험적 폐쇄의 불가능성은 사회과학에 자연과학과 구분되는 인식론적 차이를 만든다는 것이 비판 실재론적 사회과학의 중요한 전제였다(Bhaskar, 2016: 13). 그러나 이것이 과학의 불가능성을 의미하지는 않는데, 다양한 유형의 실험의 대체물과 보완물을 통해 설명을 추구할 수 있기 때문이다. 재레드 다이아몬드가 사회과학으로서 역사학의 유력한 방법으로 제시한 '자연실험', 즉 비교연구가 대표적인 사례가 될 것이다(다이아몬드, 2023: 704~705; 다이아몬드·로빈슨 외 편, 2015). 마찬가지로 뒤르케임에 따르면, 자연의 법칙을 발견하기 위해서는 주어진 사물의 다양한 형태들 사이에서 충분한 수의 비교를 할 필요가 있다. 실험의 본질은 단지 현상에 자유롭게 변화를 주는 것이기에, 비교를 위한 광범위하고 풍부한 분야를 제공한다. 이 비교들은 사회과학의 실험에 대한 필요성을 충족한다(Durkheim, 1965: 51). 이러한 비교의 방법을 뒤르케임은 간접실험이라고 칭한다. 사회현상에 적용된 실험적 방법에 대해서는 뒤르케임(2001: 193~200) 참고.
[131] 상스고등학교의 철학 강의에서도 유사한 견해가 피력된다. 그에 따르면 방법은 과학에

키외의 방법론에 대한 메타적 독해에 착수한다.

새로운 법철학: 사회과학에 대한 몽테스키외의 기여

몽테스키외가 집필 목적에서 밝혔듯, 『법의 정신』은 법, 관습과 지구상 모든 사람들의 다양한 관행을 다룬다. 즉 인류의 일반적인 제도를 포괄하기 때문에, 이 책의 주제는 방대하다. 몽테스키외는 입법자의 역할은 일단 자신의 권한 밖이라고 겸손하게 말하고, 사회현상의 기원과 물리적·도덕적 원인을 알아내고자 한다. 몽테스키외의 탁월한 점은 모든 사회현상들의 상호 연관을 인식했고, 입법자의 의도나 의지가 아니라 관습, 법과 제도와 같은 삶의 규칙이 존재의 조건에 따라 달라진다고 이해한 점이다. 이에 따르면 정부형태의 바람직함은 시대와 장소의 특정 조건에 달려 있다. 이 점에서 뒤르케임은 몽테스키외가 개별자(입법자)의 결정 능력에 주목하기보다, 인간행동의 배후를 관통하는 법칙을 발견하고자 했고, 그러한 법칙으로부터 법을 도출하려는 시도로서 '새로운 법철학'을 발전시켰다고 높게 평가한다(같은 글, 1965: 15~20).

물론 몽테스키외에게도 기예와 과학의 관계는 명료하지 않으며, 혼재되어 있었다. 그럼에도 "몽테스키외의 과학이 진정한 사회과학"인 이유는 "개인의 마음이 아니라 사회현상을" 다루는 까닭이

필수적이기는 하지만, 모든 창안의 원천은 아니다. 방법적으로 나아가는 것은 합리적으로 행위한다는 것을 의미한다(Durkheim, 2004: 206).

다. 즉 그는 새로운 정치질서의 도입이 아니라 정치적 규범들의 규정에 관심이 있었다. 모든 사회의 최고 법은 구성원들의 복지이며, 건강이 항상 바람직하고 질병은 피해야 하는 것과 마찬가지로 해당 사회가 노력해야 하는 것과 피해야 하는 것을 판단하고자 그 사회의 본성을 기술하고자 했다는 것이다. 이를테면 몽테스키외는 일반적 법(general laws)만이 아니라 과거와 현재의 모든 법체계를 '자연적'이라고 선언한다. 동시에 그는 사회와 관련된 법들을 자연법과 구분했고, 사회현상을 다른 과학에서 연구된 현상들과 분명히 분별했다. 하지만 이 다양한 형태의 법은 사회의 본성(nature)에서 기인하기에, 실재에 기반을 둔 것이다. 즉 몽테스키외의 방법은 인간이 아니라 사회유기체의 본성에서 법을 도출했다는 점에서 이전의 접근과 확연히 구분되었다(같은 글, 15~21).

1878~1888년 보르도대학교의 사회과학 입문 개강 강의에서도 뒤르케임은 이전까지 법학은 두 유형의 일만 하는 분야로 인식되었다고 비판한다. 먼저 첫 번째 유형은 법률의 의미를 확립하기

---

132 뒤르케임에 따르면, 그 시대 이전에는 두 개의 학파가 있었다. 법이 사물의 본성에서 기인하는 것이 아니라 일종의 시원적 합의를 통해 인류의 의도적인 의지에서 수립되었다고 바라보는 학파, 그리고 인간의 본성과 같이 인간의 일반적 개념에서 도출될 수 있는 법의 일부만이 자연적이라고 바라보는 학파가 그것이다. 이 두 학파 모두 무수한 특수법들이 인위적인 인간의 산물이라고 바라본다. 하지만 몽테스키외는 인간이 아니라 사회유기체의 '본성'(nature)에서 법을 도출한다. 그는 사회의 본성이 인간의 본성만큼 안정적이고 일관된다는 것을 분명히 이해했다. 따라서 몽테스키외와 — 법을 군주가 자신이 적합하다고 여기는 쪽으로 사용할 수 있는 단순한 제도라고 간주한 — 마키아벨리를 비교하는 것은 부당한 일이다(같은 글, 21).

위해 주석을 다는 일에만 실증적으로 몰두하는 전문 법학자들의 유형이다. 반대로 두 번째 유형은 인간의 법에는 별다른 의미를 부여하지 않으며, 직관과 이성만으로 법과 윤리의 영원한 원리를 발견하려는 형이상학적 법학이다. 그러나 법칙의 발견으로 이어지지 않는 텍스트 해석은 과학이 아닌 기예에 불과할 뿐이다(Durkheim, 1978a: 60~61).[132]

이 점에서 자연법 이론가들이 정치체제, 도덕 및 규율이 '인간의 본성'과 일치한다고 바라본 반면, "관습, 법과 제도의 차이가 사물의 본성에 내재한다는 점"을 알아채고 "삶의 규칙이 존재조건에 따라 달라진다고 이해"한 것은 몽테스키외의 탁월한 지점이다(Durkheim, 1965: 17~18). 즉 법의 원인은 인간의 마음이 아니라 사회적 조건에서 찾아져야 한다. 예컨대 주어진 국가의 민법을 이해하기 바란다면, 그 국가의 인구 규모와 시민들 사이의 사회적 유대(social ties)의 특성을 고려해야 한다. 이 점에서 몽테스키외의 접근 방식은 당대의 자연법학자들과 달리 법의 본성을 입법자의 의도나 인간의 의지가 아닌, 사회적 자연의 필연성에서 도출했다는 점에서 이전의 접근 방식과 확연히 구분되었다.

첨언하자면, 이 지점은 헤겔 또한 몽테스키외를 높게 평가하는 지점이다. 헤겔은 『법철학』의 서론에서 자연법(Naturrecht)이나 철학적 법이 실정법과 상이하다는 당대 역사법학파의 주장을 반박하며, "실정법 내의 역사적 요소들과 관련해서는 몽테스키외가 참된 역사적 견해와 진정으로 철학적인 입장을 진술"했다고 말한다. 몽테스키외는 "일반 입법과 입법의 특수한 규정을 고립시켜 추상적으로 고찰하지 않고, 한 국민과 시대의 특성을 이루는 모든 여타의 규정들의 맥락을 고려해 단 하나의 총체성에 의존하는 계기로 고찰"했다는 것이다.[133]

나아가 몽테스키외는 법이 사회형태에 좌우된다는 것을 증명하는 것에 만족하지 않았다. 그는 사회형태 자체가 의존하는 원인들, 특히 이 원인들 중에서도 주요 역할을 하는 원인, 예컨대 사회의 규모를 찾아낸다. 사회의 본성과 규모 사이의 관계는 너무 긴밀해서, 인구가 과도하게 증가하거나 감소하면 각 유형의 고유한 원칙이 작동을 멈추기 때문이다. 물론 이에 대해서는 반론이 가능할 수 있다. 하지만 뒤르케임은 그 규모를 "관계로 묶인 수"로 이해한다면, 종교, 윤리, 법, 가족 등이 대규모 사회와 소규모 사회에서 같을 수는 없다며 몽테스키외를 조심스럽게 변론한다. 또한 몽테스키외는 사회의 본성에 영향을 미친 지리적 요건도 고려했다. 예컨대 온난한 기후는 신체와 정신의 기력을 떨어뜨려 인간을 노예 상태로 몰아넣는다. 이 요인들은 사회의 본성과 일반적인 법 구조, 그리고 특정 법률의 본질조차 부분적으로 결정한다. 이러한 방식으로 사회적 존재에 명확한 질서가 있다고 인정한다면, 필연적으로 입법자의 역할은 축소될 것이다. 뒤르케임이 볼 때, 몽테스키외가 '법'과 '관

---

[133] 이러한 맥락에서 입법의 특수한 규정들은 그들의 참된 의미와 정당성을 보유한다는 것이다(헤겔, 2020: 76~78).

습'을 분명히 구별한 것도 이러한 이유이다. 법과 달리 관습(mores)은 입법자의 의지가 아니라 사회적 존재에서 자발적으로 생겨나기 때문이다(같은 글, 37~41).

또한 방법론의 차원에서 몽테스키외는 많은 방법론상의 결점과 용어상의 불완전성을 지녔지만, 현상과 현상 내부의 본성을 구분함으로써 근대과학의 중요한 방법론을 실행했고 —— 비록 명시적으로 논하지 않았다 하더라도 —— 비교의 방법을 도입해 사회과학에서 실험의 요구를 충족시켰다. 몽테스키외의 방법이 연역법에 많은 부분 의존했음에도,[134] 『법의 정신』에서 몽테스키외는 다양한 나라들의 자료를 수집하고 관찰된 법들을 비교해 법칙을 추출함으로써, 오늘날 비교법(comparative law)이라고 부르는 새로운 연구 분야를 도입했다. 무엇보다 몽테스키외는 법을 모든 다른 사회현상에 미치는 사회형태와 별개의 것으로 여기지 않았다. 이 점이 당시의 —— 도덕, 법, 경제, 정치현상을 별개의 것으로 이해하는 —— 도덕론자들이나 경제학자들의 방법을 탁월하게 넘어서는 지점이라고 뒤르케임은 평가한다. 즉 그것이 연역법이든 귀납법이든, 몽테스키외는 "근대과학이 간과해서는 안 되는 방법론적 규칙"을 준수한

---

[134] 귀납법이 몽테스키외를 통해 사회과학에 처음 등장했지만, 이는 아직 연역법과 분명히 분리되지 않았고 혼합물에 의해 오염되어 있었다. 뒤르케임이 볼 때, 이러한 모호성은 몽테스키외의 전제에서 비롯된 모호성이다. 사회의 정상적인 형태가 사회의 본성에 내포되어 있다면, 그것들은 사회의 본성에 대한 정의에서 연역될 수 있게 된다. 이 점에서 몽테스키외가 '법칙'이라고 부른 것은 논리적 필연성에 불과하다는 것이다(Durkheim, 1965: 53).

다. 요컨대 몽테스키외는 전체로서 사회현상의 필연성과 상호 연관을 인식함으로써 우리 '과학의 통합'을 예견했다는 것이다(같은 글, 50~57).

사회현상의 다양한 범주들을 따로따로 다루는 다양한 학문 분야들이 사실상 사회과학의 길을 마련했다. 사회과학은 이 분과학문들에서 발전했다. 하지만 엄격한 의미로 사회과학은 상기 언급된 분야들이 엄격한 필연성에 의해 함께 얽혀 있고 전체의 일부라는 점이 분명히 인식되었을 때야 발생했다. 하지만 그러한 개념은 사회의 모든 사건이 관련된다는 것을 알게 되기 전까지 등장할 수 없었다. 사회현상의 상호 관련성을 지적함에 있어, 문제에 대한 그의 관점이 여전히 모호했음에도 몽테스키외는 우리 과학의 통합을 예견했다(같은 글, 56).

이러한 고찰을 거쳐 뒤르케임은 몽테스키외에게 사회과학의 근본 원리를 최초로 수립한 사람이자 — 창립자는 아니라 할지라도 — 사회학의 '선구자'로서의 위상을 부여하기를 주저하지 않는다.[135]

---

[135] 몽테스키외는 어디에서도 자신이 다루는 문제들이 모든 사회현상을 포함하고 고유의 방법과 이름을 가진 명확한 과학의 주제를 형성할 수 있다고 말하지 않는다. *그렇다 하더라도*, 자신의 노력의 이러한 영향을 의심하지 않고, 그는 후세에 이러한 과학의 첫 번째 견본을 제공했다. 자신의 원칙들에 내포된 결론들을 의도적으로 도출하지는 않을지라도, 그는 *사회학*을 설립하는 데 있어 자신이 시작한 학문의 분야에 단순히 이름을 부여하

몽테스키외의 한계: 뒤르케임이 하지 않은 말

이제 몽테스키외의 한계를 검토하면서, 뒤르케임이 충분히 말하지 않은 '누락'의 지점에 주목해 보자. 뒤르케임에 따르면 몽테스키외는 '유형'과 '법칙'이라는 관념을 통해 사회과학의 기초 원리를 형성하는 데 중요한 기여를 했다. 사회의 유형을 사고함으로써 구조와 존재에 기초한 비교를 가능케 한 것이다. 그러나 몽테스키외의 유형분석은 충분히 다듬어지지 않았고, 그의 법칙 개념은 혼란스러웠다. 그는 여러 형태의 사회들이 단선적으로 발전하는 것이 아니라는 것을 깨닫지 못했다. 그는 필연성 — 우주의 법칙 — 을 사고했지만, 사회들이 우연히 조직되고 사회의 역사가 우연한 것에 의존한다는 것을 부정했다. 그러나 "사회과학과 관련하여, 사회적 존재의 본성에서 기인하는 특수한 어려움"은 "나의 마음이 움직일 수 있고 다양하며 풍부하여 … 고정되고 불변하는 법칙들로 환원될 수 없"다는 데서 비롯된다(같은 글, 63).

이는 인간의 지위에 어떤 특별한 능력을 부여하고자 하는 것이 아니다. 존재의 질서에서 높은 자유도를 갖는 인간의 복잡성을 고려할 때, 필연과 우연, 사회적 객체의 본질/현상 관계에서 비롯되는 사회적 인과성을, 다시 말해 사회들을 앞으로 나아가게 하는 역사적 동학(dynamics)을 사회과학의 탐구 영역에 반드시 포함해야 한

는 일 외에는 거의 아무것도 하지 않은 자신의 계승자들을 위한 길을 열어 주었다(같은 글, 57).

다는 것이다(김명희, 2017b: 348). 뒤르케임이 볼 때, 몽테스키외의 중요한 한계는 여기에 있다. 몽테스키외는 "모든 사회가 갈등하는 요인들(conflicting factors)을 구현한다는 점을 인식하는 데 실패"했으며, "우리 시대에 사회과학의 방법을 변형시킨 개념, 즉 진보의 개념"(Durkheim, 1965: 59)을 깨닫지 못했다는 것이다.[136]

> 그는 단지 사회가 과거 형태에서 점진적으로 발생해 왔고 미래의 형태로 나아가는 경향이 있기 때문에, 모든 사회가 갈등하는 요인들(conflicting factors)을 배태하고 있다는 것을 이해하는 데 실패한다. 그는 사회가 본래의 본성에 충실하면서도, 끊임없이 새로운 것이 되어 가는 과정(becoming)을 깨닫는 데 실패한다. … 몽테스키외는 사회를 앞으로 나아가게 하는 이 배후로부터의 힘*(vis a tergo)*을 무시할 수 없는 존재로 여기지 않고, 환경적 요인들만을 고려한다. 사회의 역사를 해석하려고 시도했을 때, 그는 이를 일련의 사회들에 위치시키지 않고, 그것의 지형의 성격, 그 시민들의 수 등에만 관심을 가진다(같은 글, 59)

뒤르케임이 여기서 명확히 말하지 않은 이 '배후로부터의 힘', 또는 우리 시대에 사회과학의 방법을 변형시킨 '진보'의 개념은 정확히 무엇일까? 일단 우리가 뒤르케임에게서 얻을 수 있는 메시지는 몽테스키외의 이론에서 사회의 본성은 해당 사회의 자연적 구조라는 것이다. 또한 우리가 몽테스키외에게서 얻을 수 있는 메시지는, 체계의 핵심이 '구조'만이 아니라 '원리'로 구성된다는 것이다. 이 '원리'라고 하는 말은 법의 '정신'이라는 개념에 중요한 차원을 부여한다. 원리는 구조와 헌법을 움직인다. 하지만 적어도 이 논문에서 뒤르케임이 근대사회의 '진보의 개념'에 비견한 이 '원리'가 무엇을 말하는지는 분명치 않다.

저명한 뒤르케임 연구자인 영국의 사회학자 윌리엄 밀러는 이에 답하기 위해서는 현대사회의 구조나 동학에 대한 『사회분업론』의 질문에 주목할 필요가 있다고 제안한다. 즉 개인의 인격과 사회적 연대 간 관계의 문제, 다시 말해 현대사회에서 개인들은 어떻게 더 자율적이 되면서 동시에 사회에 더 의존적이 될 수 있을까의 문제를 말한다(뒤르케임, 2012: 69). 이를 따라 이듬해에 제출된 『사회분업론』을 아울러 그가 말한 것에서 말하지 않은 것을 유추해 볼 때, 근대사회의 '구조'와 '원리'는 '분업 자체'와 '개인주의-인본주의의 이상'을 지시한다. 이 두 가지가 필연적이고 상호 의존적인 요소로 구성된다는 것이 『사회분업론』의 핵심적인 발견이라 할 수 있다. 이렇게 볼 때 "분업은 현대 과학집단의 핵심인 개인주의적-인본주의적 이상(the ideal) 발전의 근간을 이룬다"(Miller, 1993: 706).[137]

---

[136] 사회의 법칙(laws)이 나머지 자연을 지배하는 법칙과 다르지 않고 법칙이 발견된 방법이 다른 과학의 방법과 동일하다는 것이 확립되기 전까지는 어떠한 진전도 이루어질 수 없었다. 이는 오귀스트 콩트의 공헌이다(같은 글, 63).

[137] 이 점에서 뒤르케임이 근대의 집합의식의 도덕적 내용으로 옹호하는 개인주의를 몽테스키외에 대한 논문에서 우리가 만나지 못한다면, 그것은 아마도 그가 방법론적 교리로

인류 박애에 대한 이상은 분업이 발달함으로써만 실현될 수 있다 (뒤르케임, 2012: 602).

오늘날 모든 건전한 의식들 속에는 인간의 존엄성을 존중해야 한다는 아주 강력한 감정이 존재한다. 우리는 자신과의 관계에서나 타인과의 관계에서, 우리의 행동을 이 원칙에 적응시켜야 한다. 바로 여기에 우리가 개인주의라고 부르는 도덕의 본질이 존재한다. … 분업은 우리가 방금 정의한 도덕적 성격을 보여 줄 뿐만 아니라 점점 더 사회적 연대의 기본적 조건이 되고 있다(같은 책, 593).

도덕적 개인주의의 진보
요컨대 뒤르케임이 원자론적 개인주의 또는 공리주의적 이기주의와 구분하여 말하는 '도덕적 개인주의'[138]의 진보는 분업사회라는 근대의 사회구조에서 가속화되어 발현된 자기실현적 원리이자 역사법칙에 해당한다.

사실상 집단의식은 인류 역사 초기부터 끊임없이 유지되어 왔다. 우리는 바로 이 점을 입증하려고 노력하는 것이다. 개인주의와 사상의

서의 개인주의를 묻어 버릴 사회과학의 정립에 집중했기 때문일 것이라는 밀러의 해석(Miller, 1993: 707)에 필자는 동의한다.

자유는 오늘날 시작된 것도 아니며, 프랑스혁명이나 종교개혁 때부터 시작된 것도 아니다. 그렇다고 이 사상이 중세 스콜라 시기나 그리스·로마의 다신교나 동양의 신정정치의 몰락으로부터 생긴 것도 아니다. 이 같은 현상은 어디로부터 시작되지 않았지만, 역사 전체를 통해서 쉬지 않고 발전해 왔다. 물론 이러한 발전은 직선적인 것은 아니었다. … 즉 사회의 진보 — 또는 우리가 원한다면 집단의식의 퇴보 — 는 끊임없이 이루어져 왔다는 점이다. 거기에는 일종의 필연적 법칙이 존재하는데, 그 법칙에 우리가 대항하는 것은 어리석은 일이다(같은 책, 593).

이는 『자살론』에서 — '번영숭배'와 구분되는 — '인간숭배', 즉 인간의 존엄성이라는 집합적 이상, 곧 집합의식으로 표현된 바 있다(같은 책, 431).

인간의 존엄성은 현대사회의 목적일 뿐 아니라 개인이 자신을 모든 대상으로부터 분리시키는 것이 역사의 법칙이다. … 노동은 분화되고, 개인의 차이는 증대되며, 결국 한 인간집단의 성원들을 연결하는 유일한 유대는 그들이 모두 인간이라는 점뿐인 시대에 가까워지고 있는 것이다(같은 책, 430).

---

138 프랑스 사회학자 프랑수아 부리코는 '계약의 비계약적 요소'를 전제로 하는 뒤르케임의 개인주의를 '제도적 개인주의'라고 부른다(Bourricaud, 1975: 280~285).

이와 같은 인간숭배는 앞에서 언급한 것과 같은 자살을 야기하는 이기적 개인주의와 다르다. 인간숭배는 인간을 사회로부터 또는 개인을 초월한 모든 목적으로부터 유리시키는 것이 아니라 오히려 개인들을 하나로 결합시키고, 같은 일을 위해 노력하도록 한다. 여기에서 집단적 애정과 존경의 대상이 되는 인간은 하나하나의 개인이 대표하는 감각적이고 경험적인 인간이 아니라 인간 일반이며, 여러 시대마다 여러 나라 사람들이 관념화한 이상적인 인간이다(같은 책, 431).

이러한 역사의 법칙에 따라 인간의 존엄성은 모든 사람에게 호소력을 갖는 유일한 대상이 되었다. 인격 증진이 집단적으로 추구할 목표가 되었기에, 인간의 인격이 모든 사람들에게 가장 높은 가치로 부상하게 된 것이다(같은 책, 430). 이렇게 볼 때 뒤르케임이 말한 '진보'의 원리는 인간 본성을 선험적으로 전제하고 연역된 것이 아니다. 이는 개인들의 상호 의존성과 차이에 기반한 사회적 연대를 증진시키는 분업이라는 근대의 도덕구조, 즉 자연적 필연성으로부터 도출된 도덕적 필연성이다. 그리고 현대적 용어로 이것은 곧 '인권'(human rights)을 의미한다.[139]

---

[139] 뒤르케임의 법사회학을 고찰한 김도현(2012)도 현대법의 도덕성의 기초를 뒤르케임의 도덕적 개인주의(moral individualism)에서 찾으며, 이것이 곧 '인권'을 의미한다고 해석한다. 뒤르케임의 사회이론을 '인권' 사상과 연결한 논의로 Cotterrell(2010), Gould(2016), Souza(2019), Kucherenko(2024) 참고.

실제 『사회분업론』의 결론에서, 뒤르케임은 전 세계적으로 동료 인간을 배려하는 인간의 윤리학이 정의로운 사회역사적 운동이며, 인류 박애에 대한 이상을 분업의 방향을 바꾸는 '새로운 도덕률'로 삼자고 호소한다. 이는 근대사회의 정신 상태와 새로운 종교를 보여 주는 중요한 징후가 '1789년의 원리와 인간의 권리'라는 진술에서도 명확히 드러난다(Durkheim, 1978e: 34~35).[140] 그리고 '도덕과 권리의 본성'에 대한 강의에서도 개인주의-인본주의라는 보편주의적 이상의 내적 실현으로서 근대 국민국가의 발전에 주목한다.

국가의 주요한 기능은 개인의 인격을 해방시키는 것이다. 물론 정확히 규정된 어떠한 조건(집합적 힘에 의해 구속되는)하에서 개인주의는 현실화된다. 이것은 개인이 신성불가침의 대상으로 국가 위에 있다고 주장되는 공리주의적 이기주의와 다르다. 이와 달리 개인들이 권리와 의무가 있다는 것을 인정하는 국가 속에서 개인들은 도덕적 실존을 가질 수 있기 때문이다. 이 점에서 개인주의는 무정부 상

---

140 뒤르케임은 1789년 「인간과 시민의 권리선언」이 과학으로서의 사회학의 출현과 전망에 미친 심원한 영향력을 인정하면서도, "유럽 사회의 구조 속에서 발생한 보편적 변화가 정확하게 알려질 때에만 우리는 1789년의 원칙들에 명확하게 권한을 부여할 수 있을 것이고, 그것들이 병리적 현상인지 또는 반대로, 단지 우리 사회의 의식/양심(conscience)의 필연적인 변형을 표현하는지를 말할 수 있을 것"이라고 말한 바 있다(Durkheim, 1978c: 41~42). 이러한 유보는 그가 살았던 시대가 18세기 말 극적으로 분출된 1차 인권혁명의 시대임을 상기한다면 인식론적 겸손함의 표현으로 이해될 수 있을 것이다. 오히려 20세기 후반부에서 오늘날까지 이어지는 2차 인권혁명의 시대는 인권의 기획이 중단 없이 계속되는 역사적 변동의 합리적 방향임을 입증해 준다.

태가 아닐 뿐 아니라 오히려 국가의 도덕적 결합을 보장해 줄 유일한 신념체계인 것이다(뒤르케임, 1998: 125~127).

이 강의에서 뒤르케임은 공리주의적 자유주의의 주장과 달리, 개인의 권리제도가 국가에 기인한다는 것을 보여 주고자 한다. 즉 국가는 이미 사회 내에서 이상으로 정당화되어 있는 권리를 정교화하고 확립하는 제도 정립적 역할을 한다(Souza, 2019: 318). 에스포지토가 말하듯 어떤 식으로든 권리의 존중을 명령하는 국가 또는 제국의 주권권력 없이는 법적 권리가 주어질 수 없듯, 어떤 형태로든 권리법적 기반을 지니지 않는 주권도 존재하지 않는다(에스포지토, 2024: 310~311).

이 난점을 극복하는 유일한 길은 개인의 권리가 타고난 것이라는 가정을 논박하고 실은 이 권리의 제정이 바로 국가의 과제임을 받아들이는 것이다(뒤르케임, 1998: 119).

국가는 개인들로 하여금 자신의 천부적 권리를 행사하지 못하게 하기 위해 창조된 것이 아니다. 아니다. 이것은 국가의 역할이 결코 아니다. 오히려 이 권리의 현실을 창조하고 조직하고 만드는 것은 바로 국가이다(같은 책, 132).

뒤르케임은 『도덕 교육』에서도 개인주의가 가져온 진보는 "지금까지 전혀 불의라고 느끼지 못했던 사회적 관계들을 인간 존엄에 위배되고 반대되는 것으로, 즉 불의한 것으로" 볼 수 있도록 한 것이라 말한다.[141] 이러한 분업의 이상과 원리는 — 우리가 이제까지 살펴보았듯 — 아노미적·숙명론적 자살을 야기하는 세습된 지위, 불평등한 기회, 계급, 인종 및 성별의 장벽 등 제약된 분업의 부정의를 반대하고 공격하는 준거가 될 수 있다는 점에서 '인과적 힘'을 갖는다. 따라서 문제는 개인주의를 완성하고, 확대하고, 조직하는 것이지, 그것을 억제하고 싸우는 것이 아니다(뒤르케임, 1979: 19).

상호 의존의 존재론: 자유와 연대의 변증법

또한 뒤르케임이 착목한 분업구조는 구체적 인격성을 지닌 개인의 자율성과 차이에 기반한 상호 의존성을 전제한다. 이는 다음의 진술에서 명확히 드러난다. "결국 하나의 인격체가 된다는 것은, 개인 스스로 행동의 자율적 근원이 된다는 것을 의미한다. 그런데 인간은 그에게 고유한 무엇이 있고, 자신을 개성 있게 만드는 자신만의 무엇이 있을 때에만 독립된 인격체로서의 자질을 갖게 된다. … 구체적 인격체는 서로 정반대되는 것 가운데 하나를 선택할 줄 아는 아주 추상적인 권력에 의해 형성되는 것도 아니다. 이러한 능력은

---

[141] "개인주의가 가져온 진보는 결과적으로 더 고차원의 개념을 가지게 만들고, 인간의 존엄이 무엇인가에 대해 더 세련된 의미를 간직하도록 하기 때문이다. … 왜냐하면 불의는 비합리적이고 부조리하며, 우리는 이성의 권리에 민감한 만큼 불의에도 더 민감해지기 때문이다"(뒤르케임, 2024: 35~36).

개별 행위자의 고유한 목표와 행동 동기에 영향을 미치는 방식에 의해 형성된다. 다시 말해, 개인의식이 존재하기 위해서는 우선 개인이 자신만의 특성을 지녀야만 한다"(뒤르케임, 2012: 598). 즉 뒤르케임은 개인들의 고유하고 구체적인 특이성을 존중하는 관계성과 유기적 연대를 지향한다.[142]

이 모든 것을 아울러 볼 때 사회·역사 발전의 결과로서 인권이라는 새로운 도덕률에 기반하여 태동한 법철학과 사회학은 불가분의 관계를 맺으며, 뒤르케임의 도덕과학은 여전히 우리 시대의 윤리로서 개인주의, 즉 인본주의의 이상을 재확인하고 지지할 것을 요구한다(Miller, 1993: 705~709). 그리고 뒤르케임의 자연주의 윤리학은 인간과 사회가 자연의 일부라는 전제에서 출발하기에[143] 모두의 생명이 각자의 생명의 조건이 되는 생명 중심의 사회를 기획할 비판 실재론적 인간과학의 토대가 될 수 있으며, 바스카와 마찬가지로 각자의 자유로운 번영이 모두의 자유로운 번영을 위한 조건이 되는 전 지구적인 행복 실현적 사회(Bhaskar, 2016: xii)를 목표로 설

---

[142] 바스카가 개념화한 구체적 특이성의 논리는 모든 개인이 공통의 인간성을 공유함에도, 윤리적으로 다르게 대우해야 한다는 것이다. 이는 칸트의 윤리학에서처럼 동일하게 대우하는 것이 아니다. 예컨대 인간은 핵심 보편성인 인간 본성, 특수한 매개, 그리고 그녀의 세계선(world line)의 리듬으로 구성되며, 이는 결국 그녀를 그 자체로 고유한(sui generis) 자연적 형태로 특별하게 개인화한다. 이 같은 구체적 보편성 ↔ 특이성 개념은 근대성의 철학적 담론의 그릇된 이원성인 추상적 보편성과 원자론적 자아관을 대체한다(Hartwig ed., 2017: 74).

[143] 다시 한번 상기하면, "사회는 분리된 특수한 자연의 한 구획에 불과하며 특별히 복잡한 형태이다"(뒤르케임, 2024: 371).

정한다. 나아가 근대사회가 촉발한 인간 존엄의 이상과 개인의 자율성의 발현적 힘이 '집단의 힘'과 '사회연대'에 상호 의존하고 이에 견인되어야 함을 제안한 뒤르케임의 도덕과학은, 바스카가 변증법적 보편화 원리로 제시한 '자유와 연대의 변증법'을 승인한다.[144]

나아가 인간이라는 '사이 존재'의 상호성과 연대성을 승인하는 뒤르케임의 도덕과학은 자유권적 인권 개념을 넘어 — 오늘날 2세대, 3세대 인권이라 회자되는 — 사회권과 연대권 등 집단적 권리를 옹호하고, 생명의 존엄함과 인간의 기본 역량을 훼손하는 반인권적 현실을 설명하고 바로잡기 위한 이론적·실천적 작업에 도움을 줄 수 있다. 먼저 존재론의 차원에서 이미 뒤르케임은 분업 자체가 2명 이상의 인간이 상호 의존적이라는 것을 전제한다. 그렇기에 분업으로 인한 사회연대는 이중적이다. 한편으로 사회적 상호작용의 실천적 차원이라 할 수 있는 측면에서 한 사람은 타인에 대한 자신의 의존성을 인정하지만, 다른 한편 그러한 실천적 차원에 대응하는 규범적 차원에서 한 사람은 타인의 필요 충족을 위해 일하는 것도 자신의 책무로 간주한다. 이러한 견지에서 뒤르케임은 '집단' 자체가 본질적으로 도덕적 성격을 갖고 있다고 인정하면서도, 개인의 인격은 주체들의 상호 의존성의 결과이기에 자유로워야 하

---

144 바스카의 제2기 철학인 변증법적 비판적 실재론에서는 자유와 연대가 상호 의존하는 인간존재론을 제시하고, 제3기로 분류되는 메타 실재의 철학에서 이를 좋은 사회의 요건으로 제시한다. 이는 보편적 인간 변영과 자기실현의 기획에 의존하고 그 기획을 지향하는 것으로서 행복 실현적 사회 이념에 급진적으로 통합된다(Bhaskar, 2016: 205).

는 것이 근대 세계가 추구해야 할 사회적 이상이라 여긴다(Souza, 2019: 312).

이 같은 상호 의존의 존재론은 '고립된 개인'이라는 원자론적 인간관을 벗어나는 한편, 차이가 있는 사람들(persons)을 추상적인 인간으로 환원하는 칸트의 윤리학을 넘어서 모든 사람들의 고유하고 구체적인 특이성/보편성을 존중하는 인권이론과 실천을 독려할 수 있다.

4. 인권 기반 역량 접근: 자살 레짐을 넘어서

이 같은 뒤르케임의 도덕과학, 곧 윤리적 자연주의는 인권과 연대에 기반한 제도 정립적 생명정치의 가능성을 촉진할 학제적 연구의 토대를 제공한다. 이러한 가능성을 이하에서는 '인권 기반 역량 접근'과 연결하면서 한국 사회의 자살 레짐을 넘어서기 위한 대안적 패러다임을 모색해 보기로 하자. 여기서 인권 기반 역량 접근이란 인권적 관점과 역량 접근법을 통합하는 접근 방식을 지칭한다. 이러한 접근법이 요청되는 이유를 현재 인권사회(과)학이 당면한 '인권의 딜레마'를 직시하는 것으로부터 살펴볼 필요가 있다.

'인권의 딜레마'와 인권사회(과)학의 도전

원리적으로 인권은 법률이나 관행에 의존하는 실정적 권리가 아니라, 인간의 존엄성에 입각한 보편적 권리이다. 즉 인권은 누구에게나 인정되는 도덕적 권리이다. 이 점에서 인권 개념이 유용하려면 인권(human rights) 개념은 법적 권리(legal rights)나 기타 바람직한 목표와는 구분되어야 한다(프리먼, 2005: 20). 동시에 인권이 실정법에 의존하는 것은 아니지만, 그것이 권리인 한에서 역설적으로 인권은 법적인 권리로 변형되어야 효력을 발생시킨다. 이렇게 볼 때 인권은 도덕과 이념, 집합의식의 차원을 아우르는 자연적 토대를 지니며, 법을 비롯해 여러 제도적·정치적 실행장치를 동반하는 복합적인 사회적 사실이다.

하지만 인권에 대한 학문적 탐구는 이제까지 법학이 주도해 왔다. 이러한 학문적 관행은 인권 개념이 국내법 및 국제법을 통해 발전해 온 측면에 상당 부분 기인한다. 이러한 관행 속에서 실증주의 패러다임의 가치 중립적 '과학성' 이념에 갇혀 있던 정치과학자들의 눈에 법률적인 동시에 도덕적인 인권 개념은 관심을 끌 만한 것이 아니었다. 그 결과 사회과학적 인권 담론은 오랜 시간 저발전되었다. 이에 따라 인권 담론은 점차 기술적이고 법률적으로 되어 갔고, 기술 전문가인 법률가들이 이 분야를 지배하고 있는 것이 오늘날의 현실이나.[145] 인권에 대한 법실증주의적 접근이 위험한 것

---

145 즉 인권과 권리를 개념적으로 구분하는 것이 필요한 이유는, 인권의 역사 속에서 인권을

은 인권법에서 정한 것만이 인권이며, 법률로 집행 가능한 권리만이 권리라고 말하기 때문이다. 하지만 명백히 '인권'은 규범적 철학, 법학, 그리고 사회과학이 만나는 학제적 연구 영역이다(같은 책, 21~25, 138).

인권 담론에서 인권과 권리, 법학과 사회과학의 불화현상을 '인권의 딜레마'라 부를 수 있다면, 이러한 '인권의 딜레마'의 기저에는 오랫동안 인간과학을 지배해 왔던 '두 문화', 과학과 윤리학의 이분화가 자리 잡고 있다. 실증주의 사회과학은 생산되는 지식의 질을 높이기 위해 윤리학을 배제하려고 노력했다. 하지만 역설적으로 실증주의는 스스로가 하나의 윤리적 문제일 수밖에 없는 사회적 현실이라는 사실을 이해하지 못했다. 따라서 인권의 사회과학은 윤리적 책무를 자각해야 하며, 윤리적 진지함과 과학의 분석적 정연함이 함께하도록 노력해야 한다. 그렇기에 인권이론은 좋은 사회를 위한 이론을 앞서기보다 **뒤따라야** 하며, 과학과 윤리학이 서로 다시 만나기 위해서는 우리가 설정했던 경계를 뛰어넘는 지적 노력이 요청된다(같은 책, 139). 같은 맥락에서 미국의 인권사회학자인 마

권리의 하나로 하부화함으로써, 인권을 법률과 제도 속에 가둬 왔기 때문이다. 인권은 결코 또 다른 누군가에 의하여 시혜적으로 주어지는 것이 아니다. 즉 인권은 타고나는 것으로서 모두에게 보편적으로 존재하며, 그 내용은 평등의 가치를 담고 있다. 하지만 인권의 자연성, 보편성, 평등성만으로는 충분하지 않으며, 인권이 사회 속에서 인간이 갖는 권리임을 증명해야 한다. 인권의 자연성, 보편성, 평등성이 비로소 정치적으로 해석되고 표현된 것은 미국 「독립선언문」(1776)과 프랑스 「인간과 시민의 권리선언」(1789)을 거쳐 「세계인권선언」(1948)에 이르러서이다(고영남, 2018: 1~5).

크 프레초는 사법적 모델에 기반을 둔 규범적 접근 방식을 넘어 범사회과학적이고 설명적인 접근 방식으로 인권을 이해하고 연구하며, 실천해야 한다고 주장한다(프레초, 2020: 15).[146]

이 지점에서 뒤르케임의 도덕과학은 과학적 사실판단에서 도덕적 가치판단을 도출하는 설명적 비판의 전범을 제시함으로써(김명희, 2016a; 2017b), 인권에 대한 설명적 사회과학의 가능성을 열어 놓는다. 아울러 인권에 대한 사회(과)학적 연구와 법학적 연구를 통합하는 학제적 접근의 경로 또한 예시한다. 특히 뒤르케임의 '집합의식' 범주는 국가의 본질, 개인과 국가의 상호작용, 나아가 인권 액티비즘(human rights activism)의 동학을 이해하는 데 매우 유효하다. 뒤르케임의 이론에 따르면 사회적 연대는 '집합의식'의 렌즈를 통해서만 간접적으로 파악될 수 있다. 사회적 연대이론을 인권활동에 접목할 때, 인간집단은 사회적 갈등 때문에 살아가고 생존하는 것이 아니라 사회적 연대의 구조 때문에 살아간다는 그의 생각에 주목할 필요가 있다. 이 집합의식은 인권사회학자 프레초가 '권리조건'이라 말한 것의 일부를 구성하며,[147] 법적 실행장치로 환원

---

146 '규범적 접근 방식'은 법, 조약, 제도, 선언, 조례의 형식으로 성문화되어 있는 인권 규범의 원칙에 따라 현실의 일탈을 평가하고 옳고 그름을 판단한다. 이와 달리 '설명적 접근 방식'은 규범적 접근 방식에 더하여 인권을 둘러싼 모든 움직임을 넓은 의미에서 '인권의 기획'으로 상정하고, 그 총체성의 동학 및 역학과 과정을 탐구하고자 한다(같은 책, 7~8).

147 권리조건(rights conditions)이란 권리를 침해당한 당사자가 자신의 고통을 권리 수상의 형태로 공권력에 요구할 수 있게끔 해 주는 경제적·정치적·사회적·문화적·환경적 원인과 토대를 뜻한다(같은 책, 327). 예컨대 한 사회에서 시민들이 공유하는 '인권감수성'도 이러한 권리조건을 구성하는 집합의식의 한 형태로 이해될 수 있을 것이다.

되지 않는 인권의 기획과 전망을 환기시킨다. 이에 더하여 법적 담론은 이른바 '대응적' 인권 보장 문제를 강조하고, 침해를 해결하며, 인권 보장을 위한 포괄적인 법적·사회적·정치적·경제적 연구를 옹호하는 데 효과적이다(Kucherenko, 2024: 369). 요컨대 뒤르케임의 윤리적 자연주의는 — 전통적으로 철학의 영역이었던 — 도덕적 질문에 대한, 그리고 법학이 주도하던 영역이었던 인권에 대한 — 학제적이고 사회과학적인 접근 방식을 예시함으로써 우리의 윤리적 지식을 현대사회의 변화된 조건에 맞게 수정하고 확장할 가능성을 열어 준다.

인권 기반 역량 접근

고스키는 이러한 윤리적 자연주의의 또 다른 현대적 범례로 센과 누스바움의 역량 접근법(capability approach)을 들고 있다(Gorski, 2013: 556). 역량 접근법은 발전에 대한 GNP 접근법의 대안접근법으로 센의 개발경제학에서 개척되어 유엔개발계획(UNDP)의 「인간개발보고서」(Human Development Reports)를 통해 큰 반향을 불러일으킨, 삶의 질 평가에 대한 접근법이다.[148] 특히 센이 고안한 역량 접근법의 기본적인 출발점은 GNP 중심의 발전 패러다임을 기각한

---

[148] 센의 역량 접근법에 대한 누스바움의 버전은 1986년 세계개발경제연구소(World Institute for Development Economics Research)에서 이루어졌던 센과의 공동연구 기간에 형성되었다. 당시 이들은, 누스바움이 아리스토텔레스적-맑스적 맥락에서 추구해 왔던 생각들과 센이 경제학에서 수년간 추구해 왔던 생각들이 서로 현저한 유사성을 지니고 있음을 확인했다(허성범, 2013: 134~135).

다는 점이다. 센에 따르면, 발전은 부자유를 제거함으로써 이루어진다. 다양한 형태의 부자유는 사람들이 이성적으로 판단한 행위들을 실행할 수 있는 선택과 기회를 제약하기 때문이다. 그렇기에 발전의 최우선 목적은 인간의 자유이다. 이것이 센의 저술 제목이 '자유로서의 발전'인 이유이며, 이 책은 실질적인 부자유를 제거하는 것이 바로 발전이라고 주장한다(센, 2013: 32).

역량은 인간의 잠재 가능성을 말한다. 센과 누스바움은 인간에게는 생물학적으로 근거 지어진 특정한 능력이 있으며, 그 능력의 실현이 행복을 구성한다는 아리스토텔레스의 전제에서 출발한다. 또한 이러한 능력이 모든 집단에 걸쳐 다양하게 분포되어 있다는 점을 강조한다. 따라서 사회정책의 중요한 목표는 사람들이 자신의 역량을 발견하고 개발할 수 있는 기본 조건을 조성하는 것이다(Gorski, 2013: 556).[149] 이들은 역량을 '실질적 자유'이자 선택하고 행동할 수 있는 (일반적으로 상호 연관된) 기회의 집합으로 정의한다. 역량 접근법은 **사람을 목적으로 대우하라**는 원칙을 옹호하고 각 개인의 역량을 만들어 내는 것을 목표로 삼는다. 구체적으로 삶의 다양한 영역을 고려하며 사회정의에 다가서기 위해 역량 접근법은 이렇게 묻는다. 인간 존엄성에 어울리는 삶을 살아가려면 무엇이

---

149 역량이란 무엇인가? 이에 대한 답은 한마디로 "이 사람은 무엇을 할 수 있고 무엇이 될 수 있는가"라는 물음에 대한 대답과 같다. 역량 접근법은 아주 뿌리 깊은 사회 부성의와 불평등, 특히 차별이나 소외의 결과인 역량 실패(capability failures)에도 관심을 기울인다. 이는 사람의 역량과 삶의 질을 끌어올리는 것이 정부와 공공정책의 시급한 과제라고 본다(누스바움, 2015: 34~35).

필요한가? 적어도 정부가 국민에게 품위 있는 삶, 번영하는 삶을 제공하기 위해서는 다음과 같은 10대 핵심 역량의 최저 수준을 보장해야 한다는 것이 그 답이다(누스바움, 2015: 48~51).

<표 9. 1> 인권 기반 역량 접근이 주장하는 10대 핵심 역량

1. **생명**(life): 평균수명을 누리며 살 수 있게 해 줘야 한다. 너무 이른 나이에 죽거나 수명이 줄어들어 가치 있는 삶을 살지 못하게 되면 안 된다.

2. **신체건강**(bodily health): 양호한 건강을 누릴 수 있어야 한다. 여기에는 자녀를 낳는 데 필요한 건강도 포함된다. 적절한 영양을 공급받고 적합한 주거 공간을 보유해야 한다.

3. **신체 보전**(bodily integrity): 자유롭게 이동할 수 있어야 한다. 성폭행이나 가정폭력 같은 폭력적 공격으로부터 보호받아야 한다. 성적 만족을 누릴 기회가 있어야 하고 자식을 낳을지 말지를 주체적으로 선택해야 한다.

4. **감각, 상상, 사고**(sense, imagination and thought): 감각기관을 활용할 줄 알아야 하며, 상상하고 사고하고 추론할 줄도 알아야 한다. 그리고 '정말로 인간적인' 방식, 즉 글을 읽고 쓰는 훈련, 기초 수준의 수학적·과학적 훈련을 넘어서 적절한 교육으로 지식을 전하고 교양을 쌓도록 하는 방식으로 이들 역량을 확보해 주어야 한다.

5. **감정**(emotions): 주변 사람이나 사물에 애착을 느낄 수 있어야 한다. 자

신을 사랑하고 보살피는 사람을 사랑할 수 있어야 하고, 그런 사람이 없다면 슬퍼할 줄 알아야 한다. 일반적으로 말해 사랑, 슬픔, 갈망, 만족, 정당한 분노를 느낄 수 있어야 한다. 공포와 불안으로 감정 발달이 방해를 받아서도 안 된다.[150]

6. **실천이성**(practical reason): 선 관념을 형성할 수 있어야 한다. 삶의 계획을 비판적으로 성찰할 줄 알아야 한다.

7. **관계**(affiliation): ① 다른 사람과 더불어 살고 다른 사람을 인정하며 다른 사람에게 관심을 보이고 다양한 사회적 상호작용에도 참여할 수 있어야 한다. ② 자존감의 사회적 토대를 마련해 주어야 한다. 다른 사람과 동등한 가치를 지닌 존엄한 존재로 대우받을 수 있어야 한다. 그러려면 인종, 성별, 성적 지향, 민족적 배경, 사회 계급, 종교, 국적 등에 근거한 차별이 사라져야 한다.

8. **인간 이외의 종**(other species): 동물이나 식물 등 자연 세계에 존재하는 모든 것에 관심을 기울이고 관계를 맺으며 살아갈 수 있어야 한다.

9. **놀이**(play): 웃고 놀 줄 알아야 하며 여가를 즐길 수 있어야 한다.

10. **환경 통제**(control over one's environment): ① 정치적 측면: 삶에 지대한 영향을 미치는 정치적 선택 과정에 효과적으로 참여할 수 있어야 한다. 정치에 참여할 권리, 언론 및 결사의 자유를 보장받아야 한다. ②

---

150 이 역량을 지원하는 것은 인간 발달 과정에서 다양한 인간적 유대관계를 지원하는 것과 같다(같은 책, 49~50).

> 물질적 측면: 재산(부동산과 동산)을 소유할 수 있어야 한다. 재산권을 행사할 때나 직장을 구할 때도 다른 사람과 동등한 대우를 받아야 한다. 부당한 압수 수색을 받지 말아야 한다. 직장에서는 실천이성을 발휘하고 동료와 서로 인정하는 의미 있는 관계를 맺는 가운데 인간답게 일할 수 있어야 한다.
>
> (같은 책, 49~50).

무엇보다도 인권 정당화 기획에서 역량 접근법이 지닌 의의는 현대 인권철학에서 논란의 대상이 되는 이른바 제2, 3세대 권리로 인권을 확장시키는 데 기여할 수 있는 풍부한 사유를 제공해 준다는 점이다(허성범, 2013: 158).[151] 누스바움에 따르면 역량 접근법은 표준적 인권 접근법을 보완해 준다. 미국의 정치적·법적 전통에서 발전한 이론은 국가의 간섭을 막는 울타리로 권리를 이해한다. 이와 정반대로 역량 접근법은 권리가 정부의 적극적 역할과 관련된다고 바라본다. 그러한 맥락에서 누스바움은 역량 접근법이 국제인권

---

[151] 인권의 세대 구분을 연대기순으로 이해하지 않는다면, 이는 인권의 복합적 속성들을 분석적으로 구분하는 데 도움이 된다. 1세대 인권(자유권)은 자유를 보장하기 위해 고안된 시민적·정치적 권리(보호권)를 말하며, 2세대 인권(사회권)은 평등을 보장하기 위해 고안된 경제적·사회적 권리(수급권)를 말한다. 3세대 인권(연대권/집단권)은 개인, 집단, 공동체 사이의 연대를 추진하기 위해 고안된, 특히 문화와 환경 영역에서의 집단적 권리를 지칭한다(프레초, 2020: 171).

[152] 역량 접근법과 인권 접근법은 내용상으로도 밀접하게 연관된다. 10대 핵심 역량은 「세계인권선언」 등 무수한 기념비적 인권 문서가 인정하는 인권과 실질적으로 겹친다. 한편 인권 접근법은 젠더문제나 인종문제 등에 깊은 관심을 기울이지 않는다는 비판을 받지만, 역량 접근법은 이들 결함을 메우려고 애쓴다(누스바움, 2015: 83-87).

운동과도 밀접한 관계가 있으며, 사실 인권 접근법의 한 갈래라고 봐도 무방하다고 말한다.[152]

역량 접근법은 최근 국제적으로 강조되고 있는 자살에 대한 인권 접근법 및 사회정의 접근법과 공명한다. 2019년 세계 정신건강의 날을 맞아 UN 특별보고관인 다이니우스 푸라스(Dainius Pūras)가 공개 성명한 자살에 대한 권리 기반 접근(rights-based approach)은 정신의학적 처방을 넘어 불평등, 주거 부재, 빈곤, 차별 등의 문제에 집중하여 모든 사람의 인권과 지역사회의 연대를 강화하는 것을 자살예방 전략의 핵심에 둔다. 평등, 아동권, 차별 철폐, 노동권, 환경권과 같은 인권을 강화하는 것에 투자하는 것이 건강권의 달성과 분리될 수 없다는 것이다.[153] 이러한 접근법에 따라 정부는 저소득층을 위한 주택 접근성, 아동학대 예방 및 가족 지원, 양질의 신체적 서비스와 정신건강 서비스, 사회 서비스 접근성을 강화하고, 모든 사람의 건강을 막는 장벽의 부담을 줄일 수 있도록 제도적·정책적 노력을 경주해야 한다(『e마인드포스트』, 2019. 11. 1).

또한 자살에 대한 사회정의 접근[154]은 사회구조적인 과정이 고

---

153 건강할 권리를 뜻하는 건강권은 이 시대에 가장 보편적인 인권 중 하나이다. 이는 좁게는 환자의 권리부터 넓게는 정치적 권리까지를 포함한다. 특히 참여는 제외할 수 없는 건강권의 핵심 요소이다(김창엽, 2013: 222).
154 비팬저 자살학은 자살을 개인의 정신건강 문제로 프레임화하는 주류 자살학의 지배적인 관점이 자살의 사회경제적·정치적·문화적 맥락을 모호하게 하고 정신의학·심리 중심의 환원주의적 한계를 양산하고 있다고 비판한다. 나아가 '사회정의' 관점을 자살연구에 도입함으로써 사회구조적인 과정이 고유한 문화적·경제적·정책적 배경 조건을 형성하여 자살 위험요인을 생성하고 강화하는 방식을 탐구한다(White et al. eds., 2016). 이들

유한 문화적·경제적·정책적 배경조건을 형성하여 자살위험 요인을 생성하고 강화하는 방식을 탐구한다. 이를 통해 다양한 차원의 정치·경제·사회·문화적 불평등이 자살에의 취약성을 강화시키는 방식을 아울러 연구하고자 하는 것이다(Button and Marsh, eds., 2020). 이를 인권 기반 역량 접근과 결합할 때, 인간 존엄성에 어울리는 삶을 살 수 있도록 10대 핵심 역량을 시민에게 보장할 국가의 책임을 분명히 할 수 있으며(누스바움, 2015: 85), 사회적 고통과 자살을 야기하는 반생명적 인권 레짐을 자살을 억제하고 삶의 질을 고양하는 생명 친화적 인권 레짐으로 전환시킬 정책적 목표를 분명히 할 수 있다.

5. 제도 정립적 생명정치의 가능성

인권 기반 역량 접근은 '발전'을 위해서는 사회 구성원들이 고통을 겪는 부자유의 주요한 원인이 제거되어야만 한다는 점을 강조한다. 그것들은 가난, 독재, 빈약한 경제적 기회나 체계적인 사회적 박탈, 공공시설의 방치, 억압적인 정부의 불관용 혹은 과도한 활동 등이다. 그리고 여기에는 전염병에 대한 역학적 프로그램이나 보건, 혹

은 제도가 만들어 낸 자살에 취약한 집단들의 자살에 대한 정치적·구조적·역사적·문화적 설명을 통해 "모든 사람의 인간존엄성의 조건을 확보"하는 것을 목표로 삼는다(Button, 2016: 271).

은 교육시설의 조직화된 제도 배열의 결여, 혹은 지역의 평화와 질서를 유지하기 위한 '제도의 부재'도 포함된다(센, 2013: 42, 78).[155] 무엇보다 개인적 역량 자체가 경제적·사회적·정치적 제도 배열에 크게 의존한다는 점에서 ― 권리를 도구적 관점에서 접근하는 제레미 벤담식의 공리주의와 달리 ― 권리들은 그 결과에 상관없이 적절한 사회제도의 일부가 된다(같은 책, 103, 309). 이를테면 보편적 인권으로서 생명에 대한 권리, 건강에 대한 권리, 보건의료에 대한 권리는 단순히 개인의 권리나 자유를 넘어선다. 권리는 어떤 상태나 수준을 뜻할 뿐 아니라, 그것에 이르는 과정 또한 포함하기 때문이다.

나아가 권리는 영구불변의 고정된 실체가 아니라 그 의미, 맥락, 시대적 계기, 타당성 등이 해석학적으로 열려 있는 개념이라는 점에서(프레초, 2020: 16), 통상의 권리 기반 접근이 지닌 제한성을 넘어 자살문제에 대한 정의와 연대에 입각한 역량 강화의 해법이 적극적으로 접목될 필요가 있다. 뒤르케임의 사회형태학에 관한 하워드 앤드류의 설명틀을 가져오면, 법, 권리, 규칙, 규범을 아우르는 제도적 산출물은 해당 사회의 형태학적 특성만이 아니라 이에 개입하는 연대변수들의 조절을 통해 간접적으로 영향을 받는다

---

[155] 또한 제도는 규범적 도식(normative schemes)을 구현하기에 인정의 효과 및 그러한 인성의 부정(否定)으로서의 사회적 고통을 생산·구성·표현한다는 점에서 더욱 중요한 의미를 갖는다. 그럴 때 사회적 고통은 현대 관리-자본주의 사회의 주요한 제도적 효과를 통해 생산되는 역사적으로 특수한 고통이라 볼 수 있는 것이다(Deranty, 2008).

(Andrews, 1993). 뒤르케임에 따르면 제도는 법령에 의해 성립되는 것이 아니라 사회생활에서 비롯되며(뒤르케임, 2024: 71), 도덕성은 특정집단과 연대의식을 가지면서 그 연대의식과 함께 변화하기 때문이다(뒤르케임, 2012: 592).[156]

연대와 사회정의

연대는 대인관계에서 나타나는 보다 구체적인 관계와 인권 및 정의 규범에 포함된 추상적이고 보편적인 원리 사이에서 매개 역할을 할 수 있다. 연대는 시간에 따라 집단이나 개인의 상호작용과 이해를 통해 구축된 것이기에, 추상적 보편성이 아닌 구체적 보편성/특이성을 의미한다. 연대는 실제로 억압받거나 고통받는 사람들 사이에서, 또는 현재 상호 원조의 필요가 없는 이들이 이러한 다른 이들을 지원함으로써 실천적으로 확립된다. 이 개념은 사람들이 다른

〈그림 9. 1〉 사회형태학의 설명구조

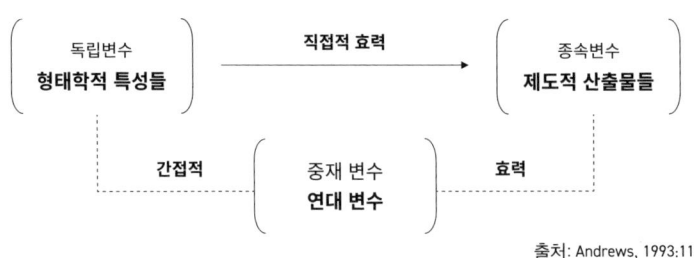

출처: Andrews, 1993:116

---

156 보다 엄밀히 말해 〈그림 9. 1〉에 제시된 독립변수를 사회구조의 층위에서, 종속변수를 — 뒤르케임적 의미에서 집합체에 의해 만들어진 모든 신념과 행위양식을 뜻하는 — 제도의 층위에서, 그리고 중재변수를 맥락-기제의 결합 층위에서 이해할 수 있을 것이다 (Bhaskar, 2016: 80).

이들의 인권을 실현하기 위해 노력하는 데 대한 헌신을 뒷받침할 수 있다. 또한 연대는 특정한 형태의 이타성을 요구한다. 이러한 이타성은 한편으로는 인권, 다른 한편으로는 공감의 측면으로 돌아간다. 인권의 측면에서 이러한 이행은 특정한 경제적·정치적 제도를 통해 가장 잘 조직된다. 하지만 이러한 제도가 기본적인 인권 이행을 보장하지 못할 때, 사회적 삶의 상호 의존적 맥락에서 타자와의 연대는 다른 이들이 권리 이행에 필요한 조건을 획득하도록 도와야 한다는 것을 요구한다. 요컨대 연대의 정서적 관계는 인권 규범을 보완하는 필수적인 요소이다(Gould, 2016: 61~64).

> 다른 사람들이 집단의 삶에 참여하고 우리가 소속된 집단의 구성원인 한, 그는 그 집단의 존엄성을 어느 정도 지니게 되며, 우리는 그를 우리의 애정(affection)과 관심의 대상으로 삼게 된다. 사회의 일원이 되는 것은, 우리가 곧 보여 줄 것처럼, 사회적 이상에 묶이는 것이다. 이 이상은 우리 각자에게 조금씩 존재한다. 그러므로 각 개인이 이 이상이 불러일으키는 종교적 측면에 어느 정도 참여하는 것은 자연스러운 일이다. 집단에 대한 애착은 개인에 대한 필수적이지만 간접적인 애착을 함축한다. 사회적 이상이 인류의 이상의 특정 형태일 때, 시민의 유형이 일반적인 인간의 유형과 크게 혼합될 때, 우리는 인간으로서 서로 묶여 있음을 알게 된다. 이는 개인 간의 동정심과 그로 인해 발생하는 행위들에 부여되는 도덕적 성격을 설명한다. 자신의 나라나 인류를 사랑할 때, 우리는 동료들이 고통받는 것을 보

면서 스스로도 고통받지 않을 수 없으며, 그들을 돕고자 하는 욕구를 느끼게 한다. 그러나 우리를 도덕적으로 다른 사람들과 묶는 것은 그들의 경험적 개별성에 내재된 어떤 것이 아니라, 그들이 섬기고 도구가 되는 고귀한 목적이다(Durkheim, 1953: 26).

'도덕적 사실들의 결정'을 논하는 위 글에서 뒤르케임은 타인에 대한 관심과 애정, 그리고 공감이 집단에 대한 애착에 함축되어 있으며, 개인 간의 동정심에 의한 행위들은 우리의 근원적인 도덕적 기질의 일부라고 말한다. 즉 뒤르케임에게 연대의 일관성은 인간의 사회적 삶의 기초이자 사회정의를 구현하는 동력이 된다. 뒤르케임이 『자살론』의 말미에서 긴급한 분배정의의 필요성을 강변하면서도, 직업집단의 재조직이라는 연대의 해법을 보다 근원적인 해결책으로 제시했던 맥락도 여기에 있을 것이다. 또한 『직업윤리와 시민도덕』에서 "정의에 의해 지배되는 의무"와 "박애에 의해 지배되는 의무"를 동시에 강조한 맥락 또한 다르지 않다고 보인다. 뒤르케임은 그것이 분배정의든 교환정의든, 동일한 도덕감정 — 인

---

157 이어서 뒤르케임은 우리가 인간이 아닌 다른 존재들, 예컨대 동물이나 사물과도 관계를 맺고 있음을 강조한다. "박애(charité)란 그것과 연계된 도덕적 상태를 보여 주는 징후일 때만 도덕적 가치를 가진다. 왜냐하면 박애란 희생하고 자아에서 벗어나며 사적인 이해관계의 범주를 넘어서는, 도덕적 성향을 가리키는 지표이자 진정한 도덕성의 길을 여는 것이기 때문이다. … 우리는 인간이 아닌 다른 존재들, 즉 우리의 일상적 환경, 우리가 태어난 장소 등에 널리 서식하는 동물이나 사물과도 관계를 맺고 있다"(뒤르케임, 2024: 122~127).

간이 인간에 대해 갖는 공감 — 과 의무의 연속선상에 자리함을 강조한다. 다시 말해 타인의 권리에 대한 존중은 공동체의 존재와 관계를 전제로 하며, "동료들의 고통 또는 모든 인간존재의 고통을 자신의 고통"으로 느끼는 집합적 감정을 필요로 한다.[157] 이러한 맥락에서 뒤르케임은 "참된 의미에서 박애의 의무"가 "마지막 불평등의 흔적에 대해서까지 인간의 공감을 분명히 보여 주는 … 정의의 극치"이며 "새로운 제도의 원천"이 될 수 있다고 힘주어 말한다.[158]

> 박애는 이 마지막 불평등의 흔적에 대해서까지 인간의 공감을 분명하게 보여 주는 것이다. 박애는 유전을 통해 획득된 그 모든 천부적 장점이나 정신적 능력을 무시하고 부정한다. 따라서 박애야말로 정의의 극치이다. 우리는 사회가 자연에 대한 완벽한 지배를 행사하고, 이를 위해 법률을 정하며, 사실 물건에 고유하게 내재해 있는 물리적 불평등에 대해 도덕적 공정성을 설정해 가고 있음을 발견한다. 참된 의미에서의 박애는 오늘날 훨씬 더 중요해지고 있고, 따라서 그것은 말하자면 선택적이기를 멈추고 자신의 당위태(what it need be)에 충실하며, 엄격한 의무가 된다. 이 엄격한 의무는 새로운 제도의 원천일 수 있다(뒤르케임, 1998: 324).

---

158 바스카가 말하듯, 상호 의존과 인정은 인간존재의 기저 상태에서 비롯된다. 그렇기에 상호 인정의 변증법은 최소한 동등하고 상호 보완적인 신뢰, 양육 및 돌봄의 변증법, 그러므로 사랑의 변증법을 전제한다(Bhaskar, 2016: 152~156).

뒤르케임이 말한 두 가지 의무 — 정의와 박애에 의해 지배되는 의무 — 는 오늘날의 용법으로 '분배적 정의'와 '관계적 정의'로 번역될 수 있을 것이다. 분배적 정의가 분배에 주목하는 정의라면, 관계적 정의는 사람들 간의 평등한 관계에 주목하는 정의이다. 전자의 정의가 개인 선택과 이에 따르는 책임, 행운과 불운에 대한 재분배와 보상이라는 기준, 기회의 평등이라는 조건으로 분배의 공정성을 판단하는 것이라면, 후자에서 정의는 위계질서에서 고통을 겪는 취약한 사람들의 입장에서 억압과 지배가 없는 평등한 관계를 지향함을 토대로 삼는다.[159]

이는 다시 코로나19 이후 새로운 정치철학의 패러다임으로 회자되는 돌봄정의로 바꾸어 말할 수 있다. 돌봄은 인간의 근원적 취약성(vulnerability)과 상호 의존성(interdependency)을 전제하는 보편적 개념이다. 인간은 누구나 자신이 취약할 때 돌봄을 받고, 언젠가 타인에게 돌봄을 제공해야 하는 사회연대적 존재이다. 그 점에서 '돌봄'은 사회적 역량이자, 복지와 번영하는 삶에 필요한 모든 것을 보살피는 사회적 활동이다. 무엇보다 돌봄을 중심에 놓는다는

---

[159] 존 롤즈가 그러했듯 전자가 정의의 이슈로 무엇을 분배하는지와 어떻게 분배되어야 하는지에 주목한다면, 후자는 지속적으로 나타나는 사회의 집단 간 위계질서의 부정의에 주목하고 이에 도전하고자 한다(김희강, 2024: 1). 페미니스트 철학자인 에바 페더 키테이는 롤즈의 정의론('공정으로서의 정의')에서 인간 의존성과 돌봄에 대한 고려가 배제되었음을 지적한다. 논의의 중심에서 의존을 고려하지 않는 이론은 인간이 도덕적으로 평등하다는 개념에 태도를 두고 있음에도, 이러한 도덕적 평등이 모든 사람에게 적용될 수 없는 결과를 야기하고 있다는 것이다(키테이, 2016: 152~162).

것은 우리의 상호 의존성을 인지하고 포용하는 것을 의미한다. 인간 상호작용의 복잡성을 인지하는 돌봄의 실천은 사회의 모든 수준에서 민주적 절차를 구상하고 온전히 참여할 수 있는 능력을 진작한다.[160]

민주주의사회에서 시민으로 산다는 것은 시민을 돌본다는 뜻이자 민주주의 자체를 돌본다는 것을 의미한다. 조안 트론토는 이러한 맥락에서 정치란 — 경제 세계의 일부가 아니라 — 규범적으로 존재해야 하는 돌봄의 영역인 가정에 가깝다고 주장한다. '함께 돌봄'을 추구하는 돌봄윤리는 타자의 필요에 관심을 기울이고 이에 응답하려는 책임감에서 나오는 의식이다. 이러한 돌봄윤리가 사회적으로 작동되도록 하는 것이 돌봄 민주주의의 원리이며(트론토, 2014: 32~34; 이형빈, 2023: 103), 돌봄이 공적 영역으로 확장될 때 이를 돌봄정의라 말할 수 있다. 이러한 돌봄정의는 불평등한 위계질서의 모순을 지적하고 그 속에서 양산되는 사회적 약자의 처지를 외면하지 않는 관계적 정의를 대변한다(김희강, 2024: 1~8).

결론적으로 한국 사회의 자살문제는 우리가 서로를 어떻게 돌볼 것인가의 문제를 궁극적인 성찰의 과제로 제기한다. 사랑, 돌봄, 연대활동의 불평등은 정서적 불평등의 한 차원이며, 그 수혜에서

---

160 이는 돌봄을 삶의 모든 수준에서 우선시하며 직접적인 대인 돌봄뿐 아니라 공동체를 유지하고 지구 자체를 유지하는 데 필요한 모든 종류의 돌봄에 대해 모두가 공동의 책임을 지는 '보편적 돌봄'의 사회적 이상을 말한다. 보편적 돌봄의 이상은 사람들의 연민과 돌봄 역량을 확장하기 위해 신자유주의의 경제적 모순을 해소하고 페미니즘적이며 생태사회주의적인 대안 구축으로 나아간다(더 케어 컬렉티브, 2021: 4~62).

의 불평등은 다른 차원의 불평등으로 인해 더욱 악화된다. 이러한 문제는 전 지구적으로 돌봄이 조직되는 방식에서 발생하는 불평등과 깊은 관련이 있다. 반대로 타인의 이해관계에 관여하는 사람들은 타인의 필요와 욕구에 더 민감하며, 타인에 대한 이러한 지식은 타인에게 봉사하고 호혜적인 감사와 행동으로 보상을 받을 수 있는 힘을 준다(Lynch, 2014: 190~196). 나아가 돌봄은 취약한 사람들에 대한 경청을 함축하며, 이들이 경험하는 사회적 불평등에 대한 응답으로 구성된다. 아울러 돌봄은 구조적 부정의에 공모하는 제도와 과정을 바꾸는 과정에 연대하고 행동하는 집합적 실천이라는 점에서, '함께 돌봄'에 해당한다. 요컨대 생명의 상호 의존과 함께-있음의 조건을 진지하게 받아들이며, 어떻게 함께 살아갈 것인가를 모색하는 것, 즉 돌봄의 생명정치를 기획하고 실현하는 것이 바로 통치를 넘어서는 제도 정립적 생명정치가 열어야 할 전망일 것이다.[161]

---

[161] 에스포지토의 논의를 가져와 '돌봄의 생명정치'의 가능성을 전망한 서보경(2020: 36~39)과 '돌봄과 관계정의'를 연결한 김희강(2024)의 논의를, '함께 돌봄'의 정의에 대해서는 트론토(2014)를 아울러 참고했다.

에필로그
: 오래된 미래, 통합과학으로서 사회학의 전망

우리에게 더 전문화할 것을 요청하는 지점은 그와 정반대의 규범에 의해 제한된다. 그러므로 우리가 내리는 결론은, 가능하면 더 멀리까지 전문화를 밀어붙일 것이 아니라 필요한 만큼의 전문화를 진행해야 한다는 것이다. … 우리가 분명히 정의된 과제의 목표를 가지고 있을 때, 우리는 매 순간 직업윤리가 제공하는 수많은 의무들에 의해 끊임없이 공통의 연대의식을 갖게 되는 것이다(뒤르케임, 2012: 595~596).

낡은 신념이 무너진 것을 근심하고 슬퍼하는 사람들에게, 이 위급한 시기의 어려움을 느끼는 사람들에게, 학문이 악의 근원이 아니라 치료법인 것을 깨닫게 하자. 학문을 적으로 취급해서는 안 된다. 학문이 해체를 일으킨 것이 아니라 해체로 인해 학문이 나타난 것이며, 학문이 우리가 해체에 맞서 싸울 유일한 무기이다. 학문을 비난하는 것은 해결책이 아니다(뒤르케임, 2008: 198).

1. 융합의 시대, 오래된 미래

이 책은 의료화의 생명정치에 대항하는 대안적인 패러다임으로서 사회학적 자연주의에 입각한 뒤르케임의 사회과학방법론을 한국 사회의 자살문제를 진단하고 극복하기 위한 이론적·실증적 진단에 접목시키고자 했다. 실천적 사회이론으로서의 자살론, 실재론적 사회과학과 설명적 방법론, 그리고 윤리적 자연주의와 도덕과학의 기획이 그것이다. 1부 '자살론의 현대적 해석'에서는 한국 사회가 자살문제를 다루는 의료화된 접근 방식의 위험성을 한국의 국가 수준 자살예방정책 텍스트를 통해 구체적으로 살펴보았다. 그리고 이를 넘어서기 위한 패러다임으로서 자살론의 사회학적 관점과 사회과학 방법론을 비판적 실재론의 도움을 받아 보다 쓸모 있게 만드는 작업을 수행했다. 아울러 자살론의 유형학에서 주변화된 '숙명론적 자살'을 한국 사회 자살현상을 분석하기 위한 진단적 범주로 복원하고, 이를 폭력사회(과)학의 진전된 연구 성과에 입각해 현대적으로 가공하고자 했다.

2부 '자살과 정치'에서는 '죽음정치'를 양산하는 주권권력의 폭력과 권위주의적 사회 통제가 개입하는 숙명론적 자살의 대표적 사례로서 5·18 군집자살에 대한 사회학적 심리부검을 통해 자살이 곧 정치의 문제임을 드러내고자 했다. 이어지는 5·18 자살자 유가족의 사회적 고통 및 탈북민 자살의 트라우마에 대한 사례연구는 숙명론적 자살의 재생산 과정을 탐색하는 동시에 응용과학으로서의 사회학의 가능성을 타진하기 위한 시도이기도 했다. 즉 이론 없는 자살연구의 맹목성과 사례 없는 이론연구의 공허함을 넘어 사례와 이론이 상호 대화할 수 있는 담론의 공간을 마련함으로써, 자살연구의 '구체적 전환'[1]을 시도한 것이다. 이 책이 자살연구에 적용한 방법론 — 비판적 담론분석·생애사 방법론·제도적 문화기술지·질적 사례연구 등 — 은 비단 자살현상만이 아니라 구체적인 시공간에 자리한 여러 사회문제에의 탐구에도 적용될 수 있을 것이다. 이 점에서 "증명을 하라는 적절한 요구를 회피하지 않아야만 사회학이 하나의 과학으로 인정"받을 수 있다는 뒤르케임(2008: 159)의 권고는 '사회학의 쓸모'를 도전받고 있는 우리 시대에도 여전히 유효하다.

    3부 '자살과 인권'에서는 사회적 참사의 피해자 및 직업집단의 자살사례를 경유하여 자살문제가 안전과 생명의 문제일 뿐 아니라 — 바로 그렇기에 — 사회정의와 인권의 문제이며, 정치 공동체의 현주소와 좋은 사회의 전제조건에 대한 질문을 제기하는 윤리적·철학적 문제임을 드러내고자 했다. 자살은 인간적 힘의 소외를 나타내는 도덕적 현상이며, 이러한 소외는 특정한 사회·역사적 조건에서 활성화된다. 따라서 이어지는 9장에서는 도덕에 역사적 탐구를 정초했던 뒤르케임의 도덕과학, 곧 윤리적 자연주의를 법, 제

---

[1] 구체적 전환(concrete turn)은 사건으로부터 구조로의 움직임보다 사건 자체의 구성, 구조 또는 형성에 더 관심을 갖고 그것을 어떻게 설명해야 하는지에 주력하는 설명의 방식을 말하는 것으로, 이는 응용된 비판적 실재론의 주된 지향이다(Bhaskar, 2016: 43).

도, 정책의 지평에 접목하여 인권 기반 역량 접근에 입각한 긍정의 생명정치, 곧 제도 정립적 생명정치의 가능성을 전망해 보이고자 했다. 또한 뒤르케임의 도덕과학 또는 도덕사회학은 곧 정치사회학의 상응물이라는 점에서, 뒤르케임이 추구했던 좋은 사회의 비전은 복잡한 현대사회가 요청하는 정치·사회이론적 통찰들을 풍부하게 담고 있다는 점을 살펴보았다. 요약하면, 이 책은 뒤르케임의 숙명론적 자살, 응용사회(과)학 방법론, 윤리 및 정치이론을 현대적으로 재구성하는 작업을 수행한 것이다.

첨언하자면 이 책에서 전개한 비판의 방식은 바스카가 정식화한 '실천적인 문제 해결의 DEA →DET 모델'을 염두에 둔 것이다. 자살문제의 심리학적 합리화와 이데올로기적 의료화는 오늘날 인간의 안녕과 건강에 대한 심각한 제약을 초래하는 힘이자 인식적 부정의로 작동하고 있다.[2] 바스카는 번영을 제약하는 모든 상황에서 필요한 것은 진단(diagnosis), 설명(explanation), 그리고 행위(action)라고 말한다(DEA 모델). 그리고 이것이 규범적 변동을 포함하는 한, 어떤 규범적 합의 또는 실제로 존재하는 도덕성에 대한 서술(description), 설명(explanation), 그리고 변형(transformation)을 통해(DET 모델), 부적절한 가치를 제거하거나 변형하는 것으로 나아

---

2 엄밀한 의미에서 이는 힘$_2$에 해당한다. 바스카는 변형 능력이라는 의미에서의 힘을 힘$_1$이라고 부르고, 지배나 억압이라는 의미에서의 힘을 힘$_2$라고 부른다. 힘$_2$ 관계로부터의 해방은 일반적으로 피억압자들의 변형 역량 또는 힘$_1$의 증대에 달려 있을 것이다. 또한 힘$_1$은 힘$_2$ 관계를 해명하는 설명적 구조들과 기제들에 대한 지식에 부분적으로 의존하거나 이 지식으로 구성될 것이다(Bhaskar, 2016: 55).

가는 심층 설명적 비판의 형태가 될 수 있다(Bhaskar, 2016: 100). 이러한 방식으로 이 책은 한국 사회 자살문제에 대한 이론적·실증적 진단과 설명이 해악을 야기하는 부적절한 사회제도와 공공정책을 변형하는 실천적 해법으로 나아갈 수 있도록, 자살에 대한 사회정의 패러다임과 인권 기반 역량 접근이라는 준거점을 새롭게 제시했다.

학문 간 칸막이를 넘어서

그리고 이 패러다임은 전문가주의의 독단과 기존의 분과학문의 경계를 넘어서는 학제적이고 통합적인 접근 방식을 아울러 요청하고 있다. 이제까지 살펴보았듯, 자살문제를 의학적 문제나 단일 분과학문의 문제로 묶어 두는 한 정책 효과를 기대하기 어렵기 때문이다. 그리고 통합성의 부족은 비단 자살문제만이 아니라 건강을 다루는, 나아가 사회정책 전반이 안고 있는 크나큰 어려움이기도 하다.[3] 유사한 맥락에서 인간개발 및 역량협회(Human Development and Capability Approach, HDCA)는 역량 접근법에 관심 있는 사람들이 학문 세계의 칸막이를 초월할 수 있게 돕는 것을 실천적 목표로 삼고 있다. 즉 역량 접근법의 주장이 현실에서 힘을 얻으려면 경제학자, 정치학자, 철학자, 사회학자, 심리학자, 환경학자 등과 활발하

---

3 각각의 문제를 다른 것과 연계성 없이 따로 다루는 방식은 정책의 범위를 제한하는 동시에 효과와 질을 보장할 수 없게 만드는 까닭이다(김창엽, 2013: 280~281).

게 대화를 나눔으로써 1) '학문 세계를 나누는 칸막이'를 넘어서야 하며, 이론 작업에 치중하는 연구자는 발전·공공정책 수립자, 정치인과 활발하게 교류하여 의견을 주고받음으로써 2) '이론과 실천의 칸막이' 또한 무너뜨려야 한다는 것이다. 그래야만 이론 작업은 현실의 요구에 부응할 수 있고, 공공정책의 실천이 어떠해야 하는지 또한 이론적으로 밝힐 수 있다.[4]

하지만 오늘날 복잡한 현대사회에서 요청되는 분과 횡단적이고 통합적인 접근이 분과학문의 무매개적 융합이나 의견 교환의 규범적 당위성을 강조하는 것으로만 저절로 달성될 수는 없을 것이다. 그렇기에 실현 가능한 학제적 대화와 협력의 방법론을 모색하는 작업은 자살문제의 해결을 위해 피해 갈 수 없는 과제라 할 수 있다.[5] 이 지점에서 학문의 초입부터 통합과학의 패러다임으로 '실증주의 사회학'을 정립하고 전망했던 뒤르케임의 사유로 거슬러 올라가 비판적 실재론자들이 최근 발전시킨 다학제적 연구의 방법론적 성취를 살펴보는 것이 유용할 것이다.

---

4 이 두 가지 외에도, '소장학자와 노장학자 간의 칸막이', '다양한 종교와 민족 간의 칸막이'를 제시하고 있다(누스바움, 2016; 229~230).
5 이러한 조건을 충족하려면 처음에는 다수의 저자가 공동으로 작업해야 할 것처럼 보일 수 있다. 하지만 문제의 본질은 일관된 방향으로 종합하는 것이기 때문에 그런 접근법은 처음부터 실패를 예약한 것이나 다름없다(다이아몬드, 2023: 44).

2. 뒤르케임의 해법
: 과학의 유기적 연대는 어떻게 가능한가?[6]

알다시피 하나의 철학적 명제로서 '과학의 통일성' 테제는 일찍이 논리실증주의에 의해 표방된 바 있다. 그러나 카르납의 『과학의 통일』(*The Unity of Science*, 1934)을 위시로 한 논리실증주의의 통일 테제는 윤리적 판단이 사실의 진술이 아니라 정서적 표현이거나 위장된 명령이라는 흄의 생각을 확장하여 합리적 담론 영역에서 윤리적 진술을 축출하는 방식으로 이루어졌다(퍼트남, 2010: 43~44). 이 입장의 또 하나의 큰 취약점은 물리학의 수학적 모델을 인문과학으로 일반화함으로써 방법론적 제국주의와 환원주의의 옹호를 내포한다는 점이다. 이 같은 환원주의적 자연주의와 과학주의에 대한 반향이 반(反)자연주의로 나아가면서 여전히 우리는 '두 문화'[7]의 세계에 살고 있다.

---

[6] 이 절은 뒤르케임의 반환원주의적 통합과학론을 다룬 김명희(2015c; 2016a)의 논문을 토대로 재구성한 것이다.

[7] '두 문화'(two cultures)는 찰스 퍼시 스노(Snow, 2001)가 1959년 케임브리지대학교의 리드 강연에서 '과학'과 '인문학'의 불통과 반목을 비판하며 사용한 개념이다. 이러한 두 문화를 대표하는 입장 중 하나가 상이한 패러다임의 '통약 불가능성'(쿤, 2013)을 승인하는 사회구성주의일 것이다. 한편 최근 자연과 문화 사이의 이원론을 초월하려는 신유물론(Grosz, 2011) 등의 물질적 전환(material turn)은 인간 본성(human nature)의 특수성과 인간과학의 자율성을 적절히 이론화하지 못함으로써 환원적 유물론의 경향과 과잉자연주의의 오류를 답습할 위험이 있다.

반(反)환원주의적 통합과학

이와 달리 반(反)환원주의에 기초한 뒤르케임의 도덕과학은 처음부터 칸트 이후 정초된 '두 문화', 도덕과 과학의 분리를 재통합하고자 하는 기획 속에 자리한다. 생시몽과 콩트의 전통에서부터 새로운 종교의 기초는 과학이었고, 뒤르케임 또한 과학의 세속적이고 새로운 인식론에 기반해 전통적인 권위의 통제로부터 해방을 준비하는 프랑스 과학적 사회학의 전통 위에 확고히 서 있다. 생시몽의 전통에서 '실증주의'란 인간은 자연의 일부이므로 인간과학도 자연과학과 같은 방식으로 구성될 수 있으며, 인간사회의 발전도 자연세계와 마찬가지로 하나의 필연적 법칙에 종속되어 있으므로, 사회과학이 이 법칙을 발견할 수 있고 과거를 연구함으로써 미래사회의 발전을 내다볼 수 있다는 자연주의의 입장을 나타낸다. 이러한 맥락에서 뒤르케임은 '실증주의 철학'이 과학의 전문화가 점점 증대할수록 과학이 파편화되는 경향에 대한 반항이자, 과학의 통일을 단념하는 데 대한 저항이라고 힘주어 말한다.[8]

뒤르케임은 『사회분업론』에서도 '아노미적 분업'을 논하며 과학이 상세한 주제에 대한 수많은 연구들로 전문화될 때, 하나의 통합과학이나 서로 연대의식을 갖는 단일과학으로 전체를 형성하지

---

[8] 바로 이 맥락에서 뒤르케임은 생시몽을 형이상학적 철학의 형식적 일관성과 특정 과학의 전문화 사이에 자신이 설정한 새로운 기획을 위한 자리가 있다고 생각한 최초의 인물이라고 높게 평가한다. 그러므로 현재 콩트에게 주어진 영예를 생시몽에게 수여해야 공정하다는 것이다(뒤르케임, 2023: 165).

못한다는 점을 일찍이 우려하면서 이를 '지적 무정부 상태'라고 일갈한 바 있다.[9]

> 오늘날 공통의 목적을 위해서 서로 다른 과학들의 노력을 조율해 가는 학문 분과는 거의 존재하지 않는다. 이것은 도덕과학과 사회과학의 경우에 특히 더 그러하다. … 그러나 이들이 하는 연구들은 모든 부분에서 상호 관련이 있다. 따라서 각 분야와 관련되는 과학들도 마찬가지 상황에 있어야만 한다. 바로 여기에서 우리가 앞서 지적한 지적 무정부 상태가 생기는 것이다. 그리고 조금 과장되기는 하지만, 이러한 지적 무질서 현상은 과학 일반에 존재한다. 이것은 전문화된 과학의 경우 특히 그러하다(뒤르케임, 2012: 546~547).

이런 상황은 특정한 문제들을 다루는 경우도 마찬가지이다. 즉 당대의 "이론에 의하면 개별적 특수과학은 절대적 가치를 갖고 있으며, 그 연구들에 무엇이 도움이 되고 어떠한 목적을 지향하는가를 학자들은 알 필요가 없다. 개별적 특수과학은 단지 특정한 연구들을 수행할 뿐이다"(같은 책, 530~531). 뒤르케임은 전문화된 특수과학들의 출현이 지식의 파편화로 이어질 수 있음을 경고하며, 공통의 목적하에 지적 분업을 조율해 가는 통합적 노력이 필요하다는

---

9 과학사를 검토해 볼 때, 과학이 전문화되지 않은 시점에서 사람들은 과학의 통일성에 대한 아주 강렬한 느낌을 갖고 있었다. 그러나 과학적 작업의 전문화가 도입됨에 따라서, 개별 학자들은 점점 더 자신의 연구 공간에 갇혀 있게 되었다(뒤르케임, 2012: 530~531).

점을 제안한다.

학제성의 철학

앞서 살펴본 몽테스키외에 대한 논문뿐 아니라 『사회주의와 생시몽』(1895~1896), 분과학문의 분화와 재통합에 대한 구상을 포괄적으로 담고 있는 「사회학 강의」(Course in Sociology: Inaugural Lecture, 1887~1888), 「사회학과 사회과학들」(Sociology and the Social Sciences, 1903; 1909) 등의 저술을 통해 사회과학의 기초 학문이자 통합과학으로서 사회학에 대한 전망과 학제성의 철학을 풍부하게 발견할 수 있다. 이를 몇 가지 쟁점으로 추출해 보자면 다음과 같다.

첫째, 학제성을 위한 뒤르케임의 해법은 이제까지 살펴보았듯, 세계가 층화되어 있다는 것을 존재론적으로 전제하는 과학적 세계관에서 출발한다. 이러한 맥락에서 '새로운 사회과학의 기초'가 되었던 '자연의 통합'이라는 주장이 물리학적 환원주의에 기초할 때 지탱될 수 없다는 점을 분명히 한다. "사회학이 발흥하기 위해서는 실재와 지식의 통일성을 선포하는 것으로 충분"치 않고 "그 통일성은 사물의 자연적 이질성을 인정하는 철학에 의해서 긍정되어야 한다"라는 것이다.[10] 이러한 관점에서 과학으로서의 사회학이 요구하

---

10 이어지는 문장은 다음과 같다. "사회적 사실이 성질상 특수한, 즉 물리학이나 생물학의 법칙에 비견할 만하면서도 그것들로 직접 환원되지는 않는 그 나름의 법칙을 가지고 있다는 것이 발견되어야 한다. 실증주의 방법의 통합은 그것들의 특수성에 어떠한 장애도 아니다. 따라서 사회학이 동등한 기반에 위치했다는 사실에 입각해, 그 자신의 개별성이 확보되었다"(Durkheim, 1982a: 177~178).

는 것은 "사회현상에 적용되는 인과성의 원리"이다. "인과성의 법칙은 자연의 다른 영역에서도 입증되었기 때문에, 그리고 점진적으로 그 권위가 물리화학의 세계에서 생물학적 세계로, 생물학적 세계에서 심리학적 세계로 확대되기 때문에, 그것이 사회 세계에서도 마찬가지라고 우리가 주장하는 것은 정당하다"라는 것이다(뒤르케임, 2001: 210). 이러한 맥락에서 뒤르케임은 콩트주의 사회학이 하나의 분과학문이 아니라 '보편적 과학'이며 곧 '철학'이라고 말한다(Durkheim, 1982a: 176).

그가 보기에 콩트의 위대한 공헌은 바로 여기에 있었다. 요컨대 새로운 사회과학이 성립하기 위해서는, 자연법칙의 관념이 인간현상을 포함하는 것으로 확장되어야 했고, 곧 '과학에 대한 과학'으로서 실증주의 사회학에 대한 콩트의 강조는 뒤르케임의 사고에 지대한 영향을 미쳤다(Kilborne, 1992: 14~18). 이렇게 볼 때 뒤르케임이 사회과학적 지식 생산의 원리로 정립한 사회학은 "일반적 원리의 과학"(Durkheim, 1982a: 186)이며, 곧 사회과학철학을 뜻한다고 할 수 있다.[11] 실제 1905년 뒤르케임은 『사회학 사회』(*The Sociological Society*)라는 저널의 편집장에게 보낸 편지에서 '사회과학의 철학'

---

[11] 이러한 맥락에서 뒤르케임은 "상세한 사실에 관한 연구가 인간 지식 전체에 관한 관점을 잃어버리게 하기 때문에 그러한 전체적 관점을 다시 찾고 강조하기 위해서는 특별한 연구체계를 다시 만들어야만 한다"라고 강조한다. 콩트를 빌려 말하듯, "일반 과학에 관한 연구를 또 하나의 중요한 전공으로 만들 필요가 있다"라는 것이다(뒤르케임, 2012: 534). 따라서 뒤르케임에게 일반 사회학은 모든 특수 사회학의 통합성을 재구성하는 역할을 한다(Durkheim, 1982j: 243).

또는 '일반 사회학'의 영역이 앞으로 더욱 중요한 역할을 할 것이라 예견한 바 있다.

저는 이러한 특수과학들 위에 일반 사회학(general sociology) 또는 사회과학의 철학(philosophy of the social sciences)이라고 불릴 수 있는 종합과학(synthetic science)이 존재할 공간이 있다는 점을 부인하는 것과 거리가 멉니다. 이 과학의 역할은 전문적 연구자들에게 자극과 영감을 주고, 그의 연구를 안내하고 밝혀 주며, 끊임없는 발견들로 이어질 것입니다. 결과적으로 이는 철학적 사고의 추가적인 발전으로 이어지고, 그 과정은 무한히 계속될 것입니다(Durkheim, 1982h: 255).[12]

이러한 철학이 환원 불가능한 실재, 즉 반환원주의적 자연주의를 전제하기에, 곧 비판적 실재론의 사회과학철학, 비판적 자연주의에 가까워짐을 다시 한번 알 수 있다. 이러한 관점에서 뒤르케임에게 학제성과 분과성, 즉 '체계적인 전문화'를 담당할 사회과학철학(같은 글, 255)으로서의 사회학의 요청과 구체적인 종합을 추구하

---

12 이 서신은 1905년 사회학의 '체계적인 전문화'의 필요성을 주장한 뒤르케임의 논문에 대한 반론에 응답하는 형식으로 『사회학 사회』 편집장에게 보낸 것이다. 이어지는 후반부에서 뒤르케임은 일반 사회학 또는 사회과학철학에 대한 아이디어를 지난 2년 이상 발전시켜 후속작을 작성할 계획을 세워 왔다고 말한다. 하지만 시간 부족으로 인해 이 프로젝트를 미뤄야 했고, 만일 이 두 번째 부분을 출판한다면 해당 저널에 제출하겠다는 계획을 피력한다(Durkheim, 1982h: 256).

는 응용과학으로서의 사회학의 발전이 상호 모순되는 과제가 아닌, 연동되고 중첩된 과제로 등장한다.

둘째, 앞서 살펴보았듯이 방법론 차원에서도 뒤르케임은 1887~1888년 강의와 1903/1909년 논문에서 거대한 지적 종합의 조율자로서 사회학의 역할을 전망했고, 인문사회과학 제 분야의 긴밀한 협력과 궁극적인 화해를 열망했다. 사회학의 방법이 객관적인 동시에 근본적으로 역사적이라는 견해를 피력함과 동시에, 철학 및 윤리학의 선험적이고 연역적인 방법과 법학 및 경제학의 경험주의적이고 귀납적인 방법의 한계를 비판했다. 그리고 이러한 한계가 고립된 개인으로부터 사회를 연역하고자 하는 원자론적 존재론과 방법론적 개인주의의 공통된 오류에서 비롯된 것임을 찾아냈다. 또한 사회학과 역사학, 사회학과 심리학의 연계와 융합을 말하듯, 사회적 삶 자체가 도덕적이며 경제현상은 근본적으로 사회현상이라는 통찰은 그가 인간과학의 근본적인 내적 통합성을 일찍이 간파했음을 잘 드러내 보여 준다. 그는 또한 민족학, 민족지학, 인류학, 인구통계학 등의 기술적 분과학문들에 사회학적 사유가 깊이 침투해 들어가야 하며, 이러한 분과학문의 융합이 통합과학으로서의 사회학을 향한 콩트의 전망을 실재로서 구현할 것임을 내다보았다(Durkheim, 1982a).

나아가 뒤르케임의 과학론은 학문의 진보가 연속적인 발견과 포함관계 속에서 진행된다는 인식론적 변증법을 전제한다. 예컨대 뒤르케임은 다음과 같이 말한다. "우리는 우리들 밖으로 눈을 돌려야 한다. 우리는 역사를 관찰해야만 한다. 우리가 구성해야만 하는 총체적인 학문이 있다. 이 학문은 집단의 작업에 의해서 느리게 밖에는 진보할 수 없는 복잡한 학문"이라는 것이다(뒤르케임, 1995: 45).

『자살론』의 서문에서도 동일한 지식 생산의 메커니즘이 전제되어 있다. 그에 따르면 과학의 진보는 집합적 개념의 전이 과정을 통해 이루어진다. "사회학자는 비록 그가 지니고 있는 사실적인 자원이 불완전하고 이론화가 한정되어 있다고 하더라도 꾸준하게 계속 나아간다면 앞으로의 계속적인 연구를 위해 유용한 과업을 수행할 수 있을 것이다. 객관적인 기초를 가진 개념은 저자의 개인적인 것으로 한정될 수 없다. 그러한 개념은 다른 사람들이 받아들여 추구할 수 있는 비인격적인 특성을 지니고 있다. 즉 그것은 전이될 수 있는 것이다. 이 때문에 학문적인 작업은 연속성을 지닐 수 있게 되며, 학문의 진보는 이 연속성에 의존하는 것이다"(뒤르케임, 2001: 10).[13] 즉 그의 인식적 상대주의(epistemic relativism)는 지식의 가설적 성격이 지식 생산의 사회적 과정을 통해 부단히 수정·완성되어 갈 수 있다는 과학의 연속적 진보를 신뢰한다.[14] 이 논의는 뒤르케

---

13 실제로 뒤르케임의 모든 경험적 탐구의 제1장은 선행연구 및 일상적 개념들에 대한 비판적 토론과 재정의의 노력에서 시작된다. 다른 사람들의 해석을 재해석하는 과정, 즉 선행하는 이론적 구성물에 대한 꼼꼼한 비판과 검토가 뒤르케임의 개념화 작업의 출발점을 이룬다. 사회과학적 탐구의 원리로서 학설사(선행연구) 비판의 의의 및 '개념적 추상화'를 동력으로 하는 뒤르케임의 인식론적 변증법에 대해서는 김명희(2016c) 참고.
14 인식적 상대주의는 어떤 믿음들(진술들)이 더 타당하다고 판단할 합리적 근거가 있을 수

임의 '과학' 개념 또한 좁은 의미의 방법론이나 철학적 일반화로 환원될 수 없는 과학적 활동(삶)이며, 형이상학의 차원을 아우르는 암묵적인 실천의 차원을 지닌다는 점을 환기시킨다. "과학의 개입은 개인의 이상을 … 집단 자체를 명확히 표현하는 집합적 이상으로 동일하게 바꾸는 목표를 가지고 있다"라는 것이다(Durkheim, 1953: 33).

셋째, 그렇기에 가치론 혹은 진리론적 차원에서 '과학'은 목적 없는 활동이 아니다. 과학은 사회와 인류의 번영을 위한 활동이라는 점에서, 상위의 — 암묵적인 — 목적을 가진다. 이러한 맥락에서 뒤르케임은 자신의 작업에 대한 과학자의 헌신이 간접적으로 도덕적 성격을 지닌다고 말한다.

> 진리 추구는 그 자체로 도덕적 직업이 아니다. 모든 것은 그것이 추구되는 이유에 달려 있다. 과학이 사회와 인류(humanity)에 미치는 이로운 효과 때문에 존경받을 때에만 진정으로 완전히 도덕적이다. 다른 한편, 자신의 작업에 열정적인 과학자의 자기희생과 관련된 정신 과정은 진정한 도덕적 자기희생과 관련된 정신 과정과 매우 긴밀히 닮아서, 후자가 불러일으키는 감정을 공유해야 한다고 볼 수 있다. 자기희생은 도덕성이 깃들어 있다(Durkheim, 1953: 26).

없다고 주장하는 판단적 상대주의와 구분된다(바스카, 2005: 97). 뒤르케임 지식사회학의 인식적 상대주의에 대해서는 Gieryn(1982) 참고.

다시 말해 과학은 지적일 뿐 아니라 도덕적 실천의 차원을 아우르며, 동시대만이 아니라 역사의 각 시대를 거쳐 모든 과학자들의 광범한 참여와 협조를 전제로 하기에 엄연히 집단적 노력의 결과인 것이다(뒤르케임, 2006: 84). 『사회분업론』의 시점에서, 뒤르케임이 전문화의 위험을 지적하면서도 정부기관이나 철학에 의해 과학의 통일성을 확보할 수 있다고 바라보는 콩트의 견해가 '시기상조적 일반화'라 비판하는 것도 같은 맥락에서 이해될 수 있다. 뒤르케임에 따르면, 발전된 유기적 연대사회의 통일성을 만드는 것은 모든 유기체의 경우 그러하듯 "부분적 기관들의 자발적 합의"를 통해서이다. 사회적 기능들의 협력이 스스로 실현되지 않을 때, 정부가 이 협력을 보장한다는 것은 너무나 막연한 표현이다. 과학 방법론의 통일은 과학의 유기적 연대를 위해 필요하지만, 동시에 가장 어려운 일이기도 하다. 그보다 개별적 특수과학들이 통일성 없는 전체를 형성하고 있는 이유는 그 과학들이 자신들의 동질성에 대해 충분한 감정을 갖고 있지 않고 그러한 부분들이 조직되지 않았기 때문이다(뒤르케임, 2012: 536~547).[15]

넷째, 과학의 무정부주의에 대한 이 같은 진단은 뒤르케임 특유의 학제적 협력의 방법론으로 나아간다. 뒤르케임이 보기에 유기적 연대가 이루어지기 위해서는, 그 기관들이 가장 빈번한 만남 속

---

15 뒤르케임은 『도덕 교육』에서 당대 공공도덕과 연합정신의 쇠퇴라는 악순환에 맞서 시민영역의 중간 연합 — 예컨대 산업협회와 상업협회, 과학단체, 지성적 학회들, 대학생 단체들 — 의 역할을 강조한다(뒤르케임, 2024; 334~335).

에서 협력해야만 하는 방식을 미리 결정해야만 한다. 도덕과학과 사회과학이 아직 실증과학의 영역에 들어갈 준비가 되지 않았다면, 그것은 이들이 광범위한 영역에 흩어져 서로 너무 멀리 떨어져 있었기 때문에 서로를 연합시켜 주는 모든 연결관계를 느끼지 못했기 때문이다. 과학의 통일성은 스스로 형성되는 것이지, 과학이 포괄해야 할 수많은 사물들을 다루기에는 너무 협소한 특정 이론의 추상적 통일성으로 이루어지는 것이 아니다. 이 경우 과학의 통일성은 마치 특정한 유기체 전체의 살아 있는 통합성과 같은 역할을 해야 할 것이다. 통합과학이 되기 위하여, 하나의 동일한 의식을 가지고 자신의 연구 분야를 탐구할 필요는 없다. 이것은 불가능한 일이다. 이 경우 과학적 활동을 하는 모든 학자들이 공통된 과제를 위해 협력하고 있음을 느끼는 것만으로 충분하다(같은 책, 550~551).

> 따라서 우리는 우선적으로 이렇게 주장할 수 있다. 즉 서로 연대의식을 가진 기관들이 충분히 접촉을 하고, 그 접촉이 충분한 시간을 갖고 이루어지는 곳이라면 어디서나 아노미 상태는 불가능하다는 것이다. 사실상 서로 인접해 있기 때문에, 그 기관들은 매 순간 쉽게 자신들이 서로 필요로 하는 욕구와 관련된 정보를 갖게 된다. 그리고 그 결과 자신들이 서로 의존되어 있다는 사실에 대해 생생하면서도 지속적인 감정을 갖게 된다. 그리고 위와 같은 이유 때문에 그 기관들 간의 상호 정보 교환은 쉽게 이루어진다. … 기관은 스스로를

규제하기 때문에, 시간이 지남에 따라 그 기관들의 작업은 점진적으로 공고해진다(같은 책, 547).

다른 한편 과학적 진리는 정신의 다양성과 양립할 수 없는 것이 아니다. 사회집단들이 점차 복잡하게 분화함에 따라, 사회가 자신에 대해 단일한 의미를 갖는 것은 불가능하다.

이러한 변형(transformation)의 함의는 관용(tolerance)이 앞으로는 이러한 실재의 복잡성과 풍요로움이라는 관념에, 따라서 — 필수적이며 효력을 갖는 — 의견들(opinions)의 다양성 위에 근거 지어질 것이라는 점이다. 모든 사람은 다른 누군가가 실재의 한 측면을 이해했던 것을 존중할 수 있어야만 한다(Durkheim, 1983: 92).

결국 집합적 활동으로서의 뒤르케임의 '과학' 개념은 의사소통적 합리성을 전제하며 곧 근대 세계가 창출한 민주주의의 이념과도 불가분한 관계를 맺는다. 이제 살펴보겠지만 전문화된 분과학문의 지속적인 협력과 관용적 실천을 통해 지식의 통합성을 확보할 것을 제안하는 뒤르케임의 해법은, 비판적 실재론의 학제성 프로젝트와 상당한 유사성을 보인다. 나아가 뒤르케임의 해법은 설명의 교섭과 소통이 이루어지는 과학활동의 사회적 영역이 공동체적 지식 형성의 본령임을 일러 주면서, 실현 가능한 형태의 과학의 유기적 연대의 가능성을 열어 놓는다.

3. 비판적 실재론의 해법: 통합된 다원주의와 학제적 연구

비판 실재론적 관점에서 학제적 연구는 "연구 질문에 답하기 위해 필요한 관련된 모든 **수준**에 대해 학자들이 수행한 집단연구로, 구조들, 기제들, 결과들에 대한 분석을 통합하는 연구"로 재정의된다. 여기서 통합의 기준은 분과가 아니라 수준이라는 점에 주목할 필요가 있다. '분과'가 인식론적이고 행정적 개념이라면 학제적 연구의 기준은 존재론적 개념인 '수준'에 있다. 즉 학제적 통합은 각 수준에 가장 적합한 연구 설계와 방법론을 사용해 이루어지며, 그 결과물은 새로운 지식의 출현으로 나타난다(Danermark, 2019: 3~7).

학제적 연구의 성삼위일체

학제적 연구에 대한 비판적 실재론의 해법 또한 크게 세 가지 차원 — 학제성의 존재론과 인식론, 방법론 및 전문가 협력의 실천론 — 에서 기존의 답보 지점을 돌파할 유의미한 통찰을 제시하고 있다. 바스카는 이를 '학제적 연구의 성삼위일체'라 부르며 크게 다음의 세 가지 원리를 제시한다. '메타이론적 통일성', '방법론적 특수성', '실질적인 이론적 다원주의와 관용'이 그것이다. 각각을 순서대로 살펴보자면 〈그림 10. 1〉과 같다.

먼저 학제성을 위한 비판적 실재론 접근의 가장 큰 강점 또한 인식론적 고려만이 아니라 존재론적 고려와 근거들에 우선적인 초점을 맞춘다는 점이다. 이러한 관점에서 학제적 연구가 필요한 이

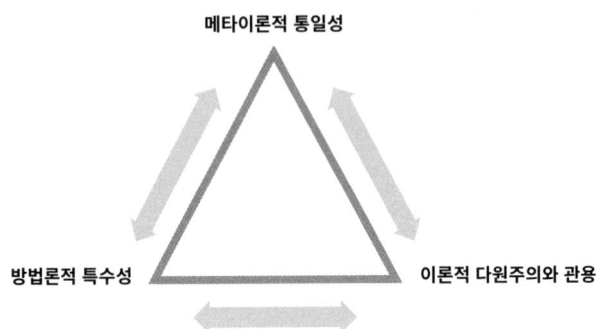

<그림 10. 1> 학제적 연구의 성삼위일체

유는 세계가 닫힌 체계가 아니라 개방체계이며, 평평하게 구성된 것이 아니라 구조화되고 층화되어 있으며, 사회·심리·생물적(신체/임상적) 층위의 힘들이 인과적 사슬 안에 복잡하게 얽혀 있기 때문이다. 이러한 존재론은 콜리어, 버스 다네마르크, 바스카 등이 발전시킨 적층체계(laminated system) 개념으로 구현된 바 있다(〈그림 10. 2〉 참조). 적층체계는 여러 존재론적 수준으로 구성된다. 다음 일곱 개 수준, 즉 물리/신체적·생물학적·심리학적·심리사회적·사회경제적·사회문화적 및 규범적 수준으로 구분된 적층체계는 특정 문제 — 이 경우 장애 유형 — 의 이해를 위해 마련된 것이다.[16]

---

16 그 외에도 교육에서의 적층체계를 상정한 고든 브라운(Gordon Brown)을 비롯해 생태학, 사회복지 및 기타 분야에서 여러 적층체계 개념이 개발되고 유통되었다(Bhaskar, 2016: 83). 적층체계 개념과 유형, 그리고 이 절의 핵심 요지에 대한 보다 상세한 논의는 김명희(2025b)의 제4장을 참고.

<그림 10. 2> 적층체계

출처: Bhaskar and Danermark, 2006

여기서 '적층'(lamination)이라는 개념은 응용된 또는 구체적인 학제적 탐구에서 사용하는 다양한 수준(levels)의 환원 불가능성 및 필연성을 뒷받침하기 위해 고안한 것이다(Bhaskar, 2016: 16). 이 적층체계가 가정하는 발현과 층화는 다양한 원인, 기제, 그리고 잠재적으로 이론이 늘 사건이나 구체적인 현상의 설명에 관여한다는 점을 전제한다. 이러한 다중 기제성은 학제성의 존재론을 구성하는 첫 번째 요건이 된다.

이를 통해 알 수 있듯, 비판적 실재론은 반(反)분과적이지 않으며, 여러 생명과학 및 자연과학들을 제외하고는 심리학, 사회학, 역사학, 철학 등 일부 전통적인 사회 분과들의 상대적 자율성을 옹호한다. 이 틀에서 여러 층위의 힘을 사회 영역 내의 발현적 수준으로

설정하지만, 분과학문적 경계는 닫혀 있지 않고 열려 있다.[17]

둘째, 학제성에 대한 비판적 실재론의 논의는 단지 존재론을 복원하는 것에 멈추지 않는다. 실질적인 인식적 통합을 위해 응용된 학제적 연구 방법론을 제시함과 동시에, 질적(내포적) 방법과 양적(외연적) 방법의 강점을 균형감 있게 결합하는 혼합 방법의 사용을 장려한다(Bhaskar, Frank and Høyer, 2010: 220). 사실 층화된 실재에 대한 연구는 각 층위에 적합한 복수의 연구 방법을 필요로 하고, 각 층위의 연계적 접근을 통해서만 실제적인 삶의 상황을 올바르게 다룰 수 있다는 것은 반환원주의적 통섭의 전제이기도 하다(김명희, 2016: 263). 적층체계의 각기 다른 수준을 연구하기 위해 필요한 방법은 관련 주제의 성격과 해당 분야의 전체 연구 과정에서 특정 연구 프로젝트가 차지하는 위치에 따라 특수할 것이다. 이것을 방법론적 특수성의 공리라고 부를 수 있다(Bhaskar, 2016: 87).

셋째, 학제성에 대한 비판적 실재론 프로젝트는 패러다임 간의 모순을 해결하고 학제적 협력과 지식 통합이 일어나는 사회적 과정

---

[17] 이를 전제로 다학문적 연구(multidisciplinary research)는 한 가지 이상의 분과학문을 활용하여 분과학문적 정체성에 도전하지 않으면서 분과적 경계를 초월하는 대상을 연구한다(예: 도시). 교차학문적 작업(crossdisciplinary work)은 하나의 분과학문이나 그것의 대상을 또 다른 분과학문의 관점에서 조명한다(예: 철학자가 음악이론을 비판하는 경우). 학제적 연구(interdisciplinary research)는 여러 분과학문의 통합에 기반해 하나의 연구 클러스터를 구성하며, 이는 새로운 이해의 틀을 제공하거나 제공할 것을 목적으로 한다(예: 인지과학). 초분과성(transdisciplinarity)은 분과적 경계를 넘어서는 더 높은 수준의 지적 틀의 통합을 의미하며, 이는 한 분과학문에서 다른 분과학문으로 이동할 수 있는 연구 모델을 제공한다. 여기에서도 분과학문은 여전히 구별되는데, 분과학문 없이는 학제적·교차적·다학문적 또는 초분과성을 추구할 수 없기 때문이다(Hartwig ed., 2017: 259; 김명희, 2025).

을 다음과 같이 설명한다(같은 책, 89).

① 적절하게 접합된 적층체계 구축에 필요한 전문 지식을 가진 연구팀 안에서 다른 분과학문들 연구 실행자들과의 해석학적 만남
② 필요한 경우 연구와 관련된 하나 이상의 다른 분과학문들에 대한 내재적 비판이나 발전(또는 확장)
③ 효과적인 인식적 통합

통합된 다원주의와 관용

보다 구체적으로 다네마르크는 응용된 비판적 실재론에 입각한 다학제적 협력이 일어나는 연구 과정을 〈그림 10.3〉과 같이 다섯 국면으로 체계화한다. 첫째, 초기 학제적 연구 프로젝트의 계획 단계, 둘째, 분과적 단계, 셋째, 분과 횡단적 이해를 특징으로 하는 다학문적(multidisciplinary) 팀워크 단계, 넷째, 인식론적 창발을 포함해 지식의 통합을 가져오는 초분과적 단계(transdisciplinary phase),[18] 다섯째, 진정한 분과의 융합 단계로, 당면한 문제와 관련한 구조와 기제들에 대한 종합적인 학제적 이해(interdiscilplinary understanding)의 생성 국면이 그것이다.

---

18 이 과정에서 발현된 결과(또는 기제)에 대한 지식의 생성은 일종의 초분과성에 달려 있을 것이다. 이것은 기존 지식의 자원들을 활용하는 것을 포함하는데, 전체 다양한 인지 분야로부터의 유추, 은유, 모델의 창의적인 사용과 개발을 포함하여 무수히 다양한 방식으로 이용할 수 있을 것이다(Bhaskar, 2016: 88).

<그림 10. 3> 비판 실재론적 학제적 연구의 다양한 단계

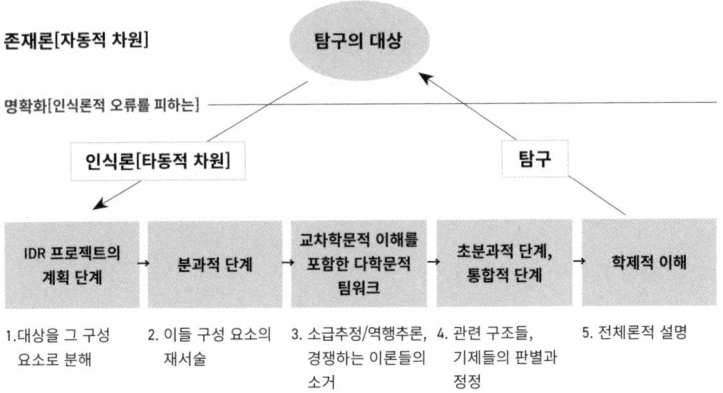

출처: Danermark, 2019: 5

1~3에 이르는 초기 단계에서 학제성 프로젝트가 지향하는 기본 원칙은 '비판 실재론적 포용'이다. 이는 자신의 학문 분야가 아닌 다른 분야에 대해 어느 정도 열린 마음과 관용이 필요하다는 점을 나타낸다. 또한 4~5로 나아가는 과정에서 학제적 연구는 단순히 새로운 지식을 개발하는 차원을 넘어 사회에 관한 연구 의제를 더욱 발전시키는 데 기여한다. 따라서 학제적 연구에서 도출된 개입(intervention)을 유용하게 만들려면 실재로의 복귀를 포함하는 방식으로 지식이 전파될 필요가 있다. 즉 인식론에서 존재론으로의 이행이 있어야 한다(Danermark, 2019: 1~12). 이 점에서 바스카는 "학제적 연구의 실천적 목표가 통합된 문제에 대한 통합적인 정책 대

응"이라는 점을 명확히 한다(Bhaskar, 2016: 89).[19]

요컨대 비판적 실재론은 뒤르케임의 통합과학 철학과 마찬가지로 방법론적으로 전문가 간 협력을 요청하는 통합된 다원주의(integrative pluralism)를 지향한다.[20] 이는 인식론을 존재론으로 환원하는 사회생물학적 통섭론이나 존재론적 층위를 방법의 문제로 탈각시키는 실증주의의 방법론적 제국주의의 노선과 분명히 구분된다. 요컨대 비판적 실재론은 인식적 통합의 전제조건으로서 존재론을 복원하고 방법론의 차원에서도 가장 포용적이고 통합적인 메타이론을 제공한다.

4. 학제적 자살연구를 향하여

오늘날 다학제적 연구와 방법론 간의 연계는 이제 응용연구의 공통된 특징이며, 공동의 목표를 향한 협력 과정을 보장하는 원리로 부

---

19 이를 위해 필요한 첫 번째 조건은 존재론적 질문과 인식론적 질문을 구분하는 것이다. 두 번째 조건은 반환원주의이다. 세 번째 조건은 층위체계를 사용하여 해명하고자 하는 문제를 야기하는 다중 기제성을 구성하는 것이다. 네 번째 조건은 학제적 연구의 성삼위일체라 불리는 요건 — 메타이론적 통일성, 방법론적 특수성, 이론적 다원주의와 관용 — 을 준수하는 것이다. 다섯 번째 조건은 학제적 연구에 따르는 엄청난 장벽, 즉 직업적·사회적·재정적·행정적 장벽들을 제거하는 것이다. 그런 뒤에야 우리는 개방체계의 현상을 다룰 수 있는 과학을 얻게 될 것이다(바스카, 2021: 73~74).

20 장애문제와 기후 위기, 웰빙 분야에 적용된 학제적 연구와 통합된 다원주의에 대해서는 차례대로 다음 참고. Bhaskar·Danermark(2006), Bhaskar et al.(2010), Bhaskar·Danermark·Price(2018).

생했다. 특히 앞서 바스카가 제시한 4-평면 사회적 존재 모델은 학제적 지식의 발전을 위한 기초로서 매우 유용하다. 4-평면 사회적 존재 개념을 다시 한번 상기하면, 사회적 사건은 다음의 4차원들, 즉 자연과의 물질적 교류, 사람들 사이의 사회적 상호작용, 고유한 사회구조, 그리고 체화된 인격성의 총화에서 동시적으로 발생한다.

이 모델을 학제적 자살연구에 적용하면, 1) 정신의학과 심리학은 첫 번째 평면, 즉 자연 세계와의 관계에 의미 있는 기여를 할 수 있다. 그것이 환원적 신경과학의 유혹과 생물유전학적 주장과 거리를 두고 인식론적 겸손함을 견지한다면, 정신분석학, 신경심리학, 생태심리학, 건강심리학 등은 자살충동을 촉진하는 신체-심리-사회적 층위의 상호작용을 해명하는 데 도움이 될 수 있다.[21] 예컨대 자살을 촉진하는 만성 스트레스와 급성 외상은 신경전달물질 활동에 영향을 미친다. 자살행동과의 이러한 생물학적 연관성은 반복되는 생물-심리-사회적 상호작용을 확인시켜 주며, 이는 자살문제를 둘러싼 전체체계를 이해하는 것을 필요로 한다.

2) 또한 사회학과 심리학의 경계 영역에서 사회심리학(특히 사회학적 사회심리학)은 두 번째 평면, 즉 사회적 상호작용과 관계성

---

21   신경과학에서 환원주의의 위험에 대한 우려를 인간에 대한 이해에서 생물학(또는 신경생물학)의 역할 거부와 혼동해서는 안 될 것이다. 인간행동과 생물학적 연관성은 반복되는 생물심리사회적 상호작용을 확인시켜 주며, 이는 전체체계의 형태를 이해하는 것을 필요로 한다. 비판적 실재론자들에게 우리 몸을 포함한 자연 세계는 우리의 네 가지 평면적인 사회적 존재라는 점에서 실재의 한 측면이다. 필그림이 적절히 비유하듯, 책을 쓰는 동안 뇌졸중이 발생하면 필자는 아마 이 책을 완성하지 못할 것이다(Pilgrim, 2019: 66).

의 영역에서 어떻게 사회적 맥락이 자살위험을 야기하고, 회복에 도움이 될 수 있는가를 해명하는 데 핵심적 역할을 할 수 있다.

3) 세 번째 평면, 즉 사회구조를 다루는 영역에서 사회학은 전통적인 사회과학(그리고 인문학)의 여러 분야(경제학, 정치학, 사회학, 역사학, 인류학, 법학, 사회복지학)만이 아니라 인권학, 젠더학, 사회의학/역학, 정책학 등 비교적 새로운 융합 분야와 함께 현대사회의 자살을 유발하는 사회구조적 조건을 다면적으로 해명하는 데 협력할 수 있다. 특히 한국 사회의 자살현상은 앞서 살펴보았듯 사회경제적·정치적·문화적 차원에 뿌리내린 힘의 불평등과 부정의한 사회제도에 근거하고 있기에 자살의 사회적 결정 요인을 해명하기 위한 다학제적 협력은 필수적이다.

4) 네 번째 평면인 체화된 인격성의 영역에서 사회학은 ─ 전체론적 관점(holistic view)을 견지하는 한에서 ─ 정신분석학과 심리학, 나아가 교육학과 윤리학, 문학 등의 영역과 협력할 수 있다. 무엇보다 공간과 시간을 통해 연결되는 다양한 지리-역사적 맥락에서 이 세계의 고유한 개인으로 존재하고 행위하는 구체적 특이성을 해명하기 위해서는 그/그녀의 고유한 생애 경로와 사회화 과정에서 형성된 개인성[22]의 리듬을 해명하는 것이 필수적이다. 단, 이 경우에도 무엇이 다른 사람들을 고유한 사람(person)으로 규정하는

---

22 여기에서 개인성은 바스카가 인간의 근원적 존재 방식으로 말한 기저 상태(ground state), 자아(self), 에고(ego)의 차원을 모두 아우른다.

가에 대한 질문과 해명은 다른 세 가지 존재론의 맥락에 자리해야 한다. 다른 차원과 분리하여 그 성격을 논의하는 것은 분명 일면적이고 환원주의적인 설명으로 이어질 것이다(Pilgrim, 2019: 176).[23]

이 모든 협업의 과정에서 지리-역사적 맥락이 자살을 유발하는 기제들과 함께 필수적으로 고려되어야 하며, 각 탐구 수준에 적절한 고유한 방법을 존중하는 방법론적 특수성의 공리는 유지될 것이다. 또한 네 가지 모든 평면에서 단일 분과주의와 환원주의의 일반적인 위험을 항상 염두에 두는 것이 중요하다. 각각의 층위를 아울러 고려하지 않는다면, 쉽게 환원주의의 위험에 빠질 수 있기 때문이다. 따라서 인간 역량의 증진이라는 공통된 실천적 목표와 각 층위의 수준과 연계를 고려하는 전체론적 관점에서 효과적인 인식적 통합을 위한 학문 간 대화와 협력이 이루어질 필요가 있다.

이러한 협력의 방법론을 한국 사회 자살문제의 진단과 해결을 위한 학제적 연구 기획으로 연결시키는 작업은 "각자의 생명은 오로지 모두의 생명에 의해서만 보호될 수 있다"[24]라는 대안적 생명

---

23 데이비드 필그림이 말하듯, 분명 네 가지 평면과 그 안팎의 관계는 인간과학을 어렵게 만든다. 하지만 그것은 또한 우리의 탐구 대상을 명확히 하며 이는 실증주의의 가치 중립 주장과는 근본적으로 다른 객관성의 형태에 대한 근거를 제공한다. 여기에서 객관성이란 탐구 대상에 충실하다는 의미이다. 이로부터 도출되는 객관성의 형태는 인간 행위자들을 진지하게 대하고 그들의 복잡성에 정의(justice)를 세우는 방법을 찾는 것이다(Pilgrim, 2019: 172).

24 에스포지토에 따르면, 생명정치 체제가 절정에 달한 오늘날만큼 정치가 생명/삶의 보호와 발전에 직접적으로 관여해야 했던 적은 일찍이 없었다. 정치가 주목해야 할 것은 개별적인 종족의 생명뿐만 아니라 무엇보다도 인류 전체의 생명이다(에스포지토, 2023: 291). 이는 모두의 번영의 조건으로서의 각자의 번영을 지향하는 좋은 사회 또는 행복 실현 사

정치의 이론적 관점을 발전시킬 것을 아울러 요청하며, 융합의 시대에 새롭게 요청되는 사회학의 역할과 위상 또한 바로 이 지점에서 찾을 수 있을 것이다.

회의 존재론(Bhaskar, 2016: 200)을 향한 변증법적 비판적 실재론의 기획과 공명한다.

참고문헌

4·16 세월호참사 작가기록단. 2024. 『520번의 금요일』. 온다프레스.
5·18 기념재단. 2001. 「'5·18 트라우마티즘' 실태파악을 위한 기초조사」.
_____. 2006. 「5·18 민주유공자 생활실태 및 후유증실태 조사연구 보고서」.
_____. 2007. 「5·18 민주화운동부상자 생활실태 및 후유장애 실태 조사」.
_____. 2008. 「5·18 민주화운동 피해자에 대한 심리학적 부검 및 자살피해 예방대책과 사회적 지원방안에 대한 연구」.
_____. 2012. 「광주트라우마센터 설립을 위한 기초연구」.
_____. 2017. 『5·18 열흘간의 항쟁, 2020-9』.
(사)5·18 민주유공자유족회. 2000. 『부서진 풍경 1: 5·18 정신병동 이야기』(비매품).
_____. 2005a. 『그해 오월 나는 살고 싶었다 1: 죽음으로 쓴 5·18 민중항쟁 증언록』(비매품).
_____. 2005b. 『그해 오월 나는 살고 싶었다 2: 죽음으로 쓴 5·18 민중항쟁 증언록』(비매품).
_____. 2009. 『부서진 풍경 2: 끝나지 않은 5·18 이야기』(비매품).
(사)5·18 민주유공자유족회 편. 2007a. 『꽃만 봐도 서럽고 그리운 날들 1: 5·18 민중항쟁 증언록—행방불명자 편』. 5·18 기념재단(비매품).
_____. 2007b. 『꽃만 봐도 서럽고 그리운 날들 2: 5·18 민중항쟁 증언록—상이 후 사망자 편』. 5·18 기념재단(비매품).
_____. 2008a. 『꽃만 봐도 서럽고 그리운 날들 3: 5·18 민중항쟁 증언록—상이 후 사망자 편』. 5·18기념재단(비매품).
_____. 2008b. 『꽃만 봐도 서럽고 그리운 날들 4: 5·18 민중항쟁 증언록—상이 후 사망자 편』. 5·18 기념재단(비매품).
5·18 민주화운동 진상규명조사위원회. 2021. 「5·18 민주화운동 피해자 등의 집단 트라우마에 대한 심리·사회학적 표본 조사 연구」.
_____. 2022. 「5·18 희생자 유가족 집단 트라우마 실태 조사: 인권트라우마를 중심으로」.

5·18 민주화운동기록관. 2022. 『5·18과 시간의 타인』. 5·18 민주화운동 42주년 기념 제20차 광주정신포럼 자료집.

5·18 민중항쟁기념행사위원회. 2018. 「5·18민중항쟁 안내 해설 가이드북」.

10·29 이태원 참사 인권실태조사단. 2023. 「10·29 이태원 참사, 인권으로 다시쓰고 존엄으로 기억하다」.

10·29 이태원 참사 작가기록단. 2023. 『우리 지금 이태원이야: 생존자와 유가족이 증언하는 10·29 이태원 참사』. 창비.

가와히토 히로시(川人博). 2019. 『과로 자살』. 김명희·노미애·다나카 신이치 옮김. 한울.

갈퉁, 요한(Galtung, Johan). 2000. 『평화적 수단에 의한 평화』. 강종일·정대화·임성호·김승채·이재봉 옮김. 들녘.

강수택. 2007. 『시민, 연대, 사회』. 아르케.

강신익. 2012. 「사회생물학 달리 보기: 새로운 사회생물학 또는 생명사회학을 찾아서」. 『대동철학』 59: 23~60.

강은숙. 2012. 「5·18 시민군기동타격대원의 생애사를 통해 본 사회적 트라우마티즘 형성과정」. 『기억과 전망』 26: 269~308.

강은정·이수형. 2010. 『자살의 원인과 대책 연구: 정신의학적 접근을 넘어서』. 한국보건사회연구원.

강준혁·이근무·이혁구. 2015. 「자살자에 대한 질적 사례연구: 자살원인 규명을 통한 자살자 삶의 재구성」. 『사회복지연구』 46(2): 257~291.

강진아. 2022. 「초등 교사 간 공존 양상에 대한 자문화기술지: 해석적 접근」. 『초등교육연구』 35(4): 19~48.

_____. 2023. 「초등 교사가 체험한 교사-학부모 관계에 대한 자문화기술적 사례연구: 관계 규정과 관계 상황을 중심으로」. 『학부모연구』 10(1): 1~28.

강현수. 2014. 「푸코의 생명관리정치와 아감벤의 생명정치」. 『철학논총』 78(4): 129~148.

건국대학교 통일인문학연구단. 2015. 『탈북민의 적응과 치유 이야기』. 경진.

고영남. 2018. 「인권친화적 학교문화정책의 정립과 실행방안 모색」. 한국교육개발원.

관계부처 합동. 2016. 「정신건강종합대책」. 국가정책조정회의.

_____. 2018. 「자살예방 국가행동계획」.

_____. 2023. 「제5차 자살예방기본계획」(2023~2027).

_____. 2024. 「제4차 북한이탈주민 정착지원 기본계획」(2024~2026).

광주트라우마센터. 2015. 『제 이야기를 들어주시겠습니까?: 5·18 생존자 6인이 처음으로 털어 놓는 이야기—증언치유프로그램 '마이데이(MY DAY)' 기록집 I』. 광주트라우마센터.

_____. 2017. 『제 이야기를 들어주시겠습니까?: 증언치유프로그램 '마이데이(MY DAY)' 기록집 II』. 광주트라우마센터.

교육개혁위원회. 1995. 「세계화·정보화 시대를 주도하는 新교육체제 수립을 위한 교육개혁방안(1)」(제2차 대통령 보고서).

국가인권위원회. 2014. 「성적지향·성별정체성에 따른 차별 실태조사」.

_____. 2017. 「북한이탈주민 인권피해 트라우마 실태조사」.

국가정책조정회의. 2016. 「정신건강 종합대책」.

군의문사진상규명위원회·자살예방협회. 2007. 「군 복무중 자살에 대한 이해와 판례분석」.

금희조·박윤정·윤준섭·박정민·이세영·임인재. 2023. 「유튜브 감정 섬네일과 댓글의 반시민성: 이태원 참사 이슈를 중심으로 기계학습 식별과 전통적 내용분석의 융합」. 『한국언론정보학보』 122: 7~47.

길리건, 제임스(Gilligan, James). 2012. 『왜 어떤 정치인은 다른 정치인보다 해로운가』. 이희재 옮김. 교양인.

김경민. 2017. 『시적 정의와 인권』. 경북대학교 출판부.

김기윤. 2011. 「생태학과 환경론에서 인간의 위치」. 『철학논총』 65(3): 75~95.

김남순·최지희·오영인·이희영·서현주·김명희·이진용. 2013. 『근거중심보건정책에 필요한 연구근거 현황 및 활용』. 한국보건사회연구원.

김덕영. 2019. 『에밀 뒤르케임: 사회실재론』. 도서출판 길.

김도현. 2012. 「법의 도덕성: 에밀 뒤르켐의 법사회학」. 『법과사회』 43: 243~270.

김동춘. 2011. 「냉전, 반공주의 질서와 한국의 전쟁정치」. 『경제와사회』 89: 333~366.

_____. 2013. 「분단이 낳은 한국의 국가폭력: 일상화된 내전 상태에서의 '타자'에 대한 폭력행사」. 『민주사회와 정책연구』 23: 110~141.

_____. 2023. 「서이초 교사는 누가, 왜 죽음으로 몰아갔는가?」. 『민들레』. 2023. 8. 5, https://www.mindlenews.com/news/articleView.html?idxno=1483(최종 접속: 2024. 1. 30).

김동춘·김명희 외. 2014. 『트라우마로 읽는 대한민국: 한국전쟁에서 쌍용차까지』. 역사비평사.

김명식. 2015. 「남북한의 심리적 통일을 위한 심리학적 고찰」. 『디지털융복합연구』 13(1):

555~562.

김명희. 2012. 「한국사회 자살현상과 『자살론』의 실재론적 해석: 숙명론적 자살(fatalistic suicide)을 중심으로」. 『경제와사회』 96: 288~327.

_____. 2014. 「외상의 사회적 구성: 한국전쟁 유가족들의 '가족 트라우마'와 복합적 과거청산」. 『사회와 역사』 101: 311~352.

_____. 2015a. 「고통의 의료화: 세월호 트라우마 담론에 대한 실재론적 검토」. 『보건과 사회과학』 38: 225~245.

_____. 2015b. 「세월호 이후의 치유: 제프리 알렉산더의 '외상 과정' 논의를 중심으로」. 『문화와 사회』 19: 11~53.

_____. 2015c. 「뒤르케임의 사회과학철학: 반환원주의적 통섭의 가능성」. 『한국사회학』 49(5): 267~307.

_____. 2016a. 「과학의 유기적 연대는 어떻게 가능한가: 과학과 도덕의 재통합」. 『한국사회학』 50(4): 233~269.

_____. 2016b. 「사회연구에서 발견의 논리와 개념적 추상화: 맑스와 뒤르케임의 과학적 방법」. 『사회연구』 17(2): 143~183.

_____. 2016c. 「한국 이행기 정의의 감정동학에 대한 사례연구: 웹툰 〈26년〉을 통해 본 5·18 부인(denial)의 감정생태계」. 『기억과 전망』 34: 55~101.

_____. 2016d. 「동아시아 분단체제의 재구성 장치로서 친밀적 공공권(親密的 公共圈)의 가능성」. 『민주주의와 인권』 16(2): 351~398.

_____. 2017a. 「'탈북자 자살'의 생태계에 대한 생명인문학적 성찰: 자살의 의료화와 정신의 식민화」. 『통일인문학』 70: 35~70.

_____. 2017b. 『통합적 인간과학의 가능성: 맑스와 뒤르케임의 실재론적 귀환』. 한울아카데미.

_____. 2019. 「재난의 감정정치와 추모의 사회학: 감정의 의료화를 넘어 사회적 치유로」. 『감성연구』 19: 145~178.

_____. 2020. 「5·18 자살의 계보학: 치유되지 않은 5월」. 『경제와사회』 126: 78~115.

_____. 2021a. 「5·18 집단트라우마 연구방법론과 새로운 진단 기준: 과거 청산의 과학사회학을 향하여」. 『경제와사회』 130: 347~391.

_____. 2021b. 「인권의 관점에서 본 5·18 '피해자'와 복합적 집단트라우마: 국가범죄의 피해자학을 향하여」. 『민주주의와 인권』 21(3): 5~48.

_____. 2022a. 「탈진실 시대 사회적 고통과 실재론적 질적 연구의 가능성: 5·18 집단트라우마에 대한 비판적 실재론 접근」. 『사회와이론』 43: 199~243.

_____. 2022b. 「5·18, 그 사회적 타살과 우리 안의 타인」. 5·18 민주화운동기록관. 『5·18과 시간의 타인』. 5·18 민주화운동 42주년 기념 제20차 광주정신포럼 자료집. 41~53.

_____. 2023. 「한국 자살예방정책의 의료화: 『자살론』의 현대적 해석」. 『사회와이론』 44: 277~321.

_____. 2024. 「직업집단의 자살과 『자살론』의 정치적 해석: 초등 교사들의 '아노미-숙명론적 자살'을 중심으로」. 『사회와 이론』 47: 173~239.

_____. 2025a. 「역사적 사회과학과 비판적 실재론」. 『사회와역사』 145: 9~51.

_____. 2025b. 「뒤르케임의 도덕과학과 법의 도덕성: 인권 사회과학의 지평」. 『민주법학』 87: 430~477.

_____. 2025c. 「경상남도 일본'위안부' 역사관 건립과 제도적 부인(denial): 인권 기반 접근」. 『사회와역사』 146: 11~48.

김명희(비저자). 2019. 「한국의 과로 자살: 결코 낯설지 않은」. 가와히토 히로시. 『과로 자살』. 김명희·노미애·다나카 신이치 옮김. 한울. 237~275.

김명희·김석웅·김종곤·김형주·유해정·유제헌·이재인·진영은. 2022. 『5·18 다시 쓰기』. 오월의 봄.

김명희·김왕배 편. 2016. 『세월호 이후의 사회과학』. 그린비.

김석주·박영수·이혜원·박상민. 2012. 「북한 의사들이 바라보는 북한의 정신의학 현황」. 『정신신체의학』 20(1): 32~39.

김석웅. 2019. 「국가폭력 가해자 불처벌이 유가족의 심리상태에 미치는 영향: 5·18민주화운동을 중심으로」. 『민주주의와 인권』 19(2): 37~73.

김성윤. 2023. 「교육 위기의 현재적 쟁점으로서 '돌봄의 공백'」. 『문화과학』 116: 98~115.

김성일. 2023. 「애도의 정치를 가로막는 퇴행적 정치 행태에 대한 비판」. 『문화과학』 113: 108~128.

김소진. 2022. 「재난불평등과 젠더, 그리고 팬데믹 이후의 과제」. 『민주법학』 78: 179~203.

김승호. 2023. 「교육정책, 이제는 다양한 주체들의 학습이 필요하다」. 실천교육교사모임. 『대한민국 교육, 광장에 서다: 검은 점들이 한목소리로 외치는 교육 개혁』. 학교도서관저널. 136~153.

김연철·민병교·박치현. 2023. 「지능화된 플랫폼과 유기적 연대의 쇠퇴: 뒤르켐 이론의 변용」.『사회와이론』 45: 91~124.

김영미·이윤주. 2020.「자살생존자의 트라우마 경험에 대한 자전적 내러티브 탐구」.『상담학연구: 사례 및 실제』 5(2): 75~98.

김영옥·메이·이지은·전희경·생애문화연구소 옥희살롱. 2020.『새벽 세 시의 몸들에게: 질병, 돌봄, 노년에 대한 다른 이야기』. 봄날의책.

김예진·장혜인 외. 2024.「북한이탈주민의 외상후스트레스증상과 자살행동의 관계」.『한국심리학회지: 임상심리 연구와 실제』 10(1): 1~24.

김왕배. 2010.「자살과 해체사회」.『한국학』 33(2): 195~224.

_____. 2019.『감정과 사회: 감정의 렌즈를 통해 본 한국사회』. 한울아카데미.

김용현. 2019.「푸코 통치성(gouvernementalité)으로 본 복지국가의 기원과 그 사회적 효과」.『사회복지정책』 46(3): 157~177.

김은정. 2022.『치유라는 이름의 폭력: 근현대 한국에서 장애·젠더·성의 재활과 정치』. 강진경·강진영 옮김. 후마니타스.

김인숙. 2013.「제도적 문화기술지: 왜 또 다른 연구방법인가?」.『한국사회복지학』 65(1): 299~324.

_____. 2017.「사회복지전담공무원의 일 조직화: 제도적 문화기술지」.『한국사회복지행정학』 19(1): 101~139.

김재엽·최권호·채지훈·황현주. 2013.「탈북여성의 일상생활 스트레스가 자살생각에 미치는 영향과 사회적 지지의 조절효과」.『사회복지연구』 44(2): 35~56.

김정진 1998.「공모에 의한 동반자살 실태와 예방대책에 관한 연구: 청소년기를 중심으로」.『지성과 창조』 12: 99~126.

김종곤. 2014.「남북분단 구조를 통해 바라본 탈북 트라우마」.『문학치료연구』 33: 205~228.

김종곤·남경우·박민철·유해정·이은정·이형숙·임기홍·정원옥. 2023.『사회적 재난의 인문학적 이해』. 건국대학교출판부.

김종군. 2015.『탈북청소년의 한국살이 이야기』. 경진출판.

김종군·남경우 외. 2017.「탈북 트라우마에 대한 인문학적 치유 방안의 가능성」.『통일문제연구』 29(2): 199~240.

김종엽. 1996.「에밀 뒤르케임의 현대성 비판에 대한 연구」. 서울대학교 박사학위 논문.

_____. 1998.「에밀 뒤르켐과 여성 문제」.『한국사회학』 32: 275~309.

_____. 2001. 『에밀 뒤르켐을 위하여: 여성, 축제, 인종, 방법』. 새물결.

김주환. 2020. 「숙명적 비극의 시대, 청년들의 절대적 고통 감정과 희생자: 신 되기의 탈정치」. 『사회와이론』 36: 49~92.

김준범·전진호. 2021. 「북한이탈주민의 PTSD와 우울의 동반이환과 자살시도에 관한 연구」. 『정신건강과 사회복지』 49(4): 56~78.

김준범·손수민. 2025. 「북한이탈주민의 PTSD, 불안, 우울의 증상 네트워크가 자살경향성에 미치는 영향」. 『정신건강과 사회복지』 53(1): 31~58.

김창엽. 2013. 『건강할 권리: 건강 정의와 민주주의』. 후마니타스.

김창엽·김명희·이태진·손정인. 2015. 『한국의 건강 불평등』. 서울대학교 출판문화원.

김철원. 2017. 『그들의 광주: 광주항쟁과 유월항쟁을 잇다』. 한울.

김치홍. 2024. 「이태원 참사 159번째 희생자의 죽음에 대한 사례 연구: 피해자의 재희생자화에 대한 사회학적 접근」. 경상국립대학교 대학원 사회학과 석사학위논문.

김치홍·김명희. 2024. 「이태원 참사 159번째 희생자의 자살에 대한 사회학적 심리부검」. 『한국사회학』 58(3): 131~182.

김태수. 2008. 「뒤르케임과 민주주의: 직업집단론을 중심으로」. 『사회이론』 34: 289~311.

김태준. 2015. 「자살예방을 위한 탐색적 연구: 사회구조적 관점을 중심으로」. 『지역사회』 73: 78~87.

김태형. 2017. 『자살공화국』. 세창미디어.

김현경. 2007. 「난민으로서의 새터민의 외상(trauma) 회복 경험에 대한 현상학 연구」. 이화여자대학교 박사학위 논문.

김현규. 2023. 「교육 주체의 협력을 통해 교권과 학생인권 간 대립을 넘어 교육회복으로」. 실천교육교사모임. 『대한민국 교육, 광장에 서다: 검은 점들이 한목소리로 외치는 교육 개혁』. 학교도서관저널. 62~73.

김현선. 2023. 「우리는 9월 4일로 갑니다」. 실천교육교사모임. 『대한민국 교육, 광장에 서다: 검은 점들이 한목소리로 외치는 교육 개혁』. 학교도서관저널. 34~44.

김현수·이현정·장숙랑 외. 2022. 『가장 외로운 선택: 청년 자살, 무엇이 그들을 죽음으로 내몰았는가』. 북하우스.

김현철. 2016. 「생명정치, 생명권력, 생명법」. 『법과사회』 51: 1~22.

김형수·김상호. 2009. 「노인 가족동반자살에 관한 연구: 살해 후 자살을 중심으로」. 『노인복지연구』 46: 157~171.

김형주. 2018. 「5·18 최후항전 참여자들의 구금 생활 연구: 2011년 5·18민주화운동 구술 자료를 중심으로」. 『민주주의와 인권』 18(4): 5~44.

김혜경. 2023. 「형사피해자와 범죄피해자의 구별필요성: 헌법재판소 결정을 중심으로」. 『피해자학연구』 31(1): 85~109.

김혜림. 2016. 「김정은 시대 탈북현상과 북한이탈주민 지원제도에 대한 고찰」. 『민족연구』 66: 46~72.

김환희. 2023. 「5·31 교육체제를 애도한다」. 『문화과학』 116: 40~76.

김효정. 2002. 「집합행동에 대한 사회운동론적 연구」. 성공회대 사문연 포럼.

김효진. 2020. 「자살예방정책 형성과정 분석연구: 킹던의 정책흐름모형 중심으로」. 『한림고령사회연구』 8(1): 5~25.

김희강. 2024. 「한국 사회는 어떤 정의 담론이 필요한가?」. 『포스트 휴먼 시대, 페미니즘의 물질적 전환』. 한국여성학회 2024 추계 국제학술대회 자료집(2024. 11. 11).

김희경. 2012. 「북한이탈주민의 외상 유형에 따른 복합 PTSD와 PTSD 증상의 차이」. 『한국심리학회지』 31(4): 1003~1022.

김희진·정윤경. 2015. 「북한이탈주민의 사회적응과 자살생각의 관계 및 자존감의 조절효과」. 『사회연구』 27: 9~46.

나경세·백종우·윤미경·김현수. 2015. 「심리부검: 우리나라에서 향후 방향에 대한 검토 및 고찰」. 『신경정신의학』 54(1): 40~48.

남보영 신자현. 2022. 「여성 북한이탈주민의 자살 생각과 시도의 위험요인」. 『정신건강과 사회복지』. 50(2): 90~111.

남북하나재단. 2016. 「2016 북한이탈주민정착실태조사」.

_____. 2022a. 「2022 북한이탈주민 사회통합조사」.

_____. 2022b. 「2022 북한이탈주민 정착실태조사」.

노다 마사아키(野田正彰). 2015. 『떠나보내는 길 위에서: 대형 참사 유족의 슬픔에 대한 기록』. 서혜영 옮김. 펜타그램.

노대원·이소영·황임경. 2022. 「위태로운 시대의 취약성 연구: 취약성 개념의 초학제적 탐색」. 『비교한국학』 30(1): 15~41.

노영기. 2005. 「'5·18항쟁과 군대'에 관한 연구와 전망」. 『민주주의와 인권』 5(1): 253~283.

누스바움, 마사(Nussbaum, Martha). 2015. 『역량의 창조』. 한상연 옮김. 돌베개.

_____. 2015. 『혐오와 수치심: 인간다움을 파괴하는 감정들』. 조계원 옮김. 민음사.

_____. 2016. 『학교는 시장이 아니다』. 우석영 옮김. 궁리.

다네마르크, 베르트(Danermark, Berth)·매츠 엑스트롬(Mats Ekstrom)·리젤로트 야콥센(Liselotte Jakobsen)·얀 카를손(Jan Karlsson) 편. 2005. 『새로운 사회과학방법론: 비판적 실재론의 접근』. 이기홍 옮김. 한울아카데미.

다이아몬드, 재레드(Diamond, Jared). 2023. 『총균쇠』. 강주헌 옮김. 김영사.

_____. 외 편. 2015. 『역사학, 사회과학을 품다: 새로운 연구방법론으로서 자연 실험』. 박진희 옮김. 에코리브르.

더 케어 컬렉티브(The Care Collective). 2021. 『돌봄선언: 상호의존의 정치학』. 정소영 옮김. 니케북스.

데이글, 레아(Daigle, Leah). 2022. 『피해자학』. 이민식 옮김. 박영사.

덴진, 노먼 K.(Denzin, Norman K.). 2020. 「연대의 페다고지의 중요성」. 파울로 프레이리(Paulo Freire)·아라우주 프레이리(Araújo Freire)·월터 올리베이라(Walter Oliveira)·헨리 A. 지루(Henry A. Giroux)·노먼 K. 덴진(Norman K. Denzin)·도날도 마세도(Donaldo Macedo). 『연대의 페다고지』. 노일경·윤창국·허준 옮김. 오트르랩. 145~161.

도에르너, 윌리엄(Doerner, William)·스티븐 랩(Lab, Steven). 2011(1995). 『피해자학』 제6판. 조윤오 외 옮김. 그린.

뒤르케임, 에밀(Durkheim, Émile). 1979. 「개인주의와 지성인」. 박영신 옮김. 『현상과 인식』 3(4): 5~20.

_____. 1992. 『종교생활의 원초적 형태』. 노치준·민혜숙 옮김. 민영사.

_____. 1994. 『자살론』. 김충선 옮김. 청아.

_____. 1995. 「부부중심 가족」. 『가족과 성의 사회학』. 박숙자 외 옮김. 나남출판. 111~122.

_____. 1998. 『직업윤리와 시민도덕』. 권기돈 옮김. 새물결.

_____. 2001. 『사회학적 방법의 규칙들』. 윤병철 외 옮김. 새물결.

_____. 2006. 『교육과 사회학』. 이종각 옮김. 배영사.

_____. 2008. 『자살론』. 황보종우 옮김. 청아.

_____. 2012. 『사회분업론』. 민문홍 옮김. 아카넷.

_____. 2019. 『사회학적 방법의 규칙들: 뒤르켐 사회학 방법론의 이해』. 윤병철·박창호 옮

김. 새물결.

_____. 2023. 『에밀 뒤르켕의 사회주의론(생시몽 학설)』. 정현주 옮김. 간디서원.

_____. 2024. 『도덕 교육』. 민혜숙·노현종 옮김. 이른비.

레비, 배리(Levy, Berry) 편. 2021. 『사회정의와 건강: 사회 불의에 맞서 어떻게 건강을 지킬 것인가?』. 신영전 외 옮김. 한울아카데미.

레비, 프리모(Levi, Primo). 2014(1986). 『가라앉은 자와 구조된 자』. 이소영 옮김. 돌베개.

레이코프, 조지(Lakoff, George). 2015. 『코끼리는 생각하지 마』. 유나영 옮김. 와이즈베리.

로슨, 토니(Lawson, Tonny). 2005. 「실험 없는 경제과학」. 마가렛 아처(Margaret Archer)·로이 바스카(Roy Bhaskar)·앤드류 콜리어(Andrew Collier)·토니 로슨(Tony Lawson)·앨런 노리에(Alan Norrie). 『초월적 실재론과 과학』. 이기홍 옮김. 한울아카데미. 13~38.

루이스, 린다(Lewis, Linda). 2000. 「5·18 피해자 집단의 재피해 현상」. 변주나·박원순 편저. 『치유되지 않은 5월: 20년 후 광주민중항쟁 피해자 실상 및 대책』. 다해. 199~213.

류원정·양혜린. 2024. 「북한이탈주민의 자살문제에 관한 연구」. 『사회복지정책과 실천』 10(2): 5~33.

마나베 유코(眞鍋祐子). 2015. 『열사의 탄생: 한국민중운동에서의 한(恨)의 역학』. 김경남 옮김. 민속원.

맬서스, 토마스(Malthus, Thomas). 2016. 『인구론』. 이서행 옮김. 동서문화사.

메스트로비치, 스테판(Metrovic, Stjepan). 2014. 『탈감정사회』. 박형신 옮김. 한울아카데미.

몽테스키외, 샤를(Montesquieu, Charles). 2006. 『법의 정신』. 이명성 옮김. 홍신문화사.

문다슬·정혜주. 2018. 「두 번의 경제위기와 실업, 노동빈곤, 그리고 젠더: 한국의 자살 위험양식의 역동적 변화에 대한 시론」. 『한국사회정책』 25(4): 233~263.

미류. 2023. 「10·29 이태원 참사와 책임 규명의 정치」. 『문화과학』 113: 172~195.

민문홍. 2001. 『에밀 뒤르케임의 사회학』. 아카넷.

바르발리, 마르치오(Barbagli, Marzio). 2017. 『자살의 사회학: 세상에 작별을 고하다』. 박우정 옮김. 글항아리.

바스카, 로이(Bhaskar, Roy). 2005. 「개관」. 마가렛 아처·로이 바스카·앤드류 콜리어·토니 로슨·앨런 노리에. 『초월적 실재론과 과학』. 이기홍 옮김. 한울아카데미. 13~38.

_____. 2007. 『비판적 실재론과 해방의 사회과학』. 이기홍 옮김. 후마니타스.

_____. 2021. 『자연적 필연성의 질서: 친절한 비판적 실재론 입문』. 김훈태 옮김. 두번째테제.

_____. 2024. 『계몽된 상식: 비판적 실재론의 철학』. 김명희·서덕희·서민규·이기홍 옮김. 한울아카데미.

바스카, 로이·데이비드 스콧(Bhaskar, Roy and David Scott). 2020. 『로이 바스카, 비판적 실재론과 교육을 말하다』. 이기홍 옮김. 한울아카데미.

박민철. 2017. 「한반도 분단극복과 생태주의의 결합: '통일-생태철학' 정립을 위한 하나의 시론」. 『서강인문논총』 48: 187~219.

박병기. 2013. 『의미의 시대와 불교윤리』. 씨아이알.

박종현. 2022. 「경쟁적 경제시스템의 윤리적 가치판단: 나이트와 베블런을 중심으로」. 『경제학연구』 70(4): 93~130.

박상훈·이상직·김용희·문지혜·황희정. 2021. 「높은 자살률, 무엇이 문제이고, 무엇이 문제가 아닌가」. 『국가미래전략 Insight』 22: 1~68.

박성희. 2011. 『(생애사에 기초한) 질적 연구방법』. 원미사.

박영신. 1993. 「사회학의 사회주의: 뒤르케임의 갈등인식과 사회주의」. 『사회학 이론과 현실인식』. 민영사. 25~67.

_____. 2009. 「사회구조, 통일, 사회통합: '탈북인' 이해의 문제」. 『신학과 실천』 19: 5~33.

박영주. 2004. 「'5·18 트라우마티즘' 연구의 현황과 전망」. 『민주주의와 인권』 4(2): 219~240.

박재인. 2024. 「탈북에서 가정해체까지, 탈북민 위기가구 문제와 탈북 트라우마」. 『문화와 정치』 11(2): 39~67.

박지영. 2020. 「성소수자 청소년 A는 왜 자살했는가?: 질적 심리부검을 통한 학급 내 집단괴롭힘과 A의 행동결정과정 분석」. 『청소년복지연구』 22(4): 1~36.

박진영. 2023. 『재난에 맞서는 과학』. 민음사.

박형민. 2010. 『자살, 차악의 선택: 자살의 성찰성과 소통 지향성』. 이학사.

박형신·정수남. 2015. 『감정은 사회를 어떻게 움직이는가: 공포 감정의 거시사회학』. 한길사.

발두치, 로도비코(Balducci, Lodovico)·모딧, H. 리(Modditt, H. Lee). 2016. 「치료와 치유」. 마크 콥(Mark Cobb)·크리스티나 M. 퍼할스키(Christina M. Puchlaski)·브루스 럼볼드(Bruce Rumbold) 편. 『헬스 케어 영성 2: 영적 돌봄의 개념』. 용진선·박준양·김주후·조재선 옮김. 가톨릭대학교 출판부. 217~242.

백소현·조미혜. 2023. 「10·29 이태원 참사와 애도불가능성: 살아남은 자들의 이야기」. 『문화와 사회』 31(3): 165~224.

버틀러, 주디스(Butler, Judith)·가야트리 스피박(Gayatri Spivak). 2007. 『누가 민족국가를 노래하는가』. 주해연 옮김. 산책자.

_____. 2021. 「취약성과 저항을 재사유하기」. 백소하·허성원 옮김. 『문화과학』 108: 315~338.

변주나·박원순 편저. 2000. 『치유되지 않은 5월: 20년 후 광주민중항쟁 피해자 실상 및 대책』. 다해.

보건복지부. 2021. 「2021년 아동학대 연차보고서」. http://www.mohw.go.kr/react/index.jsp(2022. 12. 31 접속).

_____. 2023. 「알기 쉬운 제5차 자살예방기본계획」(2023. 4. 14).

보건복지부·중앙자살예방센터. 2019. 『2019 자살예방백서』.

_____. 2020. 『2020 자살예방백서』.

보건복지부·중앙자살예방센터·한국기자협회. 2021. 「자살보도권고기준 3.0」

보건복지부·한국생명존중희망재단. 2022. 『2022 자살예방백서』.

_____. 2024. 『2024 자살예방백서』.

부르디외, 피에르(Bourdieu, Pierre). 1995. 『상징폭력과 문화재생산』. 정일준 옮김. 새물결.

북한인권정보센터. 2016. 『2015 북한이탈주민 경제사회통합 실태』.

블로크, 샤를로테(Bloch, Charlotte). 2019. 『열정과 망상: 학계의 감정문화』. 김미덕 옮김. 갈무리.

빅카인즈. https://www.bigkinds.or.kr/(2022. 12. 12 접속).

생명안전시민넷. 2021. 「아직도 끝나지 않은 참사: 재난·산재 참사 유가족·피해자들의 기록과 증언회」(2021. 4. 13. 참여연대 2층 아름드리홀).

서덕희. 2020. 「질적 연구의 '원형'으로서 사례연구의 방법론적 성격: 사례와 연구자의 대칭적-되기」. 『교육인류학연구』 23(4): 1~29.

서동진. 2011. 「혁신, 자율, 민주화 … 그리고 경영」. 『경제와사회』 89: 71~104.

서보경. 2020. 「서둘러 떠나지 않는다면: 코로나19와 아직 도래하지 않은 돌봄의 생명정치」. 『문학과사회』 33(3): 23~41.

서영표. 2022. 「자연과 사회의 관계 다시 생각하기: 인간주의, 포스트휴머니즘, 자연주의 논쟁」. 『안과밖』 53: 192~226.

서종한. 2018. 『심리부검: 사람은 왜 자살하는가』. 시간여행.

서찬석. 2005. 「부모의 자녀 동반 자살에 대한 사회학적 분석: 1990-2004」. 『연세학술논집』 43: 57-81.

석인선. 2023. 「코로나시대 북한이탈주민의 사회적응 강화 방안: 보호에서 자립으로」. 『통일전략』 23(2): 49~80.

세계보건기구 홈페이지, https://www.who.int/about/governance/constitution(세계보건기구 헌장 제1조).

세이브칠드런 홈페이지, https://m.sc.or.kr/news/magazineView.do?NO=71929(2024. 9. 30 접속).

세이어, 앤드루(Sayer, Andrew). 2019. 『사회과학방법론: 실재론적 접근』. 이기홍 옮김. 한울아카데미.

센, 아마티아(Sen, Amartya). 2013. 『자유로서의 발전』. 김원기 옮김. 갈라파고스.

손해인. 2018. 「미국 국가자살예방전략에 따른 뉴욕주 자살예방정책」. 『국제사회보장리뷰』 5: 78~97.

손창호. 2017. 「폭력 트라우마와 건강권」. 인권의학연구소 편. 『의료, 인권을 만나다』. 건강미디어협동조합. 78~96.

송재룡. 2008. 「한국사회의 자살과 뒤르케임의 『자살론』: 가족주의 습속과 관련하여」. 『사회이론』 34: 123~164.

송해리·김명희. 2022. 「간호사 태움 자살에 대한 사회학적 연구」. 『한국사회학』 56(4): 103~144.

쇼터, 에드워드(Shorter, Edward). 2009. 『정신의학의 역사: 광인의 수용소에서 프로작의 시대까지』. 최보문 옮김. 바다출판사.

쇼펜하우어, 아르투어(Schopenhauer, Arthur). 2024. 『인생이란 고통이며 마침내 허무에 도달하게 된다-5 _자살론에 대하여』. 북아띠.

스노, 찰스 퍼시(Snow, Charles Percy). 2001. 『두 문화』. 오영환 옮김. 사이언스북스.

스미스, 도로시(Smith, Dorothy E.). 2014. 『제도적 문화기술지: 사람을 위한 사회학』. 김인숙·강지나·우아영·조혜련·하지선·한상미 옮김. 나남.

스타인가드, 샌드라(Steingard, Sandra) 편. 2020(2019). 『비판정신의학』. 장창현 옮김. 건강미디어협동조합.

스캐리, 일레인(Scarry, Elaine). 2018. 『고통받는 몸』. 메이 옮김. 오월의봄.

신동하. 2023. 「이미 식은 감자인 '교원평가', 어찌할 것인가」. 실천교육교사모임. 『대한민국 교육, 광장에 서다: 검은 점들이 한목소리로 외치는 교육개혁」. 학교도서관저널. 167~177.

신상숙. 2024.「교차적 접근을 통해 본 국가폭력, 젠더폭력, 과거사피해의 복합성」.『한국여성학』 40(3): 83~124.

신상수·신영전.「자살생각과 도시화율의 연관성에 관한 다수준 분석: 2013년 지역사회건강조사를 기반으로」.『비판사회정책』 55: 187~218.

신일섭. 2005.「광주민주화운동 보상법의 정치사회적 의미」.『민주주의와 인권』 5(2): 173~201.

신진욱. 2004.「근대와 폭력 : 다원적 복합성과 역사적 불확정성의 사회이론」.『한국사회학』 38(4): 1~31.

신현석·이준희·정용주. 2013.「제도화된 국가주의와 교육에서 국가의 역할」.『교육문제연구』 26(3): 53~79.

신효숙·김창환·왕영민. 2016.「북한주민, 탈북자, 북한이탈주민: 시공간적 경험 공유 집단 분석을 통한 북한이탈주민 속성 재해석」.『통일인문학』 67: 41~80.

실천교육교사모임. 2023.『대한민국 교육, 광장에 서다: 검은 점들이 한목소리로 외치는 교육개혁』. 학교도서관저널.

아렌트, 한나(Arendt, Hannah). 1999.『폭력의 세기』. 김정한 옮김. 이후.

아리스토텔레스(Aristoteles). 1984.『니코마코스 윤리학』. 최명관 옮김. 서광사.

안드레젠, 자비네(Andresen, Sabine). 2023.「아동과 청소년에 대한 성폭력의 규명: 폭력에 관한 사회과학적 연구를 위한 동력」. 연구모임 사회비판과대안 편.『가정폭력과 포퓰리즘』. 사월의책. 75-93쪽.

야스퍼스, 카를(Jaspers, Karl). 2014.『죄의 문제』. 이재승 옮김. 앨피.

양현아. 2013.「에밀 뒤르켐(Émile Durkheim)의 사회학과 법의 접점」.『법사회학, 법과 사회의 대화』. 다산출판사. 20-43쪽.

여성가족부. 2022.「2022년 가정폭력경험실태조사 연구」.

에스포지토, 로베르토(Esposito, Roberto). 2023.『사회면역』. 윤병언 옮김. Critica.

_____. 2024.『비오스: 생명정치와 철학』. 윤병언 옮김. Critica.

엘리아스, 노르베르트(Elias, Norbert). 1998.『죽어가는 자의 고독』. 김수정 옮김. 문학동네.

엠케, 카롤린(Emcke, Carolin). 2017.『혐오사회』. 정지인 옮김. 다산지식하우스.

오를레앙, 앙드레(Orleéan, André). 2016. 『가치의 제국: 경제학의 토대를 다시 세우기』. 신영진·표한형·권기창 옮김. 울력.

오수성. 1990. 「광주오월민중항쟁의 심리적 충격」. 한국현대사사료연구소 편. 『광주5월민중항쟁』. 풀빛.

오수성·신현균·조용범. 2006. 「5·18 피해자들의 만성 외상 후 스트레스와 정신건강」. 『한국심리학회지: 일반』 25(2): 59~75.

오승용 외. 2012. 『5·18 왜곡의 기원과 진실』. 5·18 기념재단.

원시연. 2011. 「자살예방대책의 문제점과 개선과제」. 국회입법조사처.

유근춘. 2009. 「한국의 사회권현황: 사회권 관련 예산분석」. 2009 사회권 심포지엄, 국가인권위원회.

유해정. 2018. 「정치적 애도를 통한 삶의 재건: 세월호 참사의 시민 경험을 중심으로」. 『민주주의와 인권』 18(2): 181~220.

_____. 2021. 「5·18 직접적 피해자의 인권침해 경험과 트라우마: 보상중심의 과거청산을 중심으로」. 『민주주의와 인권』 21(3): 49~95.

유현종. 2011. 「한국행정의 국가이론적 재검토: 국가성의 변화와 대안을 중심으로」. 『한국행정학보』 45(3): 251~277.

윤민재. 2008. 「한국사회의 군대문화와 군자살사고에 대한 사회학적 고찰」. 『담론201』 11(1): 165~193.

윤인진. 2007. 「북한이주민의 사회적응 실태와 정착지원방안」. 『아세아연구』 50(2): 106~143.

윤찬영. 2005. 「사회적 소수자의 인권과 복지」. 2005년 비판과 대안을 위한 사회복지학회 춘계학술대회 자료집. 89~107.

은기수. 2005. 「경제적 양극화와 자살의 상관성: 1997년 외환위기를 전후하여」. 『한국인구학』 28(2): 97~129.

이금순 외. 2003. 「북한이탈주민 적응실태 연구」. 통일연구원.

이기연. 2022. 「아리스토텔레스적 윤리적 자연주의에 대한 비판적 검토와 도덕과 평가목표 설정에의 함의」. 『도덕윤리과교육』 76: 197~228.

이기홍. 2014. 『사회과학의 철학적 기초』. 한울아카데미.

이도암. 1965. 「한국사회의 집단자살분석: 사회통계적인 분석을 통한 집단자살」. 『청맥』 2(5): 93~104.

이동기. 2022. 「'빙산'에서 '일각'으로: 요한 갈퉁의 '구조적 폭력' 개념 비판」. 『평화들』 1(1): 65~99.

이동원·박옥희. 2000. 『사회심리학』. 학지사.

이미숙. 2007. 「가족동반자살에 대한 사회심리학적 탐색 연구」. 『보건과 사회과학』 20: 153~175.

이미정. 2017. 「심리부검의 쟁점 및 개선방안: 현행 심리부검 절차 및 방법론을 중심으로」. 『입법과 정책』 9(3): 363~384.

이보드레. 2023. 「10·29 이태원 참사와 국가의 안전조치 의무: 참사 피해에 대한 국가배상책임 성부 판단을 위한 첫째 쟁점」. 『민주법학』 81: 11~46.

이상영. 2015. 「우리나라 자살예방 대책의 문제점과 개선방안」. 『보건복지포럼』 229: 34~49.

이성빈·김명희. 2024. 「MBTI 유행의 문화정치학: 청년세대의 MBTI 수용과 활용에 대한 비판적 담론분석」. 『기억과전망』 51(2): 80~141.

이소진. 2023. 『증발하고 싶은 여자들: 청년여성들의 자살생각에 관한 연구』. 오월의봄.

이영재. 2010. 과거사 피해보상에 대한 비판적 검토: 광주민중항쟁 및 민주화운동에 대한 피해보상과 국가배상의 비교를 중심으로」. 『기억과 전망』 23: 199~233.

이영철. 2006. 「사회과학에서 사례연구의 이론적 지위: 비판적 실재론을 바탕으로」. 『한국행정학보』 40(1): 71~90.

이원순. 1990. 「韓國人의 自殺傾向에 관한 연구」. 서울대학교 석사학위 논문.

이윤경. 2023. 「학부모 탓이 아니라 연구와 정책이 필요하다」. 『오늘의교육』 76: 67~74.

이은선·이예은·박수빈. 2019. 「탈북 청소년의 정신건강에 대한 문헌고찰」. 『사회정신의학』 24(2): 37~47.

이은주. 2023. 「유치원도 안전한 교육 공간이 되려면」. 실천교육교사모임. 『대한민국 교육, 광장에 서다: 검은 점들이 한목소리로 외치는 교육 개혁』. 학교도서관저널. 92~99.

이재승. 2007. 「군내자살처리자에 대한 국가책임」. 『민주법학』 33: 171~198.

_____. 2010. 『국가범죄: 한국 현대사를 관통하는 국가범죄와 그 법적 청산의 기록』. 앨피.

_____. 2016. 「인권의 시각에서 본 세월호 사건」. 김명희·김왕배 외 편. 『세월호 이후의 사회과학』. 그린비. 333~360.

이재완·김용환. 2023. 「언론사의 정파성에 따른 이태원 참사 뉴스 프레임 비교 연구: 토픽모델링과 의미연결망 분석을 중심으로」. 『정치커뮤니케이션 연구』 71: 5~48.

이종찬. 2002. 「건강과 질병의 문화사회학을 향하여」. 전우택·성명훈·천병철 편. 『의료의 문화사회학』. 몸과 마음.

이지현. 2018. 「빅데이터 활용을 통한 전략적 자살예방 사례」. 『국제사회보장리뷰』 4: 148~152.

이창언. 2009. 「분신자살(焚身自殺)의 구조와 메커니즘 연구: 학생운동을 중심으로」. 『기억과 전망』 21: 148~179.

이해모. 2022. 『이름 없이 죽어간 브로크공, 오월시민군 이정모 생애사』. 전라도닷컴.

이해수. 2023. 「금기가 된 카니발과 애도의 위계: 우리는 왜 이태원 참사를 애도하지 못하고 있는가」. 『문화과학』 113: 84~107.

이현정. 2012. 「'부모-자녀 동반자살'을 통해 살펴 본 동아시아 지역의 가족 관념 : 한국, 중국, 일본 사회에 대한 비교문화적 접근」. 『한국학연구』 40: 187~227.

_____. 2016. 「세월호 참사와 사회적 고통: 표상, 경험, 개입에 관하여」. 『보건과 사회과학』 43: 63~83.

이현주·강혜규·노대명·신영석·정경희·유진영·김용득·민소영·이주열·한익희. 2007. 「주민생활지원서비스 업무수행체계 분석 및 개선방안」. 한국보건사회연구원.

이형빈. 2020. 『교사를 위한 교육학 강의』. 살림터.

_____. 2023. 「'돌봄의 교육'을 위한 시론: 교사-학생 관계, 학교문화, 교육과정으로서의 돌봄」. 『교육비평』 52: 103~136.

이호영. 2023. 「10·29 이태원 참사에 대한 행정안전부 장관의 법적 의무와 책임: '재난 및 안전관리 기본법'을 중심으로」. 『민주법학』 81: 47~78.

이희영. 2005. 「사회학 방법론으로서의 생애사 재구성: 행위이론의 관점에서 본 이론적 의의와 방법론적 원칙」. 『한국사회학』 39(3): 120~148.

_____. 2007. 「여성주의 연구에서의 구술자료 재구성: 탈성매매 여성의 생애체험과 서사구조에 대한 사례연구를 중심으로」. 『한국사회학』 41(5): 98~133.

_____. 2010. 「새로운 시민의 참여와 인정투쟁: 북한이탈주민의 정체성 구성에 대한 구술 사례연구」. 『한국사회학』 44(1): 207~241.

이희은 2023. 「사회적 참사와 타인의 죽음: 이태원 참사의 고통과 죽음은 왜 일상으로부터 배제되었나?」. 『문화연구』 11(1): 23~41.

일리치, 이반(Illich, Ivan). 2015. 『전문가들의 사회』. 신수열 옮김. 사월의책.

임미리. 2016a. 「한국 학생운동에서 대학생의 저항적 자살에 관한 연구」. 『기억과 전망』 34:

321~360.

_____. 2016b. 「저항적 자살의 유형 분류에 관한 연구: '민족민주열사·희생자 추모(기념)단체 연대회의' 열사를 중심으로」. 『사회와 역사』 111: 253~290.

_____. 3. 「'학교 전쟁'을 어떻게 끝낼 것인가?」. 『문화과학』 116: 21~39.

장미성. 2020. 「아리스토텔레스의 건강과 행복」. 『대동철학』 92: 367~387.

장세룡. 2005. 「몽테스키외 정치사상의 근대성」. 『대구사학』 81: 283~314.

장회익. 1998. 『삶과 온생명: 새로운 과학문화의 모색』. 솔출판사.

전영선. 2014. 「북한이탈주민과 한국인의 집단적 경계 만들기 또는 은밀한 적대감」. 『통일인문학』 58: 99~126.

전주희. 2023. 「10·29 이태원, 국가주의적 재난서사와 대항적 재난서사」. 『문화과학』 113: 151~171.

전진성. 2022. 「공립 공공역사관으로서 경남 일본군 '위안부' 역사관의 역할과 전망에 대한 토론문」. 『경남의 일본군'위안부' 운동과 트랜스로컬 기억의 연대』 경상국립대학교 사회과학연구원·일본군'위안부'연구회 공동 학술심포지엄 자료집(2022.11.19, 경상국립대학교 해양생물교육센터).

정경윤. 2013. 「사회복지 전담 공무원의 자살: 비인간화로 내모는 관료제, 절망의 자살을 불러오다」. 제6회 맑스 꼬뮤날레(2013. 5. 11. 서강대학교) 발표문. 56~63.

정근식. 2013. 「차별 또는 배제의 정치와 '소수자'의 사회사 재구성」. 『경제와사회』 100: 183~208.

정민석·이수진·이현우. 2023. 「재난에 대한 태도와 당파적 감정: 2022년 이태원 참사를 중심으로」. 『미래정치연구』 13(1): 5~36.

정성식. 2023. 「광장에서 보내는 가정통신문」. 실천교육교사모임. 『대한민국 교육, 광장에 서다: 검은 점들이 한목소리로 외치는 교육 개혁』. 학교도서관저널. 56~61.

정승민. 2004. 「동반자살에 관한 연구」. 『한국공안행정학회보』 18: 1~40.

정승화. 2011. 「1950~60년대 한국사회 경제구조 변화와 가족동반자살」. 『내일을여는역사』 42: 180~200.

_____. 2012. 「자살과 통치성: 한국사회 자살 담론의 계보학적 연구」. 연세대학교 박사학위논문.

_____. 2019. 「비관자살의 퇴조와 자살의 의료화 경향: 자살 통계 분류의 역사를 통해 본 자살의 문화적 의미 변화」. 『경제와사회』 124: 162~191.

정용주. 2023. 「교사들은 왜 거리로 나왔고 무엇을 남겼나?」. 『오늘의교육』 77: 90~109.

정용택. 2018. 「왜 고통이 중요하며, 왜 고통이 문제인가?」. 이상철·최순양·박지은·김윤동·홍정호·박재형·황용연·신익상·이정희·정용택·최형묵·이영미·김희헌·김진호. 『민중신학, 고통의 시대를 읽다』. 분도출판사. 213~238.

정원. 2017. 「뒤르케임과 미완의 기획: 경제사회학과 연대의 공화국」. 『사회이론』 52: 143~184.

정원옥. 2023. 「애도를 위하여: 10·29 이태원 참사」. 『문화과학』 113: 43~66.

정은경·현유림·안준철·최성용·엄기호·박복선. 2023. 「교실의 슬픔, 교육의 불가능성」. 『오늘의교육』 76: 67~74.

정정길. 2010. 『행정학의 새로운 이해』. 대명출판사.

정진주. 2012. 「쌍용자동차의 정리해고와 사회적 배제」. 쌍용자동차 해법 모색을 위한 학계·종교계·노동계 공동토론회 자료집. 『쌍용자동차 처리방식의 문제점과 대안』 (2012. 4. 16).

정호기. 2003. 「광주민중항쟁의 '트라우마티즘'과 기념공간: '5월운동'과 국립5·18묘지를 중심으로」. 『경제와사회』 58: 121~145.

_____. 2006. 「국가폭력과 피해자 보상: '5·18민중항쟁'의 인적 피해보상 제도를 중심으로」. 『민주주의와 인권』 6(1): 113~146.

제영묘. 2004. 「자살과 정신 장애」. 『생물치료정신의학』 10(1): 3~10.

조영선. 2023. 「교사들의 현실, 무엇을 비판하고 무엇을 요구해야 할까」. 『오늘의교육』 76: 75~100.

조영아·전우택·유정자·엄진섭. 2005. 「북한이탈주민의 우울 예측 요인」. 『한국심리학회지: 상담 및 심리치료』 17(2): 467~484.

조이너, 토마스(Joiner, Thomas). 2011. 『자살에 대한 오해와 편견』. 지여울 옮김. 베이직북스.

_____. 2012. 『왜 사람들은 자살하는가』. 김재성 옮김. 황소자리.

조효제. 2007. 『인권의 문법』. 후마니타스.

조희연. 2008. 「'신자유주의 지구화 시대의 정치'와 신보수정권」. 『동향과 전망』 72: 146~181.

한국생명존중희망재단. 2019. 「자살보도 및 자살보도 권고기준에 대한 인식 비교 분석: 일반인과 언론기자를 대상으로」. 『KSPC Research Brief』. 2019년 1호.

진영은. 2022. 「남겨진 사람들의 고통: 5·18 자살자 유가족의 사회적 고통 연구」. 경상국립대학교 일반대학원 석사학위 논문.

진영은·김명희. 2022.「5·18 자살자 유가족의 사회적 고통과 말하기」.『감성연구』 25: 225~262.

채정민·한성열·이종한·금명자. 2007.「독일의 정신건강 연구를 통해 본 한국의 통일심리학 방향」.『한국심리학회지: 문화 및 사회문제』 13(1): 91~114.

챈, 제니(Chan, Jenny)·마크 셀던(Mark Selden)·푼 응아이(Pun Ngai). 2021.『아이폰을 위해 죽다』. 정규식·윤종식·하남석·홍명교 옮김. 나름북스.

천경호. 2023a.「교육행정이 중심이 된 학교」. 실천교육교사모임.『대한민국 교육, 광장에 서다: 검은 점들이 한목소리로 외치는 교육 개혁』. 학교도서관저널. 112~121.

_____. 2023b.「학교장의 자격과 제도를 바꾸어야 하는 이유」. 실천교육교사모임.『대한민국 교육, 광장에 서다: 검은 점들이 한목소리로 외치는 교육 개혁』. 학교도서관저널. 198~207.

천정배 의원실. 2019.「화해와 상생의 시대를 여는 국립국가폭력트라우마치유센터 설립 방안 공청회」(국회의원회관, 2019. 9. 3).

천정환. 2021.『숭배 애도 적대: 자살과 한국의 죽음정치에 대한 7편의 하드보일드 에세이』. 서해문집.

최선희. 2010.「자살은 질병인가: 한국 사회 자살의 의료화 현상에 대한 소고(小考)」. 한국장애인재단 2010 논문집『장애의 재해석』. 116~150.

최원. 2014.「멈춰진 세월, 멈춰진 국가: 신자유주의적 통치성과 폭력의 새로운 형상」.『뉴래디컬리뷰』 61: 53~70.

최윤아·김명희. 2017.「세월호 이후 학교와 교사의 역할: 학교 재난안전 체계에 대한 제도적 문화기술지」.『사회연구』 18(2): 33~72.

최정기. 2006.「과거청산에서의 기억 전쟁과 이행기 정의의 난점들: 광주민주화운동 관련 보상과 피해자의 트라우마 중심으로」.『지역사회연구』 14(2): 3~22.

최정기 외. 2001.「'5·18 트라우마티즘' 실태파악을 위한 기초조사」. 5·18 기념재단.

최종덕. 2015.「의철학 3대 논쟁점의 재구성: 의철학 교과서를 위한 철학적 기초」.『의철학연구』 20: 125~176.

_____. 2017a.「통일한반도와 생명철학: 생명철학기반 통일담론과 그 실천모형」. 통일인문학 제28회 국내학술심포지엄. 건국대학교 통일인문학연구단.

_____. 2017b.『비판적 생명철학』. 당대.

커밍스, 브루스(Cumings, Bruce) 외. 2004. 『대학과 제국』. 한영옥 옮김. 당대.

코헨, 스탠리(Cohen, Stanley). 2009. 『잔인한 국가 외면하는 대중』. 조효제 옮김. 창비.

코저, 루이스(Coser, Lewis). 2003. 『사회사상사』. 신용하 옮김. 시그마프레스.

콘래드, 피터(Conrad, Peter). 2018(2007). 『어쩌다 우리는 환자가 되었나』. 정준호 옮김. 후마니타스.

콜리어, 앤드류(Collier, Andrew). 2010. 『비판적 실재론』. 이기홍·최대용 옮김. 후마니타스.

쿤, 토마스(Kuhn, Thomas Samuel). 2013. 『과학혁명의 구조』. 홍성욱·김명자 옮김. 까치.

크레스웰, 존(Creswell, John). 2015. 『질적 연구방법론: 다섯 가지 접근』. 조흥식·정선욱·김진숙·권지성 옮김. 학지사.

클라인먼, 아서(Kleinman, Arthur)·비나 다스(Veena Das)·마거릿 로크(Margaret Lock) 편. 2002. 『사회적 고통』. 안종설 옮김. 그린비.

키르케고르, 쇠렌(Kierkegaard, Søren Aabye). 2020. 『죽음에 이르는 병』. 이명곤 옮김. 세창출판사.

키테이, 에바 페더(Kittay, Eva Feder). 2016. 『돌봄, 사랑의 노동: 여성, 평등, 그리고 의존에 관한 에세이』. 김희강·나상원 옮김. 박영사.

터너, 브라이언(Turner, Bryan). 1998. 「영문판 제2판 서문: 에밀 뒤르케임에 대한 해석」. 에밀 뒤르켐(Émile Durkheim). 1998. 『직업윤리와 시민도덕』. 권기돈 옮김. 새물결.

통일부. 2017a. 『2017 통일백서』.

_____. 2017b. 「정보공개 청구 자료」(접수번호 4080268, 2017. 6. 7).

투르나드르 플랑크, 제롬(Tournadre-Plancq, Jérôme). 2009. "영국 '신공공관리론'의 함정." 『르몽드디플로마티크』(12/3). https://www.ilemonde.com/news/articleView.html?idx-no=577(최종 접속: 2024. 1. 16).

트론토, 조안(Tronto, Joan C.). 2014. 『돌봄민주주의』. 김희강·나상원 옮김. 아포리아.

티리아키언, 에드워드(Tiryakian, Edward A.). 2015. 『뒤르켐을 위하여』. 손준모 옮김. 고려대학교 출판부.

파생, 디디에(Fassin, Didier)·리샤르 레스만(Richard Rechtman). 2016. 『트라우마의 제국』. 최보문 옮김. 바다출판사.

퍼트남, 힐러리(Putnam, Hilary). 2010. 『사실과 가치의 이분법을 넘어서』. 노양진 옮김. 서광사.

페렐, 베티(Ferrel, Betty)· 캐서린 델 페라로(Catherine Del Ferraro). 2016. 「고통」. 마크 콥· 크리스티나 M. 퍼할스키· 브루스 럼볼드 외. 『헬스 케어 영성 2: 영적 돌봄의 개념』. 용진선· 박준양· 김주후· 조재선 옮김. 가톨릭대학교 출판부. 243~270.

페어클러프, 노먼(Fairclough, Norman). 2012. 『담화 분석 방법: 사회 조사연구를 위한 텍스트 분석』. 김지홍 옮김. 경진.

페어클러프, 이사벨라(Fairclough, Isabela)· 노먼 페어클러프(Norman Fairclough). 2015. 『정치 담화분석』. 김현강· 신유리 옮김. 박이정.

푸레디, 프랭크(Furedi, Frank). 2016. 『치료요법 문화: 실존적 불안 시대에 취약한 주체 계발하기』. 박형신 옮김. 한울아카데미.

푸코, 미셸(Foucault, Michel). 1998. 『"사회를 보호해야 한다"』. 박정자 옮김. 동문선.

_____. 2002. 『정신병과 심리학』. 박혜영 옮김. 문학동네.

_____. 2006. 『임상의학의 탄생: 의학적 시선의 고고학』. 홍성민 옮김. 이매진.

_____. 2011. 『안전, 영토, 인구』. 오르트망· 심세광· 전혜리· 조성은 옮김. 난장.

_____. 2012. 『생명관리정치의 탄생』. 심세광· 전혜리 옮김. 난장.

_____. 2016. 『비판이란 무엇인가: 자기 수양』. 오트르망· 심세광· 전혜리 옮김. 동녘.

_____. 2017. 『담론과 진실: 파레시아』. 오트르망· 심세광· 전혜리 옮김. 동녘.

프레이리, 파울로(Freire, Paulo). 2000. 『프레이리의 교사론: 기꺼이 가르치려는 이들에게 보내는 편지』. 교육문화연구회 옮김. 아침이슬.

_____. 2002. 『희망의 교육학』. 교육문화연구회 옮김. 아침이슬.

프레이리, 파울로· 도날도 마세도(Donaldo Macedo). 2014. 『문해교육』. 허준 옮김. 학이시습.

프레이리, 파울로(Freire, Paulo)· 아라우주 프레이리(Araújo Freire)· 월터 올리베이라(Walter Oliveira)· 헨리 A. 지루(Henry A. Giroux)· 노먼 K. 덴진(Norman K. Denzin)· 도날도 마세도(Donaldo Macedo). 2020. 『연대의 페다고지』. 노일경· 윤창국· 허준 옮김. 오트르랩.

프레초, 마크(Frezzo, Mark). 2020. 『인권사회학의 도전』. 조효제 옮김. 교양인.

프리먼, 마이클(Freeman, Michael). 2005. 『인권: 이론과 실천』. 김철효 옮김. 아르케.

프리커, 미란다(Fricker, Miranda). 2025. 『인식적 부정의』. 유기훈· 정선도 옮김. 오월의봄.

하라리, 유발 노아(Harari, Yuval Noah). 2023. 『사피엔스: 유인원에서 사이보그까지, 인간 역사의 대담하고 위대한 질문』. 조현욱 옮김. 김영사.

하미옥· 김장락· 정백근· 강윤식· 박기수. 2013. 「사망률이 높은 지역사회에서 사회적 참여와 신뢰의 자살 생각 및 시도와 연관성」. 『농촌의학·지역보건학회지』 38(2): 116-129.

한국국방연구원. 1988. 『대국회 광주문제 대책안』.

한국게이인권운동단체 친구사이. 2014. 「한국LGBTI커뮤니티 사회적 욕구조사 최종보고서」.

한국노동안전보건연구소. 2022. 『일하다 마음을 다치다』. 나름북스.

한희정. 2023a. 「정치적 천민으로 74년, 시민이 될 수 없는 교사」. 실천교육교사모임. 『대한민국 교육, 광장에 서다: 검은 점들이 한목소리로 외치는 교육 개혁』. 학교도서관저널. 154~166.

_____. 2023b. 「공교육 멈춤을 넘어, 대전환을 꿈꾸다」. 실천교육교사모임. 『대한민국 교육, 광장에 서다: 검은 점들이 한목소리로 외치는 교육 개혁』. 학교도서관저널. 220~235.

핸슨, 노우드 러셀(Hanson, Norwood Russell). 2017. 『과학적 발견의 패턴: 과학의 개념적 기초에 대한 탐구』. 송진웅·조숙경 옮김. 사이언스북스.

허먼, 주디스(Herman, Judith R.). 2012. 『트라우마: 가정폭력에서 정치적 테러까지』. 최현정 옮김. 열린책들.

허성범. 2013. 「역량과 인권」. 『시민인문학』 25: 134~174.

헤겔, 게오르크(Hegel, Georg W. F.). 2020. 『법철학』. 서정혁 옮김. 지식을만드는지식.

현운석. 2023. 「반창고의 크기로는 상처의 깊이를 알 수 없다」. 실천교육교사모임. 『대한민국 교육, 광장에 서다: 검은 점들이 한목소리로 외치는 교육 개혁』. 학교도서관저널. 82~91.

홍은영. 2014. 「푸코와 우리 시대의 건강 담론: 의료화 현상과 관련하여」. 『철학연구』 50: 187~228.

홍태영. 2007. 「몽테스키외의 『법의 정신』에 대한 정치적 독해」. 『한국정치학회보』 41(2): 141~160.

황경진. 2010. 「중국 팍스콘 노동자 연쇄 투신자살과 혼다자동차 파업의 경과 및 주요 쟁점」. 『국제노동브리프』 8(7): 88~96.

Abrutyn, S. and Anna S. Mueller. 2018. "Toward a Cultural-Structural Theory of Suicide: Examining Excessive Regulation and Its Discontents". *Sociological Theory* 36(1): 48~66.

_____. 2019. "Toward a Robust Science of Suicide: Epistemological, Theoretical, and Methodological Consideration in Advancing Suicidology". *Death Studies* 2019. 9. 522~227(Online First).

Adorno, Theodor W. 2005. "The Meaning of Working Through the Past". *Critical Models. Interventions and Catchwords*. 89~104.

Alexander, Jeffrey. 2003. *The Meanings of Social Life: A Cultural Sociology*. Oxford, UK: Oxford University Press.

Aliverdinia, A. and W. A. Pridemore. 2009. "Women's Fatalistic Suicide in Iran: A Partial Test of Durkheim in an Islamic Republic". *Violence Against Women* 15(3): 307~320.

Andrews, H. F. 1993. "Durkheim and Social Morphology". in S. P. Turner (ed.) *Emile Durkheim: Sociologist and Moralist*. London: Routledge.

Anderson, Bryce. 2023. "Pitilessly Blocked Futures and Violently Choked Passions: A Case for Fatalistic Suicide in Understanding Student Suicide in South Korea". *Asian Journal of Social Science: MAR* 51(1): 43~53.

Anscombe, G. E. M. 1958, "Modern Moral Philosophy". *Philosophy* 33(124): 1~19.

APA. 2015.『정신질환의 진단 및 통계 편람』제5판. 권준수· 김재진· 남궁기· 박원명· 신민섭· 유범희· 윤진상· 이상익· 이승환· 이영식· 이헌정· 임효덕 옮김. 학지사.

Bassiouni, Cherif. 2006. "International Recognition of Victim's Rights". *Human rights Law Review* 6(2): 203~279.

Besnard, Philippe. 1993. "Anomie and Fatalism in Durkheim's Theory of Regulation". *Émile Durkheim: Sociologist and Moralist*, S. P. Turner. ed., London: Routledge.163~183.

Bhaskar, Roy. 1975. *A Realist Theory of Science*. London: Verso.

_____. 1998. *The Possibility of Naturalism: A Philosophical Critique of Contemporary Human Sciences* (3rd ed.). New York: Routledge.

_____. 2016. *Enlightened Common Sense: The Philosophy of Critical Realism*. Edited with a Preface by Mervyn Hartwig. London and New York: Routledge.

Bhaskar, Roy et al. 2010. *Interdisciplinarity and Climate Change: Transforming Knowledge and Practice for Our Global Future*. London, UK: Taylor & Francis.

Bhaskar, R. and Danermark, B. 2006. "Metatheory, Interdisciplinarity and Disability Research: A Critical Realist Perspective". *Scandinavian Journal of Disability Research* 8(4): 278~297.

Bhaskar, R., Frank, C. and K. G. Høyer. 2010. *Interdisciplinarity and Climate Change: Transforming Knowledge and Practice for Our Global Future*. London, UK: Taylor & Francis.

Bhaskar, R., Danermark, B. and L. Price. 2018. *Interdisciplinarity and Wellbeing: A Critical Realist*

General Theory of Interdisciplinarity. London: Routledge.

Bourricaud, F. 1975. "Contre Le Sociologisme: Une Critique et des Propositions". *Revue Française De Sociologie*. Supplément: 16: 583~603.

Braswell, Harold and Howard I. Kushner. 2012. "Suicide, Social Integration, and Masculinity in the U.S. Military". *Social Science & Medicine* 74(4): 530~536.

Button, Mark E. 2016. "Suicide and Social Justice: Toward a Political Approach to Suicide". *Political Research Quarterly* 69(2): 270-280.

Button, Mark E. and Ian Marsh(eds.). 2020. *Suicide and Social Justice: New Perspectives on the Politics of Suicide and Suicide Prevention*. New York and London: Routledge.

Caleb, Amanda M. 2022. "Medicalization of Social Policies: Defining Health, Defining Illness". *Bioethics and the Holocaust*. ed. by Gallin, Stacy and Ira Bedzow. Springer. https://link.springer.com/book/10.1007/978-3-031-01987-6. 2010. 109~127.

Cotterrell, R. 1999. *Emile Durkheim: Law in a Moral Domain*. Stanford, CA: Stanford University Press.

_____. 2010. "Durkheim on Justice, Morals and Politics". by R. Cotterrell(ed.). *Émile Durkheim: Justice, Morality and Politics*. Farnham: Ashgate. xi~xxiv.

_____. 2011. "Justice, Dignity, Torture, Headscarves: Can Durkheim's Sociology Clarify Legal Values?". *Social & Legal Studies* 20(1): 3~20.

Cristi, Marcela. 2012. "Durkheim on Moral Individualism, Social Justice and Rights: A Gendered Construction of Rights". *Canadian Journal of Sociology* 37(4): 409~438.

Gould, Carol. 2016. "Transnational Solidarities". *Émile Durkheim: Justice, Morality and Politics*. by ed. R. Cotterrell. London and New York: Routledge. 49~65.

Codd, Jhon A. 1988. "The Construction and Deconstruction of Educational Policy Documents". *Journal of Education Policy* 3(3): 235~247.

Cohen, Stanly. 2001. *States of Denial: Knowing About Atrocities and Suffering*. Cambridge: Polity Press.

Coser, Lewis. 1960. "Durkheim's Conservatism and Its Implication for His Sociological Theory" In *Emile Durkheim: 1858-1917*. ed. by K. H. Wolff. Columbus: The Ohio State University Press.

Conrad, Peter. 2017. *The Medicalization of Society: On the Transformation of Human Conditions into*

Treatable Disorders. Baltimore: Johns Hopkins University Press.

Conrad, Peter. and J. W. Schneider. 1992. *Deviance and Medicalization: From Badness to Sickness*. Expanded. Philadelphia: Temple University Press.

Creswell, John. W. 2007. *Qualitative Inquiry & Research Design: Choosing Among Five Approaches*(2nd edn.). Thousand Oaks: Sage Publications.

Danermark, Berth. 2019. "Applied Interdisciplinary Research: a Critical Realist Perspective". *Journal of Critical Realism*. https://doi.org/10.1080/14767430.2019.1644983.

Deranty, Jean-Philippe. 2008. "[Review] Emmanuel Renault, *Souffrances Sociales: Sociologie, Psychologie et Politique*(Paris: La Découverte, 2008)". *Critical Horizons* 9(2): 243~249.

Douglas, Jack D. 1967. *The Social Meaning of Suicide*. N.J.: Princeton University Press.

Duggan, Marian. 2018. *Revisiting the 'Ideal victim': Developments in Critical Victimology*. Bristol, USA: Kent Sate University Press.

Durkheim, Émile. 1953. *Sociology and Philosophy*. trans. D. F. Pocock. London: Cohen & West LTD.

_____. 1958. *Socialism and Saint-Simon*. trans. C. Sattler. Yellow Springs, Ohio: Antioch Press. Translation of 1928a.

_____. 1961. *Moral Education*. trans. E. K. Wilson & H. Schnurer. The Free Press.

_____. 1965. *Montesquieu and Rousseau: Forerunners of Sociology*, trans. R. Manheim. Ann Harbor Paperbacks: University of Michigan Press.

_____. 1977. *Leçon de Sociologie*. Paris: Presses Universitaires de France.

_____. 1978a. "Cours de science sociale: leçon d'ouverture." *Revue International de L'enseignement* 15: 23-48. Opening lecture of Durkheim's first course, "La Solidarité sociale" given at the University of Bordeaux in 1887-88. https://durkheim.uchicago.edu/Texts/1888a.html(2025. 12. 30. 검색).

_____. 1978b. "Sociology and Social Sciences" in *The Rules of Sociological Method*, trans.W. D. Halls. NY: The Free Press. 71~87.

_____. 1978c. "Introduction *to Morality*". *Émile Durkheim on Institutional Analysis*. ed. by M. Traugott. Chicago: The University of Chicago Press. 191~202.

_____. 1978d. "Introduction to the Sociology of the Family". *Émile Durkheim on Institutional Analysis*. edited by M. Traugott. Chicago: The University of Chicago Press. 205~228.

_____. 1978e. "The Principles of 1789 and Sociology". *Émile Durkheim on Morality and Society*. R. N. Bellach (eds.). Chicago: The University of Chicago Press. 34~42.

_____. 1982a. "Sociology and Social Sciences". *The Rules of Sociological Method*. trans. W. D. Halls. NY: The Free Press. 175~208.

_____. 1982b. "Debate on the Relationship between Ethnology and Sociology". *The Rules of Sociological Method*. trans. W. D. Halls. NY: The Macmillan Press Ltd. 209~210.

_____. 1982c. "Debate on Explanation in History and Sociology". *The Rules of Sociological Method*. trans. W. D. Halls. NY: The Macmillan Press Ltd. 211~228.

_____. 1982d. "Social Morphology". *The Rules of Sociological Method*. trans. W. D. Halls. NY: The Macmillan Press Ltd. 241~242.

_____. 1982e. "The Method of Sociology". *The Rules of Sociological Method*. trans. W. D. Halls. NY: The Macmillan Press Ltd. 245~247.

_____. 1982f. "Society". *The Rules of Sociological Method*. trans. W. D. Halls. NY: The Macmillan Press Ltd. 248.

_____. 1982g. "The Psychological Character of Social Facts and their Reality". *Rules of Sociological Method*. trans. W. D. Halls. NY: The Free Press. 249~250.

_____. 1982h. "The Role of General Sociology". *The Rules of Sociological Method*, trans. W. D. Halls. NY: The Free Press. 255~256.

_____. 1982i. "Influences upon Durkheim's View of Sociology". *The Rules of Sociological Method*. trans. W. D. Halls. NY: The Free Press. 257~260.

_____. 1982j. "Civilisation in General and Types of Civilisation". *The Rules of Sociological Method*. trans. W. D. Halls. NY: The Free Press. 243~244.

_____. 1983. *Pragmatism and Sociology*. trans. J. C. Whitehouse. Cambridge: Cambridge University of Press.

_____. 2004. *Durkheim's Philosophy Lectures: Notes from the Lycée de Sens Course, 1883-1884*. N. Gross & R. Alum eds., Cambridge University Press.

_____. 2006. *On Suicide*. trans. Robin Buss. New York: Penguin Books.

_____. 2023. *Quid Secundatus Politicae Scientiae Instituendae Contulerit*. Legare Street Press.

Douglas, Jack D. 1967. *The Social Meanings of Suicide*. N.J.: Princeton University Press.

Emirbayer, Mustafa. 1996. "Useful Durkheim". *Sociological Theory* 14(2): 109~130.

Fairclough, N. 2000. *New Labour, New Language?*. Loundon: Routledge.

Fraser, Ian. 2007. *Dialectics of the Self. Transcending Charles Taylor*. Exeter: imprint-academic.com.

Fassin, Didier. 2018. *La vie: Mode d'emploi critique*. Seuil: Paris.

Foucault, Michel. 1976. *La volonté de savoir*. Paris: Milano.

Galtung, Johan. 1969. "Violence, Peace and Peace Research". *Journal of Peace Research* 6(3): 167~191.

_____. 1990. "Cultural Violence". *Journal of Peace Research*. 27(3): 291~305.

Gane, Mike. 1988. *On Durkheim's Rules of Sociological Method*. Routledge Kegan & Paul.

Gieryn, Thomas F. 1982. "Durkheim's Sociology of Scientific Knowledge". *Journal of the History of The Behaviral Science* 18(2): 107~129.

Gilligan, James. 2003. "Shame, Guilt, and Violence". *Social Research: An International Quarterly* 70(4): 1149~1180.

Godor, Brian P. 2016. "Academic Fatalism: Applying Durkheim's Fatalistic Suicide Typology to Student Drop-Out and the Climate of Higher Education". *Interchange* 48(3): 257~269.

Gorski, Philip S. 2013. "Beyond the Fact/Value Distinction: Ethical Naturalism and the Social Sciences". *Society* 50(6): 543~553.

Gouldner, A. 1971. *The Coming Crisis of Western Sociology*. London: Heinemann.

Green, S. J. D. 1989. "Emile Durkheim on Human Talents and Two Traditions of Social Justice". *British Journal of Sociology* 40(1): 97~117.

Gunnarsson, Lena. 2014. *The Contradictions of Love: Towards a Feminist-Realist Ontology of Sociosexuality*. London: Routledge.

Haigh, Fiona, Lynn Kemp, Patricia Bazeley and Neil Haigh. 2019. "Developing a Critical Realist Informed Framework to Explain How the Human Rights and Social Determinants of Health Relationship Works". *BMC Public Health* 19: 1571. https://doi.org/10.1186/s12889-019-7760-7.

Haines, Herbert. 2003. "Primum non Nocere: Chemical Execution and the Limits of Medical Social Control". *Health and Health Care as Social Problems*. P. Conrad, and V. Leiter eds.. Lanham: Rowan & Littlefield. 25~38.

Hartwig, Mervyn(ed.). 2017. *Dictionary of Critical Realism*. London: Routledge.

Hawkins, Mike. 2004. "Why Begin with Aristotle? Durkheim on Solidarity and Social Morphology". *Durkheimian Studies/Études Durkheimiennes*. New Series 10: 21~37.

Hjelmeland, Heidi, Gudrun Dieserud, Kari Dyregrov, Birthe L. Knizek and Antoon A. Leenaars. 2012. "Psychological Autopsy Studies as Diagnostic Tools: Are They Methodologically Flawed?". *Death Studies* 36(7): 605~626.

Holmqvist, Mikael. 2009. "Medicalization of Unemployment: Individualizing Social Issues as Personal Problems in the Swedish Welfare State". *Work, Employment, and Society* 23(3): 405~421.

Joas, Hans. 2000. *Kriege und Werte*. Weilerswist: Velbrück Wissenschaft.

Kim, Myung Hee. 2016. "'Two Cultures' and the Possibility of Integrated Korean Studies: Via 'Critical Naturalism' of Marx and Durkheim". *S/N Korean Humanities* 2(2): 87~110.

Kilborne, Benjamin. 1992. "Positivism and Its Vicissitudes: The Role of Faith in the Social Sciences". *History of the Behavioral Sciences* 28(3): 352~370.

Kleinman, Arthur, Veena Das and Margaret M. Lock eds., 1997. *Social Suffering*. Berkeley, CA: University of California Press.

Kucherenko, P. A. · Nazarshoev F. K.. 2024. "'Emile Durkheim's Social Research in the Context of Human Rights Activism". *RUDN Journal of Law* 28(2): 360~377.

Kushner, Howard. 1985. "Woman and Sucide in Historical Perspective". *Signs: Journal of Woman in Culture and Society* 10(3): 537~552.

LaCapra, Dominick. 1972. *Emile Durkheim: Sociologist and Philosopher*. Ithaca, NY: Cornell University Press.

_____. 2004. *History in Transit: Experience, Identity, Critical Theory*. Ithaca, NY: Cornell University Press.

Pirtle, Laster · Whitney N. 2020. "Racial Capitalism: A Fundamental Cause of Novel Coronavirus(covid-19) Pandemic Inequities in the United States". *Health Education and Behavior* 47(4): 504~508.

Lazzarotto, Anna-Maria. 2020. "The Application of Durkheimian Theories in the 21st Century". *Contemporary Challenges The Global Crime Justice and Security Journal* 1: 76~90.

Leenaars, Antoon A. 2017. *The Psychological Autopsy: a Roadmap for Uncovering the Barren Bones of the Suicide's Mind*. New York: Routledge.

Lester, David. 2021. "Suicide During War and Genocides" in D. Wasserman ed., *Oxford textbook of Suicidology and Suicide Prevention* (2nd edn.). 209~213. Oxford University Press.

Levine, Stephen, Z. 2016. "Genocide Exposure and Subsequent Suicide Risk: A Population-Based Study". *PLoS One* 11(2). doi: 10.1371/journal.pone.0149524. eCollection 2016.

Levy, Barry S. ed., 2019. *Social Injustice and Public Health* (2nd edn.). Oxford: Oxford University Press.

Lukes, Steven. 1973. *Emile Durkheim: His Life and Work*. NY: Penguin Books.

Lynch, Kathleen. 2014. "Why Love, Care, and Solidarity Are Political Matters: Affective Equality and Fraser's Model of Social Justice" in Anna G. Jónasdóttir and Ann Ferguson eds.. *Love: A Qustion for Feminism in the Twenty-Frirst Century*. Routledge. 173~189.

Marx, Karl. 1993. *Grundrisse*. USA: Penguin.

Marshall, Thomas H. 1950. *Citizenship and Social Class and Other Essays*. London: Cambridge University Press.

Mastroianni, George R., and Willbur J. Scott. 2011. "Reframing Suicide in the Military". *Parameters: Journal of the US Army War College* 41(2): 6~21.

Mauss, Marcel. 1958. "Intoduction to Socialism and Saint-Simon". *Socialism and Saint-Simon*. trans. C. Sattler. Yellow Springs, Ohio: Antioch Press.

Maxwell, Joseph A. 2004a. "Causal Explanation, Qualitative Research, and Scientific Inquiry in Education". *Educational Researcher* 33(2): 3~11.

_____. 2004b. "Using Qualitative Methods for Causal Explanation". *Field Methods* 16(3): 243~264.

McLeod, Jane. D. 2015. "Why and How Inequality Matters". *Journal of Health and Social Behavior* 56(2): 149~165.

Mihr, Anja, Gert Pickel and Susanne Picketl(Hg. eds.). 2018. *Handbuch Transitional Justice: Aufarbeitung von Unrecht: hin zur Rechtsstaatlichkeit und Demokratie*. Wiesbanden: Springer VS.

Miller, W. Watts. 1993. "Dukheim's Montespquieu". *The British Journal of Sociology* 44(4): 693~712.

_____. 1996. *Durkheim: Morals and Mordernity*. Mcgill Queens University Press.

Mueller, Anna S., Seth Abrutyn, Bernice Pescosolido and Sarah Diefendorf. 2021. "The Social Roots of Suicide: Theorizing How the External Social World Matters to Suicide and Suicide

Prevention". *Frontiers in Psychology* 12: 763.

Nisbet, Robert. 1963. "Sociology as an art form" in M. Stein and A. Vidich eds.. *Sociology on Trial*. Englewood Cliffs, NJ: Prentice Hall.

Norrie, Alan. 2016. "Critical Realism and the Metaphysics of Justice". *Journal of Critical Realism* 15(4): 391~408.

Oxford Dictionaries. 2016. "Oxford Dictionaries Word of the Year 2016 is POST-TRUTH". *English Oxford Living Dictionaries*. https://en.oxforddictionaries.com/word-of-theyear/word-of-the-year-2016(2024. 10. 30 접속).

Page, A. Morrell. S. and R. Taylor. 2002. "Suicide and Political Regime in New South Wales and Australia during the 20th Century". *Journal of Epidemiol Community Health* 56(10): 766~772.

Pawson, Ray, Trisha Greenhalgh, Gill Harvey and Kieran Walshe. 2005. "Realist Review: A New Method of Systematic Review Designed for Complex Policy Interventions". *Journal of Health Service Research & Policy* 10(1): 21~34.

Pearce, Frank. 1989. *The Radical Durkheim*. London: Unwin Hyman.

_____. 2001. *The Radical Durkheim*. 2nd. London: Unwin Hyman.

_____. 2007. "Bhaskar's Critical Realism: An Appreciative Introduction and a Friendly Critique" in Frauley, J. and F. Pearce(eds.). *Critical Realism and the Social Sciences: Heterodox Elaborations*. Toronto: University of Toronto.

Phillips, David. 1974. "The Influence of Suggestion on Suicide: Substantive and Theoretical Implications of the Werther Effect". *American Sociological Review* 39(3): 340~354.

Pilgrim, David. 2015. "The Biopsychosocial Model in Health Research: Its Strength and Limitations for Critical Realists". *Journal of Critical Realism* 14(2): 164~180.

_____. 2019. *Critical Realism for Psychologists*. London and N.K: Routledge.

Pilgrim, David and Richard Bentall. 1999. "The Medicalisation of Misery: A Critical Realist Analysis of the Concept of Depression". *Journal of Mental Health* 8(3): 261~274.

Pridmore, Saxby. 2011. "Medicalisation of Suicide". *Malaysian Journal of Medical Sciences* 18(4): 78~83.

Renault, Emmanuel. 2008. *Souffrances Sociales: Philosophie, Psychologie et Politique*. Paris: La Découverte.

Rose, Nikolas. 1996. *Inventing our Selves: Psychology, Power & Personhood*. Cambridge University Press.

Rosenthal, Gabriele. 2004. "Biographical Research" in Clive Seale, Giampietro Gobo, Jaber F. Gubrium and David Silverman eds. *Qualitative Research Practice*, Sage. 48~64.

Ruffalo, Louis. 2014. "The Medicalization of Suicide". *African Journal of Psychiatry* 17(6): 104.

Sawyer, Keith. 2002. "Durkheim's Dilemma: Toward a Sociology of Emergence". *Sociological Theory* 20(2): 227~247.

Sayer, Andrew. 1992. *Method in Social Science*. London: Routledge.

Schroer, Markus. 2004. "Gewalt ohne Gesicht. Zur Notwendigkeit einer umfassenden Gewaltanalyse" in Wilhelm and Hans-Georg Soeffner Heitmeyer eds. *Gewalt: Entwicklungen, Strukturen, Analyseprobleme*. Frankfurt am Main: Suhrkamp.

Sennett, Richard. 2006. "Introduction". Émile Durkheim. 2006. *On Suicide*. trans. Buss, Robin. UK: Penguin.

Shneidman, Ewin. S. 1969. "Suicide, Lethality, and Psychological Autopsy". *International Psychiatry Clinics*, 6(2): 225~250.

_____. 1998. *The Suicidal Mind*. Oxford, UK: Oxford University Press.

Souza, LGDCD. 2019. "Human Rights, Reciprocal Recognition and the State: a Durkheimian Contribution". *Human Affairs* 29(3): 297~310.

Stack, Steven. 1979. "Durkheim's Theory of Fatalistic Suicide: A Cross-National Approach". *The Journal of Social Psychology* 107(2): 161~168.

Tammes, Peter, Tim Jones, Yoav Ben-Shlomo and Andrew J. Simpkin. 2023. "Suicide under the Nazi-regime: A Case-control Study among Amsterdam Jews". *Archives of Suicide Research* 27(4): 1231~1244.

Traugott, Mark. 1978. "Introduction" in *Émile Durkheim on Institutional Analysis*. ed. M. Traugott. Chicago: The University of Chicago Press. 1~42.

van Bergen, D., Johannes H. Smit, Anton J. L. M. van Balkom and Sawitri Saharso. 2009. "Suicidal Behaviour of Young Immigrant Women in the Netherlands. Can We use Durkheim's Concept of 'Fatalistic Suicide' to Explain their High Incidence of Attempted Suicide". *Ethnic and Racial Studies* 32(2): 302~322.

Vogt, W. Paul. 1993. "Durkheim's Sociology of Law: Morality and the Cult of the Individual" in S.

P. Turner ed., *Émile Durkheim: Sociologist and Moralist*. London: Routledge. 71~94.

Webb, David. 2010. *Thinking About Suicide: Contemplating and comprehending the Urge to Die*. PCCS Books.

White, J. Marsh, I., Kral, M. J., & Morris, J.(eds.). 2016. *Critical Suicidology: Transforming Suicide Research and Prevention for the 21st Century*. Vancouver: University of British Columbia Press.

Willer, Judith. 1968. "The Implications of Durkheim's Philosophy of Science". *Kansas Jounal of Sociology* 4(4): 175~190.

Zeitlin, Irving. 1981. *Ideology and the Development of Sociological Theory*(2nd edn.). Englewood Cliffs NJ: Prentice Hall.

언론자료 및 인터넷 사이트

5·18 기념재단 홈페이지. http://www.518.org/main.php (2019.11.3 접속).

10·29 이태원 참사 시민대책회의 미디어팀. 2023. 「별은 알고 있다」. 10·29 이태원 참사 유가족협의회·10·29 이태원 참사 시민대책위원회.

『가톨릭뉴스 지금여기』. 2017. 5. 23. 「자신이 오월 광주가 된 이들: 김종태, 김의기, 홍기일, 강상철, 최덕수, 김태훈」. http://www.catholicnews.co.kr/news/articleView.html?idxno=17955 (2019.10.25 접속).

『가톨릭신문』. 2016. 11. 20. 「[현장에서] 우리에게 탈북자는 누구인가?」. https://www.catholictimes.org/275741 (2024.11.9 접속).

『가톨릭평화신문』. 2023. 2. 1. 「북한이탈주민, 목숨 걸고 넘어왔지만… '차별'의 벽 높아」. https://news.cpbc.co.kr/article/840100 (2024.11.9 접속).

국가법령정보센터. 「5·18 민주유공자예우 및 단체설립에 관한 법률」(법률 제18439호). https://www.law.go.kr (2022.4.30 접속).

_____. 「5·18 민주화운동 관련자 보상 등에 관한 법률」(법률 제18203호). https://www.law.go.kr (2022.4.30 접속).

_____. 「5·18 민주화운동 등에 관한 특별법」(법률 제18465호). https://www.law.go.kr (2022.4.30 접속).

_____. 「5·18 민주화운동 진상규명을 위한 특별법」(법률 제17886호). https://www.law.go.kr (2022.4.30 접속).

_____. 「민법」(법률 제17905호). https://www.law.go.kr (2022.5.10 접속).

국가법령정보센터. 「자살예방 및 생명존중문화 조성을 위한 법률」. https://law.go.kr/LSW/lsRvsRsnListP.do?lsId=011365&chrClsCd=010202&lsRvsGubun=all(2023. 12. 1. 검색).

_____. 「재난 및 안전관리 기본법」. https://www.law.go.kr/lsSc.do?section=&menuId=1&subMenuId=15&tabMenuId=81&eventGubun=060101&query=%EC%9E%AC%EB%82%9C%EC%95%88%EC%A0%84%EB%B2%95#undefined(2024. 7. 22 접속).

국가인권위원회. 2023. 11. 16. 「'재난피해자 권리보호를 위한 인권 가이드라인' 적용 권고, 국무총리·행정안전부·광역지자체 수용」. https://www.humanrights.go.kr/base/board/read?boardManagementNo=24&boardNo=7609627&searchCategory=&page=3&searchType=total&searchWord=%EC%88%98%EC%9A%A9&menuLevel=3&menuNo=91(2024. 7. 22 접속).

국가트라우마센터. 「재난으로 인한 심리사회적 반응」. https://nct.go.kr/distMental/response/distResponse01_4.do(2024. 7. 22 접속).

국립5·18민주묘지 홈페이지. https://www.mpva.go.kr/518/index.do(2020. 1. 30 접속).

군인권센터. 「UN 범죄 및 권력남용 피해자를 위한 정의에 관한 기본원칙 선언」(1985). https://mhrk.org(2022. 4. 30 접속).

『경향신문』. 2010. 9. 15. 「518 고문피해자, 후유증 앓다 자살」. http://news.khan.co.kr/kh_news/khan_art_view.html?art_id=201009151640561(2019. 10. 20 접속).

_____. 2011. 3. 3. 「고문 후유증에 생활고…5·18 유공자 자살 잇따라". http://news.khan.co.kr/kh_news/khan_art_view.html?art_id=201103032205265(2019. 10. 20 접속).

_____. 2011. 10. 24. 「5·18 유공자 또 안타까운 죽음」. http://www.saramilbo.com/sub_read.html?uid=12962&section=sc3(2019. 10. 20 접속).

_____. 2013. 8. 5. 「'탈북' 건국대 학생, 남북 온라인 사랑방 '탈북민닷컴' 만들어」. https://www.khan.co.kr/people/news/article/201308051515411(2024. 11. 9 접속).

_____. 2018. 4. 9. 「아무도 모른 채 세상을 떠난 증평 모녀」. https://www.khan.co.kr/opinion/editorial/article/201804092046005(2024. 11. 8 접속).

_____. 2023.5.11. 「세계 최악의 극단적 선택, 나쁜 국가와 사회의 공동범죄다」. https://www.khan.co.kr/opinion/column/article/202305112103005(2024. 11. 4 접속).

_____. 2023. 9. 29. 「'생명안전기본법 제정' 국민동의청원 5만명 달성」. https://www. https://www.khan.co.kr/article/202309291407001(2024. 11. 9 접속).

『공감신문』. 2019. 5. 18. 「광주 5.18 광주민주화운동, "계엄군에게 집단성폭행 여고생, 아버지 살해-자살까지…」. http://www.gokorea.kr/news/articleView.html?idxno=196631(2019. 10. 20 접속).

『공유경제』. 2019. 10. 7. 「희망 안고 왔는데… 늘어만 나는 탈북민 자살, 작년 한해 사망자 7명 중 1명 꼴로 발생」. http://www.seconomy.kr/view.php?ud=20191007144404958179881 8e98b_2(2024. 11. 9 접속).

『광주연합뉴스』. 2005. 5. 25. 「5·18 유공자신청 기각 40대 자살」. https://www.hani.co.kr/arti/society/society_general/36580.html(2019. 10. 20 접속).

『광주in』. 2019. 8. 5. 「16살 '5.18시민군', 박정철 유공자 사망」(2021. 5. 30. 접속).

『교수신문』. 2017. 9. 7. 「정신병리학을 넘어 다학제간 통합적 연구로… 국가 차원 긴 호흡으로 접근하자」. https://www.kyosu.net/news/articleView.html?idxno=33943(2024. 11. 4 접속).

『교육플러스』. 2023. 9. 9. 「숨진 대전 초등학교 교사…"민원 학부모 피해 마트도 먼 곳 다녔다"」. https://www.edpl.co.kr/news/articleView.html?idxno=10284(2024. 1. 27 접속).

『노컷뉴스』. 2011. 10. 23. 「생활고·후유증…5·18 유공자 자살 이어져」. https://www.nocutnews.co.kr/news/885778(2019. 10. 20 접속).

『뉴시스』. 2009. 5. 14. 「'5·18 29주년' 5월 피해자 고통 여전…정신질환 자살률 높아」. https://news.naver.com/main/read.nhn?mode=LSD&mid=sec&sid1=102&oid=003&aid=0002673248(2019. 10. 20 접속).

_____. 2024. 7. 2. 「1명의 극단선택에 10명 악영향…'유가족' 지원법 개정을」. https://www.newsis.com/view/NISX20240702_0002795940(2024. 11. 8 접속).

『뉴스타파』. 2023. 2. 15. 「누가 이태원 참사 159번째 희생자를 만들었나」. https://newstapa.org/article/ce0wj(2024. 7. 22 접속).

『대전일보』. 2005. 3. 16. 「탈북자 문제」. https://www.daejonilbo.com/news/articleView.html?idxno=525422(2024. 11. 9 접속).

『더팩트』. 2023. 10.26. 「[이태원 참사 그후 1년①] 트라우마 치료 갈수록 감소…"정부 불신에 발길 돌려"」. https://news.tf.co.kr/read/life/2051498.htm(2024. 7. 22 접속).

『데일리안』. 2010. 10. 5. 「구상찬 "탈북자 자살 비율 16.3%…통일부 집계도 못해"」. https://www.dailian.co.kr/news/view/221535(2024. 11. 9 접속).

『르몽드디플로마티크』. 2009. 12. 3. 「영국 '신공공관리론'의 함정」. https://www.ilemonde.com/news/articleView.html?idxno=577(2024. 1. 16 접속).

『매일노동뉴스』. 2018. 9. 7. 「정리해고자 가족들 삶의 벼랑 끝으로 내몰려: 쌍용차 해고노동자 아내 2명 중 1명 '극단적 선택' 고민…80% 우울증상 경험」. https://www.labortoday. co.kr/news/articleView.html?idxno=153770(2024. 11. 2 접속).

_____. 2022. 10. 28. 「인력 부족·과다 업무에 갈등하는 학교 노동자들」. https://www.labortoday.co.kr/news/articleView.html?idxno=211672(2024. 1. 27 접속).

『미디어오늘』. 2022. 11. 7. 「'이태원 참사' 신중치 못한 보도들」. http://www.mediatoday.co.kr/news/articleView.html?idxno=306631(2024. 7. 22 접속).

『민중의소리』. 2005. 1. 12. 「80년 광주항쟁 피해자들 자살로 고달픈 생 마감: 지난해 묘지 안장자 43명 가운데 자살 7명으로 나타나」. http://www.vop.co.kr/A00000017908.html(2019. 10. 20 접속).

(사)북한체제트라우마 치유상담센터. http://www.nkst.kr/page/info/page2.php(2017. 3. 24 접속).

『불교신문』. 2022. 5. 26. 「잊혀진 5·18 자살자 위한 해원의 장 마련」. http://www.ibulgyo.com/news/articleView.html?idxno=218204(2024. 11. 8 접속).

『복지타임즈』. 2007. 9. 27. 「해는 짧고 하루는 길다」. https://www.bokjitimes.com/news/articleView.html?idxno=4489(2024. 1. 5 접속).

『비마이너』. 2019. 1. 3. 「박탈당한 슬픔, 처리되는 시신, 장례 없는 죽음」. https://www.beminor.com/news/articleView.html?idxno=12985(2024. 7. 22 접속).

『서울신문』. 2018. 9. 3. 「간병살인 154인의 고백」. https://www.seoul.co.kr/news/newsList.php?section=murder(2024. 11. 8 접속).

_____. 2024. 7. 25. 「[단독] 가족 실망할까 말도 못 하고… 유서로 고백한 '떠밀린 죽음' [빌런 오피스]」. https://www.seoul.co.kr/news/plan/Villain-office/2024/07/25/20240725016004(2024. 11. 8 접속).

『서울연합뉴스』. 2009. 5. 14. 「KBS스페셜: '5·18 자살자 심리부검 보고서'」. http://www.kyeonggi.com/329940(2019. 10. 20 접속).

『세계일보』. 2023. 10. 5. 「군인 자살 최근 5년간 320명, 간부가 병사보다 많아」. https://www.segye.com/newsView/20231005508617(2024. 10. 2 접속).

_____. 2024. 3. 14. 「탈북민 극단 선택 시도 사연에 통일부 "위기가구로 관리 중"」. https://www.segye.com/newsView/20240314513614(2024. 11. 9 접속).

_____. 2024. 10. 7. 「[단독] 탈북민 지원 쏟아냈는데…尹 정부 들어 '극단 선택' 2배 이상 급증」. https://www.segye.com/newsView/20241007525274(2024. 11. 9 접속).

『시사 In』, 2011. 8. 31. 「해군기지가 제주 공동체를 산산이 부쉈다」. https://www.sisain.co.kr/news/articleView.html?idxno=11118(2024. 11. 9 접속).

『아시아경제』. 2024. 9. 27. 「사선 넘은 탈북민들…올 상반기만 14명 홀로 눈감았다」. https://www.asiae.co.kr/article/2024092709070462229(2024. 11. 9 접속).

연합뉴스. 2016. 9. 22. 「김도읍 "탈북자 자살 해마다 는다…가정불화 최다"」. https://www.yna.co.kr/view/AKR20160922136000001(2024. 11. 9 접속).

_____. 2019. 9. 22. 「CNN·NYT, 母子 사망 사건 통해 '탈북민 어려움' 조명」. https://www.yna.co.kr/view/AKR20190922011100009(2024. 11. 9 접속).

_____. 2022. 1. 5. 「통일부 '탈북민 자살률' 반박에 인권위 "통일부 자료인용"」. https://www.yna.co.kr/view/AKR20220114169700004(2024. 11. 9 접속).

『오마이뉴스』. 2012. 5. 18. 「5·18 관련자 현재까지 44명이 자살했다」. http://www.ohmynews.com/nws_web/view/at_pg.aspx?CNTN_CD=A0001733698(2019. 10. 20 접속).

_____. 2013. 3. 21. 「자살한 사회복지공무원, 지난 두 달 무슨 일 있었나」. https://www.ohmynews.com/NWS_Web/View/at_pg.aspx?CNTN_CD=A0001846340(2024. 2. 1 접속).

_____. 2024. 9. 10. 「눈물바다 된 기자회견…"성소수자 자살 대책 세우라"」. https://www.ohmynews.com/NWS_Web/View/at_pg.aspx?CNTN_CD=A0003062492(2024. 10. 1 접속).

『유코리아뉴스』. 2016. 10. 21. 「탈북민 3만 명 시대, 그러나 탈북민이 없다: 북한이탈주민의 과잉 지원 논란과 소프트랜딩」. http://m.ukoreanews.com/news/articleView.html?idxno=3625(2024. 11. 9 접속).

『의사신문』. 2022. 12. 15. 「이태원 참사 유가족 및 부상자 정신심리치료 골든타임 놓쳐선 안 돼」. http://www.doctorstimes.com/news/articleView.html?idxno=221117(2024. 7. 22 접속).

『이데일리』. 2022. 11. 11. 「세월호 이어 또…참사 뒤 이어지는 극단적 선택 '비극'」. https://www.edaily.co.kr/news/read?newsId=03466966632524736&mediaCodeNo=257&OutLnkChk=Y(2024. 7. 22 접속).

_____. 2022. 12. 2. 「경찰, 이태원 참사 온라인상 2차 가해 34건 수사」. https://m.edaily.co.kr/news/read?newsId=02889686632554584&mediaCodeNo=257(2024. 7. 22 접속).

_____. 2024. 1. 15. 「자식 죽이는 부모' 비극 언제까지…"범죄 실태부터 파악해야"」. https://www.edaily.co.kr/News/Read?newsId=03083206638758048&mediaCodeNo=257(2024.

10. 22 접속).

『중앙일보』 2019. 9. 17. 「서울 거주 탈북민 14% '자살충동'…"경제적 어려움·외로움 탓"」. https://www.joongang.co.kr/article/23578759(2024. 11. 9 접속).

_____. 2022. 7. 19. 「자살 사망자 94%가 사망 전 '위험 신호' 보낸다」. https://www.joongang.co.kr/article/25088000(2024. 11. 8 접속).

_____. 2022. 10. 31. 「"다들 '뒤로' 외칠 때, 맨뒤서 '밀어' 외쳐"…경찰, CCTV 분석」. https://www.joongang.co.kr/article/25113602(2024. 7. 22 접속).

_____. 2024. 9. 26. 「지난해 목숨 끊은 초등생 15명…청소년 자살 역대 최고치」. https://www.joongang.co.kr/article/25280388(2024. 11. 9 접속).

통계청. 「2022 사망원인통계」. https://www.kostat.go.kr/board.es?mid=a10301060100&bid=218&act=view&list_no=427216(2024. 11. 4 접속).

통일부 홈페이지. https://www.unikorea.go.kr/unikorea/business/NKDefectorsPolicy/status/lately/(2014. 10.11 접속).

_____. https://www.unikorea.go.kr/unikorea/business/NKDefectorsPolicy/archive/?boardId=bbs_0000000000000012&mode=view&searchCondition=&searchKeyword=&cntId=54196&category=&pageIdx=(2024. 11. 7 접속).

『프레시안』. 2012. 6. 28. 「3대째 노동자 가족임을 자랑스러워하던 그녀를 생각하며…[쌍용차, '죽음의 행진'을 멈춰라·〈1〉] "'사회적 타살'에 대한 책임을 물어야 한다"」. https://m.pressian.com/m/pages/articles/39104(2024. 11. 5 접속).

_____. 2014. 4. 28. 「1년간 4명의 사회복지사 자살, 출구는 없는가」. https://www.pressian.com/pages/articles/116650(2023. 12. 10 접속).

『한겨레신문』. 2006. 11. 10. 「5·18 피해자 집회중 분신자살 시도」. https://www.hani.co.kr/arti/society/society_general/170639.html(2025. 5.18 접속).

_____. 2015. 5. 10. 「단원고 교감선생님의 '자살'…'순직' 인정받을까?」. https://www.hani.co.kr/arti/society/society_general/690491.html(2024. 7. 22 접속).

_____. 2021. 11. 24. 「전두환과 같은 날 세상 뜬 5·18부상자…"원한, 서운함 다 묻고 가네"」. https://www.hani.co.kr/arti/area/honam/1020705.html(2024. 11. 8 접속).

_____. 2022a. 10. 30. 「'이태원의 악몽'…지역축제 안전관리 매뉴얼 해당 안 된다?」. https://www.hani.co.kr/arti/area/capital/1064841.html(2024. 7. 22 접속).

_____. 2022b. 10. 30. 「행안부 장관, 이태원 참사에 "경찰 배치로 해결됐을 문제 아냐"」.

https://www.hani.co.kr/arti/politics/politics_general/1064866.html(2024. 7. 22 접속).

_____. 2022. 11. 14. 「이태원 참사 사망자 1명 늘어 158명…부상 196명」. https://www.hani.co.kr/arti/area/capital/1067075.html(2024. 7. 22 접속).

_____. 2022. 11. 24. 「다시 이태원 찾은 생존자들…"더 구조 못해 미안합니다"」. https://www.hani.co.kr/arti/society/society_general/1068641.html(2024. 7. 22 접속).

_____. 2023. 10. 26. 「"피해자도 가해자"…이태원 참사 1년. 생존자 옥죄는 2차 가해」. https://www.hani.co.kr/arti/society/society_general/1113672.html(2024. 11. 9 접속).

_____. 2022. 5. 19. 「성소수자 청년 10명 중 4명 "극"단 선택 생각"…셋 중 하나 '차별' 경험」. https://www.hani.co.kr/arti/society/rights/1043548.html(2025. 1. 5 접속).

_____. 2012. 4. 26. 「구원 요청 절규에 반응하지 않는 사회」. https://www.hani.co.kr/art/opinion/column/528560.html(2024. 11. 5 접속).

_____. 2012. 8. 27. 「100일간 6명이…어느 영구임대아파트의 자살행렬」. https://www.hani.co.kr/arti/society/rights/548947.html(2025. 1. 5 접속).

_____. 2015. 2. 9. 「탈북민 넷 중 한명 "차별·무시당했다"」. https://www.hani.co.kr/arti/politics/defense/677640.html(2024. 11. 9 접속).

_____. 2024. 4. 22. 「세계 군사비 14년 만에 최대폭 증가…1인당 42만원 부담」. https://www.hani.co.kr/arti/international/international_general/1137568.html(2024. 11. 9 접속).

『한국경제』, 2010. 9. 15. 「518유공자, 고문 후유증 고통에 자살」. https://news.v.daum.net/v/M0Mc9Iu5oD?f=p(2019. 10. 20 접속).

『한국일보』. 2014. 4. 20. 「"살아남아서 고맙고 훌륭해" 생존자 죄책감부터 덜어줘야」. https://www.hankookilbo.com/News/Read/201404201773085547(2024. 7. 22 접속).

_____. 2020. 10. 7. 「인간다운 삶 찾아왔는데…탈북 사망자 10명 중 1명이 '극단적 선택'」. https://www.hankookilbo.com/News/Read/A2020100711070000025(2024. 12. 31 접속).

_____. 2023. 9. 18. 「"자존감 0…업무가 두렵다" 숨진 군산 교사 유서 공개」. https://m.hankookilbo.com/News/Read/A2023091814580001458(2023. 1. 16 접속).

_____. 2024. 10. 31. 「교권 강화에도 올해 벌써 교사 19명 자살… "순직 범위 넓혀야"」. https://www.hankookilbo.com/News/Read/A2024101314140003720(2025. 7. 10 접속).

『헤럴드경제』. 2019. 10. 31. 「"진상조사 응한 것 후회"…5·18 계엄군 성폭력 확인 1년, 달라진 건 없었다」. http://news.heraldcorp.com/view.php?ud=20191031000183(2019. 10. 31 접속).

『BBC News 코리아』. 2022. 1. 4. 「월북: 10년간 최소 30명 월북…탈북민들 국경 두번 넘는 이유는?」. https://www.bbc.com/korean/news-59856610(2024. 11. 9 접속).

Centers for Disease Control and Prevention(CDC). 2018. "Disparities in Suicide". https://www.cdc.gov/suicide/facts/disparities-in-suicide.html#age(2025. 1. 5 접속).

Crush. 2023. Zinbalist, Jef, Stu Schreiber, Terence Wrong, Susan Zirinsky and Alan Asaad. See It Now Studios. All Rise Film and Triage Entertainment(2025. 1. 5 접속).

『e마인드포스트』. 2019. 11. 1. 「과도한 의료화 피하고 개인의 사회적 권리기반 접근으로 자살 예방 정책 펼쳐야」. http://www.mindpost.or.kr/bbs/board.php?bo_table=news&wr_id=2324&sfl=wr_subject%7C%7Cwr_content&stx=%EA%B3%BC%EB%8F%84%ED%95%9C+%EC%9D%98%EB%A3%8C%ED%99%94&sop=and&page=1(2023. 2. 15 접속).

International Center for Transitional Justice(ICTJ). 2019. https://www.ictj.org/about/transitional-justice(2020. 3. 6 접속).

『JTBC 뉴스』. 2024. 9. 27. 〈[단독] 윤석열 정부 들어 증가세 돌아선 탈북…일반 국민 대비 3배 이상 높은 자살률〉. https://m.news.nate.com/view/20240927n16967(2024. 11. 9 접속).

KBS. 2021. 〈시사기획 창 320회: 자살 생존자〉. https://www.youtube.com/watch?v=9NCWh6t0wbA(2025. 1. 5 접속).

『MBC 뉴스』. 2022. 11. 1. 〈질문은 달랐지만…"주최가 없는 행사야" 반복한 중대본〉. https://imnews.imbc.com/replay/2022/nwdesk/article/6422878_35744.html(2024. 7. 22 접속).

『MBC 뉴스』. 2023. 2. 22. 〈자살 막으려 생산 금지?…'번개탄' 논란, 알고 보니〉. https://imnews.imbc.com/replay/2023/nwdesk/article/6457988_36199.html(2023. 3. 13 접속).

『MBC 뉴스』. 2023. 10. 26. 〈[단독] 트라우마 상담 95% 종결…유족한테 청소년 상담사를?〉. https://n.news.naver.com/mnews/article/214/0001307925(2024. 7. 22 접속).

『MBN 뉴스』. 2016. 12. 9. 〈거듭된 성폭력에 자살까지 생각…성범죄 사각지대의 탈북여성〉. https://m.mbn.co.kr/tv/683/1142668(2024. 11. 9 접속).

『PD저널』. 2006. 5. 17. 〈[프로그램리뷰] 또 다른 '5·18 피해자'의 앵글'〉. http://www.pdjournal.com/news/articleView.html?idxno=9357(2019. 10. 20 접속).

SBS. 2020. 〈513회 궁금한 이야기 Y: 5·18 유공자 병균 씨의 죽음-비극은 어디서부터 시작됐나?〉. https://programs.sbs.co.kr/culture/cube/vod/54887/22000388124(2021. 5. 18 접속).

Returs. 2019. 11. 14. "Suicides fall with gay marriage in Sweden, Denmark as stigma fades". https://www.reuters.com/article/world/suicides-fall-with-gay-marriage-in-sweden-denmark-as-stigma-fades-idUSKBN1XO00Z/(2025. 1. 20 접속).

World Health Organization(WHO). Suicide Data. Available online: www.who.int/mental_health/prevention/suicide/suicideprevent/en/(2018. 12. 10 접속).

YTN. 2023. 12. 5. 〈尹 "정신건강에 국가 나설 때"…10년 내 자살률 절반↓〉. https://www.ytn.co.kr/_ln/0101_202312051751405573(2024. 1. 11 접속).

실린 글의 출처

제1장 : 『사회와이론』 제44권에 실린 「한국 자살예방정책의 의료화: 『자살론』의 현대적 해석」을 수정 및 보완한 것이다.

제2장 : 『경제와사회』 제96호에 실린 「한국사회 자살현상과 『자살론』의 실재론적 해석: 숙명론적 자살(fatalistic suicide)을 중심으로」를 대폭 수정 및 보완한 것이다.

제3장 : 『경제와사회』 제96호에 실린 「한국사회 자살현상과 『자살론』의 실재론적 해석: 숙명론적 자살(fatalistic suicide)을 중심으로」의 핵심 논지를 대폭 재구성한 것이다.

제4장 : 『경제와사회』 제126호와 「저항과 재현2」에 실린 「5·18자살의 계보학: 치유되지 않은 5월」을 수정 및 보완한 것이다.

제5장 : 『감성연구』 제25권에 진영은과 함께 쓴 「5·18 자살자 유가족의 사회적 고통과 말하기」를 대폭 수정 및 보완한 것이다.

제6장 : 『통일인문학』 제70권에 실린 「'탈북자 자살'의 생태계에 대한 생명인문학적 성찰: 자살의 의료화와 정신의 식민화」를 수정 및 보완한 것이다.

제7장 : 『한국사회학』 제58집 3호에 김치홍과 함께 쓴 「이태원 참사 159번째 희생자의 자살에 대한 사회학적 심리부검」을 수정 및 보완한 것이다.

제8장 : 『사회와이론』 제47권에 실린 「직업집단의 자살과 『자살론』의 정치적 해석: 초등 교사들의 '아노미-숙명론적 자살'을 중심으로」를 수정 및 보완한 것이다.

제9장 : 이 글의 일부는 인권사회과학 및 법사회학의 맥락에서 『민주법학』 제87호에 「뒤르케임의 도덕과학과 법의 도덕성: 인권 사회과학의 지평」으로 수록되었다.

에필로그 : 이 장의 핵심 골자는 『한국사회학』 제49집 5호에 실린 「뒤르케임의 사회과학철학: 반환원주의적 통섭의 가능성」이라는 논문과 『사회와역사』 제145집에 실린 「역사적 사회과학과 비판적 실재론」이라는 논문에 일부 수록되었다.

상세 목차

프롤로그: 왜 뒤르케임의 『자살론』인가? 7

제1부 『자살론』의 현대적 해석 23

제1장 자살과 통치: 한국 자살예방정책의 의료화 24
1. 자살국가, 한국 ─────────────────────── 24
　한국 사회의 자살률 추이 ─────────────── 26
　한국 사회가 자살을 다루는 방식 ─────────── 28
2. 자살과 통치: 자살의 의료화 ──────────────── 32
　자살통계의 문제 ─────────────────── 32
　자살의 의료화 ──────────────────── 35
　생명관리권력과 통치성 ──────────────── 37
3. 한국 자살예방정책의 의료화 ─────────────── 39
　「제1차 자살예방 5개년 종합대책」(2004~2008) ─── 42
　「제2차 자살예방 5개년 종합대책」(2009~2013) ─── 45
　「제3차 자살예방 기본계획」('생명사랑플랜', 2016~2020) ─── 46
　「제4차 자살예방 기본계획」(2018~2022) ────── 49
　「제5차 자살예방 기본계획」(2023~2027) ────── 51
4. 실증주의적 자살예방정책과 자살의 심리학화 ────── 52
　「자살예방법」의 의료화와 심리학화 ─────────── 53
　설명 없는 예방과 방법론주의: 「자살예방법 시행 규칙」 ─── 54
5. 자살에 대한 사회학적 관점의 요청 ─────────── 57

제2장 자살의 사회학:『자살론』의 실재론적 해석　60

1. 자살의 사회학적 관점 ─────────────────────── 60
2. 뒤르케임의 민주주의론 ─────────────────────── 65
   1)『자살론』의 상호 텍스트성 ─────────────────── 65
   2)『사회분업론』과『자살론』의 사회병인학 ──────────── 69
       비정상적 분업의 문제 ─────────────────── 69
      『자살론』의 사회병인학 ─────────────────── 71
3. 뒤르케임의 사회과학철학: 비판적 실재론 접근 ─────────── 73
   1) 뒤르케임의 사회학적 자연주의: 실재론적 해석 ─────── 73
      『자살론』의 구성과 전개 ────────────────── 73
       응용과학으로서의 사회학 ────────────────── 75
       비판적 실재론: 초월적 실재론과 비판적 자연주의 ──── 78
       뒤르케임의 사회학적 자연주의 ──────────────── 84
   2) 뒤르케임의 충화이론과 발현적 힘의 유물론 ───────── 89
       이중적 인간과 반(反)환원주의 ───────────────── 89
       공시 발현적 힘의 유물론 ────────────────── 92
   3) 자살의 원인론과 역행추론 논증: 탈실증주의적 해석 ──── 94
       형태학에서 원인론으로 ─────────────────── 94
       통계를 활용한 역행추론 ────────────────── 96
       비판적 해석학: 그릇될 수 있는 이유 ─────────── 97
   4) 집합적 경향과 네 가지 자살 형태 ─────────────── 99
       도덕구조와 집합적 경향 ────────────────── 99
       네 가지 자살 형태 ──────────────────── 101
   5) 자살론의 감정사회학: 여러 자살유형의 개인적 형태 ─── 104
       원인론에서 형태학으로 ─────────────────── 104
       원인에서 이유로 가는 여행: 자살론의 감정사회학 ──── 106
       공변법과 비교 방법: 자살과 살인 ─────────── 110
       사회적 치유로서 직업집단과 연대 ─────────── 112
4. 한국 자살예방정책에 지닌 함의 ─────────────────── 114

1) 학제적 자살연구의 가능성 ———————————————— 114
2) 설명적 예방과 실재론적 근거 종합 ————————————— 117
    설명적 예방: 모방자살을 넘어서 ——————————————— 118
    대증요법을 넘어서 ————————————————————— 122
5. 『자살론』의 현대적 함의 ———————————————————— 124

제3장 숙명론적 자살의 수수께끼: 『자살론』의 정치적 해석   126

1. 『자살론』, 미완의 기획 ———————————————————— 126
    자살유형학의 비대칭성 ———————————————————— 127
2. 숙명론적 자살의 수수께끼 —————————————————— 132
    숙명론적 자살의 수수께끼 —————————————————— 132
    과도한 규제의 문화적 역학 —————————————————— 134
3. 숙명론적 자살의 작동 방식 —————————————————— 136
    1) 자살과 폭력: 제임스 길리건으로부터 ———————————— 136
        자살과 폭력 ——————————————————————— 137
        자살과 정치 ——————————————————————— 139
    2) 자살과 트라우마: 갈퉁의 폭력사회학으로부터 ———————— 144
        폭력의 삼각형: 구조적·문화적·직접적 폭력 ————————— 145
        트라우마의 역학 ————————————————————— 149
        절망은 죽음에 이르는 병이 될 수 있는가? ————————— 152
        숙명론적 자살의 작동 방식 ————————————————— 155
4. 한국의 사례를 중심으로: 네 유형의 숙명론적 자살 형태 ———— 157
    군대에서의 자살: 과도한 규제와 권위주의적 유대의 귀결 ——— 157
    전쟁정치, 국가폭력의 트라우마로 인한 자살: 정치적 억압 ——— 159
    일상적 차별과 괴롭힘으로 인한 자살: 사회적 억압 ——————— 163
    '국가-없음'의 상황과 '가족동반자살': 가족주의적 유대와 접합 — 166
5. 죽어가는 자의 고독 ————————————————————— 169

제2부 자살과 정치 173

제4장 자살과 국가: 「5·18 자살자 심리부검 보고서 2.0」 174
1. 우리는 '광주의 유산'으로부터 무엇을 배울 것인가? —————— 174
2. 5·18 자살자 문제와 사회학적 심리부검 ———————————— 180
　「5·18 자살자 심리부검 보고서」 ——————————————— 180
　사회학적 심리부검의 요청 —————————————————— 182
3. 5·18 자살과 이행기 정의 ——————————————————— 185
　1) 국가폭력과 자살 ————————————————————— 185
　　5·18 이행기 정의 ————————————————————— 186
　　5·18 부인과 피해자의 인권 ———————————————— 187
　2) 5·18 자살의 계보학: 숙명론적 자살과 저항적 자살 —————— 189
　　5·18 자살의 추이와 현황 —————————————————— 189
　　숙명론적 자살과 저항적 자살 ———————————————— 193
4. 5·18 자살의 유형적 특징과 발생 기제 ————————————— 196
　1) 5·18 집단 트라우마와 목격자들의 저항적 자살 ——————— 196
　　목격자들의 집단 트라우마 ————————————————— 196
　　목격자들의 저항적 자살 —————————————————— 199
　2) 구타·고문·구금·학대·성폭력의 트라우마로 인한 숙명론적 자살 —— 201
　　5·18 피해 생존자의 숙명론적 자살: 과거청산 이전 —————— 201
　　성폭력으로 인한 숙명론적 자살 ——————————————— 205
　3) 등급화된 보상/인정체계로 인한 숙명론적 자살 ——————— 206
　　광주의 과거청산 방식 ——————————————————— 206
　　등급화된 보상체계 ———————————————————— 208
　　복합적 집단트라우마와 국가폭력 피해자의 재희생자화 ———— 212
5. '사건-보상-치유' 프레임을 넘어서 —————————————— 215

제5장 자살과 가족: 자살자 유가족의 사회적 고통과 상(喪)의 과정 219
1. 5·18 자살자 유가족 문제 ——————————————————— 219
　남겨진 사람들의 고통 ———————————————————— 220

인식적 부정의 ─────────────────────────────── 221
　　　5·18 자살자 유가족 문제 ──────────────────────── 223
　2. 『자살론』의 가족사회학과 생애사 연구 ─────────────── 225
　　1) 『자살론』의 가족사회학 ─────────────────────── 225
　　　사회제도로서의 가족 ───────────────────────── 225
　　　가족과 젠더 ─────────────────────────────── 227
　　2) 자살자 유가족의 사회적 고통에 대한 생애사 접근 ────── 232
　　　사회적 고통에 대한 통합적 접근 ───────────────── 232
　　　생애사 재구성 방법론 ──────────────────────── 235
　3. 5·18 자살자 유가족의 위치성과 상(喪)의 과정 ─────────── 239
　　1) 이야기의 시작: '처음' 이야기하기 ──────────────── 239
　　2) 5·18 자살자 유가족의 존재론적 특징 ────────────── 242
　　　피해 생존자로서의 유가족 ───────────────────── 243
　　　목격자로서의 유가족 ───────────────────────── 245
　　　증언자로서의 유가족 ───────────────────────── 246
　4. 고통의 가족화와 유가족의 말하기 ────────────────── 248
　　1) 고통의 은폐와 가족화된 피해 ───────────────── 248
　　2) 돌봄의 젠더화와 피해의 재생산 ──────────────── 251
　　　돌봄의 젠더화 ───────────────────────────── 251
　　　폭력의 악순환 ───────────────────────────── 254
　　3) 죽음의 책임 전가와 사인(死因)을 둘러싼 싸움 ──────── 256
　　4) 설명된 죽음과 5·18 자살자 유가족의 말하기 ────────── 260
　5. 설명적 치유의 가능성 ─────────────────────────── 264

제6장 자살과 분단: '탈북자 자살'과 이중의 생명정치　267

　1. 먼저 온 통일의 디스토피아 ───────────────────── 267
　　　전쟁과 역사적 트라우마 ────────────────────── 268
　　　자살과 사회통합 ─────────────────────────── 270
　2. 탈북민 자살을 바라보는 기존의 시각 ────────────── 273
　　1) 탈북민의 인구통계학적 특성과 자살률 추이 ────────── 273

문화적·이데올로기적 폭력과 절망의 자살 ─────── 278
　2) 탈북민 자살을 바라보는 기존의 시각 ─────── 280
　　　외상 후 스트레스 장애 가설 ─────── 281
　　　문화적응 스트레스 가설: 적응인가? 상호작용인가? ─────── 284
3. 탈북민 자살의 생태계와 이중의 생명정치 ─────── 287
　1) 탈북민 자살의 분단생태계 ─────── 287
　2) 이중의 생명정치: 전쟁정치와 생명관리정치 ─────── 290
　3) 치료요법문화와 의료의 정치화 ─────── 294
　　　정신의 식민화: 디스토피아의 사유실험 ─────── 296
　　　치료요법문화와 감정의 의료화 ─────── 298
4. 생명평화문화 형성의 사회적 조건: K의 사례를 경유하여 ─────── 301
　탈북 트라우마와 이야기의 힘 ─────── 301
　K의 이야기 ─────── 303
　친밀한 소통 공간의 힘 ─────── 307
5. 사회문화적 치유의 가능성 ─────── 309

제3부 자살과 인권　315

제7장 자살과 재난: 이태원 참사 159번째 희생자의 인권과 '자살 과정'　316

1. 참사 후 자살자, 159번째 희생자 ─────── 316
　재난과 인권 ─────── 318
　참사 후 자살자 문제 ─────── 320
2. 재난 참사 피해자학과 생존자 죄책감 ─────── 323
　이태원 참사의 원인과 성격 ─────── 323
　국가범죄형 사회 재난으로서의 이태원 참사 ─────── 327
　생존자 죄책감의 사회적 구성 ─────── 328
　재난 참사 피해자학과 인권 기반 접근 ─────── 334
3. '참사 후 자살자'의 자살 과정에 다가서기 ─────── 336
　질적 사례연구를 통한 심리부검: 비판적 실재론 접근 ─────── 336

연구자료와 연구 참여자 — 340
4. 참사 이후의 참사: 159번째 희생자의 인권과 '자살 과정' — 343
　1) 친구들의 죽음과 생존자 죄책감 — 343
　2) 국가의 부인과 피해자 비난 — 351
　3) 심리치료와 고통의 의료화 — 358
　　적절하고 필요한 지원을 받을 권리 — 358
　　심리지원과 고통의 의료화 — 362
　　재난 취약 계층의 고려 — 369
　4) 인권의 관점에서 본 재난 참사 피해자의 재희생자화 — 373
5. 재난과 자살의 관계에 지닌 함의 — 377

제8장 자살과 직업집단: 초등 교사들의 자살에 대한 제도적 문화기술지　383

1. 서이초 사태가 우리에게 남긴 질문 — 383
2. 직업집단의 자살과 『자살론』의 직업집단론 — 389
　1) 간호사 '태움' 자살에 대한 제도적 문화기술지 — 391
　2) 사회복지 전담 공무원의 자살과 신공공관리주의 — 393
　3) 또 다른 형태의 비정상적 분업과 아노미-숙명론적 자살 — 399
　　신공공관리주의 행정개혁과 공공 부문 직업집단의 자살 — 399
　　또 다른 형태의 비정상적 분업: 아노미-숙명론적 자살 — 402
　　직업집단의 위상 — 404
3. 직업집단의 자살에 다가서기: 방법과 개념 — 406
　1) 비판적 제도적 문화기술지 — 406
　　지배관계의 사회학 — 406
　　일하는 사람들을 위한 사회학 — 408
　2) 정보 제공자들과 함께 말하기 — 411
4. 신공공관리 교육개혁과 초등 교사의 자살 — 413
　1) 초등 교사의 위치성과 아노미-숙명론적 자살 — 414
　　수요자 중심 교육과 초등 교사의 위치성 — 414
　　행정 중심의 교육 현장: 과도한 행정 업무와 NEIS — 419
　　학교 안 노동의 파편화와 무한책임 — 425

「아동학대처벌법」의 오용과 교육의 불가능성 ——————————— 429
교육활동 침해와 훼손된 직업윤리 ——————————————— 432
성과에 매몰된 주체와 공동체의 부재 ————————————— 436
4-평면 사회적 존재에 입각한 설명 —————————————— 441
2) '공교육 멈춤의 날'과 광장에 선 교사들 ———————————— 442
광장에서 제도와 조직화로 ——————————————————— 442
직업집단론의 현대적 함의 —————————————————— 449
학교와 직업집단 ——————————————————————— 452
5. 직업집단론과 연대의 페다고지 ——————————————————— 457

제9장 자살 레짐을 넘어서: 뒤르케임의 도덕과학과 좋은 사회의 존재론 460

1. '푸코가 하지 않은 말들'과 긍정의 생명정치 ——————————————— 460
푸코가 하지 않은 말 ——————————————————————— 463
긍정의 생명정치 ———————————————————————— 465
2. 뒤르케임의 아리스토텔레스와 좋은 사회의 존재론 ——————————— 467
아리스토텔레스의 윤리적 자연주의 ——————————————— 469
뒤르케임의 아리스토텔레스와 좋은 사회의 존재론 ———————— 473
비판적 윤리적 자연주의 ———————————————————— 483
3. 뒤르케임의 몽테스키외: 인권론적 해석 ——————————————— 484
뒤르케임의 법사회학 —————————————————————— 484
몽테스키외의 『법의 정신』 ———————————————————— 489
사회과학의 성립조건 & 과학과 기예 —————————————— 492
새로운 법철학: 사회과학에 대한 몽테스키외의 기여 ———————— 495
몽테스키외의 한계: 뒤르케임이 하지 않은 말 —————————— 501
도덕적 개인주의의 진보 ———————————————————— 504
상호 의존의 존재론: 자유와 연대의 변증법 ——————————— 509
4. 인권 기반 역량 접근: 자살 레짐을 넘어서 —————————————— 512
'인권의 딜레마'와 인권사회(과)학의 도전 ———————————— 513
인권 기반 역량 접근 —————————————————————— 516
5. 제도 정립적 생명정치의 가능성 ——————————————————— 522

연대와 사회정의 ----- 524

에필로그: 오래된 미래, 통합과학으로서 사회학의 전망　531
1. 융합의 시대, 오래된 미래 ----- 532
　학문 간 칸막이를 넘어서 ----- 535
2. 뒤르케임의 해법: 과학의 유기적 연대는 어떻게 가능한가? ----- 537
　반(反)환원주의적 통합과학 ----- 538
　학제성의 철학 ----- 540
3. 비판적 실재론의 해법: 통합된 다원주의와 학제적 연구 ----- 549
　학제적 연구의 성삼위일체 ----- 549
　통합된 다원주의와 관용 ----- 553
4. 학제적 자살연구를 향하여 ----- 555

표·그림
〈표 1.1〉 한국의 자살예방정책 개관(2004~2023) ----- 40
〈표 1.2〉 「제1차 자살예방 5개년 종합대책」 ----- 42
〈표 2.1〉 이원론적 이분법과 비판적 실재론의 해법 ----- 83
〈표 2.2〉 논리실증주의, 비판적 실재론, 사회학적 자연주의 비교 ----- 88
〈표 2.3〉 사회사상의 네 가지 경향에 대한 재정식화 ----- 92
〈표 2.4〉 여러 자살유형의 개인적 형태 ----- 109
〈표 2.5〉 「자살보도 권고기준 3.0」 ----- 120
〈표 3.1〉 아노미와 숙명론의 관계 ----- 133
〈표 4.1〉 연도별 5·18 자살자 현황(1980~2021) ----- 190
〈표 4.2〉 광주의 진실을 알리기 위해 사망한 열사·자살 희생자 ----- 197
〈표 5.1〉 연구 참여자의 일반적 특성 ----- 240
〈표 6.1〉 연도별 입국 현황 ----- 276
〈표 6.2〉 북한이탈주민 자살·자살시도·망명 신청 현황 ----- 277
〈표 7.1〉 이태원 참사 관련 연구 참여자 개관 ----- 340

〈표 7. 2〉 이태원 참사 증언 기록물 —————————————————————— 341
〈표 7. 3〉 재난 참사 피해자의 권리 —————————————————————— 376
〈표 8. 1〉 2023년 초등 교사들의 자살 현황 ————————————————— 385
〈표 8. 2〉 2013년 사회복지 전담 공무원의 연쇄자살 ————————————— 394
〈표 8. 3〉 초등 교사 노동조건 정보 제공자 개관 ——————————————— 412
〈표 9. 1〉 인권 기반 역량 접근이 주장하는 10대 핵심 역량 ————————— 518

〈그림 2. 1〉 네 가지 자살유형 ———————————————————————— 102
〈그림 3. 1〉 갈퉁의 빙산 모델에 기반한 폭력의 삼각형 ———————————— 147
〈그림 4. 1〉 5·18 이후 직접적 피해자의 생애 경로 ————————————— 213
〈그림 5. 1〉 국가폭력과 자살피해의 재생산 과정 ——————————————— 255
〈그림 6. 1〉 북한이탈주민 입국자 수 ————————————————————— 273
〈그림 6. 2〉 북한이탈주민의 차별·무시 경험(남북하나재단, 2022) ————— 279
〈그림 9. 1〉 사회형태학의 설명구조 —————————————————————— 524
〈그림 10. 1〉 학제적 연구의 성삼위일체 ——————————————————— 550
〈그림 10. 2〉 적층체계 ———————————————————————————— 551
〈그림 10. 3〉 비판 실재론적 학제적 연구의 다양한 단계 ——————————— 554

다시 쓰는 자살론 자살국가와 사회정의

초판1쇄 펴냄 2025년 8월 13일

지은이 김명희
펴낸이 유재건
펴낸곳 (주)그린비출판사
주소 서울시 서대문구 이화여대2길 10, 1층
대표전화 02-702-2717 | **팩스** 02-703-0272
홈페이지 www.greenbee.co.kr
원고투고 및 문의 editor@greenbee.co.kr

책임편집 문혜림
편집 이진희, 민승환, 성채현, 박선미 | **디자인** 심민경, 조예빈
독자사업 류경희 | **경영관리** 장혜숙

저작권법에 의하여 한국 내에서 보호를 받는 저작물이므로 무단전재와 무단복제를 금합니다.
책값은 뒤표지에 있습니다. 잘못 만들어진 책은 구입처에서 바꿔 드립니다.
ISBN 979-11-94513-28-5 93330

독자의 학문사변행學問思辨行을 돕는 든든한 가이드 _(주)그린비출판사